ADOLF HITLER

MINHA LUTA
(MEIN KAMPF)

OMNIA VERITAS

ADOLF HITLER

MINHA LUTA
(MEIN KAMPF)
1925

PUBLICADO POR
OMNIA VERITAS LTD

www.omnia-veritas.com

AVISO AO LEITOR 9

PREFACIO 13

DEDICATORIA 14

PRIMEIRA PARTE 15

CAPÍTULO I 17

   Na casa paterna 17

CAPÍTULO II 29

   Anos de aprendizado e de sofrimento em Viena 29

CAPÍTULO III 63

   Reflexões gerais sobre a política da época de minha estada em Viena 63

CAPÍTULO IV 106

   Munique 106

CAPÍTULO V 128

   A guerra mundial 128

CAPÍTULO VI 142

   A propaganda de guerra 142

CAPÍTULO VII 150

   A revolução 150

CAPÍTULO VIII 164

   Começo de minha atividade política 164

CAPÍTULO IX 171

   O partido trabalhista alemão 171

CAPÍTULO X 177

   Causas primárias do colapso 177

CAPÍTULO XI 219

   Povo e raça 219

CAPÍTULO XII 253

   O primeiro período de desenvolvimento do partido nacional socialista dos trabalhadores alemães 253

SEGUNDA PARTE 276

CAPÍTULO I	**278**
DOUTRINA E PARTIDO	278
CAPÍTULO II	**287**
O ESTADO	287
CAPÍTULO III	**323**
CIDADÃOS E "SÚDITOS" DO ESTADO	323
CAPÍTULO IV	**326**
PERSONALIDADE E CONCEPÇÃO DO ESTADO NACIONAL	326
CAPÍTULO V	**334**
CONCEPÇÃO DO MUNDO E ORGANIZAÇÃO	334
CAPÍTULO VI	**343**
A LUTA NOS PRIMEIROS TEMPOS - A IMPORTÂNCIA DA ORATÓRIA	343
CAPÍTULO VII	**356**
A LUTA COM A FRENTE VERMELHA	356
CAPÍTULO VIII	**376**
O FORTE É MAIS FORTE SOZINHO	376
CAPÍTULO IX	**383**
IDEIAS FUNDAMENTAIS SOBRE O FIM E A ORGANIZAÇÃO DOS TRABALHADORES SOCIALISTAS.	383
CAPÍTULO X	**410**
MÁSCARA DO FEDERALISMO	410
CAPÍTULO XI	**428**
PROPAGANDA DE ORGANIZAÇÃO	428
CAPÍTULO XII	**440**
A QUESTÃO SINDICAL	440
CAPÍTULO XIII	**449**
FOLÍTICA DE ALIANÇA DA ALEMANHA APÓS A GUERRA	449
CAPÍTULO XIV	**472**
ORIENTAÇÃO PARA LESTE OU POLÍTICA DE LESTE	472
CAPÍTULO XV	**492**

O DIREITO DE DEFESA 492
POSFACIO..**507**
OUTROS LIVROS..**509**

AVISO AO LEITOR

A presente edição de Mein Kampf é uma reimpressão integral da edição original da Nouvelles Éditions Latines (Paris, 1934), com uma atualização do aviso ao leitor, em conformidade com o acórdão do Tribunal de Recurso de Paris de 11 de julho de 1979 e de 30 de janeiro de 1980.

No entanto, a divulgação desta obra pode representar um perigo, na medida em que pode reavivar o ódio racial ou xenófobo e, assim, prejudicar a dignidade da pessoa humana.

A incitação à discriminação, ao ódio ou à violência com base na origem ou na pertença ou não pertença, real ou supostamente, a uma etnia, uma nação, uma suposta raça ou uma religião determinada; a apologia a esses atos; a difamação ou injúria não pública contra uma pessoa ou grupo de pessoas em razão da sua origem ou pertença ou não pertença a uma etnia, nação, raça ou religião determinada, são punidas pela lei de 29 de julho de 1881 sobre a liberdade de imprensa nos seus artigos 23.º, 24, 32 e 33, alterados pela lei de 1 de julho de 1972.

Artigo 23: Serão punidos com uma multa de 200 F a 40 000 F os diretores de publicação, impressores ou vendedores ambulantes que, por meio de discursos proferidos em reuniões públicas, cartazes, afixados ou escritos, panfletos, impressos de qualquer natureza, tiverem incitado à discriminação, ao ódio ou à violência com base na origem ou na pertença ou não pertença, real ou supostamente, a uma etnia, uma nação, uma suposta raça ou uma religião determinada.

Artigo 24: Serão punidos com as penas previstas no artigo 32 aqueles que, por meio de discursos proferidos em reuniões públicas, escritos ou impressos de qualquer natureza, escritos ou impressos vendidos ou distribuídos, cartazes ou afixos expostos, tiverem incitado à discriminação, ao ódio ou à violência com base na origem ou na pertença ou não pertença, real ou suposto, a uma etnia, uma nação, uma suposta raça ou uma religião determinada, ou incitado a esses atos contra o titular de um cargo público devido às suas funções ou mandatos, devido à origem ou pertença ou não pertença, real ou suposto, a uma etnia, uma nação, uma suposta raça ou uma religião determinada.

Artigo 32: Serão punidos com pena de prisão de um a seis meses e multa de 200 F a 40 000 F aqueles que, por discursos proferidos em reuniões públicas, escritos, impressos ou por figuras, tiverem feito a apologia de atos qualificados como crimes de guerra ou crimes contra a humanidade ou exaltado publicamente os autores ou cúmplices de tais atos.

Artigo 33: Serão punidos com multa de 200 F a 40 000 F aqueles que, por meio de discursos proferidos em reuniões públicas, escritos ou impressos de qualquer natureza, tiverem incitado à discriminação, ao ódio ou à violência contra uma pessoa ou um grupo de pessoas em razão de sua origem ou de sua pertença ou não pertença a uma etnia, de uma nação, de uma suposta raça ou de uma determinada religião, ou contra o titular de um cargo público devido às suas funções ou mandatos.

As penas aplicáveis são de um mês a um ano de prisão e de 200 F a 300 000 F de multa. Mein Kampf, escrito por Adolf Hitler em 1924, é um documento histórico indispensável para o conhecimento da época, mas expõe abertamente uma doutrina racista e xenófoba que conduziu à Segunda Guerra Mundial e a crimes contra a humanidade.

Nesta obra, Hitler expõe o seu projeto de Estado racial e de Império, baseado na hierarquia das «raças», com os «arianos» (alemães superiores) no topo, destinados a dominar os outros povos. Esta doutrina delirante divide a humanidade em raças «superiores» (civilizadoras e dominadoras) e «inferiores» (eslavos, por exemplo), e apresenta os judeus e os semitas como destruidores malévolos da civilização. Os antropólogos, na declaração da UNESCO de 1950, refutaram cientificamente a existência de hierarquias mentais ou morais entre etnias.

De acordo com o testemunho em Nuremberga do general SS von dem Bach-Zelewski, a pregação da inferioridade eslava e judaica normalizou o assassinato em massa, levando diretamente às câmaras de gás de Auschwitz e Majdanek.

Implementação das doutrinas hitlerianas:

- **Invasão da Polónia** (1939): Limitação da natalidade eslava (polacos, checos, russos); transferências de população para dar lugar a colonos alemães; seleção de crianças pela sua aparente «germanizabilidade»; destruição da cultura e das elites eslavas (milhões exterminados nos campos ou no local); utilização dos eslavos como reservas de mão de obra escrava.
- **Europa Ocidental** (por exemplo, Alsácia, decreto de Nuremberga de 1942): Políticas raciais prevendo a transferência das «raças valiosas» para a Alemanha e das «inferiores» para a França.
- **Programa de eutanásia** (1939-1941): ordem secreta de Hitler após a declaração de guerra, visando as «vidas indignas de serem vividas» (alemães mentalmente doentes ou fracos); morte acelerada por psiquiatras em 6 centros de eutanásia com monóxido de carbono em chuveiros disfarçados (mais de 100 000 vítimas); engano das famílias com avisos de falecimento genéricos; pausa no programa devido a protestos (clero e opinião pública) e suspeitas relacionadas com o fumo dos crematórios e as transferências.
- **Os ciganos**: Qualificados como «asociais» (circular de 1938: riscos para a saúde pública, hereditariedade criminosa, parasitas); esterilização forçada e campos de trabalho; prisão e transferência para Auschwitz em 1942 para um «campo familiar» (privilégios menores); ordem de gaseamento em 1944; na URSS e na Hungria, fuzilados com judeus e comunistas; cerca de 200 000 vítimas.
- **O antissemitismo**: Medidas imediatas após 1933: proibição dos judeus de exercerem funções públicas e de lecionarem; boicotes; destituição da cidadania em 1935; proibição de casamentos inter-raciais; leis humilhantes e espoliacionárias; pogroms de 1938 (sinagogas e casas incendiadas, milhares de pessoas presas). Ameaças de Hitler (antes de 1939): a conspiração judaica causa a guerra, portanto, extermínio dos judeus; citação do livro: gaseificar 12 000 a 15 000 judeus salvaria milhões de alemães. Na Polónia, em 1939: isolamento, fome; na URSS, em 1941: comandos da morte da SS (engano como «território judeu autónomo»); fuzilamentos em massa

(testemunho de Nuremberga de Hermann Graebe: vítimas despidas, fuziladas em valas).

É essencial lembrar essas atrocidades para evitar que elas se repitam. As vítimas dos piores crimes contra a humanidade, como o Holocausto, não podem ser esquecidas. A leitura desta obra deve ser feita com espírito crítico e pedagógico, para combater o obscurantismo e as ideias totalitárias.

Prefácio

No dia 1.º de abril de 1924, por força de sentença do Tribunal de Munique, tinha eu entrado no presídio militar de Landsberg sobre o Lech.

Assim se me oferecia, pela primeira vez, depois de anos de ininterrupto trabalho, a possibilidadede dedicar-me a uma obra, por muitos solicitada e por mim mesmo julgada conveniente aomovimento nacional socialista.

Decidi-me, pois, a esclarecer, em dois volumes, a finalidade do nosso movimento e, ao mesmotempo, esboçar um quadro do seu desenvolvimento.

Nesse trabalho aprender-se-á mais do que em uma dissertação puramente doutrinária.

Apresentava-se-me também a oportunidade de dar uma descrição de minha vida, no que fossenecessário à compreensão do primeiro e do segundo volumes e no que pudesse servir para destruiro retrato lendário da minha pessoa feito pela imprensa semítica.

Com esse livro eu não me dirijo aos estranhos mas aos adeptos do movimento que ao mesmoaderiram de coração e que aspiram esclarecimentos mais substanciais.

Sei muito bem que se conquistam adeptos menos pela palavra escrita do que pela palavra faladae que, neste mundo, as grandes causas devem seu desenvolvimento não aos grandes escritoresmas aos grandes oradores.

Isso não obstante, os princípios de uma doutrinação devem ser estabelecidos para sempre pornecessidade de sua defesa regular e contínua.

Que estes dois volumes valham como blocos com que contribuo à construção da obra coletiva.

O AUTOR
Landsberg sobre o Lech, Presídio Militar.

DEDICATÓRIA

No dia 9 de novembro de 1923, na firme crença da ressurreição do seu povo, às 12 horas e 30 minutos da tarde, tombaram diante do quartel general assim como no pátio do antigo Ministério da Guerra de Munique os seguintes cidadãos:
Alfarth (Felix). Negociante, nascido a 5 de julho de 1901.
Bauriedl (Andreas). Chapeleiro, nascido a 4 de maio de 1879.
Casella (Theodor). Bancário, nascido a 8 de agosto de 1900.
Ehrlich (Wilhelm). Bancário, nascido a 19 de agosto de 1894.
Faust (Martin). Bancário, nascido a 27 de janeiro de 1901.
Hechenberger (Ant.). Serralheiro, nascido a 28 de setembro de 1902.
Körner (Oskar). Negociante, nascido a 4 de janeiro de 1875.
Kuhn (Karl). Garção.Cehfe, nascido a 26 de julho de 1897.
Laforce (Karl). Estudante de engenharia, nascido a 28 de outubro de 1904.
Neubauer (Kurt). Doméstico, nascido a 27 de março de 1899.
Pope (Claus von). Negociante, nascido a 16 de agôsto de 1904.
Pforden (Theodor von der). Membro do Supremo Tribunal, nascido a 14 de maio de 1873.
Rickmers (Joh.). Capitão de Cavalaria, nascido a 7 de maio de 1881.
Scheubner-Richter (Max Erwin von). Engenheiro, nascido a 9 de janeiro de 1884.
Stransky (Lorenz Ritter von). Engenheiro, nascido a 14 de março de 1899.
Wolf (Wilhelm). Negociante, nascido a 19 de outubro de 1898.
As chamadas autoridades nacionais recusaram aos heróis mortos um túmulo comum.

Por isso eu lhes dedico, para a lembrança de todos, o primeiro volume desta obra, a fim de que esses mártires iluminem para sempre os adeptos do nosso movimento.

Landsberg sobre o Lech,
Presídio Militar, 16 de outubro de 1924.
Adolf Hitler

PRIMEIRA PARTE

Adolf Hitler

CAPÍTULO I

NA CASA PATERNA

Considero hoje como uma feliz determinação da sorte que Braunau no Inn tenha sido destinada para lugar do meu nascimento. Essa cidadezinha está situada nos limites dos dois países alemães cuja volta à unidade antiga é vista, pelo menos por nós jovens, como uma questão de vida e de morte.

A Áustria alemã deve voltar a fazer parte da grande Pátria germânica, aliás sem se atender a motivos de ordem econômica. Mesmo que essa união fosse, sob o ponto de vista econômico, inócua ou até prejudicial, ela deveria realizar-se. Povos em cujas veias corre o mesmo sangue devem pertencer ao mesmo Estado. Ao povo alemão não assistem razões morais para uma política ativa de colonização, enquanto não conseguir reunir os seus próprios filhos em uma pátria única. Somente quando as fronteiras do Estado tiverem abarcado todos os alemães sem que se lhes possa oferecer a segurança da alimentação, só então surgirá, da necessidade do próprio povo, o direito, justificado pela moral, da conquista de terra estrangeira. O arado, nesse momento será a espada, e, regado com as lágrimas da guerra, o pão de cada dia será assegurado à posteridade.

Por isso, essa cidadezinha da fronteira aparece aos meus olhos como o símbolo de uma grande missão. Sob certo aspecto, ela se apresenta como uma exortação nos tempos que correm. Há mais de cem anos, esse modesto ninho, cenário de uma tragédia cuja significação todo o povo alemão compreende, conquistou, pelo menos, na história alemã, o direito à imortalidade. No tempo da maior humilhação infligida à nossa Pátria, tombou ali, por amor à sua idolatrada Alemanha, Johannes Palm, de Nuremberg, livreiro burguês, obstinado nacionalista e inimigo dos franceses. Tenazmente recusara-se, como Leo Schlagter, a denunciar os seus cúmplices, ou melhor os cabeças do movimento. Como este, ele foi denunciado à França, por um representante do governo. Um chefe de polícia de Ausburgo conquistou para si essa triste glória e serviu assim de modelo às autoridades alemãs no governo de Severing.

Nessa cidadezinha do Inn, imortalizada pelo martírio de grandes alemães, bávara pelo sangue, austríaca quanto ao governo, moravam meus pais no fim do ano 80 do século passado, meu pai como funcionário público, fiel cumpridor dos seus deveres, minha mãe toda absorvida nos afazeres domésticos e, sobretudo, sempre dedicada aos cuidados da família. Na minha memória, pouco ficou desse tempo, pois, dentro de alguns anos, meu pai teve que deixar a querida cidadezinha e ir ocupar novo lugar em Passau, na própria Alemanha.

A sorte de empregado aduaneiro austríaco se traduzia, naquele tempo, por uma constante peregrinação. Pouco tempo depois, meu pai foi para Linz, para onde finalmente se dirigiu também depois de aposentado. Essa aposentadoria não devia, porém, significar um verdadeiro descanso para o velho funcionário. Filho de um pobre lavrador, já noutros tempos ele não tolerava a vida inativa em casa. Ainda não contava treze anos e já o jovem de então fazia os seus preparativos e deixava a casa paterna no Waldviertel. Apesar dos conselhos em contrário dos "experientes" moradores da aldeia, o jovem dirigiu-se para Viena, como objetivo de aprender um ofício manual. Isso aconteceu entre 1850 e 1860. Arrojada resolução essa de afrontar o desconhecido com três florins para as despesas de viagem. Aos dezessete anos, tinha ele feito as provas de aprendiz. Não estava, porém, contente. Muito ao contrário. A longa duração das necessidades de outrora, a miséria e o sofrimento constantes fortaleceram a resolução de abandonar de novo o ofício, para vir a ser alguma coisa mais elevada. Naquele tempo, aos olhos do pobre jovem, a posição de pároco de aldeia parecia a mais elevada a que se podia aspirar; agora, porém, na esfera mais vasta da grande capital, a sua ambição maior era entrar para o funcionalismo. Com a tenacidade de quem, na meninice, já era um velho, por eleito da penúria e das aflições, o jovem de dezessete anos insistiu na sua resolução e tornou-se funcionário público. Depois dos Vinte e três anos, creio eu, estava atingido o seu objetivo. Parecia assim estar cumprida a promessa que o pobre rapaz havia feito, isto é, de não voltar para a aldeia paterna sem que tivesse melhorado a sua situação.

Agora estava atingido o seu ideal. Na aldeia, porém ninguém mais dele se lembrava e a ele mesmo a aldeia se tornara desconhecida.

Quando, aos cinqüenta e seis anos, ele se aposentou, não pôde suportar esse descanso na ociosidade. Comprou, então, uma propriedade na vila de Lambach, na alta Áustria, valorizou-a e voltou assim, depois de uma vida longa e trabalhosa, à mesma origem dos seus pais.

Nesse tempo, formavam-se no meu espírito os primeiros ideais. As correrias ao ar livre, a longa caminhada para a escola, as relações com rapazes extremamente robustos - o que muitas vezes causava a minha mãe os maiores cuidados - esses hábitos me poderiam preparar para tudo menos para uma vida sedentária. Embora, mal pensasse ainda seriamente sobre a minha futura vocação, de nenhum modo as minhas simpatias se dirigiam para a linha de vida seguida por meu pai. Eu creio que já nessa época meu talento verbal se adestrava nas discussões com os camaradas.

Eu me tinha tornado um pequeno chefe de motins, que, na escola, aprendia com facilidade, mas era difícil de ser dirigido.

Quando, nas minhas horas livres, eu recebia lições de canto no coro paroquial de Lambach, tinha a melhor oportunidade de extasiar-me ante as pompas festivas das brilhantíssimas festas da igreja. Assim como meu pai via na posição de pároco de aldeia o ideal na vida, a mim também a situação de abade pareceu a aspiração mais elevada. Pelo menos temporariamente isso se deu.

Desde que meu pai, por motivos de fácil compreensão, não podia dar o devido apreço ao talento oratório do seu bulhento filho, para daí tirar conclusões favoráveis ao futuro do seu pimpolho, é óbvio que ele não concordasse com essas idéias de mocidade. Apreensivo, ele observava essa disparidade da natureza.

Na realidade a vocação temporária por essa profissão desapareceu muito cedo, para dar lugar a esperanças mais conformes com o meu temperamento.

Revolvendo a biblioteca paterna, deparei com diversos livros sobre assuntos militares, entre eles uma edição popular da guerra franco-alemã de 1870-1871. Eram dois volumes de uma revista ilustrada daquele tempo. Tornaram-se a minha leitura favorita. Não tardou muito para que a grande luta de heróis se transformasse para mim em um acontecimento da mais alta significação. Daí em diante, eu me entusiasmava cada vez mais por tudo que, de qualquer modo, se relacionasse com guerra ou com a vida militar. Sob outro aspecto, isso também deveria vir a ser de importância para mim. Pela primeira vez, embora ainda de maneira confusa, surgiu no meu espírito a pergunta sobre se havia alguma diferença entre estes alemães que lutavam e os outros e, em caso afirmativo, qual era essa diferença. Por que a Áustria não combateu com a Alemanha nesta guerra? Por que meu pai e todos os outros não se bateram também? Não somos iguais a todos os outros alemães? Não formamos todos um corpo único? Esse problema começou, pela primeira vez, a agitar o meu espírito infantil. Com uma inveja íntima, deveria às minhas cautelosas perguntas aceitar a resposta de que nem todo alemão possuía a felicidade de pertencer ao império de Bismarck. Isso era inconcebível para mim.

Estava decidido que eu deveria estudar.

Considerando o meu caráter e, sobretudo o meu temperamento, pensou meu pai poder chegar à conclusão de que o curso de humanidades oferecia uma contradição com as minhas tendências intelectuais. Pareceu-lhe que uma escola profissional corresponderia melhor ao caso. Nessa opinião, ele se fortaleceu ainda mais ante minha manifesta aptidão para o desenho, matéria cujo estudo, no seu modo de ver, era muito negligenciado nos ginásios austríacos. Talvez estivesse também exercendo influência decisiva nisso a sua difícil luta pela vida, na qual, aos seus olhos, o estudo de humanidades de pouca utilidade seria. Por princípio, era de opinião que, como ele, seu filho naturalmente seria e deveria ser funcionário público. Sua amarga juventude fez com que o êxito na vida fosse por ele visto como tanto maior quanto considerava o mesmo como produto de uma férrea disposição e de sua própria capacidade de trabalho. Era o orgulho do homem que se fez por si que o induzia a querer elevar seu filho a uma posição igual ou, se possível, mais alta que a do seu pai, tanto mais quando por sua própria diligência, estava apto a facilitar de muito a evolução deste.

O pensamento de uma repulsa aquilo que, para ele, se tornou o objetivo de uma vida inteira, parecia-lhe inconcebível. A resolução de meu pai era, pois, simples, definida, clara e, a seus olhos, compreensível por si mesma. Finalmente para o seu temperamento tornado imperioso através de uma amarga luta pela existência, no decorrer da sua vida inteira, parecia coisa absolutamente intolerável, em tais assuntos, entregar a decisão final a um jovem que lhe parecia inexperiente e ainda sem responsabilidade.

Seria impossível que isso se coadunasse com a sua usual concepção do cumprimento do dever, pois representava uma diminuição reprovável de sua autoridade paterna. Além disso, a ele cabia a responsabilidade do futuro do seu filho.

E, não obstante, coisa diferente deveria acontecer. Pela primeira vez na vida fui, mal chegava aos onze anos, forçado a fazer oposição.

Por mais firmemente decidido que meu pai estivesse na execução dos planos e propósitos que se formara, não era menor a teimosia e a obstinação de seu filho em repelir um pensamento que pouco ou nada lhe agradava.

Eu não queria ser funcionário.

Nem conselhos nem "sérias" admoestações conseguiram demover-me dessa oposição.

Nunca, jamais, em tempo algum, eu seria funcionário público.

Todas as tentativas para despertar em mim o amor por essa profissão, inclusive a descrição da vida de meu pai, malogravam-se, produziam o efeito contrário.

Era para mim abominável o pensamento de, como um escravo, um dia sentar-me em um escritório, de não ser senhor do meu tempo mas, ao contrário, limitar-me a ter como finalidade na vida encher formulários! Que pensamento poderia isso despertar em um jovem que era tudo menos bom no sentido usual da palavra? O estudo extremamente fácil na escola proporcionava-me tanto tempo disponível que eu era mais visível ao ar livre do que em casa.

Quando hoje, meus adversários políticos examinam com carinhosa atenção a minha vida até aos tempos da minha juventude para, finalmente, poder apontar com satisfação os maus feitos que esse Hitler já na mocidade havia perpetrado, agradeço aos céus que agora alguma coisa me restitua à memória daqueles tempos felizes.

Campos e florestas eram outrora a sala de esgrima na qual as antíteses de sempre vinham à luz.

Mesmo a freqüência à escola profissional que se seguiu a isso em nada me serviu de estorvo.

Uma outra questão deveria, porém, ser decidida.

Enquanto a resolução de meu pai de fazer-me funcionário público encontrou em mim apenas uma oposição de princípios, o conflito foi facilmente suportável. Eu podia, então dissimular minhas idéias íntimas, não sendo preciso contraditar constantemente. Para minha tranqüilidade, bastava-me a firme decisão de não entrar de futuro para a burocracia. Essa resolução era, porém, inabalável. A situação agravou-se quando ao plano de meu pai eu opus o meu. Esse fato aconteceu já aos treze anos. Como isso se deu, não sei bem hoje, mas um dia pareceu-me claro que eu deveria ser artista, pintor.

Meu talento para o desenho, inquestionavelmente, continuava a afirmar-se, e foi até uma das razões por que meu pai me mandou à escola profissional sem contudo nunca lhe ter ocorrido dirigir a minha educação nesse sentido. Muito ao contrário. Quando eu, pela primeira vez, depois de renovada oposição ao pensamento favorito de meu pai, fui interrogado sobre que profissão desejava então escolher e quase de repente deixei escapar a firme resolução que havia adotado de ser pintor, ele quase perdeu a palavra.

"Pintor! Artista!" exclamou ele.

Julgou que eu tinha perdido o juízo ou talvez que eu não tivesse ouvido ou entendido bem a sua pergunta.

Quando compreendeu, porém, que não tinha havido mal-entendido, quando sentiu a seriedade da minha resolução, lançou-se com a mais inabalável decisão contra a minha idéia.

Sua resolução era demasiado firme. Inútil seria argumentar com as minhas aptidões para essa profissão.

"Pintor, não! Enquanto eu viver, nunca!" terminou meu pai.

O filho que, entre outras qualidades do pai, havia herdado a teimosia, retrucou com uma resposta semelhante mas no sentido contrário.

Cada um ficou irredutível no seu ponto de vista. Meu pai não abandonava o seu nunca e eu reforçava cada vez mais o meu não obstante.

As conseqüências disso não foram muito agradáveis. O velho tornou-se irritado e eu também, apesar de gostar muito dele. Afastou-se para mim qualquer esperança de vir a ser educado para a pintura. Fui mais adiante e declarei então absolutamente não mais estudar. Como eu, naturalmente, com essa declaração teria todas as desvantagens, pois o velho parecia disposto a fazer triunfar a sua autoridade sem considerações de qualquer natureza, resolvi calar daí por diante, convertendo, porém, as minhas ameaças em realidade.

Acreditava que quando meu pai observasse a minha falta de aproveitamento na escola profissional, por bem ou por mal consentiria na minha sonhada felicidade.

Não sei se meus cálculos dariam certo. A verdade é que meu insucesso na escola verificou-se. Só estudava o que me agradava, sobretudo aquilo de que eu poderia precisar mais tarde como pintor. O que me parecia sem significação para esse objetivo ou o que não me era agradável, eu punha de lado inteiramente.

Nesse tempo os meus certificados de estudos, apresentavam sempre notas extremas, de acordo com as matérias e o apreço em que eu as tinha. Digno de louvor e ótimo, de um lado; sofrível ou péssimo do outro.

Incomparavelmente melhores eram os meus trabalhos em geografia e, sobretudo, em história. Eram essas as duas matérias favoritas, nas quais eu fazia progressos na classe.

Quando, depois de muitos anos, examino o resultado daqueles tempos, vejo dois fatos de muita significação:

1.º Tornei-me nacionalista.

2.º Aprendi a entender a história pelo seu verdadeiro sentido.

A antiga Áustria era um "estado de muitas nacionalidades".

O cidadão do império alemão, pelo menos outrora, não podia, em última análise, compreender a significação desse fato na vida diária do indivíduo, em um Estado assim organizado como a Áustria.

Depois do maravilhoso cortejo triunfal dos heróis da guerra franco-prussiana, os alemães que viviam no estrangeiro eram vistos como cada vez mais estranhos à vida da nação, que, em parte, não se esforçavam por apreciar ou mesmo não o podiam.

Confundia-se, na Alemanha, sobretudo em relação aos austro-alemães, a desmoralizada dinastia austríaca com o povo que, na essência, se mantinha são.

Não se concebe como o alemão na Áustria - não fosse ele da melhor têmpera - pudesse possuir força para exercer a sua influência em um Estado de 52 milhões. Não se concebe também, sem essa hipótese, que, até na Alemanha, se tenha formado a opinião errada de que a Áustria era um Estado alemão, disparate de sérias conseqüências que constitui, porém, um brilhante atestado em favor dos dez milhões de alemães da fronteira oriental.

Só hoje, que essa triste fatalidade caiu sobre muitos milhões dos nossos próprios compatriotas, que, sob o domínio estrangeiro, acham-se afastados da Pátria e dela se lembram com angustiosa saudade e se esforçam por ter ao menos o direito à sagrada língua materna, compreende-se, em maiores proporções, o que significa ser obrigado a lutar pela sua nacionalidade.

Só então um ou outro poderá, talvez, avaliar a grandeza do sentimento alemão na velha fronteira oriental, sentimento que se manteve por si mesmo, e que, durar te séculos, protegera o Reich na fronteira oriental para finalmente se resumir a pequenas guerras destinadas apenas a conservar as fronteiras da língua. Isso se dava em um tempo em que o governo alemão se interessava por uma política colonial, enquanto se mantinha indiferente pela defesa da carne e do sangue de seu povo, diante de suas portas.

Como sempre acontece em todas as lutas, havia na campanha pela língua três classes distintas: os lutadores, os indiferentes e os traidores.

Já na escola se começava a notar essa separação, pois o mais digno de nota na luta pela língua é que é justamente na escola, como viveiro das gerações futuras, que as ondas do movimento se fazem sentir mais vibrantes.

Em torno da criança empenha-se a luta, e a ela é dirigido o primeiro apelo: "Menino de sangue alemão, não te esqueças de que és um alemão; menina, pensa que um dia deverás ser mãe alemã".

Quem conhece a alma da juventude poderá compreender que são justamente os moços que com mais intensa alegria ouvem tal grito de guerra. De centenas de maneiras diferentes costumam eles dirigir essa luta em que empregam os seus próprios meios e armas. Eles evitam canções não alemãs, entusiasmam-se pelos heróis alemães, tanto mais quanto maior é o esforço para deles afastá-los, sacrificam o estômago para economizarem dinheiro para a luta dos grandes Em relação ao estudante não-alemão, são incrivelmente curiosos e ao mesmo tempo intratáveis. Usam as insígnias proibidas da nação e sentem-se felizes em ser por isso castigados ou mesmo batidos. São, em pequenas proporções, um quadro fiel dos grandes, freqüentemente com melhores e mais sinceros sentimentos.

A mim também se ofereceu outrora a possibilidade de, ainda relativamente muito jovem, tomar parte na luta pela nacionalidade da antiga Áustria. Quando reunidos na associação escolar, expressávamos os nossos sentimentos usando lóios e as cores preta, vermelha e ouro, que, entusiasticamente, saudávamos com urras. Em vez da canção imperial, cantávamos "Deutschland über alles", apesar das admoestações e dos castigos. A juventude era assim politicamente ensinada em um tempo em que os membros de uma soi-disant nacionalidade, na maioria da sua nacionalidade conhecia pouco mais do que a linguagem. Que eu então não pertencia aos indiferentes, compreende-se por si mesmo. Dentro de pouco tempo, eu me tinha transformado em um fanático Nacional-Alemão, designação que, de nenhuma maneira, é idêntica à concepção do atual partido com esse nome.

Essa evolução fez em mim progressos muito rápidos, tanto que, aos quinze anos, já tinha chegado a compreender a diferença entre patriotismo dinástico e nacionalismo racista. O último conhecia eu, então, muito mais.

Para quem nunca se deu ao trabalho de estudar as condições internas da monarquia dos Habsburgos, um tal acontecimento poderá não parecer claro. Somente as lições na escola sobre a história universal deveriam, na Áustria, lançar o germe desse desenvolvimento, mas só em pequenas proporções existe uma história austríaca específica.

O destino desse Estado é tão intimamente ligado à vida e ao crescimento do povo alemão, que uma separação entre a história alemã e a austríaca parece impossível. Quando, por fim, a Alemanha começou a separar-se em dois Estados diferentes, até essa separação passou para a história alemã.

As insígnias do Imperador, sinais do esplendor antigo do Império, preservadas em Viena, parecem atuar mais como um poder de atração do que como penhor de uma eterna solidariedade. O primeiro grito dos austro-alemães, nos dias do desmembramento do Estado dos Habsburgos, no sentido de uma união com a Alemanha, era apenas efeito de um sentimento adormecido mas de raízes profundas no coração dos dois povos o anelo pela volta à mãe-pátria nunca esquecida.

Nunca seria isso, porém, compreensível, se a aprendizagem histórica dos austro-alemães não fosse a causa de uma aspiração tão geral. Aí está a fonte que nunca se estanca, a qual, sobretudo nos momentos de esquecimento, pondo de parte as delícias do presente, exorta o povo, pela lembrança do passado, a pensar em um novo futuro.

O ensino da história universal nas chamadas escolas médias ainda hoje muito deixa a desejar. Poucos professores compreendem que a finalidade do ensino da história não deve consistir em aprender de cor datas e acontecimentos ou obrigar o aluno a saber quando esta ou aquela batalha se realizou, quando nasceu um general ou quando um monarca quase sempre sem significação, pôs sobre a cabeça a coroa dos seus avós. Não, graças a Deus não é disso que se deve tratar.

Aprender história quer dizer procurar e encontrar as forças que conduzem às causas das ações que vemos como acontecimentos históricos. A arte da leitura como da instrução consiste nisto: conservar o essencial, esquecer o dispensável.

Foi talvez decisivo para a minha vida posterior que me fosse dada a felicidade de ter como professor de história um dos poucos que a entendiam por esse ponto de vista e assim a ensinavam. O professor Leopold Pötsch, da escola profissional de Linz, realizara esse objetivo de maneira ideal. Era ele um homem idoso, bom mas enérgico e, sobretudo pela sua deslumbrante eloqüência, conseguia não só prender a nossa atenção mas empolgar-nos de verdade. Ainda hoje, lembro- me com doce emoção do velho professor que, no calor de sua exposição, fazia-nos esquecer o presente, encantava-nos com o passado e do nevoeiro dos séculos retirava os áridos acontecimentos históricos para transformá-los em viva realidade. Nós o ouvíamos muitas vezes dominados pelo mais intenso entusiasmo, outras vezes comovidos até às lágrimas. O nosso contentamento era tanto maior quanto este professor entendia que o presente devia ser esclarecido pelo passado e deste deviam ser tiradas as conseqüências para daí deduzir o presente. Assim fornecia ele, muito freqüentemente, explicações para o problema do dia, que outrora nos deixava em confusão. Nosso fanatismo nacional de jovens era um recurso educacional de que ele, freqüentemente apelando para o nosso sentimento patriótico, se servia para completar a nossa preparação mais depressa do que teria sido possível por quaisquer outros meios. Esse professor fez da história o meu estudo favorito. Assim, já naqueles tempos, tornei-me um jovem revolucionário, sem que fosse esse o seu objetivo.

Quem, com um tal professor, poderia aprender a história alemã, sem ficar inimigo do governo que, de maneira tão nefasta, exercia a sua influência sobre os destinos da nação?

Quem poderia, finalmente, ficar fiel ao imperador de uma dinastia que no passado e no presente sempre traiu os interesses do povo alemão, em benefício de mesquinhos interesses pessoais?

Já não sabíamos, nós jovens, que esse Estado austríaco nenhum amor por nós possuía e sobretudo não podia possuir?

O conhecimento histórico da atuação dos Habsburgos foi reforçado pela experiência diária. No norte e no sul, o veneno estrangeiro devorava o nosso sentimento racial, e até Viena tornava-se, a olhos vistos e cada vez mais, estranha ao espírito alemão.

A Casa da Áustria tchequizava-se, por toda parte, e foi por efeito do punho da deusa do direito eterno e da inexorável lei de Talião que o inimigo mortal da Áustria alemã, arquiduque Franz Ferdinando, foi vítima de uma bala que ele próprio havia ajudado a fundir. Era ele o patrono da eslavização da Áustria, que se operava de cima para baixo, por todas as formas possíveis.

Enormes foram os ônus que se exigiam do povo alemão, inauditos os seus sacrifícios em impostos e em sangue, e, não obstante, quem quer que não fosse cego, deveria reconhecer que tudo isso seria inútil.

O que nos era mais doloroso era o fato de ser esse sistema moralmente protegido pela aliança com a Alemanha, e que a lenta extirpação do sentimento alemão na velha monarquia até certo ponto tinha a sanção da própria Alemanha.

A hipocrisia dos Habsburgos com a qual se pretendia dar no exterior a aparência de que a Áustria ainda era um Estado alemão, fazia crescer o ódio contra a Casa Austríaca, até atingir a indignação e, ao mesmo tempo, o desprezo.

Só no Reich os já então predestinados" nada viam de tudo isso.

Como atingidos pela cegueira, caminhavam eles ao lado de um cadáver e, nos sinais da decomposição, acreditavam descobrir indícios de nova vida.

Na fatal aliança do jovem império alemão com o arremedo de Estado austríaco estava o germe da Grande Guerra, mas também o do desmembramento.

No decurso deste livro terei que me ocupar mais demoradamente deste problema. Basta que aqui se constate que, já nos primeiros anos da juventude, eu havia chegado a uma opinião que nunca mais me abandonou, mas, pelo contrário, cada vez mais se fortificou. E essa era que a segurança do germanismo pressupunha a destruição da Áustria e que o sentimento nacional não era idêntico ao patriotismo dinástico e que, antes de tudo, a Casa dos Habsburgos estava destinada a fazer a infelicidade do povo alemão.

Dessa convicção eu já tinha outrora tirado as conseqüências: amor ao meu berço austro-alemão, profundo ódio contra o governo austríaco.

A arte de pensar pela história, que me tinha sido ensinada na escola, nunca mais me abandonou. A história universal tornou-se para mim, cada vez mais, uma fonte inesgotável de conhecimentos para agir no presente, isto é, para a política. Eu não quero aprender a história por si, mas, ao contrário, quero que ela me sirva de ensinamento para a vida.

Assim como logo cedo tornei-me revolucionário, também tornei-me artista.

A capital da alta Áustria possuía outrora um teatro que não era mau. Nêle se representava quase tudo. Aos doze anos, vi pela primeira vez "Guilherme Tell" e, alguns meses depois, "Lohengrin", a primeira ópera que assisti na minha vida. Senti-me imediatamente cativado pela música. O entusiasmo juvenil pelo mestre de Bayreuth não conhecia limites.

Cada vez mais me sentia atraído pela sua obra, e considero hoje uma felicidade especial que a maneira modesta por que foram as peças representadas na capital da província me tivesse deixado a possibilidade de um aumento de entusiasmo em representações posteriores mais perfeitas.

Tudo isso fortificava minha profunda aversão pela profissão que meu pai me havia escolhido. Essa aversão cresceu depois de passados os dias da meninice, que para mim foram cheios de pesares. Cada vez mais eu me convencia que nunca seria feliz como empregado público. Depois que, na escola profissional, meus dotes de desenhista se tornaram conhecidos, a minha resolução ainda mais se afirmou.

Nem pedidos nem ameaças seriam capazes de modificar essa decisão. Eu queria ser pintor e, de modo algum, funcionário público.

E, coisa singular, com o decorrer dos anos aumentava sempre o meu interesses pela arquitetura.

Eu considerava isso, outrora, como um natural complemento da minha inclinação para a pintura e regozijava-me intimamente com esse desenvolvimento da minha formação artística.

Que outra coisa, contrário a isso, viesse acontecer, não previa eu.

O problema da minha profissão devia, porém, ser decidido mais rapidamente do que eu supunha.

Aos treze anos perdi repentinamente meu pai. Ainda muito vigoroso, foi vítima de um ataque apoplético que, sem provocar-lhe nenhum sofrimento, encerrou a sua peregrinação na terra, mergulhando-nos na mais profunda dor.

O que mais almejava, isto é, facilitar a existência de seu filho, para poupar- lhe a vida de dificuldades que ele próprio experimentara, não havia sido alcançado, na sua opinião. Apenas sem o saber, ele lançou as bases de um futuro que não havíamos previsto, nem ele, nem eu.

Aparentemente, a situação não se modificou logo.

Minha mãe sentia-se no dever de, conforme aos desejos de meu pai, continuar minha educação, isto é, fazer-me estudar para a carreira de funcionário. Eu, porém, estava ainda mais decidido do que antes, a não ser burocrata, sob condição alguma. A proporção que a escola média, pelas matérias estudadas ou pela maneira de ensiná-las, afastava-se do meu ideal, eu me tornava indiferente ao estudo.

Inesperadamente, uma enfermidade veio em meu auxílio e, em poucas semanas, decidiu do meu futuro, pondo termo à constante controvérsia na casa paterna.

Uma grave afecção pulmonar fez com que o médico aconselhasse a minha mãe, com o maior empenho, a não permitir absolutamente. que, de futuro, eu me entregasse a trabalhos de escritório. A freqüência à escola profissional deveria também ser suspensa pelo menos por um ano. Aquilo que eu, durante tanto tempo, almejava, e por que tanto me tinha batido, ia, por força desse fato, uma vez por todas, transformar-se em realidade.

Sob a impressão da minha moléstia, minha mãe consentiu finalmente em tirar-me, tempos depois, da escola profissional e em deixar-me freqüentar a Academia. Foram os dias mais felizes da minha vida, que me pareciam quase que um sonho e na realidade de sonho não passaram.

Dois anos mais tarde, o falecimento de minha mãe dava a esses belos projetos um inesperado desenlace.

A sua morte se deu depois de uma longa e dolorosa enfermidade que, logo de começo, pouca esperança de cura oferecia. Não obstante isso, o golpe atingiu- me atrozmente. Eu respeitava meu pai, mas por minha mãe tinha verdadeiro amor.

A pobreza e a dura realidade da vida forçaram-me a tomar uma rápida resolução. Os pequenos recursos econômicos deixados por meu pai foram quase esgotados durante a grave enfermidade de minha mãe. A pensão que me coube como órfão, não era suficiente nem para as necessidades mais imperiosas. Estava escrito que eu, de uma maneira ou de outra, deveria ganhar o pão com o meu trabalho.

Tendo na mão unia pequena mala de roupa e, no coração, uma vontade imperturbável, viajei para Viena.

O que meu pai, cinqüenta anos antes, havia conseguido, esperava eu também obter da sorte. Eu queria tornar-me "alguém", mas, em caso algum, empregado público.

CAPÍTULO II

ANOS DE APRENDIZADO
E DE SOFRIMENTO EM VIENA

Quando minha mãe morreu, meu destino sob certo aspecto já se tinha decidido. Nos seus últimos meses de sofrimento eu tinha ido a Viena para fazer exame de admissão à Academia. Armado de um grosso volume de desenhos, dirigi-me à capital austríaca convencido de poder facilmente ser aprovado no exame. Na escola profissional eu já era sem nenhuma dúvida, o primeiro aluno de desenho da minha classe. Daquele tempo para cá a minha aptidão se tinha desenvolvido extraordinariamente. de maneira que, contente comigo mesmo, esperava, orgulhoso e feliz, obter o melhor resultado da prova a que me ia submeter.

Só uma coisa me afligia: meu talento para a pintura parecia sobrepujado pelo talento para o desenho, sobretudo no domínio da arquitetura. Ao mesmo tempo, crescia cada vez mais meu interesses pela arte das construções. Mais vivo ainda se tornou esse interesse quando, aos dezesseis anos incompletos, fiz minha primeira visita a Viena, visita que durou duas semanas. Ali fui para estudar a galeria de pintura do "Hofmuseum", mas quase só me interessava o próprio edifício do museu. Passava o dia inteiro, desde a manhã até tarde da noite, percorrendo com a vista todas as raridades nele contidas, mas, na realidade, as construções é que mais me prendiam a atenção. Durante horas seguidas, ficava diante da Ópera ou admirando o edifício de Parlamento. A "Ringstrasse" atuava sobre mim como um conto de mil-e-uma noites.

Achava-me agora, pela segunda vez, na grande cidade, e esperava com ardente impaciência, e, ao mesmo tempo, com orgulhosa confiança, o resultado do meu exame de admissão. Estava tão convencido do êxito do meu exame que a reprovação que me anunciaram feriu-me como um raio que caísse de um céu sereno. Era, no entanto, uma pura verdade. Quando me apresentei ao diretor para pedir-lhe os motivos da minha não aceitação à escola pública de pintura, assegurou- me ele que, pelos desenhos por mim trazidos, evidenciava-se a minha inaptidão para a pintura e que a minha vocação era visivelmente para a arquitetura. No meu caso, acrescentou ele, o problema não era de escola de pintura mas de escola de arquitetura.

Não se pode absolutamente compreender, em face disso, que eu até hoje não tenha freqüentado nenhuma escola de arquitetura nem mesmo tomado sequer uma lição.

Abatido, deixei o magnífico edifício da "Shillerplatz", sentindo-me, pela primeira vez na vida, em luta comigo mesmo. O que o diretor me havia dito a respeito da minha capacidade agiu sobre mim como um raio deslumbrante a revelar uma luta íntima, que, de há muito, eu vinha sofrendo, sem até então poder dar-me conta do porquê e do como.

Em pouco tempo, convenci-me de que um dia eu deveria ser arquiteto. O caminho era, porém, dificílimo, pois o que eu, por teimosia, tinha evitado aprender na escola profissional, ia agora fazer-me falta. A freqüência da Escola de Arquitetura da Academia dependia da freqüência da escola técnica de construções e a entrada para essa exigia um exame de madureza em uma escola média. Tudo isso me faltava completamente. Dentro das possibilidades humanas, já não me era mais lícito esperar a realização dos meus sonhos de artista.

Quando, depois da morte de minha mãe, pela terceira vez, e desta vez para demorar-me muitos anos, fui a Viena, a tranqüilidade e uma firme resolução tinham voltado a mim, com o tempo decorrido nesse intervalo.

A antiga teimosia também tinha voltado e com ela a persistência na realização do meu objetivo. Eu queria ser arquiteto. Obstáculos existem não para que capitulemos diante deles mas para os vencermos. E eu estava disposto a arrostar com todas essas dificuldades, sempre tendo, diante dos olhos, a imagem de meu pai, que, de simples aprendiz de sapateiro de aldeia, tinha subido até ao funcionalismo público. O chão sobre que eu pisava era mais firme, as possibilidades na luta, maiores. O que, outrora, me parecia aspereza da sorte, aprecio hoje como sabedoria da Providência. Enquanto a necessidade me oprimia e ameaçava aniquilar-me, crescia a vontade de lutar. E, finalmente, foi vitoriosa a vontade.

Agradeço àqueles tempos o ter-me tornado forte e poder sê-lo ainda. E ainda mais agradeço o ter-me livrado do tédio da vida fácil e ter-me tirado do conforto despreocupado do lar, para dar-me o sofrimento como substituto de minha mãe e lançar-me na luta de um mundo de misérias e de pobreza, que aprendi a conhecer e pelo qual mais tarde deveria lutar.

Nesse tempo, abriram-se-me os olhos para dois perigos que eu mal conhecia pelos nomes e que, de nenhum modo, se me apresentavam nitidamente na sua horrível significação para a existência do povo germânico: marxismo e judaísmo.

Viena, a cidade que para muitos reputada como um complexo de inocentes prazeres, como lugar para homens que se querem divertir, vale para mim, infelizmente, como uma viva lembrança dos mais tristes tempos da minha vida. Ainda hoje, essa capital só desperta em mim pensamentos sombrios. Cinco anos de miséria e de sofrimentos, eis o que significa a minha estadia nessa cidade de prazeres. Cinco anos em que, primeiro como ajudante de operário, depois como aprendiz de pintor, vime forçado a trabalhar pelo pão quotidiano, mesquinho pão que nunca bastava para saciar a minha fome habitual, A fome era então minha companheira fiel que nunca me deixava sozinho e que de tudo igualmente participava. Cada livro que eu comprava aumentava a sua participação na minha vida. Uma visita à Ópera fazia com que ela me fizesse companhia o dia inteiro. Era uma eterna luta com o meu impiedoso companheiro. E, não obstante isso, nesse tempo aprendi mais do que nunca. Além do meu trabalho em construções, das raras visitas à Ópera, - feitas com o sacrifício do estômago - tinha como único prazer a leitura. Li muito e profundamente. No tempo livre, depois do trabalho, subia imediatamente ao meu quarto de estudo. Em poucos anos, lancei os alicerces de conhecimentos de que ainda hoje me utilizo. Mais importante do que tudo isso: naqueles tempos adquiri uma noção do mundo que serviu de fundamento granítico para o meu modo de agir de então. A essa noção precisei acrescentar pouca coisa, mudar nada.

Ao contrário.

Estou firmemente convencido de que, em conjunto, várias idéias criadoras que hoje possuo, já na mocidade apareciam fundadas em princípios. Faço diferença entre a sabedoria da velhice, que vale pela sua maior profundidade e prudência, resultantes da experiência de uma longa vida, e a genialidade da juventude que, em inesgotável proliferação, cria pensamentos e idéias sem poder logo elaborá-las definitivamente, em conseqüência do tumulto em que elas se sucedem. A mocidade fornece o material de construção e os pia-nos de futuro, dos quais a velhice toma os blocos, trabalha-os e levanta a construção, isso quando a chamada sabedoria dos velhos não sufoca a genialidade dos moços.

A vida que eu até ali tinha levado na casa paterna diferenciava-se em pouco ou em nada da vida dos outros. Sem cuidados, podia esperar pelo dia seguinte, e para mim não havia questão social. As relações da minha juventude compunham-se de pequenos burgueses, por conseguinte de um mundo que mantinha muito poucas relações com o verdadeiro operário. Por mais estranho que isso possa parecer à primeira vista, o abismo entre essa camada social, cuja situação econômica nada tem de brilhante, e o trabalhador manual, é freqüentemente mais profundo do que se pensa. A razão dessa quase inimizade jaz no receio que tem um grupo social que, apenas há pouco tempo, elevou- se acima do nível do proletariado, de descer à antiga e pouco prezada posição ou de, pelo menos, ser visto como pertencendo a essa classe. A isso se acrescente, entre muitos, a desagradável lembrança da ignorância dessa baixa classe, a constante brutalidade nas suas relações uns com os outros e compreender-se-á porque a pequena burguesia, em uma posição social ainda inferior, considera todo contato com essas ínfimas camadas sociais como um fardo insuportável.

Isso explica porque é mais freqüente a uma pessoa altamente colocada, do que a um parvenu, nivelar-se, sem afetação, com os mais humildes. O parvenu é o que, por sua própria força de vontade, passa, na luta pela vida, de uma posição social a outra mais elevada. Essa luta, as mais das vezes áspera, mata a compaixão no coração humano e estanca a simpatia pelos sofrimentos dos que ficam atrás.

Sob esse aspecto, a sorte foi comigo compassiva. Enquanto me compelia a voltar para esse mundo de pobreza e de incertezas, que, no decurso de sua vida, meu pai já havia abandonado, punha, ao mesmo tempo, diante dos meus olhos, com todos os seus aspectos repugnantes, a educação estreita dos pequenos burgueses. Só então aprendi a conhecer os homens, aprendi a fazer a diferença entre ocas aparências, exteriorizações brutais e a essência íntima das coisas.

Já no fim do século passado, Viena pertencia ao número das cidades em que era visível o desequilíbrio social.

Brilhante riqueza e degradante pobreza revezavam-se em contrastes violentos. No centro da cidade e nas suas adjacências sentia-se o bater do pulso do Império de cinqüenta e dois milhões, com todo o seu poder mágico de atração, nesse Estado de várias nacionalidades. A Corte no seu deslumbrante esplendor, agia como ímã sobre a riqueza e a inteligência do resto do Estado. A isso deve-se juntar a forte centralização da política da monarquia dos Habsburgos. Nessa concentração, estava a única possibilidade de manter-se em firme união essa salada de povos. A conseqüência disso foi, porém, uma exagerada concentração das autoridades governamentais na capital, na residência da Corte.

Além disso, Viena era, não só espiritual e politicamente, mas também economicamente, o centro da antiga monarquia danubiana. Em frente ao exército de oficiais superiores, funcionários públicos, artistas e sábios, estendia-se um exército ainda maior, composto de trabalhadores; em frente da riqueza da aristocracia e do comércio, uma pobreza atroz. Diante dos palácios da Ringstrasse perambulavam milhares de sem-trabalho e, por baixo dessa via triunfal da velha Áustria, amontoavam-se os sem-teto, no lusco-fusco e na imundície dos canais.

Dificilmente em uma cidade alemã se poderia tão bem estudar a questão social como em Viena. Mas ninguém se iluda. esse estudo não pode ser feito de cima para baixo. Quem não se viu nas garras dessa víbora nunca aprenderá a conhecer os seus dentes venenosos. Sem essa etapa, tudo redunda em palavreado superficial ou sentimentalismo hipócrita. Um e outro caso são de conseqüências nocivas: no primeiro, porque não se pode descer ao âmago da questão, no segundo, porque se passa sobre ela.

Não sei o que é mais desolador: a indiferença pela miséria social que se nota diariamente na maioria dos que foram favorecidos pela sorte ou que subiram pelos seus próprios méritos, ou a afabilidade soberba, importuna, sem tato, embora sempre compassiva, de certas senhoras da moda que afetam sentir com o povo. Essa gente peca por falta de instinto mais do que se pode supor. Por isso, com surpresa sua, o resultado de sua atividade social é sempre nulo, freqüentemente provoca repulsa, o que é interpretado como prova da ingratidão do povo.

Dificilmente entra na cabeça dessa gente que uma atividade social não consiste nisso e que, sobretudo, não se deve esperar gratidão, pois, no caso, não se trata de distribuição de favores mas apenas de restabelecimento de direitos.

Por isso, escapei de entender a questão social por essa forma. Quando ela me arrastou aos seus domínios parecia não me convidar para aprender mas sim para pôr-me à prova. Não foi por seu merecimento que a cobaia, ainda sadia, suportou a operação.

Na maior parte dos casos não era muito difícil, naquele tempo, encontrar trabalho, uma vez que eu não era operário técnico, mas devia conquistar o pão de cada dia, como ajudante de operário e muitas vezes como trabalhador de. emergência.

Colocava-me, por isso, no ponto de vista daqueles que sacodem dos pés a poeira da Europa, com o irremovível propósito de, rio Novo Mundo, criar uma nova vida, construir uma nova pátria. Libertados de todas as noções até aqui falhas sobre profissão, ambiente e tradições, pegam-se a todo ganho que se lhes oferece, agarram-se a todo trabalho, lutando sempre, com a convicção de que nenhuma atividade envergonha, pouco importando de que natureza esta possa ser. Assim estava eu também decidido a lançar-me de corpo e alma no mundo para mim novo e abrir-me um caminho, lutando.

Cedo me convenci de que trabalho há sempre, mas perdemo-lo com a mesma facilidade com que o encontramos.

A incerteza do ganho do pão quotidiano, dentro de pouco tempo pareceu-me ser o aspecto mais sombrio da nova vida.

O operário técnico não é lançado tão freqüentemente na rua, como os que não o são, mas ele também não está inteiramente ao abrigo dessa sorte. Entre eles, ao lado da perda do pão por falta de trabalho, podem concorrer o chômage e as suas próprias greves.

Nesses casos, a incerteza do ganho do pão diário tem fortes reações sobre toda a economia.

O camponês que se dirige às grandes cidades atraído pelo trabalho que imagina fácil ou que o é realmente, mas sempre trabalho de pouca duração, ou o que é atraído pelo esplendor da grande cidade, o que sucede na maioria dos casos, esse ainda está habituado a uma certa segurança do pão. Ele costuma só abandonar os antigos postos, quando tem outro pelo menos em perspectiva.

A falta de trabalhadores do campo é grande e, por isso, a probabilidade de falta de trabalho é ali muito pequena.

É pois, um erro acreditar que o jovem trabalhador que se dirige à cidade seja inferior ao que fica trabalhando na aldeia. A experiência mostra que acontece o contrário com todos os elementos de emigração, quando são sadios e ativos. Entre esses emigrantes devem-se contar não só os que vão para a América mas também os jovens que se decidem a abandonar sua aldeia para se dirigirem as grandes capitais desconhecidas. Esses também estão dispostos a aceitar uma sorte incerta. Na maioria, trazem algum dinheiro, e, por isso, não se vêem na contingência de ser arrastados ao desespero logo nos primeiros dias, se, por infelicidade, de começo não encontram trabalho. O pior é, porém, quando perdem, em pouco tempo, o trabalho que haviam encontrado. Encontrar outro, sobretudo no inverno, é difícil, se não impossível. Nas primeiras semanas, a situação é ainda insuportável, pois ele recebe da caixa do sindicato a proteção dada ao seu trabalho e atravessa como pode os dias de desemprego. Quando o seu último vintém é gasto, quando a caixa, em conseqüência da longa duração da falta de trabalho, também suspende o pagamento, vem a grande miséria. Então, faminto, erra para cima e para baixo, empenha ou vende os objetos que lhe restam e cada vez mais sensível se lhe torna a falta de roupas. Desce a uma Convivência que acaba por envenenar-lhe o corpo e a alma. Fica sem casa e, se isso acontece no inverno como é comum, então a miséria aumenta. Finalmente, encontra algum trabalho, mas o jogo se repete. Uma segunda vez atingiu de maneira semelhante à primeira, a terceira vez as coisas se tornaram ainda mais difíceis, e assim, pouco a pouco, ele aprende a suportar com indiferença a eterna insegurança. Por fim, a repetição adquire força de hábito.

E assim o homem, outrora diligente, abandona inteiramente a sua antiga concepção da vida, para, pouco a pouco, transformar-se em um instrumento cego daqueles que dele se utilizam apenas na satisfação dos mais baixos proveitos. Sem nenhuma culpa sua ele ficou tantas vezes sem trabalho, que, mais uma vez, menos uma vez, pouco lhe importa. Assim mesmo quando não se trata da luta pelos direitos econômicos do operariado mas de destruição dos valores políticos, sociais ou culturais, ele será então, quando não entusiasta de greves, pelo menos indiferente a elas.

Essa evolução eu tive oportunidade de acompanhar cuidadosamente em milhares de exemplos. Quanto mais eu observava esses fatos, tanto mais aumentava a minha aversão pela cidade dos milhões que os homens, cheios de cobiça, acumulavam para, depois, tão cruelmente, desperdiçá-los.

Eu também fui fustigado pela vida na grande metrópole e à minha própria custa submeti-me a essa provação, experimentando, uma por uma todas essas dolorosas sensações.

Observei ainda que essa rápida mudança do trabalho para a ociosidade forçada e vice-versa, essa eterna oscilação do emprego para o desemprego, com o tempo, haveria de destruir o sentimento de economia e as razões para um prudente equilíbrio de vida. Lentamente o corpo parece acostumar-se a viver à farta nos bons tempos e a passar fome nos maus. A fome destrói todos os projetos dos operários no sentido de um melhor e mais razoável modus vivendi. Nos bons tempos eles se deixam embalar por uma constante miragem pelo sonho de uma vida melhor, sonho que empolga de tal modo a sua existência que eles esquecem as antigas privações, logo que recebem os seus salários. Daí resulta que o que consegue trabalho, imediatamente, da maneira mais desrazoável, esquece uma prudente distribuição de suas despesas, para viver à larga, apenas nos dias imediatos. Isso conduz ao transtorno da manutenção da casa durante a semana, tornando não mais possível uma razoável distribuição da receita. O dinheiro da semana, de começo, dá para cinco dias em vez de sete, mais tarde para três em vez de quatro, finalmente apenas para um dia e, por fim, logo na primeira noite é inteiramente gasto em prazeres.

Em casa, as mais das vezes, há mulher e crianças. Também elas recebem a influência dessa maneira de viver, principalmente se o chefe de família é bom para os seus. Nesse caso, o ganho da semana é esbanjado com todos em casa nos três primeiros dias. Come-se e bebe-se enquanto o dinheiro dura, e, nos últimos dias, todos passam fome. Então a mulher percorre humildemente a vizinhança e os arredores, pede emprestado alguma coisa, faz pequenas dívidas no vendeiro e procura assim manter-se com os seus nos últimos dias da semana. Ao meio-dia, sentam-se todos juntos, diante de magros pratos, muitas vezes até esses faltam, e, fazendo planos, esperam pelo dia do pagamento. Enquanto passam fome sonham de novo com a felicidade. E assim as crianças desde a mais tenra idade, acostumam-se a essa miséria, o pior, porém, é quando, desde o começo, o marido segue o seu caminho e a mulher, por amor aos filhos, levanta-se contra isso. Então surgem as brigas, as disputas constantes. E à proporção que o marido se afasta da mulher, aproxima-se do álcool. Todos os sábados ele se embriaga. Por instinto de conservação, por si e pelos filhos, a mulher briga para tomar os últimos vinténs do marido quando este se dirige da fábrica para a espelunca. Por fim, domingo ou segunda-feira, à noite, ele volta para casa, embriagado e brutal, sempre sem vintém. Então desenrolam-se freqüentemente cenas lastimáveis.

Assisti tudo isso em centenas de casos. No começo sentia-me enojado ou irritado para, mais tarde, compreender toda a tragédia dessa miséria e as suas causas mais profundas. Infelizes vítimas de péssimas condições sociais.

Tão tristes, talvez, eram, outrora, as condições das habitações. A crise de casas para os ajudantes de operários de Viena era horrível. Ainda hoje sinto calafrios quando penso naqueles horríveis covis, as estalagens e nas habitações coletivas, naqueles sombrios quadros de sujeira e de escândalos. Que poderia resultar daí, quando desses covis de miséria a torrente de escravos abandonados se lançasse sobre a outra parte da humanidade, livre de cuidados, despreocupada?

Sim, o resto do mundo é despreocupado. Despreocupado fica, deixando que as coisas sigam o seu caminho, sem pensar que, na sua falta de intuição, a revanche terá lugar, mais cedo ou mais tarde, se em tempo os homens não modificarem essa triste realidade.

Quanto agradeço hoje à Providência o ter-me lançado nessa escola! Aí eu não podia mais sabotar o que não me era agradável. Essa escola educou-me depressa e solidamente.

A menos que eu não quisesse perder a esperança nos homens com quem convivia outrora, deveria fazer a diferença entre a vida que aparentavam e as razões da mesma. Tudo isso deveria, pois, ser suportado sem desânimo. Então, de toda essa infelicidade e miséria, de toda essa sujidade e degradação, deveriam surgir na minha mente não mais homens, mas miseráveis produtos de leis miseráveis. Por isso, a gravidade da luta pela vida que sustentei, evitou que eu capitulasse por mero sentimentalismo ante os pecos resultados desse processo de evolução.

Não, isso não deveria ser compreendido assim.

Já, naqueles tempos, eu havia chegado à conclusão de que só um caminho duplo poderia conduzir ao objetivo da melhoria dessa situação: um mais profundo sentimento de responsabilidade no sentido do estabelecimento de melhores bases para a nossa evolução, combinado isso com a brutal resolução de demolir todas as incorrigíveis excrescências.

Assim como a natureza concentra os seus maiores esforços não na conservação do que existe mas no cultivo do que cria, para continuação da espécie, assim também na vida humana trata-se menos de melhorar artificialmente o que há de mau - o que, pela natureza humana, em noventa e nove por cento dos casos é impossível - do que, desde o início, assegurar, por melhores métodos, a evolução das novas criações.

Já durante a minha luta pela vida em Viena, tornou-se evidente ao meu espírito que a atividade social nunca deverá ser vista como uma obra de proteção sem- finalidade e irrisória, mas sim na remoção de defeitos substanciais na organização de nossa vida econômica e cultural que possam concorrer para a degeneração dos indivíduos ou pelo menos para o seu desvio.

A dificuldade dessa maneira de proceder em face dos últimos e brutais meios contra os delitos dos inimigos do Estado, jaz justamente na incerteza do julgamento sobre os. motivos íntimos ou causas principais dos fenômenos contemporâneos.

Essa incerteza é fundada na convicção da culpa de cada um nessas tragédias do passado e inutiliza toda séria e firme resolução. Causa ao mesmo tempo, a fraqueza e a indecisão na execução até mesmo das mais necessárias medidas de conservação.

Quando um tempo vier não mais empanado pela sombra da consciência da própria culpabilidade, a conservação de si mesmo criará a tranqüilidade íntima, a força exterior, brutal e sem considerações, para matar os maus rebentos da erva ruim.

Como o Estado Austríaco praticamente desconhecia qualquer legislação social, sua incapacidade para o combate de morte aos maus germes saltava diante dos nossos olhos em toda sua evidência.

Eu não sei o que naqueles tempos mais me horrorizava, se 'a miséria econômica dos meus camaradas, se a sua grosseria espiritual .e moral e o nível baixo de sua cultura.

Quantas vozes não se tomava de cólera a nossa burguesia, quando, da boca de algum miserável vagabundo, ouvia a declaração de que lhe era indiferente ser ou não alemão, contanto que ele tivesse a sua subsistência garantida.

Essa falta de orgulho nacional, é, então, censurada da maneira mais incisiva e a repulsa por um tal modo de sentir é expressa em termos enérgicos.

Quantos, porém, já se fizeram a pergunta sobre quais eram as causas de possuírem eles próprios melhores sentimentos?

Quantos compreendem a infinidade de recordações pessoais sobre a grandeza da pátria, da nação,' em todas as fronteiras da vida artística e cultural que lhes inspiram o justo orgulho de poderem pertencer a um povo tão favorecido?

Quantos pensam na dependência do orgulho nacional em relação ao conhecimento das grandezas da Pátria em todos esses domínios?

Refletem nossos círculos burgueses em que irrisória extensão esses motivos de orgulho nacional se apresentam ao povo?

Ninguém se desculpe com o argumento de que "em outros países a coisa não se passa de outra maneira" e que, não obstante, o trabalhador orgulha-se da sua nacionalidade. Mesmo que isso fosse assim, não poderia servir como desculpa para a nossa própria negligência. Tal, porém, não se dá. O que nós sempre pintamos como uma educação "chauvinística" dos franceses, por exemplo, não é mais do que a exaltação das grandezas da França em todos os domínios da Cultura, ou da "civilisation", como a denominam os nossos vizinhos.

O jovem francês não é educado para o objetivismo, mas para as opiniões subjetivas, que a gente só pode avaliar, quando se trata da significação das grandezas políticas ou culturais da sua pátria.

Essa educação terá que ser sempre restrita aos grandes e gerais pontos de vista que, se preciso, por meio de eterna repetição, se gravem na memória e nos sentimentos do povo.

Entre nós, aos erros por omissão, junta-se ainda a destruição do pouco que o indivíduo tem a felicidade de aprender na escola. O envenenamento político do nosso povo elimina ainda esse pouco do coração e da memória das vastas massas, quando a necessidade e os sofrimentos já não o tinham feito.

Pense-se no seguinte.

Em um alojamento subterrâneo, composto de dois quartos abafados, mora uma família proletária de sete pessoas. Entre os cinco filhos, suponhamos um de três anos. É esta a idade em que a consciência da criança recebe as primeiras impressões. Entre os mais dotados encontra-se, mesmo na idade madura, vestígio da lembrança desse tempo. O espaço demasiado estreito para tanta gente não oferece condições vantajosas para a convivência. Brigas e disputas, só por esse motivo, surgirão freqüentemente. As pessoas não vivem umas com as outras, mas se comprimem umas contra as outras. Todas as divergências, sobretudo as menores, que, nas habitações espaçosas, podem ser sanadas por um ligeiro isolamento, conduzem aqui a repugnantes e intermináveis disputas. Para as crianças isso é ainda suportável. Em tais situações, elas brigam sempre e esquecem tudo depressa e completamente. Se, porém, essa luta se passa entre os pais, quase todos os dias, e de maneira a nada deixar a desejar em matéria de grosseria, o resultado de uma tal lição de coisas faz-se sentir entre as crianças. Quem tais meios desconhece dificilmente pode fazer uma idéia do resultado dessa lição objetiva, quando essa discórdia recíproca toma a forma de grosseiros desregramentos do pai para com a mãe e até de maus tratos nos momentos de embriaguez. Aos seis anos, já o jovem conhece coisas deploráveis, diante das quais até um adulto só horror pode sentir. Envenenado moralmente, mal alimentado, com a pobre cabecinha cheia de piolhos, o jovem "cidadão" entra para a escola.

A custo ele chega a ler e escrever. Isso é quase tudo. Quanto a aprender em casa, nem se fale nisso. Até na presença dos filhos, mãe e pai falam da escola de tal maneira que não se pode repetir e estão sempre mais prontos a dizer grosserias do que pôr os filhos nos joelhos e dar-lhes conselhos. O que a criança ouve em casa não é de molde a fortalecer o respeito às pessoas com que vai conviver. Ali nada de bom parece existir na humanidade; todas as instituições são combatidas, desde o professor até às posições mais elevadas do Estado. Trata-se de religião ou da moral em si, do Estado ou da sociedade, tudo é igualmente ultrajado da maneira mais torpe e arrastado na lama dos mais baixos sentimentos. Quando o rapazinho, apenas com quatorze anos, sai da escola, é difícil saber o que é maior nele: a incrível estupidez no que diz respeito a conhecimentos reais ou a cáustica imprudência de suas atitudes, aliada a uma amoralidade que, naquela idade, faz arrepiar os cabelos.

Esse homem, para quem já quase nada é digno de respeito, que nada de grande aprendeu a conhecer, que, ao contrário, conhece todas as vilezas humanas, tal criatura, repetimos, que posição poderá ocupar na vida, na qual ele está à margem?

De menino de treze anos ele passou, aos quinze, a um desrespeitador de toda autoridade.

Sujidade e mais sujidade, eis tudo o que ele aprendeu. E isso não é de molde a estimulá-lo a mais elevadas aspirações.

Agora entra ele, pela primeira vez, na grande escola da vida.

Então começa a mesma existência que nos anos da - meninice ele aprendeu de seus pais. Anda para cima e para baixo, entra em casa Deus sabe quando, para variar bate ele mesmo na alquebrada criatura que foi outrora sua mãe, blasfema contra Deus e o mundo e, enfim, por qualquer motivo especial, é condenado e arrastado a uma prisão de menores.

Lá recebe ele os últimos polimentos.

O mundo burguês admira-se, no entanto, da falta de "entusiasmo nacional" deste jovem "cidadão".

A burguesia vê, como no teatro e no cinema, no lixo da literatura e na torpeza da imprensa, dia a dia, o veneno se derramar sobre o povo, em grandes quantidades, e admira-se ainda do precário "valor moral", da "indiferença nacional" da massa desse povo, como se a sujeira da imprensa e do cinema e coisas semelhantes pudessem fornecer base para o conhecimento das grandezas da Pátria, abstraindo-se mesmo a educação individual anterior. Pude então bem compreender a seguinte verdade, em que jamais havia pensado:

O problema da "nacionalização" de um povo deve começar pela criação de condições sociais sadias como fundamento de uma possibilidade de educação do indivíduo. Somente quem, pela educação e pela escola, aprende a conhecer as grandes alturas, econômicas e, sobretudo, políticas da própria Pátria, pode adquirir e adquirirá, certamente, aquele orgulho íntimo de pertencer a um tal povo. Só se pode lutar pelo que se ama, só se pode amar o que se respeita e respeitar o que pelo menos se conhece.

Logo que o interesses pela questão social foi em mim despertado, comecei a estudá-la profundamente. Aos meus olhos surgia um novo mundo até então desconhecido.

No ano de 1909 para 1910, minha própria situação modificou se um pouco porque não precisava mais ganhar o pão de cada dia como ajudante de operário. Já trabalhava, por minha conta, como desenhista e aquarelista. Continuava a ganhar muito pouco - o essencial para viver - mas em compensação tinha lazeres para aperfeiçoar-me na profissão que havia escolhido. Já não entrava em casa, à noite, como antigamente, cansado ao extremo, incapaz de parar a vista em um livro sem adormecer dentro de pouco tempo. Meu trabalho de agora corria paralelo com a minha profissão artística. Podia, então, como senhor do meu próprio tempo, dividi-lo melhor do que antes.

Eu pintava para ganhar o pão e estudava por prazer.

Assim foi possível às minhas observações sobre a questão social juntar o complemento teórico indispensável. Eu estudava quase tudo que sobre esse assunto se podia assimilar em livros, dando assim às minhas próprias idéias base mais sólida.

Creio que os que comigo conviviam naquele tempo tinham-me por um tipo esquisito.

Era natural que eu, com ardor, satisfizesse à minha paixão pela arquitetura. Ao lado da música, a arquitetura me parecia a rainha das artes. Minha atividade, em tais condições, não era um trabalho, mas um grande prazer. Podia ler ou desenhar até tarde da noite, sem cansar-me absolutamente. Assim fortalecia-se a convicção de que o meu belo sonho, depois de longos anos, transformar-se-ia em realidade. Estava inteiramente convencido de um dia conquistar um nome como arquiteto.

Não me parecia muito significativo que eu também tivesse o maior interesse por tudo que se relacionasse com a política. Ao contrário, isso era, em minha opinião, um dever natural de cada ser pensante. Quem nada entende de política perde o direito a qualquer crítica, a qualquer reivindicação.

Também sobre esse assunto li e aprendi muito.

Sob o nome de leitura, concebo coisa muito diferente do que pensa a grande maioria dos chamados intelectuais.

Conheço indivíduos que lêem muitíssimo, livro por livro letra por letra, e que, no entanto, não podem ser apontados como "lidos". Eles possuem uma multidão de "conhecimentos", mas o seu cérebro não consegue executar uma distribuição e um registro do material adquirido. Falta-lhes a arte de separar, no livro, o que lhes é de valor e o que é inútil, conservar para sempre de memória o que lhes interessa e, se possível, passar por cima, desprezar o que não lhes traz vantagens, em qualquer hipótese não conservar consigo esse peso sem finalidade. A leitura não deve ser vista como finalidade, mas sim como meio para alcançar uma finalidade. Em primeiro lugar, a leitura deve auxiliar a formação do espírito, a despertar as disposições intelectuais e inclinações de cada um. Em seguida, deve fornecer o instrumento, o material de que cada um tem necessidade na sua profissão, tanto para o simples ganha-pão como para a satisfação de mais elevados desígnios. Em segundo lugar, deve proporcionar uma idéia de conjunto do mundo. Em ambos os casos, é, porem, necessário que o conteúdo de qualquer leitura não seja confiado à guarda da memória na ordem de sucessão dos livros, mas como pequenos mosaicos que, no quadro de conjunto, tomem o seu lugar na posição que lhes é destinada, assim auxiliando a formar este quadro no cérebro do leitor. De outra maneira, resulta um bric-á-brac de matérias aprendidas de cor, inteiramente inúteis, que transformam o seu infeliz possuidor em um presunçoso, seriamente convencido de ser um homem instruído, de entender alguma coisa da vida, de possuir cultura, ao passo que a verdade é que, a cada acréscimo dessa sorte de conhecimentos, mais se afasta do mundo, até que acaba em um sanatório ou, como "político", em um parlamento.

Nunca um cérebro assim formado conseguirá, da confusão de sua "ciência", retirar o que é apropriado às exigências de determinado momento, pois seu lastro espiritual está arranjado não na ordem natural da vida mas na ordem de sucessão dos livros, como os leu e pela maneira por que amontoou os assuntos no cérebro. Quando as exigências da vida diária dele reclamam o justo emprego do que outrora aprendeu então precisará mencionar os livros e o número das páginas e, pobre infeliz, nunca encontrará exatamente o que procura.

Nas horas críticas, esses "sábios", quando se vêem na dolorosa contingência de pesquisar casos análogos para aplicar às circunstâncias, só descobrem receitas falsas.

Não fosse assim e não se poderiam conceber os atos políticos dos nossos sábios heróis do Governo que ocupam as mais elevadas posições, a menos que a gente se decidisse a aceitar as suas soluções não como conseqüências de disposições intelectuais patológicas, mas como infâmias e trapaçarias.

Quem possui, porém, a arte da boa leitura, ao ler qualquer livro, revista ou brochura, dirigirá sua atenção para tudo o que, no seu modo de ver, mereça ser conservado durante muito tempo, quer porque seja útil, quer porque seja de valor para a cultura geral.

O que por esse meio se adquire encontra sua racional ligação no quadro sempre existente que a representação desta ou daquela coisa criou, e corrigindo ou reparando, realizará a justeza ou a clareza do mesmo. Se qualquer problema da vida se apresenta para exame ou contestação, a memória, por esta arte de ler, poderá recorrer ao modelo do quadro de percepção já existente, e por ele todas as contribuições coligidas durante dezenas de anos e que dizem respeito a esse problema são submetidas a uma prova racional e ao nosso exame, até que a questão seja esclarecida ou respondida.

Só assim a leitura tem sentido e finalidade.

Um leitor, por exemplo, que, por esse meio, não fornecer à sua razão os fundamentos necessários, nunca estará na situação de defender os seus pontos de vista ante uma contradita, correspondam os mesmos mil vezes à verdade. Em cada discussão a memória o abandonará desdenhosamente. Ele não encontrará razões nem para o fortalecimento de suas afirmações, nem para a refutação das idéias do adversário. Enquanto isso acarreta, como no caso de um orador o ridículo da própria pessoa, ainda se pode tolerar; de péssimas conseqüências é, porém, que esses indivíduos que "sabem" tudo e não são capazes de coisa alguma, sejam colocados na direção de um Estado.

Muito cedo esforcei-me por ler por aquele processo e fui, da maneira mais feliz, auxiliado pela memória e pela razão. Observadas as coisas por esse aspecto, foi me fecundo e proveitoso, sobretudo o tempo que passei em Viena. A experiência da vida diária servia de estímulo para sempre novos estudos dos mais diversos problemas. Quando eu, por fim, cheguei à situação de poder fundamentar a realidade na teoria e tirar a prova da teoria na experiência, na prática, estava em condições de evitar o excesso de apego à teoria, ou descer demais à realidade.

Assim, a experiência da vida diária, nesse tempo, em dois dos mais importantes problemas, além do social, tornou-se definitiva e serviu de estimulante para sólido estudo teórico.

Quem sabe se eu algum dia me teria aprofundado na teoria e na vida do marxismo, se, outrora, eu não tivesse quebrado a cabeça com esse problema? O que eu, na minha mocidade, conhecia sobre a social democracia era muito pouco e muito errado.

Causava-me intenso prazer que a social democracia dirigisse a luta pelo direito do voto secreto e universal. A minha razão já me dizia, porém, que essa conquista deveria levar a um enfraquecimento do regime dos Habsburgos, por mim já tão odiado.

Na convicção de que o Estado danubiano nunca se manteria sem o sacrifício do espírito alemão, e que o mesmo prêmio de uma lenta eslavização do elemento germânico de modo algum ofereceria garantia de um governo verdadeiramente viável, pois a força criadora do Estado dos eslavos é muito hipotética, via eu com prazer todo movimento que, na minha imaginação, poderia contribuir para o desmembramento desse Estado de dez milhões de alemães, inviável e condenado à morte. Quanto mais o palavrório corroía o parlamento, mais próximo deveria estar a hora da ruína desse Estado babilônico e com ela também a hora da libertação dos meus compatriotas austro-alemães. Só assim se poderia voltar à antiga anexação à mãe-pátria.

Por isso, a atividade da social-democracia não me parecia antipática. Como esse movimento se preocupava em melhorar as condições vitais do operariado - como eu acreditava na minha ingenuidade de outrora - pareceu-me melhor falar a seu favor do que contra. O que mais me afastava da social-democracia era sua posição de adversária em relação ao movimento pela conservação do espírito germânico, a deplorável inclinação em favor dos "camaradas" eslavos que só aceitavam esse alerta quando era acompanhado de concessões práticas, repelindo-o, arrogantes e orgulhosos, quando não viam interesses. Davam, assim, ao importuno mendigo a paga merecida.

Na idade de dezessete anos, a palavra marxismo era-me pouco conhecida, enquanto socialismo e social-democracia pareciam-me concepções idênticas. Foi preciso, também, nesse caso, que o punho forte do destino me abrisse os olhos para essa maldita maneira de ludibriar o povo.

Até então eu só tinha contato com a social-democracia como observador em algumas demonstrações coletivas, sem possuir nenhuma idéia da mentalidade de seus adeptos ou da essência da doutrina. De repente, pude sentir os efeitos de sua doutrinação e de sua maneira de encarar o mundo. O que, talvez só depois de dezenas de anos, tivesse acontecido, aprendi agora no decurso de poucos meses, isto é, a verdadeira significação de uma peste ambulante sob a máscara de virtude social e amor ao próximo e da qual se deve depressa libertar a terra, pois, ao contrário, muito facilmente a humanidade será por ela imolada.

No serviço de construções teve lugar o meu primeiro encontro com os sociais-democratas. Logo de começo, não foi muito agradável. Minhas roupas ainda estavam em ordem, minha linguagem era cuidada, minha vida comedida. Tinha tanto que lutar com a minha sorte que pouco podia cuidar do que me cercava. Só procurava trabalho para não passar fome e para ter a possibilidade de continuar, mesmo lentamente, a minha educação. Talvez eu não me tivesse absolutamente preocupado com o novo meio em que me achava, se, lá no terceiro ou quarto dia, não se tivesse dado um fato que me forçou a tomar imediatamente uma posição definida: fui intimado a entrar no sindicato.

Meus conhecimentos sobre organização sindical eram então quase nulos. Nem a sua utilidade nem a sua inutilidade podia eu aquilatar. Quando me esclareceram que eu deveria entrar, recusei-me. Fundamentava a minha resolução com a razão de que eu não entendia do assunto e que, sobretudo, não me deixava levar à força para parte alguma. Talvez fosse a primeira a razão por que não me puseram imediatamente na rua. Talvez esperassem que, dentro de alguns dias, eu estivesse convertido ou pelo menos mais dócil.

Haviam-se enganado radicalmente.

Depois de quatorze dias, eu não poderia mais entrar para o sindicato, mesmo que o tivesse desejado. Nestes quatorze dias, pude conhecer de mais perto os que me cercavam, de modo que nenhuma força do mundo poderia mais arrastar-me a uma organização, cujos esteios me apareceram sob uma luz tão desfavorável.

Nos primeiros dias fiquei indignado.

Ao meio-dia, uma parte dos operários ia para a estalagem próxima, enquanto a outra ficava no local da-construção e aí tinha o seu magro almoço. Estes eram casados, para os quais as mulheres, em miseráveis vasilhas, traziam a sopa do meio-dia. Para o fim da semana, o número desses era sempre maior. A razão disso só mais tarde compreendi.

Então conversava-se política.

Eu bebia minha garrafa de leite e comia o meu pedaço de pão, conservando-me sempre afastado, e estudava com atenção meus novos conhecidos ou refletia sobre a minha triste sorte. Não obstante isso, ouvia mais do que o suficiente. Pareceu-me freqüentemente que se aproximavam de mim de propósito para me forçarem a tomar uma posição. Em todo caso, como vim a saber, isso visava o efeito de me provocar.

Ali tudo se negava: a nação era uma invenção das classes capitalistas (que número infinito de vezes ouvi essa palavra!); a Pátria era um instrumento da burguesia para exploração das massas trabalhadoras; a autoridade da lei era simples meio de opressão do proletariado; a escola era instituto de cultura do material escravo e mantenedor da escravidão; a religião era vista como meio de atemorizar o povo para melhor exploração do mesmo; a moral não passava de uma prova da estúpida paciência de carneiro do povo. Não havia nada, por mais puro, que não fosse arrastado na lama mais asquerosa.

De começo, tentei manter-me em silêncio. Por fim, não podia mais. Comecei a tomar posição, comecei a contraditar. Então passei a compreendei- que essa oposição de nada valia, enquanto eu não possuísse conhecimentos seguros sobre os pontos debatidos. Comecei a pesquisar nas próprias fontes, de onde eles extraíam a sua fictícia sabedoria. Li livros sobre livros, brochuras sobre brochuras. No local do serviço, as coisas chegavam freqüentemente à exaltação. Eu discutia cada vez melhor, até que um dia foi empregado um meio que facilmente levava de vencida a razão: o terror, a força. Alguns dos defensores do lado contrário intimaram-me a abandonar a construção imediatamente ou a ser jogado do andaime. Como estava sozinho e a resistência seria impossível, preferi seguir o primeiro alvitre, adquirindo assim mais uma experiência.

Saí, enojado, mas, ao mesmo tempo, tão impressionado que já agora seria inteiramente impossível para mim abandonar a questão. Não. Depois da eclosão da primeira revolta, a obstinação de novo venceu. Estava firmemente resolvido a voltar, apesar de tudo para outro serviço de construção. Essa decisão foi fortalecida pela situação precária em que me encontrei algumas semanas mais tarde, depois de gastar as pequenas economias. Não me restava outra saída, quer eu quisesse quer não. E cena idêntica desenrolou-se, para acabar da mesma forma que a primeira.

Travou-se uma luta no meu íntimo, que se define nesta pergunta: isso é gente digna de pertencer a um grande povo?

Eis uma pergunta angustiosa. Se a respondermos afirmativamente, a luta por uma nacionalidade merecerá os trabalhos e os sacrifícios que os melhores fazem por um tal rebotalho? Se a resposta for negativa, então o nosso povo já está muito pobre em homens.

Com desânimo inquietador via eu, naqueles dias críticos e atormentados, a massa, que já não pertencia a seu povo, tornar-se um exército ameaçador.

Com que sentimentos diferentes fitava, então, as filas sem fim dos trabalhadores vienenses em um dia de demonstração coletiva! Durante quase duas horas, de pé, um dia, observei, com a respiração suspensa, a monstruosa onda humana que rolava lentamente. Tomado de um desânimo inquieto, abandonei a praça e dirigi-me para casa. No caminho, vi em uma tabacaria o "Arbeiterzeitung", órgão central da antiga social-democracia. Em um café popular, que eu freqüentava constantemente a fim de ler os jornais, esse periódico também era exposto à venda. Eu não podia, porém, fazer o sacrifício de passar uma vista por mais de dois minutos na folha infame, que, para mim, tinha o efeito do vitríolo.

Debaixo da acabrunhadora impressão que a demonstração coletiva havia produzido, senti uma voz íntima que me incitava a comprar o jornal e lê-lo inteiramente. À noite tratei disso, vencendo a crescente repulsa que sempre experimentava ao ver essa torneira de mentiras concentradas. Melhor do que em toda a literatura teórica, pude, pela leitura diária da imprensa social-democrática, estudar a essência do movimento e o curso das suas idéias.

Que diferença entre as cintilantes frases de liberdade, beleza e dignidade da literatura teórica, entre o fogo-fátuo do palavrório que, laboriosamente, aparenta a mais profunda e irresistível sabedoria, pregada com uma segurança profética, e a brutal virtuosidade da mentira da imprensa diária que trabalhava pela salvação da nova humanidade sem recuar ante nenhuma objeção, usando de todos os recursos da calúnia!

Uma é destinada aos estúpidos das camadas intelectuais médias e superiores, a outra às massas.

A meditação sobre a literatura e a imprensa dessa doutrinação, servia-me para descobrir de novo a minha gente.

O que, a princípio, me parecia um abismo intransponível, devia tornar-se motivo para amar cada vez mais o meu povo.

Só um louco poderia, depois de conhecer esse monstruoso trabalho de envenenamento, condenar ainda as vítimas do mesmo. Quanto mais independente eu me tornava nos anos seguintes, tanto mais longe alcançava a minha vista as causas íntimas do êxito da social- democracia. Então compreendendo a significação da exigência brutal feita ao operário para só ler jornais vermelhos, só freqüentar assembléias vermelhas, só ler livros vermelhos, etc., vi, muito claro, os efeitos violentos dessa doutrinação da intolerância.

A psique das massas é de natureza a não se deixar influenciar per meias medidas, por atos de fraqueza.

Assim como as mulheres, cuja receptividade mental é determinada menos por motivos de ordem abstrata do que por uma indefinível necessidade sentimental de uma força que as complete e, que, por isso preferem curvar-se aos fortes a dominar os fracos, assim também as massas gostam mais dos que mandam do que dos que pedem e sentem-se mais satisfeitas com uma doutrina que não tolera nenhuma outra do que com a tolerante largueza do liberalismo. Elas não sabem o que fazer da liberdade e, por isso, facilmente sentem-se abandonadas.

A impudência do terrorismo espiritual passa-lhes despercebida, assim como os crescentes atentados contra a sua liberdade que as deveriam levar à revolta. Elas não se apercebem, de nenhum modo, dos erros intrínsecos dessa doutrinação. Elas vêem apenas a força incontrastável e a brutalidade de suas resolutas manifestações externas, ante as quais sempre se curvam.

Se uma doutrina que encerrasse mais inveracidade ao lado de idêntica brutalidade na propaganda, fosse oposta à social-democracia, triunfaria, do mesmo modo, por mais áspera que fosse a luta.

Em menos de dois anos, não só a doutrina da social-democracia mas também o seu emprego como instrumento prático, tornaram-se-me claros.

Eu compreendi o infame terror espiritual que esse movimento exerce especialmente sobre a burguesia.

A um dado sinal, os seus propagandistas lançam um chuveiro de mentiras e calúnias contra o adversário que lhes parece mais perigoso, até que se rompam os nervos dos agredidos que, para terem tranqüilidade, se rendem ao inimigo.

Mas é do destino dos tolos nunca alcançarem o sossego.

O jogo recomeça e repete-se inúmeras vozes, até que o pavor ante os monstros selvagens provoca uma significativa imobilidade do adversário.

Como a social democracia, por experiência própria, conhece muito bem o valor da força, lança- se mais violentamente contra aqueles em cuja individualidade descobre algum sistema de resistência. Por outro lado, incensa todos os fracos do lado oposto, a princípio cautelosamente e depois abertamente, conforme essas qualidades morais sejam reais ou imaginárias.

Eles receiam menos um gênio impotente e sem vontade do que uma natureza forte, mesmo intelectualmente modesta.

A social-democracia se recomenda sobretudo aos fracos de espírito e de caráter.

Esse partido sabe aparentar que só ele conhece o segredo da paz e tranqüilidade, enquanto, cautelosamente mas de maneira decidida, conquista uma posição depois da outra, ora por meio de discreta pressão, ora através de requintadas escamoteações em momentos em que a atenção geral está dirigida para outros assuntos, não quer por ele ser despertada ou tem a oportunidade como não merecendo grande interesses ou receia provocar o perverso adversário.

Essa é uma tática que, tendo em conta exatamente tidas as fraquezas humanas, é coroada de êxito matemático, quando o adversário não aprende a usar gás venenoso contra gás venenoso, isto é, as mesmas armas do agressor.

É preciso que se diga às naturezas fracas que se trata de uma luta de vida ou de morte.

Não menos compreensível para mim tornou-se a significação do terror material em relação aos indivíduos e às massas.

Aqui também havia um cálculo exato de atuação psicológica. O terror nos lugares de trabalho, nas fábricas, nos locais de reunião e por ocasião das demonstrações coletivas, era sempre coroado de êxito, enquanto um terror maior não se lhe opunha.

Quando acontece essa última hipótese, o partido, em gritos de pavor, embora habituado a desrespeitar a autoridade do Estado, em altos berros pedirá seu auxílio, para, na maioria dos casos, no meio da confusão geral, alcançar o seu verdadeiro objetivo, isto é: encontrar covardes autoridades que, na tímida esperança de poder de futuro contar com o temível adversário, auxiliem- no a combater o inimigo.

Que impressão um tal êxito exerce sobre o espírito das vastas massas e dos seus adeptos, assim como sobre o vencedor, só pode avaliar quem conhece a alma do povo, não através de livros mas pelo estudo da própria vida, pois, enquanto, no círculo dos vencedores, o triunfo alcançado é tido como uma vitória do direito de sua causa, o adversário batido, na maioria dos casos, duvida do êxito de uma outra resistência.

Quanto melhor eu conhecia os métodos da violência material, tanto mais me inclinava a desculpar as centenas de milhares de proletários que cediam ante a força bruta.

A compreensão desse fato devo principalmente aos meus antigos tempos de sofrimentos, os quais me fizeram entender o meu povo e fazer a diferença entre as vítimas e os seus condutores.

Como vítimas devem ser vistos os que foram submetidos a essa situação corruptora. Quando eu me esforçava por estudar, na vida real, a natureza íntima dessas camadas "inferiores", não podia delas fazer uma idéia justa, sem a segurança de que, nesse meio, também encontrava qualidades recomendáveis, como sejam capacidade de sacrifício, fiel camaradagem, extraordinária sobriedade, discreta modéstia, virtudes essas muito comuns, sobretudo nos antigos sindicatos. Se é verdade que essas virtudes se diluíam cada vez mais nas novas gerações, sob a atuação das grandes cidades, incontestável é também que muitas conseguiam triunfar sobre as vilezas comuns da vida. Se esses homens, bons e bravos, na sua atividade política, entravam nas fileiras dos inimigos do nosso povo e a estes auxiliavam, era porque não compreendiam e nem podiam compreender a vileza da nova doutrina ou porque, em ultima ratio, as injunções sociais eram mais fortes do que todas as vontades em contrário. As contingências da vida a que, de um modo ou de outro, estavam fatalmente sujeitos, faziam-nos entrar no acampamento da social- democracia.

Como a burguesia, inúmeras vezes, da maneira mais inepta e também a mais imoral, fazia frente às mais justas aspirações coletivas, sem muitas vezes retirar ou esperar retirar qualquer proveito de uma tal atitude, mesmo o mais ordeiro trabalhador saia da organização sindical para tomar parte na atividade política.

Milhões de proletários, na intimidade, foram, sem dúvida, de começo, inimigos do partido social- democrático. Foram, porém, derrotados na sua oposição pela conduta idiota do partido burguês combatendo todas as reivindicações da massa dos trabalhadores.

A impugnação cega da burguesia a todos os ensaios por uma melhoria nas condições do trabalho, tais como um aparelhamento de defesa contra as máquinas, a proteção ao trabalho das crianças e a proteção da mulher, pelo menos nos últimos meses de gravidez, tudo isso auxiliou a social-democracia a pegar as massas nas suas redes. Esse partido sabia aproveitar todos os casos em que pudesse manifestar sentimentos de piedade para com os oprimidos. Nunca mais poderá a nossa burguesia política reparar os seus erros, pois, enquanto ela se opunha a todas as tentativas por uma remoção dos males sociais, semeava ódio e justificava mesmo as afirmações dos inimigos da nacionalidade, segundo as quais só o Partido Social Democrata defendia os interesses das classes produtoras.

Aí estão as razões morais da resistência dos sindicatos e os motivos por que prestaram os melhores serviços àquele partido político.

Nos meus anos de aprendizado em Viena fui forçado, quer quisesse quer não, a tomar posição no problema dos sindicatos.

Como eu os via como parte integral e indivisível do Partido Social Democrata, minha decisão foi rápida e falsa.

Como era natural, recusei-me a entrar para o sindicato.

Também nesta importante questão foi a vida real que me serviu de mestre. O resultado foi uma reviravolta nos meus primeiros julgamentos.

Aos vinte anos, já fazia a diferença entre o sindicato como meio de defesa dos direitos sociais dos empregados e de luta pela melhoria das condições de vida dos mesmos e o sindicato como instrumento do partido na luta política de classes.

Como a social-democracia compreendeu a enorme significação do movimento sindicalista, assegurou para si a colaboração desse instrumento e daí o seu êxito; como a burguesia não a compreendeu, isso lhe custou a sua posição política. Na sua teimosa oposição, imaginou a burguesia fazer parar uma evolução fatal e, na realidade, conseguiu apenas forçá-la a tomar um caminho ilógico. Dizer- se que o movimento sindical em si é inimigo da Pátria é uma idiotice, e além disso, uma inverdade. O contrário é que é a verdade. Se uma atividade sindical tem como objetivo a melhoria de uma classe que constitui uma das colunas mestras da nação e se esforça por realizá-lo, essa atividade não só não se exerce contra a Pátria e o Estado mas, no verdadeiro sentido da palavra, consulta os interesses nacionais. É fora de qualquer dúvida que essa atuação auxilia a criar programas sociais, sem o que nem se deve pensar em uma educação nacional coletiva. Esse movimento atinge seu maior mérito quando, pelo combate aos cancros sociais existentes, ataca as causas das moléstias do corpo e do espírito, contribuindo para a conservação da saúde do povo. É ociosa a discussão sobre as vantagens dessas agitações.

Enquanto, entre os que distribuírem trabalho, houver homens que não compreendam a questão social ou possuam idéias erradas de direito e de justiça, é não só direito mas dever dos por eles empregados, - que aliás formam uma parte do nosso povo - proteger os interesses da quase totalidade contra a avidez ou a irracionalidade de poucos, pois a manutenção da fé na massa do povo é para o bem-estar da nação tão importante quanto a conservação da sua saúde.

Ambos esses interesses serão seriamente ameaçados pelos indignos empregadores que não têm os mesmos sentimentos da coletividade, de que vivem divorciados. Devido à sua condenável atitude, inspirada na ambição ou na intransigência, nuvens ameaçadoras anunciam tempestades futuras.

Remover as causas de uma tal evolução é conquistar um mérito em relação à Pátria. Agir ao contrário é trabalhar contra os interesses da nação.

Não se diga que cada um tem independência suficiente para tirar todas as conclusões das injustiças reais ou fictícias que lhe são feitas. Não, isso é hipocrisia e deve ser visto como tentativa para desviar a atenção das soluções justas.

A alternativa é a seguinte: evitar acontecimentos nocivos à coletividade consulta ou não os interesses da nação? Na primeira hipótese, a luta deve ser aceita com todas as armas que possam assegurar o triunfo.

O trabalhador, individualmente, não está nunca em condições de empenhar- se, com êxito, em uma luta contra o poder do grande empregador. Nesse conflito não se trata do problema da vitória do direito. Se assim fosse, o simples reconhecimento desse direito faria cessar toda luta, pois desapareceria, em ambas as partes, o desejo de combater. Trata-se, porém, de uma questão de força. Naquele caso, o sentimento de justiça por si só faria terminar a luta de modo honroso, ou melhor, nunca se chegaria a ela. Se atos indignos ou contrários aos interesses sociais arrastam à -reação, a luta só poderá ser decidida em favor do lado mais forte, salvo se a justiça se dispuser à solução desses males.

Além disso, é evidente que o empregador, apoiado na força concentrada de suas empresas, terá que enfrentar o corpo de empregados, se não quiser ser compelido a perder, desde o início, qualquer esperança de vitória.

Assim a organização sindical pode produzir o fortalecimento dos ideais sociais por unia atuação mais prática e, com isso, o afastamento de causas de irritação que sempre dão motivo a descontentamentos e a queixas. Se isso não acontece deve-se em grande parte àqueles que a todas as soluções legais das dificuldades do povo julgam opor obstáculos ou impedi-las por meio de sua influência política.

Enquanto a burguesia não compreendia a significação da organização sindical, ou, melhor, não queria entendê-la, e insistia em fazer-lhe oposição, a social-democracia punha-se ao lado do movimento combatido.

Vendo longe, ela criou para si uma base firme que nos momentos críticos, já lhe havia servido de último esteio. A verdade, porém, é que a antiga finalidade era, pouco a pouco, abandonada, para dar lugar a outros objetivos.

A social-democracia nunca pensou em solucionar os problemas reais do movimento profissional.

Em poucas décadas, nas mãos espertas da social-democracia, o movimento sindical de instrumento de defesa dos direitos sociais passou a ser instrumento de destruição da economia nacional.

Os interesses dos trabalhadores não deveriam em nada obstar a sua ação, pois, politicamente, o emprego de meios de compressão econômica sempre permite a extorsão e o exercício de violências a toda hora, sempre que, de um lado, há a necessária falta de escrúpulos e, do outro, a suficiente estupidez junta a uma paciência de cordeiro. E isso acontece nos dois campos em luta.

Já no começo deste século o movimento sindical, de há muito, havia deixado de servir ao seu objetivo de outrora.

De ano a ano, ele, cada vez mais, caía nas mãos dos políticos da social- democracia, para, por fim, ser utilizado apenas como pára-choque na luta de classes. Em conseqüência de permanentes conflitos deveria, finalmente, levar à ruína toda a organização econômica, pacientemente construída, arrastando o edifício do Estado à mesma sorte, pela destruição de suas fundações econômicas.

Cogitava-se cada vez menos da defesa de todos os interesses reais do proletariado, até chegar- se à conclusão de que a prudência política considerava como não aconselhável melhorar as condições sociais e culturais das grandes massas, pois, ao contrário, corria-se o perigo de que essas, tendo seus desejos satisfeitos, não mais poderiam ser eternamente utilizadas como tropas de combate facilmente manejáveis.

Essa evolução atemorizou de tal maneira os guias da luta de classes que eles, por fim, se opuseram a todas as salutares reformas sociais e, da maneira mais decidida, tomaram posição de combate às mesmas.

Na justificação dos fundamentos dessa atitude negativa e incompreensível nada deviam recear.

No campo burguês estava se escandalizado com essa visível falta de sinceridade da tática da social democracia, sem que, porém, daí se tirassem as mínimas conclusões para um acertado plano de ação. Justamente o receio da social-democracia diante de cada melhoria real da situação do proletariado em relação à profundidade de sua até então miséria cultural e social, talvez tivesse concorrido a arrancar esse instrumento das mãos dos representantes de classes Isso não aconteceu, porém. Em vez de tomar a ofensiva, a burguesia deixou apertar-se cada vez mais o cerco em torno de si para, enfim, adotar providências inadequadas que, por muito tardias, tornaram-se sem eficiência, e, por isso mesmo, eram facilmente repelidas. Assim ficou tudo como antes, apenas o descontentamento tornou-se cada vez maior.

Os "sindicatos independentes", como uma nuvem tempestuosa, obscureciam o horizonte político, ameaçando também a existência dos indivíduos. Essas organizações se transformaram no mais temível instrumento de terror contra a segurança e independência da economia nacional, a solidez do Estado e a liberdade dos indivíduos.

Foram eles, sobretudo, que transformaram a concepção da democracia em uma frase asquerosa e ridícula, que profanava a liberdade e escarnecia, de maneira imperecível, da fraternidade, nesta proposição: "Se não quiseres ser dos nossos, nós te arrebentaremos a cabeça".

Assim começava eu a conhecer esses inimigos do "gênero humano".

No decurso dos anos, a opinião sobre eles desenvolveu-se e aprofundou-se, sem modificar-se, porém.

Quanto mais eu estudava o aspecto exterior da social-democracia, tanto mais crescia o desejo de penetrar na estrutura íntima dessa doutrina.

A literatura oficial do Partido de pouca utilidade me poderia ser na realização desse objetivo. Ela é, no que diz respeito a questões econômicas, falsa nas suas afirmações e conclusões e mentirosa quanto à finalidade política.

Daí a razão por que eu me sentia, de coração, afastado dos novos modos de expressão da eterna rabulice política e da sua maneira de descrever as coisas.

Com um inconcebível luxo de palavras de significação obscura, gaguejavam sentenças que deveriam ser ricas de pensamento como eram falhas de senso.

Só a decadência dos nossos intelectuais das grandes cidades poderia, neste labirinto da razão, sentir-se confortavelmente, para, no nevoeiro deste dadaismo literário, compreender a "vida íntima", apoiado na proverbial inclinação de uma parte do nosso povo, para sempre farejar a sabedoria profunda no meio dos paradoxos pessoais.

Enquanto eu, na realidade de suas demonstrações, pesava todas as mentiras e desatinos teóricos dessa doutrina, chegava, pouco a pouco, a uma compreensão mais clara da sua vontade.

Nestas horas apoderavam-se de mim idéias tristes e maus presságios. Vi diante de mim uma doutrina, constituída de egoísmo e de ódio, que, por leis matemáticas, poderá ser levada à vitória mas arrastará a humanidade à ruína.

Nesse ínterim, eu já tinha compreendido a ligação entre essa doutrina de destruição e o caráter de uma certa raça para mim até então desconhecida.

Só o conhecimento dos judeus ofereceu-me a chave para a compreensão dos propósitos íntimos e, por isso, reais da social-democracia. Quem conhece este povo vê cair-se-lhe dos olhos o véu que impedia descobrir as concepções falsas sobre a finalidade e o sentido deste partido e, do nevoeiro do palavreado de sua propaganda, de dentes arreganhados, vê aparecer a caricatura do marxismo.

Hoje é-me difícil, senão impossível, dizer quando a palavra judeu pela primeira vez foi objeto de minhas reflexões. Na casa paterna, durante a vida de meu pai, não me lembro de tê-la ouvido. Creio que ele já via nessa palavra a expressão de uma cultura retrógrada. No curso de sua vida, ele chegou a uma concepção mais ou menos cosmopolita do mundo combinada a um nacionalismo radical que, também, exercia seus efeitos sobre mim.

Na escola também não encontrei oportunidade que me pudesse levar a uma modificação desse modo de encarar as coisas, que me havia transmitido meu pai.

É verdade que, na escola profissional, eu havia conhecido um jovem judeu que era tratado por nós com certa prevenção, mas isso somente porque não tínhamos confiança nele, devido ao seu todo taciturno e a vários fatos que nos haviam escarmentado. Nem a mim nem aos outros despertou isso quaisquer reflexões.

Só dos meus quatorze para os quinze anos deparei freqüentemente com a palavra judeu, ligada em parte a conversas sobre assuntos políticos. Sentia contra isso uma ligeira repulsa e não podia evitar essa impressão desagradável que, aliás, sempre se apoderava de mim quando discussões religiosas se travavam na minha presença.

Nesse tempo eu não via a questão sob qualquer outro aspecto.

Em Linz havia muito poucos judeus. Com o decorrer dos séculos, o aspecto do judeu se havia europeizado e ele se tornara parecido com gente. Eu os tinha por alemães, Não me era possível compreender o erro desse julgamento, porque o único traço diferencial que neles via era o aspecto religioso diferente do nosso. Minha condenação a manifestações contrárias a eles, a perseguição que se lhes movia, por motivos de religião como eu acreditava, levavam-me à irritação, Eu não pensava absolutamente na existência de um plano regular de combate aos judeus.

Com essas idéias vim para Viena.

Absorvido pela avalancha de impressões que a arquitetura despertava, abatido pelo peso da minha própria sorte, eu não tinha olhos para observar a estrutura da população da grande cidade.

Embora Viena, já naquele tempo, possuísse duzentos mil judeus em uma população de dois milhões, não me apercebi desse fato. Nas primeiras semanas, os meus sentidos não puderam abarcar o conjunto de tantos valores e idéias novas. Só depois que, pouco a pouco, a serenidade voltou e as imagens confusas dos primeiros tempos começaram a esclarecer-se, é que mais acuradamente pude ver em torno de mim o novo mundo que me cercava e, então, deparei também com o problema judaico.

Não quero afirmar que a maneira por que eu os conheci me tenha sido particularmente agradável. Eu só via no judeu o lado religioso. Por isso, por uma questão de tolerância, considerava injusta a sua condenação por motivos religiosos. O tom, sobretudo da imprensa anti-semítica de Viena, parecia me indigno das tradições de cultura de um grande povo, Causava-me mal-estar a lembrança de certos fatos da Idade Média, cuja reprodução não desejava ver. Como esses jornais não valiam grande coisa - e a razão disso eu então não conhecia - via neles mais o produto de mesquinha inveja do que o resultado de uma questão de princípios, embora falsos.

Fortaleci-me nessa maneira de pensar pela forma infinitamente mais digna (assim pensava eu então) por que a grande imprensa respondia a todos esses ataques ou - o que me parecia de mais mérito ainda pelo silêncio de morte em que se mantinha.

Lia com fervor a chamada grande imprensa ("Neue Freie Presse", "Wiener Tageblatt", etc.) e ficava admirado ante a extensão dos assuntos que oferecia ao leitor assim como diante da objetividade das suas manifestações em cada caso particular. Apreciava o seu estilo elegante, distinto. Os exageros de forma não me agradavam, chocavam-me.

Porque eu tenha visto Viena assim, apresento como desculpa o esclarecimento que me dei a mim mesmo.

O que repetidamente me causava repugnância era a maneira indigna pela qual a imprensa bajulava a corte.

Não havia acontecimento na corte que não fosse comunicado aos leitores em tom do mais intenso entusiasmo ou da mais lamurienta consternação, prática essa que, mesmo tratando-se do "mais sábio monarca" de todos os tempos, podia ser comparada aos excessos incontidos de um galo silvestre.

Isso me parecia exagerado e era por mim visto como uma mancha para a Democracia liberal.

Pretender as graças desta corte e de maneira tão indigna era o mesmo que trair a dignidade da nação.

Esta foi a primeira sombra que devia perturbar as minhas afinidades espirituais com a grande imprensa de Viena.

Como sempre, também em Viena, eu acompanhava todos os acontecimentos da Alemanha com o maior ardor, quer se tratasse de questões políticas ou de problemas culturais.

Com uma admiração a que se juntava o maior orgulho, eu comparava a elevação do Reich com a decadência do Estado austríaco, Enquanto os acontecimentos da política externa, na sua maior parte, provocavam geral contentamento, a política interna freqüentemente dava margem a sombrias aflições. A campanha que, naquele tempo, se movia contra Guilherme II, não tinha a minha aprovação, Nele eu não via só o Imperador dos Alemães mas também o criador da frota alemã. A imposição feita pelo Reichstag de não permitir ao Kaiser fazer discursos indignava-me de modo tão extraordinário, porque essa proibição partia de uma fonte que, aos meus olhos, nenhuma autoridade possuía, atendendo a que, em um só período de sessão, esses gansos do parlamento haviam grassitado mais idiotices do que o poderia fazer, durante séculos, uma inteira dinastia de imperadores, dado o seu muito menor número.

Eu me encolerizava com o fato de, em um país em que qualquer imbecil não só reivindicava para si o direito de crítica mas, no Parlamento, tinha até a permissão de decretar leis para a Pátria, o detentor da coroa imperial pudesse receber admoestações da mais superficial das instituições de palavrório de todos os tempos. Irritava-me ainda mais com o fato de ver que a mesma imprensa "vienense" que, diante de um cavalo da corte, se desfazia nas mais respeitosas mesuras a um acidental movimento da cauda do mesmo, aparentando cuidados que para mim não passavam de mal encoberta maldade, pudesse exprimir o seu pensamento contra o imperador dos alemães!

Em tais casos o sangue me subia à cabeça.

Foi isso o que, pouco a pouco, me fez olhar com mais atenção a grande imprensa.

Fui forçado a reconhecer uma vez que um dos jornais anti-semíticos, o "Deutsche Volksblatt", em uma oportunidade idêntica, portara se de maneira mais decente.

O que também me enervava era a nojenta bajulação com que a grande imprensa se referia à França.

Éramos forçados a nos envergonhar de sermos alemães quando nos chegavam aos ouvidos esses açucarados hinos de louvor à "grande nação da cultura".

Essa lastimável galomania mais de uma vez me levou a deixar cair das mãos um desses grandes jornais.

Freqüentemente, procurava o "Volksblatt" que, apesar de muito menor, parecia-me mais limpo nesses assuntos.

Não concordava com a sua atitude radicalmente anti-semítica, mas, de vez em quando, eu encontrava argumentações que me faziam refletir. De qualquer modo, por meio de "Volksblatt", eu pude conhecer aos poucos o homem e o movimento de que dependiam a sorte de Viena: o Dr. Karl Lueger e o Partido Social Cristão.

Quando vim para Viena era francamente contrário a ambos. O movimento e o seu líder me pareciam reacionários.

O habitual sentimento de justiça deveria, porém, modificar esse julgamento, à proporção que se me oferecia oportunidade de conhecer o homem e a sua atuação. Com o tempo, tornei-me de franco entusiasmo por ele. Hoje, vejo-o, mais do que antes, como o mais forte burgo-mestre alemão de todos os tempos, Quantas de minhas arraigadas convicções caíram por terra com essa mudança de modo de ver a respeito do movimento social-cristão!

A minha maior metamorfose foi, porém, a que experimentei em relação ao movimento anti- semítico.

Isso me custou, durante meses, as maiores lutas íntimas, entre os meus sentimentos e as minhas idéias, luta em que as idéias acabaram por triunfar.

Por ocasião dessa áspera luta entre a educação sentimental e a razão pura, a observação da vida de Viena prestou-me serviços inestimáveis.

Eu já não errava pelas ruas da importante cidade como um cego que nada vê. Com os olhos bem abertos, observava não mais somente os monumentos arquitetônicos mas também os homens.

Um dia em que passeava pelas ruas centrais da cidade, subitamente deparei com um indivíduo vestido em longo caftan e tendo pendidos da cabeça longos caches pretos.

Meu primeiro pensamento foi: isso é um judeu?

Em Linz eles não tinham as características externas da raça.

Observei o homem, disfarçada mas cuidadosamente, e quanto mais eu contemplava aquela estranha figura, examinando-a traço por traço, mais me perguntava a mim mesmo: isso é também um alemão?

Como acontecia sempre em tais ocasiões, tentei remover as minhas dúvidas recorrendo aos livros. Pela primeira vez na minha vida, comprei, por poucos pfennigs, alguns panfletos anti- semíticos. Infelizmente, todos partiam do ponto de vista de já ter o leitor algum conhecimento da questão semítica. O tom da maior parte desses folhetos era tal que, de novo, fiquei em dúvida. As suas afirmações eram apoiadas em argumentos tão superficiais e anticientíficos que a ninguém convenciam.

Durante semanas, talvez meses, permaneci na situação primitiva. O assunto parecia-me tão vasto, as acusações tão excessivas, que, torturado pelo receio de fazer uma injustiça, de novo fiquei em um estado de incerteza e ansiedade. Não me era lícito duvidar que, no caso, não se tratava de uma questão religiosa, mas de raça, pois logo que comecei a estudar o problema e a observar os judeus, Viena apareceu-me sob um aspecto diferente. Já agora, para qualquer parte que me dirigisse, eu via judeus e quanto mais os observava mais firmemente convencido ficava de que eles eram diferentes das outras raças. Sobretudo no centro da cidade e na parte norte do canal do Danúbio, notava-se um verdadeiro enxame de indivíduos que, por seu aspecto exterior, em nada se pareciam com os alemães. Mesmo, porém, que me assaltassem ainda algumas dúvidas, todas as hesitações se dissipavam em face da atitude de uma parte dos judeus.

Surgiu entre eles um grande movimento de vasta repercussão em Viena que muito concorreu para um juízo seguro sobre o caráter racial dos judeus. esse movimento foi o Sionismo.

Parecia, à primeira vista, que só uma parte dos judeus aprovava essa atitude e que a grande maioria condenava aquele princípio e o rejeitava decididamente. Após observação mais acurada, verificava-se que essa aparência se traduzia em um misto de teorias, para não dizer de mentiras, apresentadas por motivos tácitos, pois o chamado judeu liberal rejeitava os pontos de vista dos sionistas, não porque esses fossem não judeus mas porque eram judeus que pertenciam a um credo pouco prático e talvez mesmo perigoso para o próprio judaísmo.

Essa discórdia em nada alterava, porém, a solidariedade íntima entre os adversários.

A luta aparente entre os sionistas e os judeus liberais muito cedo me despertou nojo. Comecei a vê-la como hipócrita, uma deslavada miséria, de começo a fim, e, sobretudo, indignada da tão proclamada pureza moral desse povo.

De mais a mais, essa pureza moral ou de qualquer outra natureza era uma questão discutível. Que eles não eram amantes de banhos podia-se assegurar pela simples aparência. Infelizmente não raro se chegava a essa conclusão até de olhos fechados, Muitas vezes, posteriormente, senti náuseas ante o odor desses indivíduos vestidos de caftan. A isso se acrescentem as roupas sujas e a aparência acovardada e tem-se o retrato fiel da raça.

Tudo isso não era de molde a atrair simpatia. Quando, porém, ao lado dessa imundície física, se descobrissem as nódoas morais, maior seria a repugnância.

Nada se afirmou em mim tão depressa como a compreensão, cada vez mais completa, da maneira de agir dos judeus em determinados assuntos.

Poderia haver uma sujidade, uma impudência de qualquer natureza na vida cultural da nação em que, pelo menos um judeu, não estivesse envolvido?

Quem, cautelosamente, abrisse o tumor haveria de encontrar, protegido contra as surpresas da luz, algum judeuzinho. Isso é tão fatal como a existência de vermes nos corpos putrefatos.

O judaísmo provocou em mim forte repulsa quando consegui conhecer suas atividades, na imprensa, na arte, na literatura e no teatro.

Protestos moles já não podiam ser aplicados. Bastava que se examinassem os seus cartazes e se conhecessem os nomes dos responsáveis intelectuais pelas monstruosas invenções no cinema e no drama, nas quais se reconhecia o dedo do judeu, para que se ficasse por muito tempo revoltado. Estava-se em face de uma peste, peste espiritual, pior do que a devastadora epidemia de 1348, conhecida pelo nome de Morte Negra. E essa praga estava sendo inoculada na nação.

Quanto mais baixo é o nível intelectual e moral desses industriais da Arte, tanto mais ilimitada é a sua atuação, pois até os garotos, transformados, em verdadeiras máquinas, espalham essa sujeira entre os seus camaradas. Reflita-se também no número ilimitado das pessoas contagiadas por esse processo, Pense-se em que, para um gênio como Goethe, a natureza lança no mundo dezenas de milhares desses escrevinhadores que, portadores de bacilos da pior espécie, envenenam as almas.

É horrível constatar, - mas essa observação não deve ser desprezada.- .ser justamente o judeu que parece ter sido escolhido pela natureza para essa ignominiosa tarefa.

Dever-se-ia procurar na ignomínia dessa missão o motivo de haver essa escolha recaído nos judeus?

Comecei a estudar cuidadosamente os nomes de todos os criadores dessas podridões artísticas fornecidas ao povo. O resultado foi aumentar as minhas prevenções na atitude em relação aos judeus. Por mais que isso contrariasse meus sentimentos, eu era arrastado pela razão a tirar as minhas conclusões do que observava.

Não se podia negar - porque era uma realidade - o fato de correrem por conta dos judeus nove décimos da sordidez e dos disparates da literatura, da arte e do teatro, fato esse tanto mais grave quanto é sabido que esse povo representa um centésimo da população do país.

Comecei também a examinar debaixo do mesmo ponto de vista a grande imprensa de minha predileção.

À proporção que o meu exame se aprofundava diminuía o motivo de minha antiga admiração por essa imprensa. O estilo desses jornais era insuportável, as idéias eu as repelia por superficiais e banais e as afirmações pareciam aos meus olhos conter mais mentiras do que verdades honestas. E os editores dessa imprensa eram judeus!

Muitas coisas que até então quase me passavam despercebidas agora me chamavam a atenção como dignas de ser observadas, outras que já tinham sido objeto de minhas reflexões passaram a ser melhor compreendidas.

Comecei a ver sob outra luz as opiniões liberais desses periódicos. O tom de distinção das réplicas aos ataques, assim como o seu completo silêncio em certos assuntos, revelavam-se agora como truques inteligentes e vis. As suas brilhantes críticas teatrais sempre favoreciam os autores judeus e as apreciações desfavoráveis só atingiam os autores alemães.

Suas ligeiras alfinetadas contra Guilherme II, assim como os elogios à cultura e à civilização francesa, evidenciavam a persistência nos seus métodos. O conteúdo das novelas era de repelente imoralidade e na linguagem via-se claramente o dedo de um povo estrangeiro. O sentido geral dos seus escritos era tão evidentemente depreciador de tudo quanto era alemão, que não se podia deixar de nisso ver uma intenção deliberada.

Quem teria interesses nessa campanha? Seria tanta coincidência mero acaso?

A dúvida foi crescendo em meu espírito.

Essa evolução mental precipitou-se com a observação de outros fatos, com o exame dos costumes e da moral seguidos pela maior parte dos judeus.

Aqui ainda foi o espetáculo das ruas de Viena que me proporcionou mais uma lição prática.

As ligações dos judeus com a prostituição e sobretudo com o tráfico branco podiam ser estudadas em Viena, melhor do que em qualquer cidade da Europa ocidental, como exceção, talvez, dos portos do sul da França.

Quem à noite passeasse pelas ruas e becos de Viena seria, quer quisesse quer não, testemunha de fatos que se conservaram ocultos a grande parte do povo alemão, até que a Guerra deu aos lutadores oportunidade de poderem, ou melhor, de serem obrigados a assistir a cenas semelhantes.

Quando, pela primeira vez, vi o judeu envolvido, como dirigente frio, inteligente e sem escrúpulos, nessa escandalosa exploração dos vícios do rebotalho da grande cidade, passou-me um calafrio pelo corpo, logo seguido de um sentimento de profunda revolta.

Então não mais evitei a discussão sobre o problema semítico.

Como procurava aprender a vida cultural e artística dos judeus sob todos os aspectos, encontrei- os em uma atividade que jamais me tinha passado pela mente.

Agora que me tinha assegurado de que os judeus eram os líderes da social- democracia, comecei a ver tudo claro. A longa luta que mantive comigo mesmo havia chegado ao seu ponto final.

Nas relações diárias com os meus companheiros de trabalho, já minha atenção tinha sido despertada pelas suas surpreendentes mutações, a ponto de tomarem posições diferentes em torno de um mesmo problema, no espaço de poucos dias e, às vezes, de poucas horas.

Dificilmente eu podia compreender como homens que, tomados isoladamente, possuem visão racional das coisas, perdem-na de repente, logo que se põem em contato com as massa. Era motivo para duvidar de seus propósitos.

Quando, depois de discussões que duravam horas inteiras, eu me tinha convencido de haver afinal esclarecido um erro e já exultava com a vitória, acontecia que, com pesar meu, no dia seguinte, tinha de recomeçar o trabalho, pois tudo tinha sido debalde. Como um pêndulo em movimento, que sempre volta para as mesmas posições, assim acontecia com os erros combatidos, cuja reaparição era sempre fatal.

Assim pude compreender: 1.º que eles não estavam satisfeitos com a sorte que tão áspera lhes era; 2.º que odiavam os empregadores que lhes pareciam os responsáveis por essa situação; 3.º que injuriavam as autoridades que lhes pareciam indiferentes ante a sua deplorável situação; 4.º que faziam demonstrações nas ruas sobre a questão dos preços dos gêneros de primeira necessidade.

Tudo isso podia-se ainda compreender, pondo-se a razão de lado. O que, porém, era incompreensível era o ódio sem limites à sua própria nação, o achincalhamento das suas grandezas, a profanação da sua história, o enlameamento dos seus grandes homens.

Essa revolta contra a sua própria espécie, contra a sua própria casa, contra o seu próprio torrão natal, era sem sentido, inconcebível e contra a natureza.

Durante dias, no máximo semanas, conseguia-se livrá-los desse erro Quando, mais tarde, encontrávamos o pretenso convertido, já os antigos erros de novo se haviam apoderado de seu espírito. A monstruosidade tinha tomado posse de sua vítima.

Pouco a pouco, compreendi que a imprensa social-democrática era, na sua grande maioria, controlada pelos judeus. Liguei pouca importância a esse fato que, aliás, se verificava com os outros jornais. Havia, porém, um fato significativo: nenhum jornal em que os judeus tinham ligações poderia ser considerado como genuinamente nacional, no sentido em que eu, por influência de minha educação, entendia essa palavra.

Vencendo a minha relutância, tentei ler essa espécie de imprensa marxista, mas a repulsa por ela crescia cada vez mais. Esforcei-me por conhecer mais de perto os autores dessa maroteira e verifiquei que, a começar pelos editores, todos eram judeus.

Examinei todos os panfletos sociais-democráticos que pude conseguir e, invariavelmente, cheguei à mesma conclusão: todos os editores eram judeus. Tomei nota dos nomes de quase todos os líderes e, na sua grande maioria, eram do "povo escolhido", quer se tratasse de membros do "Reichscrat", de secretários dos sindicatos, de presidentes de associações ou de agitadores de rua. Em todos encontravam-se sempre a mesma sinistra figura do judeu. Os nomes de Austerlitz, David, Adler, Ellenbogen etc., ficarão eternamente na minha memória.

Uma coisa tornou-se clara para mim. Os líderes do Partido Social Democrata, com os pequenos elementos do qual eu tinha estado em luta durante meses, eram quase todos pertencentes a uma raça estrangeira, pois para minha satisfação íntima, convenci-me de que o judeu não era alemão. Só então compreendi quais eram os corruptores do povo.

Um ano de estadia em Viena tinha sido suficiente para dar-me a certeza de que nenhum trabalhador deveria persistir na teimosia de não se preocupar com a aquisição de um conhecimento mais certo das condições sociais. Pouco a pouco, familiarizei-me com a sua doutrina e dela me utilizava como instrumento para a formação de minhas convicções íntimas.

Quase sempre a vitória se decidia para o meu lado.

Todo esforço devia ser tentado para salvar as massas, ainda com grandes sacrifícios de tempo e de paciência.

Do lado dos judeus nenhuma esperança havia, porém, de libertá-los de um modo de encarar as Nesse tempo, na minha ingenuidade de jovem, acreditei poder evidenciar os erros da sua doutrina. No pequeno círculo em que agia, esforçava-me, por todos os meios ao meu alcance, por convencê-los da perniciosidade dos erros do marxismo e pensava atingir esse objetivo, mas o contrário é o que acontecia sempre. Parecia que o exame cada vez mais profundo da atuação deletéria das teorias sociais democráticas nas suas aplicações servia apenas para tornar ainda mais firmes as decisões dos judeus.

Quanto mais eu contendia com eles, melhor aprendia a sua dialética. Partiam eles da crença na estupidez dos seus adversários e quando isso não dava resultado fingiam-se eles mesmos de estúpidos. Se falhavam esses recursos, eles se recusavam a entender o que se lhes dizia e, de repente, pulavam para outro assunto, saíam-se com verdadeiros truismos que, uma vez aceitos, tratavam de aplicar em casos inteiramente diferentes. Então quando, de novo, eram apanhados no próprio terreno que lhes era familiar, fingiam fraqueza e alegavam não possuir conhecimentos preciosos.

Por onde quer que se pegassem esses apóstolos, eles escapuliam como enguias das mãos dos adversários. Quando, um deles, na presença de vários observadores, era derrotado tão completamente que não tinha outra saída senão concordar, e que se pensava haver dado um passo para a frente, experimentava-se a decepção de, no dia seguinte, ver o adversário admirado de que assim se pensasse. O judeu esquecia inteiramente o que se lhe havia dito na véspera e repetia os mesmos antigos absurdos, como se nada, absolutamente nada, houvesse acontecido. Fingia-se encolerizado, surpreendido e, sobretudo, esquecido de tudo, exceto de que o debate tinha terminado por evidenciar a verdade de suas afirmações.

Eu ficava pasmo.

Não se sabia o que mais admirar, se a sua loquacidade, se o seu talento na arte de mentir.

Gradualmente comecei a odiá-los.

Tudo isso tinha, porém, um lado bom. Nos círculos em que os adeptos, ou pelo menos os propagadores da social-democracia, caíam sob as minhas vistas, crescia o meu amor pelo meu próprio povo.

Quem poderia honestamente anatematizar as infelizes vítimas desses corruptores do povo, depois de conhecer-lhes as diabólicas habilidades?

Como era difícil, até mesmo a mim, dominar a dialética de mentiras dessa raça!

Quão impossível era qualquer êxito nas discussões com homens que invertem todas as verdades, que negam descaradamente o argumento ainda há pouco apresentado para, no minuto seguinte, reivindicá-lo para si!

Quanto mais eu me aprofundava no conhecimento da psicologia dos judeus, mais me via na obrigação de perdoar aos trabalhadores.

Aos meus olhos, a culpa maior não deve recair sobre os operários mas sim sobre todos aqueles que acham não valer a pena compadecer-se da sua sorte, com estrita justiça dar aos filhos do povo o que lhes é devido, mas poupar os que os desencaminham e corrompem.

Levado pelas lições da experiência de todos os dias, comecei a pesquisar as fontes da doutrina marxista. Em casos individuais, a sua atuação me parecia clara. Diariamente, eu observava os seus progressos e, com um pouco de imaginação, podia avaliar as suas conseqüências. A única questão a examinar era saber se os seus fundadores tinham presente no espírito todos os resultados de sua invenção ou se eles mesmos eram vítimas de um erro.

As duas hipóteses me pareciam possíveis.

No primeiro caso, era dever de todo ser pensante colocar-se à frente da reação contra esse desgraçado movimento, para evitar que chegasse às suas extremas conseqüências; na segunda hipótese, os criadores dessa epidemia coletiva deveriam ter sido espíritos verdadeiramente diabólicos, pois só um cérebro de monstro - e não o de um homem - poderia aceitar o plano de uma organização de tal porte, cujo objetivo final conduzirá à destruição da cultura humana e à ruína do mundo.

Nesse último caso, a solução que se impunha, como última tábua de salvação, era a luta com todas as armas que pudesse abraçar a razão e a vontade dos homens, mesmo se a sorte do combate fosse duvidosa.

Assim comecei a entrar em contato com os fundadores da doutrina a fim de poder estudar os princípios em que se fundava o movimento marxista. Consegui esse objetivo mais depressa do que me seria lícito supor, devido aos conhecimentos que possuía sobre a questão semítica, embora ainda não muito profundos. Essa circunstância tornou possível uma comparação prática entre as realidades do mesmo e as reivindicações teóricas da social-democracia, que tanto me tinha auxiliado a entender os métodos verbais do povo judeu, cuja principal preocupação é ocultar ou pelo menos disfarçar os seus pensamentos. Seu objetivo real não está expresso nas linhas mas oculto nas entrelinhas.

Foi por esse tempo que se operou em mim a maior modificação de idéias que devia experimentar. De inoperante cidadão do mundo passei a ser um fanático anti-semita. Mais uma vez ainda - e agora pela última vez - pensamentos sombrios me arrastavam ao desânimo.

Durante meus estudos sobre a influência da nação judaica, através de longos períodos da história da civilização, o tétrico problema se armou diante de mim não teria inescrutável destino, por motivos ignorados por nós, pobres mortais, decretado a vitória final dessa pequena nação?

A esse povo não teria sido destinado o domínio da Terra como uma recompensa?

À proporção que me aprofundava no conhecimento da doutrina marxista e me esforçava por ter uma idéia mais clara das atividades do marxismo, os próprios acontecimentos se encarregavam de dar uma resposta àquelas dúvidas.

A doutrina judaica do marxismo repele o princípio aristocrático na natureza. Contra o privilégio eterno do poder e da força do indivíduo levanta o poder das massas e o peso-morto do número. Nega o valor do indivíduo, combate a importância das nacionalidades e das raças, anulando assim na humanidade a razão de sua existência e de sua cultura. Por essa maneira de encarar o universo, conduziria a humanidade a abandonar qualquer noção de ordem. E como nesse grande organismo, só o caos poderia resultar da aplicação desses princípios, a ruína seria o desfecho final para todos os habitantes da Terra.

Se o judeu, com o auxílio do seu credo marxista, conquistar as nações do mundo, a sua coroa de vitórias será a coroa mortuária da raça humana e, então, o planeta vazio de homens, mais uma vez, como há milhões de anos, errará pelo éter.

A natureza sempre se vinga inexoravelmente de todas as usurpações contra o seu domínio.

Por isso, acredito agora que ajo de acordo com as prescrições do Criador Onipotente. Lutando contra o judaísmo, estou realizando a obra de Deus.

CAPÍTULO III

REFLEXÕES GERAIS SOBRE A POLÍTICA DA ÉPOCA DE MINHA ESTADA EM VIENA

Estou convencido de que, a menos que se trate de indivíduos dotados de dons excepcionais, o homem, em geral, não se deve ocupar, publicamente, de política, antes dos trinta anos de idade. Não o deve, porque só então se realiza, o mais das vezes, a formação de uma base de idéias, de acordo com a qual, ele examina os diferentes problemas políticos e determina a sua atitude definitiva em relação aos mesmos. Só depois de adquirir uma tal concepção fundamental e de alcançar, por meio dela, firmeza no modo de encarar as questões particulares do seu tempo, deve ou pode o homem, intelectualmente amadurecido, tomar parte na direção da coisa pública.

A não ser assim, corre ele o perigo de um dia mudar de atitude sobre questões essenciais ou, contra as suas idéias e sentimentos, permanecer fiel a uma maneira de ver desde muito tempo repelida pela sua razão, pelas suas convicções. O primeiro caso, é, para o indivíduo pessoalmente doloroso, porque, quem vacila não tem mais o direito de esperar que a fé de seus adeptos tenha a inabalável firmeza que dantes tinha; e, para os seus dirigidos, a fraqueza do chefe sempre se traduz em perplexidade e não raro no sentimento de um certo vexame em face daqueles que até então combatiam. Em segundo lugar, sobrevem o que. sobretudo hoje, é muito freqüente: à medida que o chefe não dá mais crédito ao que ele próprio disse, a sua defesa torna-se mais fraca e, por isso mesmo, vulgar quanto à escolha dos meios. Ao passo que ele próprio não pensa mais em defender os seus pontos de vista políticos (ninguém morre por aquilo em que não crê), as suas exigências junto aos seus partidários, tornam-se proporcionalmente cada vez mais imprudentes até que, afinal, ele sacrifica as suas últimas qualidades de chefe para converter-se num "político", isto é, nesse tipo de homem cujo único sentimento verdadeiro é a falta de sentimento, ao lado de uma arrogante impertinência e uma descarada arte de mentir.

Se, por infelicidade dos homens decentes, um sujeito desses chega ao Parlamento, deve saber- se desde logo que, para ele, a essência da política consiste apenas numa luta heróica pela posse duradoura de uma "mamadeira" para si e para a sua família. Quanto mais dependam dele mulher e filhos, tanto mais aferradamente lutará pelo seu mandato. Qualquer outro homem de verdadeiros instintos políticos é, por isso mesmo, seu inimigo pessoal. Em qualquer novo movimento, fareja ele o possível começo do fim de sua carreira, e em cada homem superior a probabilidade de um perigo que ameaça.

Adiante, falarei mais detalhadamente dessa espécie de percevejos parlamentares.

O homem de trinta anos ainda terá de aprender muito, no curso de sua vida, mas isso será apenas o complemento e acabamento do quadro doutrinário traçado pela concepção por ele já aceita. Para ele, aprender não é mais mudar de método, mas enriquecer os seus conhecimentos; e seus partidários não terão de suportar a angústia de até então terem recebido dele ensinamentos errôneos, mas, ao contrário, a evidente evolução do chefe lhes dará satisfação, porque o que este aprende significa o aprofundamento da doutrina deles. E isso é uma prova da justeza de suas intuições.

Um chefe político que se vir na contingência de abandonar as suas idéias, reconhecendo-as como falsas, só procederá com decência se, ao reconhecer a falsidade das mesmas, estiver disposto a ir até às últimas conseqüências. Em tal caso, deve, no mínimo, renunciar ao exercício público de uma futura atividade política. Porque, tendo admitido o reconhecimento de um erro fundamental, fica aberta a possibilidade de uma segunda descaída. De modo algum, pode mais pretender ou exigir a confiança de seus concidadãos.

Atesta quão pouco se atende hoje a esse decoro a vileza da canalha que, - por vezes, se julga chamada a "fazer" política.

Da regra geral quase ninguém escapa.

Outrora, sempre me abstive de ingressar publicamente na vida pública, se bem que sempre me tivesse preocupado com a política, mais que muitos outros. Só a círculos restritos falava eu do que me impelia ou atraia. E o falar em pequenos grupos tinha, em si, de certo modo, muita utilidade. No mínimo, eu aprendia a "falar" e com isso a conhecer os homens nas maneiras de ver e de objetar, às vezes extremamente simplistas. Assim, sem perder tempo nem oportunidade, aperfeiçoava o meu espírito. A ocasião era, nesse tempo, em Viena, mais favorável do que em qualquer parte da Alemanha.

As idéias políticas em voga, na velha Monarquia do Danúbio, eram de mais interesses que na velha Alemanha da mesma época, exceto em parte da Prússia, em Hamburgo e nas costas do Mar do Norte. Sob a denominação de "Áustria" entendo nesse caso, o domínio do grande Império dos Habsburgos, em que a população alemã era, sob todos os aspectos, não somente o motivo histórico da formação daquele Estado, mas a força que, por si só, durante séculos, tornara possível a formação cultural do país.

Quanto mais o tempo passava, mais dependiam da conservação dessa "célula mater" a estabilidade e o futuro daquele Estado.

Os velhos domínios hereditários eram o coração do Império, que sempre fornecia sangue fresco à circulação da vida do Estado e da sua cultura. Viena era, então, ao mesmo tempo, cérebro e vontade. Só pelo seu aspecto exterior, Viena se impunha como a rainha daquele conglomerado de povos. A magnificência de sua beleza fazia esquecer o que ali havia de mau.

Por mais violentamente que palpitasse o Império, no interior, em sangrentas lutas das diferentes raças, o estrangeiro e, em particular, os alemães, só viam, na Áustria, a imagem agradável de Viena. Maior ainda era a ilusão porque, a esse tempo, Viena parecia ter atingido a sua fase de maior prosperidade. Sob o governo de um burgomestre verdadeiramente genial, despertava a venerável residência do soberano do velho Império, mais uma vez, para uma vida maravilhosa. O último grande alemão, o criador do povo de colonizadores da fronteira oriental, não era tido oficialmente entre os chamados "estadistas". O Dr. Lueger, tendo prestado inauditos serviços como burgomestre da "cabeça do Estado" e "cidade residência" (Viena), fazendo-a progredir, como por encanto, em todos os domínios econômicos e culturais, fortalecera o coração do Império, tornando- se assim, indiretamente, maior estadista que todos os "diplomatas" de então reunidos.

Se o aglomerado de povos a que se dá o nome de "Áustria" fracassou, isso nada quer dizer contra a capacidade política do germanismo na antiga fronteira oriental, mas é o resultado forçado da impossibilidade em que se encontravam dez milhões de indivíduos de conservarem duradouramente um Estado de diferentes raças com cinqüenta milhões de habitantes, a não ser que ocorressem na ocasião oportuna determinadas circunstâncias favoráveis.

O alemão austríaco teve que enfrentar um problema acima das suas possibilidades. Ele sempre se acostumou a viver no quadro de um grande Estado e nunca perdeu o sentimento inerente à sua missão histórica. Era o único, naquele Estado, que, além das fronteiras do apertado domínio da coroa, via ainda as fronteiras do Império. Quando, afinal o destino o separou da pátria comum, ele tentou tomar a si a grandiosa tarefa de tornar se senhor e conservar o germanismo que seus pais, outrora, em infindos combates, haviam imposto ao leste. A propósito, convêm não esquecer que isso aconteceu com forças divididas, pois, no espírito dos melhores descendentes da raça alemã, nunca cessou a recordação da - pátria comum de que a Áustria era uma parte.

O horizonte geral do alemão-austríaco era proporcionalmente mais amplo. As suas relações econômicas abrangiam quase todo o multiforme Império. Quase todas as empresas verdadeiramente grandes se achavam em suas mãos e o pessoal dirigente, técnicos e funcionários, era na maior parte colocado por ele. Era também o detentor do comércio exterior em tudo o que o judaísmo ainda não havia posto a mão, nesse campo de suas preferências. Só o alemão conservava o Estado politicamente unido. Já o serviço militar o punha fora do lar. O recruta alemão austríaco ingressaria talvez, de preferência, num regimento alemão, mas o regimento poderia estar tanto na Herzegovina como em Viena ou na Galícia. o corpo de oficiais era sempre alemão, prevalecendo sobre o alto funcionalismo. Alemãs, finalmente, eram a arte e a ciência. Abstração feita do "kitsch" que é o novo processo na Arte, cuja produção podia ser sem dúvida também de um povo de negros, era só o alemão o possuidor e vulgarizador do verdadeiro sentimento artístico. Em música, literatura, escultura e pintura, era Viena a fonte que inesgotavelmente abastecia, sem cessar, toda a dupla monarquia.

O germanismo era enfim o detentor de toda a política externa, abs. traindo-se um pouco da Hungria.

Portanto, era vã toda tentativa de conservar o Império, Visto faltar, para isso, a condição essencial.

Para o Estado de povos austríacos só havia uma possibilidade: vencer as forças centrífugas das diferentes raças. O Estado, ou tornava-se central e interiormente organizado, ou não podia existir.

Em vários momentos de lucidez nacional, essa idéia chegou às "altíssimas" esferas, para logo ser esquecida ou ser posta de lado por inexeqüível. Todo pensamento de um reforço da Federação, forçosamente teria de fracassar em conseqüência da falta de um núcleo estatal de força predominante. A isso acrescentem-se as condições intrinsecamente diferentes do Estado austríaco em face do Império alemão, segundo o conceito de Bismarck. - Na Alemanha tratava-se apenas de vencer as tradições políticas, pois sempre houve uma base comum cultural. Antes de tudo, possuía o Reich, à exceção de pequenos fragmentos estranhos, um povo único.

Inversa era a situação da Áustria.

Lá a recordação da própria grandeza, em cada raça, desapareceu inteiramente ou foi apagada pela esponja do tempo ou pelo menos tornou-se confusa e indistinta. Por isso, desenvolveram-se, então, na era dos princípios nacionalistas, as forças racistas. Vencê-las tornava-se relativamente mais difícil, visto que, à margem da monarquia, começaram a formar-se Estados nacionais, cujos - povos, racialmente aparentados ou iguais às nações desmembradas, podiam exercer mais força de atração, ao contrário do que acontecia com o austro-alemão.

A própria Viena não podia resistir por muito tempo a essa luta.

Com o desenvolvimento de Budapeste, que se tornou grande cidade tinha ela, pela primeira vez, uma rival, cuja missão não era mais a concentração de toda a monarquia, mas antes o fortalecimento de uma parte da mesma. Dentro de pouco tempo, Praga seguiu o exemplo e depois

Lemberg, Laibach, etc. Com a elevação dessas cidades, outrora provincianas, a metrópoles nacionais, formaram se núcleos culturais mais ou menos independentes. E daí as tendências nacionalistas das diferentes raças. Assim devia aproximar-se o momento em que as forças motrizes desses Estados seriam mais poderosas que a força dos interesses comuns e, então, extinguir-se-ia a Áustria.

Essa evolução tomou feição definida depois da morte de José II, dependendo a sua rapidez de uma série de fatores em parte inerentes à própria monarquia, mas que por outro lado eram o resultado da atitude do Reich na política internacional de então.

Se se pretendesse seriamente admitir a possibilidade da conservação daquele Estado e lutar por ela, só se poderia ter por objetivo uma centralização absoluta e obstinada. Depois, primeiro que tudo, se devia acentuar, pela fixação de uma língua oficial una, a homogeneidade pura e formal, cuja direção, porém, deteria nas mãos os expedientes técnicos, pois sem isso não pode subsistir um Estado uno. Depois, com o tempo, tratar-se-ia de desenvolver um sentimento nacional uno, por meio das escolas e da instrução. Isso não se alcançaria em dez ou vinte anos, mas em séculos, pois em todas as questões de colonização a pertinácia vale mais que a energia do momento.

Compreende-se, sem maiores explicações, que a administração, bem como a direção política, deveriam ser conduzidas com a mais rigorosa unidade de vistas.

Era para mim imensamente instrutivo examinar porque isso não aconteceu, ou melhor, porque não se fez isso. O culpado por essa omissão foi o culpado pelo desmoronamento do Reich.

Mais que qualquer outro Estado estava a antiga Áustria dependente da inteligência dos seus guias. A ela faltava o fundamento do Estado nacional, que possui, na base racista, sempre uma força de conservação.

O Estado racionalmente uno pode suportar a natural inércia de seus habitantes (e a força de resistência a ela inerente), a pior administração, a pior direção, por períodos de tempo espantosamente longos, sem por isso subverter-se. Muitas vezes, tem-se a impressão de que em tal corpo não há mais vida, é como se estivesse morto e bem morto. De repente, o suposto cadáver se levanta e dá aos homens surpreendentes sinais de sua força vital.

Assim não acontece com um Estado composto de raças diferentes, mantido, não pelo sangue comum, mas por um só pulso. Nesse caso, qualquer fraqueza na direção pode não só conduzir o Estado à estagnação como dar causa ao despertar dos instintos individuais, que sempre existem, sem que em tempo oportuno possa exercer-se uma vontade predominante. Só por via de uma educação comum, durante séculos, por uma tradição comum, por interesses comuns, pode esse perigo ser atenuado. Por isso, tais formações estatais, quanto mais jovens, mais dependentes são da superioridade da direção; e quando são obras de homens violentos ou de heróis espirituais, logo desaparecem após a morte de seu grande fundador. Mas, mesmo depois de séculos, esses perigos não devem ser considerados como vencidos; apenas adormecem, para, às vezes, despertarem de repente, quando a fraqueza da direção comum e a força da educação e a sublimidade de todas as tradições não podem mais dominar o impulso da própria vitalidade das diferentes raças.

Não ter compreendido isso é talvez a culpa, de tão trágicas conseqüências, da casa dos Habsburgos.

Só a um deles o destino apresentou o fanal, que logo depois se apagou para sempre, do destino da sua pátria.

José II, imperador católico-romano, viu, angustiosamente, que, um dia, no redemoinho de uma Babilônia de povos que se comprimiam à fronteira do Império, desapareceria a sua Casa, a não ser que, à última hora, fossem sanados os descuidos dos antepassados. Com sobre-humana força, o "amigo dos homens" tentou remediar a negligência de seus antecessores e procurou recuperar em décadas o que se havia perdido em séculos. Se para a realização de sua obra, ao menos duas gerações, depois dele, tivessem continuado, com o mesmo afinco, a tarefa iniciada, provavelmente se teria realizado o milagre. Mas quando, após dez anos de governo, faleceu, exausto de corpo e de espírito, com ele caiu a sua obra no túmulo, para não mais despertar, para adormecer para sempre na sepultura.

Os seus sucessores não estavam à altura da tarefa, nem pela inteligência, nem pela energia.

Quando, através da Europa, flamejavam os primeiros sinais da tempestade revolucionária, começou também a Áustria a pegar fogo, pouco a pouco. Quando, porém, o incêndio irrompeu afinal, já a fogueira era atiçada menos por causas sociais ou políticas que por forças impulsoras de origem racial.

Em outra parte qualquer, a revolução de 1848 podia ser uma luta de classes, mas na Áustria já era o começo de um novo conflito racial. Quando o alemão daquele tempo, esquecendo ou não reconhecendo essa origem, se colocava a serviço da sublevação revolucionária, traçava ele próprio o seu destino. Com isso auxiliava o despertar do espírito da democracia ocidental, que, dentro de pouco tempo, teria de subverter-se-lhe a base da própria existência.

Com a formação de um corpo representativo parlamentar, sem o prévio estabelecimento e fixação de uma língua oficial, foi colocada a pedra fundamental do fim do domínio do germanismo na monarquia dos Habsburgos. Desde esse momento, estava perdido também o próprio Estado. O que se seguiu foi apenas a liquidação histórica de um Império.

Era tão comovente quão instrutivo acompanhar essa decomposição. Sob milhares de formas realizava-se aos poucos a execução dessa sentença histórica. O fato de que parte dos homens se agitava às cegas através dos acontecimentos prova apenas que estava na vontade dos deuses o aniquilamento da Áustria.

Não desejo perder me aqui em minúcias, pois esse não é o fim deste livro. Apenas quero incluir no quadro geral de uma observação aqueles acontecimentos que, como causas sempre invariáveis da decadência de povos e Estados, também têm significação para o nosso tempo e finalmente se fazem sentir, em apoio dos fundamentos de meu pensamento político.

Entre as instituições que, aos olhos mesmo pouco perspicazes do cidadão comum, mais claramente podiam - mostrar a decomposição da monarquia austríaca, estava, em primeiro lugar, aquela que parecia dever procurar na força a razão de sua própria existência, isto é, o Parlamento ou, como se dizia na Áustria, o Conselho do Império ("Reichsrat").

Evidentemente, o modelo dessa corporação encontrava-se na Inglaterra, o país da "democracia" clássica. De lá transportaram essa maldita instituição e estabeleceram-na em Viena, tanto quanto possível sem modificá-la.

Na Abgeordnetenhaus e na Herrenhaus, o sistema bicameral inglês festejava a sua ressurreição. As "casas" eram, porém, algo diferentes. Quando, outrora, Barry fez surgir das ondas do Tâmisa o seu palácio do Parlamento, mergulhou na História do Império Britânico e retirou dela ornatos para os 1200 nichos, consolos e colunas de sua monumental construção. Assim as Câmaras dos Comuns e dos Lordes se tornaram, pelas suas esculturas e pinturas, o templo da glória nacional.

Aí surgiu a primeira dificuldade para Viena. Quando o dinamarquês Hansen acabava de colocar a última cumeeira da casa de mármore para os novos representantes do povo, só lhe restava, para decoração, recorrer a empréstimos à arte clássica. Os estadistas e filósofos gregos e romanos embelezaram esse teatro da "democracia ocidental" e, com ironia simbólica, avançam sobre as duas casas quadrigas em direção aos quatros pontos cardeais, expressando melhor, dessa maneira, as tendências divergentes então existentes no interior.

As várias raças tomariam como ofensa e provocação que nessa obra se glorificasse a História da Áustria, exatamente como no império Alemão foi preciso vir o ribombar das batalhas da guerra mundial para que se ousasse consagrar ao povo alemão a obra de Wallot - o Reichstag.

Quando, com menos de 20 anos de idade, penetrei no majestoso palácio de Franzensring, para assistir, como ouvinte e espectador a uma sessão da Câmara dos Deputados, senti-me possuído dos mais desencontrados sentimentos.

Sempre odiei o Parlamento, mas não a instituição em si. Ao contrário, como homem de sentimentos liberais, eu não podia imaginar outra possibilidade de governo, pois a idéia de qualquer ditadura, dada a minha atitude em relação à casa dos Habsburgos, seria considerada um crime contra a liberdade e contra a razão.

Não pouco contribuiu para isso uma certa admiração pelo Parlamento inglês, que adquiri insensivelmente, devido à abundante leitura de jornais de minha juventude - admiração que não poderia perder facilmente. Causava-me enorme impressão a gravidade com que a Câmara dos Comuns cumpria a sua missão (como de maneira tão atraente costuma descrever a nossa imprensa). Poderia haver uma forma mais elevada de self .government de um povo?

Justamente por isso é que eu era um inimigo do Parlamento austríaco. Considerava a sua forma de atuação indigna do grande modelo. Além disso, acrescia o seguinte:

O destino do germanismo (Deutschtum) no Estado Austríaco dependia de sua posição no Reichsrot. Até à introdução do sufrágio universal e secreto, os alemães, no Parlamento, estavam em maioria, embora pequena. Já esse estado de coisas era grave, pois não merecendo a social-democracia a confiança nacional, esta, para não afugentar os adeptos não alemães, era sempre, nas questões críticas referentes ao germanismo, contrária às aspirações alemãs. Já naquela época a social-democracia não podia ser considerada um partido alemão. Com a introdução do sufrágio universal cessou a supremacia alemã, numericamente falando. Não havia, pois, nenhum empecilho no caminho da futura desgermanização do Estado.

Já naquele tempo, o instinto de conservação nacional fazia com que eu me sentisse pouco inclinado pela representação popular, na qual a raça alemã, em vez de ser representada, era sempre traída. Entretanto, esses defeitos, como muitos outros, não deviam ser atribuídos ao sistema em si, mas ao Estado austríaco. Eu pensava outrora que, com o restabelecimento da maioria alemã, nos corpos representativos, não haveria mais necessidade de uma atitude doutrinária contra aquela instituição,. enquanto perdurasse o velho Estado austríaco.

Com essa disposição interior entrei pela primeira vez nos tão sagrados quão disputados salões. É verdade que para mim eles só eram sagrados devido à beleza da magnífica construção. Uma obra-prima helênica em terra alemã.

Mas, dentro de pouco tempo, sentia verdadeira indignação ao assistir ao lamentável espetáculo que se desenrolava ante meus olhos.

Estavam presentes centenas desses representantes do povo, que tinham de tomar atitude sobre uma questão de importância econômica.

Bastou para mim esse primeiro dia para fazer refletir durante semanas e semanas sobre a situação.

O conteúdo mental do que se discutia era de uma "elevação" deprimente, a julgar pelo que se podia compreender do falatório, pois alguns deputados não falavam alemão e, sim línguas eslavas, ou melhor, seus dialetos. O que, até então, só conhecia através da leitura de jornais, tinha agora oportunidade de ouvir com os meus próprios ouvidos. Era uma massa agitada que gesticulava e gritava em todos os tons. Um velhote inofensivo se esforçava, suando por todos os poros, para restabelecer a dignidade da casa, agitando uma campainha, ora falando com benevolência, ora ameaçando.

Tive de rir.

Algumas semanas mais tarde, tornei a aparecer na Câmara. O quadro estava mudado a ponto de não ser reconhecido. A sala completamente vazia. Dormia-se lá em baixo. Alguns deputados se encontravam em seus lugares e bocejavam. Um deles "falava". Estava presente um vice presidente da Câmara, o qual, visivelmente aborrecido, percorria a sala com os olhos.

Surgiram-me as primeiras dúvidas. Cada vez que se me oferecia uma oportunidade, corria para lá. e observava silenciosa e atentamente o quadro, ouvia os discursos, sempre que podia compreendê-los, estudava as fisionomias mais ou menos inteligentes desses eleitos das raças daquele triste Estado e, aos poucos, fazia as minhas próprias reflexões.

Bastou um ano dessa calma observação para modificar ou afastar definitivamente o meu juízo sobre o caráter dessa instituição. No meu íntimo já tinha tomado atitude contra a forma adulterada que essa instituição tomava na Áustria. Já não podia mais aceitar o Parlamento em si. Até então eu vira o insucesso do Parlamento austríaco na falta de uma maioria alemã: agora, porém, eu reconhecia a fatalidade na essência e caráter dessa instituição.

Naquela ocasião apresentou-se-me uma série de questões. Comecei a familiarizar-me com o princípio da resolução por maioria como base de toda a Democracia. Entretanto, não dispensava menor atenção aos valores mentais e morais dos cavalheiros que, como eleitos do povo, deviam servir a esse desideratum...

Aprendi assim a conhecer ao mesmo tempo a instituição e os seus representantes.

No decurso de alguns anos, desenvolveu-se em minha mente o tipo plasticamente claro do fenômeno mais respeitável dos nossos tempos, o homem parlamentar. Começou-se a gravar de tal forma em minha memória, que não sofreu modificação essencial daí por diante.

Desta vez também o ensino intuitivo da realidade prática evitou que eu aceitasse uma teoria que, à primeira vista, tão sedutora parece a muitos e que, entretanto, deve ser contada entre os sinais de decadência da humanidade.

A atual Democracia do ocidente é a precursora do marxismo, que sem ela seria inconcebível Ela oferece um terreno propicio, no qual consegue desenvolver-se a epidemia. Na sua expressão externa - o parlamentarismo - apareceu como um mostrengo "de lama e de fogo", no qual, a pesar meu, o fogo parece ter-se consumido depressa demais. Sou muito grato ao destino por ter-me apresentado essa questão a exame, anteriormente em Viena, pois cismo que, na Alemanha, não poderia tê-la resolvido tão facilmente. Se eu tivesse reconhecido em Berlim, pela primeira vez, o absurdo dessa instituição chamada Parlamento, teria talvez caldo no extremo oposto e, sem aparente boa razão, talvez me tivesse enfileirado entre aqueles a cujos olhos o bem do povo e do Império está na exaltação da idéia imperial e que assim se põem, cegamente, em oposição à humanidade e ao seu tempo.

Isso seria impossível na Áustria.

Lã não era tão fácil cair de um erro no outro. Se o Parlamento nada valia, menos ainda valiam os Habsburgos. Lá a rejeição do parlamentarismo, por si só, não resolveria nada, pois ficaria de pé a pergunta: e depois? A eliminação do Reichsrat deixaria ficar, como único poder governamental, a casa dos Habsburgos, - idéia que se me afigurava intolerável.

A dificuldade desse caso particular conduziu-me a estudar o problema de maneira mais profunda do que, de outra forma, teria feito em tão verdes anos.

O que mais que tudo e com mais insistência me fazia refletir no exame do parlamentarismo era a falta evidente de qualquer responsabilidade individual dos seus membros.

O Parlamento toma qualquer decisão - mesmo as de conseqüências mais funestas - e ninguém é por ela responsável, nem é chamado a prestar contas.

Pode-se, porventura, falar em responsabilidade, quando, após um colapso sem precedentes, o governo pede demissão, quando a coalizão se modifica, ou mesmo o Parlamento se dissolve?

Poderá, por acaso, uma maioria hesitante de homens ser jamais responsabilizada?

Não está todo conceito de responsabilidade intimamente ligado à personalidade? Pode-se, na prática, responsabilizar o dirigente de um governo pelos atos cuja existência e execução devem ser levadas à conta da vontade e do arbítrio de um grande grupo de homens?

Porventura consistirá a tarefa do estadista dirigente não tanto em produzir um pensamento criador, um programa, como na arte com que torna compreensível a natureza de seus planos a um estúpido rebanho, com o fim de implorar-lhe o final assentimento? Pode ser critério de um estadista que ele deva ser tão forte na arte de convencer como na habilidade política da escolha das grandes linhas de conduta ou de decisão?

Está provada a incapacidade de um dirigente pelo fato de não conseguir ele ganhar, para uma determinada idéia, a maioria de uma aglomeração reunida mais ou menos por simples acaso?

Já aconteceu que essas câmaras compreendessem uma idéia antes que o êxito se tornasse o proclamador da grandeza dessa mesma idéia?

Toda ação genial neste mundo não é um protesto do gênio contra a inércia da massa?

Que pode fazer o estadista que só consegue pela lisonja conquistar o favor desse aglomerado para os seus planos?

Deve ele comprar o apoio desses representantes do povo ou deve - em lace da tolice da execução das tarefas consideradas vitais - retrair-se e permanecer inativo?

Em tal caso, não se dá um conflito insolúvel entre a aceitação desse estado de coisas e a decência ou, melhor, a opinião sincera.

Onde está o limite que separa o dever para com a coletividade e o compromisso da honra pessoal?

Qualquer verdadeiro dirigente não deverá abster-se de degradar-se assim em aproveitador político?

E, inversamente, não deverá todo aproveitador estar destinado a "fazer" política, desde que a responsabilidade não caberá, afinal, a ele, mas à massa intangível?

O princípio da maioria parlamentar não deve conduzir ao desaparecimento da unidade de direção?

Acreditamos, acaso, que o progresso neste mundo provenha da ação combinada de maiorias e não de cérebros individuais?

Ou pensa-se que, no futuro, podemos dispensar essa concepção de cultura humana?

Não parece, ao contrário, que a competência hoje seja mais necessária do que nunca?

Negando a autoridade do indivíduo e substituindo-a pela soma da massa presente em qualquer tempo, o princípio parlamentar do consentimento da maioria peca contra o princípio básico da aristocracia da natureza; e, sob esse ponto de vista, o conceito do princípio parlamentar sobre a nobreza nada tem a ver com a decadência atual de nossa alta sociedade.

Para um leitor de jornais judeus é difícil imaginar os mais que a Instituição do controle democrático pelo parlamento ocasiona, a não ser que ele tenha aprendido a pensar e a examinar o assunto com independência. Ela é a causa principal da incrível dominação de toda a vida política justamente pelos elementos de menos valor. Quanto mais os verdadeiros chefes forem afastados das atividades políticas, que consistem principalmente, não em trabalho criativo e produção, mas no regatear e comprar os favores da maioria, tanto mais a atuação política descerá ao nível das mentalidades vulgares e tanto mais essas se sentirão atraídas para a vida pública.

Quanto mais tacanho for, hoje em dia, em espírito e saber, um tal mercador de couros, quanto mais clara a sua própria intuição lhe fizer ver a sua triste figura, tanto mais louvará ele um sistema que não lhe exige a força e o gênio de um gigante, mas contenta-se com a astúcia de um alcaide e chega mesmo a ver com melhores olhos essa espécie de sapiência que a de um Péricles. Além disso, um palerma assim não precisa atormentar-se com a responsabilidade de sua ação. Ele está fundamentalmente isento dessa preocupação, porque, qualquer que seja o resultado de suas tolices de estadista, sabe ele muito bem que, desde muito tempo, o seu fim está escrito: um dia terá de ceder o lugar a um outro espírito tão grande quanto ele próprio. Uma das características de tal decadência é o fato de aumentar a quantidade de "grandes estadistas" à proporção que se contrai a escala do valor individual. O valor pessoal terá de tornar-se menor à medida que crescer a sua dependência de maiorias parlamentares, pois tanto os grandes espíritos recusarão ser esbirros de ignorantões e tagarelas, como, inversamente, os representantes da maioria, isto é, da estupidez, nada mais odeiam que uma cabeça que reflete.

Sempre consola a uma assembléia de simplórios conselheiros municipais saber que tem à sua frente um chefe cuja sabedoria corresponde ao nível dos presentes. Cada um terá o prazer de fazer brilhar, de tempos em tempos, uma fagulha de seu espírito; e, sobretudo, se Sancho pode ser chefe, por que não o pode ser Martinho?

Mas, ultimamente, essa invenção da democracia fez surgir uma qualidade que hoje se transformou em uma verdadeira vergonha, que é a covardia de grande parte de nossa chamada "liderança". Que felicidade poder a gente esconder-se, em todas as verdadeiras decisões de alguma importância, por trás das chamadas maiorias!

Veja-se a preocupação de um desses salteadores políticos em obter a rogos o assentimento da maioria, garantindo-se a si e aos seus cúmplices, para, em qualquer tempo, poder alienar a responsabilidade. E eis aí uma das principais razões por que essa espécie de atividade política é desprezível e odiosa a todo homem de sentimentos decentes e, por. tanto, também de coragem, ao passo que atrai todos os caracteres miseráveis - aqueles que não querem assumir a responsabilidade de suas ações, mas antes procuram fugir-lhe, não passando de covardes pulhas. Desde que os dirigentes de uma nação se componham de tais entes desprezíveis, muito depressa virão as conseqüências. Ninguém terá mais a coragem de uma ação decisiva: toda desonra, por mais ignominiosa, será aceita de preferência à resolução corajosa. Ninguém mais está disposto a arriscar a sua pessoa e a sua cabeça para executar uma decisão temerária.

Uma coisa não se pode e não se deve esquecer: a maioria jamais pode substituir o homem. Ela é sempre a advogada não só da estupidez, mas também da covardia, e assim como cem tolos reunidos não somam um sábio, uma decisão heróica não é provável que surja de um cento de covardes.

Quanto menor for a responsabilidade de cada chefe individualmente, mais crescerá o número daqueles que se sentirão predestinados a colocar ao dispor da nação as suas forças imortais. Com impaciência, esperarão que lhes chegue a vez; eles formam em longa cauda e contam, com doloridos lamentos, o número dos que esperam na sua frente e quase que calculam a hora quando possivelmente alcançarão o seu desiderato. Daí a ânsia por toda mudança nos cargos por eles cobiçados e daí serem eles gratos a cada escândalo que lhes abre mais uma vaga. Caso um deles não queira recuar da posição tomada, quase que sente isso como quebra de uma combinação sagrada de solidariedade comum. Então é que eles se tornam maldosos e não sossegam enquanto o desavergonhado, finalmente vencido, não põe o seu lugar novamente à disposição de todos. Por isso mesmo, não alcançará ele tão cedo essa posição. Quando uma dessas criaturas é forçada a desistir do seu posto, procurará imediatamente intrometer-se de novo na fileira dos que estão na expectativa, a não ser que o impeça, então, a gritaria e as injúrias dos outros.

O resultado disso é a terrível rapidez de mudança nas mais altas posições e funções, em um Estado como o nosso, fato que é desfavorável, de qualquer modo, e que freqüentemente opera com efeitos absolutamente catastróficos, porque não só o estúpido e o incapaz são vitimados por esses métodos de proceder, mas mesmo os verdadeiros chefes, se algum dia o destino os colocar nessas posições de mando.

Logo que se verifica o aparecimento de um homem excepcional, imediatamente se forma uma frente fechada de defesa, sobretudo se um tal cabeça, não saindo das próprias fileiras, ousar, mesmo assim, penetrar nessa sublime sociedade. O que eles querem fundamentalmente é estarem entre si, e é considerado inimigo comum todo cérebro que possa sobressair no meio de tantas nulidades. E, nesse sentido, o instinto é tanto mais agudo quanto é falho a outros respeitos.

O resultado será assim sempre um crescente empobrecimento espiritual das classes dirigentes. Qualquer um, desde que não pertença a essa classe de "chefes", pode julgar quais sejam as conseqüências para a nação e para o Estado.

O regime parlamentar na velha Áustria já existia em germe.

É verdade que cada chefe de gabinete ministerial era nomeado pelo imperador e rei, porém essa nomeação nada mais era do que a execução da vontade parlamentar. O hábito de disputar e negociar as várias pastas já era democracia ocidental do mais puro quilate. Os resultados correspondentes também aos princípios em voga. Em particular, a mudança de personalidades se dava em períodos cada vez mais curtos, para transformar-se, finalmente, numa verdadeira caçada. Ao mesmo tempo decaía crescentemente a grandeza dos "estadistas" de então, até que só ficou aquele pequeno tipo de espertalhão parlamentar, cujo valor se aquilatava e reconhecia pela capacidade com que conseguia promover as coligações de então, isto é, com que realizava os pequeninos negócios políticos - únicos que justificavam a vocação desses representantes do povo para um trabalho prático Nesse terreno oferecia a escola de Viena as melhores perspectivas ao observador.

O que me impressionava também era o paralelo entre a capacidade e o saber desses representantes do povo e a gravidade dos problemas que tinham de resolver. Quer se quisesse, quer não, era preciso também atentar mais de perto para o horizonte mental desses eleitos do povo, sendo ainda impossível deixar de dar a atenção necessária aos processos que conduzem ao descobrimento desses impressionantes aspectos de nossa vida pública. Valia a pena também estudar e examinar a fundo a maneira pela qual a verdadeira capacidade desses parlamentares era empregada e posta a serviço da pátria, ou seja o processo técnico de sua atividade.

O panorama da vida parlamentar parecia tanto mais lamentável quanto mais se penetrava nessas relações íntimas e se estudavam as pessoas e o fundamento das coisas, com desassombrada objetividade. E isso vem muito a propósito, tratando-se de uma instituição que, por intermédio de seus detentores, a todo passo se refere à "objetividade" como única base justa de qualquer atitude. Examinem-se esses cavalheiros e as leis de sua amarga existência e o resultado a que se chegará será espantoso.

Não há um princípio que, objetivamente considerado, seja tão errado quanto o parlamentar.

Pode-se mesmo, nesse caso, abstrair inteiramente a maneira pela qual se realiza a escolha dos senhores representantes do povo, mesmo os processos por que chegam a seu posto e à sua nova dignidade, Considerando que a compreensão política da grande massa não está tão desenvolvida para adquirir por si opiniões políticas gerais e escolher pessoas adequadas, chegar-se-á com facilidade à conclusão de que, nos parlamentos, só em proporção mínima, é que se trata da realização de um desejo geral ou mesmo de uma necessidade pública.

A nossa concepção ordinária da expressão "opinião pública" só em pequena escala depende de conhecimento ou experiências pessoais, mas antes do que outros nos dizem. E isso nos é apresentado sob a forma de um chamado "esclarecimento" persistente e enfático.

Do mesmo modo- que o credo religioso resulta da educação, ao passo que o sentimento religioso dormita no íntimo da criatura, assim a opinião política da massa é o resultado final do trabalho, às vezes incrivelmente árduo e intenso, da inteligência humana.

A quota mais eficiente na "educação" política, que, no caso, com muita propriedade, é chamada "propaganda", é a que cabe à imprensa, a que se reserva a "tarefa de esclarecimento" e que assim se constitui em uma espécie de escola para adultos. Todavia, essa instrução não está nas mãos do Estado, mas é exercida por forças em geral de caráter muito inferior. Quando ainda jovem, em Viena, eu tive as melhores oportunidades para adquirir conhecimento seguro sobre os chefes e sobre os hábeis operários mentais dessa máquina destinada à educação popular.

O que primeiro me impressionou foi a rapidez com que aquela força perniciosa do Estado conseguia fazer vitoriosa uma definida opinião, muito embora essa opinião implicasse no falseamento dos verdadeiros desejos e idéias do público. Dentro de poucos dias um absurdo irrisório se tornava um ato governamental de grande importância, ao mesmo tempo que problemas essenciais caíam no esquecimento geral ou antes eram roubados à atenção das massas.

Assim, no decurso de algumas semanas, alguns nomes eram como que magicamente tirados do nada e, em torno deles, se erguiam incríveis esperanças no espírito público; dava-se-lhes uma popularidade, que nenhum verdadeiro homem jamais esperaria conseguir durante toda a sua vida. Ao mesmo tempo, perante os seus contemporâneos, velhos e dignos caracteres da vida pública e administrativa eram considerados mortos, quando se achavam em plena eficiência, ou eram cumulados de tantas injúrias que seus nomes pareciam prestes a tornar-se símbolos de infâmia. Era necessário estudar esse vergonhoso método judeu de, como por encanto, atacar de todos os lados e lançar lama, sob a forma de calúnia e difamação, sobre a roupa limpa de homens honrados, para aquilatar, em seu justo valor, todo o perigo desses patifes da imprensa.

Não há nenhum meio a que não recorra um tal salteador moral para chegar aos seus objetivos.

Ele meterá o focinho nas mais secretas questões de família e não sossegará enquanto o seu faro não tiver descoberto um miserável incidente que possa determinar a derrota da infeliz vítima. Caso nada seja encontrado, quer na vida pública quer na vida particular, o patife lança mão da calúnia, firmemente convencido, não só de que, mesmo depois de milhares contestações, alguma coisa sempre fica, como também de que devido a centenas de repetições que essa demolição da honra encontra entre os cúmplices, impossível é à vítima manter a luta na maioria dos casos. Essa corja nem mesmo age por motivos que possam ser compreensíveis para o resto da humanidade.

Deus nos livre! Enquanto um bandido desses ataca - o resto da humanidade, essa gente esconde-se por trás de uma verdadeira nuvem de probidade e frases untuosas, tagarela sobre "dever jornalístico" e quejandas balelas e alteia-se até a falar em "ética" de imprensa, em assembléias e congressos, ocasiões em que a praga se encontra em maior número e em que a corja mutuamente se aplaude.

Essa súcia, porém, fabrica mais de dois terços da chamada "opinião pública", de cuja espuma nasce a Afrodite parlamentar.

Seria necessário escrever volumes para poder pintar com exatidão esse processo e representá-lo na sua inteira falsidade. Mas, mesmo abstraindo tudo isso e observando somente os efeitos da sua atividade, parece-me isso suficiente para esclarecer o espírito mais crédulo quanto à insensatez objetiva dessa instituição.

Mais depressa e mais facilmente compreenderemos a falta de senso e perigo dessa aberração humana se compararmos o sistema democrático parlamentar com uma verdadeira democracia germânica.

Na primeira, o ponto mais importante é o número. Suponhamos que quinhentos homens (ultimamente também mulheres), são eleitos e chamados a dar solução definitiva sobre tudo. Praticamente, porém, só eles constituem o governo, pois se é verdade que dentro deles é escolhido o gabinete, o mesmo, só na aparência, pode fiscalizar os negócios públicos. Na realidade, esse chamado governo não pode dar um passo sem que antes lhe seja outorgado o assentimento geral da assembléia. O Governo contudo não pode ser responsável por coisa alguma, desde que o julgamento final não está em suas mãos mas na maioria parlamentar.

Ele só existe para executar a vontade da maioria parlamentar em todos os casos. Propriamente só se poderia ajuizar de sua capacidade política pela arte com que ele consegue se adaptar à vontade da maioria ou atrair para si essa mesma maioria. Cai, assim, da posição de verdadeiro governo para a de mendigo da maioria ocasional. Na verdade, o seu problema mais premente consistirá, em vários casos, em garantir-se o favor da maioria existente ou em provocar a formação de uma nova mais favorável. Caso consiga isso, poderá continuar a "governar" por mais algum tempo; caso não o consiga, terá de resignar o poder. A retidão de suas intenções, por si só, não importa.

A responsabilidade praticamente deixa de existir.

Uma simples consideração mostra a que ponto isso conduz.

A composição íntima dos quinhentos representantes do povo, eleitos, segundo a profissão ou mesmo segundo a capacidade de cada um, resulta em um quadro tão disparatado quanto lastimável. Não se irá pensar por acaso que esses eleitos da nação sejam também eleitos da inteligência. Não é de esperar que das cédulas de um eleitorado capaz de tudo, menos de ter espírito, surjam estadistas às centenas. Ademais, nunca é excessiva a negação peremptória à idéia tola de que das eleições possam nascer gênios. Em primeiro lugar, só muito raramente aparece em uma nação um verdadeiro estadista e muito menos centenas de uma só vez; em segundo lugar, é verdadeiramente instintiva a antipatia da massa contra qualquer gênio que se destaque. É mais fácil um camelo passar pelo fundo de uma agulha que ser "descoberto" um grande homem por uma eleição. O indivíduo que realmente ultrapassa a medida normal do tipo médio costuma fazer-se anunciar, na história universal, pelos seus próprios atos, pela afirmação de sua personalidade.

Quinhentos homens, porém, de craveira abaixo da medíocre, decidem sobre os negócios mais importantes da nação, estabelecem governos que em cada caso e em cada questão têm de procurar o assentimento da erudita assembléia. Assim é que, na realidade, a política é feita pelos quinhentos.

Mas, mesmo pondo de lado o gênio desses representantes do povo, considere-se a quantidade de problemas diferentes que esperam solução, muitas vezes em casos opostos, e facilmente se compreenderá o quanto é imprestável uma instituição governamental que transfere a uma assembléia o direito de decisão final - assembléia essa que possui em quantidade mínima conhecimentos e experiência dos assuntos a serem tratados. As mais importantes medidas econômicas são assim submetidas a um foro cujos membros só na porcentagem de um décimo demonstraram educação econômica. E isso não é mais que confiar a decisão última a homens aos quais falta em absoluto o devido preparo.

Assim acontece também com qualquer outra questão. A decisão final será dada sempre por uma maioria de ignorantes e incompetentes, pois a organização dessa instituição permanece inalterada, ao passo que os problemas a serem tratados se estendem a todos os ramos da vida pública, exigindo, pois, constante mudança de deputados que sobre eles tenham de julgar e decidir. É de todo impossível que os mesmos homens que tratam de questões de transportes, se ocupem, por exemplo, com uma questão de alta política exterior. Seria preciso que todos fossem gênios universais, como só de séculos em séculos aparecem. Infelizmente trata-se, não de verdadeiras "cabeças", mas sim de diletantes, tão vulgares quanto convencidos do seu valor, enfim de mediocridade da pior espécie. Daí provém a leviandade tantas vezes incompreensível com que os parlamentares falam e decidem sobre coisas que mesmo dos grandes espíritos exigiriam profunda meditação. Medidas da maior relevância para o futuro de um Estado ou mesmo de uma nação são tomadas como se se tratasse de uma simples partida de jogo de baralho e não do destino de uma raça.

Seria certamente injusto pensar que todo deputado de um tal parlamento tivesse sempre tão pouco sentimento de responsabilidade. Não. Absolutamente não.

Obrigando esse sistema o indivíduo a tomar posição em relação a questões que não lhe tocam de perto, ele corrompe aos poucos o seu caráter. Não há um deles que tenha a coragem de declarar: "Meus senhores, eu penso que nada entendemos deste assunto. Pelo menos eu não entendo absolutamente". Aliás, isso pouco modificaria, pois certamente essa maneira de ser franco seria inteiramente incompreendida e, além disso, não se haveria de estragar o brinquedo por caso de um asno honesto. Quem, porém, conhece os homens, compreende que em uma sociedade tão ilustre ninguém quer ser o mais tolo e, em certos círculos, honestidade é sempre sinônimo de estupidez.

Assim é que o representante ainda sincero é jogado forçosamente no caminho da mentira e da falsidade. Justamente a convicção de que a reação individual pouco ou nada modificaria, mata qualquer impulso sincero que porventura surja em um ou outro. No final de contas, ele se convencerá de que, pessoalmente, longe está de ser o pior entre os demais e que com sua colaboração talvez impeça maiores males.

É verdade que se fará a objeção de que o deputado pessoalmente poderá não conhecer este ou aquele assunto, mas que a sua atitude será guiada pela fração a que pertença; esta, por sua vez, terá as suas comissões especiais que serão suficientemente esclarecidas pelos entendidos. À primeira vista, isso parece estar certo. Surgiria, porém, a pergunta: por que se elegem quinhentos, quando só alguns possuem a sabedoria suficiente para tomarem atitude nas questões mais importantes?

Aí é que está o busilis.

Não é móvel de nossa atual Democracia formar uma assembléia de sábios, mas, ao contrário, reunir uma multidão de nulidades subservientes, que possam ser facilmente conduzidas em determinadas direções definidas, dada a estreiteza mental de cada uma delas. Só assim pode ser feito o jogo da política partidária, no mau sentido que hoje tem. Mas isso, por sua vez, torna possível que os que manobram os cordéis fiquem em segurança por trás dos bastidores, sem possibilidade de serem tornados pessoalmente responsáveis. Atualmente, uma decisão, por mais nociva que seja ao povo, não pode ser atribuída, perante os olhos do público, a um patife único, ao passo que pode sempre ser transferida para os ombros de todo um grupo.

Praticamente, pois, não há responsabilidade, porque a responsabilidade só pode recair sobre uma individualidade única e não sobre as gaiolas de tagarelice que são as assembléias parlamentares.

Por isso esse tipo de Democracia se tornou o instrumento da raça que, para a consecução de seus objetivos, tem de evitar a luz do sol, agora, e sempre. Ninguém, a não ser um judeu, pode estimar uma instituição que é tão suja e falsa quanto ele próprio.

Em contraposição ao que precede, está a verdadeira democracia germânica. que escolhe livremente o seu chefe, sobre quem recai a inteira responsabilidade de todos os atos que pratique ou deixe de praticar. Nela não há a votação de uma maioria no que se refere às várias questões, sem a determinação de um indivíduo único que responda com seus bens e vida por suas decisões.

Caso se objete que em tais condições só dificilmente haverá alguém que queira dedicar a sua pessoa a tão arriscada tarefa, poder-se-á retrucar:

O verdadeiro sentido da democracia germânica reside, justamente, graças a Deus, no fato de não ser possível ao primeiro ambicioso, indigno ou impostor, chegar, por caminhos escusos, ao governo de seu povo. A extensão da responsabilidade assumida afasta os incompetentes e os fracos.

Na hipótese de um indivíduo dessa estofa tentar insinuar-se, fácil será ir-lhe ao encontro com esta apóstrofe: Para fora, covarde, patife. Retira o pé, tu maculas os degraus da escada, pois a ascensão ao panteon da história não é para os que rastejam e, sim, para os heróis!

Após dois anos de freqüência ao parlamento de Viena já havia chegado a essa conclusão.

Não me aprofundei mais sobre o assunto.

O regime parlamentar teve, como seu principal mérito, enfraquecer, nos últimos anos, o velho Estado dos Habsburgos. Quanto mais se enfraquecia, pela sua ação, o predomínio do germanismo, tanto mais se caía em um regime de choque entre as várias raças. No próprio Reichsrat isso se dava sempre à custa do Império, pois, por volta da passagem do século, o mais inocente indivíduo veria que a força de atração da monarquia não conseguia mais banir as tendências separatistas dos diferentes povos.

Ao contrário.

Quanto mais mesquinhos se tornavam os meios empregados pelo Estado para a sua conservação, tanto mais aumentava o desprezo geral pelo mesmo Estado. Não só na Hungria, como também nas várias províncias eslavas, o sentimento de fidelidade à monarquia era tão frágil que a sua fraqueza não era considerada uma vergonha. Esses sinais de declínio que apareciam provocavam até alegria, pois era mais desejada a morte que a convalescença do antigo regime.

No parlamento conseguiu-se evitar o colapso total por uma renúncia indigna e pela realização de toda sorte de opressão sobre o elemento germânico. No interior jogava-se, habilidosamente, um povo contra o outro. Entretanto, nas linhas gerais, a atuação política era dirigida contra os alemães. Sobretudo, desde que a sucessão ao trono começara a dar ao arquiduque Fernando uma certa influência, estabeleceu- se um plano regular na tchequização praticada pelo governo. Aquele futuro soberano da dupla monarquia procurava, por todos os meios possíveis, fazer progredir a desgermanização, promovendo-a por todos os modos ou, no mínimo, defendendo-a. Localidades puramente alemãs eram, por via indireta, na burocracia oficial, devagar porém seguramente, incluídas na zona perigosa das línguas mistas. Na própria Baixa Áustria esse processo progredia mais ou menos rapidamente e muitos tchecos consideravam Viena como a sua principal cidade.

O pensamento predominante desse novo Habsburgo, cuja família falava o theco de preferência (a esposa do arquiduque era uma condessa tcheca e casara com o príncipe morganaticamente, sendo o meio em que ela nascera tradicionalmente anti-germânico), era estabelecer gradualmente um Estado eslavo na Europa central, em linhas estritamente católicas, como uma proteção contra a Rússia ortodoxa. Nesse sentido, como tantas vezes aconteceu aos Habsburgos, a religião era mais uma vez arrastada a servir a uma concepção puramente política, concepção lamentável, quando encarada do ponto de vista germânico.

A vários respeitos, o resultado foi mais que trágico. Nem a casa dos Habsburgos nem a Igreja Católica tiraram o proveito que esperavam.

O Habsburgo perdeu o trono, Roma perdeu um grande Estado.

Chamando forças religiosas a servirem a seus fins políticos, a coroa provocou um estado de espírito que ela própria inicialmente julgou ser impossível. A tentativa de exterminar o germanismo na velha monarquia despertou o movimento pangermanista na Áustria.

Na década de 80 o liberalismo manchesteriano, de origem judaica, atingira, se não ultrapassara, o seu ponto culminante na monarquia. A reação contra ele, entretanto, não proveio como em tudo, na Áustria, de pontos de vista sociais e, sim, de pontos de vista nacionais. O instinto de conservação obrigou o germanismo a pôr se em guarda, da maneira mais viva. Só em segundo plano é que as considerações econômicas começaram a ganhar influência apreciável. Assim- é que desabrocharam, da confusão política, dois partidos, um mais nacionalista, outro mais socialista, ambos porém altamente interessantes e Instrutivos para o futuro.

Após o fim deprimente da guerra de 1866 a Casa Habsburgo preocupava-se com a idéia de uma revanche no campo de batalha. Só a morte do imperador Maximiliano, do México, cuja expedição infeliz se atribuiu em primeira linha a Napoleão III e cujo abandono, por parte dos franceses, provocou geral indignação, evitou uma aliança mais íntima com a França. Entretanto, os Habsburgos estavam de alcatéia na ocasião. Caso a guerra de 1870-71 não se tivesse transformado numa expedição triunfal, única no gênero, a corte de Viena teria ousado tentar um golpe sangrento de vingança por causa de Sadowa. Quando, porém, chegaram as primeiras narrações dos feitos heróicos dos campos de batalha, maravilhosos e quase incríveis e, no entretanto, verdadeiros, o mais "sábio" de todos os monarcas reconheceu que a hora não era propícia e aparentou alegrar-se com o que, na realidade, contrariava os seus planos.

A luta de heróis desses dois anos conseguira milagre muito mais formidável, pois, quanto aos Habsburgos, a sua atitude modificada jamais correspondia a um impulso íntimo de coração, mas sim à força das circunstâncias. O povo alemão, na velha Marca oriental, foi arrastado pela embriaguez da vitória do Reich e via, profundamente comovido, a ressurreição do sonho dos antepassados convertido em maravilhosa realidade.

Que ninguém se engane, porém. O Austríaco de sentimento verdadeiramente germânico reconhecera, dessa hora em diante, em Königratz, a condição tão trágica quanto indispensável da restauração do império, o qual não devia estar ligado ao marasmo podre da antiga aliança, e não o estava.

Sobretudo ele, aprendeu a sentir, à sua própria custa, que a casa dos Habsburgos terminara a sua missão histórica e que o novo Império só poderia eleger imperador quem, pelo seu sentimento histórico, fosse capaz de oferecer uma cabeça digna à "coroa do Reno". Tanto mais era, pois, de louvar o destino por ter realizado essa investidura no rebento de uma dinastia que, com Frederico, o Grande, já dera à nação, em tempos perturbados, um exemplo eloqüente para inspirar a grandeza da raça.

Quando, porém, após a grande guerra, a casa dos Habsburgos se lançou decididamente no caminho da destruição lenta porém inexorável, da perigosa germanização da dupla monarquia (cujas intenções intimas não podiam deixar dúvidas) - e esse tinha de ser o fim da política de eslavização - irrompeu a resistência do povo condenado ao extermínio e de maneira nunca vista na história alemã dos tempos modernos.

Pela primeira vez, homens de sentimentos nacionalistas e patrióticos se fizeram rebeldes. Rebeldes, não contra a nação ou contra o Estado, e sim contra uma forma de governo que, segundo as suas convicções, tinha de conduzir ao aniquilamento da própria raça.

Pela primeira vez, na história alemã, contemporânea, o patriotismo corrente, dinástico, se divorciou do amor à pátria e ao povo.

Deve-se ao movimento pangermanista da Áustria alemã da década de 90 o ter constatado de maneira clara e insofismável que uma autoridade pública só tem direito de exigir respeito e proteção, quando ela corresponde aos desejos de uma nacionalidade ou pelo menos quando não lhe causa dano.

Não pode haver autoridade pública que se justifique pelo simples fato de ser autoridade, pois, nesse caso, toda tirania neste mundo seria inatacável e sagrada.

Quando, por força da ação do governo, uma nacionalidade é levada à destruição, a rebelião de cada um dos indivíduos de um tal povo não é só um direito, mas também um dever. Quando um caso assim se apresenta a questão não se decide por considerações teóricas, mas pela violência e - pelo êxito.

Como todo poder público, naturalmente, chama a si o dever de conservar a autoridade do Estado, mesmo que ela seja má e traia mil vozes os desejos de uma nacionalidade, o instinto de conservação, em luta com esse poder pela conquista da liberdade ou da independência, terá de usar das mesmas armas com as quais o adversário procura manter-se. A luta será, portanto, travada com o recurso aos meios "legais". enquanto o povo não deverá recuar mesmo diante de meios ilegais, quando o opressor colocar-se fora da lei.

De um modo geral, não se deve esquecer nunca que a conservação de um Estado ou de um governo não é o mais elevado fim da existência humana, mas o de conservar o seu caráter racial. Caso este se ache em perigo de ser dominado ou eliminado, a questão da legalidade terá apenas importância secundária. Mesmo que o poder dominante empregue mil vezes os meios "legais" na sua ação, o instinto de conservação dos oprimidos é sempre uma justificação elevada para a luta por todos os meios.

Só admitindo essa hipótese é que se pode compreender porque os povos deram tão formidáveis exemplos históricos nas lutas pela liberdade, contra a escravização, quer seja interna, quer externa.

Os direitos humanos estão acima dos direitos do Estado.

Se, porém, na luta pelos direitos humanos, uma raça é subjugada, significa isso que ela pesou muito pouco na balança do destino para ter a felicidade de continuar a existir neste mundo terrestre, pois quem não é capaz de lutai pela vida tem o seu fim decretado pela providência.

O mundo não foi feito para os povos covardes.

Quanto é fácil a uma tirania proteger-se com o manto da "legalidade", ficou clara e eloqüentemente demonstrado com o exemplo da Áustria.

O poder legal do Estado baseava-se, então, no anti-germanismo do parlamento, com a sua maioria não-germânica e na casa reinante, também germanófoba. Nesses dois fatores, estava encarnada toda a autoridade pública. Querer modificar o destino do povo teuto-austríaco dessa posição era tolice. Assim, porém, segundo o parecer dos veneradores da autoridade do Estado e da legalidade, toda resistência deveria ser abandonada por não ser exeqüível por meios legais. Isso, porém, significaria o fim do povo alemão na monarquia, necessariamente, forçosamente, e dentro de breve tempo. Efetivamente só pela derrocada daquele Estado foi o germanismo salvo desse destino.

Os teoristas de óculos, preferem, porém, morrer por sua doutrina a morrer pelo seu povo.

Como os homens, primeiro, criam as leis, pensam, depois, que estas estão acima dos direitos humanos.

Foi mérito do movimento pangermanista de então na Áustria o ter varrido de uma vez essa tolice, para desespero de todos os cavaleiros andantes e fetichistas da teoria do Estado.

Enquanto os Habsburgos tentavam perseguir o germanismo, este partido atacava - e impavidamente - a sublime, Casa soberana. Pela primeira vez, ele lançou a sonda nesse Estado apodrecido, abrindo os olhos a centenas de milhares de pessoas. Foi seu mérito ter libertado a maravilhosa noção de amor pátrio da influência dessa triste dinastia.

Aquele partido, nos seus primeiros tempos, contava com muitos adeptos, ameaçando mesmo transformar-se em verdadeira avalanche. Entretanto, o êxito não durou. Quando cheguei a Viena, o movimento há muito já havia sido ultrapassado pelo Partido Cristão Socialista, que alcançara o poder e se encontrava em estado de decadência.

Esse processo de evolução e desaparecimento do movimento pangermanista de um lado e da incrível ascensão do partido socialista, de outro, deveria tornar-se, para mim, da maior importância como objeto de estudo.

Quando cheguei a Viena, minhas simpatias estavam inteiramente do lado da orientação pangermanista.

Que se tivesse a coragem de exclamar no parlamento - viva Hohenzollern! - me impunha respeito e me causava contentamento; que se considerasse esse Partido como parte apenas momentaneamente separada do Império alemão e se proclamasse esse sentimento publicamente, a cada momento, despertava-me alegre confiança; que se admitissem impavidamente todas as questões referentes ao germanismo e nunca se entregassem a compromissos parecia-me o único caminho ainda acessível para a salvação de nosso povo; que, porém, o movimento, depois de sua magnífica ascensão, tornasse a decair, não podia eu compreender. Menos ainda compreendia que o Partido Cristão Socialista conseguisse alcançar nessa mesma época, tão grande violência. Este havia chegado exatamente ao auge de sua glória.

Ao comparar os dois movimentos, deu-me o destino o melhor ensinamento, apressado pela minha aliás triste situação, para que eu compreendesse as causas desse enigma.

Preliminarmente, começarei o meu exame por dois homens que podem ser considerados os chefes e fundadores dos dois partidos: Georg von Schönere e o Dr. Karl Lueger.

Quanto ao ponto de vista do caráter, ambos se elevam muito acima da média das chamadas personalidades parlamentares. No pantanal de uma corrupção política generalizada, a minha simpatia pessoal de início dirigia-se ao pangermanista Schönere e só pouco a pouco também ao chefe cristão social.

Comparados quanto às suas' capacidades, já naquele tempo, Schönere me parecia o melhor e mais sólido pensador dos problemas básicos. Melhor que qualquer outro, ele reconheceu, de modo mais certo e claro, o fim fatal do Estado austríaco. Se as suas advertências tivessem achado eco, sobretudo no Reichstag, no que dizia respeito à monarquia dos Habsburgos, a desgraça da guerra da Alemanha contra a Europa jamais teria acontecido.

Mas se Schönere compreendia os problemas, na sua essência íntima, errava muito quanto aos homens.

Nesse conhecimento estava, ao contrário, a força do Dr. Lueger. Este era um raro conhecedor dos homens, que se precavia de vê-los melhores do que eles são na realidade. Por isso contava ele mais com as reais possibilidades da vida, de que conhecimento tinha Schönere. Tudo o que pensava o pangermanista estava teoricamente certo, mas faltava-lhe a força e a habilidade de transmitir à massa o conhecimento teórico, pois essa capacidade é e sempre será limitada. Essa falta de real reconhecimento dos homens conduziu, com o correr dos anos, a um engano na avaliação de vários movimentos, bem como de instituições antiquíssimas.

Finalmente reconheceu Schönere, sem dúvida, que se tratava, no caso, de questões de concepção universal, porém não entendeu que a grande massa se presta admiravelmente para detentora dessas convicções quase religiosas.

Infelizmente, teve ele uma percepção muito imperfeita das extraordinárias limitações da disposição da burguesia para a luta. Devido a sua situação econômica, os burgueses são tímidos, não se arriscam a prejuízos, o que sempre os impede de agir.

Essa incompreensão da importância das camadas baixas da sociedade foi a causa da extrema ineficiência de suas opiniões sobre questões sociais.

Em tudo Isso o Dr. Lueger era o oposto de Schönere.

O profundo conhecimento dos homens fazia com que aquele não só fizesse juízo certo das forças aproveitáveis, como também ficasse a coberto de uma avaliação demasiadamente baixa das instituições existentes, sendo que, talvez por esse motivo, aprendesse a empregá-las em auxílio da consecução de seus intentos.

Ele compreendeu perfeitamente que a força combativa da burguesia superior, hoje em dia, é pequena, é insuficiente para conseguir a vitória de um grande e novo movimento. Daí vem que atribuía grande importância, na sua atividade política, à conquista das camadas cuja existência estava ameaçada e, nas quais, por isso mesmo, a vontade de lutar servia de estímulo em vez de ser motivo de inércia. Além disso, ele era inclinado a empregar todos os meios violentos para atrair a si as fortes instituições existentes com o fito de tirar, dessas velhas fontes de poder, todo o proveito para o seu movimento.

Por isso, baseou o seu novo partido, em primeira linha na classe média. ameaçada de extinção, e assegurou-se, assim, uma classe de adeptos extremamente difíceis de serem abalados e dotados de tão grande espírito de sacrifício como de vontade de lutar. A sua atitude extremamente hábil em relação à Igreja Católica conquistou-lhe, em pequeno espaço, a mais nova geração do clero, e de tal maneira que o antigo partido clerical foi forçado a retirar-se do campo ou, mais avisadamente, a aderir ao novo partido a fim de, paulatinamente, ganhar posição a posição.

Grande injustiça seria feita a esse homem, se se considerasse essa como a sua única característica, pois, além da qualidade de um tático inteligente, ele possuía as de um reformador verdadeiramente grande e genial. Entretanto, também nessa grande personalidade não era completo o conhecimento das possibilidades existentes bem como de sua própria capacidade pessoal.

Os objetivos que esse homem verdadeiramente notável se tinha proposto eram eminentemente práticos. Ele queria conquistar Viena. Viena era o coração da monarquia. Dessa cidade partia ainda o último alento de vida para o corpo doentio e envelhecido do império decadente. Quanto mais saudável se tornasse o coração, mais facilmente reviveria o resto do corpo. Uma idéia correta em princípio, que, porém, só podia ter aplicação durante um tempo determinado e limitado.

Aí é que estava a fraqueza desse homem. O que ele realizou como burgomestre na cidade de Viena é imortal no melhor sentido da palavra. Mesmo assim, não conseguiu, porém, salvar a monarquia - era tarde demais.

Seu rival Schönere vira mais claramente.

Na sua atuação prática o Dr. Lueger obtinha admirável êxito. O efeito, porém, do que ele esperava sempre deixava de realizar-se.

O que Schönere desejava, ele não o conseguia; o que ele temia, realizava- se, infelizmente, de uma maneira terrível.

Assim, os dois homens não realizaram o seu objetivo. Lueger não pôde mais salvar a Áustria e Schönere não conseguiu evitar a ruína do povo alemão.

É infinitamente instrutivo para o nosso tempo estudar a causa do fracasso desses dois partidos. É essencial, sobretudo, para os meus amigos, pois, em muitos pontos, as condições de hoje são semelhantes às daquele tempo, podendo-se, por isso, evitar erros que conduziram à morte de um. movimento e à esterilidade do outro.

O colapso do movimento pangermanista na Áustria teve, a meu ver, três causas:

Primeira; a noção pouco clara da importância do problema social, justamente tratando-se de um partido novo essencialmente revolucionário.

Enquanto Schönere e seus adeptos se dirigiam em primeira linha às camadas burguesas, o resultado só podia ser fraco, inofensivo.

A burguesia alemã é, sobretudo nas suas camadas superiores, embora que não o pressintam os indivíduos, pacifista a ponto de renunciar a si mesma, principalmente quando se trata de questões internas da nação ou do Estado. Nos bons tempos, isto é, nos tempos de um bom governo, tal disposição é uma razão do valor extraordinário dessas camadas para o Estado; em épocas de governos maus, porém, ela age de maneira verdadeiramente maléfica. Para conseguir a realização de uma luta séria, o movimento pangermanista tinha de lançar-se á conquista das massas. O fato de não se ter agido assim tirou-lhe, de começo, o impulso inicial que uma tal onda necessita para não desfazer-se.

Quando, inicialmente, não se tem em mira e não se executa esse princípio básico, o novo partido perde, para o futuro, toda possibilidade de evitar os efeitos do erro de começo. Aceitando, em número excessivo, elementos moderados burgueses, a atitude do movimento será dirigida por estes, ficando assim excluída a possibilidade de recrutar forças apreciáveis no seio da grande massa popular. Tal movimento não passará mais de pálidos mexericos e críticas. Nunca mais se poderá criar a fé quase religiosa aliada a idêntico espírito de sacrifício; surgirá, porém, em seu lugar, a tendência de, por meio de cooperação "positiva" - neste caso isso significa o reconhecimento do statu quo - aos poucos, aparar a dureza da luta para finalmente chegar a uma paz podre.

Foi o que aconteceu ao movimento pangermanista, pelo fato de não ter, desde o princípio, acentuado principalmente a conquista de seus adeptos entre os círculos da grande massa. Tornou- se um movimento "burguês, distinto, moderadamente radical".

Desse erro decorreu, porém, a segunda causa de seu rápido desaparecimento.

A situação na Áustria, para o germanismo, no tempo do aparecimento do movimento pangermanista, já não dava lugar a esperanças. De ano a ano, o parlamento se tornava, cada vez mais, uma instituição destinada ao aniquilamento lento do povo alemão. Toda tentativa de salvação na décima-segunda hora só podia oferecer uma probabilidade, embora pequena, de êxito, na extinção dessa instituição.

Com isso surgiu, junto ao movimento, uma questão de importância teórica.

Para destruir o parlamento, dever-se-ia ir ao parlamento, a fim de esvaziá-lo "de dentro para fora" ou devia-se conduzir essa luta de fora, atacando aquela instituição.

Os pangermanistas entraram no parlamento e foram derrotados. Verdade é que se devia penetrar ali.

Conduzir uma luta contra tal potência, do lado de fora, significava armar-se de coragem inabalável é estar também disposto a sacrifícios infinitos. Agarra-se o touro pelos cornos e recebe- se fortes marradas. As vezes se cairá por terra, podendo levantar-se com os membros partidos, somente depois da mais áspera luta é que a vitória sorrirá ao ousado atacante. Somente a grandeza dos sacrifícios conquistará novos lutadores para a causa, até que a persistência garanta sucesso.

Para isso, porém, são necessários os filhos do povo, tirados da grande massa.

Só eles são suficientemente decididos e tenazes para conduzir essa luta ao seu fim sangrento.

O movimento pangermanista, porém, não possuía essa grande massa; nada mais lhe restava, pois, que ir ao parlamento.

Seria falso pensar que essa resolução tivesse sido o resultado de longos sofrimentos íntimos ou mesmo de meditações; não, não se pensava absolutamente em outra coisa.

Essa tolice, nada mais era que o reflexo de noções pouco claras sobre a importância e o efeito de tal participação numa instituição reconhecida, já em princípio, como falsa. Esperava-se, geralmente, facilitar o esclarecimento da grande massa popular, uma vez que se tinha a oportunidade de falar diante do "foro da nação inteira". Parecia também claro que o ataque à raiz do mal teria mais êxito que o ataque feito de fora. Pensava-se que a proteção das imunidades fortaleceria a segurança dos vários lutadores, de sorte que o ataque se tornaria mais forte.

Na realidade, porém, as coisas tomaram outro aspecto.

O "foro" perante o qual falavam os deputados pangermanistas em vez de tornar-se maior, tornara-se menor, pois cada um só fala diante do círculo que é capaz de ouvi-lo ou que, por meio dos comunicados da imprensa, recebe uma reprodução do que foi dito.

O maior foro de ouvintes é representado não pela sala de um parlamento e, sim, por um grande comício público.

No comício se encontra um grande número de pessoas que vieram somente para ouvir o que o orador tem a dizer-lhes, ao passo que no salão de sessões da Câmara dos Deputados só há algumas centenas de indivíduos que estão em geral apenas para receberem o seu subsídio e não para receber esclarecimentos da sapiência de um ou outro senhor "representante do povo".

Antes de tudo, porém, trata se, no caso, do mesmo público que nunca está disposto a aprender algo de novo, pois, além de faltar-lhe inteligência, falta-lhe a necessária vontade para isso.

Jamais um desses representantes fará por si mesmo honra à melhor verdade para, em seguida, pôr-se a seu serviço. Não. Nenhum fará isso, a não ser que tenha razão de esperar que tal mudança possa salvar o seu mandato por mais uma legislatura. Só quando pressentem que o seu partido sairá mal nas próximas eleições é que essas glórias da humanidade se mexem para verificar como se poderá mudar para um partido de orientação mais segura, sendo que essa mudança de atitude se processa sob um dilúvio de justificações morais. - Daí, acontecer sempre que quando um partido decai em grande escala do favor público e que há ameaça provável de uma derrota fulminante, começa a grande migração: os ratos parlamentares abandonam o navio partidário.

Isso nada tem que ver com o saber e o querer, mas é um índice daquele dom divinatório que adverte, ainda em tempo oportuno, o tal percevejo parlamentar, fazendo com que ele se abrigue em outra cama partidária mais quente.

Falar perante um tal "foro" significa, na verdade, jogar pérolas a porcos. De fato, isso não vale a pena! Nesse caso o êxito não pode ser senão igual a zero.

E assim era, na realidade. Os deputados pangermanistas poderiam falar até rebentar: o efeito, porém, seria nulo.

A imprensa, por sua vez, conservava-se muda ou mutilava os discursos de tal maneira que qualquer conexão era impossível e mesmo o sentido era deturpado, quando não se perdia inteiramente. E por isso a opinião pública só recebia uma imagem muito imperfeita das intenções do novo movimento. Era inteiramente destituído de importância o que dizia cada um dos deputados: a importância estava naquilo que se dava a ler como sendo deles. Consistia isso em extratos de seus discursos, que, mutilados, só podiam e deviam provocar impressão errônea. Assim o público perante o qual eles falavam realmente era os escassos quinhentos parlamentares. E isso nos diz bastante.

O pior, porém, era o seguinte: o movimento pangermanista só poderia contar com sucesso caso tivesse compreendido, desde o primeiro dia, que não se deveria tratar de um novo partido e, sim, de uma nova concepção política do mundo. Só esta conseguiria provocar as forças internas para essa luta gigantesca. Para esse fim, porém, só servem para chefes as melhores e mais corajosas cabeças.

Caso a luta por um sistema universal não seja conduzida por heróis prontos ao sacrifício, em curto espaço de tempo será impossível encontrar lutadores preparados para morrer. Um homem que combate exclusivamente por sua existência pouco terá de sobra para a causa geral. A fim de que se possa realizar aquela hipótese, é necessário que cada um saiba que o novo movimento trará honra e glória ante a posteridade e que, no presente, nada oferecerá. Quantos mais postos tenha um movimento a distribuir, maior será a concorrência dos medíocres., até que estes políticos oportunistas, sufocando pelo número o partido vitorioso, o lutador honesto não mais reconheça o antigo movimento e os novos adesistas o rejeitem decididamente como um intruso" incômodo.

Com isso, porém, estará liquidada a "missão" de tal movimento.

Logo que a agitação pangermanista aceitou o parlamento, começou a dispor de "parlamentares" em vez de guias e lutadores de verdade. O partido baixou ao nível de qualquer das facções do tempo e, por isso, perdeu a força necessária para enfrentar o destino com a audácia dos mártires. Em vez de lutar, aprendeu também a "falar" e a "negociar". Em breve tempo, o novo parlamentar sentia como mais nobre dever, - porque menos arriscado - combater a nova concepção do mundo com as armas "espirituais" da eloqüência parlamentar, em vez de lançar-se numa luta com o risco da própria vida - luta de resultado incerto e que nada rende para os seus líderes. Como eles estavam no parlamento, os adeptos, lá fora, começaram a esperar milagres, que naturalmente não se realizaram e nem poderiam realizar-se. Dentro em pouco, apareceu a impaciência, pois, mesmo o que se conseguia ouvir dos próprios deputados de modo algum correspondia às esperanças dos eleitores. Isso era de fácil explicação, pois a imprensa inimiga evitava transmitir ao público uma imagem exata da ação dos representantes pangermanistas.

Quanto mais crescia o gosto dos novos representantes do povo pela maneira ainda suave da luta "revolucionária" no parlamento e nas dietas, tanto menos se achavam eles dispostos a voltar ao mais perigoso trabalho de propaganda, no seio das camadas populares.

Os comícios, que eram o único meio eficiente de influir sobre as pessoas e, portanto, capaz de atrair grandes massas populares, eram cada vez menos utilizados.

Desde que as reuniões nas casas públicas foram definitivamente substituídas pela tribuna do parlamento, para, deste foro, derramar os discursos sobre as cabeças do povo, o movimento pangermanista deixou de ser um movimento popular e desceu, em curto tempo, à categoria de um clube de dissertações acadêmicas, de caráter mais ou menos sério.

A má impressão propagada pela imprensa não era, de maneira alguma, corrigida pela atividade das assembléias parlamentares. Assim, a palavra "pangermanista" passou a soar mal aos ouvidos populares. É preciso que os literatelhos e peralvilhos de hoje saibam que as maiores revoluções deste mundo nunca foram dirigidas por escrevinhadores!

Não. A pena sempre se limitou a traçar as bases teóricas das revoluções.

O poder, porém, que pôs em movimento as grandes avalanchas históricas, de caráter religioso e político, foi, desde tempos imemoriais, a força mágica da palavra falada.

Sobretudo a grande massa de um povo sempre só se deixa empolgar pelo poder da palavra. Todos os grandes movimentos são movimentos populares, são erupções vulcânicas de paixões humanas e de sensações psíquicas provocadas ou pela deusa cruel da necessidade ou pela tocha da palavra atirada entre a massa e não por meio de jorros de literatos açucarados metidos a estetas e a heróis de salão.

Só uma tempestade de paixão escaldante é que consegue torcer o destino dos povos: mas só consegue provocar entusiasmo quem o possua no seu íntimo. Só esse entusiasmo inspira aos seus eleitos as palavras que, como golpes de martelo, conseguem abrir as portas do coração de um povo.

Não é escolhido para anunciador da vontade divina aquele a quem falta a paixão e mantém-se em um silêncio cômodo.

Por isso, todo escritor devia restringir-se ao seu tinteiro, para trabalhar "teoricamente", se não lhe faltam inteligência e saber. Para chefe não nasceu ele, porém, nem para tal foi escolhido.

Um movimento de grandes objetivos, deve, pois, diligenciar para não perder o contato com a massa do povo.

Esse ponto deve ser examinado em primeiro lugar e as decisões devem ser tomadas sob essa orientação. Deverá ser evitado tudo o que posse diminuir ou enfraquecer a capacidade de ação sobre a coletividade, não por motivos "demagógicos", mas pelo simples reconhecimento de que sem a força formidável da massa de um povo não se pode realizar uma grande idéia, por mais elevada e sublime que ela pareça. A dura realidade é que deve determinar o caminho para o objetivo visado; não querer palmilhar caminhos desagradáveis significa neste mundo desistir do Ideal, quer se queira, quer não.

Logo que o movimento pangermanista, por sua atitude parlamentar, colocou o seu ponto de apoio no parlamento e não no povo, perdeu o futuro e ganhou, em troca, o êxito barato e passageiro.

Escolheu a luta mais fácil, e, por isso mesmo, deixou de merecer a vitória final.

Justamente essas questões foram por mim estudadas em Viena, da maneira mais profunda, notando, então, que, no seu não reconhecimento, estava um dos principais motivos do colapso do movimento, que, a meu ver, era destinado a tomar em suas mãos a direção do germanismo.

Os dois primeiros erros que fizeram com que fracassasse o movimento pangermanista completavam-se, um era conseqüência do outro. A falta de conhecimento das forças impulsoras das grandes revoluções deu lugar à errada avaliação da importância das grandes coletividades; daí proveio o pouco interesses pela questão social, o medíocre aliciamento das camadas inferiores da nação, bem como também a atitude favorável em relação ao parlamento.

Caso tivesse sido reconhecido o incrível poder que cabe à massa como portadora da resistência revolucionária em todos os tempos, ter-se-ia trabalhado de outra maneira, tanto socialmente como com relação à propaganda. Não se teria também, então, acentuado o movimento em direção ao parlamento e sim em direção à oficina e à rua.

O terceiro erro, porém, se caracterizou ainda mais pelo não reconhecimento do valor da massa, que, uma vez movimentada em determinada direção, por espíritos superiores, mais tarde, como um volante, dá impulso à força e tenacidade uniforme do ataque.

A áspera luta que o movimento pangermanista teve de sustentar com a Igreja católica só se explica devido à falta de compreensão da psicologia do povo.

As causas do ataque violento do novo partido contra Roma estavam no seguinte:

"Logo que a Casa dos Habsburgos se decidira definitivamente a transformar a Áustria em um Estado eslavo, foram utilizados todos os meios que pareciam próprios para esse fim. As instituições religiosas foram também inescrupulosamente postas ao serviço da nova idéia oficial, por essa inconscientíssima dinastia. A utilização de paróquias tchecas e de seus curas era somente um dos muitos meios de chegar a este fim, isto é, uma eslavização generalizada da Áustria".

O processo desenrolava-se mais ou menos assim:

"Os padres tchecos eram mandados para paróquias puramente alemãs. Esses sacerdotes lenta, mas seguramente, começavam a sobrepor os interesses do povo tcheco aos interesses da Igreja, tornando-se assim a célula mater do processo de desgermanização".

O clero germânico, ante esse processo, fracassou quase completamente. E assim aconteceu não só porque esses próprios sacerdotes eram inteiramente incapazes de uma semelhante luta, no sentido do germanismo. como por não conseguirem opor a necessária resistência ao-ataque dos outros. Dessa maneira o germanismo era lenta, mas irresistivelmente, repelido por um lado, pela ação desabusada de parte do clero que se lhe opunha e pelo outro pela insuficiência da defesa. Se, como vimos, isso se dava em pequena escala, em grande escala não seria outra a situação.

Aí também as tentativas antigermânicas dos Habsburgos não encontraram, sobretudo de parte do alto clero, a resistência exigida, e, assim, a defesa dos interesses alemães passava a plano secundário.

A impressão geral era de que havia uma ofensa grosseira aos direitos alemães da parte do clero católico.

Parecia com isso que a Igreja não sentia com o povo alemão e se colocava, de maneira injusta, ao lado do inimigo do mesmo. A raiz de todo o mal, porém, estava, segundo a opinião de Schönere, no fato de a direção da Igreja católica não estar na Alemanha, bem como na animosidade, proveniente desse fato, contra os anseios de nossa nacionalidade.

Os chamados problemas culturais passaram, como quase tudo na Áustria, para segundo plano. O que valia, na atitude do movimento pangermanista, com relação à Igreja católica, era menos a atitude desta relativamente à ciência que a sua insuficiente compreensão dos interesses alemães e, inversamente, uma constante fomentação das pretensões e da cobiça eslavas.

George Schönere não era homem que fizesse as coisas pela metade. Iniciou a luta contra a Igreja, convencido de que somente por ela é que a raça alemã poderia salvar se. O movimento de libertação contra Roma (Los von Rom") parecia o mais formidável, porém também o mais difícil processo de ataque, que teria de destruir a cidadela inimiga. Fosse ele vitorioso estaria vencida, para sempre, a infeliz cisão religiosa na Alemanha e a força interior do Reich e da nação alemã poderia, com uma tal vitória, lucrar de maneira formidável.

Entretanto, nem a previsão nem as conclusões dessa luta estavam certas.

Incontestavelmente a força de resistência do clero católico, de nacionalidade alemã, era inferior, em todas as questões referentes ao germanismo, às de seus irmãos não alemães, sobretudo tchecos.

Ao mesmo tempo, só um ignorante não veria que ao clero alemão jamais ocorreu uma defesa agressiva dos interesses da sua raça.

Demais, quem quer que não estivesse ofuscado pelas aparências, deveria reconhecer que esse fato deve ser atribuído primeiro que tudo a uma circunstância que todos nós alemães devemos lastimar: a "objetividade" com que encaramos os problemas raciais, assim como todos os outros.

Assim como o sacerdote tcheco era subjetivo em relação ao seu povo e somente objetivo em relação A Igreja, o sacerdote alemão era dedicado subjetivamente à Igreja e permanecia objetivo com relação à nação. Esse é um fenômeno que em mil outros casos podemos constatar, para infelicidade nossa.

Isso não é de maneira alguma só uma herança especial do catolicismo, mas ataca, entre nós, em curto espaço de tempo, quase toda a organização do Estado.

Compare-se, por exemplo, a atitude que o nosso funcionalismo público assume em face das tentativas de um renascimento nacional com a do funcionalismo de qualquer outra nação em circunstâncias semelhantes. Imagina-se, acaso, que o corpo de funcionários de qualquer outro país do mundo preteriria de maneira semelhante os desejos da nação ante a frase oca "autoridade do Estado", como é corrente entre nós desde cinco anos, sendo até considerado particularmente digno de elogios, quem assim procede? Não assumem os dois credos, hoje em dia, na questão judaica, uma atitude que não está em harmonia nem com os desejos da nação nem com os verdadeiros interesses da própria religião? Compare-se, por exemplo, a atitude de um rabino, em todas as questões, mesmo de somenos importância do judaísmo como raça, com a do clero de ambos os credos cristãos com relação à raça germânica.

Isso acontece conosco toda vez que se trata de defender uma idéia abstrata.

A "autoridade do Estado", a "democracia", o "pacifismo", a "solidariedade internacional", etc., são idéias que sempre convertemos em concepções fixas, puramente doutrinárias, de sorte que todo julgamento sobre as necessidades vitais da nação é feito exclusivamente por esse critério.

Essa maneira infeliz de considerar todas as aspirações pelo prisma de uma opinião preconcebida destrói toda a capacidade de aprofundar-se o homem num assunto subjetivamente por contradizer objetivamente a própria teoria e conduz finalmente a uma inversão de meios e de finalidades. Toda tentativa de levantar a nação será repelida, desde que implique na extinção de um regime, mesmo mau, desde que seja uma infração ao "princípio de autoridade". O "princípio de autoridade" não é, porém, um meio para um fim, antes, aos olhos desses fanáticos da objetividade, representa o próprio fim, o que é suficiente para explicar a triste vida desse princípio. Assim é que, por exemplo, toda tentativa por uma ditadura seria recebida com indignação, mesmo que o seu executor fosse um Frederico, o Grande, e que os artistas políticos de uma maioria parlamentar momentânea não passassem de anões incapazes ou de indivíduos medíocres. A lei da democracia parece mais sagrada para um desses doutrineiros que o bem da nação. Um protegerá, portanto, a pior tirania que aniquila um povo, desde que o "princípio de autoridade" se corporiza nela, ao passo que o outro rejeita mesmo o mais abençoado governo, desde que este não corresponda à sua concepção de democracia.

Da mesma maneira o nosso pacifista alemão silenciará diante do mais sangrento atentado contra o povo, mesmo que ele parta das mais rudes Forças militares; silenciará desde que a mudança desse destino só seja possível por meio de uma resistência, portanto, de uma violência, pois isso contraria o seu espírito pacifista. O socialista alemão internacional, entretanto, pode ser saqueado solidariamente pelo resto do mundo; ele mesmo retribui com simpatia fraternal e não pensa em reparações ou mesmo protestos, pois que ele é - um alemão.

Isso pode ser deplorável, porém quem quiser modificar uma situação deve reconhecê-la primeiramente. O mesmo acontece com a defesa dos anseios do povo alemão por uma parte do clero. Por si, isso não representa nem má vontade, nem é provocado, por exemplo, por ordem "de cima". Vemos, porém, nessa fraqueza nacional, o resultado de uma educação também falha no sentido da germanização da juventude como também, por outro lado, uma submissão irrestrita à idéia tornada ídolo.

A educação para a democracia, para o socialismo de feitio internacional, para o pacifismo, etc., é tão rígida e radical, portanto considerada por eles puramente subjetiva que, com isso, a imagem geral do resto do mundo é influenciada por essa noção fundamental, ao passo que a atitude para com o germanismo desde a juventude sempre se caracterizou pelo seu objetivismo. Dessa maneira o pacifista alemão que se submete subjetivamente à sua idéia, procurará sempre primeiro os direitos objetivos, mesmo em casos de ameaças injustas e pesadas a seu povo e nunca se colocará, por puro instinto de conservação, na fileira de seu rebanho para lutar ao lado dele.

Quanto isso vale para os vários credos, pode ser mostrado pelo seguinte:

O protestantismo representa, por si, melhor, as aspirações do germanismo, desde que esse germanismo esteja fundamentado na origem e tradições da sua igreja; falha, entretanto, no momento em que essa defesa dos interesses nacionais tenha de realizar-se num domínio em discordância com a sua tradicional maneira de conceber os problemas mundiais.

O protestantismo servirá para promover tudo o que é essencialmente germânico, sempre que se trate de pureza interior ou, de intensificar o sentimento nacional, ou de defesa da vida alemã, da língua e também da liberdade, uma vez que tudo isso é parte essencial nele; mas é mais hostil a qualquer tentativa de salvar a nação das garras de seu mais mortal inimigo, porque a sua atitude em relação ao judaísmo foi traçada mais ou menos como um dogma. Nisso ele gira indecisamente em torno da questão e, a não ser que essa questão seja resolvida, não terá sentido ou possibilidade de êxito qualquer tentativa de um renascimento alemão.

Durante minha estadia em Viena, eu tive bastante prazer e oportunidade de examinar essa questão, sem espírito preconcebido e, pude ainda verificar milhares de vezes, no convívio diário, a correção desse modo de ver.

Nessa cidade em que estão em foco as mais variadas raças, era evidente, a todos parecia claro, que somente o pacifista alemão procura considerar sempre objetivamente as aspirações de sua própria nação, porém nunca o faz assim o judeu em relação às do seu povo; que somente o socialista alemão é "internacional", isto é, é proibido de fazer justiça a seu próprio povo de outra maneira que não seja com lamentações e choro entre os companheiros internacionais. Nunca agem assim o tcheco, o polaco, etc. Enfim, reconheci desde então, que a desgraça só em parte está nessas teorias e, por outra parte, em nossa insuficiente educação com relação ao nacionalismo e numa dedicação diminuída, em virtude disso, em relação ao mesmo.

Por essas razões, falhou o primeiro fundamento puramente teórico do movimento pangermanista contra o catolicismo.

Eduque-se o povo alemão, desde a juventude, no reconhecimento firme dos direitos da própria nacionalidade e não se empestem os corações infantis com a maldição de nossa "objetividade", mesmo em coisas relativas à conservação do próprio eu, e em pouco tempo, verificar-se-á que (supondo-se um governo radical nacional), assim como na Irlanda, na Polônia ou na França, o católico alemão será sempre alemão.

A mais formidável prova disso foi fornecida naquela época em que, pela última vez, o nosso povo, em defesa de sua existência, se apresentou, diante da justiça da História, em uma luta de vida e de morte.

Enquanto naquele momento não faltou a direção de cima, o povo cumpriu o seu dever do modo mais decisivo.

Pastor protestante ou padre católico, ambos contribuíram infinitamente para uma longa conservação de força de resistência, não só no "front" mas, sobretudo, no interior do país. Nesses anos, e sobretudo nos primeiros momentos de entusiasmo, só existia na realidade um único império alemão sagrado nos dois campos e para cuja subsistência e futuro cada um se dirigia ao seu céu.

O movimento pangermanista na Áustria deveria ter-se proposto a seguinte pergunta: É ou não possível a conservação do germanismo austríaco sob uma fé católica? No caso afirmativo, o partido político não se deveria ter incomodado com a questão religiosa ou de credo. Em caso contrário, seria necessária uma reforma religiosa e nunca um partido político.

Aquele que pensa poder chegar, pelo atalho de uma organização política, a uma reforma religiosa, mostra somente que lhe falta qualquer vislumbre da evolução das noções religiosas ou mesmo das dogmáticas e da atuação prática do clero.

Na realidade não se pode servir a dois senhores, sendo que eu considero a fundação ou destruição de uma religião muito mais importante do que a fundação ou destruição de um Estado, quanto mais de um partido.

Não se diga que os aludidos ataques foram a defesa contra ataques do lado contrário!

É certo que, em todas as épocas, houve indivíduos sem consciência que não tiveram pejo de fazer da religião instrumento de seus interesses políticos (pois é disso que se trata quase sempre e exclusivamente entre esses pulhas). Entretanto, é falso tornar a religião ou o credo responsável por um bando de patifes que dela fazem mau uso, da mesma forma por que poriam qualquer outra coisa a serviço de seus baixos instintos.

Nada pode melhor servir a um tratante e mandrião parlamentar do que a oportunidade que assim se lhe oferece de, ao menos posteriormente, conseguir a justificação de sua esperteza política. Pois logo que a religião ou o credo é responsabilizado por uma maldade pessoal e por isso atacados, o maroto chama, com berreiro formidável, o mundo inteiro para testemunhar quão justa fora a sua atuação e como, graças a ele e à sua loquacidade, foram salvas a religião e a igreja. Os contemporâneos, tão tolos quanto esquecidos, não reconhecem o verdadeiro causador da luta, devido ao grande berreiro que se faz ou não se lembram mais dele e assim atinge o patife o seu objetivo.

Essas astuciosas raposas sabem bem que isso nada tem a ver com a religião. Por isso mais rirá ele consigo mesmo, enquanto que o seu adversário, honesto porém inábil, perde a cartada e retira-se de tudo, desiludido da lealdade e da fé nos homens.

Em outro sentido, seria também injusto tomar a religião ou mesmo a igreja como responsável pelos desacertos de quaisquer indivíduos.

Compare-se a grandeza da organização visível com a defeituosidade média dos homens em geral e será necessário admitir que a relação do bem para o mal é melhor entre nós do que em qualquer outra parte. É certo que há também, mesmo entre os próprios padres, alguns para os quais a sua função sagrada é apenas um meio para a satisfação de sua ambição- política e que chegam mesmo a esquecer, na luta política, muitas vezes de maneira mais do que lamentável, que deveriam ser os guardas de uma verdade superior e não os representantes da mentira e da calúnia. Entretanto para cada indigno desses há, por outro lado, milhares e milhares de curas honestos, dedicados da maneira mais fiel à sua missão que, em nossos tempos atuais, tão mentirosos como decadentes, se destacam como pequenas ilhas num pântano geral.

Tão pouco condeno ou devo condenar a igreja pelo fato de um sujeito qualquer de batina cair em falta imunda contra os costumes, quando muitos outros mancham e traem a sua nacionalidade, em uma época em que isso ocorre freqüentemente. Sobretudo hoje em dia, é bom não esquecer que para cada Efialtes há milhares de pessoas que, com o coração sangrando, sentem a infelicidade de seu povo e, como os melhores de nossa nação, desejam ansiosamente a hora em que para nós o céu possa sorrir também.

A quem, porém, responde que, no caso, não se trata de pequenos problemas da vida diária, mas sobretudo de questões de verdade fundamental e de conteúdo dogmático, pode-se dar a devida resposta com outra questão:

"Se te considerares feito pelo destino a fim de proclamar a verdade, faze-o; tem, porém, também, a coragem de não quereres fazer isso pelo talho de um partido político - pois constitui também espert- mas coloca, em lugar do mal de agora, o que lhe parece melhor para o futuro.

Se porventura te faltar a coragem ou se não conheceres bem o que em ti há de melhor, não te metas; em todo caso, não tentes, pelo recurso de um movimento político, conseguir astuciosamente aquilo que não tens coragem de fazer de viseira erguida".

Os partidos políticos nada têm a ver com os problemas religiosos, a não ser que estes, estranhos ao povo, venham solapar os costumes e a moral da própria raça. A religião também não se deve imiscuir em intrigas do partidarismo político.

Quando os dignitários da igreja se servem de instituições ou doutrinas religiosas para prejudicar a sua nacionalidade, nunca deverão ser seguidos nessa trilha e sim combatidos com as mesmas armas.

As doutrinas e Instituições religiosas de seu povo devem ser intangíveis para o chefe político; ao contrário, este não deveria ser político e sim reformador!

Qualquer outra atitude conduziria a uma catástrofe, especialmente na Alemanha.

Nas minhas observações sobre o movimento pangermanista em sua luta contra Roma, cheguei, naquela ocasião e, sobretudo posteriormente, à seguinte conclusão: devido a sua fraca compreensão da significação do problema social, o movimento perdeu a força combativa da massa popular. Indo ao parlamento, perdeu a sua força de impulsão e sobrecarregou-se com toda a fraqueza inerente àquela instituição. A sua luta contra a igreja desacreditou-o perante muitas camadas das classes baixa e média e privou-o de muitos dos melhores elementos que se poderiam indicar como essencialmente nacionais.

Os resultados da "Kulturkampf" na Áustria foram praticamente nulos.

É verdade que foi possível arrancar perto de cem mil membros à igreja, porém sem que ela por isso tivesse sofrido dano sensível. Realmente, nesse caso, não havia necessidade de chorar pelas "ovelhinhas" perdidas; ela só perdeu o que há já muito tempo intimamente lhe não pertencia. Essa era a diferença entre a nova reforma e a antiga. Outrora, muitos dos melhores elementos da igreja se tinham afastado dela por convicção religiosa íntima, ao passo que agora só os "mornos" é que se foram e por "considerações" políticas.

Justamente do ponto de vista político o resultado foi muito ridículo e deplorável. Mais uma vez fracassara um promissor movimento político da nação alemã por não ter sido conduzido com a necessária sobriedade, mas perdera-se um campo que forçosamente teria de conduzir a um desagregamento.

A verdade, pois, é que:

O movimento pangermanista jamais teria cometido esse erro, se não possuísse pouca compreensão da psicologia da massa. Se os seus chefes tivessem sabido que para conseguir êxito não se deve nunca mostrar a massa dois ou mais adversários, por considerações puramente psíquicas, pois isso conduziria de outra maneira ao desagregamento da força combativa, só por esse motivo o movimento pangermanista deveria ter sido principalmente dirigido contra um só adversário. Nada mais perigoso para um partido político que deixar-se levar nas suas decisões por levianos que tudo querem sem conseguir jamais coisa alguma.

Mesmo que nos vários credos haja muita coisa a eliminar o partido político não deve perder de vista um minuto o fato de que, a julgar por toda a experiência da história até hoje, nunca um partido político conseguiu, em situações semelhantes, chegar a uma reforma religiosa. Não se estuda, porém, a história para não recordar os seus ensinamentos quando é chegada a hora de aplicá-la praticamente ou para pensar que as coisas agora são outras e que, portanto, as suas verdades não são mais aplicadas, mas aprende-se dela justamente o ensino útil para o presente. Quem não consegue isso, não deve ter a pretensão de ser chefe político. Esse é na realidade um idiota superficial e muito convencido e toda boa vontade não desculpa a sua incapacidade prática.

A arte de todos os grandes condutores de povos, em todas as épocas, consiste, em primeira linha, em não dispersar a atenção de um povo e sim em concentrá-la contra um único adversário. Quanto mais concentrada for a vontade combativa de um povo, tanto maior será a atração magnética de um movimento e mais formidável o ímpeto do golpe. Faz parte da genialidade de um grande condutor fazer parecerem pertencer a uma só categoria mesmo adversários dispersos, porquanto o reconhecimento de vários inimigos nos caracteres fracos e inseguros muito facilmente conduz a um princípio de dúvida sobre o direito de sua própria causa.

Logo que a massa hesitante se vê em luta contra muitos inimigos, surge imediatamente a objetividade e a pergunta de se realmente todos estão errados ou só o próprio povo ou o próprio movimento é que está com o direito.

Com isso aparece também o primeiro colapso da própria força. Daí ser necessário que uma maioria de adversários internos seja sempre vista em blocos, de sorte que a massa dos próprios adeptos julgue que a luta seja dirigida contra um inimigo único. Isso fortalece a fé no próprio direito e aumenta a irritação contra o inimigo.

O fato de o movimento pangermanista não ter compreendido isso lhe custou a derrota.

O seu objetivo estava certo. A vontade era pura. O caminho seguido, porém, estava errado. Ele se assemelhava a um alpinista que tem em vista o pico a ser galgado e que se põe a caminho com decisão e força, sem porém dedicar atenção a esse último, tendo a vista sempre voltada para o objetivo, sem atentar na trilha que segue. Por isso, fracassa.

Inversamente, parecia passarem-se as coisas nas fileiras do adversário - no Partido Socialista Cristão.

O caminho seguido por este foi sábia e seguramente escolhido. Entretanto, faltou-lhe a compreensão exata do objetivo.

Em quase todos os pontos em que o movimento pangermanista falhou, eram bem e corretamente pensadas as disposições do Partido Socialista Cristão.

Ele compreendia exatamente a importância das massas e, desde o seu início, atraiu a si uma certa camada popular, pela ostensiva afirmação de seu caráter social. E desde que se dispôs a ganhar a classe média e a classe dos artesãos, ganhou permanentes e fiéis sectários, prontos para o sacrifício de si mesmos. O partido evitou combater contra quaisquer organizações representadas pela Igreja, assegurando-se, assim, o apoio dessa poderosa organização. Possuía, por isso, um único adversário verdadeiramente grande. Compreendeu o valor da propaganda em larga escala e especializou-se em influenciar psicologicamente os instintos da grande maioria de seus adeptos.

O fato de ter o partido falhado em seu sonho de salvar a Áustria foi devido aos seus métodos, que eram errados em dois sentidos, assim como à obscuridade de seus objetivos.

Em vez de ser fundado sobre base racial, o seu anti-semitismo tinha fundamento religioso. A razão por que esse erro se insinuou foi a mesma que causou o segundo erro.

Se o Partido Socialista Cristão quisesse salvar a Áustria não se deveria apoiar, na opinião de seu fundador, no princípio racial, desde que, de qualquer modo, em breve prazo, ocorreria a dissolução geral do Estado. Os chefes do partido entenderam que a situação em Viena exigia que se evitassem as tendências para a dispersão e se apoiassem todos os pontos de vista conducentes à unidade.

Naquela época, Viena se achava fortemente impregnada de elementos tchecos e nada a não ser a extrema tolerância nos problemas raciais poderia evitar que aquele partido fosse anti-germânico desde o início. - Para salvação da Áustria, aquele partido não poderia ser dispensado. Por isso fizeram esforços especiais para ganhar o grande número de pequenos negociantes tchecos de Viena pela oposição à escola liberal de Manchester e, com isso, julgavam haver descoberto um grito de guerra para a luta contra o judaísmo, luta baseada na religião, que deixaria na sombra todas as diferenças de raça da velha Áustria.

Claro é que um combate em tal base molestaria muito pouco os judeus. Na pior das hipóteses, um pouco de água benta bastaria para salvar os seus negócios e, ao mesmo tempo, o seu judaísmo.

Com essa base leviana, nunca foi possível tratar de maneira séria e científica do problema, mas apenas perderam-se muitos adeptos que não compreendiam essa espécie de anti-semitismo. Com isso a força de aliciar adeptos ficaria circunscrita quase exclusivamente a círculos intelectuais restritos, a não ser que se quisesse passar do puro sentimento para um verdadeiro do problema. A atitude das classes intelectuais era de franca negação. A questão parecia cada vez mais limitar-se a uma nova tentativa de conversão dos judeus. Tinha-se até a impressão de tratar-se de uma certa inveja de concorrente. Com isso a luta perdeu o caráter de um movimento superior e para muitos - e justamente não para os piores - tomou a aparência de imoral e reprovável. Faltava a convicção de que se tratava de uma questão vital de toda a humanidade, de cuja solução dependia o destino de todos os povos não judeus.

As meias medidas, a indecisão, haviam destruído o valor da posição anti- semítica do Partido Socialista Cristão.

Era um anti-semitismo aparente, era pior do que nada, porque o povo tinha a ilusão de segurar firmemente o seu inimigo nas mãos, quando este é que o guiava.

O judeu, porém, em curto espaço de tempo, de tal maneira se acostumara a essa espécie de anti-semitismo, que a sua supressão certamente lhe teria feito mais falta do que incômodos lhe dava a sua existência.

Se o Estado constituído de diferentes raças já exigia um sacrifício, maior ainda o exigia a defesa do germanismo.

Não se podia ser "nacionalista", a não ser que, mesmo em Viena, se quisesse deixar de sentir a terra debaixo dos pés. Esperava-se salvar o Estado dos Habsburgos contornando suavemente essa questão e, assim, o atiravam diretamente à ruína. Com isso, porém, perdeu o movimento a única poderosa fonte, de energia que pode fornecer força, duradouramente, a um partido político. O movimento cristão social tornou-se, com isso, um partido como qualquer outro. Eu havia seguido atentamente os dois movimentos, um por impulso íntimo do coração, o outro arrastado pela admiração pelo homem raro que já então me aparecia como um símbolo amargo de todo o germanismo austríaco.

Quando o formidável cortejo fúnebre conduzia o falecido burgomestre da Rathaus para a Ringstrasse, também me encontrava entre as muitas centenas de milhares de pessoas que assistiam ao espetáculo fúnebre. Intimamente comovido, dizia-me o sentimento que também a obra desse homem tinha de ser em vão, devido à fatalidade que irrecusavelmente teria de conduzir aquele Estado ao aniquilamento.

Se o Dr. Karl Lueger tivesse vivido na Alemanha, teria sido incluído entre os maiores homens de nossa raça. Foi infelicidade sua e de sua obra que tivesse vivido naquele Estado insustentável que era a Áustria.

Ao mesmo tempo de sua morte, já começava a espalhar-se vivamente, cada mês que se passava, aquela pequena chama dos Balcãs, de maneira que, por uma gentileza do destino, foi lhe poupado ver aquilo que ele acreditava poder evitar.

Eu, porém, tentei encontrar as causas do insucesso de ambos os movimentos e cheguei à convicção firme de que, abstraindo inteiramente a impossibilidade de ainda conseguir na velha Áustria o fortalecimento do Estado, os erros dos dois partidos eram os seguintes:

O partido pangermanista teoricamente tinha toda razão quanto ao objetivo da regeneração germânica, mas era infeliz na escolha de seus métodos. Era nacionalista, mas, infelizmente, não bastante social para ganhar a adesão da massa popular. O seu anti-semitismo era baseado na verdadeira apreciação da importância do problema racial e não em- teorias religiosas. Por outro lado, a sua luta contra um credo definido estava errada tanto quanto aos fatos como quanto à tática.

As idéias do movimento cristão socialista acerca do objetivo do renascimento germânico eram demasiadamente vagas, mas, como partido, era feliz e inteligente na escolha de seus métodos. Compreendia a importância da questão social, mas laborava em erro na sua luta contra os judeus e ignorava inteiramente a força do sentimento nacional.

Se o Partido Socialista Cristão possuísse, além de sua inteligente compreensão da grande massa, uma noção certa da importância do problema da raça, como a tinha apanhado o movimento pangermanista, e tivesse ele também sido nacionalista ou tivesse o movimento pangermanista adotado, além da sua compreensão certa do objetivo da questão judaica e da importância do sentimento nacional, também a inteligência prática do Partido Socialista Cristão, sobretudo quanto à atitude em relação ao socialismo - ter-se-ia produzido aquele movimento que, já então - estou convencido - poderia ter influído no destino do germanismo.

Se isso assim não aconteceu, foi devido, em grande parte, ao caráter do Estado austríaco.

Como não via a minha convicção realizada em nenhum outro partido, eu não podia me decidir a ingressar em uma das organizações existentes ou mesmo colaborar na luta. Já naquele tempo eu considerava todos os movimentos políticos falhados e incapazes de realizar o grande renascimento nacional do povo alemão.

A minha antipatia pelo Estado dos Habsburgos crescia cada vez mais, naquela época.

Quanto mais eu começava a preocupar-me sobretudo com questões de política externa, tanto mais ganhava terreno a minha convicção de que aquela estrutura estatal tinha de tornar-se- a desgraça do germanismo. Cada vez mais claramente via, enfim, que o destino da nação alemã não mais seria decidido desse lugar e, sim, do próprio Reich. Isso, porém, não dizia respeito apenas às questões políticas, mas também a todas as questões da vida cultural propriamente.

O Estado austríaco mostrava também no campo das atividades puramente culturais ou artísticas todos os sintomas de decadência, ou, pelo menos, a sua insignificância para o futuro da nação alemã. No campo da arquitetura era que mais isso se fazia sentir. A arquitetura moderna, por isso mesmo, não tinha grande êxito na Áustria, pois, após a construção da Ringstrasse, as obras, pelo menos em Viena, eram insignificantes relativamente aos grandes planos que surgiam na Alemanha.

Comecei assim a levar cada vez mais uma vida dupla; a razão e a realidade fizeram-me passar por uma tão amarga quanto abençoada escola na Áustria. Entretanto o coração andava por outros lugares. Um angustioso descontentamento me empolgara à medida que eu reconhecia a vacuidade em torno desse Estado e a impossibilidade de salvá-lo, sentindo, ao mesmo tempo, com toda a certeza, que, em tudo e por tudo, ele só poderia representar a desgraça do povo alemão.

Eu estava convencido de que o Estado se encontrava em situação de poder dominar e inutilizar qualquer alemão verdadeiramente grande e de apoiar qualquer coisa que fosse contra o germanismo.

Odiava o conglomerado de raças, checos, polacos, húngaros, rutenos, sérvios, croatas, etc. e acima de tudo aquela excrescência desses cogumelos presentes em toda parte - judeus e mais judeus.

Para mim a cidade gigante parecia a encarnação do incesto.

O alemão que eu falava na juventude era o dialeto falado na Baixa Baviera; eu não conseguia nem esquecê-lo nem aprender a gíria vienense. Quanto mais tempo eu permanecia naquela cidade, mais aumentava em mim o ódio contra a estranha mistura de raças que começava a corroer aquele velho centro cultural alemão.

A idéia, porém, de que aquele Estado pudesse manter-se por mais tempo me pareceu inteiramente ridícula.

A Áustria era então como um velho mosaico, cuja argamassa destinada a segurar as pedrinhas se tivesse tornado velha e quebradiça. A obra consegue aparentar a sua existência, mas logo que recebe um choque, quebra-se em mil pedacinhos. A questão toda era saber quando se daria esse choque.

O meu coração sempre pulsara, não por uma monarquia austríaca e sim por um império alemão. A hora da decadência desse Estado só me poderia parecer como o começo da redenção da nação alemã- Por todos esses motivos, cada vez se tornou mais intenso em mim o desejo de poder ir para o lugar para onde, desde a mais tenra juventude, me atraíam secreta ânsia e decidido amor.

Outrora eu desejara poder algum dia fazer nome como arquiteto e, em pequena ou grande escala, conforme o destino mandasse, prestar à nação o meu devotado serviço.

Finalmente, eu desejava ter a felicidade de, no local, poder desempenhar o meu papel no país onde o mais ardente desejo de meu coração tinha de ser realizado: a união de meu amado lar com a pátria, comum.

Muitas pessoas ainda hoje não poderão compreender a grandeza de uma tal ânsia. Entretanto eu me dirijo àqueles a quem o destino negou até agora essa felicidade; dirijo-me a todos aqueles que, desligados da pátria, têm de lutar até pelo bem sagrado da língua, e que, devido a seu sentimento de fidelidade à pátria, são perseguidos e martirizados e que, dolorosamente comovidos, esperam ansiosamente a hora que os deixe voltar de novo ao coração da mãe querida; dirijo- me a todos esses e sei que eles me compreenderão!

Só aquele que sente dentro de si o que significa ser alemão sem poder pertencer à pátria querida é que poderá medir a profunda ânsia que em todos os tempos atormenta aqueles que dela se acham possuídos e nega-lhes satisfação e felicidade até que se lhe abram as portas da casa paterna e no Reich comum o sangue comum torne a encontrar paz e sossego.

Viena era e permaneceu para mim a mais rude, embora mais completa, escola de minha vida. Eu pisara essa cidade ainda meio criança e abandonei-a já homem feito. Nela recebi os fundamentos de uma concepção política em pequena escala, que mais tarde ainda tive de completar em detalhes, porém que nunca mais me abandonara. O verdadeiro valor daqueles anos de aprendizado só hoje é que posso apreciar plenamente.

Por isso é que tratei esse período mais desenvolvidamente, pois 'foi ele justamente que nessas questões me proporcionou a primeira lição de coisas em problemas que afetam os princípios do partido, o qual, tendo começado em mui pequenas proporções, se acha, depois de apenas cinco anos, em vias de tornar-se um grande movimento popular. Não sei qual seria hoje a minha atitude em face do judaísmo, da social-democracia, de tudo o que se entende por marxismo, por questão social, etc., se a força do destino, naquele primeiro período de minha vida, não me tivesse dado um fundamento de opiniões formado pela experiência pessoal.

Pois, se bem que a desgraça da pátria consegue estimular milhares e milhares de pessoas a pensarem nas causas íntimas da derrocada, esse fato não consegue nunca conduzir àquela profundidade, àquela aguda intuição que se abre para aquele que, somente depois de muitos anos de luta, se tornou senhor do destino.

CAPÍTULO IV

MUNIQUE

Na primavera de 1912 fui definitivamente para Munique. Aquela cidade parecia-me tão familiar como se eu tivesse morado há longo tempo dentro de seus muros. Isso provinha do fato de que os meus estudos a cada passo se reportavam a essa metrópole da arte alemã. Quem não conhece Munique não viu a Alemanha, quem não viu Munique não conhece a arte alemã.

Entretanto, esse período anterior à guerra foi o mais feliz e tranqüilo de minha vida. Se bem que os meus salários fossem ainda muito reduzidos, eu não vivia para poder pintar, mas pintava para dessa maneira, assegurar a minha vida ou, melhor, para assim poder continuar os meus estudos. Eu estava convencido de que um dia ainda conseguiria o meu objetivo. E só isso já me fazia suportar com indiferença todos os pequenos aborrecimentos da vida quotidiana. Acrescente-se mais o grande amor que eu tinha por aquela cidade, quase que desde a primeira hora da minha permanência ali. Uma cidade alemã! Que diferença de Viena! Sentia-me mal em pensar naquela babel de raças. Além disso, o dialeto muito mais chegado a mim, me fazia lembrar a minha juventude, sobretudo no trato com a Baixa Baviera. Havia milhares de coisas que já eram ou com o tempo se me tornaram caras. O que, porém, mais me atraía era a admirável aliança da força e da arte no ambiente geral, essa linha única de monumentos que vai do Hofbräuhaus ao Odeon, da Ocktoberfest à Pinacoteca. Sinto-me hoje pertencer mais àquela cidade do que a qualquer outro lugar do mundo e isso devido ao fato de estar a mesma inseparavelmente ligada à minha própria vida, à minha evolução. O fato de, já naquela ocasião, eu gozar uma verdadeira tranqüilidade, era de atribuir-se ao encanto que a admirável residência de Witteisbach exerce sobre todos os homens que possuam qualidades intelectuais aliadas a sentimentos artísticos.

O que, afora os trabalhos de minha profissão, mais me atraía, era o estudo dos acontecimentos políticos do dia, sobretudo os da política externa. Eu cheguei a estes através dos rodeios da política alemã de aliança, a qual, desde os meus tempos da Áustria, considerava absolutamente falsa. Apenas não compreendera, em Viena, em toda a sua extensão, como o Reich a si mesmo se enganava, com a prática daquela política. Já naquela época estava eu inclinado a admitir - ou procurava convencer-me a mim mesmo, exclusivamente como desculpa - que possivelmente em Berlim já se sabia quão fraco e pouco merecedor de confiança seria na realidade o aliado austríaco, o que, entretanto, por motivos mais ou menos secretos, se mantinha sob reserva, a fim de apoiar uma política de aliança que o próprio Bismarck havia inaugurado e cujo abandono brusco não era aconselhável, para não assustar o estrangeiro ou inquietar o povo, no interior.

Entretanto, as minhas relações, sobretudo entre o povo, fizeram que muito depressa verificasse, horrorizado, que essa minha convicção era falsa. Com grande surpresa minha, tive de constatar, em toda parte, que, mesmo nos círculos bem informados, não se tinha a mais pálida idéia do caráter da monarquia dos Habsburgos. Justamente entre o povo dominava a persuasão de que o aliado devia ser considerado uma potência de verdade que, na hora do perigo, agiria como um só homem. No seio da massa, considerava-se sempre a Monarquia como um Estado "alemão" e pensava-se também poder contar com ela. Pensava-se que a força nesse caso também podia ser computada por milhares, como por exemplo na própria Alemanha, e esquecia-se, inteiramente: 1.°) que, há muito tempo. a Áustria deixara de ser um Estado de caráter alemão; 2.°) que as condições internas daquele país cada vez mais tendiam para a desagregação.

Naquele tempo se conhecia melhor aquela estrutura de Estado do que a chamada "diplomacia" oficial, a qual, como quase sempre, cambaleava cegamente para a fatalidade. A disposição de ânimo do povo nada mais era que o resultado daquilo que de cima se despejava na opinião pública. Os de cima, porém, mantinham pelo aliado um culto como pelo bezerro de ouro. Esperava-se poder substituir por habilidade aquilo que faltava em sinceridade. Tomavam-se sempre as palavras como valores reais.

Em Viena eu me encolerizava ao constatar a diferença que, de tempos a tempos, aparecia entre os discursos dos estadistas oficiais e o modo de expressar-se da imprensa local. Entretanto, Viena era, ao menos aparentemente, uma cidade alemã. Como eram diferentes as coisas, quando se saia de Viena, ou melhor da Áustria alemã, e se caía nas províncias eslavas do Reich! Bastava que se manuseassem os jornais de Praga para saber-se de que maneira era ali julgada a sublime fantasmagoria da Tríplice Aliança. Ali só havia cruel ironia e sarcasmo para essa obra-prima dos "estadistas". Em plena paz, enquanto os dois imperadores trocavam entre si o beijo da amizade, ninguém ocultava que essa aliança desapareceria no dia em que se tentasse, do mundo de fantasias, - espécie de ideal dos Nibelungen - transportá-la para a realidade prática.

Quanta excitação houve quando, alguns anos depois, chegada a hora da prova da Tríplice Aliança, a Itália abandonou-a, deixando os seus dois companheiros, para, enfim, transformar-se em inimiga! A não ser para aqueles que estivessem atacados de cegueira diplomática, era simplesmente incompreensível que, mesmo por um minuto, se pudesse acreditar no milagre de vir a Itália a combater ao lado da Áustria. Entretanto, as coisas na Áustria não se passavam de modo diferente.

Na Áustria, só os Habsburgos e os alemães eram adeptos da idéia de aliança. Os Habsburgos por cálculo e necessidade; os alemães por credulidade e estupidez política. Por credulidade, porque eles pensavam, por meio da Tríplice Aliança, prestar um grande serviço à Alemanha, fortalecê-la e protegê-la; por estupidez política, porém, porque o que eles imaginavam não correspondia à realidade, pois que estavam apenas concorrendo para acorrentar o Império à carcassa de um Estado morto, que teria de arrastá-los ao abismo, sobretudo porque aquela aliança contribuía para, cada vez mais, desgermanizar a própria Áustria. Porque, desde que os Habsburgos acreditavam que uma aliança com o Império poderia garanti-los contra qualquer interferência de parte deste - e infelizmente nisso tinham razão - eles ficavam capacitados a continuarem na sua política de livrar-se, gradualmente, da influência germânica no interior, com mais facilidade e menos risco. Eles tinham que temer qualquer protesto de parte do governo alemão, que era conhecido pela "objetividade" de seu ponto de vista e, além disso, tratando com os austríacos alemães, podiam sempre fazer calar qualquer voz impertinente que se levantasse contra qualquer feio exemplo de favoritismo para com os eslavos, com uma simples referência à Tríplice Aliança.

Que poderia fazer o alemão na Áustria, se o próprio alemão do Império exprimia reconhecimento e confiança no governo dos Habsburgos?

Deveria oferecer resistência para depois ser estigmatizado por toda a opinião pública alemã como traidor da própria nacionalidade? Ele, que há dezenas de anos vinha fazendo os maiores sacrifícios pela sua nacionalidade!

Que valor, porém, possuía essa aliança, caso tivesse sido destruído o germanismo da monarquia dos Habsburgos. Não era, para a Alemanha, o valor da Tríplice Aliança, dependente da manutenção da hegemonia alemã na Áustria? Ou acreditava-se, por acaso, que mesmo com a eslavização do Império dos Habsburgos, se pudesse manter a aliança?

A atitude da diplomacia alemã oficial, bem como também de toda a opinião pública com relação ao problema interno das nacionalidades na Áustria, não era simplesmente uma tolice mas uma verdadeira loucura! Contava-se com uma aliança, fazia-se o futuro e a segurança de um povo de setenta milhões de habitantes dependerem dela - e ficava-se observando, impassível, como, de ano para ano, a única base para essa aliança era sistematicamente, infalivelmente destruída pelo aliado! Chegaria o dia em que restaria apenas um "tratado" com a diplomacia vienense, mas o auxílio do aliado do Império faltaria no momento oportuno.

Na Itália isso se verificara desde o princípio.

Se se tivesse feito um estudo mais inteligente da história da Alemanha e da psicologia da raça, ninguém poderia ter acreditado, por um instante, que o Quirinal de Roma e o Hofburg de Viena viessem um dia a lutar, lado a lado, em uma frente única de batalha. A Itália se transformaria num vulcão antes que qualquer governo ousasse enviar um só italiano a combate. O Estado dos Habsburgos era fanaticamente odiado. Os italianos só poderiam marchar como inimigos! Mais de uma vez vi flamejar em Viena o apaixonado desdém e insondável ódio que mantinham os italianos contra o Estado austríaco. Os erros e crimes da Casa de Habsburgo, no decurso dos séculos, contra a liberdade e a independência da Itália, eram demasiado grandes para jamais serem esquecidos, mesmo na hipótese de haver qualquer desejo nesse sentido. Não havia tal desejo nem entre o povo nem de parte do governo italiano. Para a Itália, por isso, só havia dois modos possíveis de tratar com a Áustria - a aliança ou a guerra.

Tendo escolhido o primeiro, podiam eles preparar-se calmamente para o segundo.

A política alemã de aliança era ao mesmo tempo inexpressiva e arriscada, especialmente desde que as relações da Áustria para com a Rússia tendiam crescentemente para uma solução pela guerra.

Foi esse um caso clássico, em que se pôde constatar a falta de grandiosas e acertadas linhas de conduta.

Por que, pois, foi concluída uma aliança? Simplesmente para garantir o futuro do Reich, quando ele estava em posição de manter-se sobre os próprios pés. O futuro do Reich estava na política de habilitar, por todos os meios, a nação alemã a continuar existindo.

Por conseqüência, o problema deveria ter sido posto assim: que forma deverá assumir a vida da nação alemã em um futuro tangível? E como se poderá garantir a essa evolução os necessários fundamentos e a necessária segurança, no quadro do concerto das potências européias?

Considerando claramente as condições para a atividade da política externa, tinha-se de fatalmente chegar à seguinte convicção:

A Alemanha tem um acréscimo de população de, aproximadamente, 900 mil almas por ano. A dificuldade de alimentação desse exército de novos cidadãos tem de aumentar de ano para ano e acabar finalmente numa catástrofe, caso se não encontrem meios de, em tempo, dominar o perigo da miséria e da fome.

Havia quatro caminhos para evitar esse tremendo desenlace.

1º Podia-se, a exemplo da França, limitar artificialmente o acréscimo de nascimentos e, com isso, impedir uma superpopulação.

A própria natureza costuma agir no sentido de limitar o aumento de população de determinadas terras ou raças, em épocas de grandes necessidades ou más condições climáticas, bem como de pobreza do solo; e isso com um método tão sábio quão inexorável. Ela não impede a capacidade de procriação em si e sim, porém, a conservação dos rebentos, fazendo com que eles fiquem expostos a tão duras provações que o menos resistente é forçado a voltar ao seio do eterno desconhecido, o que ela deixa sobreviver às intempéries está milhares de vezes experimentado e capaz de continuar a produzir, de maneira que a seleção possa recomeçar. Agindo desse modo brutal contra o indivíduo e chamando-o de novo momentaneamente a si, desde que ele não seja capaz de resistir à tempestade da vida, a natureza mantém a raça, a própria espécie, vigorosa e a torna capaz das maiores realizações.

A diminuição do número, por esse processo, redunda em um reforço da capacidade do indivíduo e, por conseguinte, em última análise, em um revigoramento da espécie.

As coisas se passam de outra maneira quando é o homem que toma a iniciativa de provocar a limitação de seu número. Aí é preciso considerar não só o fator natural como o humano. O homem sabe mais que essa cruel rainha de toda a sabedoria - a natureza. Ele não limita a conservação do indivíduo, mas a própria reprodução. Isso lhe parece, a ele que sempre tem em vista a si mesmo e nunca à raça, mais humano e mais justificado que o inverso. Infelizmente, porém, as conseqüências são também inversas.

Enquanto a natureza, liberando a geração, submete, entretanto, a conservação da espécie a uma prova das mais severas, escolhendo dentro de um grande número de indivíduos os que julga melhores e só a estes conserva para a perpetuação da espécie, o homem limita a procriação e se esforça, aferradamente, para que cada ser, uma vez nascido, se conserve a todo preço. Essa correção da vontade divina lhe parece ser tão sábia quanto humana e ele alegra-se de, mais uma vez, ter sobrepujado a natureza e até de ter provado a insuficiência da mesma.

E o filho de Adão não quer ver nem ouvir falar que, na realidade, o número é limitado, mas à custa do apoucamento do indivíduo.

Sendo limitada a procriação e diminuído o número dos nascimentos, sobrevem, em lugar da natural luta pela vida, que só deixa viverem os mais fortes e mais sãos, a natural mania de conservar e "salvar" a todos, mesmo os mais fracos, a todo preço. Assim se deixa a semente para uma descendência que será tanto mais lamentável quanto mais prolongado for esse escárnio contra a natureza e suas determinações.

O resultado final é que um tal povo um dia perderá o direito à existência neste mundo, pois o homem pode, durante um certo tempo, desafiar as leis eternas da conservação, mas a vingança virá mais cedo ou mais tarde. Uma geração mais forte expulsará os fracos, pois a ânsia pela vida, em sua última forma, sempre romperá todas as correntes ridículas do chamado espírito de humanidade individualista, para, em seu lugar, deixar aparecer uma humanidade natural, que destrói a debilidade para dar lugar à força.

Aquele, pois, que quiser assegurar a existência ao povo alemão limitando a sua multiplicação, rouba lhe com isso o futuro.

2° Outro caminho seria aquele que hoje em dia freqüentemente ouvimos aconselhado e louvado: a chamada colonização interna. Essa é uma proposta que muitos fazem, na melhor das intenções, que é, porém, mal compreendida pela maioria e que pode trazer, por isso, os maiores prejuízos imagináveis. Sem dúvida, a capacidade produtiva de um terreno pode ser elevada até determinado limite. Mas só até esse limite determinado e não infinitamente mais. Durante um certo lapso, poder- se-á, portanto, compensar, sem perigo de fome, a multiplicação do povo alemão por meio do aumento do rendimento de nosso solo. Entretanto, a isso se opõe o fato de crescerem as necessidades da vida mais do que o número da população. As necessidades humanas com relação ao alimento e ao vestuário crescem de ano para ano e, por exemplo, já hoje em dia, não estão em proporção com as necessidades de nossos antepassados de cem anos atrás. É, pois, errôneo pensar que cada elevação da produção provoque a condição necessária a uma multiplicação da população. Isso se dá até um certo ponto, pois que ao menos uma parte do aumento da produção do solo é consumida na satisfação das necessidades superiores da humanidade. Entretanto, com a máxima parcimônia de um lado e a máxima diligencia por outro lado, chegará um dia em que um limite será atingido pelo próprio solo. Mesmo com toda a diligência, não será possível aproveitá-lo mais e surgirá, embora protelada por algum tempo, uma nova calamidade. A fome aparecerá de tempos em tempos, quando houver má colheita. Com o aumento da população, isso se dará cada vez mais, de sorte que isso só não aparecerá quando raros anos de riqueza encherem os armazéns de víveres. Entretanto, finalmente, aproximar-se-á a época em que não se poderá mais atender à miséria e a fome, então, tornar-se-á a companheira de um tal povo. A natureza terá de prestar auxílio de novo e proceder à seleção entre os escolhidos, destinados a viver; ou então é o próprio homem que a si mesmo se auxilia, lançando mão do impedimento artificial de sua reprodução com todas as graves conseqüências para a raça e para a espécie. Poder-se-á ainda objetar que esse futuro está destinado a toda a humanidade, de uma maneira ou de outra, e que, portanto, nenhum povo conseguirá naturalmente escapar a essa fatalidade.

À primeira vista, sem mais considerações, isso está certo. Há, também, a considerar o seguinte: numa determinada época, toda a humanidade será certamente forçada a interromper o aumento do gênero humano ou a deixar a natureza decidir, por si própria. Essa situação atingirá a todos os povos, mas atualmente só serão atingidas por essa miséria as raças que não possuem energia suficiente para assegurarem para si o solo necessário. Ninguém contesta que, hoje em dia, ainda há neste mundo solo em extensão formidável e que só espera quem o queira cultivar. Da mesma forma também é certo que esse solo não foi reservado pela natureza para uma determinada nação ou raça, como superfície de reserva para o futuro. Trata-se, sim, de terra e solo destinados ao povo que possua a energia de o conquistar e a diligência de o cultivar.

A natureza não conhece limites políticos. Preliminarmente, ela coloca os seres neste globo terrestre e fica apreciando o jogo livre das forças. O mais forte em coragem e em diligência recebe o prêmio da existência, sempre atribuído ao mais resistente.

Quando um povo se limita à colonização interna, enquanto outras raças se agarram a cada vez maiores extensões territoriais, será forçado a restringir as suas necessidades, em uma época em que os outros povos ainda se acham em constante multiplicação. Esse caso dá-se tanto mais cedo quanto menor for o espaço à disposição de um povo. Como, porém, em geral, infelizmente, as melhores nações, ou mais corretamente falando, as únicas raças verdadeiramente culturais, portadoras de todo o progresso humano, muitas vezes se resolvem na sua cegueira pacifista a desistir de nova aquisição de solo, contentando-se com a colonização "interna", nações inferiores sabem assegurar-se enormes territórios. Tudo isso conduz a um resultado final:

As raças culturalmente melhores, mas menos inexoráveis, teriam de limitar a sua multiplicação, por força da limitação do solo, ao passo que os povos culturalmente mais baixos, naturalmente mais brutais, ainda estariam, em conseqüência da maior superfície disponível, em condições de se reproduzirem ilimitadamente, por outras palavras, dia viria em que o mundo passaria a ser dominado por uma humanidade culturalmente inferior, porém mais enérgica.

Assim, para um futuro não muito remoto, só há duas possibilidades: ou o mundo será governado nos moldes de nossas modernas democracias e então o fiel da balança decidirá a favor das raças numericamente mais fortes, ou o mundo será - governado segundo as leis da ordem natural e vencerão então os povos de vontade brutal e, por conseqüência, não a nação que se limita a si mesma.

O que ninguém poderá duvidar é que o mundo será exposto às mais graves lutas pela existência da humanidade. No fim, vence sempre o instinto da conservação. Sob a pressão deste, desaparece o que chamamos espírito de humanidade como expressão de uma mistura de tolice, covardia e pretensa sabedoria, tal qual a nave ao sol de março. A humanidade tornou-se grande na luta eterna, na paz eterna ela perecerá.

Para nós, alemães, porém, a senha da colonização interna já é funesta, pois, entre nós, ela imediatamente reforça a opinião de termos achado um meio que, de acordo com o espírito pacifista, permite podermos numa vida de torpor, "ganhar" a existência. Essa doutrina, tomada a sério entre nós, significa o fim de todo o esforço no sentido de conservarmos no mundo o lugar que nos compete. Desde que o alemão médio se tenha convencido de poder garantir-se por esse meio a vida e o futuro, qualquer tentativa de uma interpretação ativa e, portanto, frutuosa, das necessidades vitais da Alemanha estaria perdida. Toda política externa verdadeiramente útil poderia ser considerada impossível com uma tal opinião da nação, e, com isso, o futuro do povo alemão estaria prejudicado.

Tendo-se em vista essas conseqüências, deve-se concordar que não é por acaso que, em primeira linha, são sempre os judeus que procuram e sabem inocular, no espírito do povo, tão perigosas idéias, aliás mortalmente perigosas. Eles conhecem muito bem as pessoas com que têm de tratar para não saberem que essas são vitimas agradecidas de qualquer charlatão que lhes diga haver sido descoberto o meio de enganar a natureza, de modo a tornar supérflua a dura e inexorável luta pela existência, para, em seu lugar, ora com trabalho ou mesmo sem nada fazer, conforme calha a cada um, assenhorear-se do planeta.

Não é nunca demasiado insistir em que toda colonização alemã interna tem de servir, em primeiro plano, para evitar males sociais, sobretudo para livrar a terra da especulação geral. Entretanto nunca poderá ser suficiente para assegurar o futuro da noção sem a conquista de novos territórios.

Se agirmos de outra maneira, não só chegaremos a esgotar as nossas terras como também as nossas forças.

Finalmente, há a constatar ainda o seguinte:

A limitação, implícita, na colonização interna, a uma determinada pequena superfície de solo, bem como o efeito final que se lhe segue da restrição da reprodução, conduz o povo a uma situação político-militar extraordinariamente desfavorável.

A garantia da segurança externa de um povo depende da extensão de seu "habitat". Quanto maior for o espaço de que um povo disponha, tanto maior é sua proteção natural; pois sempre foram conseguidas vitórias militares mais rápidas e, por isso mesmo, mais fáceis e especialmente mais eficientes e mais completas contra povos apertados em pequenas superfícies de terra do que contra Estados de vasta extensão territorial. Na grandeza do território há, pois, sempre, uma certa proteção contra ataques repentinos, visto como o êxito só será conseguido após longas e severas lutas e, por isso, o risco de um ataque temerário parecerá demasiado grande, a não ser que existam motivos excepcionais. Na vastidão territorial, em si mesma, já existe uma base para a fácil conservação da liberdade e da independência de um povo, enquanto que, ao contrário, a pequenez territorial como que desafia a conquista.

De fato, as duas primeiras possibilidades para se conseguir um equilíbrio entre a população crescente e o solo invariável em grandeza, foram rejeitadas pelos chamados círculos nacionais do Reich. Os motivos que determinaram essa atitude eram, entretanto, outros que os indicados acima. Relativamente à limitação dos nascimentos, a atitude era de recusa, em primeiro lugar por um certo sentimento moral. A colonização interna era repelida com desapontamento, pois que se farejava, nela, um ataque contra a grande propriedade rural e o começo de uma luta geral contra a propriedade particular. Pela forma por que sobretudo essa última terapêutica era recomendada podia-se imediatamente ver a condenação dessa hipótese.

De um modo geral, a defesa em face da grande massa não era muito hábil e de modo algum atingia o âmago do problema.

Em face disso, só restavam dois caminhos - para assegurar um trabalho são à população crescente.

3º Podiam-se adquirir novos territórios, a fim de, anualmente, derivar os milhões excedentes, conservando dessa maneira a nação em condições de poder alimentar-se a si mesma, ou se passaria a:

4º Produzir, por meio da indústria e do comércio, para o consumo estrangeiro, a fim de, por esse modo, garantir a vida do povo.

Portanto, política rural, colonial ou comercial.

Ambos os caminhos foram, sob vários pontos de vista, considerados, examinados, recomendados e combatidos.

O primeiro ponto de vista sem dúvida teria sido o mais são dos dois. A aquisição do novo território para nele acomodar o excesso da população encerra vantagens infinitamente maiores, especialmente se se toma em consideração o futuro e não o presente.

Só as vantagens da conservação de uma classe de camponeses, como fundamento de toda a nação, são enormes. Muitos dos nossos males atuais não são mais que a conseqüência do desequilíbrio entre o povo dos campos e o das cidades. Uma base firme constituída de pequenos e médios camponeses foi, em todos os tempos, a melhor defesa contra as enfermidades sociais do gênero das que nos afligem hoje em dia. Essa é também a única saída que permite a um povo encontrar o pão de cada dia nos limites da sua vida econômica. A indústria e o comércio recuam de sua posição de dirigentes e se colocam no quadro geral de uma economia nacional de consumo e compensação. Ambos não são mais a base de alimentação do povo e sim um auxílio para a mesma. Dispondo eles de uma compensação entre a produção e o consumo, tornam toda a alimentação do povo mais ou menos independente do exterior. Ajudam, portanto, a assegurar a liberdade do Estado e a independência da nação, sobretudo nos dias graves.

Entretanto, uma tal política rural não poderá ser realizada, por exemplo, no Camerun e sim quase que exclusivamente na Europa. Calma e modestamente, temos de colocar-nos no ponto de vista de que certamente não deve ter sido a intenção do céu dar a um povo cinqüenta vezes mais terra do que a outro. Nesse caso, os limites políticos não devem afastar-se dos limites do direito eterno. Se é verdade que o mundo tem espaço para todos viverem, então que se nos dê também o solo necessário à nossa vida. Isso naturalmente não será feito de boa vontade. O direito da própria conservação fará então sentir os seus efeitos; e o que é negado por meios suasórios tem de ser tomado à força.

Tivessem os nossos antepassados feito depender as suas decisões de tolices pacifistas, como se faz atualmente, e não possuiríamos mais que um terço do nosso atual território. Não é a isso que devemos as duas Marcas orientais do Reich e, com elas, a força interior da grandeza do domínio territorial de nosso Estado, o que nos tem permitido existir até hoje.

Há outra razão para que essa solução seja considerada correta:

Muitos Estados europeus de hoje são semelhantes a pirâmides que se sustêm sobre o seu vértice. As suas possessões na Europa são ridículas comparativamente com a sua pesada carga de colônias, comércio estrangeiro, etc. Poder-se-ia dizer: ponto na Europa e base em todo o mundo. Inversa é a situação dos Estados Unidos, cuja base está sobre o seu próprio continente e cujo ápice é o seu ponto de contato com o resto do globo. Daí a grande força interna daquele Estado e a fraqueza da maioria das potências colonizadoras européias.

Mesmo a Inglaterra não é prova em contrário, pois sempre nos inclinamos a esquecer a verdadeira natureza do mundo anglo-saxão em relação ao Império britânico. Pelo fato de possuir a mesma língua e a mesma cultura que os Estados Unidos, a Inglaterra não pode ser comparada com nenhum outro Estado da Europa.

Por isso, a única esperança de realizar a Alemanha uma política territorial sadia está na aquisição de novas terras na própria Europa. As colônias são inúteis para esse fim, por parecerem impróprias para o estabelecimento de europeus em grande número. Entretanto, no século dezenove, já não era mais possível adquirir, por métodos pacíficos, tais territórios para efeitos de colonização. Uma política de colonização dessa espécie só poderia ser realizada por meio de uma luta áspera, que seria mais razoável se aplicada na obtenção de território no continente, próximo da pátria, de preferência a quaisquer regiões fora da Europa.

Uma tal decisão exige, porém, a solidariedade de toda a nação. Não é possível abordar, com meias medidas ou com hesitações, uma tarefa cuja execução só é viável pelo emprego de toda a energia nacional. A direção política do Reich teria de dedicar-se exclusivamente a esse fim; nenhum passo deveria ser dado por outras considerações que não fosse o reconhecimento dessa tarefa e das condições pare o seu êxito. Deveria ficar bem claro que esse objetivo só poderia ser atingido em luta, tendo-se tranqüilamente em mira o movimento das armas.

Todas as alianças deveriam ser examinadas exclusivamente sob esse ponto de vista e apreciadas quanto à sua utilidade nesse objetivo. Houvesse o desejo de adquirir territórios ria Europa e isso teria de dar-se de um modo geral à custa da Rússia. O novo Reich teria de novamente pôr-se em marcha na estrada dos guerreiros de outrora, a fim de, com a espada alemã, dar ao arado alemão a gleba e à nação o pão de cada dia.

Para uma tal política só havia um possível aliado na Europa: Inglaterra.

A Grã-Bretanha era a única potência que poderia proteger a nossa retaguarda, suposto que déssemos início a uma nova expansão germânica. Teríamos tanto direito de fazê-lo quanto tiveram os nossos antepassados. Nenhum dos nossos pacifistas se nega a comer o pão do Oriente, embora o primeiro arado outrora tivesse sido a espada.

Nenhum sacrifício deveria ser considerado demasiado grande nesse trabalho de conquistar as simpatias da Inglaterra. Dever-se-ia renunciar às colônias e ao poderio naval, e evitar a concorrência à indústria britânica.

Somente uma atitude absolutamente clara poderia conduzir a um tal objetivo: renúncia a uma marinha de guerra alemã, concentração de todas as forças do Estado no exército. É verdade que o resultado seria uma limitação temporária, entretanto abrir-se-iam os horizontes para um grande futuro.

Houve uma época em que a Inglaterra nos daria atenção nesse sentido, porque ela compreendia muito bem que, devido a sua crescente população, a Alemanha teria de procurar qualquer saída e de achá-la na Europa, com o auxílio inglês, ou, sem esse auxílio, em qualquer outra parte do mundo.

A tentativa para se obter uma aproximação com a Alemanha, feita no dobrar do século, foi devida em tudo e por tudo a esse sentimento. Mas aos alemães não agradava "tirar as castanhas do fogo" para a Inglaterra, - como se fosse possível uma aliança sobre outra base que não a da reciprocidade. Baseado nesse princípio, o negócio poderia muito bem ter sido feito com a Inglaterra. A diplomacia britânica era bastante hábil para saber que nada era lícito esperar sem reciprocidade.

Imaginemos que a Alemanha, com uma hábil política exterior, tivesse representado o papel que o Japão representou em 1904, e, dificilmente, poderemos prever as conseqüências que isso teria tido para o país.

Jamais teria havido a "Guerra Mundial".

No ano de 1904, o sangue teria sido dez vezes menos que o que se derramou em 1914-18.

Mas que posição ocuparia a Alemanha, hoje em dia, no mundo! Sobretudo a aliança com a Áustria foi uma idiotice.

Essa múmia de Estado uniu-se à Alemanha não para lutar com ela na guerra mas para conservar uma eterna paz, a qual então poderia ser utilizada, de uma maneira inteligente, para a destruição lenta porém segura do germanismo na Monarquia. Essa aliança era absolutamente inviável, pois que não se poderia esperar por muito tempo uma defesa ofensiva dos interesses nacionais alemães em um Estado que não possuía nem a força nem a decisão para limitar o processo de desgermanização nas suas fronteiras imediatas. Se a Alemanha não possuía consciência nacional bastante e também a impavidez para arrancar ao impossível Estado dos Habsburgos o mandato sobre o destino de dez milhões de irmãos de raça, não se poderia, então, na verdade, esperar que jamais ela recorres. se a planos de tão larga visão e tão audaciosos. A atitude do velho Reich em relação ao problema austríaco foi a pedra-de-toque de sua atitude na luta decisiva de toda a nação.

Ninguém observava como, ano a ano, o germanismo era cada vez mais oprimido e que o valor da aliança, de parte da Áustria, era determinado exclusivamente pela conservação dos elementos alemães. Mas absolutamente não se seguiu esse caminho.

Nada temiam tanto como a luta e, finalmente, na hora mais desfavorável, foram constrangidos a ela.

Queriam fugir ao destino e foram surpreendidos por ele. Sonhavam com a conservação da paz do mundo e caíram na guerra mundial.

E esse foi o mais importante motivo porque não se deu o devido valor a essa terceira saída para a garantia do futuro alemão. Sabia-se que a conquista do novo solo só podia ser alcançada a leste. A luta necessária foi prevista, mas o que se queria a todo preço era a paz. A senha da política externa há muito que não era mais a conservação da nação alemã a todo transe, mas a conservação da paz universal, por to. dos os meios. Ainda voltarei a falar mais detalhadamente sobre esse ponto.

Assim, restava ainda a quarta possibilidade: indústria e comércio universais, poder naval e colônias.

Um tal desenvolvimento era na verdade mais fácil e mais rapidamente acessível. O povoamento do solo é um processo mais lento e que dura, às vezes, séculos. É, porém, justamente nisso que se deve procurar a sua força intrínseca. Não se trata de um flamejar repentino, mas de um crescimento lento, mas fundamental e constante, em contraposição a um desenvolvimento industrial que pode ser improvisado no correr de poucos anos, assemelhando-se, porém, mais a uma bolha de sabão que a força solida, É verdade que mais rapidamente se constrói uma esquadra do que, em luta tenaz, se erige uma estância e coloniza-se a mesma com lavradores; entretanto aquela também mais facilmente se aniquila do que esta última. Contudo, se a Alemanha, não obstante, trilhava esse caminho, ao menos deveria reconhecer-se claramente que esse programa um dia acabaria em luta, só crianças imaginariam que se pode conseguir o desejado alimento, pela boa conduta e pela declaração de sentimentos de paz, na "concorrência pacífica dos povos", como tanto e tão suntuosamente se tagarelava sobre esse assunto, como se tudo se pudesse obter sem lançar mão das armas.

Não. Se continuássemos a trilhar esse caminho, a Inglaterra um dia se tornaria nossa inimiga. Nada mais insensato do que o desapontamento que experimentamos, pelo fato de a Inglaterra tomar um dia a liberdade de enfrentar a nossa tendência pacifista com a crueldade do egoísta violento. Só a nossa reconhecida ingenuidade se poderia surpreender com esse desfecho.

Nunca deveríamos ter agido assim!

Se uma política de aquisição territorial na Europa só poderia ser feita em aliança com a Inglaterra contra a Rússia, uma política de colônias e de comércio mundial, por outro lado, só seria concebível em uma aliança com a Rússia contra a Inglaterra. Nesse caso, dever-se-ia chegar inexoravelmente às últimas conseqüências, pondo se a Áustria à margem.

Considerada sob todos os pontos de vista, essa aliança com a Áustria era, já no dobrar do século, uma verdadeira loucura.

Entretanto, não se pensava numa aliança com a Rússia contra a Inglaterra, nem tão pouco com a Inglaterra contra a Rússia, pois, em ambos os casos, o resultado teria sido a guerra e, para evitá-la, é que se decidiu adotar a política comercial e industrial. A conquista "econômica pacífica" era uma receita que de uma vez por todas estava destinada a dar um golpe decisivo na política de violência de até então. Talvez não houvesse completa confiança nessa política, sobretudo tendo-se em vista que, de tempos a tempos, surgiam, vindas do lado da Inglaterra, ameaças inteiramente incompreensíveis. Finalmente capacitaram-se os alemães da necessidade de construir-se uma frota, não com o propósito de atacar e destruir, mas para defender a paz mundial e para a "conquista pacífica do mundo". Por isso tiveram de mantê-la em escala modesta, não somente quanto ao número mas também quanto à tonelagem de cada navio e ao respectivo armamento, de modo a tornar evidente que o seu fim último era pacífico.

Conversar em "conquista pacífica do mundo" foi a maior loucura que já se tomou como princípio dirigente de uma política nacional, especialmente porque não se recuava em citar a Inglaterra para provar que era possível pô-la em prática. O mal feito pelos nossos professores com o seu ensinamento de história e com suas teorias dificilmente pode ser remediado e apenas prova, de modo evidente, quantas pessoas "ensinam" história sem compreendê-la, sem percebê-la. Exatamente na Inglaterra ter-se-ia de reconhecer uma evidente refutação à teoria. De lato, nenhuma outra nação se preparou melhor para a conquista econômica, mesmo com a espada ou mais tarde a sustentou mais inexoravelmente que a inglesa. Não é a característica dos estadistas ingleses tirarem lucro econômico da força política e imediatamente transformarem o lucro econômico em força política? Assim foi um erro completo imaginar que a Inglaterra seria demasiado covarde para derramar o seu sangue em defesa de sua política econômica. O fato de não possuírem os ingleses um exército nacional não era prova em contrário; porque não é a forma das forças militares que importa, mas antes a vontade e a determinação de força existente. A Inglaterra sempre possuiu os armamentos de que necessitava. Sempre lutou com as armas precisas para garantir o êxito da sua política. Lutou com mercenários enquanto os mercenários bastavam aos seus planos, mas lançou mão do melhor sangue de toda a nação quando tal sacrifício foi necessário para assegurar a vitória. Sempre teve a determinação de lutar e sempre foi tenaz e inexorável na sua maneira de conduzir a guerra.

Na Alemanha, entretanto, com o correr do tempo se estimulava, por meio das escolas, da imprensa e dos jornais humorísticos, a que se tivesse da vida inglesa e mais ainda do Império uma idéia própria a conduzir a inoportuna decepção; porque tudo gradualmente se contaminou com essa tolice e o resultado foi a opinião falsa sobre os ingleses, que se traduziu em amarga desforra por parte deles. Essa idéia correu tão largamente que toda a gente estava convencida de que o inglês, tal qual o imaginavam, era um homem de negócios, ao mesmo tempo ladino e incrivelmente covarde. Jamais ocorreu aos nossos dignos mestres da ciência professoral que um Império vasto como o Império britânico não poderia ser fundado e conservado unido apenas com astúcia e métodos escusos. Os primeiros que advertiram sobre esse assunto não foram ouvidos ou tiveram de ficar em silêncio. Recordo-me perfeitamente do espanto de meus camaradas quando nos enfrentamos com os "Tommies" em Flandres. Depois dos primeiros dias de luta, alvoreceu no cérebro de cada um a noção de que aqueles escoceses não correspondiam exatamente à gente que os escritores de jornais humorísticos e as notícias da imprensa entendiam descrever-nos.

Comecei então a refletir sobre a propaganda e sobre as suas formas mais úteis.

Esse falseamento certamente tinha suas vantagens para aqueles que o propagavam. Estavam aptos a demonstrar, com exemplos, por mais incorretos que estes fossem, se era correta a idéia de uma conquista econômica do mundo. O que o inglês conseguiu nós poderíamos também conseguir, havendo para nós a vantagem especial de nossa maior probidade, a ausência daquela perfídia especificamente inglesa. Era de esperar ainda com isso ganharmos mais facilmente a simpatia de todas as pequenas nações e a confiança das grandes.

Não compreendíamos que a nossa probidade causasse aos outros um íntimo horror, desde que acreditávamos seriamente em tudo isso, enquanto o resto do mundo via nessa conduta a expressão de uma falsidade astuta, até que, com o maior espanto, a revolução proporcionou uma visão mais profunda da ilimitada tolice de nosso modo de pensar.

Pela tolice dessa "conquista econômica pacífica" do mundo se depreende imediatamente a tolice da tríplice aliança. Com que Estado se podia, pois, fazer aliança? Conjuntamente com a Áustria, não era possível pensar em conquistas guerreiras, mesmo na Europa. Justamente nisso é que estava, desde o primeiro momento, a fraqueza intrínseca da aliança. Um Bismarck podia tomar a liberdade de um tal expediente, mas não nenhum dos seus ignorantes sucessores, muito menos numa época em que não existiam mais as mesmas condições da aliança promovida por Bismarck. Bismarck acreditava ainda que a Áustria fosse um Estado alemão. Com a introdução do sufrágio universal, tinha esse país, entretanto, paulatinamente, adotado um sistema de governo parlamentar e antigermânico.

A aliança com a Áustria, sob o ponto de vista racial e político, foi simplesmente nociva. Tolerava- se o desenvolvimento de uma nova potência eslava na fronteira do Reich, potência essa que mais cedo ou mais tarde teria de tomar atitudes em relação à Alemanha muito diferentes da Rússia, por exemplo. Com isso a aliança de ano para ano tinha de tornar-se cada vez mais fraca, à proporção que os únicos portadores desse pensamento na monarquia perdiam influência e eram desalojados das posições dominantes.

Já pelo dobrar do século, a aliança com a Áustria tinha entrado na mesma fase que a aliança da Áustria com a Itália.

Só havia duas possibilidades: ou prevalecia a aliança com a monarquia dos Habsburgos ou se protestava contra o combate ao germanismo na Áustria. Entretanto, quando se inicia tal movimento, o resultado final, geralmente, é a luta aberta, declarada.

O valor da tríplice aliança era, psicologicamente, de somenos importância, uma vez que a força de uma aliança declina quando se limita a manter uma situação existente. Por outro lado, uma aliança será tanto mais forte quanto mais as potências contratantes estejam convencidas de que, com a mesma, podem obter uma vantagem tangível, definida.

Isso era compreendido em vários meios, mas infelizmente não o era pelos chamados "profissionais". Ludendorff, então coronel no grande estado-maior, apontava essa fraqueza um memorando escrito em 1912. Naturalmente os "estadistas" se' recusaram a dar qualquer importância ao assunto, pois a razão, que está ao alcance de qualquer mortal, escapa aos "diplomatas".

Para a Alemanha foi uma felicidade que a guerra de 1914, embora indiretamente, irrompesse por intermédio da Áustria, obrigando os Habsburgos a nela tomarem parte. Tivesse acontecido o contrário e a Alemanha teria ficado sozinha. Nunca o Estado dos Habsburgos teria podido ou mesmo teria querido tomar parte em uma guerra que se originasse de parte da Alemanha. Aquilo que, em relação à Itália, tanto se condenou, ter-se-ia dado mais cedo na Áustria: ela teria ficado "neutra" para assim ao menos salvar o Estado contra uma revolução. O eslavismo austríaco, no ano de 1914, teria preferido destruir a monarquia a consentir no auxilio à Alemanha.

Poucas pessoas naquela ocasião podiam compreender como eram grandes os perigos e dificuldades oriundas das alianças com a monarquia do Danúbio. Em primeiro lugar, a Áustria possuía inimigos demais, que cogitavam de herdar de um Estado carcomido. Não era possível que, no correr do tempo, não surgisse um certo ódio contra a Alemanha, na qual se enxergava a causa do impedimento à queda da monarquia, por todos esperada e desejada. Chegou-se à convicção de que, no final de contas, só se poderia alcançar Viena via Berlim.

A ligação com a Áustria privava a Alemanha das melhores e mais promissoras alianças. Em lugar dessas alianças, surgiu uma situação tensa com a Rússia' e mesmo com a Itália. Em Roma o sentimento geral era tão simpático à Alemanha como antipático à Áustria.

Como os alemães se tinham lançado na política do comércio e da indústria, não havia mais o menor motivo para uma luta contra a Rússia. Somente os inimigos de ambas as nações é que poderiam ter nisso um vivo interesses. De fato, eram em primeira linha judeus e marxistas que, por todos os meios, incitavam a guerra entre os dois Estados.

Essa aliança, em terceiro lugar, tinha em si um grande perigo, pois que com facilidade uma das potências inimigas do império de Bismarck em qualquer tempo poderia mobilizar vários Estados contra a Alemanha, uma vez que estavam em condições de, à custa do aliado austríaco, acenar com as perspectivas de grandes vantagens.

Todo o oriente da Europa poderia levantar-se contra a monarquia do Danúbio, sobretudo a Rússia e a Itália. Nunca se teria realizado a coligação mundial, que se vinha desenvolvendo desde a ação inicial do rei Eduardo, se a Áustria, como aliada da Alemanha, não tivesse oferecido vantagens tão apetecidas pelos inimigos. Só assim foi possível reunir, numa única frente de ataques, países de desejos e objetivos tão heterogêneos. Cada um deles poderia esperar, numa ação conjunta contra a Alemanha, conseguir enriquecer-se. Esse perigo aumentou extraordinariamente pelo fato de parecer que a essa aliança infeliz também estava filiada a Turquia como sócio comanditário.

O mundo financeiro internacional judaico necessitava, porém, desse chamariz, a fim de poder realizar o plano, há muito desejado, da destruição da Alemanha que ainda não se tinha submetido ao controle financeiro e econômico geral, à margem do Estado. Só assim se podia forjar uma coalizão tornada forte e corajosa pelo simples número dos exércitos de milhões em marcha, pronta, finalmente, a avançar contra o lendário Siegfried.

A aliança com a monarquia dos Habsburgos que, já nos tempos em que eu estava na Áustria, tanto me irritava, começou a tornar-se a causa de longas provações íntimas que, no correr do tempo, ainda mais reforçavam a minha primeira opinião.

No meio modesto, que eu então freqüentava, nenhum esforço fiz para esconder a minha convicção de que aquele infeliz tratado com um Estado condenado à destruição teria de levar a Alemanha a um colapso catastrófico, a não ser que ela conseguisse desvencilhar-se do mesmo, ainda em tempo. Nunca vacilei, por um momento; mantive-me, nessa convicção, firme como uma rocha, até que, por fim, a torrente da guerra mundial tornou impossível uma reflexão razoável, e o ímpeto do entusiasmo tudo levou de vencida e o dever de todos passou a ser a consideração das realidades, Mesmo quando me achava na frente de batalha, sempre que o problema era discutido, eu exprimia a minha opinião de que quanto mais depressa fosse rompida a aliança tanto melhor para a nação alemã e que sacrificar a monarquia dos Habsburgos não seria sacrifício para a Alemanha, se com isso ela pudesse reduzir o número de seus inimigos, desde que os milhões de capacetes de aço não se tinham reunido para manter uma decrépita dinastia, mas para salvar a nação alemã.

Antes da guerra, parecia, às vezes, que num campo ao menos havia uma leve dúvida quanto à correção da política de aliança que vinha sendo seguida. De tempos a tempos, os círculos conservadores na Alemanha começavam a fazer advertências contra a excessiva confiança nessa política, mas, como tudo mais que era razoável, fazer essas advertências era como falar no deserto. Havia a convicção geral de que a Alemanha estava a caminho de conquistar o mundo, que o êxito seria ilimitado e que nada teria de ser sacrificado.

Mais uma vez, ao "não profissional" nada era permitido fazer senão olhar silenciosamente, enquanto os "profissionais" marchavam diretamente para a destruição, arrastando consigo .a nação inocente, como o caçador de ratos de Hamein.

A causa mais profunda do fato de ter sido possível apresentar a um povo inteiro, como processo político prático, a insensatez de uma "conquista econômica", tendo como objetivo a conservação da paz universal, residia numa enfermidade de todos os nossos pensamentos políticos.

A vitoriosa marcha da técnica e da indústria alemãs, os crescentes triunfos do comércio alemão, fizeram que se esquecesse de que tudo isso só era possível dada a suposição da existência de um Estado forte. Muitos, ao contrário, chegavam até a proclamar a sua convicção de que o Estado devia a sua vida a esses progressos, desde que o Estado, primeiro que tudo e mais que tudo, é uma instituição econômica e deveria ser dirigido de acordo com as regras da economia, devendo, por isso, a sua existência ao comércio -

condição que era considerada ser a mais sã e mais natural de todas. Entretanto, o Estado nada tem a ver com qualquer definida concepção ou desenvolvimento econômico.

O Estado não é uma assembléia de negociantes que durante uma geração se reuna dentro de limites definidos para executar projetos econômicos, mas a organização da comunidade, homogênea por natureza e sentimento, unida para a promoção e conservação da sua raça e para a realização do destino que lhe traçou a Providência. Esse e nenhum outro é o objeto e a significação de um Estado. A economia é tão somente um dos muitos meios necessários à realização desse objetivo. Nunca, porém, é o objetivo de um Estado, a não ser que este, desde o princípio, repouse em uma base falsa, por antinatural. Só assim é que se explica que o Estado, como tal, não necessite ter, como condição, uma limitação territorial. Isso só será necessário entre povos sue, por si mesmos, querem assegurar a alimentação de seus irmãos em raça e que, portanto, estão prontos a lutar com o seu próprio trabalho, em prol de sua existência. Os povos que, como zangões, conseguem infiltrar-se no resto da humanidade, a fim de, sob todos os pretextos, fazer com que os outros trabalhem para si, podem, mesmo sem possuírem um "habitat" determinado e limitado, formar um Estado. Isso se dá em primeira linha num povo sob cujo parasitismo, sobretudo hoje, toda a humanidade sofre: o povo judeu.

O Estado judaico nunca teve fronteiras, nunca teve limites no espaço, mas era unido pela raça. Por isso, aquele povo sempre foi um Estado dentro do Estado. Foi um dos mais hábeis ardis já inventados o de encobrir-se aquele Estado sob a capa de religião, obtendo-se assim a tolerância que o ariano sempre estendeu a todos os credos. A religião mosaica nada mais é que uma doutrina para a conservação da raça judaica. Por isso ela abraça quase todos os ramos do conhecimento sociológico, político e econômico que lhe possam dizer respeito.

O instinto de conservação da espécie é sempre a causa da formação das sociedades humanas. Por isso, o Estado é um organismo racial e não uma organização econômica, diferença essa que, sobretudo hoje em dia, passa despercebida aos chamados "estadistas". Daí pensarem estes poder construir o Estado pela economia quando, na realidade, aquele nada mais é que o resultado da atuação daquelas virtudes que residem no instinto de conservação da raça e da espécie. Estas são, porém, sempre virtudes heróicas e nunca egoísmo mercantil, pois que a conservação da existência de uma espécie pressupõe o sacrifício voluntário de cada um. Nisso é que está justamente o sentido da palavra do poeta: "e se não arriscardes a vida, nunca vencereis na vida", isto é, a capacidade de sacrifício de cada um é indispensável para assegurar a conservação da espécie. A condição mais essencial, porém, para a formação e conservação de um Estado é a existência de um sentimento de solidariedade, baseado na identidade de raça, bem como a boa vontade de por ele sacrificar-se. Isso, em povos senhores de seu próprio solo, conduz à formação de virtudes heróicas, em povos parasitas conduz à hipocrisia mentirosa e à crueldade dissimulada, qualidades essas que devem ser pressupostas pela maneira diferente como vivem em relação ao Estado. A formação de um Estado só será possível pela aplicação dessas virtudes, pelo menos originariamente, sendo que na luta pela conservação serão submetidos ao jugo e assim mais cedo ou mais tarde sucumbirão os povos que apresentarem menos virtudes heróicas ou que não estejam na altura da astúcia do parasita inimigo. Mas, também nesse caso, isso deve ser atribuído não tanto à falta de inteligência como à falta de decisão e de coragem, que procura esconder-se sob o manto de sentimento de humanidade.

O fato de a força interna de um Estado só em casos raros coincidir com o chamado progresso econômico mostra claramente como está pouco ligado às virtudes que servem para a formação e conservação do Estado essa prosperidade que, em infinitos exemplos, parece até indicar a próxima decadência do Estado. Se, porém, a formação da comunidade humana tivesse de ser atribuída em primeira linha a forças econômicas, então o mais elevado desenvolvimento econômico significaria a mais formidável força do Estado e não inversamente.

A crença na força da economia para formar e conservar um Estado, torna-se incompreensível, sobretudo quando se trata de um país que, em tudo e por tudo, mostra clara e incisivamente o contrário.- Justamente a Rússia demonstra, de maneira evidentíssima, que não são as condições materiais, mas as virtudes ideais, que tornam possível a formação de um Estado. Somente sob a sua guarda é que a economia consegue florescer, até que, com a decadência das puras forças geradoras do Estado, a economia também decai, processo esse que exatamente agora podemos observar com desesperada tristeza. Os interesses materiais dos homens sempre conseguem prosperar melhor enquanto permanecem à sombra de virtudes heróicas.

Sempre que aumentava o poder político da Alemanha o progresso material se fazia sentir, os negócios começavam a melhorar; ao passo que quando os negócios monopolizavam a vida de nosso povo e enfraqueciam as virtudes de nosso espírito, o Estado desfalecia, arrastando, na sua ruína, os próprios negócios.

E se perguntarmos a nós mesmos quais são as forças que fazem e conservam os Estados, vemos que elas aparecem sob uma única denominação: habilidade e abnegação para o sacrifício individual, por amor da comunidade. Que essas virtudes não têm relação com a economia torna-se óbvio pela compreensão de que o homem nunca se sacrifica por negócios, isto é, os homens não morrem por negócios, mas por ideais. Nada mostrou melhor a superioridade psicológica dos ingleses, na dedicação por um ideal nacional, do que as razões que eles apresentaram para combater. Enquanto nós lutávamos pelo pão quotidiano, a Inglaterra lutava pela "liberdade", não pela própria mas pela das pequenas nações. Na Alemanha todos zombavam ou se irritavam com essa impudência, o que prova quanto se tornara insensata e estúpida a ciência oficial na Alemanha de antes da guerra. Não tínhamos a menor noção da natureza das forças que podem levar os homens à morte por sua livre e espontânea vontade.

Enquanto o povo alemão continuava a pensar, em 1914, que lutava por ideais, ele manteve-se firme; mas logo que se tornou evidente que lutava apenas pelo pão quotidiano, preferiu renunciar ao brinquedo.

Os nosso inteligentes "estadistas", entretanto, ficaram atônitos com essa mudança de sentimento. eles nunca compreenderam que o homem, desde o momento que luta por um interesse econômico, evita o mais que pode a morte, pois que esta o faria perder o gozo do prêmio de sua luta. A preocupação pela salvação de seu filho faz que a mais fraca das mães se torne heroína e somente a luta pela conservação da espécie e da lareira e também do Estado fez, em todos os tempos, com que os homens se jogassem de encontro às lanças dos inimigos.

Pode-se considerar a seguinte frase como uma sentença eternamente verdadeira:

Jamais um Estado foi fundado pela economia pacífica e sim, sempre, pelo instinto de conservação da espécie, esteja este situado no campo da virtude heróica ou da astúcia. O primeiro produz os Estados arianos, de trabalho e cultura, o segundo, colônias judaicas parasitárias. Desde que um povo ou um Estado procura dominar esses instintos, estão atraindo para si a escravidão, a opressão.

A crença de antes da guerra de que era possível ter o mundo aberto para a nação alemã ou de fato conquistá-lo pelo método pacífico de uma política de comércio e colonização, era um sinal evidente de que haviam desaparecido as genuínas virtudes que fazem e conservam os Estados. bem como a intuição, a força de vontade e a determinação que fazem as grandes coisas. Como era de esperar, o resultado imediato disso foi a grande guerra, com todas as suas conseqüências.

Para aquele que não examinasse a questão, essa atitude de quase toda a nação alemã era um enigma indecifrável, pois a Alemanha era justamente um exemplo maravilhoso de um império que surgiu de uma política de força. A Prússia - célula mater do Reich - proveio de grandes heroísmos e não de operações financeiras ou negócios comerciais. E o próprio Reich era o mais maravilhoso prêmio da direção da política de força e da coragem indômita dos seus soldados. Como poderia, justamente o povo alemão, chegar a tal amortecimento de seus instintos políticos? Não se tratava, é preciso que se note, de um fenômeno isolado e sim de sintomas de decadência geral que, em proporções verdadeiramente assustadoras, ora flamejavam como fogos-fátuos no seio do povo ora corroíam a nação como tumores malignos. Parecia que uma torrente de veneno constante era impelida por uma força misteriosa até os últimos vasos sangüíneos desse corpo de heróis, com o fim de aniquilar o seu bom senso, o simples instinto de conservação.

Examinando todas essas questões, condicionadas ao meu ponto de vista em relação à política de alianças da Alemanha e à política econômica do Reich, nos anos de 1912 e 1914, restou, como solução do enigma aquela força que já anteriormente eu conhecera em Viena sob prisma inteiramente diverso: a doutrina marxista, sua concepção do mundo e a influência de sua capacidade de organização.

Pela segunda vez na minha vida analisei profundamente essa doutrina de destruição - desta vez porém não mais guiado pelas impressões e efeitos do meu ambiente diário, e sim dirigido pela observação dos acontecimentos gerais da vida política. Aprofundei-me novamente na literatura teórica desse novo mundo, procurei compreender os seus efeitos possíveis, comparei estes com os fenômenos reais e com os acontecimentos no que diz respeito à sua atuação na vida política, cultural e econômica.

Comecei a considerar, pela primeira vez, que tentativa deveria ser feita para dominar aquela pestilência mundial.

Estudei os móveis, as lutas e os sucessos da legislação especial de Bismarck. Gradualmente o meu estudo me forneceu princípios graníticos para as minhas próprias convicções - tanto que desde então nunca pensei em mudar minhas opiniões pessoais sobre o caso. Fiz também um profundo estudo das ligações do marxismo com o judaísmo.

Se, outrora, em Viena, a Alemanha me tinha dado a impressão de um colosso inabalável, começaram agora entretanto a surgir em mim considerações apreensivas. No meu íntimo eu estava descontente com a política externa da Alemanha, o que revelava ao pequeno círculo que meus conhecidos, bem como com a maneira extremamente leviana, como me parecia, de tratar-se o problema mais importante que havia na Alemanha daquela época - o marxismo. Realmente, eu não podia compreender como se vacilava cegamente ante um perigo cujos efeitos - tendo-se em vista a intenção do marxismo tinham de ser um dia terríveis. Já naquela época eu chamava a atenção, no meio em que vivia, para a frase tranqüilizadora de todos os poltrões de então: "A nós nada nos pode acontecer". Esse pestilento modo de pensar já outrora destruíra um império gigantesco. Por acaso só a Alemanha não estaria sujeita às mesmas leis de tidas as outras comunidades humanas?

Nos anos de 1913 e 1914 manifestei a opinião, em vários círculos, que, em parte, hoje estão filiados ao movimento nacional-socialista, de que o problema futuro da nação alemã devia ser o aniquilamento do marxismo.

Na funesta política de alianças da Alemanha eu via apenas o fruto da ação destruidora dessa doutrina. O pior era que esse veneno destruía quase insensivelmente os fundamentos de uma sadia concepção do Estada e da economia, sem que os por ele atingidos se apercebessem de que a sua maneira de agir, as manifestações da sua vontade já eram uma conseqüência destruidora do marxismo.

A decadência do povo alemão tinha começado há muito tempo, sem que os indivíduos, como acontece freqüentemente, pudessem claramente ver os responsáveis pela mesma. Muitas vezes se tentou procurar um remédio para essa enfermidade, mas confundiam-se os sintomas com a causa. Como ninguém conhecia ou queria conhecer a verdadeira causa do mal-estar da nação, a luta contra o marxismo não passou de um charlatanismo sem eficiência.

CAPÍTULO V

A GUERRA MUNDIAL

Quando ainda jovem, na fase em que tudo nos sorri, nada me fazia tão triste, como o ter nascido justamente em uma época em que todas as honras e glórias eram reservadas a negociantes ou a funcionários do governo.

As ondas dos acontecimentos históricos aparentemente tinham arrefecido e, de tal maneira, que o futuro, na realidade parecia pertencer à "concorrência pacifica dos povos", isto é, a uma calma e recíproca ladroagem, pela eliminação dos métodos violentos da reação das vítimas. Os diferentes países começavam a se assemelhar, cada vez mais, a empresas que se solapassem reciprocamente o chão debaixo dos pés, na conquista sem trégua de fregueses e de encomendas, procurando cada um sobrepujar as outras, por todos os meios ao seu alcance. Tudo isso era posto em execução com uma espetaculosidade tão grande quanto ingênua. Essa evolução parecia não só permanente, como destinada também a, algum dia (com a aprovação geral), transformar o mundo inteiro em uma única e grande casa de negócios, em cujas ante-salas seriam expostos, para a posteridade, os bustos dos mais atilados especuladores e dos mais ingênuos funcionários da administração. Os comerciantes poderiam ser, então representados pela Inglaterra; os funcionários administrativos seriam os alemães; os judeus, porém, fariam o sacrifício de ser os proprietários, pois que, como eles próprios confessam, nunca lucram, sempre têm de "pagar" e, além disso, falam a maioria das línguas.

Ah! se me tivesse sido possível ter nascido cem anos antes! Mais ou menos no tempo das guerras da Independência, quando o homem, mesmo sem negócios, ainda valia alguma coisa!

Muitas vezes me ocorriam pensamentos desagradáveis, relativos à minha peregrinação terrena, demasiado tardia na minha opinião, e a época "de calma e ordem" que se me deparava eu considerava uma infâmia imerecida do destino. É que já, nos meus mais tenros anos, eu não era "pacifista". Todas as tentativas de educação nesse sentido tinham resultado inúteis.

A guerra dos "Boers"", então desencadeada, teve sobre mim o efeito de um relâmpago. Diariamente, eu aguardava ansioso os jornais, devorava telegramas e boletins, e considerava-me feliz por ser, ao menos de longe, testemunha dessa luta de titãs.

A guerra russo-japonêsa já me encontrou sensivelmente mais amadurecido e, também mais atento aos acontecimentos. Moviam-me, sobretudo, razões nacionais. Desde os primeiros momentos, tomei partido, e, discutindo as opiniões correntes, coloquei-me imediatamente do lado dos japoneses, pois via na derrota dos russos uma diminuição do espírito eslavo na Áustria.

Muitos anos se passaram desde então, e aquilo que, outrora, quando ainda rapaz, me parecia morbidez, compreendia agora como sendo a calma, antes da tempestade. Já desde o tempo em que vivia em Viena pairava sobre os Balcãs aquela atmosfera pesada, prenúncio de tempestade, e já lampejos mais claros riscavam o céu, mas se perdiam ligeiros nas trevas sinistras. Em seguida, veio a guerra dos Balcãs, e, com ela, o primeiro temporal varreu a Europa, já agora nervosa. A época que se seguiu influiu como um pesadelo sobre os homens. O ambiente estava tão carregado que, em virtude do mal-estar que a todos afligia, a catástrofe que se aproximava chegou a ser desejada. Que os céus dessem livre curso ao des. tino, já que não havia barreiras que o detivessem! Caiu então o primeiro formidável raio sobre a terra; a tempestade desencadeou-se, e, aos trovões do céu, juntavam-se as baterias da guerra mundial.

Quando a notícia do assassinato do grão-duque Francisco Ferdinando chegou a Munique, eu estava justamente em casa e ouvia contar o desenrolar dos acontecimentos de maneira muito vaga. Meu primeiro receio foi que as balas assassinas tivessem partido de estudantes alemães, que, indignados com o constante trabalho de eslavização feito pelo herdeiro presuntivo da coroa austríaca, tivessem querido livrar o povo alemão desse inimigo interno. As conseqüências eram fáceis de imaginar: uma nova onda de perseguições aos alemães, que, agora, facilmente seriam "explicadas e justificadas", perante o mundo. Quando, porém, logo depois, ouvi o nome dos autores presumíveis e verifiquei que eram sérios, fiquei estupefato ante essa vingança do destino impenetrável. O maior amigo da raça eslava caíra sob as balas de fanáticos eslavos! Quem, nos últimos anos, tivesse tido oportunidade de observar constantemente as relações entre a Áustria e a Sérvia, não poderia duvidar, nem um segundo, de que a pedra começara a rolar e que nada poderia detê-la na sua queda.

É uma injustiça fazer hoje em dia recriminações ao governo de Viena sobre a forma e o conteúdo do seu "Ultimatum". Nenhuma outra potência do mundo teria agido de maneira diferente, se se encontrasse em idênticas condições. A Áustria tinha, na sua fronteira sudoeste, um inimigo de morte, o qual, cada vez mais, desafiava a Monarquia e nisso persistiria até que chegasse o momento propício à destruição do Império. Receava-se, com razão, que isso se desse, o mais tardar, com a morte do velho imperador. E, nesse momento, talvez a monarquia não estivesse em condições de oferecer resistência séria.

O Estado inteiro encontrava-se, nos últimos anos, de tal maneira dependente da vida de Francisco José, que a morte desse homem, tradicional personalização do Império, eqüivaleria, no sentir da massa popular, à morte do próprio Império. Era até considerado uma das mais inteligentes manobras, sobretudo da política eslava, fazer crer que a Áustria devia a sua existência à habilidade extraordinária e única desse monarca. Essa bajulação era tanto mais apreciada na Corte, quando ela em nada correspondia, na realidade, ao mérito desse Imperador. Não se podia ver o espinho escondido atrás dessa lisonja. Não se lobrigava ou não se queria ver que, quanto mais a monarquia dependesse da extraordinária arte de governar, como se costumava dizer, deste "mais sábio monarca de todos os tempos", tanto mais catastrófica seria a situação, quando um dia o destino batesse a essa porta, reclamando o seu tributo.

Seria possível imaginar a velha Áustria sem o seu velho Imperador?

Não se repetiria, imediatamente, a tragédia que outrora atingira Maria Teresa? Não! Na verdade, é uma injustiça que se faz aos círculos governamentais de Viena censurá-los por terem eles provocado uma guerra que talvez tivesse sido possível evitar. Esse desfecho era, porém, inevitável. Quando muito poderia ter sido protelado por um ou dois anos. Foi este o castigo das diplomacias, tanto da alemã como da austríaca. Elas sempre tentaram protelar o ajuste de contas que tinha de vir e agora eram forçadas a dar o golpe na hora menos favorável. A verdade é que mais outra tentativa para manter a paz teria trazido a guerra numa época ainda menos propícia. Quem não quisesse esta guerra deveria ter a coragem de arcar com as conseqüências. Essas, porém, só poderiam consistir no sacrifício da Áustria. Assim mesmo, a guerra teria vindo, talvez não mais como a luta de todos contra nós mas sim tendo como finalidade o aniquilamento da monarquia dos Habsburgos. De qualquer modo, uma decisão tinha de ser tomada: ou entrávamos na guerra ou ficaríamos de fora, observando, a fim de vermos, de mãos cruzadas, o destino seguir o seu curso.

Justamente aqueles que, hoje, mais vociferam contra o desencadear da guerra, foram os que mais funestamente ajudaram a atiçá-la.

A social-democracia, há dezenas de anos, fomentava, da maneira mais torpe, a guerra contra a Rússia, enquanto o Partido do Centro, baseado num ponto de vista religioso, fazia a política alemã girar em torno do Estado austríaco. Tinha-se que arcar com as conseqüências desse erro. O que veio tinha de vir e, em hipótese nenhuma, poderia ser evitado. A culpa do governo alemão neste caso foi de perder sempre as boas oportunidades de intervenção, devido à preocupação constante de manter a paz. Assim agindo, o governo se emaranhava em uma coligação destinada à manutenção da paz universal, para tornar-se, por fim, a vítima de uma coligação do mundo inteiro, que antepunha à pressão pela manutenção da paz a determinação de fazer a guerra.

Caso o governo de Viena tivesse dado uma forma mais suave ao seu ultimato, em nada teria mudado a situação. Quando muito teria sido varrido do poder pela indignação popular. Aos olhos da grande massa do povo, o tom do ultimato ainda era brando demais e, de modo nenhum, lhe parecia brutal. Nele não havia excessos. Quem hoje procura negar isso ou é um desmemoriado ou um mentiroso consciente. Graças a Deus, a luta do ano de 1914 não foi, na realidade, imposta e sim desejada pelo povo inteiro. Todos queriam acabar de vez com uma insegurança generalizada. Só assim pode-se também compreender que mais de dois milhões de alemães, homens e rapazes, se pusessem voluntariamente sob a bandeira decididos a protegê-la com a última gota do seu sangue.

Aquelas horas foram para mim uma libertação das desagradáveis recordações da juventude. Até hoje não me envergonho de confessar que, dominado por delirante entusiasmo, caí de joelhos e, de todo coração, agradeci aos céus ter- me proporcionado a felicidade de poder viver nessa época.

Tinha-se desencadeado uma luta de libertação, a mais formidável que o mundo jamais vira, pois logo que a fatalidade tinha iniciado o seu curso, as grandes massas perceberam que, desta vez, não se tratava do destino nem da Sérvia nem da Áustria, e sim da vida ou morte da nação alemã.

Pela primeira vez, depois de muitos anos, o povo via claro o seu próprio futuro. Assim é que, logo no começo da luta titânica, ainda sob a ação de um transbordante entusiasmo, brotaram, no espírito do povo, os sentimentos à altura da situação, pois somente esta idéia de salvação geral conseguiu que a exaltação nacional significasse alguma coisa mais do que simples fogo de palha. A certeza da gravidade da situação era, porém, por demais necessária. Em geral, ninguém podia, naquela época, ter a menor idéia da duração da luta que, então, se iniciava. Sonhava-se poder estar de volta, à casa, no próximo inverno, a fim de retomar o trabalho pacífico. Aquilo que o homem deseja vale como objeto de esperança e crença. A grande maioria da nação estava cansada do eterno estado de insegurança. Só assim pode-se compreender que não se pensasse numa solução pacífica do conflito austro-sérvio, mas em uma solução definitiva para as complicações existentes. Ao número desses milhões que assim pensavam pertencia eu.

Mal se tinha divulgado em Munique a notícia do atentado e já me passavam pela mente duas idéias, a saber: a guerra seria absolutamente inevitável e o império dos Habsburgos seria forçado a ficar fiel às suas alianças. O que eu mais havia temido sempre era a possibilidade de a Alemanha entrar em conflito - talvez mesmo em conseqüência dessa aliança - sem que a Áustria tivesse sido a causa direta, e que, dessa maneira, o governo austríaco não se decidisse, por motivo de política interna, a se colocar ao lado do seu aliado. A maioria eslava do Império teria imediatamente iniciado a sua resistência a uma decisão espontânea nesse sentido, preferindo ver o Império destruído nos seus fundamentos a conceder o auxílio solicitado. Entretanto, esse perigo estava agora afastado. O velho Império tinha de lutar, por bem ou por mal.

Minha atitude em face do conflito era bem clara e definida. Para mim não se tratava de uma guerra para que a Áustria obtivesse satisfação por parte da Sérvia. Não. A Alemanha é que lutava pela sua vida, e com ela o povo pela sua existência, pela sua liberdade, por seu futuro. A política de Bismarck ia ser seguida. Aquilo que os antepassados haviam conquistado com o sacrifício do sangue dos seus heróis nas batalhas de Weissenburg, até Sedan e Paris, tinha de ser reconquistado pela jovem Alemanha. Caso fosse essa luta vitoriosa, o nosso povo entraria de novo no rol das grandes potências, com o seu poder exterior aumentado. E assim o Império alemão poderia se tornar uma eficiente garantia da paz, sem ter de diminuir o pão de cada dia de seus filhos, em nome dessa mesma paz.

Quantas vezes, rapazinho ainda, tive o desejo sincero de poder provar por fatos que para mim o entusiasmo nacional não era uma pura fantasia. A mim me parecia muitas vezes quase um crime aplaudir o que quer que fosse sem se estar convencido da razão de ser de seus gestos. Quem tinha o direito de assim agir sem ter passado por aqueles momentos difíceis sem que a mão inexorável do destino, dando aos acontecimentos um tom mais sério, exige a sinceridade das atitudes humanas? Meu coração, como o de milhões de outros, transbordava de orgulho e felicidade por poder de vez libertar-me dessa situação de inércia.

Tantas vezes tinha eu cantado o "Deutschland, Deutschland über alles", com todas as forças de meus pulmões e gritado "Heil"... que quase me parecia uma graça especial poder comparecer agora, perante a justiça divina, para afirmar a sinceridade dessa minha atitude. Desde o primeiro instante estava firmemente decidido, em caso de guerra - esta me parecia inevitável - a abandonar os livros imediatamente. Ao mesmo tempo sabia muito bem que o meu lugar seria aquele para onde me chamava a voz da consciência. Por motivos políticos, tinha preliminarmente abando. nado a Áustria. Nada mais natural, pois, que agora que se iniciava a luta, coerente com as minhas opiniões políticas, eu assim procedesse. Não era meu desejo lutar pelo império dos Habsburgos. Estava pronto, porém, a morrer, em qualquer instante, pelo meu povo ou pelo governo que o representasse na realidade.

A 3 de agosto apresentei um requerimento a S. M. o rei Luís III, no qual eu solicitava a permissão para assentar praça num regimento bávaro. A secretaria do Governo, naquela ocasião, como era natural, estava assoberbada de serviço. Por isso tanto mais alegre fiquei ao tomar conhecimento, já no dia seguinte, do despacho favorável à minha solicitação. Ao abrir, com mãos trêmulas, o documento no qual li o deferimento do meu pedido, com a recomendação de me apresentar a um regimento bávaro, meu contentamento e minha gratidão não tiveram limites. Poucos dias depois, eu envergava a farda, que só quase seis anos mais tarde deveria despir.

Começou então para mim, como provavelmente para todos os outros alemães, a mais inesquecível e a maior época da minha vida. Comparado com a luta titânica que se travava, todo o passado desaparecia inteiramente. Com orgulho e saudade, recordo-me, justamente nesses dias em que se passa o 10o. aniversário daqueles formidáveis acontecimentos, das primeiras semanas daquela luta heróica de nosso povo, na qual graças à benevolência do destino, me foi dado tomar parte.

Como se fosse ontem, passam diante de meus olhos todos os acontecimentos. Vejo-me fardado, no círculo dos meus queridos camaradas. Lembro-me da primeira vez que saímos para exercícios militares, etc., até que enfim chegou o dia da partida para o front.

Uma única preocupação me afligia naquele momento, a mim como a muitos outros. Era recear chegarmos tarde demais no front. Essa idéia não me deixava tranqüilo. A cada manifestação de júbilo por um novo feito heróico, sentia uma profunda tristeza, pois toda a vez que se festejava uma nova vitória, parecia para mim aumentar o perigo de chegarmos demasiadamente tarde. Finalmente, chegou o dia de deixarmos Munique, a fim de nos apresentarmos ao cumprimento do dever. Tive então a oportunidade de ver, pela primeira vez, o Reno, na nossa viagem para o ocidente, feita ao longo das suas águas calmas. A nós estava confiada a defesa, contra a cobiça dos inimigos, do mais germânico de todos os rios. Quando os primeiros raios de sol da manhã, atravessando um leve véu de neblina, refletiam-se no monumento de Niederwald, irrompeu, do longuíssimo trem de transporte, a velha canção alemã "Die Wacht am Rhein". Senti-me transbordante de entusiasmo.

Em seguida, veio uma noite úmida e fria, em Flandres, durante a qual marchamos silenciosos e, quando o sol começou a despontar através das nuvens, rompeu de repente sobre as nossas cabeças uma saudação de aço, e, entre as nossas fileiras, sibilavam balas que caíam levantando a terra molhada. Antes de desaparecer a pequena nuvem, duzentas bocas gritavam ao mesmo tempo "urra" a esses primeiros mensageiros da morte. Em seguida, começou o pipocar da metralha, a gritaria, o estrondo da artilharia, e, febricitante de entusiasmo, cada um marchava para a frente, cada vez mais depressa, até que, sobre os campos de beterraba, e, através das charnecas, começou a luta corpo a corpo. De longe, porém, chegavam aos nosso ouvidos os sons de uma canção, que, cada vez mais se aproximava, passando, de companhia a companhia, e, enquanto a morte dizimava as nossas fileiras, a canção chegava a nós e nós a passávamos adiante: "Deutschland, Deutschland, über alles, über alles in der Welt!"

Passados quatro dias, voltamos. Até a maneira de andar dos soldados se tinha modificado. Rapazes de dezessete anos pareciam homens feitos. Os voluntários do regimento de List talvez não tivessem aprendido bem a lutar, o que é certo é que sabiam morrer como velhos soldados.

Esse foi o começo.

Assim continuou a luta, ano a ano. Ao romantismo das batalhas tinha sucedido o horror. O entusiasmo se arrefecera aos poucos e o júbilo transbordante foi abafado pelo pavor da morte. Chegou a época em que cada um tinha de lutar entre o instinto de conservação e o imperativo do dever. Também eu não escapei a essa luta. Cada vez que a morte rondava algo indeterminado procurava se revoltar, baseado na razão, e, no entre. tanto, isso nada mais era do que a covardia que, assim disfarçada, procurava envolver cada um. Começou uma luta pró e contra, e o último resto de consciência decidia definitivamente. Entretanto quanto mais claro se ouviam essas vozes que recomendavam cautela, quanto mais elas procuravam atrair e falar alto, tanto mais violenta era a resistência, até que, enfim, após longa luta interior, a consciência do dever vencia. Já no inverno de 1915 a 1916 eu tinha decidido essa luta. A vontade tinha finalmente conseguido se impor. Nos primeiros dias, eu tinha avançado com júbilo e alegria nos lábios; agora me encontrava calmo e decidido. Assim devia permanecer até o fim. Só agora o destino podia caminhar para as últimas provas, sem que os meus nervos se rompessem ou a minha razão falhasse.

O jovem voluntário tinha se transformado num soldado experimentado.

Essa transformação tinha se operado no exército inteiro. As lutas constantes o tinham envelhecido e ao mesmo tempo, enrijado. Os que não puderam resistir à tempestade foram por ela vencidos. Somente agora é que se poderia julgar esse exército. Só agora depois de dois a três anos em que uma batalha se seguia a outra, em que ele combatera contra inimigos superiores em número e em armas, sofrendo fome e necessidades, só agora é que se podia avaliar o valor desse exército, único no mundo.

Durante milhares de anos ninguém poderá falarem heroísmo sem se lembrar do exército alemão na guerra mundial. Só então, do véu do passado, a fronte de aço do capacete cinzento, firme e inabalável, aparecerá como monumento imortal. Enquanto houver alemães na face da terra, eles terão de se lembrar que aqueles homens eram dignos filhos da Pátria.

Eu era soldado naquela ocasião e não queria me meter em política. A época na verdade não era para isso. Até hoje sou da opinião que o último cocheiro prestou ao país serviços maiores do que o primeiro, digamos assim, "parlamentar". Nunca odiei tanto estes palradores como no tempo em que cada indivíduo decidido que tinha alguma coisa a dizer, ou berrava-a na cara de seus inimigos ou então calava-se oportunamente e cumpria silenciosamente o seu dever, fosse onde fosse. De fato, naquela época, eu odiava esses "políticos", e se fosse por mim, teria mandado formar imediatamente um batalhão parlamentar de sapadores. Só assim eles poderiam, inteiramente à vontade, expandir entre si a sua verborragia, sem incomodar ou prejudicar o resto da humanidade honesta e decente.

Naquela época eu não queria saber de política; entretanto não tinha outro remédio senão tomar partido em certos acontecimentos que diziam respeito à nação inteira, sobretudo a nós soldados.

Havia duas coisas que então me aborreciam intimamente e eram por mim consideradas prejudiciais à causa da nação.

Logo após as primeiras notícias de vitórias, uma certa imprensa começou a deixar cair sobre o entusiasmo geral algumas gotas de entorpecente, e isso devagar e desapercebidamente para muitos. Agia, essa mesma imprensa, sob a máscara de boa vontade, de boas intenções e até mesmo de zelo pela sorte do soldado. Receava-se um excesso no festejar das vitórias. Além disso, havia o pensamento de que essa forma de celebrar os triunfos militares não era digna de uma grande nação. Achava-se que a bravura e o heroísmo do soldado alemão deveriam ser naturais, sem espetaculosidades. Os alemães não se deviam deixar empolgar por manifestações de contentamento irrefletidas, que iriam repercutir no estrangeiro, o qual apreciaria a forma calma e digna de alegria mais do que uma exaltação desmedida, etc. Nós alemães, acrescentavam, não deveríamos esquecer que a guerra não estava no nosso programa, e, por isso, não deveríamos nos envergonhar de confessar abertamente que, em qualquer época, contribuiríamos com o nosso esforço para a confraternização da humanidade. Não era, pois, conveniente empanar a pureza dos feitos do exército com uma gritaria demasiado espetaculosa. O resto do mundo compreenderia muito mal essa maneira de agir. Nada é mais admirado do que a modéstia com que um verdadeiro herói esquece, silenciosa e calmamente, os seus maiores feitos.

Em vez de pegar esses camaradas pelas orelhas, amarrá-los a um poste e puxá-los por uma corda, a fim de que a nação em festas não mais pudesse ofender a sensibilidade estética de tais escrevinhadores, começou-se a proceder na realidade contra a maneira "inadequada" de celebrar as vitórias.

Não se tinha a mais pálida idéia de que o entusiasmo, uma vez abafado, não mais pode ser provocado quando se deseja. Ele é uma embriaguez e deve ser mantido nesse estado. Como, porém, se poderia manter uma luta sem essa força do entusiasmo, principalmente tratando-se de uma luta que iria pôr à prova, de uma maneira inédita, as qualidades morais da nação?

Eu conhecia o bastante sobre a psicologia das grandes massas para saber que com sentimentalismo estético não se poderia manter aceso esse ardor cívico. No meu modo de ver, era rematada loucura não atiçar o fogo dessa paixão. O que eu ainda menos compreendia é que se procurasse destruir o entusiasmo existente. O que me irritava também era a atitude que se tomava em relação ao marxismo. Para mim essa atitude era uma prova de que não se tinha a mínima idéia do que fosse essa calamidade. Acreditava-se seriamente ter reduzido à inação o marxismo, com a simples declaração de que agora não existiam mais partidos.

Não se percebia absolutamente que, no caso, não se tratava de um partido e sim de uma doutrina que tende a destruir a humanidade inteira. Compreende-se isso, considerando-se que, nas Universidades sujeitas a influências semíticas, nada se dizia a respeito, e que muitos, sobretudo nossos altos funcionários, acham, por uma questão de tola pretensão, inútil o aprender algo que não figure entre as matérias lecionadas nas escolas superiores. As transformações sociais mais radicais passam despercebidas a essas cabeças ocas, razão pela qual as instituições do governo são em muito inferiores às instituições particulares. Àquelas calha bem o provérbio: "O que o camponês não conhece, não come". Algumas poucas exceções só servem para confirmar a regra.

Foi tolice rematada identificar o trabalhador alemão com o marxismo, nos dias de agosto de 1914. O trabalhador alemão tinha-se livrado, justamente naquela época, desse veneno. Se assim não fosse, ele nunca teria se apresentado para a guerra. Pensou-se estupidamente que o marxismo tinha-se tornado "nacional". Essa suposição só serve para mostrar que, nesses longos anos, nenhum dos dirigentes do Estado se tinha dado ao trabalho de estudar a essência dessa doutrina, pois, se assim fosse, dificilmente se teria propalado semelhante tolice.

O marxismo, cuja finalidade última é e será sempre a destruição de todas as nacionalidades não judaicas, teve de verificar com espanto que, nos dias de julho de 1914, os trabalhadores alemães, já por eles conquistados, despertaram, e cada dia com mais ardor se apresentavam ao serviço da pátria. Em poucos dias, estava destruída a mistificação desses embusteiros infames dos povos. Solitária e abandonada, encontrava-se essa corja de agitadores judeus, como se não restasse mais um traço das loucuras inculcadas, durante mais de 60 anos, ao operariado alemão. Foi um mau momento para esses mistificadores. Logo que tais agitadores perceberam o grande perigo que os ameaçava, em conseqüência de suas constantes mentiras, disfarçaram-se e trataram de fingir que acompanhavam o entusiasmo nacional.

Tinha chegado agora o momento oportuno de proceder contra a traiçoeira camarilha de envenenadores do povo. Dever-se-ia ter agido sumariamente, sem consideração para com as lamentações que provavelmente se desencadeariam. Em agosto de 1914 tinham desaparecido, como por encanto, as idéias ocas de solidariedade internacional e, no lugar delas, já poucas semanas depois, choviam, sobre os capacetes das colunas em marcha, as bênçãos fraternais dos shrapnell americanos. Teria sido dever de um governo cuidadoso exterminar sem piedade os destruidores do nacionalismo, uma vez que os operários alemães se tinham integrado de novo na Pátria.

Em um tempo em que os melhores elementos da nação morriam no front, os que ficaram em casa, entregues aos seus trabalhos, deviam ter livrado a nação dessa piolharia comunista.

Ao invés disso, sua Majestade o Kaiser estendia a mão a esses conhecidos criminosos, dando, assim, oportunidade a esses pérfidos assassinos da nação de voltarem a si e de recuperarem o tempo perdido.

A víbora podia, pois, recomeçar o seu trabalho, com mais cautela do que antes, porém de maneira mais perigosa. Enquanto os honestos sonhavam com a paz, os criminosos traidores organizavam a revolução.

Senti-me intimamente desgostoso com essas meias medidas. O que eu nunca poderia imaginar, porém, era que o fim fosse tão horroroso.

Que se deveria fazer? Pôr os dirigentes do movimento nos cárceres, processá-los e deles livrar a nação. Ter-se ia de empregar com a máxima energia todos os meios de ação militar, a fim de destruir essa praga. Os partidos teriam de ser dissolvidos, o Reichstag teria de ser chamado à. razão pela força convincente das baionetas. O melhor até teria sido dissolvê-lo. Assim como a República, hoje, tem meios de dissolver os partidos, naquela época, com mais razão, devia-se ter apelado para tal recurso, pois se tratava de uma questão de vida ou de morte de toda uma nação.

É verdade que nesses momentos surge sempre a pergunta: Será. possível destruir idéias a ferro e a fogo? Será possível combater concepções universais empregando a força bruta?

Já naquele tempo, por mais de uma vez, me fiz a mim mesmo essas perguntas. Meditando sobre casos análogos, principalmente sobre aqueles casos da história universal que se baseiam em fundamentos religiosos, chega-se à seguinte conclusão básica:

As idéias, assim como os movimentos que têm uma determinada base espiritual, seja ela certa ou errada, só podem, depois de ter atingido um certo período de sua evolução, ser destruídos por processos técnicos de violência, quando essas armas são elas mesmas portadoras de um novo pensamento flamejante, de uma idéia, de um princípio universal.

O emprego exclusivo da violência, sem o estímulo de um ideal preestabelecido, não pode jamais conduzir à destruição de uma idéia ou evitar a sua propagação, exceto se essa violência tomar a forma de exterminação irredutível do último dos adeptos do novo credo e da sua própria tradição. Isto significa, entretanto, na maioria dos casos, a segregação de um tal organismo político do círculo das atividades, às vezes por tempo indefinido e até para sempre. A experiência tem mostrado que um tal sacrifício de sangue atinge em cheio a parte mais valiosa da nacionalidade, pois toda perseguição que tem lugar sem prévia preparação espiritual, revela-se como moralmente injustificada, provocando protestos veementes dos mais eficientes elementos do povo, protesto esse que redunda geralmente em adesão ao movimento perseguido. Muitos assim procedem por um sentimento de repulsa a todo combate a idéias, pela força bruta.

O número dos adeptos cresce então proporcionalmente à intensidade da perseguição. Entretanto, o extermínio sem tréguas da nova doutrina só poderá ser possível à custa de grande e crescente dizimação dos que a aceitam, dizimação que, em última análise, conduzirá o povo ou o governo ao depauperamento. Tal processo será, desde o princípio, inútil, quando a doutrina a ser combatida já tenha ultrapassado certo círculo restrito.

É por isso que aqui, como em todo processo de crescimento, o período da infância é o que está mais exposto à destruição, enquanto que, com o correr dos anos, a força de resistência aumenta, para só ceder lugar à nova infância com a aproximação da fraqueza senil, se bem que sob outra forma e por outros motivos.

De fato, quase todas as tentativas de, por meio da força, e sem base espiritual, destruir uma doutrina, conduzem ao insucesso e não raras vezes ao contrário do desejado, e isso pelos seguintes motivos:

A primeira de todas as condições para uma luta pela força bruta é a persistência. Isto quer dizer que só há possibilidade de êxito no combate a uma doutrina quando se empregam métodos de repressão uniformes e sem solução de continuidade. Fazendo-se, entretanto, indecisamente, alternar a força com a tolerância, acontecerá que, não só a doutrina a ser destruída conseguirá fortificar-se mas também ela ficará em situação de tirar novas vantagens de cada perseguição, pois que, passada a primeira onda de compressão, a indignação pelo sofrimento lhe trará novos adeptos, enquanto que os já existentes se conservarão cada vez mais fiéis. Mesmo aqueles que tinham abandonado as fileiras, passado o perigo, voltarão a elas. A condição essencial do sucesso é a aplicação constante da força. A continuidade é, porém, sempre o resultado de uma convicção espiritual determinada. Toda força que não provém de uma firme base espiritual torna-se indecisa e vaga. A ela faltará a estabilidade que só poderá repousar em certo fanatismo. Emana da energia e decisão bruta de um indivíduo. Está, porém, sujeita a modificações de acordo com as personalidades que a aceitam, isto é, com a força e o modo de ser de cada um.

Além disso, há a considerar outra coisa: toda concepção universal, seja ela religiosa ou política - às vezes é difícil estabelecer a linha divisória - luta menos pela destruição negativa do mundo de idéias contrário do que pela vitória positiva de suas próprias idéias. A luta consiste assim, menos na defensiva, do que na ofensiva. Entretanto, ela ainda leva uma vantagem, pois tem o seu objetivo determinado, isto é a vitória da própria idéia, enquanto que, inversamente, é difícil determinar quando está atingido o fim negativo da destruição da doutrina inimiga. Aqui também a decisão pertence ao ataque e não à defesa. A luta contra uma força espiritual por meios violentos só é uma defesa enquanto as armas não são elas mesmas portadoras e disseminadoras de uma nova doutrina.

Resumindo, pode-se estabelecer o seguinte: Toda tentativa de combater pelas armas um princípio universal tem de ser mal sucedida, enquanto a luta não tomar rigorosamente forma de ofensiva por novas idéias. É somente na luta de dois princípios universais que a força bruta, empregada, persistente e decididamente, pode provocar a decisão favorável ao lado por ela sustentado. Por isso é que até então tinha fracassado a luta contra o marxismo.

Este foi o motivo pelo qual a legislação socialista de Bismarck acabou falhando e tinha de falhar. Faltou a plataforma de uma nova doutrina universal por cuja vitória se deveria ter lutado. De fato, estimular uma luta de vida e morte com expressões vazias, tais como "autoridade do Estado", "paz e ordem", é algo que só poderia mesmo ocorrer a altos funcionários de secretaria, sabidamente ocos de idéias. Faltando, como faltou, nessa luta, uma verdadeira base espiritual, teve Bismarck de contar, a fim de poder introduzir a sua legislação socialista, com uma instituição que nada mais era do que um aborto do comunismo.

Confiando o destino de sua guerra ao marxismo à complacência da democracia burguesa, o chanceler de ferro queria fazer da ovelha, lobo.

Entretanto, tudo isso era a conseqüência forçada da falta de um princípio geral básico e de grande poder conquistador. que fosse oposto ao marxismo. O resultado final da luta de Bismarck redundou, pois, numa grande desilusão.

Eram, porém, as condições, durante a guerra, ou mesmo no seu começo, diferentes? Infelizmente, não.

Quanto mais eu me preocupava com a idéia de uma modificação de atitude do governo com relação à social-democracia - partido esse que no momento, representava o marxismo - tanto mais eu reconhecia a falta de um sucedâneo para essa doutrina.

Que se ia oferecer às massas, na hipótese da queda da social-democracia? Não havia um movimento ao qual fosse lícito esperar que pudesse atrair as massas de operários, nesse momento, mais ou menos, sem guias. Seria rematada ingenuidade imaginar que o fanático internacional, que já havia abandonado o partido de classe, se decidisse a entrar num partido burguês, portanto em uma nova organização de classe. Isso é inegável, embora não seja do agrado das várias organizações que parece acharem muito natural uma cisão de classes, até o momento em que essa cisão não comece a lhes ser desfavorável sob o ponto de vista político. A contestação desse tato só serve para provar a insolência e a estupidez dos mentirosos.

De um modo geral, é um erro julgar que a grande massa seja mais tola do que parece. Em política não é raro o sentimento decidir mais acertadamente do que a razão.

A alegação de que a massa erra, deixando-se levar pelo sentimento, alegação que se procura evidenciar com a sua ingênua atitude na política internacional - pode-se rebater vigorosamente observando-se o fato de não ser menos insensata a democracia pacifista, cujos líderes, no entanto, provêm exclusivamente da burguesia.

Enquanto milhões de cidadãos rendem culto, todas as manhãs, à sua imprensa democrática, ficará muito mal a estes senhores rirem das tolices do companheiro que, no final das contas, engole as mesmas asneiras, se bem que com outra encenação. Nos dois casos, o fabricante desses raciocínios é sempre judeu.

Deve-se, portanto, evitar a negação de fatos que existem na realidade. O fato de que há uma questão de classe (não se trata exclusivamente de problemas ideais, conforme se costuma fazer crer, sobretudo em épocas de eleições) não pode ser contestado. O sentimento de classe de grande parte de nosso povo, bem como o menosprezo do trabalhador manual, é um fenômeno que não provém da fantasia de um lunático.

Não obstante, ele mostra a pequena capacidade de raciocínio dos nossos chamados intelectuais, quando, justamente nesses círculos, não se compreende que um estado de coisas, o qual não pode evitar o desenvolvimento de uma calamidade como o marxismo, agora não está mais em condições de reconquistar o perdido.

Os partidos "burgueses", como eles mesmos se denominam, não poderão jamais contar com o apoio das massas proletárias, pois aqui temos dois mundos antagônicos, em parte naturalmente, em parte artificialmente cindidos, e cuja atitude recíproca só pode ser a de luta. O vencedor neste caso só poderia ser o mais jovem, e esse seria o marxismo.

De fato, em 1914, seria possível imaginar uma luta contra a social-democracia. Agora, predizer o tempo da duração deste embate seria duvidoso, uma vez que faltava um sucedâneo prático para ela.

Aqui havia uma grande lacuna.

Eu possuía essa opinião já muito antes da Guerra e, por isso, nunca pude me decidir a me aproximar de um dos partidos existentes. No correr dos acontecimentos da guerra mundial tive essa minha opinião reforçada pela impossibilidade visível de começar a luta sem tréguas contra a social-democracia, já que faltava um movimento que fosse mais do que um partido parlamentar. Muitas vezes me externei a esse respeito com os meus camaradas mais íntimos. Apareceram-me então as primeiras idéias de, mais tarde, tomar parte na política.

Justamente foi esse o motivo que fez com que eu muitas vezes comunicasse ao pequeno círculo de meus amigos a minha intenção de, passada a Guerra, combinar o meu trabalho profissional com a atividade política, como orador.

Creio que isso estava resolvido, no meu espírito, com toda a seriedade.

CAPÍTULO VI

A PROPAGANDA DE GUERRA

Observador cuidadoso dos acontecimentos políticos, sempre me interessou vivamente a maneira por que se fazia a propaganda da guerra. Eu via nessa propaganda um instrumento manejado, com grande habilidade, justamente pelas organizações sociais comunistas. Compreendi, desde logo, que a aplicação adequada de uma propaganda é uma verdadeira arte, quase que inteiramente desconhecida dos partidos burgueses. somente o movimento cristão social, sobretudo na época de Lueger, aplicou este instrumento com grande eficiência e a isso se devem muitos dos seus triunfos.

A que resultados formidáveis uma propaganda adequada pode conduzir, a guerra já nos tinha mostrado. Infelizmente tudo tinha de ser aprendido com o inimigo, pois a atividade, do nosso lado, nesse sentido, foi mais do que modesta. Justamente o insucesso total do plano de esclarecimento do povo do lado alemão, foi para mim um motivo para me ocupar mais particularmente da questão de propaganda.

Não nos faltava oportunidade para pensar sobre essa questão. Infelizmente as lições práticas eram fornecidas pelo inimigo e custaram-nos caro. O adversário aproveitou, com inaudita habilidade e cálculo verdadeiramente genial, aquilo de que nos havíamos descuidado. Aprendi imensamente nessa propaganda de guerra feita pelo inimigo. Aqueles que da mesma se deviam ter servido, como lição eficiente, deixaram-na passar despercebida; julgavam-se espertos demais para aprender dos outros. Por outro lado, não havia vontade honesta para tal.

Haveria entre nós uma propaganda?

Infelizmente, só posso responder pela negativa. Tudo o que, na realidade, foi tentado nesse sentido era tão inadequado e errôneo, desde o princípio, que em nada adiantava. Às vezes era até prejudicial. Examinando atentamente o resultado da propaganda de guerra alemã, chegava-se à conclusão de que ela era insuficiente na forma e psicologicamente errada, na essência.

Começava-se por não se saber claramente se a propaganda era um meio ou um fim.

Ela é um meio e, como tal, deve ser julgada do ponto de vista da sua finalidade. A forma a tomar deve consentir no meio mais prático de chegar ao fim que se colima. É também claro que a importância do objetivo que se tem em vista pode se apresentar sob vários aspectos, tendo-se em vista o interesses social, e que, portanto, a propaganda pode variar no seu valor intrínseco. A finalidade pela qual se lutava durante a guerra era a mais elevada e formidável que se pode imaginar. Tratava-se da liberdade e da independência de nosso povo, da garantia da vida, do futuro e, em uma palavra, da honra da nação. Estávamos em face de uma questão que, não obstante opiniões divergentes de muitos, ainda existe ou melhor deve existir, pois os povos sem honra costumam perder a liberdade e a independência, mais tarde ou mais cedo. Isso, por sua vez, corresponde a uma justiça mais elevada, pois gerações de vagabundos sem honra não merecem a liberdade. Aquele, porém, que quiser ser escravo covarde não deve ter o sentimento de honra, pois, do contrário, esta cairia muito rapidamente no desprezo geral.

O povo alemão lutava por sua existência e o fim da propaganda da guerra devia ser o de apoiar essa luta. Levá-la à vitória, eis o seu objetivo.

Quando, porém, os povos lutam neste planeta por sua existência, quando se trata de uma questão de ser ou não ser, caem por terra todas as considerações de humanidade ou de estética, pois todas essas idéias não estão no ambiente, mas originam-se na fantasia dos homens e a ela estão presas. Com a sua partida desse mundo desaparecem também essas idéias, pois a natureza não as conhece. Mesmo entre os homens, elas só são próprias a alguns povos ou melhor a certas raças, na medida que elas provém do sentimento desses mesmos povos ou raças. O sentimento humanitário e estético desapareceria, até mesmo de um mundo habitado, uma vez que este perdesse as raças criadoras e portadoras dessa idéia.

Todas essas idéias têm uma significação secundária na luta de um povo pela sua existência, chegam mesmo a desaparecer, uma vez que possam contrariar o seu instinto de conservação.

Quanto à questão do sentimento de humanidade já Moltke afirmava que ele residia no processo sumário da guerra, e que, portanto, a maneira mais incisiva de combate, é a que conduz a esse fim.

Aqueles que procuram argumentar nesses assuntos com palavras, tais como estética, etc., pode- se responder da seguinte maneira: As questões vitais da importância da luta pela vida de um povo anulam todas as considerações de ordem estética. A maior fealdade na vida humana é e será. sempre o jugo da escravidão. Será possível que esses decadentes considerem "estética" a sorte atual do povo alemão? É verdade que, com os judeus, que são os inventores modernos dessa cultura perfumada, não se deve discutir sobre esses assuntos. Toda a sua existência é um protesto vivo contra a estética da imagem do Criador.

Se, na luta, esses pontos de humanidade e beleza são excluídos, eles também não poderão servir de orientação para a propaganda.

A propaganda durante a guerra era um meio para um determinado fim, e esse fim era a luta pela existência do povo alemão. Portanto, a propaganda só poderia ser encarada sob o ponto de vista de princípios conducentes àquele objetivo.

As armas mais terríveis seriam humanas, desde que conduzissem a vitória mais rapidamente. Belos seriam somente os métodos que ajudassem a assegurar a dignidade à Nação: a dignidade da liberdade. Essa era a única atitude possível na questão da propaganda de guerra, numa luta de vida e de morte.

Fossem esses pontos conhecidos daqueles que os deviam conhecer, nunca se teriam verificado vacilações quanto à forma e aplicação dessa arma verdadeiramente terrível na mão de um conhecedor.

A segunda questão de importância decisiva era a seguinte: a quem se deve dirigir a propaganda, aos intelectuais ou à massa menos culta? A. propaganda sempre terá de ser dirigida à massa!

Para os intelectuais, ou para aqueles que, hoje, infelizmente assim se consideram, não se deve tratar de propaganda e sim de instrução científica. A propaganda, porém, por si mesma, é tão pouco ciência quanto um cartaz é arte, considerado pelo seu lado de apresentação. A arte de um cartaz consiste na capacidade de seu autor de, por meio da forma e das cores, chamar a atenção da massa. O cartaz de uma exposição de arte só tem em vista chamar a atenção sobre a arte da exposição; quanto mais ele consegue esse desideratum tanto maior é a arte do dito cartaz. Além disso, o cartaz deve transmitir à massa uma idéia da importância da exposição, nunca, porém, deverá ser um sucedâneo da arte que se procura oferecer. Assim, quem desejar se ocupar da arte mesma, terá de estudar mais do que o próprio cartaz, e não lhe bastará por exemplo, um simples passeio pela exposição. Dele se espera que se aprofunde nas várias obras, observando-as com todo cuidado, acabando por fazer delas um juízo justo.

Semelhantes são as condições do que hoje designamos pela palavra propaganda.

O fim da propaganda não é a educação científica de cada um, e sim chamar a atenção da massa sobre determinados fatos, necessidades, etc., cuja importância só assim cai no círculo visual da massa.

A arte está exclusivamente em fazer isso de uma maneira tão perfeita que provoque a convicção da realidade de um fato, da necessidade de um processo, e da justeza de algo necessário, etc. Como ela não é e não pode ser uma necessidade em si, como a sua finalidade, assim como no caso do cartaz, é a de despertar a atenção da massa e não ensinar aos cultos ou àqueles que procuram cultivar seu espírito, a sua ação deve ser cada vez mais dirigida para o sentimento e só muito condicionalmente para a chamada razão.

Toda propaganda deve ser popular e estabelecer o seu nível espiritual de acordo com a capacidade de compreensão do mais ignorante dentre aqueles a quem ela pretende se dirigir. Assim a sua elevação espiritual deverá ser mantida tanto mais baixa quanto maior for a massa humana que ela deverá abranger. Tratando-se, como no caso da propaganda da manutenção de uma guerra, de atrair ao seu círculo de atividade um povo inteiro, deve se proceder com o máximo cuidado, a fim de evitar concepções intelectuais demasiadamente elevadas.

Quanto mais modesto for o seu lastro científico e quanto mais ela levar em consideração o sentimento da massa, tanto maior será o sucesso. Este, porém, é a melhor prova da justeza ou erro de uma propaganda, e não a satisfação às exigências de alguns sábios ou jovens estetas. A arte da propaganda reside justamente na compreensão da mentalidade e dos sentimentos da grande massa. Ela encontra, por forma psicologicamente certa, o caminho para a atenção e para o coração do povo. Que os nossos sabidos não compreendam isso, a causa está na sua preguiça mental ou no seu orgulho. Compreendendo-se, a necessidade da conquista da - grande massa, pela propaganda, segue-se daí a seguinte doutrina: É errado querer dar à propaganda a variedade, por exemplo, do ensino científico.

A capacidade de compreensão do povo é muito limitada, mas, em compensação, a capacidade de esquecer é grande. Assim sendo, a propaganda deve-se restringir a poucos pontos. E esses deverão ser valorizados como estribilhos, até que o último indivíduo consiga saber exatamente o que representa esse estribilho. Sacrificando esse princípio em favor da variedade, provoca-se uma atividade dispersiva, pois a multidão não consegue nem digerir nem guardar o assunto tratado. O resultado é uma diminuição de eficiência e consequentemente o esquecimento por parte das massas.

Quanto mais importante for o objetivo a conseguir-se, tanto mais certa, psicologicamente, deve ser a tática a empregar.

Por exemplo, foi um erro fundamental querer tornar o inimigo ridículo, como o fizeram os jornais humorísticos austríacos e alemães.

Este sistema é profundamente errado, pois o soldado, quando caia na realidade, fazia do inimigo uma idéia totalmente diferente, o que, como era de esperar, acarretou graves conseqüências. Sob a impressão imediata da resistência do inimigo, o soldado alemão sentia-se ludibriado por aqueles que o tinham orientado até então, e, em vez de um aumento de sua combatividade ou mesmo resistência, dava-se o oposto. O homem desanimava.

Em contraposição, a propaganda de guerra dos americanos e ingleses era psicologicamente acertada. Apresentando ao povo os alemães como bárbaros e Hunos, ela preparava o espírito dos seus soldados para os horrores da guerra, ajudando assim a preservá-los de decepções. A mais terrível arma que fosse empregada contra ele, parecer-lhe-ia mais uma confiança no que lhe tinham dito e aumentaria a crença na 'Veracidade das afirmações de seu governo como também, por outro lado, servia para fazer crescer o ódio contra o inimigo infame. O cruel efeito da arma do adversário que ele começava a conhecer parecia-lhe aos poucos uma prova da brutalidade feroz do inimigo "bárbaro" de que ele já tinha ouvido falar, sem que, por um segundo, tivesse sido levado a pensar que as suas próprias armas fossem, muito provavelmente, de ação mais terrível.

Assim é que, sobretudo o soldado inglês, nunca se sentiu mal informado pelos seus, o que infelizmente se dava com o soldado alemão, Este chegava a rejeitar as notícias oficiais como falsas, como verdadeiro embuste.

Tudo isso era a conseqüência de se entregar esse serviço de propaganda ao primeiro asno que se encontrava, em vez de compreender que para este serviço é necessário um profundo conhecedor da alma humana.

A propaganda de guerra alemã serviu de exemplo inexcedível em efeitos negativos, em virtude da falta absoluta de raciocínio psicologicamente certo.

Muito se poderia ter aprendido do inimigo, sobretudo aquele que, de olhos abertos e com o sentido alerta, observasse a onda da propaganda inimiga durante os quatro anos e meio de guerra.

O que menos se compreendia era a condição primeira de toda atividade propagandista, a saber: a atitude fundamentalmente subjetiva e unilateral que a mesma deve assumir em relação ao objetivo visado. Neste terreno cometeram se erros tão grandes, logo no começo da guerra, que se tinha o direito de duvidar se tanta asneira podia ser atribuída só à pura ignorância.

Que se diria, por exemplo, de um cartaz anunciando um novo sabão e que, no entanto, aponta como "bons" outros sabões? A única coisa a fazer diante disso seria levantar os ombros, e passar.

O mesmo se dá em relação à propaganda política.

Foi um erro fundamental, nas discussões sobre a culpabilidade da guerra, admitir que a Alemanha não podia sozinha ser responsabilizada pelo desencadeamento dessa catástrofe. Deveria ter-se incessantemente atribuído a culpa ao adversário, mesmo que esse fato não tivesse correspondido exatamente à marcha dos acontecimentos, como na realidade era o caso. Qual, porém, foi a conseqüência dessa indecisão?

A grande massa de um povo não se compõe de diplomatas ou só de professores oficiais de Direito, mesmo de pessoas capazes de ajudar com acerto, e sim de criaturas propensas à dúvida e às incertezas. Quando se verifica, em uma propaganda em causa própria, o menor indício de reconhecer um dircito à parte oposta, cria-se imediatamente a dúvida quanto ao direito próprio. A massa não está em condições de distinguir onde acaba a injustiça estranha e onde começa a sua justiça própria. Ela, num caso como esse, torna-se indecisa e desconfiada, sobretudo quando o adversário não comete a mesma tolice, mas, ao contrário, lança toda e qualquer culpa sobre o inimigo. Nada mais natural, pois que, finalmente, o povo acabe acreditando mais na propaganda inimiga do que na própria, dada a uniformidade coerência desta. Esse efeito é, então, inevitável quando se trata de um povo como o alemão que já por si sofre de tão grande mania de objetivismo, e está sempre preocupado em evitar injustiças ao inimigo, mesmo ante o perigo do seu próprio aniquilamento.

A massa não chega a compreender que não é assim que se imaginam essas coisas nos postos de comando.

O povo, na sua grande maioria, é de índole feminina tão acentuada, que se deixa guiar, no seu modo de pensar e agir, menos pela reflexão do que pelo sentimento.

Esses sentimentos, porém, não são complicados mas simples e consistentes. Neles não há grandes diferenciações. São ou positivos ou negativos: amor ou ódio, justiça ou injustiça, verdade ou mentira. Nunca, porém, o meio termo.

Tudo isso foi compreendido, sobretudo pela propaganda inglesa e por ela aproveitado, de uma maneira verdadeiramente genial. Lá não havia indecisões que pudessem provocar dúvidas.

A prova do conhecimento que tinham os ingleses do primitivismo do sentimento da grande massa foi as divulgações das crueldades do nosso exército, campanha que se adaptava a esse estado de espírito do povo.

Essa tática serviu para assegurar, de maneira absoluta, a resistência no front, mesmo na ocasião das maiores derrotas. Além disso, persistiu-se na afirmação de que o inimigo alemão era o único culpado pelo rompimento de hostilidades. Foi essa mentira repetida e repisada constantemente, propositadamente, com o fito de influir na grande massa do povo, sempre propensa a extremos. O desideratum foi atingido. Todos acreditaram nesse embuste.

O quanto foi eficiente essa maneira de fazer propaganda ficou patenteado claramente no fato de ter ela conseguido, após quatro anos, não só assegurar a resistência ao inimigo como começar a influir nocivamente no modo de ver do nosso próprio povo.

Não é de espantar que à nossa propaganda estivesse reservado um tal insucesso. Ela trazia a semente da ineficácia na sua própria dubiedade. Além disso, era pouco provável, a julgar pelo seu conteúdo, que ela fosse capaz de causar o efeito necessário no seio da multidão anônima.

Só mesmo os nossos "estadistas" falhos de espírito poderiam imaginar que, com esse pacifismo anódino e cheirando a flor de laranja, se conseguisse despertar o entusiasmo de alguém ao ponto de arrastá-lo ao sacrifício até da vida. Foi, pois, inútil essa miserável tática e até mesmo perniciosa. Qualquer que seja o talento que se revele na direção de uma propaganda não se conseguirá sucesso, se não se levar em consideração sempre e intensamente um postulado fundamental. Ela tem de se contentar com pouco, porém, esse pouco terá de ser repetido constantemente. A persistência, nesse caso, é, como em muitos outros deste mundo, a primeira e mais importante condição para o êxito.

Em assuntos de propaganda, justamente, é que não se pode ser guiado por estetas, nem por blasés. Os primeiros dão, pela forma e pela expressão, um tal cunho à propaganda que, dentro em pouco, ela só tem poder de atração nos círculos literários; os segundos devem ser cuidadosamente evitados, pois a sua falta de sensibilidade faz com que procurem constantemente novos atrativos. Essas criaturas de tudo se fartam com facilidade; o que eles desejam é variedade e são incapazes de uma compreensão das necessidades de seus concidadãos ainda não contaminados pelo seu pessimismo. Eles são sempre os primeiros críticos da propaganda, ou, melhor, de seu conteúdo, o qual lhes parece demasiado arcaico, demasiado batido, etc. Só querem novidades, só procuram variedade e tornam-se dessa maneira inimigos mortais de uma conquista eficiente das massas sob o ponto de vista político. Logo que uma propaganda, na sua organização e no seu conteúdo, começa a se dirigir pelas necessidades deles, perde toda a unidade e se dispersa inteiramente.

A propaganda, entretanto, não foi criada para fornecer a esses senhores blasés uma distração interessante e sim para convencer a massa. Esta, porém, necessita - sendo como é de difícil compreensão - de um determinado período de tempo, antes mesmo de estar disposta a tomar conhecimento de um fato, e, somente depois de repetidos milhares de vezes os mais simples conceitos, é que sua memória entrará em funcionamento.

Qualquer digressão que se faça não deve nunca modificar o sentido do fim visado pela propaganda, que deve acabar sempre afirmando a mesma coisa. O estribilho pode assim ser iluminado por vários lados, porém o fim de todos os raciocínios deve sempre visar o mesmo estribilho. Só assim a propaganda poderá agir de uma maneira uniforme e decisiva.

Só a linha mestra, que nunca deve ser abandonada, é capaz de, guardando a acentuação uniforme e coerente, fazer amadurecer o sucesso final. Só então poder-se-á, com espanto, constatar que formidáveis e quase incompreensíveis resultados tal persistência é capaz de produzir.

Todo anúncio, seja ele feito no terreno dos negócios ou da política, tem o seu sucesso assegurado na constância e continuidade de sua aplicação.

Também aqui foi modelar o exemplo da propaganda de guerra inimiga, restrita a poucos pontos de vista, exclusivamente destinada à massa e levada avante com tenacidade incansável.

Durante toda a guerra empregaram-se os princípios fundamentais reconhecidos certos, assim como as formas de execução, sem que se tivesse nunca tentado a menor modificação. No princípio essa tática parecia louca no atrevimento de suas afirmações. Tornou-se mais tarde desagradável, e finalmente acreditada. Quatro e meio anos após, estalou na Alemanha uma revolução cujo leit-motiv provinha da propaganda de guerra inimiga.

Na Inglaterra, entretanto, compreendeu-se mais uma coisa, a saber:

Essa arma espiritual só tem o seu sucesso garantido na aplicação às massas e esse sucesso cobre regiamente todas as despesas.

Lá, a propaganda valia como arma de primeira ordem, enquanto que entre nós era considerada o último ganha-pão dos políticos desocupados, e fornecia pequenas ocupações para heróis modestos.

O seu sucesso era, pois, de modo geral, igual a zero.

CAPÍTULO VII

A REVOLUÇÃO

A propaganda inimiga tinha começado entre nós, no ano de 1915; desde 1916 tornou-se cada vez mais intensa, para finalmente se transformar, no começo de 1918, numa onda avassaladora. Podia se. então, a cada passo, reconhecer os efeitos desta conquista de almas. O exército alemão aprendia aos poucos a pensar conforme o inimigo desejava.

A nossa reação, no entanto, falhava inteiramente.

Entre os dirigentes responsáveis pela direção do exército, havia a intenção de aceitar a luta também para esse desideratum. Sob o ponto de vista psicológico, cometeu-se um erro, deixando que esses esclarecimentos se processassem no seio da própria tropa. Para ser eficiente elas deveriam ter vindo da nação. Só então poder-se-ia contar com o seu sucesso, entre homens que há quatro anos escreviam para a história de sua Pátria páginas imorredouras, de inigualáveis feitos heróicos, alcançados no meio das maiores dificuldades e privações.

No entanto, o que, da Pátria, chegava às linhas da frente? Era isso estupidez ou crime?

Em pleno verão de 1918, após a evacuação da margem sul do Mama, a imprensa, sobretudo, a imprensa alemã se portava de modo tão miseravelmente inábil, mesmo criminosamente imbecil, que, diariamente, a par do ódio crescente, ocorria-me perguntar se, na realidade, não haveria mesmo ninguém capaz de pôr um fim a esse desperdício do heroísmo do exército.

Que aconteceu em França quando, em 1914, de vitória em vitória, varríamos o solo francês?

Que fez a Itália nos dias da derrocada de seu front do Isonzo? Que fez a França na primavera de 1918, quando o ataque das divisões alemãs parecia abalar as suas posições nos seus fundamentos e quando as baterias de longo alcance começaram a fazer sentir os seus efeitos em Paris? Como lá se soube tirar partido da paixão nacional levada ao paroxismo, lançada em rosto aos regimentos em retirada desabalada! Como trabalhou a propaganda na influenciação da massa, no sentido de inculcar a fé na vitória final no coração dos soldados dos fronts rompidos!

Que aconteceu entre nós? Nada ou pior do que isso.

Naquela ocasião subiam-me à cabeça a raiva e a indignação quando, ao ler os jornais, tinha de analisar, sob o ponto de vista psicológico, aquela matança em massa.

Mais de uma vez me atormentou a idéia de que, se a Providência me tivesse colocado no lugar desses ignorantões ou mal intencionados incompetentes ou criminosos de nosso serviço de propaganda, talvez outro tivesse sido o desfecho da luta.

Senti, pela primeira vez, nesses meses, a maldade da sorte que me mantinha no front, ao alcance do tiro de qualquer negro, enquanto, no seio da Pátria, eu poderia prestar serviços mais eficientes.

Já naquela ocasião, tinha bastante confiança em mim mesmo para acreditar que teria levado a cabo tal empresa.

Eu não passava, porém, de um desconhecido, um entre oito milhões! Assim sendo, o melhor era calar a boca e tratar de cumprir, na posição em que estava, o meu dever, da melhor maneira.

No verão de 1915. caíram em nossas mãos os primeiros boletins inimigos.

Seu conteúdo era quase sempre o mesmo, se bem que com algumas variantes na forma da exposição. Todos afirmavam que a miséria na Alemanha aumentaria cada vez mais; que a duração da guerra seria infinita, que as probabilidades de vitória seriam cada vez menores, que o povo em casa cada vez mais desejava a paz, que só o "militarismo" e o "Kaiser" queriam a continuação da guerra; que o mundo inteiro - que bem sabia disso - não fazia a guerra ao povo alemão e sim exclusivamente ao único culpado que era o Kaiser, que a luta não teria fim antes do afastamento desse inimigo da humanidade pacífica; que as nações liberais e democráticas aceitariam a Alemanha, uma vez acabada a guerra, na liga eterna da paz mundial, aceitação essa que seria garantida, desde o momento em que estivesse aniquilado o "militarismo prussiano", etc., etc.

Para melhor ilustrar o exposto não raras vezes eram então transcritas "cartas de casa", isto é, das famílias dos soldados, cujo conteúdo parecia apoiar essas afirmações.

No primeiro momento, os soldados, na sua maioria, levavam na troça essas tentativas do inimigo. Os boletins eram lidos, em seguida enviados para a retaguarda aos estados-maiores e, na maioria dos casos, olvidados até que o vento trouxesse novo carregamento para dentro das trincheiras. Geralmente eram aeroplanos que distribuíam esses boletins.

Nesse processo de propaganda, evidenciava-se, à primeira vista, o fato de atacarem com veemência a Prússia, justamente nos setores do front, onde havia bávaros. Asseverava-se que a Prússia era o verdadeiro culpado e responsável pela guerra e que, por outro lado, não havia, especialmente contra a Baviera, a menor animosidade. É verdade, diziam, que nada se podia fazer em seu favor, enquanto ela se encontrasse a serviço do militarismo prussiano, auxiliando-o a "tirar as castanhas do fogo".

Esta maneira de persuadir começou na realidade já em 1915 a produzir certos efeitos. No seio da tropa, a má vontade contra a Prússia crescia visivelmente, sem que as autoridades tomassem quaisquer providências. Evidentemente, isso foi mais do que uma simples negligência que mais cedo ou mais tarde se faria sentir, de maneira terrível, não só contra a "Prússia" mas também contra o povo alemão, no seio do qual, a Baviera ocupa lugar de destaque.

Desde o ano de 1916, a propaganda inimiga começou a alcançar triunfos completos, nesse sentido.

Além disso, as queixas que se continham nas cartas das famílias- dos soldados vinham produzindo, há muito, os seus naturais efeitos. Já não era nem mais necessário que o inimigo as transmitisse ao front, por meio de boletins, etc. Contra esse estado de coisas também não se tomaram providências "por parte do governo", salvo algumas "exortações", psicologicamente asnáticas. O front continuou a ser inundado com esse veneno fabricado em casa por mulheres ingênuas, as quais, naturalmente, não suspeitavam que esse era o meio de reforçar ao extremo, no espírito do inimigo, a confiança na vitória e que assim prolongavam e agradavam os sofrimentos dos seus parentes em luta nas trincheiras. As cartas levianas das mulheres alemãs custaram a vida a centenas de milhares de homens.

Assim, já em 1916, começaram a aparecer sintomas alarmantes. O front vociferava e mostrava- se descontente com muitas coisas, e, às vezes, com razão, se indignava.

Enquanto os soldados, pacientemente passavam fome nas linhas da frente e os seus parentes sofriam grandes privações em casa, em outros lugares havia abundância e dissipação.

Mesmo no campo da luta, nem tudo, a esse respeito, se passava, como seria de esperar.

Assim, já naquela ocasião, murmurava se contra esse estado de coisas. Essas reclamações não passavam, porém, de questões "domésticas". O mesmo homem que, pouco antes, tinha vociferado e resmungado, poucos minutos depois cumpria silenciosamente o seu dever, com a máxima naturalidade. A mesma companhia, que pouco antes se manifestara descontente, agarrava-se a um pedaço de trincheira, cuja defesa lhe tinha sido confiada, como se o destino da Alemanha dependesse exclusivamente desses 100 metros de buracos de lama. Esse era ainda o front do velho e maravilhoso exército de heróis.

A diferença entre eles e a Pátria iria eu conhecer em uma mutação brusca. Em fins de setembro de 1916, a minha divisão se deslocou para a batalha do Somme. Essa foi para nós a primeira das. formidáveis batalhas materiais que se seguiram, e a impressão, difícil de descrever, era mais de inferno do que de guerra.

Semanas a fio, sob o furacão do fogo de barragem resistia o front alemão, às vezes comprimido um pouco para trás, às vezes avançando de novo, porém nunca recuando.

A 7 de outubro de 1916 fui ferido.

Consegui ser levado para a retaguarda e devia voltar para a Ale. manha em um trem de ambulância.

Dois anos se haviam passado sobre a última vez que eu vira a Pátria, período de tempo, quase infinito, em tais circunstâncias.

Eu mal podia imaginar a existência de alemães que não estivessem metidos em uniforme. Quando, em Hermies, no hospital de feridos, quase estremeci de susto ao ouvir a voz de uma mulher alemã enfermeira que tinha dirigido a palavra a um meu vizinho de cama.

Ouvir um tal som pela primeira vez após dois anos!

Quanto mais o trem, que nos devia conduzir à Pátria, se aproximava da fronteira, tanto mais inquieto cada um se sentia intimamente. Sucediam-se as localidades pelas quais, há dois anos atrás, tínhamos passado como jovens soldados:- Bruxelas, Louvam, Liége, e finalmente acreditamos reconhecer a primeira casa alemã com a sua cumeeira alta e suas lindas janelas.

A Pátria!

Era outubro de 1914, ardíamos de entusiasmo ao atravessar a fronteira; agora reinavam o silêncio e a comoção Cada um se sentia feliz por ter o destino lhe permitido rever ainda uma vez o solo pátrio que tivera de defender com sua vida; e quase que se envergonhava de se sentir observado pelos outros. Quase no dia de completar um ano da minha partida, fui internado no hospital de Beelitz, perto de Berlim.

Que mudança! Da lama da batalha do Somme às camas brancas dessa construção maravilhosa! No princípio quase não ousávamos nos deitar nesses leitos. Só lentamente poderíamos rios acostumar a esse novo mundo, tão diferente das trincheiras! Infelizmente, porém, este mundo era também novo noutro sentido.

O espírito do exército no front parecia não encontrar acolhida aqui. Algo, ainda desconhecido no front, ouvi aqui pela primeira vez:- o elogio da própria covardia!

Lá fora seria possível maldizer e ouvir vociferar, porem nunca com a intenção de faltar com o dever ou de glorificar o covarde. Não! O covarde era sempre considerado covarde e mais nada; e o desprezo que o atingia era sempre geral, assim como geral era a admiração que se dedicava ao verdadeiro herói. No hospital, entretanto, dava-se já em parte o inverso: Os mais deslavados instigadores é que tinham a palavra e procuravam, com todos os recursos da sua verborragia lamentável, tornar ridículos os conceitos do soldado decente e proclamar como virtude a falta de caráter do covarde. Eram sobretudo alguns miseráveis rapazolas que davam o tom. Um deles se vangloriava de ter ele mesmo passado a mão pelo arame farpado, a fim de ir para o hospital. Ele parecia, não obstante esse ferimento ridículo, já estar ali há muito tempo, e que, só por um embuste, tinha vindo num trem de transporte para a Alemanha. Este sujeito venenoso ia tão longe, a ponto de colocar a própria covardia num pé de igualdade com a valentia superior ou a morte heróica de um soldado decente. Muitos ouviam silenciosos, outros se afastavam, outros, porém, concordavam.

Eu estava enojado; no entanto o instigador era tolerado no estabelecimento. Que se devia fazer? A direção devia saber e sabia quem e o que ele era. Entretanto nada acontecia.

Logo que pude andar de novo, consegui licença para ir a Berlim.

A miséria áspera, mais negra, era visível por toda a parte. A cidade de milhões estava faminta. O descontentamento era grande. Em muitas casas visitadas por soldados, o tom era semelhante ao do hospital. Tinha-se a impressão de que esses indivíduos procuravam justamente esses lugares, a fim de espalhar aí o seu modo de pensar.

Muito e muito pior era, porém, a situação em Munique! Quando me restabeleci e tive alta do hospital e fui transferido para o batalhão de reserva pensei não reconhecer mais a cidade. Descontentamento, desânimo, imprecações por toda a parte. Mesmo no batalhão de reserva, o moral era abaixo da critica. Para isso contribuía aqui a maneira grandemente inábil como os antigos oficiais instrutores tratavam os soldados vindos do front. Eles ainda não tinham estado uma hora sequer no front e, por esse motivo, sã em parte conseguiam estabelecer relações cordiais com os velhos soldados Estes possuíam certas particularidades oriundas dos serviços de campanha, as quais eram inteiramente incompreensíveis para os dirigentes dessas tropas de reserva e que só o oficial vindo do front poderia compreender. Este último naturalmente era considerado pelos soldados, doutra maneira que não o era pelo comandante de etapas". Abstraindo disso tudo, porém, a impressão geral era péssima. Ser reacionário era considerado sinal de superioridade; a perseverança no cumprimento do dever tomava-se como fraqueza ou estreiteza de espírito. Os escritórios estavam repletos de judeus. Quase todo escriturário era judeu e quase todo judeu era escriturário. Eu ficava abismado ante essa massa de lutadores do povo eleito e não podia deixar de compará-la com os poucos representantes no front.

No mundo dos negócios, pior ainda era o estado de coisas. Nesse ponto, o povo judeu tinha se tornado na realidade "indispensável". O morcego tinha começado a lentamente chupar o sangue do povo. Pelos caminhos Indiretos das sociedades de guerra, tinha-se achado uma maneira de eliminar aos poucos a economia nacional livre.

Pregava-se a necessidade de uma centralização sem limites.

Assim é que, na realidade, já no ano de 1916 para 1917, quase toda a produção se achava sob o controle dos financistas judeus.

Contra quem, porém, se dirige o ódio do povo? Nessa época, eu via com pavor aproximar-se uma calamidade que, se não fosse desviada em tempo oportuno, teria de provocar a debacle.

Enquanto o judeu roubava a nação inteira e a oprimia sob o seu jugo, instigava-se o povo contra os "Prussianos". Como no front, também aqui não se tomavam providências contra essa propaganda venenosa. Parecia não passar pela cabeça de ninguém que o colapso da Prússia estava longe de provocar o soerguimento da Baviera. Ao contrário, a queda de um teria de arrastar o outro para o abismo, impiedosamente.

Sentia-me infinitamente mal ante essa atitude. Nela eu via o mais genial manejo dos judeus, que desejavam afastar de si a atenção geral para dirigi-la para outros assuntos. Enquanto brigava o bávaro com o prussiano, ele roubava aos dois a existência; enquanto se falava mal, na Baviera, do prussiano, o judeu organizava a revolução e destruía ao mesmo tempo a Prússia e a Baviera.

Eu não podia tolerar essa maldita luta entre filhos do mesmo povo; por isso, sentia-me contente por voltar ao front, para onde, ao chegar em Munique, tinha pedido minha transferência.

No princípio de março de 1917, encontrava-me de novo no meu regimento.

Lá para os fins do ano de 1917, parecia ter atingido o máximo o desânimo no exército. O exército inteiro, após o colapso russo, estava animado de nova esperança e de nova coragem. A tropa começava cada vez mais a se convencer de que a luta havia de acabar com a vitória da Alemanha. Ouvia-se, novamente cantar, e os agourentos cada vez eram mais raros. Tinha-se de novo fé no destino da Pátria. Sobretudo o colapso italiano, no outono de 1917, tinha produzido um efeito maravilhoso. Via-se nessa vitória a prova da possibilidade de romper o front, mesmo abstraindo o teatro de operações russas. Uma fé maravilhosa invadia novamente o coração de milhões, e fazia com que aguardassem com confiança a primavera de 1918. O inimigo, porém, estava visivelmente abatido. Nesse inverno houve mais calma do que de costume; era a calma que precede a tempestade.

Justamente enquanto o front fazia os últimos preparativos para o término final da luta, enquanto transportes de homens e material rolavam para as linhas do oeste, e a tropa recebia instruções para o grande ataque, arrebentou na Alemanha a maior patifaria de toda a guerra.

A Alemanha não devia vencer. A última hora, quando a vitória começava a se decidir pelas bandeiras alemãs, lançou-se mão de um meio que parecia adequado a sufocar, de um golpe, no nascedouro, a ofensiva alemã da primavera, tornando a vitória impossível.

Organizou-se a greve de munições. Caso ela vingasse, o front alemão teria de se esfacelar e seria realizado o desejo, manifestado pelo "Vorwärts" de que a vitória desta vez não fosse das cores alemãs. A linha da frente teria de ser rompida, em poucas semanas, por falta de munição. A ofensiva seria assim evitada, a Entente estaria salva e o capital internacional se teria tornado dono da Alemanha. A finalidade íntima do marxismo, isto é, a mistificação dos povos, teria sido atingida. A destruição da economia nacional, em benefício do capital internacional, é um fim que foi atingido graças à tolice e à boa fé de um lado e a uma covardia inominável do outro.

É verdade que a greve de munição, que visava anular o front pela falta de armas, não teve o sucesso esperado. Ele desmoronou cedo demais para que a falta de munição, conforme estava planejado, pudesse ter condenado o exército à destruição. Tanto mais terrível, porém, foi o dano moral provocado.

Em primeiro lugar, todos se perguntavam: Para que, afinal de contas, lutava o exército, se a própria Pátria não desejava a vitória? Para que os enormes sacrifícios e privações? O soldado tem de lutar pela vitória e a Pátria faz greve!

Em segundo lugar, qual teria sido o efeito desses acontecimentos sobre o inimigo?

No inverno de 1917 a 1918, pela primeira vez, nuvens tenebrosas surgiram no firmamento do mundo aliado. Durante quase quatro anos. tinha-se investido contra o gigante alemão, sem se ter podido derrubá-lo e, no entanto, este só tinha um escudo para se defender, enquanto a espada tinha de distribuir golpes, ora para o oeste, ora para o sul. Finalmente o gigante estava com as costas livres. Rios de sangue tinham corrido até ele abater definitivamente um inimigo. Era chegado o momento de, no oeste, juntar a espada ao escudo e se, até então, o inimigo não tinha conseguido romper a defensiva, a ofensiva ia atingi-lo em cheio.

Ele era temido e receava-se a sua vitória.

Em Londres e Paris sucediam se as conferências. Até a propaganda inimiga já se fazia com dificuldade. Já não era tão fácil demonstrar a improbabilidade da vitória alemã. O mesmo se dava nas frentes de batalha, onde reinava silêncio absoluto, até nas tropas aliadas. Esses senhores tinham perdido de repente a insolência. Também para eles, as coisas começaram lentamente a aparecer sob uma luz desagradável. A sua atitude interna com relação ao soldado alemão tinha-se modificado. Até então, os nossos soldados eram vistos como loucos a quem uma derrota certa esperava. Agora, porém, estava diante deles o destruidor do aliado russo. A restrição das ofensivas alemãs do oeste. provindas da necessidade, pareciam entretanto tática genial. Durante três anos os alemães tinham investido contra a Rússia, no princípio aparentemente sem o menor sucesso. Quase que se tinha rido desse começo de luta. No final das contas, o gigante russo teria de sair vencedor graças à superioridade numérica. A Alemanha, porém, estava fadada a esvair-se em sangue. A realidade parecia justificar essas esperanças.

Desde os dias de setembro de 1914, quando, pela primeira vez, começaram a rolar para a Alemanha, pelas ruas e estradas, os magotes Infinitos dos prisioneiros russos da batalha de Tennenberg, a avalanche parecia não ter fim. Entretanto, cada exército batido e destruído era substituído por um novo. O Império colossal fornecia ao Czar cada vez novos soldados e à guerra suas novas vítimas e isso inesgotavelmente. Quanto tempo poderia a Alemanha resistir a essa corrida? Não chegaria o dia em que, após uma última vitória alemã, não aparecessem os últimos exércitos para a última batalha? E mais! Na medida das possibilidades humanas, a vitória da Rússia poderia ser postergada, porém, teria de vir.

Agora tinham acabado todas essas esperanças. O aliado que tinha trazido ao altar dos interesses comuns os maiores sacrifícios em sangue, tinha chegado ao fim de suas forças e jazia no chão à mercê do inimigo inexorável. O medo e o pavor se infiltravam nos corações dos soldados, que até então eram animados de uma crença quase cega. Temia-se a primavera próxima. Pois, se até então não se tinha conseguido derrubar o alemão, que, só em parte, tinha podido atender ao front ocidental, como se poderia ainda contar com a vitória, agora que parecia se reunir a força toda do Estado heróico nessa frente?

A imaginação era trabalhada pelas sombras das montanhas do sul do Tirol. Até na névoa do Flandres se projetavam as fisionomias sombrias dos exércitos batidos de Cadorna, e a fé na vitória cedia o lugar ao medo da próxima derrota.

Quando já se pensava ouvir o rolar uniforme das divisões de ataque do exército alemão em marcha, e quando já se esperava o juízo final, eis que irrompe da Alemanha uma luz vermelha que projeta a sua sombra até o último buraco de trincheira inimiga. No momento em que as divisões alemãs recebiam as últimas instruções para a grande ofensiva, declarava-se na Alemanha a greve geral.

A primeira impressão do mundo foi de estupefação. Em seguida, porém, a propaganda inimiga, tomando novo alento, atirou-se a essa tábua de salvação da décima segunda hora. De um golpe se tinham encontrado os meios de 1-eviver a confiança arrefecida dos soldados aliados, de apresentar a probabilidade de vitória como sendo uma certeza e de transformar a pavorosa depressão com relação aos acontecimentos vindouros em confiança absoluta. Podia-se agora inculcar aos regimentos, até então na expectativa do ataque alemão, a convicção, na maior batalha de todos os tempos, de que a decisão final dessa guerra não ia depender do arrojo da ofensiva alemã e sim de sua persistência na defensiva. Os alemães podiam obter quantas vitórias quisessem, na sua pátria esperava-se uma revolução e não o exército vitorioso.

Os jornais ingleses, franceses e americanos começaram a semear essa convicção no coração de seus leitores, enquanto uma propaganda imensamente hábil era utilizada com o fim de elevar o moral das tropas.

"A Alemanha às vésperas da revolução! A vitória dos aliados inevitável!" Este foi o melhor remédio para pôr o indeciso Tommy e o Poilu de novo firmes sobre as pernas. Podiam agora fazer funcionar de novo os fuzis e os fuzis-metralhadoras e, no lugar de uma fuga em pânico, estabeleceu-se resistência cheia de esperanças.

Foi esse o resultado da greve das munições. Ela reavivou entre os povos inimigos a fé na vitória e pôs termo à paralisaste depressão no front aliado. Em conseqüência disso, milhares de soldados alemães tiveram que pagar com seu sangue esse desatino. Os promotores desse mais que infame golpe eram aqueles que esperavam obter os mais elevados postos administrativos na Alemanha revolucionária.

Do lado alemão poder-se-ia talvez ter reagido com sucesso, do lado do inimigo entretanto as conseqüências eram inevitáveis. A resistência tinha deixado de ser aquela oferecida por um exército que considerava tudo perdido e foi substituída por uma luta de vida e de morte pela vitória.

A vitória tinha de vir. Bastava para isso que o front ocidental resistisse alguns meses à ofensiva alemã. Nos parlamentos da Entente reconheceram-se as possibilidades do futuro, e foram concedidos créditos imensos para a continuação da propaganda com o fim de destruir a unidade alemã.

Eu tive a felicidade de poder tomar parte nas duas primeiras ofensivas e na última.

Estas se tornaram a mais tremenda impressão de toda minha vida; tremenda porque, pela última vez, a luta perdeu o seu caráter de defensiva e tornou-se uma ofensiva, como em 1914. Pelas trincheiras dó exército alemão passou um novo alento quando, finalmente, depois de três anos de espera no inferno inimigo, tinha chegado o dia da "revanche". Mais uma vez exultaram os batalhões vitoriosos e as últimas coroas de louro entrelaçaram-se às bandeiras vitoriosas. Mais uma- vez retumbaram as canções à Pátria, ao longo das colunas em marcha, e, pela última vez, a misericórdia divina sorria a seus filhos ingratos.

Em pleno verão de 1918, pairava uma atmosfera pesada sobre o front. Na Pátria havia dissensões. Qual era a causa? Muita coisa se contava entre as diversas unidades do exército. Dizia-se que a guerra agora se tornara sem finalidade, pois, somente loucos poderiam acreditar na vitória. Não era mais o povo, e sim os capitalistas e a monarquia que estavam interessados em continuar a guerra. Todas essas notícias vinham da Pátria e eram discutidas no front.

No princípio o soldado pouco reagia contra isso. Que nos importava o sufrágio universal? Era por ele que nós vínhamos combatendo há quatro anos? Foi um golpe infame esse de roubar dessa maneira, no túmulo, a finalidade da guerra ao herói morto. Há tempos os jovens regimentos não tinham marchado, em Flandres, para a morte, com o grito "Viva o sufrágio universal secreto" e sim bradando "Deutschland über alles". Pequena, porém, não totalmente- insignificante diferença! Aqueles que gritavam pelo direito de voto, na sua grande maioria, não tinham estado lá para lutar por essa conquista. O front não conhecia essa canalha política. Lá- onde se encontravam os alemães decentes que permaneceriam, enquanto sentissem um sopro de vida, só se via uma fração diminuta dos senhores parlamentares.

O front, na sua primitiva situação, tinha muito pouco interesses pelo novo alvo de guerra dos senhores Ebert, Scheidmann, Barth, Liebknecht. etc. Não se podia compreender porque esses reacionários se arrogavam o direito de, passando por cima do exército, controlar o Estado.

Minhas noções políticas pessoais estavam fixadas desde o começo. Eu odiava essa corja de miseráveis partidários traidores da nação. Há muito tempo eu tinha compreendido que para esses tratantes não se- tratava do bem da nação e sim de encher os seus bolsos vazios. E o fato de eles estarem dispostos a sacrificar a Nação inteira por esse fim e de permitir, se necessário fosse, a destruição da Alemanha, fez com que perante meus olhos merecessem a forca. Tomar em consideração os seus desejos significava sacrificar os interesses do povo trabalhador em favor de alguns batedores de carteira. Só se poderia satisfazer os seus desejos no caso de se estar decidido a abrir mão da sorte da Alemanha. Assim pensava a maioria do exército combatente. Mas o reforço vindo da Pátria se tornava cada vez menos eficiente, de sorte que a sua vida, em vez de produzir um aumento de combatividade, tinha o efeito contrário. Sobretudo o reforço constituído pelos novos soldados era na maior parte inútil. Dificilmente se poderia acreditar que esses eram filhos do mesmo povo que tinha mandado a sua juventude para a luta em Ypres.

Em agosto e setembro, aumentaram cada vez mais os sintomas de decadência, embora o efeito do ataque inimigo não pudesse ser comparado com o pavor produzido pelas nossas batalhas defensivas de outrora. Comparadas a elas, as batalhas do Somme e de Flandres eram coisas do passado, de horripilante memória.

Em fins de setembro, a minha divisão, pela terceira vez, chegava às posições que tínhamos tomado de assalto, quando éramos ainda um regimento de voluntários, recentemente formado.

Que reminiscências! Em outubro e novembro de 1914, tínhamos ali recebido nosso batismo de fogo. Com o coração ardendo de patriotismo e com canções nos lábios, tinha o nosso novo regimento seguido para a batalha, como para uma festa. O sangue mais caro era dado com prazer à Pátria, pensando cada um com isso garantir à Nação a sua independência e a sua liberdade.

Em julho de 1917, pisamos, pela segunda vez, o solo tão sagrado para nós todos, pois nele repousavam nossos melhores camaradas que, quase ainda crianças, tinham se lançado à morte, de olhos fixos na Pátria querida! Nós, os velhos, que outrora ali passamos com nosso regimento, quedávamo-nos respeitosamente comovidos diante desse lugar sagrado, onde tínhamos jurado "fidelidade e obediência até à morte". Esse terreno, há três anos atrás tomado de assalto pelo nosso regimento, tinha agora de ser defendido numa tremenda batalha defensiva.

O Inglês preparava a grande ofensiva do Flandres com um fogo de barragem que já durava três semanas. Parecia então que o espírito dos mortos revivia; o regimento se agarrava com unhas e dentes à lama imunda, apagava-se aos buracos e às fendas do solo, sem se abalar nem ceder um palmo, e ia se tornando, como já uma vez, cada vez mais desfalcado, até que, finalmente a 31 de julho de 1917, se desencadeou o ataque dos ingleses.

Nos primeiros dias de agosto fomos substituídos. O regimento tinha se transformado em algumas companhias; estas marchavam para a retaguarda, recobertas de lama, mais se assemelhando a espectros do que a criaturas. Fora algumas centenas de metros de buracos de granadas, o inglês só tinha conseguido encontrar a morte.

Agora no outono de 1918, estávamos, pela terceira vez, no terreno da ofensiva de 1914. A nossa cidadezinha, Comines, outrora tão sossegada, tinha se transformado em campo de batalha. É verdade que, embora o terreno da luta fosse o mesmo, as criaturas tinham mudado: fazia-se agora política entre a tropa. O veneno da Pátria começou, como em toda parte, a trazer até aqui os seus efeitos.

Os reforços mais novos falharam inteiramente - eles tinham vindo da Pátria, já contaminados.

Na noite de 13 a 14 de outubro, começou o bombardeio a gás na frente sul de Ypres.

Empregava-se um gás cujo efeito ignorávamos ainda. Nessa mesma noite, eu devia conhecê-lo por experiência própria. Estávamos ainda numa colina ao sul de Werwick, na noite de 13 de outubro, quando caímos sobre um fogo de granadas que já durava horas e que se prolongou pela noite a dentro, de maneira mais ou menos violenta. Lá por volta de meia-noite, já uma parte de nossos companheiros tinha sido posta fora de combate, alguns para sempre. Pela manhã senti também uma dor que de 15 em 15 minutos se tornava mais aguda e, às 7 horas da manhã, trôpego e tonto, com os olhos ardendo, eu me retirava levando comigo a minha última mensagem da guerra.

Já algumas horas mais tarde, os meus olhos tinham se transformado em carvão incandescente. Em torno de mim tudo estava escuro.

Foi assim que eu vim para o hospital de Pasewalk na Pomerânia e ali tive de assistir a revolução!

Já há algum tempo pairava no ar algo de incerto e desagradável. Dizia-se que, dentro de algumas semanas, ia haver alguma coisa. Eu não compreendia o que se queria dizer com isso. Primeiramente, pensei numa greve semelhante à da primavera. Boatos desfavoráveis com relação à Marinha apareciam constantemente, dizia-se que esta estava em plena efervescência. Pensei que isso fosse mais o resultado da fantasia de alguns indivíduos do que a opinião da grande massa. No hospital quase todos falavam esperançados no breve término da guerra, porém, ninguém contava com isso "imediatamente". Os jornais, eu não os podia-ler.

Em novembro aumentou a tensão geral.

E, finalmente, um dia, inopinadamente, deu-se a desgraça. Marinheiros vindos em caminhões incitavam à revolução. Alguns rapazolas judeus eram os "dirigentes" dessa luta pela "liberdade, beleza e dignidade" de nosso povo. Nenhum deles tinha estado no front. Os três orientais tinham sido mandados para casa pelo recurso a um "lazareto de doenças venéreas". Agora içavam na Pátria o trapo vermelho.

Ultimamente, eu tinha melhorado um pouco. A dor cruciante nos olhos diminuía. Aos poucos eu conseguia - distinguir imprecisamente os que me cercavam. Podia alimentar a esperança de recuperar a vista, ao menos a ponto de poder exercer mais tarde uma profissão qualquer. É verdade que eu não poderia jamais pensar em desenhar. Achava-me assim no caminho da convalescença, quando aconteceu a calamidade.

Ainda tive a esperança de que se tratasse de uma traição mais ou menos de caráter local. Cheguei a procurar convencer alguns camaradas nesse sentido. Sobretudo os meus companheiros bávaros do hospital estavam inclinados a pensar assim. Lá o ambiente era tudo, menos revolucionário. Nunca pude imaginar que também era Munique a loucura se desencadeasse. A mim me parecia que a fidelidade à digna casa de Witteisbach fosse mais forte do que a vontade de alguns judeus. Assim me convenci de que se tratava de um pronunciamento simples da Marinha, o qual seria dominado em poucos dias.

Os dias seguintes foram passando e, com eles, veio a mais terrível certeza de minha vida. Os boatos aumentavam constantemente. O que eu tinha tomado por uma questão local era na realidade uma revolução geral. Além disso chegavam a cada instante as notícias mais vergonhosas do front. Queria-se capitular.

Mas, Senhor, seria possível tal coisa?

A dez de novembro o velho pastor veio ao hospital para uma pequena prédica.

Foi então que soubemos de tudo.

Estava presente e fiquei profundamente emocionado. O velho e digno senhor parecia tremer ao nos comunicar que a casa dos Hohenzollern não mais poderia usar a coroa imperial e que a Pátria se tinha transformado em república, e que só restava pedir ao Todo-Poderoso que concedesse a sua bênção a essa transformação e não abandonasse o nosso povo de futuro. Ele não podia deixar de, em poucas palavras, relembrar a casa imperial; queria prestar homenagens aos serviços dessa Casa à Prússia, à Pomerânia, enfim a toda Pátria alemã e, nesse momento, o bom velho começou a chorar. No pequeno salão havia profundo desânimo em todos os corações e creio que não havia quem pudesse conter as lágrimas. Quando o pastor procurou continuar e começou a comunicar que teríamos que acabar essa longa guerra e que a nossa Pátria, agora que tínhamos perdido a guerra e estávamos sujeitos à misericórdia do inimigo, iria sofrer grandes opressões e que o armistício seria aceito dependendo da magnanimidade dos nossos inimigos - eu não me contive. Para mim era impossível permanecer onde estava. Comecei a ver tudo preto em torno de mim e cambaleando voltei ao dormitório. Joguei-me na cama e cobri a cabeça em fogo com o cobertor e o travesseiro.

Desde o dia em que estivera diante do túmulo de minha mãe nunca mais tinha chorado. Quando na minha juventude o destino era duro para comigo, a minha pertinácia aumentava. Quando, durante os longos anos de guerra, a morte colhia um dos nossos caros camaradas e amigos, parecia-me um pecado queixar-me e lamentar a perda. Não morriam eles pela Alemanha? Quando, nos últimos dias da terrível luta fui atingido pelo gás terrível que começou a corroer os meus olhos, tive no momento de susto ímpetos de fraquejar diante de expectativa da cegueira eterna. Imediatamente ouvi dentro de mim a voz da consciência bradar: miserável poltrão ainda queres chorar quando há milhares que sofrem mais do que tu! E assim conformei-me, calado, com o destino. Agora porém não suportava mais.

Só então verifiquei como a dor pessoal desaparece diante da desgraça da Pátria.

Tudo tinha sido em vão. Em vão todos os sacrifícios e privações, e em vão a fome e a sede de meses sem fim. Em vão as horas em que, transidos de pavor, cumpríamos assim mesmo o nosso dever, e em vão a morte de dois milhões que então caíram. Seria que não se iam abrir os túmulos das centenas de milhares que outrora tinham partido com fé na Pátria para nunca mais voltarem? Não se iriam abrir esses túmulos, a fim de enviarem à nação os heróis mudos enlameados e ensangüentados, quais espíritos vingativos, pela traição do maior sacrifício que um homem pode oferecer nesse mundo? Foi para isso que morreram os soldados de agosto e setembro de 1914? Foi para isso que se lhes ajuntaram os regimentos de voluntários do Outono desse mesmo ano? Foi para isso que rapazes de 17 anos tombaram na terra de Flandres? Era esse o sentido do sacrifício oferecido pelas mães alemãs à Pátria, quando, com o coração partido, deixavam partir seus filhos mais caros para não mais revê-los? Tudo isso aconteceu para que agora um punhado de miseráveis criminosos pudesse pôr a mão sobre a Pátria?

Foi para isso que o soldado alemão tinha persistido, ao sol e à neve, sofrendo fome, sede, frio e cansaço das noites sem dormir e das marchas sem fim? Foi para Isso que ele, sempre com o pensamento no dever de proteger a Pátria contra o Inimigo, se expôs sem recuar ao inferno de fogo de barragem, e à febre dos gases asfixiantes?

Na verdade, também esses heróis merecem uma lápide em que se escreva: "Viajante que vindes à Alemanha, contai à nação que aqui repousamos fiéis à Pátria e obedientes ao dever".

E a Pátria?

Seria esse o único sacrifício que teríamos de suportar?

Valeria a Alemanha do passado menos do que supúnhamos? Não tinha ela obrigações para com a sua própria História? Éramos nós ainda dignos de nos cobrir com a glória do seu passado? Como poderíamos justificar às gerações futuras esse ato do presente?

Miseráveis e depravados criminosos! Quanto mais eu procurava esclarecer as idéias, nessa hora, com relação ao terrível acontecimento, tanto mais eu corava de raiva e de vergonha. Que significavam todas as dores dos meus olhos comparadas com essa miséria.

Seguiram-se dias terríveis e noites mais terríveis ainda. Eu sabia que tudo estava perdido. Contar com a misericórdia, do inimigo era loucura.

Nessas noites cresceu em mim o ódio contra os responsáveis por esses acontecimentos. Nos dias que se seguiram tive a consciência do meu destino. Ri- me, ao pensar no meu futuro, que há pouco tempo me tinha preocupado. Não seria ridículo querer construir um edifício sólido sobre tais bases? Finalmente me convenci que o que havia acontecido era o que eu havia sempre temido. Somente não tinha podido acreditar. O imperador Guilherme II tinha sido o primeiro imperador alemão que tinha oferecido a mão à conciliação com os líderes do marxismo, sem se lembrar que bandidos não têm honra. Enquanto eles seguravam a mão do imperador com a outra procuravam o punhal.

Com judeus não se pode pactuar. Só há um pró ou um contra. Eu, porém, resolvi tornar-me político.

CAPÍTULO VIII

COMEÇO DE MINHA ATIVIDADE POLÍTICA

Em fins de novembro de 1918 voltei para Munique. De novo entrei no batalhão de reserva do meu regimento, o qual se achava então nas mãos dos "conselhos de soldados". Senti-me tão enojado que resolvi abandonar o batalhão, logo que me fosse possível. Juntamente com o meu fiel camarada de guerra, Schmidt Ernest, dirigi-me para Traunstein e ali permaneci até a dissolução do acampamento.

Em março de 1919, voltamos de novo para Munique.

A situação era insustentável. A continuação da revolução se tornara fatal. A morte de Eisner tinha tido apenas o efeito de apressar os acontecimentos, provocando a ditadura dos Conselhos, ou, melhor, um domínio temporário dos judeus, objetivo que tinham em vista aqueles que provocaram a revolução.

Por essa época, passavam pela minha cabeça planos e mais planos. Dias a fio eu meditava sobre o que se poderia fazer, mas chegava sempre à conclusão de que, devido ao fato de ser eu um desconhecido, não possuía os requisitos indispensáveis para garantia do êxito de qualquer atuação. Mais adiante voltarei a falar sobre os motivos que me induziram a não me filiar a nenhum dos partidos então existentes.

Durante a nova revolução dos Conselhos, assumi, pela primeira vez, uma atitude que me custou a má vontade do Conselho Central. Em 27 de abril de 1919, pela manhã cedo, eu devia ser preso. Entretanto, diante de um fuzil com que eu os ameacei, os três rapazolas incumbidos de me prender, perderam a coragem e desistiram da idéia.

Alguns dias depois da libertação de Munique, fui intimado a comparecer diante da comissão de sindicâncias, a fim de prestar esclarecimentos sobre os acontecimentos relativos à revolução no 2o. regimento de infantaria.

Foi essa a minha primeira incursão no campo da atividade puramente política.

Algumas semanas mais tarde, recebi ordem de tomar parte num "curso" destinado aos membros da milícia de defesa. Esse curso visava dar aos soldados certas bases de orientação cívica. Para mim a vantagem da iniciativa consistia no fato de eu poder travar conhecimento com alguns camaradas que pensavam da mesma maneira que eu, e com os quais eu podia discutir detalhadamente a situação do momento. Estávamos todos mais ou menos convencidos de que a Alemanha não se poderia salvar do colapso cada vez mais próximo, por intermédio dos partidos do centro e da social-democracia, que tinham sido causadores do crime de novembro. Além disso, sabíamos que os chamados partidos dos "burgueses nacionais" não poderiam, mesmo com a melhor boa vontade do mundo, conseguir reparar o mal já feito. Faltava uma série de condições essenciais, sem as quais o êxito não seria possível. O decorrer do tempo provou a justeza das nossas previsões. Com essas idéias, discutimos, no pequeno círculo de camaradas, a formação de um novo partido.

As idéias fundamentais que então possuíamos eram as mesmas que mais tarde foram realizadas no "Partido Trabalhista Alemão". O nome do movimento a ser inaugurado tinha de, desde o princípio, oferecer a possibilidade de uma aproximação com a grande massa. Sem essa condição, todo trabalho parecia inócuo e sem finalidade. Assim, ocorreu-nos o nome "Partido Social Revolucionário", e isso porque os pontos de vista sociais do novo partido significavam na realidade uma revolução.

A razão mais profunda, entretanto, estava no seguinte:

Conquanto eu me tivesse ocupado outrora do exame dos problemas econômicos, nunca tinha ultrapassado os limites de certas considerações despertadas pelo estudo das questões sociais.

Somente mais tarde alargaram-se os meus horizontes com o exame da política de aliança da Alemanha. Essa política, em grande parte, era o resultado de uma falsa avaliação do problema econômico, bem como da falta de clareza quanto às possíveis bases de subsistência do povo alemão no futuro. Todas essas idéias, porém, eram baseadas ainda na opinião de que, em todo o caso, o capital era somente o produto do trabalho e, portanto, como este mesmo sujeito à correção de todos aqueles fatores que desenvolvem ou restringem a atividade humana. Aí então estaria a significação nacional do capital. Ele dependia de uma maneira tão imperiosa da grandeza, liberdade e poder do Estado, portanto da Nação, que a reunião dos dois por si mesma estava destinada a guiar o Estado e a Nação, impulsionados ambos pelo capital, pelo simples instinto de conservação e de multiplicação. Essa dependência do capital em relação ao Estado livre forçava aquele a, por seu lado, intervir pela liberdade, pelo poder, e grandeza da Nação.

O problema do Estado em relação ao capital tornava-se assim simples e claro. Ele só teria de fazer com que o capital se mantivesse a serviço do Estado e evitar que esse se convencesse de que era o dono da nação. Essa atitude podia-se manter em dois limites: conservação de uma economia viva nacional e independente, de um lado, garantia de direitos sociais dos empregados, de outro lado.

Anteriormente eu não tinha conseguido ainda distinguir, com a clareza que seria de desejar, a diferença entre o capital considerado como resultado final do trabalho produtivo, e o capital cuja existência repousa exclusivamente na especulação.

Esta diferença foi exaustivamente tratada e esclarecida por Gottfied Feder, professor em um dos cursos já por mim citados.

Pela primeira vez na minha vida, assisti a uma exposição de princípios relativa ao capital internacional, no que diz respeito a movimentos de bolsa e empréstimos.

Depois do ter ouvido a primeira preleção de Feder, passou-me imediatamente pela cabeça a idéia de ter então encontrado uma das condições básicas para a fundação de um novo partido.

Aos meus olhos o mérito de Feder consistia em ter pintado, com as cores mais fortes, o caráter especulativo, assim como econômico, do capital internacional e ter mostrado a sua eterna preocupação de juros.

As suas exposições eram tão certas em todas as questões fundamentais, que os críticos das mesmas desde logo combatiam menos a veracidade teórica da idéia do que a possibilidade prática de sua execução. Assim, aquilo que aos olhos de outros era considerado o lado fraco das idéias de Feder, constituía aos meus o seu ponto mais forte.

A missão de um doutrinador não é a de estabelecer vários graus de exequibilidade de uma determinada causa, e sim a de esclarecer o fato em si. Isso quer dizer, que o mesmo deve se preocupar menos com o caminho a seguir do que com o fim a atingir. Aqui, o que decide é a veracidade, em princípio, de uma idéia, e não a dificuldade de sua execução. Assim que o doutrinador procura, em lugar da verdade absoluta, levar em consideração as chamadas "oportunidade" e "realidade", deixará ele de ser uma estréia polar da humanidade para se transformar em um receitador quotidiano. O doutrinador de um movimento deve estabelecer a finalidade do mesmo; o político deve procurar realizá-lo. Um, portanto, dirige seu modo de pensar pela eterna verdade, o outro é dirigido na sua ação pela realidade prática. A grandeza de um reside na verdade absoluta e abstrata de sua idéia, a do outro no ponto de vista certo em que se coloca com relação aos fatos e ao aproveitamento útil dos mesmos, sendo que a este deve servir de guia o objetivo do doutrinador. Enquanto o sucesso dos planos e da ação de um político, isto é, a realização dessas ações, pode ser considerada como pedra-de-toque da importância desse político, nunca se poderá realizar a última intenção do doutrinador, pois ao pensamento humano é dado compreender as verdades, armar ideais claros como cristal, porém a realização dos mesmos tem de se esborrar diante da imperfeição e insuficiência humanas. Quanto mais abstratamente certa, e, portanto, mais formidável for uma idéia, tanto mais impossível se torna a sua realização, uma vez que ela depende de criaturas humanas É por isso que não se deve medir a importância dos doutrinadores pela realização de seus fins, e sim pela verdade dos mesmos e pela influência que eles tiveram no desenvolvimento da humanidade. Se assim não fosse, os fundadores de religiões não poderiam ser considerados entre os maiores homens desse mundo, porquanto a realização de suas intenções éticas nunca será, nem aproximadamente, integral. Mesmo a religião do amor, na sua ação, não é mais do que um reflexo fraco da vontade de seu sublime fundador; a sua importância entretanto reside nas diretrizes que ela procurou imprimir ao desenvolvimento geral da cultura e da moralidade entre os homens.

A grande diversidade entre os problemas do doutrinador e os do político é um dos motivos por que quase nunca se encontra uma união entre os dois, em uma mesma pessoa. Isto se aplica sobretudo ao chamado político de "sucesso", de pequeno porte, cuja atividade de fato nada mais é do que a "arte do possível", como modestamente Bismarck cognominava a política. Quanto mais livre tal político se mantém de grandes idéias tanto mais fáceis, comuns e também visíveis, sempre entretanto mais rápidos, serão os seus sucessos. É verdade também que esses estão destinados ao esquecimento dos homens e, às vezes, não chegam a sobreviver à morte de seus criadores. A obra de tais políticos é, de modo geral sem valor para a posteridade, pois o seu sucesso no presente repousa no afastamento de todos os problemas e Idéias grandiosos que como tais teriam sido de grande importância para as gerações futuras.

A realização de idéias destinadas a ter influência sobre o futuro é pouco lucrativa e só muito raramente é compreendida pela grande massa, à qual Interessam mais reduções de preço de cerveja e de leite do que grandes planos de futuro, de realização tardia e cujo benefício, finalmente, só será usufruído pela posteridade.

É assim que, por uma certa vaidade, vaidade esta sempre inerente à política, a maioria dos políticos se afasta de todos os projetos realmente difíceis, para não perder a simpatia da grande massa. O sucesso e a importância de tal político residem exclusivamente no presente, e não existem para a posteridade. Esses microcéfalos pouco se Incomodam com isso: eles se contentam com pouco.

Outras são as condições do doutrinador. A sua importância quase sempre está no futuro, por Isso não é raro ser ele considerado lunático. Se a arte do político é considerada a arte do possível, pode-se dizer do idealista que ele pertence àqueles que só agradam aos deuses, quando exigem e querem o impossível. Ele terá de quase sempre renunciar ao reconhecimento do presente; colhe, entretanto, caso suas idéias sejam imortais, a glória da posteridade.

Em períodos raros da história da humanidade pode acontecer que o política e o idealista se reunam na mesma pessoa. Quanto mais intima for essa união, tanto maior serão as resistências opostas à ação do político. Ele não trabalha mais para as necessidades ao alcance do primeiro burguês, e sim por ideais que só poucos compreendem. É por isso que sua vida é alvo do amor e do ódio. O protesto do presente, que não compreende o homem, luta com o reconhecimento da posteridade pela qual ele trabalha.

Quanto maiores forem as obras de um homem pelo futuro, tanto menos serão elas compreendidas pelo presente; tanto mais pesada é a luta tanto mais raro é o sucesso. Se em séculos esse sorri a um, é possível que em seus últimos dias o circunde um leve halo da glória vindoura. É verdade que esses grandes homens são os corredores de Maratona da História. A coroa de louros do presente toca mais comumente às têmporas do herói moribundo.

Entre eles se contam os grandes lutadores que, incompreendidos pelo presente, estão decididos a lutar por suas idéias e seus ideais. São eles que, mais tarde, mais de perto, tocarão o coração do povo. Parece até que cada um sente o dever de no passado redimir o pecado cometido pelo presente. Sua vida e sua ação são acompanhadas de perto com admiração comovidamente grata, e conseguem, sobretudo nos dias de tristeza, levantar corações quebrados e almas desesperadas. Pertencem a essa classe não só os grandes estadistas, como também todos os grandes reformadores. Ao lado de Frederico o Grande, figura aqui Martinho Lutero, bem como Ricardo Wagner.

Quando assisti a primeira conferência de Gottfried Feder sobre a "abolição da escravidão do juro", percebi imediatamente que se tratava aqui de uma verdadeira teoria destinada a imensa repercussão no futuro do povo alemão. A separação acentuada entre o capital das bolsas e a economia nacional, oferecia a possibilidade de se enfrentar a internacionalização da economia alemã, sem ameaçar o princípio da conservação da existência nacional independente, na luta contra o capital. Eu via com- bastante clareza o desenvolvimento da Alemanha, para não perceber que a maior luta não seria contra os povos inimigos e sim contra o capital internacional. Senti na conferência de Feder o formidável grito de guerra para a próxima luta.

Os fatos, mais tarde, vieram demonstrar quão certo era o nosso pressentimento de então. Hoje em dia não somos mais ridicularizados pelos idiotas da nossa política burguesa; hoje em dia, mesmo esses, desde que não sejam mentirosos conscientes, reconhecem que o capital internacional não foi só o maior Instigador da guerra, como, mesmo após o término da luta, continua a transformar a paz num inferno.

O combate contra a alta finança internacional se tornou um dos pontos capitais do programa na luta da nação alemã pela sua independência econômica e pela sua liberdade.

Quanto às restrições feitas pelos chamados homens práticos, pode-se-lhes responder da seguinte maneira: todos os receios relativos às terríveis conseqüências econômicas provenientes da realização da abolição da "escravidão do juro" são supérfluas. Antes de tudo, as receitas econômicas até então usadas deram muito maus resultados ao povo alemão. As atitudes com relação a uma afirmação nacional lembram-nos vivamente o parecer de peritos semelhantes de outros tempos: por exemplo, da junta médica bávara, com relação à questão da introdução da estrada de ferro. Todos os receios dessa sábia corporação não se realizaram; os viajantes dos trens, do novo cavalo a vapor, não ficavam tontos, os espectadores também não ficavam doentes e desistiu-se dos tapumes de madeira destinados a tomar essa nova organização invisível. Só se conservaram, para a posteridade, as paredes de madeira nas cabeças de todos os chamados peritos.

Em segundo lugar, deve-se tomar nota do seguinte: toda idéia, por melhor que ela seja, torna-se perigosa quando ela imagina ser um desideratum, quando na realidade não é mais do que um meio para um fim. Para mim, porém, e para todos os verdadeiros nacionais socialistas, só há uma doutrina: Povo e Pátria.

O objetivo da nossa luta deve ser o da garantia da existência e da multiplicação de nossa raça e do nosso povo, da subsistência de seus filhos e da pureza do sangue, da liberdade e independência da Pátria, a fim de que o povo germânico possa amadurecer para realizar a missão que o criador do universo a ele destinou.

Todo pensamento e toda idéia, todo ensinamento e toda sabedoria, devem servir a esse fim. Tudo deve ser examinado sob esse ponto de vista e utilizado ou rejeitado segundo a conveniência. Assim é que não há teoria que se possa impor como doutrina de destruição, pois tudo tem de servir à vida.

Foi assim que os dogmas de Gottfried Feder me incitaram a me ocupar de uma maneira decidida com esses assuntos que eu pouco conhecia.

Comecei a aprender e compreender, só agora, o sentido e a finalidade da obra do judeu Karl Marx. só agora compreendi bem seu livro - "O Capital" - assim como a luta da social-democracia contra a economia nacional, luta essa que tem em mira preparar o terreno para o domínio da verdadeira alta finança internacional.

Também em outro sentido foram esses cursos de grandes conseqüências para mim. Certo dia pedi a palavra. Um dos presentes achou que devia quebrar lanças pelos judeus e começou a defendê-los em longas considerações. Essa atitude provocou de minha parte uma réplica. A grande maioria dos presentes ao curso colocou-se do meu lado. O resultado, porém, foi que poucos dias depois determinaram a minha inclusão num regimento de Munique como "oficial de cultura intelectual".

Naquela época a disciplina da tropa era bem fraca, ela sofria as conseqüências do período dos "Conselhos de Soldados". Só aos poucos e com muita- cautela poder-se-ia ir restabelecendo a disciplina militar e a subordinação, em lugar da obediência "voluntária" - como se costumava designar o chiqueiro sob o regime de Kurt Eisner. A tropa tinha de aprender a sentir e a pensar de maneira nacional e patriótica. A minha atividade dirigia-se nesses dois sentidos.

Comecei o trabalho com todo entusiasmo e amor. Tinha de repente a oportunidade de falar diante de um auditório maior, e aquilo que já antigamente, sem saber, eu aceitava por puro sentimento, realizou-se: eu sabia "falar". Também a voz tinha melhorado bastante, a ponto de me fazer ouvir suficientemente em todos os pontos do pequeno compartimento dos soldados.

Não havia missão que me fizesse mais feliz do que essa, pois agora, antes de minha saída, poderia prestar serviços úteis à instituição que tão de perto me tocava o coração: ao exército.

Posso dizer que a minha atuação foi coroada de êxito: centenas, talvez milhares de camaradas foram por mim reconduzidos, no decorrer das minhas lições, ao seu povo e à sua Pátria. Eu "nacionalizava" a tropa e podia, por esse meio, auxiliar a fortalecer a disciplina geral.

Ainda uma vez tive oportunidade de conhecer uma série de camaradas, que pensavam como eu, e que mais tarde começaram a edificar a base do novo movimento.

CAPÍTULO IX

O PARTIDO TRABALHISTA ALEMÃO

Um dia recebi ordem da autoridade superior para ir verificar o que se passava num grêmio aparentemente político, cujo nome era "Partido Trabalhista Alemão". O dito grêmio pretendia realizar uma reunião por aqueles dias, em que deveria falar Gottfried Feder. A missão de que fui incumbido era ir até lá verificar o que se passava e, em seguida, apresentar um relatório.

A curiosidade do exército de então em relação aos partidos políticos era mais do que compreensível. A revolução tinha dado ao soldado o direito de participação na política. Desse direito faziam uso justamente os mais inexperientes. Só no momento em que o Centro e a social- democracia tiveram de reconhecer, com grande pesar, que as simpatias dos soldados começavam a se afastar dos partidos revolucionários para se inclinarem pelo movimento de reerguimento da nação, é que se julgou necessário retirar da tropa o direito de voto e de participação na política.

Era óbvio que o Centro e o marxismo lançassem mão dessas medidas, pois se não se tivesse procedido ao corte dos "direitos cívicos" - como se costumava denominar a igualdade de direitos políticos dos soldados após a revolução - não teria havido, poucos anos depois, o chamado governo de novembro e, consequentemente, teria sido evitada essa desonra nacional A tropa estava naturalmente indicada para livrar a Nação dos sugadores da Entente.

O fato de os chamados partidos "nacionais" concordarem entusiasmados com a modificação do programa dos criminosos de novembro, para tornar, por esse modo, ineficiente o exército como instrumento de ressurreição nacional, demonstrou mais uma vez até onde podem levar as idéias exclusivamente doutrinárias desses "mais inocentes dos inocentes". Essa burguesia, doente de senilidade mental, pensava com toda seriedade que o exército voltaria a ser o que tinha sido, isto é, um sustentáculo da defesa nacional, enquanto o Centro e o Marxismo só pensavam em lhe extrair. o dente perigoso do nacionalismo, sem o qual o exército não é mais do que uma policia e nunca uma tropa capaz de lutar com o inimigo. Tudo isso o futuro encarregou-se de provar à saciedade.

Pensariam porventura, os nossos "políticos nacionais" que a transformação da mentalidade do exército se pudesse processar em outro sentido que não o nacional? Essa é a miserável mentalidade desses senhores, e isso provém do fato deles, em vez, como soldados, terem combatido no front, terem ficado, nas suas cômodas posições, como parladores, isto é, conversadores parlamentares.

Não podiam ter a mínima idéia do que se passava no coração de homens que a posteridade reconhecerá como os primeiros soldados do mundo.

Decidi-me então a ir assistir à Assembléia desse partido, até então inteiramente desconhecido para mim.

Quando cheguei, à noite, ao "Leiberzimmer" da antiga cervejaria Sternecker, o qual deveria mais tarde se tornar histórico para nós, encontrei ali umas 20 a 25 pessoas, na maioria gente das mais baixas camadas do povo.

A conferência de Feder já me era conhecida dos tempos em que eu freqüentava os seus cursos, de sorte que fiz abstração da mesma e me preocupei em observar o auditório.

A impressão que tive não foi má; um grêmio recém-fundado como muitos outros. Estávamos justamente em uma época em que todo o mundo se julgava habilitado a fundar um novo partido, isso porque a ninguém agradava o rumo que as coisas tomavam e os partidos existentes não mereciam nenhuma confiança. Por toda parte apareciam novas associações que logo depois desapareciam sem deixar o menor vestígio de sua passagem. Geralmente os fundadores não tinham a menor idéia do que fosse transformar uma associação em um partido ou mesmo iniciar um movimento. Soçobravam assim essas fundações, quase sempre diante de sua ridícula estreiteza de idéias.

Não foi de outra forma que julguei "o Partido Trabalhista Alemão", após assistir durante duas horas uma de suas sessões. Fiquei contente quando Feder terminou seu discurso. Tinha visto o bastante, e já me dispunha a sair quando a anunciada abertura dos debates livres me induziu a ficar. Parecia que tudo ia correr sem significação, até que, de repente, começou a falar um "Professor", o qual inicialmente pôs em dúvida a exatidão dos argumentos de Feder. Ante uma resposta muito adequada de Feder, colocou-se o dito "Professor" de repente "no terreno das realidades:", sem, porém, deixar de recomendar muito oportunamente ao jovem partido adotar, como ponto importante de seu programa, a luta pela "separação" da Baviera da Prússia. O homenzinho afirmava atrevidamente que, nesse caso, a Áustria alemã sobretudo, se ligaria imediatamente à Baviera, que a paz seria então muito melhor, e outros absurdos. Não me contive mais e pedi a palavra, a fim de fazer sentir ao erudito senhor a minha opinião nesse ponto e fi-lo com tanto sucesso que meu antecessor na tribuna abandonou o recinto como um cão batido, antes mesmo de eu acabar. Enquanto eu falava, a assistência ouvia cheia de espanto e quando eu me dispunha a dizer boa-noite à assembléia e retirar-me, um dos assistentes dirigiu-se a mim, apresentou-se (nem pude compreender direito o seu nome), colocou em minhas mãos um pequeno livreto, visivelmente uma brochura política, com o pedido insistente de lê-la.

Para mim isso foi muito agradável, pois era de esperar que, por esse meio, pudesse conhecer de maneira mais fácil aquela sociedade maçante, sem ter, depois, de assistir a sessões tão desinteressantes. Além disso, eu tinha tido uma boa impressão desse desconhecido, que me pareceu ser um operário. Retirei-me.

Por aquela época,, eu morava no quartel do 2°. regimento de infantaria, num pequeno cubículo que trazia em si, ainda bem patentes, os sinais da revolução. Geralmente, durante o dia, eu passava fora, as mais das vezes no regimento de caçadores n.° 41 ou então em reuniões, em conferências, em outras unidades da tropa. Somente à noite me recolhia aos meus aposentos. Como costumava acordar cedo, já antes de 5 horas, tinha o hábito de divertir-me em jogar, para os camundongos que passeavam pelo meu cubículo, pedacinhos de pão duro que haviam sobrado da véspera. Eu ficava a ver esses engraçados animaizinhos se disputarem essas preciosas iguarias.

Na minha vida eu tinha passado tanta miséria que bem podia imaginar o que fosse a fome e, portanto, o prazer daqueles bichinhos. Na manhã seguinte àquela reunião eu estava deitado, mal acordado, lá pelas 5 horas, assistindo o movimento dos - camundongos. Como não pudesse conciliar o sono, lembrei-me, de repente, da noite passada, e veio-me à lembrança a brochura que o operário me havia dado. Comecei a lê-la. Era uma pequena brochura, na qual o autor, o tal operário, descrevia a maneira pela qual ele tinha chegado de novo ao pensamento nacionalista através da confusão marxista e das frases ocas das corporações profissionais. Daí o título - "meu despertar político:". - Desde o início o livreto me despertou interesses, pois nele se refletia um fenômeno que há doze anos eu tinha sentido. Involuntariamente vi se avivarem as linhas gerais da minha própria evolução mental. Durante o dia pensei sobre o assunto várias vezes e ia pô-lo finalmente de lado, quando, menos de uma semana depois, recebi, com surpresa minha, um cartão postal anunciando que eu tinha sido aceito sócio do "Partido Trabalhista Alemão". Pedia-se que eu me externasse a respeito e para isso viesse na próxima quarta-feira a uma sessão da comissão do Partido. Na realidade eu me sentia mais do que surpreso por essa maneira de angariar" sócios e não sabia se me devia zangar ou rir. Eu não pensava em entrar para um partido já organizado e sim em fundar o meu próprio partido. Essa pretensão de filiar-me a um partido não me tinha passado pela cabeça. Já me dispunha a responder àqueles senhores por escrito quando venceu a curiosidade e decidi-me a comparecer, no dia marcado, a fim de, oralmente, expor os meus motivos.

Chegou quarta-feira. O hotel no qual se devia realizar a sessão anunciada era o "Alte Rossenbad", na Hermstrasse. Era um lugarzinho modesto onde, só de quando em quando, aparecia alguma alma penada.

Em 1919 isso não era de estranhar, pois o cardápio mesmo dos hotéis maiores era pouco atraente, dado a sua modéstia e exiguidade. Este hotel, porém, eu não conhecia.

Atravessei o salão mal iluminado no qual não havia viva alma. Dirigi-me para a porta que dá para um quarto lateral e achei-me diante da "assembléia". Na meia obscuridade de um lampião a gás, meio quebrado, estavam sentados, em redor de uma mesa, quatro jovens, entre os quais o autor da pequena brochura, o qual imediatamente me cumprimentou da maneira mais amável e me deu as boas vindas como novo membro do Partido Trabalhista Alemão.

Na realidade eu estava um tanto embasbacado. Como me comunicassem que o verdadeiro "presidente do Reich" ainda viria, resolvi adiar, por algum tempo, as minhas declarações. Finalmente apareceu este. Era o presidente da reunião na Cervejaria Sterneck, por ocasião da conferência de Feder.

De novo, movido pela curiosidade, esperei pelos acontecimentos.

Agora eu já conhecia os nomes dos vários senhores presentes. O presidente da "organização do Reich, era um senhor Harr, o da de Munique, um senhor Anton Drexier.

Em seguida foi lida a ata da última sessão e aprovado um voto de agradecimento ao conferencista. Veio depois o relatório da caixa. A sociedade possuía um total de 7 marcos e 50 pfennigs - pelo que o tesoureiro recebeu um voto de confiança geral. Esse fato foi consignado em ata.

O primeiro presidente tratou em seguida das respostas a uma carta de Kiel, a uma de Düsseldorf e a outra de Berlim. Todos concordaram com as respostas apresentadas. Em seguida procedeu-se à comunicação da correspondência entrada: uma carta de Berlim, uma de Düsseldorf e outra de Kiel, cujo recebimento pareceu provocar grande contentamento. Considerou-se esse constante aumento de correspondência como o melhor e mais visível sinal da expansão e importância do Partido Trabalhista Alemão, e, em seguida, teve lugar um longo debate sobre as respostas novas a serem dadas, Horrível, simplesmente horrível. Isso nada mais era do que uma associação maçante da pior espécie. Nesse clube é que eu devia entrar? Logo depois tratou-se da aceitação de novos sócios, isto é, tratou-se do meu ingresso para o clube.

Comecei a fazer-me perguntas. Pondo de parte algumas diretrizes nada mais havia, nem um programa, nem um panfleto, enfim nada impresso, nem cartões de sócio nem mesmo um simples carimbo. Havia sim visíveis boa fé e boa vontade. Perdi a vontade de sorrir, pois o que era tudo isso senão o sinal típico do completo atordoamento geral e do inteiro fracasso de todos os partidos, até então, de seus programas, de suas intenções e de suas atividades? O que levava esses jovens a se reunirem de uma maneira aparentemente tão ridícula nada mais era do que o eco de vozes interiores, que, mais por instinto de que conscientemente, lhe fazia crer na impossibilidade do reerguimento da Nação alemã bem como da sua convalescença de males interiores por meio de partidos como o caráter dos até então existentes. Li por alto as diretrizes datilografadas que havia e vi nelas mais uma ânsia por alguma coisa nova do que uma realidade. Muita coisa faltava, porém nada havia feito. Em tudo se sentia, porém, o sinal de uma aspiração de todos.

O que essas criaturas sentiam eu bem o sabia; era o desejo por um novo movimento que deveria ser mais do que um partido na acepção corrente da palavra.

Quando naquela noite voltei ao quartel, tinha meu juízo formado com relação a esse grêmio.

Achava-me talvez diante da mais difícil interrogação de minha vida: deveria cooperar nesse setor ou recusar-me?

A razão só podia aconselhar a recusa, o sentimento, porém, não me deixou sossegar e quanto mais vezes eu procurava me convencer da tolice disso tudo, tanto mais o sentimento me inclinava para esse agrupamento de jovens.

Os dias que se seguiram foram de desassossego para mim.

Comecei a pensar. Há muito que estava decidido a tomar parte ativa na política.

Para mim era claro que isso deveria se dar por meio de um novo movimento, somente me tinha faltado até então um impulso para a atividade. Eu não pertenço à categoria das pessoas que começam hoje uma coisa para, no dia seguinte, abandonarem-na ou passarem a outra. Justamente essa convicção era o motivo principal por que eu dificilmente me resolveria a uma tal fundação nova, a qual seria tudo ou deixaria de existir. Eu sabia que isso seria decisivo para mim e não havia a possibilidade de um "recuo"; tratava-se pois, não de uma brincadeira passageira e sim de algo muito sério. Já naquele tempo eu tinha uma aversão instintiva por pessoas que tudo começavam sem nada acabar. Todos esses trapalhões me eram odiosos. Eu considerava a atividade dessas criaturas pior do que a ociosidade.

Até o destino parecia me estar dando uma indicação. Nunca eu teria aderido a um dos grandes partidos e mais tarde explicarei mais claramente os motivos. Essa pequeníssima fundação, possuindo uma meia dúzia de sócios, pareceu-me ter a vantagem de não se ter ainda fossilizado em uma "organização". Ela parecia oferecer a impossibilidade de uma verdadeira atividade pessoal a cada um. Aqui ainda se poderia trabalhar e, quanto menor fosse o movimento, mais fácil seria conduzi-la pelo caminho certo.

Aqui se poderia ainda determinar o caráter objetivo e os métodos da organização, o que não se poderia pensai' em fazer tratando-se dos glandes partidos. Quanto mais eu refletia sobre o assunto mais crescia em mim a convicção de que justamente de um tal movimento pequeno é que algum dia poderia ser preparado o reerguimento da nação, e nunca dos partidos políticos parlamentares, presos a velhos preconceitos ou mesmo dependentes dos proveitos do novo regime.

O que se deveria anunciar aqui era um novo princípio universal e não uma nova propaganda eleitoral.

Na verdade uma decisão imensamente difícil essa de transformar uma intenção em realidade.

Que antecedentes tinha eu para poder arcar com tarefa de tal vulto? O fato de ser pobre, de não possuir recursos financeiros, parecia o menos; mais difícil era a circunstância de pertencer eu à categoria dos desconhecidos, um entre milhões, que o acaso deixa viver ou arranca da vida, sem que o mundo mais próximo disso tome o menor conhecimento. A tudo isso se juntava a dificuldade proveniente de minha falta de instrução.

A chamada "intelectualidade" vê com infinito desdém todo aquele que não passou pelas escolas oficiais, a fim de se deixar encher de sabedoria. Nunca se pergunta: Que sabe o indivíduo e sim: que estudou ele? Para essas criaturas "cultas" mais vale a cabeça oca, que vem protegida por diplomas, do que o mais vivo rapazola que não possua tais canudos. Era, pois, fácil para mim imaginar a maneira pela qual esse mundo oculto - se me oporia e só me enganei pelo fato de naquele tempo ainda considerar os homens melhores do que na realidade o são. É verdade que há exceções, que naturalmente brilharão com tanto maior fulgor. Aprendi, entretanto, a distinguir entre os eternos estudantes e os verdadeiros conhecedores.

Após dois dias de tormentosos pensamentos e meditações convenci-me de que devia dar o passo.

Foi essa a decisão de maiores conseqüências em toda a minha vida.

Não havia e não podia haver um recuo. Aceitei a minha inclusão como sócio do Partido Trabalhista Alemão e recebi um cartão provisório de sócio, com o numero sete.

CAPÍTULO X

CAUSAS PRIMÁRIAS DO COLAPSO

A extensão da queda de qualquer corpo é sempre medida pela distância entre a sua posição no momento e a que ocupava anteriormente. O mesmo acontece com a ruína dos povos e dos Estados. A posição primitiva tem, por isso, uma importância capital. Só o que se esforça por ultrapassar as fronteiras normais poderá cair e arruinar-se. A todos os que pensam e sentem, isso faz com que a ruína do Império apareça sob aspecto tão grave e horrível, pois assim o colapso é visto de uma altura de que, hoje, diante das proporções das desgraças atuais, dificilmente se pode fazer uma idéia exata.

O Império tinha surgido abrilhantado por um acontecimento que entusiasmava toda a nação. O Reich nasceu depois de uma série de vitórias sem paralelo, como um coroamento glorioso ao imortal heroísmo dos seus filhos. Consciente ou inconscientemente, pouco importa, os alemães estavam todos possuídos do sentimento de que o Império não devia a sua existência às trapaças dos parlamentos partidários, mas, ao contrário, pela maneira sublime por que fora fundado, elevava-se muito acima da média dos outros Estados.

O ato festivo que anunciou que os alemães, príncipes e povo, estavam resolvidos a, de futuro, fundai um império e de novo alcançar a coroa imperial como símbolo das suas glórias, não foi comemorado através do cacarejo de uma arenga parlamentar mas ao ribombar dos canhões no cerco de Paris. Não se verificou nenhum assassinato, nem foram desertores nem embusteiros que fundaram o Estado de Bismarck, mas sim os regimentos do front.

Esse nascimento original, com o seu batismo de fogo, já era por si só suficiente para envolver o Império de um halo de glória, fato que apenas com os Estados antigos se verificara e isso mesmo raramente.E que progresso isso provocou!

A liberdade no exterior proporcionou o pão quotidiano no interior. A nação enriqueceu-se em número e em bens terrenos. Mas a honra do Estado e com ela a de todo o povo estava protegida por um exército que tornava evidente a diferença entre a nova situação e a da antiga Confederação Germânica.

O golpe desfechado sobre o império alemão e sobre o seu povo foi tão forte que o povo e governo, como tomados de vertigem, parecem haver perdido a capacidade de sentir e refletir. Difícil é evocar a antiga grandeza, tão fantástica nos aparece a glória dos tempos de outrora comparada com a miséria de hoje. E isso porque os homens se deixam ofuscar pela grandeza e se esquecem de procurar os sintomas do grande colapso que, mesmo na época de prosperidade, deviam existir, de uma ou de outra forma.

Naturalmente isso se aplica àqueles para os quais a Alemanha era mais alguma coisa do que um campo para ganhar e desperdiçar dinheiro, pois só aqueles podem ver na situação atual uma verdadeira catástrofe, ao passo que aos outros só preocupa a satisfação dos seus apetites até então ilimitados.

Embora esses sinais já fossem visíveis, muito poucas pessoas se preocupavam em deles retirar lições definitivas. Esse estudo é hoje mais necessário do que nunca.

Assim como só se consegue a salvação de um doente quando a causa da moléstia é conhecida, na cura das devastações políticas é preciso também conhecer os precedentes. É verdade que se costuma considerar mais fácil a descoberta de uma moléstia pela sua aparência do que pelas causas íntimas. Aí está a razão por que tantas pessoas nunca conseguem passar do conhecimento dos efeitos externos e mesmo os confundem com as causas, cuja existência, aliás, se comprazem em negar.

Por isso, a maioria do povo alemão reconhece agora a ruína da Alemanha apenas pela pobreza econômica geral e seus resultados. Quase todos são atingidos por essa crise, razão por que cada um pode avaliar a extensão da catástrofe.

Compreende-se que isso assim aconteça com a massa popular. O fato, porém, de as camadas inteligentes da comunidade verem o colapso do país antes de tudo como uma catástrofe econômica e pensarem que a salvação está em providências de ordem econômica, é a razão por que até agora não foi possível a aplicação de uma terapêutica eficaz.

Enquanto não estiverem todos convencidos de que o problema econômico vem em segundo ou mesmo terceiro lugar, e que os fatores éticos e raciais são os predominantes, não se poderá compreender as causas da infelicidade atual e impossível será descobrir os meios e métodos de remediar essa situação.

O problema da pesquisa das causas da ruína alemã é, por isso, de importância decisiva, sobretudo tratando se de um movimento político cujo objetivo aliás deve ser a solução da crise. Em uma tal pesquisa através do passado, deve-se evitar confundir os fatos que mais ferem a vista com as causas menos visíveis.

A mais cômoda (por isso a mais geralmente aceita) razão para explicar as nossas desgraças atuais consiste em atribuir à perda da Grande Guerra a causa do presente mal-estar.

Provavelmente muitos acreditam sinceramente nesse absurdo, mas, na maioria dos casos, esse argumento é uma mentira consciente.

Essa última afirmação se ajusta perfeitamente àqueles que se comprimem em torno da gamela governamental.

Não foram justamente os arautos da Revolução ,que declararam freqüentemente e, da maneira a mais ardorosa, que, para a grande massa do povo, o resultado da guerra era indiferente?

Não asseguraram eles que só o "grande capitalista" tinha interesses na vitória da monstruosa guerra e nunca o povo em si e muito menos o operário alemão?

Não proclamaram os apóstolos da confraternização universal que, com a derrota da Alemanha, só o "Militarismo" havia sido vencido e que, o povo, ao contrário, nisso devia ver a sua magnífica ressurreição?

Não se proclamou nesses círculos a generosidade da Entente e não se lançou a culpa da guerra sobre a Alemanha? Ter-se-ia podido fazer essa propaganda sem o esclarecimento de que a derrota do exército seria sem conseqüências para a vida da nação?

Não foi o grito de guerra da Revolução que, com ela, a vitória do pavilhão alemão tinha sido evitada, mas somente com ela a nação alemã conseguiria completamente a sua liberdade interna e externa?

Não eram esses indivíduos mentirosos e infames?

É característico da impudência do verdadeiro judeu atribuir ele à derrota militar a causa do colapso da nação, enquanto o "Órgão central de todas as traições nacionais", o Vorwärts, de Berlim, escrevia que desta vez à nação alemã não seria permitido voltar com o seu pavilhão vitorioso. E agora a derrota militar deve ser vista como causa da nossa ruína!

É evidente que não valeria a pena tentar lutar contra esses mentirosos desmemoriados. E, por isso, eu também não perderia uma só palavra com eles, se esse erro absurdo não fosse aplaudido por tanta gente irrefletida, que não se apercebe da perversidade e da falsidade conscientes desses mentirosos. Demais, as discussões podem oferecer recursos que facilitam o esclarecimento dos nossos adeptos, recursos esses muito necessários em um tempo em que é costume torcer o sentido das palavras.

A resposta à afirmativa- de que a perda da guerra é a causa dos nossos males atuais deve ser a seguinte:

Naturalmente a perda da guerra teve um efeito terrível sobre o destino do nosso país, mas não foi uma causa e sim o efeito de várias causas.

Todos os homens inteligentes e bem intencionados sabem muito bem que o desfecho infeliz daquela luta de vida e morte só poderia produzir efeitos desastrados. Mas há muitos que infelizmente deixaram de compreender essa verdade no momento propício ou que, embora convencidos do erro, negavam-na com afinco.

Esses eram, na sua maior parte, os que, depois de realizados os seus desejos secretos, conseguiam chegar a outra concepção da catástrofe.

Eles são as causas criminosas do colapso e não a perda da guerra como se comprazian em sustentar.

A perda da guerra foi simplesmente o resultado da ação desse indivíduos e, de nenhuma forma, pode ser atribuída a "má direção", como eles afirmam agora.

Os inimigos não eram compostos de covardes, eles também sabiam se bater e, desde o primeiro dia da luta, tinham superioridade numérica sobre o exército alemão, além de poderem contar com a indústria de todo o mundo para o fornecimento de armamentos técnicos. E, apesar de tudo, não podemos deixar de proclamar que as constantes vitórias alemães, durante quatro anos de ásperas lutas contra o mundo inteiro, foram devidas, pondo-se de parte o heroísmo do nosso soldado e a boa organização do exército, exclusivamente a uma direção superior. A organização e a direção do nosso exército eram as mais perfeitas que jamais existiram no mundo. As suas falhas devem-se à limitação dos poderes humanos de resistência.

A derrota desse exército não foi a causa das nossas infelicidades atuais, mas simplesmente a conseqüência de outros crimes, um dos quais precipitou um outro colapso, bem patente aos olhos de todos.

O fato de ter esse exército sido derrotado não foi a causa de nossa infelicidade de hoje, mas a conseqüência do crime de outros, de uma causa que, por ai só, deveria provocar o começo de uma maior e mais visível catástrofe.

A verdade disso resulta das seguintes razões:

Uma derrota militar deve ter como conseqüência a ruína de uma nação e de seu Governo? Desde quando é essa a conseqüência fatal de uma guerra mal sucedida?

As nações, de fato, jamais se arruinaram semente pela perda de uma guerra?

Essa pergunta pode ser respondida em poucas palavras.

Isso sempre acontece quando a derrota militar de um povo é devida à negligência, covardia, falta de caráter ou indignidade da nação. Se essa hipótese não se verifica, a derrota militar, em vez de ser vista com o túmulo de um povo, deve servir de estímulo para que todos trabalhem por um futuro melhor.

A história está repleta de inúmeros exemplos que comprovam a correção dessa afirmativa.

A derrota militar da Alemanha foi, não uma imerecida catástrofe mas um castigo a que fizemos jus pelos nossos próprios erros. A derrota foi mais do que merecida. Foi apenas o sintoma exterior de uma longa série de sintomas internos que se conservaram invisíveis à maioria dos homens ou que ninguém quis observar.

Observe-se a simpatia com que o povo alemão recebeu essa catástrofe. Em muitos setores não se manifestou contentamento, e, da maneira mais vergonhosa, pela derrota da Pátria? Quem faria isso, se o povo não merecesse esse castigo? Não se ia mais longe, até ao ponto do regozijo, por se ter enfraquecido a linha da frente? Isso não se deve ao inimigo. Essa vergonha deve-se aos próprios alemães. Por ventura a infelicidade provoca a injustiça?

Pela maneira por que o povo alemão recebeu a catástrofe pode-se claramente descobrir que a verdadeira causa da nossa ruma deve ser procurada em outra parte e não na perda de posições militares ou na direção da ofensiva.

Se as tropas no front, entregues a si mesmas, tivessem realmente abandonado os seus postos, se o desastre nacional tivesse sido devido a um fracasso militar, a nação alemão teria visto a derrocada de outra maneira. O povo teria aceito a grande desgraça com irritação ou teria caído em estado de prostração. Irritar-se-iam os alemães contra a sorte desfavorável ou contra o Inimigo vitorioso. Então, a nação agiria como o Senado romano, que foi ao encontro das divisões vencidas, com o agradecimento da Pátria pelo sacrifício feito e com o apelo para que confiassem no governo.

A capitulação teria sido assinada com inteligência, e o coração do povo começaria a palpitar pela ressurreição futura. Assim, a derrota teria sido aceita como produto da fatalidade. Não se teria festejado a derrota, a covardia não teria proclamado com orgulho a má sorte do exército, as tropas combatentes não teriam sido objeto de mofa e as cores nacionais não teriam sido arrastadas na lama. E, sobretudo, não se teria criado esse estado de espírito que inspirou a um oficial inglês, coronel Repington, a declaração de que "em cada grupo de três alemães havia um traidor".

Não! A pestilência nunca teria alcançado essas proporções, tão consideráveis que fizeram com que o mundo perdesse o resto de respeito que tinha por nós.

Por aí se percebe claramente a mentira da afirmação que consiste em atribuir ao fracasso da guerra a causa da ruína do país.

O fracasso militar, foi não há dúvida, a conseqüência de uma série de manifestações doentias de uma parte da nação. Essas manifestações já vinham infeccionando o país antes da guerra. A derrota foi o primeiro resultado catastrófico visível, por parte do povo, de um envenenamento moral, que consistia no enfraquecimento do instinto de conservação, resultante da propaganda de doutrinas que, de há muitos anos, vinham minando os fundamentos da nação e do Império.

Era natural que o judeu, acostumado à mentira, e o espírito combativo do seu marxismo, procurassem lançar a responsabilidade do desastre da nação sobre um homem, justamente o que, com uma vontade e uma energia sobre-humanas, tentou evitar a catástrofe que havia previsto e poupar à nação um período de sofrimentos e humilhações. Lançando sobre Ludendorf a responsabilidade da derrota na guerra, eles desarmaram moralmente o único adversário bastante perigoso para enfrentar os traidores da Pátria.

Resulta da própria natureza das coisas que no volume da mentira está uma razão para ela ser mais facilmente acreditada, pois a massa popular, nos seus mais profundos sentimentos, não sendo má, consciente e deliberadamente, é menos corrompida e, devido à simplicidade do seu caráter, é mais freqüentemente vítima de grandes mentiras do que de pequenas. Em pequeninas coisas ela também mente, enquanto que das grandes mentiras ela se envergonha.

Uma tal inverdade nunca lhe passaria pela cabeça e também não acreditaria que alguém fosse capaz da inaudita impudência de tão infame calúnia. Mesmo depois de explicações sobre o caso, as massas, durante muito tempo, mantêm-se na dúvida, vacilando, antes de aceitar como verdadeiras quaisquer causas. É um fato também que da mais descarada mentira sempre fica alguma coisa, verdade essa que todos os grandes artistas da mentira e suas quadrilhas conhecem muito bem e dela se aproveitam da maneira mais infame.

Os maiores conhecedores das possibilidades do emprego da mentira e da calúnia foram, em todos os tempos os judeus. Começa, entre eles, a mentira por tentarem provar ao mundo que a questão Judaica é uma questão religiosa, quando, na realidade, trata-se apenas de um problema de raça e que raça! Um dos maiores espíritos da humanidade perpetuou em uma frase imorredoura o julgamento sobre esse povo, quando os designou como "os maiores mestres da mentira". Quem não reconhecer essa verdade ou não quiser reconhecê-la, não poderá nunca concorrer para a vitória da verdade neste planeta.

Foi, pode-se dizer, uma grande felicidade para a nação alemã que a epidemia nacional que se vinha alastrando lentamente tivesse de repente chegado ao seu período mais agudo, com todos os seus efeitos catastróficos. Se as coisas se tivessem passado de outra maneira, a nação teria marchado para a ruína mais lentamente talvez, mais firmemente porém. A moléstia ter-se-ia tornado crônica e passaria quase despercebida, ao passo que, na sua forma aguda, atraiu a atenção de um número mais considerável de observadores e por eles pôde ser compreendida. Não foi obra do acaso que os homens tivessem vencido a peste mais facilmente do que a tuberculose. A primeira aparece fazendo inúmeras vítimas, o que impressiona a toda gente; a segunda introduz-se lentamente. Uma inspira o terror, a outra a indiferença crescente. A conseqüência disso é que os homens combatem a peste da maneira mais enérgica, enquanto procuram vencer a tuberculose por métodos ineficientes. Por isso os homens venceram a peste, mas foram vencidos pela tuberculose. O mesmo se aplica às afecções do organismo político. Quando não se apresentam sob a forma catastrófica, toda gente a elas aos poucos se acostuma para, finalmente, depois de um período mais ou menos prolongado, ser vítima das mesmas.

É, pois, uma felicidade, embora amarga, que a Providência tenha decidido intrometer-se nesse lento processo de corrupção e, de um golpe rápido, tenha evidenciado o combate à moléstia, aos que a haviam compreendido.

Essas catástrofes sucedem-se freqüentemente. Por isso devem ser vistas como causas para que se promova a salvação da maneira mais decidida.

Em caso idêntico, essa hipótese vale pelo reconhecimento das causas íntimas que ocasionam o mal em questão. É importante lazer a diferença entre os responsáveis pelo mal e a situação por eles provocada. Essa situação torna-se mais difícil, à proporção que os germes da moléstia tomam conta do corpo e nele se julgam estar em habitat próprio.

Pode acontecer que, depois de um certo tempo, certos venenos sejam vistos como fazendo parte do organismo ou pelo menos como a ele necessários. Assim considera-se como inútil pesquisar o autor do envenenamento.

Nos longos períodos de paz que precederam a Grande Guerra, constatavam- se vários males, sem que alguém se preocupasse em descobrir os seus responsáveis, salvo em casos excepcionais. Essas exceções se verificaram principalmente no domínio econômico que, aos indivíduos, mais impressionam do que quaisquer outros males.

Havia vários outros sintomas de decadência que a um observador consciencioso deveriam impressionar.

Sob o ponto de vista econômico, eram naturais as seguintes observações: O impressionante aumento da população da Alemanha, antes da Guerra, fez com que a questão da alimentação mínima que se deveria assegurar ao povo tomasse uma posição de destaque entre os pensadores e os homens práticos que se interessavam pela vida político-econômica da nação. Infelizmente, porém, eles não puderam se resolver a tomar a única solução aconselhável, porque imaginavam poder chegar ao seu objetivo por métodos homeopáticos. Renunciaram à idéia de adquirir novos territórios e, em substituição a essa política, lançaram-se loucamente na política de conquistas econômicas, que, forçosamente, havia de levá-los por fim a uma industrialização sem limites e prejudicial à nação.

O primeiro resultado - e o mais fatal - foi o enfraquecimento da classe agrícola. À proporção que essa classe se arruinava, o proletariado acumulava-se nas grandes cidades, perturbando por fim o equilíbrio nacional.

O abismo entre ricos e pobres tornou se mais sensível. A superfluidade e a pobreza viviam em contato tão íntimo que as conseqüências desse fato só poderiam ser as mais deploráveis. A pobreza e a grande falta de emprego começaram a arruinar o povo e a criar o descontentamento e o ódio.

A conseqüência disso foi a luta política de classes.

Em todas as castas econômicas, o descontentamento tornava-se cada vez maior e mais profundo. Chegou a um ponto em que era opinião geral que "isso não podia continuar", sem que, porém, surgisse uma orientação sobre o que se deveria ou poderia fazer. Eram os sinais característicos de um profundo descontentamento geral que, por esse meio, se faziam sentir.

Havia fenômenos ainda mais deploráveis, ligados à industrialização do país. Com a dominação do Estado pela indústria, o dinheiro tornou-se um deus a quem todos teriam de servir e render homenagem.

Os deuses celestiais saíram da moda, tornaram-se coisas do passado e, no seu lugar, instalou-se a orgia dos idólatras de Mamon.

Começou, então, um período de desmoralização, de péssimos efeitos, sobretudo porque se iniciou em um momento em que a nação, mais do que nunca, precisava dos mais elevados sentimentos de heroísmo para enfrentar o perigo que a ameaçava. A Alemanha deveria estar se preparando para um dia amparar, com a espada, seu esforço para garantir a alimentação do povo, por meio de uma "atividade econômica pacifica".

Infelizmente a dominação do dinheiro foi sancionada justamente onde deveria ter encontrado maior oposição. Foi uma infeliz inspiração a de Sua Majestade induzir a nobreza a entrar no círculo dos novos financistas. Sirva de desculpa para o Kaiser o fato do próprio Bismarck não ter compreendido esse perigo. A verdade, porém, é que desde então as grandes idéias cederam o lugar ao dinheiro. Uma vez que tomou esse caminho, a nobreza da espada teria que ficar abaixo da nobreza das finanças.

Não era nada convidativo aos verdadeiros heróis e aos estadistas serem colocados no mesmo plano dos judeus dos bancos. Os homens da merecimento real não podiam ter interesses em possuir condecorações facilmente adquiridas. Ao contrário, evitavam-nas.

Sob o ponto de vista racial, esse fato era de conseqüências deploráveis. A nobreza perdia cada vez mais a razão racial de sua existência e, na sua grande maioria, podia-se com propriedade dar-lhe o qualificativo contrário.

Um sintoma da ruína econômica foi a lenta eliminação do direito de propriedade individual e a passagem gradual da economia do povo para a propriedade das sociedades por ações.

Por esse sistema, .o trabalho desceu a objeto de especulação doa traficantes sem consciência. A alienação da propriedade aos capitalistas progrediu. A Bolsa começou a triunfar e preparou-se a pôr, lenta, mas firmemente, a vida da nação sob sua proteção e controle.

Antes da guerra, a internacionalização dos negócios alemães já estava em andamento, sob o disfarce das sociedades por ações. É verdade que uma parte da indústria alemã fez uma decidida tentativa para evitar o perigo, mas, por fim, foi vencida por uma investida combinada do capitalismo ambicioso, auxiliado pelos seus aliados do movimento marxista.

A guerra persistente contra as "indústrias pesadas" da Alemanha foi o ponto de partida visível da internacionalização que se processava com a ajuda do marxismo. É o único meio de completar a obra era assegurar a vitória do marxismo - por meio da Revolução.

No momento em que escrevo estas linhas, espera-se o êxito da tentativa de passar as mãos do capitalismo Internacional os. caminhos de ferro da Alemanha. A social-democracia "internacional" com isso alcançará um dos seus mais elevados objetivos.

Até que ponto essa "dissipação" da economia alemã tinha chegado vê-se claramente no fato de, depois da Guerra, um dos guias da indústria nacional e, sobretudo do comércio, fazer a declaração de que só a economia do país estava em situação de poder levantar a Alemanha.

A esse erro não se deu, no momento, o valor esperado, porque a França, nas suas escolas, deu todo destaque à educação sobre bases humanísticas, para evitar o erro de confiarem a nação e o Governo a sua existência a motivos econômicos e não aos eternos valores ideais.

A afirmação feita por Stinnes provocou uma incrível confusão, mas foi logo aceita, com uma pressa alarmante, como leit motiv de todos os remendões e charlatães que o acaso tinha guindado à posição de "estadistas".

Uma das piores provas de decadência da Alemanha, já antes da Guerra, era a quase indiferença geral que se notava a respeito de tudo. Essa situação mental é sempre a conseqüência da incerteza sobre as coisas. Dessa e de outras causas surge a pusilanimidade como conseqüência fatal. O sistema educacional contribuía para agravar essa situação.

Havia muitos pontos fracos na educação dos alemães, antes da Guerra. Eram inspirados em um sistema unilateral, visando principalmente a instrução pura, sem se preocupar em fornecer ao povo a capacidade prática Menos ainda se pensava na formação do caráter, muito pouco se cogitava de encorajar o senso da responsabilidade e nada absolutamente sobre cultivo da força de vontade e de decisão.

A conseqüência disso é que não se faziam homens fortes mas maleáveis sabichões. Assim eram universalmente considerados os alemães antes da Guerra e, por esses motivos, é que gozavam de consideração. O alemão era estimado porque era útil, mas devido à sua falta de força de vontade ele era pouco respeitado. Nisso estava o motivo por que ele trocava a sua nacionalidade por outra, mais facilmente do que qualquer outro povo.

este provérbio: "Com o chapéu na mão pode se percorrer o mundo", define essa mentalidade.

Os efeitos dessa maleabilidade tornaram-se ainda mais desastrosos quando influíram na forma por que todos se deveriam portar junto ao soberano. O uso era não replicar mas aprovar tudo o que o Soberano entendesse de ordenar. E, no entanto, era justamente nesse caso que mais necessária se fazia a existência de homens dignos e independentes. Ao contrário, a subserviência geral arrastaria um dia o Império à ruína. Vivia-se em um mundo todo de lisonjas.

Só aos bajuladores e aos servis, em uma palavra, aos elementos decadentes de uma nação que sempre se sentaram bem junto aos mais altos tronos, mais à vontade do que os homens honestos e independentes, poderá parecer essa a única forma de relações de um povo para com os seus monarcas! Essas criaturas, tipo "humilde servo", em todas as suas humilhações junto aos seus senhores, aos que lhes dão o pão, sempre demonstraram o maior atrevimento em relação ao resto da humanidade, sobretudo quando, com o maior despudor, como os únicos "monarquistas", se comparam ao resto dos mortais. Isso constitui uma verdadeira impudência de que só vermes, nobres ou plebeus, são capazes. Na realidade esses homens foram sempre os cordeiros da monarquia e sobretudo do pensamento monárquico. É impossível pensar de outra maneira, pois um homem capaz de responder por alguma coisa nunca poderá ser um hipócrita e um bajulador, um sem caráter. Se ele está seriamente empenhado na conservação e desenvolvimento de uma instituição dará a isso todo o esforço de que é capaz e nunca abandonará o seu posto, quaisquer que sejam os riscos que aparecerem. Um homem assim não aproveita todas as oportunidades para berrar em público, da maneira mais hipócrita, como fazem os amigos "democráticos", da monarquia. Ao contrário. ele procurará aconselhar e advertir Sua Majestade, o próprio depositário da coroa.

Ele não se colocará no ponto de vista de que Sua Majestade deve conservar as mãos livres para agir à vontade, mesmo que isso visivelmente conduzisse a um desastre! Ao contrário, assim agindo protegerá a monarquia contra o monarca, evitando-lhe todos os perigos. Se o mérito dessa coordenação dependesse da pessoa de cada monarca, então a monarquia seria a pior instituição imaginável, pois só em rasos raríssimos, os monarcas são depositários da mais alta sabedoria, da razão mais perfeita ou mesmo do caráter mais puro. Nisso só acreditam os bajuladores e hipócritas. Todos os espíritos retos e esses são os elementos de mais valor do Estado - sentirão repulsa em defender erro tão grave.

Essa situação é boa para sicofantas, mas os homens de bem - que, felizmente, ainda são a maioria da nação - só repulsa poderiam sentir por uma prática tão absurda. Para esses a história é a história e a verdade é sempre a verdade, mesmo quando se trata de um monarca. A felicidade de possuir um grande monarca e um grande homem combinados na mesma pessoa é tão rara na vida das nações que elas têm de se contentar com que a maldade da sorte poupe-as ao menos dos erros mais graves.

A virtude e a significação da idéia monárquica não podem essencialmente estar ligadas à pessoa do monarca, a menos que Deus se digne pôr a coroa sobre a cabeça de um grande herói como Frederico o Grande ou um caráter prudente como Guilherme I. Isso pode acontecer uma vez em vários séculos, raras vezes mais freqüentemente. A idéia vem antes da pessoa, a sua significação deve repousar exclusivamente na própria instituição, e o monarca entrará na lista dos que o servem. Ele passa a ser considerado como mais uma roda na máquina política do Estado, perante o qual tem deveres como toda gente. Ele também terá que se bater pela realização dos grandes objetivos nacionais e "monarquista" não será mais o depositário da coroa que consente nas maiores ofensas à mesma, mas, ao contrário, aquele que a defende. Se a predominância não fosse dada à idéia mas às pessoas, consideradas "sagradas", quaisquer que elas fossem, nunca se deveria empreender o afastamento de um príncipe - visivelmente louco.

É necessário que se aceite essa verdade agora que aparecem à tona cada vez mais os sinais ocultos no passado, aos quais se deve atribuir, e não em pequena escala, o fato de ter sido impossível evitar a ruína da monarquia. Com uma ingênua imperturbabilidade, continua essa gente a falar no "seu rei", rei que há poucos anos, eles abandonaram miseravelmente na hora crítica e começaram a apontar como maus alemães todos aqueles que não estão dispostos a concordar com as suas idéias. Na realidade, eles são os mesmos poltrões que, em 1918, diante de qualquer fita vermelha, fugiam espavoridos, viam "seu rei" deixar de ser rei, trocavam precipitadamente a alabarda pela "bengala" e, como pacíficos burgueses, desapareciam como por encanto. De um golpe eles foram afastados, esses campeões do rei, e só depois de passada a tempestade revolucionária, o que se deveu à atividade de outros, e que, de novo, se tornou possível dar vivas ao rei, começaram esses "criados e conselheiros" da coroa a aparecer na superfície. Agora estão todos aí a chorar de novo, pelas cebolas do Egito, lembrando-se do passado; mal se podem conter de tanta fidelidade ao rei, de tanta vontade de luta, até que um dia apareça a primeira fita vermelha. Então o barulho em favor da monarquia de novo desaparecerá, e eles fugirão como ratos diante de gatos.

Se os monarcas não fossem eles próprios culpados por esses fatos poder- se-ia ao menos lastimá-los por terem eles esses defensores de hoje.

Eles devem, porém, se convencer que, com tais cavalheiros, é fácil perder um trono, mas nunca conquistar uma coroa.

Essa pusilanimidade era um erro da nossa educação que reagia da maneira mais desastrada na vida política. Aos seus efeitos se devem os lastimáveis sintomas visíveis em todas as cortes e neles devem-se procurar as causas do progressivo enfraquecimento da instituição monárquica.

Quando o edifício começou a abalar-se, os seus defensores como que se evaporaram. Os bajuladores não se deixaram matar pelos seus senhores. Porque os monarcas nunca se aperceberam dessa situação e, quase por uma questão de princípio, jamais trataram de estudá-la, ela se transformou na causa de sua ruína.

Um dos resultados dessa educação mal orientada era o receio de enfrentar as responsabilidades e dai a fraqueza na maneira de resolver os problemas essenciais da nação.

O ponto de partida dessa epidemia está, entre nós, sobretudo na instituição do parlamentarismo, onde a irresponsabilidade era francamente cultivada cm estufa. Infelizmente essa moléstia lentamente contaminou toda a vida do país e mais intensamente a vida política. Por toda parte, começou a enfraquecer-se a noção da responsabilidade e, em conseqüência disso, dava-se preferência em tudo às meias medidas, pelo emprego das quais, o número das pessoas de responsabilidade foi sempre se restringindo cada vez mais, observe-se apenas a conduta do próprio Império, em face de uma série de sintomas alarmantes de nossa vida pública, e logo se perceberá a terrível significação dessa geral covardia e indecisão, conseqüência da falta da noção da responsabilidade.

Mostrarei alguns casos dentre os inúmeros que ocorrem.

Nos meios jornalísticos é costume apontar a imprensa como um "grande poder" dentro do Estado. É verdade que é imensa a sua importância atual. Dificilmente se pode avaliar todo o seu prestigio. Na realidade a sua missão é de continuar a educação do povo até a uma idade avançada.

Em conjunto podem ser divididos os leitores de jornais em três grandes grupos:

1.º O dos que acreditam em tudo que lêem.

2.º O daqueles que já não mais acreditam em coisa alguma.

3.º O dos que submetem tudo o que lêem à crítica para chegarem, a um julgamento seguro.

O primeiro grupo é muito mais numeroso que os outros. Compõe se da grande massa do povo e, por isso mesmo, da parte intelectualmente mais fraca da nação. Não pode ser designado por classes, mas pelo grau de inteligência. A esse grupo pertencem todos os que não nasceram para ter pensamento independente ou não foram educados para isso e que, em parte por incapacidade e em parte por falta de vontade, acreditam em tudo que lhes é apresentado em letra de fôrma. A essa classe também pertencem os preguiçosos que podem pensar mas, por mera indolência, agradecidos, aceitam tudo o que os outros pensam, na suposição de que esses já chegaram a essas conclusões com muito esforço. Para toda essa gente, que representa a grande massa do povo, a influência da imprensa é fantástica. Eles não estão em condições, por falta de cultura ou por não o quererem, de examinar as idéias que se lhes apresentam. Assim, a maneira de encarar os problemas do dia é quase sempre resultado da influência das idéias que lhes vêm de fora. Essa situação pode ser vantajosa quando os esclarecimentos que lhes são dados partem de uma fonte séria e amiga da verdade, mas constitui uma desgraça quando têm sua origem em pulhas e mentirosos.

O segundo grupo é muito menor quanto ao número. Em parte é composto de elementos que, de começo, pertenciam ao primeiro grupo e que, depois de amargas decepções, passaram para o lado oposto e não acreditam em mais nada que lhes seja apresentado em forma impressa. Esses têm ódio a todos os jornais, não os lêem ou irritam-se contra tudo o que neles se contém, convencidos de que neles só se encontram mentiras e mais mentiras. É difícil manobrar com esses homens, porque para eles a própria verdade é sempre vista com desconfiança. E uma classe com que não se (leve contar para qualquer agitação eficiente.

O terceiro grupo é de todos o menor. Compõe-se dos espíritos de elite que, por naturais disposições intelectuais e pela educação, aprenderam a pensar com independência, que, sobre todos o assuntos, se esforçam por formar idéias próprias e que submetem todas as suas cuidadosas leituras a um em cursiva pessoal para daí tirar conseqüências. Esses não lerão nenhum jornal sem que as idéias recebidas passem por um crivo. A situação do editor não é nada fácil.

Para os que pertencem a esse terceiro grupo o erro que um jornal possa perpetrar oferece pouco perigo e é de muita significação. No decurso de sua vida eles se acostumaram a ver, com fundadas razões, em cada jornalista, um patife que, só por exceção, fala a verdade. Infelizmente, o valor desses tipos brilhantes jaz apenas na sua inteligência e não no número, o que constitui uma infelicidade em uma época em que a maioria e não a sabedoria vale tudo! Hoje que o voto das massas é decisivo, a última palavra cabe ao grupo mais numeroso, quase constitui da grande multidão dos simples e crédulos. É um interesses essencial do Estado e da nação evitar que o povo caia nas mãos de maus educadores, ignorantes e mal intencionados. É, por isso, dever do Governo velar pela educação do povo e impedir que o mesmo tome orientação errada, fiscalizando a atuação da imprensa em particular, pois a sua influência sobre o espírito público é a mais forte e a mais penetrante de todas, desde que a sua ação não é transitória mas contínua. Sua imensa importância está no fato da uniforme e persistente repetição da sua propaganda.

Aqui, mais do que em qualquer setor, é dever do Estado não esquecer que a sua atitude, qualquer que ela seja, deve conduzir a um fim único e não deve ser desviada pelo fantasma da chamada liberdade de imprensa", desprezando assim os seus deveres com prejuízo do alimento de que a nação precisa para a conservação de sua saúde.

O Estado deve controlar esse instrumento de educação popular com vontade firme e pô-lo ao serviço do Governo e da nação.

Que sorte de alimento intelectual a imprensa alemã ofereceu ao povo antes da Guerra? Não foi, porventura, o mais perigoso veneno que se poderia imaginar? Não se inoculou no coração do povo um pacifismo da pior espécie, justamente quando o mundo se preparava, lenta mas seguramente, para estrangular a Alemanha? Já em plena paz, não tinha essa imprensa instilado, gota a gota, no espírito do povo, a dúvida sobre os direitos da própria nação, com o fim de enfraquece la, desde o primeiro momento de sua defesa? Não foi a imprensa alemã, que fez o nosso povo interessar se- pela "democracia ocidental", até convencendo-o, por meio de frases bombásticas, que seu futuro poderia ser confiado a uma confederação? Não colaborou ela para educar o povo na amoralidade? Não foram a moral e os bons costumes ridicularizados pelos jornais como retrógrados e peculiares aos provincianos, até que o povos por fim, se tornou "moderno" Os alicerces da autoridade do Estado não foram por eles constantemente minados até chegar ao ponto de um simples empurrão poder provocar a ruína do edifício? Não se opuseram eles por todos os meios a que se desse ao Estado o que ao Estado era devido? Não foram eles que desacreditaram o exército, que pregaram contra o serviço militar, contra a concessão de créditos para o exército, até tornar o êxito militar impossível?

O que a chamada imprensa liberal fez antes da Guerra foi cavar um túmulo para a nação alemã e para o Reich. Não precisamos dizer nada sobre os mentirosos jornais marxistas. Para eles o mentir é tão necessário como para os gatos o miar.

Seu único objetivo é quebrar as forças de resistência da nação, preparando-a para a escravidão do capitalismo internacional e dos seus senhores, os judeus.

Que fez o Governo para resistir a esse envenenamento em massa do povo alemão? Nada, absolutamente nada! Alguns fracos decretos, algumas multas por ofensas tão graves que não podiam ser desprezadas, e nada mais!

Esperava-se conquistar as simpatias desses pestilentos através de lisonjas, do reconhecimento do "valor" da imprensa, de sua "significação", da sua "missão educadora" e outras imbecilidades. Os judeus, porém, recebiam essas demonstrações com um sorriso de raposa e retribuíam com um astucioso agradecimento.

A razão para essa ignominiosa renúncia do Governo não estava no desconhecimento do perigo, mas em uma covardia que gritava aos céus e na indecisão que, em conseqüência disso, caracterizava todas as resoluções tomadas. Ninguém tinha a coragem de 'empregar meios radicais, ao contrário disso, todos porfiavam em prescrever receitas homeopáticas e, em vez de dar-se um golpe certeiro na víbora, aumentava-se a sua capacidade de envenenar. O resultado é que não só tudo ficou pior do que dantes como a instituição que se deveria combater tomou cada dia maior vulto.

A campanha de defesa iniciada, outrora, pelo Governo, contra a imprensa, controlada, na sua maioria, por judeus, e que estava lentamente corrompendo a nação, não obedeceu a um plano definido e decisivo ou, pelo menos, não teve nenhum objetivo visível.

A conduta dos representantes do Governo falhou ao objetivo, tanto no modo de avaliar a importância do combate como. na escolha dos métodos e no estabelecimento de um plano definido. Agia-se à-toa. De quando em vez, quando gravemente ofendidos, eles punham no xadrez algumas víboras jornalísticas por algumas semanas, ou mesmo meses, mas deixavam sempre o seu ninho em paz.

Tudo isso era a conseqüência, por um lado, da tática astuciosa dos judeus e, por outro, da conselheira estupidez ou da ingenuidade do mundo oficial.

O judeu era esperto bastante para não consentir que toda a sua imprensa fosse, ao mesmo tempo, manietada. Uma parte da mesma estava sempre livre para acobertar a outra. Enquanto os jornais marxistas, da maneira mais baixa, combatiam o que de mais sagrado poderia parecer aos homens, investiam, pelos processos mais infames, contra o Governo e açulavam grandes setores da população uns contra os outros, as folhas democrático-burguesas dos judeus davam a aparência da mais notável preocupação com esses fatos, concentravam todas as suas forças, sabendo exatamente que os imbecis só sabem julgar pelas aparências, e jamais são capazes de penetrar no âmago das coisas. É a essa fraqueza humana que os judeus devem a consideração em que são tidos.

Para esses leitores o Frankfurter Zeitung é o que há de mais respeitável. Nunca usa expressões ásperas, nunca fez apologia da força bruta e apela sempre para a luta com as armas da inteligência o que, - é curioso constatar - agrada sobretudo às classes menos intelectuais Isso é uma conseqüência da nossa indecisão, que divorcia o homem das suas inclinações naturais que lhe inocula umas determinadas idéias que não podem conduzi-lo a noções posteriores porque a diligência e a boa vontade, por si só, de nada servem, tornando-se necessária a inteligência trazida do berço. Essas noções a que me refiro têm sempre a sua explicação em causas intuitivas. Isso quer dizer que o homem não deve nunca cair no erro de acreditar que surgiu para ser o senhor da natureza - concepção que o regime da meia educação tanto facilita mas, ao contrário, deve compreender a necessidade fundamental do poder da Natureza e também que a sua própria existência está dependente das leis da eterna luta natural. Sentiremos então, que, em um mundo em que planetas e sois andam à roda, no qual a força sempre domina a fraqueza e submete-se à escravidão ou elimina-a, não podem existir outras leis para os homens Podemos tentar compreende-las mas nunca delas nos libertarmos.

É justamente para os filósofos semi-intelectuais que o judeu escreve na sua chamada "imprensa intelectual", o tom do Frankfurter Zeitung e do Berliner Tageblatt é mantido com a intenção de agradar a essa classe, justamente a mais influenciada por esses jornais. Ao passo que, com o máximo cuidado, evitam toda grosseria de linguagem recorrem a outros processos para envenenar o espírito público, Por meio de uma amálgama de frases agradáveis eles enganam seus leitores, incutindo-lhes lhes a crença de que a ciência pura e a verdadeira moral são as forças propulsoras de suas ações, ao passo que na realidade Isso não passa de um inteligente artifício para roubarem uma arma que seus adversários poderiam usar contra a imprensa. Enquanto uns, por decência, sentem-se enojados tanto mais acreditam os imbecis que se trata de ataques temporários que nunca chegarão a ferir de morte a "liberdade de imprensa" como se costuma denominar o abuso desse instrumento de ludíbrio e de envenenamento do povo, ao abrigo de quaisquer punições.

Por isso, todos têm evitado proceder contra esse banditismo, com receio de ter contra si a imprensa "independente", receio aliás muito fundamentado. Logo que se tenta agir contra um desses vergonhosos jornais, todos os outros do partido se aproveitam, não para aprovar - o que seria demais - as lutas do jornal em questão, mas em nome do princípio da liberdade de imprensa, da liberdade de pensamento Só se batem pela liberdade de imprensa! Ao som desse clamor, os homens mais fortes sentem-se fracos, desde que a gritaria parte das folhas "independentes".

Por esse processo pôde esse veneno penetrar e circular livremente no sangue do povo e produzir os seus efeitos, sem que o Estado se sentisse com força bastante para combater essa moléstia. Nas irrisórias meias medidas empregadas pelo Estado já se poderiam ver os sinais ameaçadores da queda do Império, pois uma instituição que não mais está resolvida a defender-se com todas as armas renuncia à sua própria existência Toda indecisão é um visível sinal da ruína interna que deve ser seguida, mais cedo ou mais tarde, do colapso externo.

Penso que a geração atual se bem dirigida, evitará mais facilmente esse perigo. Ela passou por várias experiências capazes de enrijar os nervos de quem quer que não tenha perdido a noção da sua força.

Um dia virá em que o judeu gritará bem alto nos seus jornais, quando sentirem que uma mão forte está disposta a pôr fim a esse vergonhoso uso da imprensa, pondo esse instrumento de educação a serviço do Estado, retirando-o das mãos de estrangeiros e inimigos da nação. Acredito que essa empresa, para nós jovens, será menos incômoda do que o foi aos nossos pais. Uma granada de trinta centímetros fala mais alto do que mil víboras da imprensa judaica. Deixai que elas gritem.

Outro exemplo de indecisão e fraqueza da direção oficial nas questões de interesse vital da nação consiste no seguinte. Ao mesmo tempo que se processava uma contaminação moral e política, verificava-se, de há muito, um envenenamento não menos horrível, do povo, do ponto de vista de sua saúde. Sobretudo nas grandes cidades, a sífilis grassava de maneira impressionante. Por seu lado, a tuberculose mantinha a sua colheita normal em todo o país. Apesar de que, em ambos os casos, as conseqüências para a nação fossem horríveis ninguém tinha coragem de tomar medidas decisivas.

Especialmente a respeito das devastações da sífilis, é patente a capitulação do povo e do Governo. Em uma luta séria dever-se-ia recorrer a processos mais radicais do que àqueles de que se lançou mão. A descoberta de um recurso para o problema em questão, assim como contra a exploração comercial de uma tal epidemia, só poucas vantagens poderia apresentar. Dever-se-ia cogitar somente das causas dessa calamidade e não em fazer desaparecerem os sintomas externos.

A causa primária estava, porém, na prostituição do amor.

Mesmo que essa prostituição não tivesse por conseqüência a terrível epidemia que devastava a nação, ela, só por seus efeitos morais, seria bastante para levar um povo à ruína.

Esse envenenamento da alma do povo pelos judeus, essa mercantilização das relações entre os dois sexos haviam, mais cedo ou mais tarde, de prejudicar as novas gerações, desde que, em lugar de crianças nascidas de um instinto natural apareciam apenas lamentáveis produtos de um espírito Inteiramente comercial. Os interesses materiais eram, cada vez mais, o fundamento único dos casamentos. O amor tinha que tirar a sua revanche em outros setores.

Durante algum tempo, talvez fosse possível zombar da natureza, mas a reação não tardaria; ela far-se-ia reconhecer mais tarde ou seria vista pelos homens demasiadamente tarde. As conseqüências desastradas do desprezo das leis naturais no que diz respeito ao casamento são visíveis no mundo aristocrático. Nesse setor as mães só obedeciam a imposições sociais ou a interesses financeiros. No primeiro caso, a conseqüência era o enfraquecimento da raça; no segundo, tratava-se de um envenenamento do sangue nacional, uma vez que toda filha de pequeno comerciante judeu se julgava com direito a suprir a descendência de Sua Alteza. Em ambas as hipóteses a mais completa degenerescência era o resultado desse estado de coisas.

A burguesia atual esforça-se por seguir o mesmo caminho e chegará aos mesmos resultados.

Com idêntica pressa procura-se passar sobre as verdades desagradáveis como se, com essa maneira de agir, se pudesse evitar que os fatos acontecessem. Não! Não se pode negar, por demasiado evidente, a triste realidade de que o povo das nossas grandes cidades cada vez mais se prostitui e, justamente por isso, aumentam as devastações da sífilis. As conseqüências dessa epidemia geral podem' ser examinadas nos hospícios e Infelizmente também nas crianças. Sobretudo estas são o mais triste resultado do constante e progressivo infeccionamento da nossa vida sexual. Nas doenças das crianças são evidentes as taras dos pais.

Há vários meios da gente desinteressar-se ante essa desagradável e horrível realidade. Uns nada vêem ou, melhor, não querem ver. Essa é a atitude mais simples e mais cômoda. Outros se envolvem no manto de um pudor irrisório e mentiroso, falam do assunto como se se tratasse apenas de um grande pecado e manifestam, diante de cada pecador pegado em flagrante a sua mais profunda cólera, para depois, tomados de nojo, fecharem os olhos à maldita epidemia e pedirem a Deus, para, depois da morte deles, se possível, enviar uma chuva de enxofre e fogo sobre essa Sodoma e Gomorra, para edificante exemplo a essa despudorada humanidade. Os terceiros leitores vêem muito bem as tétricas conseqüências que essa peste um dia provocará, mas encolhem os ombros e passam, convencidos de que nada podem fazer contra o perigo. Assim deixam-se as coisas seguirem seu curso natural.

Isto é muito cômodo, mas é preciso que ninguém se esqueça de que esse comodismo custará o sacrifício da nação. A desculpa de que as outras nações não estão em situação melhor em nada modificará a triste realidade da nossa própria ruína, salvo se o fato de a mesma infelicidade recair sobre os outros constituísse um alívio para as nossas próprias dores.

O problema deve, porém, ser posto nos seguintes termos: Quais são os povos que serão por ela arrastados à ruína?

Trata-se de uma prova a que são submetidas as raças. Aquelas que não resistirem à prova parecerão e serão substituídas pelas mais sadias, mais resistentes, mais capazes de reação.

Como esse problema "interessa", em primeiro lugar, às novas gerações, pertence à categoria dos em que com muita razão se diz que os pecados dos pais se refletem até sobre a décima geração, verdade essa que se traduz em um atentado contra a pureza do sangue e da raça.

O pecado contra o sangue e a raça é o pecado original deste mundo e o fim da humanidade que o comete.

Em que situação deplorável se encontrava a Alemanha de antes da Guerra em relação a esse problema!

Que se fez para impedir a contaminação da juventude das grandes cidades? Que se fez para combater as devastações da sífilis sobre o corpo do povo?

A resposta a essas perguntas era a afirmação de que se tratava de uma fatalidade inevitável.

Antes de tudo, trata-se de um problema que não deve ser encarado tão levianamente. É preciso que se compreenda que da sua solução de. pende a felicidade ou infelicidade de gerações inteiras e que dele pode depender decisivamente, embora não o devesse, o futuro do nosso povo. Essa compreensão do problema obrigava, porém, a medidas radicais, e a uma intervenção decidida e firme.

Em primeiro lugar, seria necessário que todos se convencessem de que a atenção de todo o povo se deveria concentrar nesse terrível perigo, de modo que todos os indivíduos, pudessem se compenetrar da importância dessa luta. Só se pode transformar em realidade certos deveres, principalmente aqueles cuja realização demanda sacrifício, quando os indivíduos, sem nenhuma coação, se convencem da necessidade de cumpri-los. Para isso é preciso uma enorme propaganda que faça passar para um plano 'secundário todos os outros problemas - do dia.

Em todos os casos em que se trata da solução de pretensões, de problemas aparentemente impossíveis, deve-se concentrar toda a atenção do povo sobre esse problema como se de sua resolução dependesse a existência coletiva. Só por esse meio se pode tornar um povo conscientemente capaz de um grande esforço. Esse princípio também se aplica aos indivíduos tomados isoladamente, sempre que se trata da realização de grandes objetivos. O indivíduo só poderá atingir o fim visado, por etapas graduais, só concentrará todos os seus esforços para alcançar um objetivo determinado, depois que a primeira etapa parecer alcançada e o plano para a nova estiver traçado. Quem não adotar essa divisão, em etapas, do caminho a percorrer, quem não se esforçar por esse plano de concentração de todas as forças a vencer, etapa por etapa, não poderá nunca atingir o objetivo, ficará ao contrário, no meio do caminho, talvez até no desvio.

Esses preparativos para a consecução de uma determinada finalidade constituem uma verdadeira arte e exigem o em prego de todas as energias disponíveis para que se possa, passo a . passo, chegar ao fim. A primeira condição que se torna necessária para o povo vencer as diferentes etapas é que a direção consiga convencer a massa do povo que a próxima etapa a ser alcançada é a última e que, de sua conquista, tudo depende. O povo nunca vê em toda sua extensão, o caminho a percorrer, sem cansar-se e hesitar na sua tarefa. Até certo ponto ele verá a meta a ser atingida, mas só poderá abranger com a vista pequenas etapas, tal qual o viandante que sabe qual é o fim da sua jornada mas vence melhor o caminho sem fim, se dividi-lo em trechos e procurar vencê-los, como se cada um fosse o fim da jornada. Só assim, ele caminha sempre para a frente, sem desanimo.

Assim se deveria, pelo emprego de todos os meios de propaganda, ter convencido a nação de que o combate contra a sífilis era o problema máximo do povo e não um dos seus problemas. Para alcançar esse fim, dever-se-ia convencer o povo de que todos os seus males resultaram dessa horrível infelicidade e, pelo emprego de todos os meios possíveis, martelar essa idéia na cabeça de todos, até que toda a nação chegasse a compreender que da solução desse problema tudo depende, o futuro da Pátria ou a sua ruína.

Só depois de uma tal preparação, mesmo que durasse anos, poder-se-ia despertar a atenção do povo inteiro e impeli-lo a decisões firmes. Só assim se poderia tomar medidas que exigiriam grandes sacrifícios, sem correr o perigo de não ser compreendido e ser abandonado pela boa vontade da nação.

Para combater uma peste seriamente são necessários inauditos sacrifícios e esforços. A campanha contra a sífilis exige uma campanha idêntica contra a prostituição, contra preconceitos, contra velhos hábitos, contra idéias ainda em voga, pontos de vista e, por fim, contra o pudor artificial de certos meios sociais.

A primeira hipótese, aliás por motivos morais, para combater a sífilis consiste em facilitar os casamentos dos jovens, nas futuras gerações. Nos casamentos tardios está uma das causas da conservação de um estado de coisas que, por mais que se queira torcer, é e será sempre uma vergonha para a humanidade, e que deve ser visto como uma maldição para criaturas que, modestamente, se julgam feitas à imagem do Criador.

A prostituição é uma vergonha para a humanidade, que não pode, porém, ser removida com preleções morais, piedosos sentimentos, etc. A sua diminuição e a sua extinção completa pressupõem a remoção de um número infinito de condições preliminares. A primeira condição, porém, é a criação de um ambiente de facilidades ao casamento dos jovens, o que aliás corresponde a uma exigência da natureza. Referimo-nos sobretudo aos homens, pois nesses assuntos a mulher é sempre passiva.

Como os homens de hoje, em parte se acham desviados, pode-se ver no fato de, freqüentemente, as mães, na chamada "melhor" sociedade, darem graças a Deus encontrarem no filho um homem que já se iniciou". Como essa é a hipótese mais freqüente, as pobres raparigas encontrarão um Siegfried "iniciado" e as crianças sofrerão os efeitos desses "ajuizados casamentos".

Se refletirmos que uma grande diminuição da procriação é conseqüência desse estado de coisas e que disso está dependente a seleção natural que só pode ter como resultado criaturas infelizes, então é lícito que nos façamos esta pergunta: Por que manter uma tal instituição? Que objetivo preenche ela? Não é ela, porventura, igual à própria prostituição? O dever para com a posteridade não existe mais? Não se compreende que praga se reserva a futuras gerações através de uma tão criminosa e leviana aplicação de um direito natural que é também o maior dever para com a Natureza?

Assim se degeneram os grandes povos e gradualmente são arrastados à ruína.

O casamento não deve ser uma finalidade em si, mas ao contrário, deve servir à multiplicação e conservação da espécie e da raça, Esse é o seu significado, essa é a sua finalidade.

Assim sendo, a sua razão de ser deve ser medida pela maneira por que é alcançado esse objetivo. Os casamentos entre jovens se justificam ao primeiro exame, porque podem dar produtos mais sadios e mais resistentes. Para facilitar essas uniões tornam-se imprescindíveis várias condições sociais, sem as quais impossível é contar com casamentos entre jovens. A solução desse problema, aparentemente tão fácil, não se encontrará sem medidas decisivas sob o ponto de vista social.

A importância desse problema ressalta do fato de vivermos em um tempo em que a chamada República "Social", demonstrando a sua incapacidade para resolver o problema das habitações, tornou impossíveis inúmeros casamentos e incrementou, por esse meio, a prostituição.

À irracionalidade da nossa maneira de dividir os salários, sem nenhuma atenção ao problema da família e seu sustento, deve-se o fato de muitos casamentos não se realizarem.

Só se pode tentar uma verdadeira guerra contra a prostituição se, por uma modificação radical nas atuais condições sociais, se facilitarem as uniões entre jovens, mais do que acontece atualmente. Essa é a primeira condição para que o problema da prostituição possa ser resolvido.

Em segundo lugar, a educação e a instrução terão que eliminar uma porção de erros com os quais até hoje ninguém se preocupou. Antes de tudo é preciso pôr no mesmo plano a educação intelectual propriamente dita e a educação física! O que hoje se conhece pelo nome de Ginásio é um arremedo do modelo grego. Com os nossos processos educacionais, tem-se a impressão de que todos se esqueceram de que um espírito sadio só pode existir em um corpo são. Essa verdade é tanto mais ponderável quando se aplica à grande massa do povo, pondo- se de parte exceções individuais.

Tempo houve, na Alemanha de antes da Guerra, em que ninguém se preocupava com essa verdade. Pecava-se abertamente contra a saúde do corpo e pensava-se que, na formação intelectual, estava uma garantia da prosperidade da nação, Esse erro começou a fazer sentir as suas conseqüências mais depressa do que se esperava.

Não foi por obra do acaso que a onda bolchevista encontrou meio mais favorável justamente entre as populações que mais haviam sofrido fome ou alimentação insuficiente, isto é, a Alemanha central, a Saxônia e o Ruhr. Nessas regiões quase não se nota a resistência, da parte dos chamados "intelectuais", contra essa epidemia judaica, e isso menos em conseqüência da miséria do que em conseqüência da educação. A maneira unilateral de encarar a educação nas camadas elevadas da sociedade, justamente nesta época em que é o punho que decide e não o espírito, torna-as incapazes de manterem as suas posições e ainda menos de vencerem. .Na fraqueza física está a razão principal da covardia dos indivíduos.

O valor excessivo dado à cultura intelectual pura e a negligência em relação à formação física dão origem, antes de tempo, às solicitações sexuais. O jovem que se fortalece nos desportos e nos exercícios de ginástica está menos sujeito a capitular ante a satisfação dos seus instintos do que aquele que vive, sedentariamente, no gabinete de estudo.

Uma educação racional terá que tomar em consideração esse aspecto do problema. Essa educação não deve perder de vista que se deve esperar da mulher um rebento mais sadio do que os que atualmente já nascem contaminados.

O conjunto da educação deveria ser organizado de maneira que todo o tempo disponível da mocidade fosse empregado na sua cultura física. Nos tempos que correm, a mocidade não tem o direito de errar pelas ruas e cinemas, fazendo distúrbios, cumpre-lhe, depois da faina diária, exercitar-se fisicamente para, quando entrar na vida, apresentar a resistência necessária. Prepará-la para isso deve ser o objetivo da educação e não simples aquisição da chamada cultura intelectual. Devemo-nos livrar da noção de que a cultura física compete ao próprio indivíduo. Ninguém tem liberdade de errar à custa da posteridade, isto é, da raça.

A luta contra o envenenamento da alma deve-se desenvolver ao lado da cultura física. Hoje toda a nossa vida em público é uma espécie de estufa para o cultivo de idéias e atrações sexuais. Olhem-se os programas de cinemas, das casas de diversões, dos teatros de variedades e ver-se-á que aquelas idéias parecem ser vistas como o alimento apropriado, especialmente para a educação da mocidade. Casas e quiosques de propaganda coligam-se para atrair a atenção pública pelos mais baixos expedientes. Quem quer que não tenha perdido a capacidade de penetrar na. alma dos jovens, logo compreenderá que essa educação só pode resultar em graves prejuízos para a mocidade.

Esse ambiente é causa de imagens e excitações sexuais em um momento em que os jovens não têm nenhuma idéia de tais coisas. O resultado desse processo de educação não pode ser visto de maneira satisfatória na mocidade de hoje. Os jovens amadurecem depressa demais e envelhecem antes do tempo. Nas saías das nossas cortes de justiça aparecem freqüentemente casos que permitem fazer-se uma idéia do horrível estalo de espírito dos nossos jovens de quatorze e quinze anos. Quem se poderá admirar de que, já nessa idade, a sífilis faça as suas vítimas? Não é uma lástima verem-se tantos jovens, fisicamente fracos e espiritualmente corrompidos, ingressarem na vida de casados, depois de um estágio na prostituição das grandes cidades?

Quem quiser combater a prostituição, deve, em primeiro lugar, auxiliar a combater as razões espirituais em que ela se funda.

Deve, primeiro, livrar-se do lixo da intelectualidade das grandes cidades e isso sem vacilações ante a gritaria que, naturalmente, se verificará. Se não livrarmos a mocidade do charco que atualmente a ameaça, ela nele afundará. Quem não quiser se aperceber dessa situação, estará concorrendo para apoiá-la, transformando-se em co- autor da lenta prostituição das futuras gerações.

O teatro, a arte, a literatura, o cinema, a imprensa, os anúncios, as vitrines, devem ser empregados em limpar a nação da podridão existente e pôr-se a serviço da moral e da cultura oficiais.

E, em tudo isso, o objetivo único deve ser a conservação da saúde do povo, tanto do ponto de vista físico como do intelectual. A liberdade individual deve ceder o lugar à conservação da raça.

Só depois de executadas essas medidas, pode-se ter sólidas esperanças de êxito na campanha profilática contra a epidemia. Nessa luta também não se deve recorrer a meias medidas mas, ao contrário, devem ser tomadas resoluções sérias e decisivas.

É deplorável que se consinta que indivíduos que sofrem de moléstias incuráveis continuem a contaminar as pessoas sadias. Isso corresponde a um sentimento de humanidade do qual decorre o seguinte - para não fazer mal a um arruinam-se centenas. Tornar impossível que indivíduos doentes procriem outros mais doentes é uma exigência que deve ser posta em prática de uma maneira metódica, pois se trata da mais humana das medidas. Ela poupará a milhões de infelizes desgraças que não mereceram e terá como conseqüência a elevação do nível da saúde do povo. A firme resolução de enveredar por esse caminho oporá também um dique às moléstias venéreas. Nesse assunto, quando necessário, deve- se proceder, sem compaixões, no sentido do isolamento dos doentes incuráveis. Essa medida é bárbara para os infelizes portadores dessas moléstias mas é a salvação dos coevos e pósteros. O sofrimento imposto a um século livrará a humanidade de sofrimentos idênticos por milhares de anos.

A luta contra a sífilis e sua companheira inseparável - a prostituição - é uma das mais importantes missões da humanidade,- sobretudo porque não se trata, no caso, da solução de um só problema mas da remoção de uma série de males que dão causa a essa pestilência. A doença - física, no caso em questão, é apenas a conseqüência da doença do instinto social, moral e racial.

Se essa luta for dirigida por processos cômodos e covardes, dentro de quinhentos anos os povos desaparecerão. Não mais se poderá ver no homem a imagem de Deus, sem grave ofensa a esse.

Como se cuidou, na antiga Alemanha, de livrar o povo dessa calamidade? Por um exame sereno chegar-se-á a uma triste conclusão. Nos círculos governamentais conheciam-se muito bem todos os males decorrentes dessa moléstia, se bem que não se refletisse sobre todas as suas conseqüências. Na luta, porém, o fracasso foi completo porque, em vez de medidas radicais, tomaram-se medidas deploráveis. Doutrinava-se sobre a moléstia e deixava-se que as suas causas continuassem a produzir os mesmos efeitos. Submetia-se a prostituta a um exame médico, inspecionava-se a mesma como se podia e, no caso de se constatar uma moléstia, internava-se a doente em um lazareto qualquer, do qual saía depois de uma cura aparente para de novo infeccionar o resto da humanidade.

É verdade que na lei havia um "parágrafo de defesa" pelo qual se proibia o tráfego sexual a quem não fosse inteiramente sadio ou não estivesse curado. Em teoria essa medida é justa mas na sua aplicação prática o fracasso é completo.

Em primeiro lugar, a mulher, quando atingida por essa infelicidade, em virtude dos nossos preconceitos e dos seus próprios, na maioria dos casos evitará servir de testemunha contra o que furtou a sua saúde e comparecer perante os juizes, muitas vezes em condições dolorosas.

De pouca utilidade é esse processo, mesmo porque, na maioria dos casos, ela é que sofrerá mais, pois será ainda mais desprezada por aqueles com quem convive, o que não aconteceria com o homem.

Fez-se, porventura, a hipótese de ser o próprio marido portador da moléstia?

A mulher, nesse caso, deveria queixar-se? Que deveria ela fazer?

Quanto ao homem deve-se acrescentar que infelizmente é muito comum que, justamente depois das libações alcoólicas, é que ele corre atrás dessa peste, o que o coloca em situação de não poder julgar das qualidades de suas "belas"! As prostitutas doentes sabem muito bem disso, o que faz com que prefiram pescar os homens nesse estado. O resultado é que por mais que dê trato à bola, ele não conseguirá lembrar-se da benfeitora que lhe proporcionou a desagradável surpresa da contaminação. Isso não é de admirar em uma cidade como Berlim ou mesmo Munique. A isso se acrescente o caso de um provinciano completamente desnorteado no meio da vida alegre das grandes cidades.

Além disso, quem sabe exatamente se está doente ou não? Não se verificam inúmeros casos em que uma pessoa aparentemente curada, recai e causa desgraças horríveis, na perfeita ignorância da realidade?

Assim, a eficiência prática dessa defesa, através da punição legal de um contágio culposo, é absolutamente nula.

O mesmo acontece com a inspeção médica das prostitutas. A própria cura é hoje uma coisa incerta, duvidosa. Só uma coisa é certa - apesar de todas as medidas, a calamidade torna-se cada vez mais devastadora, o que confirma, da maneira mais impressionante, a insuficiência das providências adotadas.

Tudo o que se fez foi, ao mesmo tempo, insuficiente e irrisório. A corrupção do povo não foi evitada. Aliás nada se tentou de sério nesse sentido.

Quem estiver propenso a encarar levianamente esse problema, deve estudar os dados estatísticos sobre o progresso dessa peste, refletir sobre o seu futuro desenvolvimento. Se, depois disso, não se sentir revoltado pode dar a si, com toda justiça, o qualificativo de asno.

A fraqueza e a indecisão com que, já na antiga Alemanha, se encarava essa grave questão, devem ser vistas como sintoma da decadência de um povo. Quando já não há força para o combate pela saúde de um povo, esse povo não tem mais direito à vida em um mundo de lutas como o nosso. O mundo pertence aos fortes, aos decididos, e não aos tímidos.

Um dos mais visíveis sintomas da decadência do antigo Império era, incontestavelmente, a lenta diminuição da cultura geral. Sob essa denominação não se deve incluir o que hoje se chama "civilização". Ao contrário, a civilização atual parece significar uma inimiga da verdadeira noção do que seja a elevação moral do espírito de um povo.

Já por ocasião da entrada deste século, começou a infiltrar-se, em nossa arte um elemento que lhe era absolutamente estranho e desconhecidos Incontestável é que, também em outros tempos, sempre se notaram desvirtuamentos do bom gosto. Em tais casos, tratava-se, porém, de deslizes artísticos, aos quais a posteridade poderia dar um certo valor histórico, como prova não já de uma depravação artística mas de um desvio intelectual que chegara até à falta de espírito. Nisso já se podiam vislumbrar sintomas da ruína futura.

O bolchevismo da arte é a única forma cultural possível da exteriorização do marxismo.

Quando essa coisa estranha aparece, a arte dos Estados bolcheviquizados só pode contar com produtos doentios de loucos ou degenerados, que desde o século passado, conhecemos sob a forma de dadaismo e cubismo, como a arte oficialmente reconhecida e admirada. No curto período dos "Conselhos" da República bávara, essa espécie de arte já havia aparecido. Já por aí se poderia constatar como os placards oficiais, os anúncios dos jornais, etc. traziam em si o sinete não só da ruína política como da decadência cultural. Assim como não se podia, há dezesseis anos, pensar em um colapso da política do império em face da grandeza que havíamos atingido, muito menos se poderia pensar em uma decadência cultural pelas demonstrações futurísticas e cubísticas que começaram a aparecer desde 1900. Há dezesseis anos uma exposição de produções ."dadaísticas" teria parecido impossível e os expositores teriam sido levados ao hospício, ao passo que hoje são guindados à presidência das associações artísticas.

Essa epidemia não poderia ter vencido outrora, não só porque a opinião pública não a toleraria como porque o Governo não a veria com indiferença. É um dever dos dirigentes proibir que o povo caia sob a influência de tais loucuras. Um tão deplorável estado de coisas deveria um dia receber um golpe fatal, decisivo. Justamente no dia em que essa espécie de arte correspondesse ao gosto geral, ter- se-ia iniciado uma das mais graves metamorfoses da humanidade. A retrogradação do espírito humano teria começado e mal se poderia prever o fim de tudo isso.

Logo que se verificou, nessa direção, a evolução de uma vida cultural, que se vem realizando, há uns vinte e cinco anos, dever-se-ia ver com espanto como já estávamos adiantados nesse processo de involução. Sob todos os aspectos, estamos em uma situação em que viceja o germe que, mais cedo ou mais tarde, há de arruinar a nossa cultura. Nesses sintomas devemos ver também os sinais evidentes de uma lenta decadência do mundo. Infelizes os povos que já não podem dominar essa epidemia!

Essa calamidade poderia ser facilmente constatada em quase todas as manifestações artísticas' e intelectuais da Alemanha. Tudo fazia crer ter a mesma atingido o auge para provocar a precipitação no abismo.

O teatro decaía cada vez mais e poderia ser considerado como um fator desprezível na cultura do povo se o teatro da corte não resistisse contra a prostituição da arte. Pondo de parte essa e outras gloriosas exceções, as representações teatrais, por conveniência da nação, deveriam ser proibidas. Era um triste indício da ruína do povo que não se pudesse mais mandar a mocidade a essas chamadas "casas de arte", onde se representavam coisas despudoradas com o aviso prévio - impróprio para menores.

E pensar-se que essas medidas de precaução eram julgadas necessárias justamente nos lugares que deveriam ser os primeiros a fornecer o material para a formação da juventude e - não para o divertimento dos velhos blasés! Que diriam os grandes dramaturgos de todos os tempos ao saberem dessas precauções e sobretudo das causas que a tornavam necessárias? Imagine-se a indignação de Schiller! Goethe! ficariam furiosos ante esse espetáculo!

Mas, na realidade, que são Goethe, Schiller ou Shakespeare em comparação com os heróis da nova poesia alemã? Gastas e obsoletas coisas de um passado que não podia mais sobreviver! A característica desses literatos é que eles não só produzem somente sujeira mas, pior do que isso, lançam lama sobre tudo o que é realmente grande - no passado.

Esse sintoma se verifica sempre nesses tempos de decadência. Quanto mais baixas e desprezíveis forem as produções intelectuais de um determinado tempo e os seus autores, tanto mais odeiam esses os representantes de uma grandeza passada. Em tais tempos, procura-se apagar a lembrança do passado da humanidade para, em face da impossibilidade de qualquer paralelo, esses literatos de fancaria poderem mais facilmente impingir as suas produções como "obras de arte. Por isso, toda instituição nova, quanto mais miserável e desprezível ela for, tanto mais se esforçará por lançar uma esponja sobre o passado, ao passo que toda renovação de verdadeira significação para a humanidade, sem preocupações subalternas, procura fazer ligação com as conquistas das gerações passadas e mesmo pô-las em relevo. Essas renovações bem intencionadas nada têm a temer em um confronto com o passado, mas, ao contrário, retiram uma tão valiosa contribuição do tesouro geral da cultura humana que, muitas vezes, para sua completa apreciação, se desvelam os seus promotores em ressaltar os esforços dos que vieram antes, a fim de conseguirem para as suas iniciativas uma compreensão mais exata por parte dos contemporâneos. Quem nada tem de valioso a oferecer ao mundo, mas, ao contrário, se esforça por que este lhe ofereça coisas que só Deus sabe, odiará tudo o que já se fez no passado e será sempre propenso a tudo negar, a tudo destruir.

Isso se verifica não somente nas novas produções da cultura geral como na política. Os novos movimentos revolucionários odiarão os antigos modelos quanto menor for a sua própria significação. Nesse terreno, constata-se, da mesma maneira que na vida intelectual e artística, a preocupação de dar vulto às obras de fancaria, o que conduz a um ódio cego contra tudo quanto de bom se fez no passado.

Enquanto, por exemplo, a lembrança histórica da vida de Frederico o Grande não tiver desaparecido, Frederico Ebert só poderá provocar uma admiração muito relativa. O grande homem de Sans Souci aparece junto ao antigo taberneiro de Bremen como o sol perante a lua; somente quando os raios do sol desaparecem é que a lua pode brilhar E, por isso, também muito natural o ódio dessas novas "luas" da humanidade contra as estrelas fixas.

Na vida política, essas nulidades, quando o acaso as leva às posições de mando, costumam, com maior fúria, não só enlamear o passado como evitar, por todos os meios, a crítica geral às suas pessoas. Um exemplo disso pode-se encontrar na lei de defesa do governo da nova república alemã.

Se qualquer nova idéia, nova doutrina, nova concepção do mundo ou qualquer movimento político ou econômico tenta negar o conjunto do passado, ou considerá-lo sem valor, a novidade, só por esse motivo, deve ser vista' com cautela e desconfiança- Na maior parte dos casos, a razão para esse ódio ao passado é a mediocridade ou a - má intenção. Um movimento renovador verdadeiramente salutar terá sempre que construir sobre bases que lhe forneça o passado, não precisando envergonhar-se de recorrer às verdades já existentes. O conjunto da cultura geral como a do próprio Indivíduo, não é mais do que o resultado de uma longa evolução em que cada geração concorre com a sua pedra e adapta-a à construção já iniciada. A finalidade e a razão de ser das revoluções não consistem em demolir o edifício inteiro, mas afastar as causas da. sua ruína, reconstruindo a parte ameaçada de demolição.

Somente assim se pode falar em progresso da humanidade. Sem isso, o mundo nunca sairia do caos, pois cada geração, tendo o direito de negar o passado, estabeleceria como condição para a sua própria tarefa a destruição do que houvesse sido feito pela geração anterior. O aspecto mais lamentável da nossa cultura geral, antes da Guerra, não era somente a absoluta impotência da força criadora artística e intelectual, mas também o ódio com que se procurava enlamear a lembrança das grandezas passadas ou negá-las absolutamente.

Quase em todos os domínios da arte, sobretudo no teatro e na literatura, desde o fim do século, os autores se preocupavam menos em produzir alguma coisa de valor real do que em denegrir o que havia de melhor no passado, apontando essas obras-primas como medíocres e passadistas, como se, nos tempos atuais, que se caracterizam pela mais vergonhosa- mediocridade, pudesse alguém lançar essa pecha sobre as grandes produções do passado.

As más intenções desses apóstolos do futuro tornam-se evidentes justamente pelo esforço que desenvolvem para ocultar o passado aos olhos do presente. Nisso se deveria ter visto desde logo que não se tratava, no caso, de uma nova, embora falsa, concepção cultural, mas de uma destruição sistemática dos fundamentos da cultura que tornasse possíveis a demolição dos sadios sentimentos artísticos e a conseqüente preparação intelectual para o bolchevismo político. Assim como o século de Péricles apareceu corporizado no Panteon, o bolchevismo atual é representado por uma caricatura cubista.

Pelo mesmo critério deve ser examinada a evidente covardia de nosso povo que, por força da sua educação e de sua própria posição, estava no dever de dar combate a essa vergonhosa orientação intelectual.

Por mero temor da gritaria dos apóstolos da arte bolchevista que atacavam a todos que não os consideravam como criadores, renunciava-se às mais sérias resistências e todos se conformavam com o que lhes parecia Inevitável. Tinha-se horror a resistir a esses incultos mentirosos e impostores, como se fosse uma vergonha não compreender as produções desses degenerados ou descarados embusteiros.

Esses jovens "intelectuais" possuíam um meio muito simples de imprimir as suas produções o cunho da mais alta importância. Eles apresentavam aos contemporâneos maravilhados todas as loucuras visíveis e as incompreensíveis como se constituíssem a vida íntima destes, retirando assim, de início, à maior parte dos indivíduos, qualquer possibilidade de réplica. Que essas loucuras representem de fato a vida interna não é de duvidar. Não se conclui daí, porém, que se deve pôr diante dos olhos de uma sociedade sadia as alucinações de doentes do espírito ou de criminosos. As obras de um Moritz von Schwind ou as de um Bocklin eram a descrição real da vida, mas da vida de artistas da maior elevação moral e não da existência de bufões. Nesse estado de coisas podia- se muito bem compreender a miserável covardia dos nossos chamados intelectuais que se encolhiam a cada resistência séria contra esse envenenamento intelectual e moral do nosso povo, que assim ficava entregue a si mesmo na luta contra esses impudentes erros. Para não revelar ignorância era matéria de arte comprava-se alho por bugalho até que, com o tempo, tornava- difícil distinguir as produções de valor real das obras de fancaria.

Tudo isso constituía um sintoma alarmante para o futuro.

Como sinal alarmante deve ser considerado também o fato de, já no século XIX, as nossas grandes cidades terem começado a perder cada vez mais o aspecto de cidades culturais para baixarem à situação de meras aglomerações humanas. A falta de apego dos proletários dos grandes centros ao lugar em que moram resulta do fato de ser vista a residência de cada um apenas como um domicílio provisório. Isso em parte é devido à situação social, que provoca tão constantes mudanças de domicilio, que os homens não têm tempo de se apegar à sua cidade. Mas as causas principais devem ser procuradas na pobreza da nossa cultura geral e na miséria atual dos grandes centros.

No tempo da guerra da independência as cidades alemãs eram não só em menor número mas mais modestas. As poucas grandes cidades existentes eram, na sua maior parte, a sede dos governos e, como tais, possuíam quase sempre um certo valor cultural e artístico. Os poucos lugares de mais de cinqüenta mil habitantes eram, em comparação com as cidades atuais do mesmo vulto, ricas em tesouros científicos e artísticos. Quando Munique contava setenta mil habitantes, já se preparava para tornar-se um dos primeiros centros artísticos da Alemanha. Hoje qualquer centro fabril já alcançou aquele número de habitantes e até mesmo ultrapassou de muito sem que, em muitos casos, possa apresentar qualquer valor próprio. Não passam esses lugares de mero aglomerado de casas de residências e de aluguel e nada mais, Que desse estado de coisas pudesse resultar um apego a tais lugares é quase impossível. Ninguém se apegará a uma cidade que nada mais oferece aos seus habitantes do que quaisquer outras, que deixa de satisfazer às exigências individuais e, na qual, criminosamente, se lhes nega tudo que tenha a aparência de obras de arte ou produtos culturais.

Não é só. Nas cidades verdadeiramente grandes, à proporção que a população aumentava, crescia também a pobreza artística. Elas ofereciam, em maiores proporções, o mesmo quadro dos centros fabris. O que os tempos atuais acrescentaram à cultura das nossas grandes cidades é de todo insuficiente. Todas as nossas grandes cidades vivem das glórias e dos tesouros do passado. Subtraia- se da atual Munique tudo o que foi criado por Luís I e constatar-se-á com espanto como é mesquinho o progresso de então para cá em criações artísticas de valor real. A mesma observação se poderá aplicar a Berlim e à maioria dos outros grandes centros.

O mais importante é o seguinte:

Nenhuma das nossas grandes cidades possui monumentos importantes que, de qualquer modo, valham como sinais característicos da época! As cidades antigas, quase todas, possuíam monumentos de que se orgulhavam. A característica dominante das cidades antigas não está em construções particulares mas em monumentos públicos que não são destinados para o momento mas para a eternidade, pois neles não se refletem as riquezas de um particular mas a grandeza da coletividade. Assim se originavam os monumentos públicos, cujo objetivo era fazer com que os habitantes se apegassem à cidade, os quais, hoje, parecem a nós quase incompreensíveis. O que se tinha em mente, naqueles tempos, era menos insignificantes casas particulares do que pomposos monumentos para a coletividade.

Ao lado desses monumentos, a casa de habitação tem uma importância muito secundária, só comparando as grandes proporções das antigas construções do Estado com as construções particulares do mesmo tempo poderemos compreender o elevado alcance do princípio que consistia em dar preferência às obras de caráter coletivo. As obras colossais que hoje admiramos nas ruínas do mundo antigo não são palácios comerciais, mas templos e edifícios públicos, obras que aproveitam a toda a coletividade. Mesmo em pleno fausto da Roma dos últimos tempos, ocupavam o primeiro lugar, não as vilas e palácios dos burgueses, mas os templos e as termas, os estádios, os circos, os aquedutos, as basílicas, etc.. todas construções do Estado e, por conseguinte, de todo o povo. Essa observação também se aplica à Alemanha da Idade Média, embora sob outro aspecto artístico. O que para a antigüidade representava a Acrópole ou o Panteon, representava, para a Idade Média, apenas a igreja gótica. Essas obras monumentais elevam-se como gigantes ao lado das mesquinhas construções de madeira ou de tijolo das cidades da Idade Média e constituem ainda hoje o sinal característico de uma época, pois cada vez mais estão em voga as casas de aluguel. Catedrais, paços municipais, mercados etc. são os sinais visíveis de uma concepção que em nada corresponde à antiga.

Quão mesquinhas são hoje as proporções entre as construções do Estado e as particulares! Se Berlim viesse a ter as artes de Roma, a posteridade só poderia admirar, como obras mais importantes do nosso tempo e como expressão da nossa cultura, os armazéns de alguns judeus e os hotéis de algumas sociedades.

Compare-se a desproporção, mesmo em uma cidade como Berlim, entre as construções dos Governos e as do mundo das finanças e do comércio. A quota destinada às construções do Estado é insuficiente e irrisória. Não é possível construir obras para a eternidade e sim para as necessidades do momento. Nenhum elevado pensamento poderá inspirá-las. O castelo de Berlim foi, para o seu tempo, uma obra de maior significação do que a nova Biblioteca, em relação ao presente. Enquanto só a construção de um navio de guerra representa a soma de sessenta milhões, para o edifício do Reichstag, o primeiro monumento grandioso do Governo. foi concedida apenas a metade daquela importância. Quando se cogitou da ornamentação interna do edifício, todos os membros do Reichstag votaram contra o emprego de pedra e ordenaram que as paredes fossem revestidas de gesso. Dessa vez, os parlamentares, por exceção, agiram direito, pois cabeças de gesso correm perigo entre paredes de pedra.

As nossas cidades atuais faltam monumentos que sejam a expressão da vida coletiva. Não é, por isso, de admirar que essa também não exista. A falta de interesses dos habitantes das grandes cidades pela sorte das mesmas dá lugar a prejuízos que se refletem praticamente sobre a vida.

Nesse fato vemos também um sinal da decadência da nossa cultura e um prenúncio da ruína geral. o Estado afunda-se em mesquinhas preocupações ou melhor, põe-se a serviço do dinheiro. Por isso, não é de admirar que, sob a influência de uma tal divindade, não haja estímulo para os fatos de heroísmo. Nos dias que correm, colhemos apenas o que o próximo passado semeou.

Todos esses sintomas de decadência são, em última análise, a conseqüência da falta de uma definida concepção do mundo por todos reconhecida e daí também a insegurança nos julgamentos e nas atitudes em relação ao único realmente grande problema do presente.

Essa é a razão porque, a começar do programa educacional, tudo se faz por meias medidas, todos receiam a responsabilidade e terminam por tolerar os próprios males por todos reconhecidos. O sentimento de compaixão torna-se a moda. Enquanto se consente na germinação dos males e se poupam os seus autores, sacrifica-se o futuro de milhões.

O estudo das condições religiosas antes da Guerra mostrará como tudo havia atingido um estado de desagregação. Mesmo no domínio religioso, grande parte do povo havia perdido completamente qualquer convicção verdadeiramente sólida. Nisso os que eram, aberta e publicamente divergentes da Igreja representavam uma parte menor do que os que apenas eram indiferentes. Ambos os credos mantêm missões na Ásia e na África, com o fim de atrair novos adeptos para as suas doutrinas (aspirações que apresentam resultados muito modestos em comparação com os progressos feitos pela igreja maometana), enquanto, na Europa, estão continuamente perdendo milhões e milhões de genuínos adeptos que ou se tornam inteiramente estranhos a qualquer vida religiosa ou agem com liberdade. Sob o ponto de vista moral, as conseqüências são nada boas.

Há sinais evidentes de uma luta que aumenta de violência, dia a dia, contra os princípios dogmáticos das diferentes igrejas, sem os quais, na prática, a crença religiosa é impossível neste mundo. As grandes massas da nação não consistem de filósofos. A fé para elas é a única base para a sua vida moral. As tentativas para encontrar sucedâneos para as atuais religiões não têm demonstrado tanta conveniência e êxito que provem a vantagem de uma substituição das antigas confissões religiosas. Quando a doutrina e a fé são realmente adotadas pela massa do povo, a autoridade absoluta dessa fé é a única garantia eficaz. O que o costume é, para a vida geral, assim é a lei para o Estado e o dogma para a religião.

Só o dogma pode destruir a incerta, eternamente vacilante e controvertida concepção do mundo e dar-lhe uma forma definida, sem a qual nunca se transformará em uma verdadeira fé. Na outra hipótese, daí nunca resultaria uma concepção metafísica ou, em outras palavras, um credo filosófico, o ataque contra o dogma e, em si mesmo, muito semelhante à luta contra os princípios gerais do Estado. Assim como essa luta contra o Estado terminaria em completa anarquia, o ataque contra o dogma resultaria em um niilismo religioso.

Para um político o valor de uma religião deve ser apreciado menos pelas faltas inerentes à mesma do que pelas vantagens que ela possa oferecer. Enquanto um sucedâneo não aparecer, só loucos e criminosos poderão querer demolir o que existe.

É bem verdade que, nessa situação desagradável da religião, não são os menos culpados aqueles que prejudicam o sentimento religioso com a defesa de interesses puramente materiais, provocando conflitos inteiramente desnecessários com a chamada ciência exata. Nesse terreno, a vitória caberá sempre à última, mesmo que a luta seja áspera, e a religião muito será diminuída aos olhos dos que não se podem elevar acima de uma ciência aparente.

O mais lastimável, porém, é o prejuízo ocasionado pela utilização das convicções religiosas para fins políticos. Não se pode nunca dizer o suficiente contra esses miseráveis exploradores que vêem na religião- um instrumento a serviço da sua política ou melhor dos seus interesses comerciais. Esses descarados impostores gritam com voz de estertor para que os outros pecadores possam ouvir, em toda parte, a confissão de sua fé, pela qual jamais morrerão, mas com a qual procuram viver melhor. Para conseguirem um êxito de importância na sua carreira são capazes de vender a sua fé; para arranjarem dez cadeiras no parlamento, ligam- se com os marxistas, inimigos de todas as religiões; para ganharem uma pasta de ministro vendem a alma ao diabo, a menos que este os repila por um resto de decoro.

O fato de muita gente, na Alemanha de antes da Guerra, não gostar da religião, deve-se atribuir à deturpação do cristianismo pelo chamado

Partido Cristão e pela despudorada tentativa de confundir a fé católica com um partido político.

Essa aberração ofereceu oportunidade à conquista de algumas cadeiras do Parlamento a representantes incapazes, mas prejudicou seriamente a Igreja. Infelizmente a nação inteira é que teve de suportar as conseqüências desse desvio, pois as conseqüências daí decorrentes sobre o relaxamento do sentimento religioso coincidiram justamente com um período em que tudo começava a enfraquecer-se e oscilar nos seus fundamentos e até os tradicionais princípios da moral e dos costumes ameaçavam entrar em colapso.

Essas lesões no corpo da nação poderiam continuar sem perigo, enquanto a própria nação não fosse submetida a uma rude prova de resistência, mas levariam o povo à ruína desde que grandes acontecimentos tornassem de decisiva importância o problema da solidariedade interna.

Também no domínio da política um observador cuidadoso poderia descobrir males que, a menos que não se tomassem providências imediatas para melhorar a situação, deveriam ser vistos como sintomas da próxima decadência da política interna e externa do Império.

A falta de objetivo da política externa e interna da Alemanha era visível a todos os que não se fingissem de cegos. A política de acordos pareceu a muitos corresponder à concepção de Bismarck, uma vez que "a política é a arte do possível".

Apenas, entre Bismarck e os chanceleres alemães posteriores, havia uma "pequena" diferença. Ao primeiro era possível adotar uma tal concepção da realidade política ao passo que aos seus sucessores a mesma concepção deveria ter outro sentido. Com essa política ele queria demonstrar que para se atingir um determinado fim todos os meios deveriam ser utilizados e se deveria recorrer a todas as possibilidades. Seus sucessores, porém, viram nesse plano um produto da necessidade que deveria ser visto com entusiasmo, por possuir uma finalidade política. A verdade é que nos tempos de hoje já não há finalidade política na direção do Reich. Falta-lhe a base necessária de uma concepção definida do mundo, assim como a necessária compreensão das leis que regem a evolução do organismo político.

Muitos observavam essa orientação com ansiedade e censuravam acrescente essa falta de plano e de ideais na política do Império. Muitos reconheciam as fraquezas internas e a insignificância dessa política. Todos esses, porém, estavam fora das hostes políticas. O mundo oficial ignorava ás intuições de um Chamberlain, com a mesma indiferença com o que o faz hoje. Essa gente é demasiado estúpida para pensar por si mesma e demasiado orgulhosa para aprender dos outros o que é necessário. Essa é uma verdade de todos os tempos e que deu lugar à afirmação de Oxenstierna - o mundo será dirigido apenas por um "fragmento de sabedoria", fragmento em que um conselho ministerial é apenas um átomo insignificante."

Desde que a Alemanha se tornou república, isso já não acontece absolutamente, pois é proibido pelas leis acreditar nisso ou mesmo proclamá-lo! Para Oxenstierna foi uma felicidade ter vivido outrora e não na inteligente república de hoje.

Já antes da Guerra, muitos consideravam como uma das maiores fraquezas do momento - o Reichstag, em que a força do Império se deveria corporificar. A covardia e a falta de responsabilidade já ali se irmanavam da maneira mais acabada.

Um das observações mais despidas de senso que costumamos ouvir hoje é que o "sistema parlamentar tem sido um fracasso desde a Revolução". Isso dá lugar a que se pense que, antes da Revolução, as coisas se passavam de modo diferente, Na realidade, o único efeito dessa instituição é, não pode deixar de ser, simplesmente destruidor e isso assim era já nos tempos em que a maior parte do povo usava antolhos, não via nada ou nada queria ver. Para a ruína da Alemanha essa instituição não contribuiu pouco. O motivo por que a catástrofe não se realizou mais cedo não se deve pôr à conta do Reichstag mas sim da resistência que, nos tempos de paz, se opunha à atitude desses coveiros da nação e do Governo.

Ao número infinito de males, direta ou indiretamente devidos ao parlamentarismo, escolho ao acaso uma calamidade que melhor define a essência da mais irresponsável das' organizações de todos os tempos. Refiro-me à monstruosa leviandade e fraqueza da direção política interna e externa do Reich, que, antes de tudo, devem ser atribuídas à atuação do Reichstag, e que foram a causa principal da ruína política. De qualquer maneira que se observem os fatos, ressalta, em toda a sua clareza, que tudo o que caía sob a influência do parlamento era feito por meias medidas.

A política de alianças do Império foi uma dessas meias medidas que se caracterizam por sua fraqueza. Enquanto se procurava manter a paz, estava-se, de fato, apressando a guerra.

Da mesma maneira deve ser julgada a política para com a Polônia, os dirigentes alemães irritavam os poloneses sem nunca atacar o problema severamente. O resultado não foi nem uma vitória para os alemães nem uma reconciliação com os poloneses, mas a conquista da inimizade dos russos.

A solução do caso da Alsácia Lorena foi também uma meia medida. Em vez de, por um golpe brutal, abater, de uma vez por todas a hidra francesa, permitindo a concessão de direitos iguais aos alsacianos, não se fez nem uma nem outra. Os maiores atraiçoadores do seu país estavam nas fileiras dos grandes partidos, entre eles, o sr. Wetterlé do Partido do Centro. Tudo isso ainda seria tolerável se essas meias medidas não tivessem tido força de sacrificar o exército, de cuja existência dependia em última instância, a conservação do Império.

Para que o chamado "Reichstag" alemão mereça para sempre as maldições da nação basta o fato de ter colaborado nesse crime. Por motivos os mais deploráveis, esses trapos de partido do parlamento retiraram das mãos da nação a arma da conservação nacional, a única defesa da liberdade e da independência do nosso povo.

Abram-se hoje os túmulos das planícies da Flândria e deles se elevarão os acusadores representados por centenas de milhares da nata da mocidade alemã, que, pela inconsciência desses políticos criminosos, foram insuficientemente preparados, impelidos à morte, no exército. Esses e mais milhões de mortos e de estropiados, a Pátria perdeu para favorecer a algumas centenas de embusteiros, para impô-los à força ou para tornar possível a vitória de certas teorias repetidas por verdadeiros realejos.

Enquanto os judeus, por meio de sua imprensa democrática e marxista, irradiavam, para o mundo inteiro, mentiras sobre o "militarismo" alemão e procuravam fazer mal ao país por todos os meios possíveis, o partido democrático e o marxista se recusavam a aprovar qualquer providência que concorresse a aumentar as forças de resistência da Alemanha.

O inaudito crime que, com essa atitude, se perpetrou tornou claro a todos que apenas quisessem observar que, na hipótese de outra guerra, toda a nação pegaria em armas e, por causa desses "representantes do povo", milhões de alemães, mal ou nada preparados seriam repelidos pelo inimigo. Essa falta de soldados preparados, no começo da guerra, facilmente acarretaria a sua perda, o que foi provado, de maneira insofismável, durante a Grande Guerra.

A perda da guerra pela liberdade e independência da Alemanha foi conseqüência da indecisão e fraqueza em coordenar todas as forças da nação para a sua defesa.

Se, em terra, os recrutas não recebiam a devida preparação militar, no mar verificava-se a mesma política de tornar as armas de defesa da nação mais ou menos ineficientes. Infelizmente a própria direção da Marinha deixou-se dominar pela política das meias medidas.

A tendência de diminuir cada vez mais a tonelagem dos navios lançados ao mar em comparação com os dos ingleses foi de pouco alcance, em nada genial. Uma frota que, de início, não era tão numerosa quanto a do seu provável adversário, deveria justamente compensar a inferioridade do número de unidades com o poder ofensivo das mesmas. Tratava-se de uma superior capacidade de destruição e não de uma lendária superioridade de competência.

Na realidade, a técnica moderna está tão avançada e é tão análoga nos diferentes países civilizados, que se deve ter como impossível dar a navios de um certo poder um maior poder agressivo do que aos navios do mesmo número de toneladas das outras nações; Muito menos se deve pensar em atingir uma maior capacidade.

Na realidade, essa pequena tonelagem das navios alemães só poderia ter como conseqüência a diminuição da sua velocidade e da sua eficiência. A frase- com que se procura justificar essa realidade já mostrava uma falta de lógica dos que, na paz, ocupavam as posições de direção. Dizia- se que o material de guerra alemão era tão superior ao inglês que o canhão alemão de vinte e oito centímetros, não ficava atrás do inglês de 30,5 centímetros, em poder de alcance! Justamente por isso era dever do Governo ir além do canhão 30,5 fabricando-se um que lhe fosse superior, tanto em alcance como em poder ofensivo. Se assim não fosse, não teria sido necessária, no exército, a construção do canhão "Mörser" de 30,5 centímetros. Isso não aconteceu, porém, porque a direção do exército pensava com acerto, enquanto a da Marinha defendia um ponto de vista errado.

A renúncia a planos de uma maior eficiência da artilharia, assim como de uma maior velocidade, baseou-se na falsidade dos chamados planos gigantescos. Essa renúncia começou pela forma por que a direção da Marinha atacou a construção da frota que, desde o começo, por força das circunstâncias, se desviou para as preocupações de um plano de defensiva. Com isso se renunciou também a um êxito, pois esse só pode estar no ataque.

Um navio de pequena velocidade, e com um fraco poder ofensivo seria mais facilmente posto a pique por adversários mais velozes e mais bem armados. Isso deve ter sido sentido, da maneira mais amarga, por um grande número de nossos cruzadores. Como era falsa a orientação da nossa Marinha nos tempos de paz, demonstrou, da maneira mais evidente, a Grande Guerra, que nos impeliu ao desmantelamento dos velhos navios e a mu melhor aparelhamento dos novos. Se, na batalha de Skagerrak, os navios alemães tivessem a mesma tonelagem, o mesmo poder ofensivo e a mesma velocidade dos ingleses, então, a segura e eficiente atuação das granadas do 38 teria afundado a frota britânica.

O Japão, já há tempos, tinha impulsionado outra política de construções navais. Nesse país, - foi julgado da máxima importância, em cada nova unidade, conseguir-se um poder ofensivo maior do que o do inimigo provável. Isso satisfazia às necessidades de uma possível posição ofensiva da frota!

Enquanto as forças de terra da Alemanha, na sua direção, ficavam ao abrigo daqueles princípios falsos, a Marinha que, infelizmente, estava melhor representada no Parlamento, teve que ser vencida peta orientação deste. As forças do mar foram organizadas nesse regime de meias medidas. As glórias imortais que ela conquistou devem ser levadas à custa das qualidades guerreiras dos alemães, à capacidade e ao incomparável heroísmo dos oficiais e das guarnições. Se a anterior direção da Marinha se tivesse elevado ao nível da capacidade desses oficiais e marinheiros, tantos sacrifícios não teriam sido inúteis. Talvez justamente a habilidade parlamentar dos líderes da Marinha, durante a paz, tenha sido uma desgraça para a própria Marinha, pois, em vez de pontos de vista militares, ameaçavam influir pontos de vista parlamentares. O regime das meias medidas e da fraqueza, assim como a falta de lógica, que caracterizam o parlamentarismo, mancharam a direção da Marinha.

As forças de terra, como já dissemos, salvaram-se dessa orientação fundamentalmente falsa. Principalmente, o então chefe do Estado-Maior, Ludendorf, encabeçou uma campanha decisiva contra as criminosas fraquezas do parlamento no trato dos problemas vitais da nação, que desconhecia na sua maior parte.

Se a luta que esse oficial, naqueles tempos, encabeçou, apesar de seus desesperados esforços, foi inútil, a culpa deve-se em parte ao Parlamento e em maior parte talvez à miserável conduta do chanceler Bethman Holiweg.

Isso não impede, porém, que os responsáveis pela ruína da Alemanha queiram hoje lançar a culpa justamente sobre aquele que, sozinho se levantou contra essa maneira negligente de tratar os interesses nacionais. Quem refletir sobre o número de vítimas que ocasionou essa criminosa leviandade dos mais irresponsáveis da nação, quem pensar nos mortos e nos mutilados, sacrificados sem necessidade, assim como na fraqueza, na vergonha e na miséria sem limites em que ainda agora nos encontramos e souber que tudo isso só aconteceu para que se abrisse o caminho do ministério a uma multidão de ambiciosos e caçadores de empregos, quem compreender tudo isso compreenderá também que essas criaturas só devem ser designados com qualificativos como patifes, infames, pulhas e criminosos. Ao contrário, o sentido dessas palavras e a sua finalidade tornar-se-iam incompreensíveis. Para esses traidores da nação cada patife é um homem de honra.

Todas as fraquezas da antiga Alemanha só feriam realmente a atenção depois que, em conseqüência das mesmas, a estabilidade interna da nação tinha recebido rudes golpes. Nesses casos, a desagradável verdade era proclamada com berreiro nos ouvidos das massas, enquanto, por pudicícia, se fazia silêncio sobre muitas coisas e negavam-se outras. Isso acontecia quando, no trato de um problema de ordem pública, se cogitava de uma reforma que pudesse melhorar o estado de coisas existentes. As que exerciam influência nos postos de direção da coisa pública nada entendiam do valor e da essência da propaganda. Só os judeus é que sabiam que, por meio de uma propaganda inteligente e constante, pode-se fazer crer que o céu é Inferno e, inversamente, que a vida mais miserável é um verdadeiro paraíso. Os alemães, sobretudo Os que estavam no poder, não tinham nenhuma idéia da eficiência dessa força. Essa ignorância deveria produzir os seus piores efeitos durante a guerra.

Ao lado dessas falhas já mencionadas e de inúmeras outras na vida alemã de antes da Guerra, notavam-se muitas vantagens. Em um exame consciencioso dever-se-ia mesmo reconhecer que muitas das nossas imperfeições eram vistas como suas próprias por outros países, e que, em muitos casos, nos deixavam até mesmo em plano secundário, e também que esses povos não possuíam muitas das nossas vantagens.

Entre outras provas de superioridade ocupa o primeiro plano o fato de que o alemão, entre os povos europeus, era o que mais se esforçava por manter o caráter nacional da sua economia, e apesar de todos os maus sintomas, tinha, pelo menos, a coragem de resistir ao controle do capital internacional, infelizmente, essa perigosa superioridade haveria de mais tarde ser o maior motivo de instigação da Guerra.

Se tivermos em consideração essa e muitas outras vantagens, devem-se, dentre as inúmeras fontes sadias da nação, salientar três instituições que, na sua espécie; são modelos que dificilmente podem ser ultrapassados.

Em primeiro lugar, figura a forma de Governo em si mesma e o caráter que tomou na Alemanha dos últimos tempos.

Devemos fazer abstração das pessoas dos monarcas, as quais, como homens, estavam sujeitos a todas as fraquezas dos que habitam esse planeta. A este respeito, não fosse a nossa indulgência, seríamos forçados sobretudo a duvidar do presente. Os representantes do atual regime, examinados pelo valor das suas personalidades, serão, porventura, sob o ponto de vista intelectual e moral, os mais representativos, que, depois de maduro exame, possamos descobrir? Quem deixar de julgar a Revolução pelo valor das pessoas com que ela presenteou a nação desde novembro de 1918, terá de esconder o rosto, tomado de vergonha, ante o julgamento da posteridade. Porque agora o silêncio já não pode ser imposto por leis, hoje conhecemo-los todos e sabemos que, entre os nossos novos guias, a inteligência e a virtude estão em relação inversa aos seus vícios.

É certo que a monarquia alienara as simpatias das grandes massas. Isso resultou do fato de nem sempre se ter cercado o monarca dos homens mais esclarecidos, e sobretudo, mais sinceros Infelizmente êle preferia, às vezes, os bajuladores aos espíritos retos e, por isso, daqueles "recebia lições". Foi uma grande pena que isso acontecesse em uma época em que o mundo passa por grandes mutações em todas as antigas concepções, mutações que, naturalmente, não poderiam ser detidas na sua marcha pelas velhíssimas tradições da Corte.

Não é, pois, de estranhar que ao tipo comum dos homens, já na passagem do século, nenhuma admiração especial causasse a presença da princesa uniformizada nas linhas da frente. Sobre o efeito de uma tal parada no espírito do povo, aparentemente, não se podia fazer uma idéia exata, pois, do contrário, jamais teríamos chegado à situação infeliz de hoje. O sentimento de humanidade, nem sempre verdadeiro, desses círculos, continua a provocar mais nojo do que simpatia. Se, por exemplo, a princesa X se dignasse provar os alimentos em uma cozinha popular, outrora isso podia ser muito bem visto mas, na época em que falamos, o efeito seria contrário. É fácil de aceitar-se que a princesa, na realidade, não tivesse a intenção de, no dia da prova dos alimentos, fazer com que a alimentação fosse um pouquinho melhor do que de costume, Bastava, porém, que os indivíduos aos quais ela queria beneficiar soubessem disso.

Assim as melhores intenções possíveis tornar-se-iam ridículas senão irritantes.

Cartazes anunciando a proverbial fragilidade do monarca, o seu hábito de acordar cedo e trabalhar até tarde da noite, o perigo ameaçador da insuficiência de sua alimentação, provocavam manifestações dignas de reflexão. Ninguém queria saber o que e quanto o monarca se dignava comer, desejava-se-lhe apenas que "comesse o necessário". Ninguém se preocupava em recusar-lhe o sono suficiente. Todos se contentavam em que ele, como homem, honrasse o sexo, e, como chefe de governo, defendesse a honra da nação. As fábulas já em nada adiantavam, mas ao contrário, eram prejudiciais.

Essas e outras coisas semelhantes eram, porém, nonadas.

Infelizmente, no seio da maioria da nação, havia a convicção geral de que, de qualquer modo, o povo é governado de cima para baixo e assim cada um não se preocupava com coisa alguma mais. Enquanto a atuação do Governo era realmente boa ou, pelo menos, bem intencionada, a coisa ainda passava. Uma infelicidade seria, porém, se algum dia o velho regente bom em si, fosse substituído por um outro menos respeitado, Então a docilidade passiva e a fé infantil redundariam na maior calamidade imaginável.

Ao lado de todos esses e de muitos outros defeitos, havia aspectos de importância incontestável.

A estabilidade assegurada pelo regime monárquico, a proteção dos cargos públicos contra o turbilhão das especulações dos políticos gananciosos, a dignidade intrínseca da instituição monárquica e a autoridade que daí decorria, a dignificação do corpo de funcionários, e, acima de tudo, a situação do exército acima dos partidos políticos, eram vantagens incontestáveis.

Era também uma grande vantagem o fato da liderança do Governo personificar-se no monarca e, com isso, se fornecesse o exemplo da responsabilidade que inspira mais confiança quando depende de um monarca do que dos azares de uma maioria parlamentar. A proverbial pureza da administração alemã deve-se principalmente a isso.

Além disso, o valor cultural da Monarquia era, para o povo, da maior significação, podendo compensar outras desvantagens, As sedes dos governos alemães continuavam a ser esteio para os sentimentos artísticos que, em nossos tempos de materialismo, cada vez mais estão ameaçados de desaparecer. O que os príncipes alemães, no século XIX, fizeram em favor da arte e da ciência, foi de alta significação. Os tempos de hoje não podem ser comparados com aqueles!

Como um dos fatores mais eficientes da nação contra essa incipiente mas sempre crescente decomposição da nossa nacionalidade deve ser apontado o exército. As forças armadas eram a mais forte escola da nação e justamente por isso se dirigiam os ódios dos inimigos contra esse reduto da defesa e da liberdade do povo. Nenhum mais portentoso edifício se poderia levantar a essa instituição do que a proclamação desta verdade: o exército foi caluniado, odiado, combatido por todos os indivíduos sem valor, mas foi temido. Se a fúria dos aproveitadores internacionais em Versalhes se dirigia contra o antigo exército alemão é que este era o último reduto das nossas liberdades na luta contra o capitalismo internacional. Não fosse essa força ameaçadora, a Intenção de Versalhes se teria realizado muito antes. O que o povo alemão deve ao exército pode-se resumir nesta palavra: tudo.

O exército deu uma lição de absoluta noção de responsabilidade, em uma época em que essa qualidade tornava-se cada vez mais rara. A sua atuação impressionava tanto mais quanto constituía uma brilhante exceção à ausência absoluta de responsabilidade de que o parlamento era o mais eloqüente modelo.

O exército incentivou a coragem pessoal em um momento em que a covardia ameaçava contaminar o país inteiro e a capacidade de sacrifício, em favor do bem coletivo, era visto como estupidez por aqueles que só cuidavam de conservar e melhorar o seu eu.

O exército foi a escola que deu aos alemães a convicção de que a salvação da pátria não se devia procurar nas frases mentirosas de uma confraternização internacional de negros, alemães, franceses, ingleses, etc., mas na força e na decisão do seu próprio povo.

O exército inspirou o espírito de resolução quando na vida do povo, a indecisão e a dúvida começavam a caracterizar todos os atos dos indivíduos. Ele queria significar alguma coisa em um momento em que os sabichões procuravam; por toda parte, o princípio de que uma ordem é sempre melhor do que nenhuma.

Nessa capacidade de resolução podia-se notar um sintoma de saúde integral e robusta que teria desaparecido dos outros setores da vida da nação, se o exército, por sua educação, não se tivesse sempre esforçado por uma renovação contínua dessa força primordial. Basta ver a terrível irresolução dos atuais dirigentes do Reich, incapazes de tomar uma decisão em qualquer fato, a não ser que se trate da assinatura de um tratado de pilhagem. Nesse caso, eles põem de parte qualquer responsabilidade e assinam com a destreza de um estenógrafo tudo o que se entende apresentar-lhes, porque aí a resolução é fácil de tomar uma vez que lhes é ditada.

O exército pregava o idealismo e o sacrifício em favor da Pátria e de suas grandezas, enquanto, em outros setores, a ambição e o materialismo tinham assentado acampamento, Pregava a unidade nacional contra a divisão do povo em classes. Talvez o seu único erro tenha sido a instituição do voluntariado por um ano. Isso foi um erro porque rompeu o princípio de igualdade absoluta e estabeleceu a distinção entre as classes bem educadas e a maioria da nação. O contrário disso teria sido mais aconselhável.

Tendo-se em consideração o espírito estreito das nossas classes eleva. das e o seu divórcio progressivo do resto da nação, o Exército poderia ter agido como uma espécie de Providência se tivesse evitado o isolamento dos intelectuais pelo menos dentro das fileiras das classes armadas.

Foi um grande erro o não se ter agido assim. Que instituição neste planeta é, porém, sem defeitos? Mas a despeito disso as suas vantagens eram tão preponderantes que as suas pequenas falhas deveriam ser atribuídas à imperfeição humana.

O maior serviço prestado pelo exército do antigo Império foi pôr a competência acima do número, em uma época em que tudo se resolvia pela maioria. Contra a idéia democrática dos judeus, de veneração às maiorias, o Exército manteve o princípio da confiança no valor das personalidades, de que os últimos tempos mais precisavam. No meio desse relaxamento e efeminação surgiam todos os anos 350.000 jovens sadios que, depois de dois anos de exercícios, perdiam a delicadeza da juventude e se tornavam fortes como aço. Pela maneira de andar reconhecia-se o soldado treinado.

Essa foi a grande escola da nação alemã e, por isso, não foi sem razão que sobre o exército convergia o ódio inveterado daqueles cuja inveja e cobiça exigiam que o Governo ficasse sem força e os cidadãos sem armas.

A forma do Governo e ao exército deve-se acrescentar o incomparável corpo de funcionários públicos.

A Alemanha era a mais bem administrada e organizada nação do mundo. Poder-se-ia dizer que os empregados alemães eram burocratas pedantes, mas a situação não era melhor em outros países. Ao contrário, era pior. O que os outros países não possuíam, porém, era a solidez do aparelhamento e o caráter incorruptível da burocracia alemã. É melhor ser pedante, mas honesto e fiel, a ser ilustre e "moderno", mas de caráter fraco ou, como é hoje comum, ignorante e incompetente. É costume dizer-se que, antes da Guerra, a administração alemã era, burocraticamente, pura, mas sem senso prático, comercial. A essa objeção poder- se-á responder: Que país do mundo tinha um serviço de transportes mais bem dirigido e melhor organizado sob o ponto de vista comercial do que a Alemanha?

O corpo de funcionários públicos alemães e a máquina administrativa caracterizavam-se pela sua independência em relação aos Governos, cujas idéias transitórias sobre a política não afetavam a posição dos funcionários. Depois da Revolução tudo isso foi profundamente modificado. As contingências partidárias substituíram a competência e a habilidade e, daí por diante, o fato de ter o funcionário um caráter independente, em vez de ser uma recomendação, passou a ser uma desvantagem.

Sobre a forma de Governo, sobre o Exército e sobre o funcionalismo público repousavam a força e a eficiência do antigo império.

Essas eram as três causas primordiais da virtude que hoje falta ao Governo alemão, isto é, a autoridade do Estado.

Essa autoridade não se apoia em palavrório dos parlamentos e dietas, nem em leis de proteção, nem em sentenças judiciais destinadas a amedrontar os covardes, mentirosos, etc., mas na confiança geral que a direção política e administrativa de um país pode e deve inspirar. Esta confiança é o resultado de uma inabalável certeza do desinteresse e da honestidade da política e da administração de um país e da harmonia do espírito das suas leis com os princípios morais do povo. Nenhum sistema de governo pode manter-se por muito tempo somente baseado na força, mas sim pela confiança pública na excelência do mesmo e pela probidade dos representantes e dos defensores dos interesses coletivos.

Por mais que certos males ameaçassem, já antes da Guerra, carcomer e minar a força da nação, não se deve esquecer que outros países sofriam ainda mais da mesma moléstia e, nem por isso, na hora crítica do perigo, cessavam a luta e se arruinavam.

Se nos lembrarmos, porém, que, antes da Guerra, ao lado das fraquezas alemãs já mencionadas havia também forças ponderáveis podemos e devemos procurar as causas da ruína do país em outros setores. É esse é o caso na realidade.

A mais profunda causa da debâcle do antigo Império está no desconhecimento do problema racial e da sua importância na evolução espiritual dos povos Todos os acontecimentos na vida das nações não são obras do acaso mas conseqüências naturais da necessidade imperiosa da conservação e da multiplicação da espécie e da raça, embora os homens nem sempre se apercebam do fundamento íntimo das suas ações.

CAPÍTULO XI

POVO E RAÇA

Há verdades de tal modo disseminadas por toda parte que chegam a escapar, por isso mesmo, à vista ou, pelo menos, ao conhecimento da maioria do povo. Este passa freqüentemente como cego diante destas verdades à vista de todo, mundo e mostra a máxima surpresa, quando, se repente, alguém descobre o que todos, portanto deveriam saber. Os ovos de Colombo andam espalhados por centenas de milhares; os Colombos, porém, são realmente mais difíceis de encontrar.

E assim os homens erram pelo Jardim da Natureza, convencidos de quase tudo conhecer e saber, e, no entanto, com raras exceções, deixam de enxergar um dos princípios básicos de maior importância na sua organização a saber: o isolamento de todos os seres vivos desta terra dentro das suas espécies.

Já a observação mais superficial nos mostra, como lei mais ou menos implacável e fundamental, presidindo a todas as inúmeras manifestações expressivas da vontade de viver na Natureza, o processo em si mesmo limitado, pelo qual esta se continua e se multiplica. Cada animal só se associa a um companheiro da mesma espécie. O abelheiro cai com o abelheiro, o tentilhão com o tentilhão, a cegonha com a cegonha, o rato campestre com o rato campestre, o rato caseiro com o rato caseiro, o lobo com a loba etc.

Só circunstâncias extraordinárias conseguem alterar essa ordem, entre as quais figura, em primeiro lugar a coerção exercida por prisão do animal ou qualquer outra impossibilidade de união dentro da mesma espécie. Ai, porém, a Natureza começa a defender-se por todos os meios, e seu protesto mais evidente consiste, ou em privar futuramente os bastardos da capacidade de procriação ou em limitar a fecundidade dos descendentes futuros. Na maior parte dos casos, ela priva-os da faculdade de resistência contra moléstias ou ataques hostis. Isso é um fenômeno perfeitamente natural: todo cruzamento entre dois seres de situação um pouco desigual na escala biológica dá, como produto, um intermediário entre os dois pontos ocupados pelos pais. Significa isto que o filho chegará provavelmente a uma situação mais alta do que a de um de seus pais, o inferior, mas não atingirá entretanto à altura do superior em raça. Mais tarde será, por conseguinte, derrotado na luta com os superiores. Semelhante união está porém em franco desacordo com a vontade da Natureza, que, de um modo geral, visa o aperfeiçoamento da vida na procriação. Essa hipótese não se apoia na ligação de elementos superiores com inferiores mas na vitória incondicional dos primeiros. O papel do mais forte é dominar. Não se deve misturar com o mais fraco, sacrificando assim a grandeza própria. Somente um débil de nascença poderá ver nisso uma crueldade, o que se explica pela sua compleição fraca e limitada. Certo é que, se tal lei não prevalecesse, seria escusado cogitar de todo e qualquer aperfeiçoamento no desenvolvimento dos seres vivos em gera.

Esse instinto que vigora em toda a Natureza, essa tendência à purificação racial, tem por conseqüência não só levantar uma barreira poderosa entre cada raça e o mundo exterior, como também uniformizar as disposições naturais. A raposa é sempre raposa, o ganso, ganso, o tigre, tigre etc. A diferença só poderá residir na medida variável de força, robustez, agilidade, resistência etc., verificada em cada um individualmente. Nunca se achará, porém, uma raposa manifestando a um ganso sentimentos humanitários da mesma maneira que não há um gato com inclinação favorável a um rato.

Eis porque a luta recíproca surge aqui, motivada, menos por antipatia íntima, por exemplo, do que por impulsos de fome e amor. Em ambos os casos, a Natureza é espectadora, plácida, e satisfeita. A luta pelo pão quotidiano deixa sucumbir tudo que é fraco, doente e menos resoluto, enquanto a luta do macho pela fêmea só ao mais sadio confere o direito ou pelo menos a possibilidade de procriar. Sempre, porém, aparece a luta como um meio de estimular a saúde e a força de resistência na espécie, e, por isso mesmo, um incentivo ao seu aperfeiçoamento.

Se o processo fosse outro, cessaria todo progresso na continuação e na elevação da espécie, sobrevindo mais facilmente o contrário. Dado o fato de que o elemento de menor valor sobrepuja sempre o melhor na quantidade, mesmo que ambos possuam igual capacidade de conservar e reproduzir a vida, o elemento pior muito ,mais depressa se multiplicaria, ao ponto de forçar o melhor a passar para um plano secundário. Impõe-se, por conseguinte, uma correção em favor do melhor.

Mas a Natureza disso se encarrega, sujeitando o mais fraco a condições de vida difíceis, que, só por isso, o número desses elementos se torna reduzido. Não consentindo que os demais se entreguem, sem seleção prévia, a reprodução, ela procede aqui a uma nova e imparcial escolha, baseada no princípio da força e da saúde.

Se, por um lado, ela pouco deseja a associação individual dos mais fracos com os mais fortes, ainda menos a fusão de uma raça superior com uma inferior. Isso se traduziria em um golpe quase mortal dirigido contra todo o seu trabalho ulterior de aperfeiçoamento, executado talvez através de centenas de milênios.

Inúmeras provas disso nos fornece a experiência histórica. Com assombrosa clareza ela demonstra, que, em toda mistura de sangue entre o ariano e povos inferiores, o resultado foi sempre a extinção do elemento civilizador. A América do Norte, cuja população,, decididamente, na sua maior parte, se compõe de elementos germânicos, que só muito pouco se misturaram com povos inferiores e de cor, apresenta outra humanidade e cultura do que a América Central e do Sul, onde os imigrantes, quase todos latinos, se fundiram, em grande número, com os habitantes indígenas. Bastaria esse exemplo para fazer reconhecer clara e distintamente, o efeito da fusão de raças. O germano do continente americano elevou-se até a dominação deste, por se ter conservado mais puro e sem mistura; ali continuará a imperar, enquanto não se deixar vitimar pelo pecado da mistura do sangue.

Em poucas palavras, o resultado do cruzamento de raças é, portanto, sempre o seguinte:

A) Rebaixamento do n. 1 da raça mais forte;

B) Regresso físico e intelectual e, com isso, o começo de uma enfermidade, que progride devagar, mas seguramente. Provocar semelhante coisa não passa então de um atentado à vontade do Criador, o castigo também corresponde ao pecado. Procurando rebelar-se contra a lógica férrea da Natureza, o homem entra em conflito com os princípios fundamentais, aos quais ele mesmo deve exclusivamente a sua existência no seio da humanidade - Desse modo, esse procedimento de encontro às leis da Natureza só pode conduzir à sua própria perda. É oportuno repetir a afirmação do pacifista moderno, tão tola quanto genuinamente judaica, na sua petulância: "O homem vence a própria Natureza!"

Milhões de indivíduos repetem mecanicamente esse absurdo judaico e Imaginam, por fim, que são, de fato, uma espécie de domadores da Natureza. A única arma de que dispõem para firmar tal pensamento é uma idéia tão miserável, na sua essência, que mal se pode concebê-la.

Somente, pondo de parte que o homem ainda não superou em coisa alguma a Natureza, não tendo passado de tentativas o levantar, pelo menos, uma ou outra pontinha do gigantesco véu, sob o qual ela encobre os eternos enigmas e segredos, que ele, de fato, nada inventa, somente descobre o que existe, que ele não domina a Natureza, só tendo ascendido ao grau de senhor entre os demais seres vivos, pela ignorância destes e pelo seu próprio conhecimento de algumas leis e de alguns segredos da Natureza, pondo de parte tudo isso, uma idéia não pode dominar as hipóteses sobre a origem e o destino da Humanidade, visto a idéia mesma só depender do homem.

Sem o homem não pode haver idéia humana no mundo, porquanto a idéia como tal é sempre condicionada pela existência dos homens e, por isso mesmo, por todas as leis, que regulam a sua vida. E, não fica nisso! Idéias definidas acham-se ligadas a determinados indivíduos. Verifica-se isso, em primeiro lugar, no caso de pensamentos cujo conteúdo não deriva de uma verdade exata, científica, porém do mundo sentimental, reproduzindo, como se costuma tão claramente definir, hoje em dia, um fato vivido interiormente. Todas essa idéias que em si nada têm que ver com a lógica fria, representando, pelo contrário, manifestações sentimentais, representações éticas, etc., prendem-se à vida do homem devido a sua própria existência à força imaginativa criadora do espírito humano.

Aí justamente é que se impõe a conservação dessas determinadas raças e criaturas como condição primordial para a durabilidade dessas idéias. Quem, por exemplo, quisesse realmente, de coração, desejar a vitória do pensamento pacifista, teria que se empenhar, por todos os meios, para que os alemães tomassem posse do Mundo; pois, se porventura acontecesse o contrário, muito facilmente, com o último alemão, extinguir-se-ia também o último pacifista, visto o resto do mundo dificilmente já ter sido logrado por um absurdo tão avesso à natureza e à razão, quanto o foi o nosso próprio povo.

Seria pois necessário, de bom ou de mau grado, nos decidirmos com toda a seriedade a fazer a Guerra a fim de chegarmos ao pacifismo. Foi isso e nada mais a intenção de Wilson, o redentor universal. Assim pensavam pelo menos os nossos visionários alemães que, por esse meio, chegaram a seus fins. Talvez o conceito pacifista humanitário chegue a ser de fato aceitável, quando o homem que for superior a todos, tiver previamente conquistado e subjugado o mundo, ao ponto de tornar-se o senhor exclusivo desta terra. A tal idéia torna-se impossível produzir conseqüências nocivas, desde que a sua aplicação na realidade se torna cada vez mais difícil, e por fim, impraticável. Portanto, primeiro, a luta, depois talvez o pacifismo. No caso contrário, a humanidade teria passado o ponto culminante do seu desenvolvimento resultando, por fim, não o império de qualquer idéia moral, mas sim barbaria e confusão. Naturalmente um ou outro poderá rir dessa afirmação. É preciso que ninguém se esqueça, porém, de que este planeta já percorreu o éter milhões de anos sem ser habitado e poderá, um dia, empreender o mesmo percurso da mesma maneira, se os homens esquecerem que não devem sua existência superior às teorias de uns poucos ideólogos malucos, mas ao reconhecimento e à aplicação incondicional de leis imutáveis da Natureza.

Tudo que hoje admiramos nesta terra, - ciência e arte, técnica e invenções - é o produto criador somente de poucos povos e talvez, na sua origem, de uma única raça. Deles também depende a estabilidade de toda esta cultura. Com a destruição desses povos baixará igualmente ao túmulo toda a beleza desta terra. Por mais poderosa que possa ser a Influência do solo sobre os homens, seus efeitos sempre hão de variar segundo as raças. A falta de fertilidade de um país pode estimular uma raça a alcançar nas suas atividades um rendimento máximo; outra raça só encontrará no mesmo fato motivo para cair na maior miséria, acompanhada de alimentação insuficiente e todas as suas conseqüências. As qualidades intrínsecas dos povos são sempre o que determina a maneira pela qual se exercem as influências externas. A mesma causa, que a uns leva a passar fome, provoca em outros o estimulo para trabalhar com mais afinco.

A razão pela qual todas as grandes culturas do passado pereceram, foi a extinção, por envenenamento de sangue, da primitiva raça criadora. A última causa de semelhante decadência foi sempre o fato de o homem ter esquecido que toda cultura dele depende e não vice-versa; que para conservar uma cultura definida o homem, que a constrói, também precisa ser conservado. Semelhante conservação, porém, se prende à lei férrea da necessidade e do- direito de vitória do melhor e do mais forte.

Quem desejar viver, prepara-se para o combate, e quem não estiver disposto a isso, neste mundo de lutas eternas, não merece a vida.

Por mais doloroso que isso seja, é preciso confessá-lo. A sorte mais dura é, sem dúvida alguma, a do homem que julga poder vencer a Natureza e na realidade a Natureza do mesmo escarnece. A réplica da Natureza se resume então em privações, infelicidades e moléstias!

O homem que desconhece e menospreza as leis raciais, em verdade, perde, desgraçadamente a ventura que lhe parece reservada, Impede a marcha triunfal da melhor das raças, com isso estreitando também a condição primordial de todo progresso humano. No decorrer dos tempos, vai caminhando para o reino do animal indefeso, embora portador de sentimentos humanos.

É uma tentativa ociosa querer discutir qual a raça ou quais as raças que foram os depositários da cultura humana e os verdadeiros fundadores de tudo aquilo que compreendemos sob o termo "Humanidade". - Mais simples é aplicar essa pergunta ao presente, e, aqui também, a resposta é fácil e clara. O que hoje se apresenta a nós em matéria de cultura humana, de resultados colhidos no terreno .da arte, da ciência e da técnica, é quase que exclusivamente produto da criação do Ariano. É sobre tal fato, porém, que devemos apoiar a Conclusão de ter sido ele o fundador exclusivo de uma humanidade superior, representando assim "o tipo primitivo daquilo que entendemos por "homem". É ele o Prometeu da humanidade, e da sua fronte é que jorrou, em todas as épocas, a centelha do Gênio, acendendo sempre de novo aquele fogo do conhecimento que iluminou a noite dos tácitos mistérios, fazendo ascender o homem a uma situação de superioridade sobre os outros seres terrestres, Exclua-se ele, e, talvez depois de poucos milênios, descerão mais uma vez as trevas sobre a terra; a civilização humana chegará a seu termo e o mundo se tornará um deserto!

Se a humanidade se pudesse dividir em três categorias: fundadores, depositários e destruidores de Cultura, só o Ariano deveria ser visto como representante da primeira classe. Dele provêm os alicerces e os muros de todas as criações humanas, e os traços característicos de cada povo em particular são condicionados por propriedades exteriores, como sejam a forma e o colorido, É ele quem fornece o formidável material de construção e os projetos para todo progresso humano. Só a execução da obra é que varia de acordo com as condições peculiares das outras raças. Dentro de poucas dezenas de anos, por exemplo, todo o leste de Ásia possuirá uma cultura, cujo último fundamento será tão impregnado de espírito helênico e técnica germânica quanto o é a nossa. A forma exterior é que, pelo menos parcialmente, acusará traços de caráter asiático. Muitos julgam erroneamente que o Japão assimilou a técnica da Europa na sua civilização. Não é o caso. A ciência e a técnica européias recebem apenas um verniz japonês. A base da vida real não é mais a cultura específica do Japão, embora seja ela quem dê "a cor local" à vida do país, o que impressiona mais à observação do Europeu, justamente devido aos aspectos externos originais. Aquela base se encontra, porém, na formidável produção científica e técnica da Europa e da América e, portanto, de povos arianos. Só se baseando nessas produções é que o Oriente poderá seguir o progresso geral da Humanidade. Só elas é que descortinam o campo para a luta pelo pão quotidiano, criando, para isso, armas e utensílios; ao espírito japonês só se vai adaptando gradualmente o aspecto exterior de tudo isso.

    Se a partir de hoje, cessasse toda a influência ariana sobre o Japão - imaginando-se a hipótese de que a Europa e a América atingissem uma decadência total - a ascensão atual do Japão no terreno técnico-científico ainda poderia perdurar algum tempo. Dentro de poucos anos, porém, a fonte secaria, sobreviveria a preponderância do caráter japonês, e a cultura atual morreria, regressando ao sono profundo, do qual, há setenta anos, fora despertada bruscamente pela onda da civilização ariana. Eis porque, em tempos remotos, também foi a influência, do espírito estrangeiro que despertou a cultura japonesa. Hoje também o progresso do país é inteiramente devido à influência ariana. A melhor prova desse fato é a fossilização e a rigidez, que, mais tarde, se foram verificando em tal cultura, fenômeno este que um povo só pode assinalar, quando a primitiva semente criadora se perdeu em uma raça, ou quando velo a faltar a influência externa que dera o impulso e o material necessários ao primeiro desenvolvimento cultural. Pode-se denominar uma tal raça depositária, nunca, porém, criadora de cultura. Está provado, que quando a cultura de um povo, na sua essência, foi recebida, absorvida e assimilada de raças estrangeiras, uma vez retirada a influência exterior, ela cai de novo no mesmo torpor.

    Um exame dos diferentes povos, sob tal ponto de vista, confirma o fato de que, nas origens, quase não se trata de povos construtores, mas, sempre pelo contrário, de depositários de uma civilização.

    Sempre resulta. mais ou menos, o seguinte quadro de sua evolução:

Tribos arianas - muitas vezes em número ridiculamente reduzido - subjugam povos estrangeiros, desenvolvendo, então, animadas por condições especiais da nova região (fertilidade, clima etc.), favorecidas pelo número avultado de auxiliares da raça inferior, suas latentes capacidades intelectuais e organizadoras. Elas criam, freqüentemente, em poucos milênios e até em períodos de séculos, civilizações, que, de começo, revelam integralmente os traços íntimos da sua individualidade adaptados às propriedades específicas do solo como dos homens por elas subjugados. Por fim acontece, porém, que os conquistadores pecam contra o princípio - observado no começo - da pureza conservadora do sangue,- dão para misturar-se com os habitantes subjugados, e põem termo com isso à sua própria existência. A queda pelo pecado, no Paraíso, teve apenas como conseqüência a expulsão Depois de um milênio ou mais, transparece freqüentemente o último vestígio visível do antigo povo dominador, na coloração mais clara da pele, deixada pelo seu sangue à raça vencida e também em uma civilização entorpecida, criada por ele primitivamente para ser a geradora das outras.

Da mesma maneira que o verdadeiro conquistador espiritual se perdeu no sangue dos vencidos, perdeu-se também o combustível para a tocha do progresso da civilização humana! Tal qual a cor da pele, devido ao sangue do antigo senhor, ainda guardou como recordação um ligeiro brilho, a noite da vida espiritual igualmente se acha suavemente iluminada pelas criações dos primitivos mensageiros de luz. Através de toda a barbárie recomeçada, elas continuam a brilhar despertando demais no espectador distraído a suposição de ver o quadro de um povo atual, enquanto ele se mira apenas no espelho do passado.

Pode então acontecer, que, no decorrer da sua história, um povo entre em contato duas vezes e mesmo até mais com a raça de seus antigos civilizadores, sem que seja preciso existir ainda uma reminiscência de prévios encontros. O resto do antigo sangue dominador se encaminhará inconscientemente para o novo tipo e a vontade própria conseguirá então o que, a princípio, só era possível por coação. Verifica-se uma nova onda civilizadora que se mantém, até que os seus expoentes desapareçam por sua vez no sangue de povos estrangeiros. Futuramente caberá como tarefa a uma História Universal e Cultural fazer pesquisas nesse sentido e não se deixar sufocar na enumeração de fatos puramente exteriores, como se dá, infelizmente, as mais das vezes, com a ciência histórica da atualidade.

Já deste esboço sobre o desenvolvimento de nações depositárias de uma civilização, resulta também o quadro da formação da atividade e do desaparecimento dos próprios arianos, os verdadeiros fundadores culturais desta terra. Como na vida corrente, o chamado "Gênio" necessita de um pretexto, multas vezes até literalmente, de um empurrão, para chegar ao ponto de brilhar, assim também acontece na vida dos povos, com a raça genial. Na monotonia da vida quotidiana, indivíduos de valor costumam freqüentemente parecer insignificantes, elevando-se apenas acima da média comum dos que o cercam; entretanto, assim que sobrevem alguma situação, que a outros faria desesperar ou enlouquecer, ergue-se de dentro da criatura média e apagada a natureza genial, deixando facilmente estupefatos aqueles que a viam dantes, no quadro estreito da vida burguesa - o que explica talvez o fato do "profeta raramente valer qualquer coisa em sua terra". Nada melhor do que a Guerra nos oferece oportunidade para fazer tal observação, Em horas de angústia, surgem subitamente, de crianças aparentemente inofensivas, heróis dotados de resoluta coragem, perante a morte e de grande frieza de reflexão. Não fosse tal momento de provação, ninguém teria pressentido o herói no rapaz ainda imberbe. Quase sempre é preciso algum solavanco para provocar o gênio. A martelada do destino, que a uns derriba logo, já em outros encontra resistência de aço, e, destruindo o invólucro da vida quotidiana, descobre o âmago até então oculto aos olhos do universo atônito. Este se defende e recusa crer, que exemplares de aparência tão semelhante possam tão repentinamente mudar de individualidade, processo esse, que se deve repetir com toda criatura excepcional.

Apesar de um inventor, por exemplo, só consolidar a sua fama no dia em que a invenção está terminada, seria errôneo pensar que a genialidade em si não se contivesse no homem antes desse momento. A centelha do gênio já faísca, desde a hora do nascimento, na cabeça do homem verdadeiramente dotado de talento criador, Genialidade verdadeiramente é sempre inata, nunca fruto de educação ou estudos.

Como já acentuamos previamente, o mesmo fenômeno, observado no indivíduo, se produz também na raça, Ainda que espectadores superficiais queiram desconhecer esse fato, certo é que os povos que produzem muito são dotados de talento criador desde a sua origem mais remota. Aqui também a aceitação exterior só se manifesta depois de obras executadas, o resto do mundo sendo incapaz de reconhecer a genialidade em si, aplaudindo apenas suas manifestações concretas, como sejam: invenções, descobertas, construções, pinturas, etc. Mesmo depois disso, ainda passa às vezes muito tempo, até chegar a ser reconhecida. Na vida do indivíduo predestinado, a disposição genial ou pelo menos extraordinária, só incentivaria por motivos especiais, marcha para a sua realização prática; na vida dos povos também só determinadas hipóteses poderão levar à completa utilização de forças e capacidades criadoras.

É nos Arianos - raça que foi e é o expoente do desenvolvimento cultural da Humanidade - que se verifica tudo isso com a maior clareza. Assim que o destino os lança em situações especiais, as faculdades que possuem começam a se desenvolver e a se tornar manifestas. As civilizações por eles fundadas em semelhantes casos, quase sempre são definitivamente fixadas pelo solo e clima e pelos homens vencidos, sendo este último fator quase que o mais decisivo. Quanto mais primitivos os recursos técnicos para um trabalho cultural, mais necessário o auxílio de forças humanas, que, conjugadas e bem aplicadas, terão que substituir a energia da máquina. Sem tal possibilidade de empregar gente inferior, o ariano nunca teria podido dar os primeiros passos para sua civilização, do mesmo modo que, sem a ajuda de animais apropriados, pouco a pouco domados por ele, nunca teria alcançado uma técnica, graças à qual vai podendo dispensar os animais. O ditado: "o negro fez a sua obrigação, pode se retirar", possui infelizmente uma significação profunda. Durante milênios, o cavalo teve que servir e ajudar o homem em certos trabalhos nos quais agora o motor suplantou, o que dispensou perfeitamente o cavalo. Daqui a poucos anos, este terá cessado toda a sua atividade. No entanto, sem a sua cooperação inicial, o homem só dificilmente teria chegado ao ponto em que hoje se acha.

Eis como a existência de povos inferiores tornou-se condição primordial na formação de civilizações superiores, nas quais só esses entes poderiam suprir a falta de recursos técnicos, sem os quais nem se pode imaginar um progresso mais elevado. A cultura básica da humanidade se apoiou menos no animal domesticado do que na utilização de indivíduos inferiores.

Só depois da escravização de raças inferiores é que a mesma sorte tiveram os animais, e não "vice-versa", como alguém poderia pensar. É certo que foi primeiro o vencido, e só, depois dele o cavalo, que puxou o arado. Só os bobos pacifistas é que podem enxergar nisso um indício de maldição humana, sem perceber direito que tal era a marcha a seguir, para, finalmente, chegar-se ao ponto de onde esses apóstolos têm pregado ao mundo o seu charlatanismo.

O progresso humano se assemelha a uma ascensão em uma escada sem fim; não se chega de forma alguma encima, sem se ter servido dos degraus inferiores. Foi assim que o ariano teve que trilhar o caminho traçado pela realidade e não aquele com o qual sonha a fantasia de um pacifista moderno. O caminho da realidade é duro e espinhoso, mas só ele conduz à finalidade com que os pacifistas sonham afastando, porém, cada vez mais a humanidade do ideal sonhado. Não é, portanto, por mero acaso, que as primeiras civilizações tenham nascido ali, onde o ariano, encontrando povos inferiores, subjugou os à sua vontade; foram eles os primeiros instrumentos a serviço de uma cultura em formação.

Com isso ficou porém, claramente delineado o trajeto que o ariano teria de percorrer. Com a sua autoridade de conquistador, submeteu ele os homens inferiores, regulando, em seguida, sob o seu comando, a atividade prática dessas criaturas, conforme a sua vontade e visando seus próprios fins. Enquanto assim conduzia os vencidos para um trabalho útil, embora duro, o ariano poupava, não só as suas vidas, como lhes proporcionava talvez uma sorte melhor do que dantes, quando gozavam a chamada "liberdade". Todo o tempo em que ele soube manter, sem vacilações, o seu lugar de senhor e mestre, conservou-se, não somente o senhor absoluto, como o conservador e pioneiro da civilização, visto esta depender exclusivamente da capacidade dos conquistadores e da sua própria conservação. No momento em que os próprios vencidos começaram a se elevar sob o ponto de vista cultural, aproximando-se também dos conquistadores pelo idioma, ruiu a rigorosa barreira entre o senhor e o servo. O ariano sacrificou a pureza do sangue, perdendo assim o lugar no Paraíso, que ele mesmo tinha preparado. Sucumbiu, com a mistura racial; perdeu, aos poucos, cada vez mais, sua capacidade civilizadora, até que começou a se assemelhar mais aos indígenas subjugado do que a seus antepassados, e isso, não só intelectual como fisicamente. Algum tempo ainda, pôde fruir dos bens já existentes da civilização, mas, depois, sobreveio a paralisação do progresso e o homem se esqueceu de si próprio. É desse modo que vemos a ruína de civilizações e remos, que cedem o lugar a outras formações.

As causas exclusivas da decadência de antigas civilizações são: a mistura de sangue e o rebaixamento do nível da raça, que aquele fenômeno acarreta. Está provado que não são guerras perdidas que exterminam os homens e sim a perda daquela resistência, que só o sangue puro oferece.

Todo o que, no Mundo, não é raça boa é joio.

Todo acontecimento na História Universal não passa de uma manifestação externa do instinto de conservação das raças, no bom ou no mau sentido. A questão das causas íntimas que determinam a importância preponderante do arianismo pode ser explicada menos por uma força mais poderosa do instinto de conservação, propriamente, do que pelo modo especial por que este se manifesta. A vontade de viver, falando do ponto de vista subjetivo, tem, por toda parte, a mesma intensidade e só difere pela forma que ela adota na vida real. Nos seres mais primitivos, o instinto de conservação não vai além da preocupação com o próprio "eu". O egoísmo - definição que damos a tal tendência - nesses animais chega a limitar-se às preocupações do momento, que absorvem tudo, nada reservando para as horas futuras. Nesse estado, o animal vive exclusivamente para si, procura o alimento só para matar a fome no instante e só luta pela própria vida.. Enquanto, porém, o instinto de conservação se manifesta apenas desta maneira, falta lhe completamente a base para a formação de uma comunidade, mesmo sob a forma mais primitiva da família. Já a comunhão entre o macho e a fêmea exige uma extensão do instinto de conservação, pelo cuidado e a luta que, além do próprio "eu", inclui também a outra metade. O macho, às vezes, também procura alimento para a fêmea; o mais freqüente é eles ambos procurarem-no para os filhos. Um protege o outro, de modo que aqui se verificam as primeiras formas, embora infinitamente elementares, de um espírito de sacrifício. No momento em que este espírito de sacrifício ultrapassa o quadro estreito da família, estabelecem-se as condições para a fundação de maiores agremiações e, enfim, de verdadeiros Estados.

Os povos mais atrasados da terra têm essa qualidade muito apagada, de modo que, muitas vezes, não chegam além da formação da família. Quanto mais aumenta a disposição a sacrificar interesses puramente pessoais, tanto mais se desenvolve a capacidade para erigir comunidades mais importantes.

É o ariano que apresenta, do modo mais expressivo, essa disposição para o sacrifício do trabalho pessoal, e, sendo necessário, até da sua própria vida, que arrisca em favor dos outros. Por si mesmo, o ariano não se caracteriza por ser um homem mais bem dotado intelectualmente, mas, sim, pela sua disposição em- pôr todas as suas faculdades ao serviço da comunidade. Nele, o instinto de conservação alcançou a forma mais nobre, submetendo o próprio "eu", espontaneamente, à vida da coletividade, sacrificando-o até inteiramente, se o momento exigir.

A razão da faculdade civilizadora e construtora do ariano não reside nos dotes intelectuais. Se ele nada possuísse fora disso, só poderia agir como destruidor, nunca, porém, como organizador, pois a significação intrínseca de toda organização repousa sobre o princípio do sacrifício, que cada indivíduo faz de sua opinião e de seus interesses pessoais em proveito de uma pluralidade de criaturas. Só depois de trabalhar pelos outros, recebe ele novamente a parte que lhe toca. Não trabalha mais, diretamente para si, mas incorpora-se, com o seu trabalho, no quadro geral da coletividade, visando, não o seu proveito mas sim o bem de todos. A ilustração mais admirável de semelhante disposição encontra-se na palavra "trabalho" que para ele não representa absolutamente uma atividade visando somente a manutenção da vida, mas uma criação que não vai de encontro aos interesses da generalidade. Em caso contrário, quando as ações humanas só atendem ao instinto de conservação, sem levar em conta o bem do resto do mundo, o ariano as chama:. furto, usura, roubo, assalto, etc.

Tal disposição, que faz ceder o interesses do próprio "eu" à conservação da comunidade, é realmente a condição indispensável para a existência de toda civilização humana. Só ela pode criar as grandes obras da humanidade, que ao fundador pouca recompensa trazem, as maiores bênçãos porém às gerações futuras. Só esse sentimento é que explica como é que tantos indivíduos podem suportar honestamente uma existência miserável, que só lhes impõe pobreza e humildade, mas firma para a coletividade as bases da existência. Cada operário, cada camponês, cada inventor, cada funcionário, etc., que vai trabalhando, sem chegar nem uma vez à felicidade ou ao bem-estar, é um expoente desse elevado ideal, mesmo que nunca venha a penetrar o sentido profundo de seu proceder.

O que é verdade, no que diz respeito ao trabalho como base de nutrição e de todo progresso humano, aplica-se ainda, muito mais, em se tratando de preservar o homem e a sua cultura. A coroação de todo espírito de abnegação reside no sacrifício da própria vida individual em prol da existência coletiva. Só assim se pode impedir que mãos criminosas ou a própria Natureza destruam aquilo que foi obra de mãos humanas.

Nossa língua possui justamente um termo que define esplendidamente o modo de agir nesse sentido; é o "cumprimento do dever" Significa isso não se contentar o indivíduo somente consigo, mas em procurar servir à coletividade.

A disposição fundamental de que emana um tal modo de proceder, é chamada por nós Idealismo, em oposição ao Egoísmo. Entendemos por essa palavra a faculdade de sacrifício do indivíduo pelo conjunto de seus semelhantes.

É necessário proclamar repetidamente que o idealismo não significa apenas uma supérflua manifestação sentimental, era e será sempre, em verdade, a condição primordial para o que denominamos "civilização"- Foi esse idealismo o criador do conceito "homem"! É a essa tendência interior que o ariano deve sua posição no Mundo, esse a ela também deve a existência do homem superior. O idealismo foi que, do espírito puro, plasmou a força criadora, cuja obra - os monumentos culturais - brotou de um consórcio singular entre a violência bruta e a inteligência genial.

Sem as tendências do idealismo, mesmo as faculdades mais brilhantes não passariam de uma abstração, pura aparência exterior, sem valor intrínseco, nunca podendo resultar em força criadora.

Como, entretanto, o idealismo genuíno não é mais nem menos do que a subordinação dos interesses e da vida do indivíduo à coletividade, isso também, por sua vez, estabelece as condições para novas organizações de toda espécie. Esse sentimento, no seu íntimo, corresponde à vontade mais imperiosa da Natureza. Só ele é que conduz os homens a reconhecerem espontaneamente o privilégio da força e do vigor, fazendo deles uma poeirinha insignificante naquela organização que forma e constitui o Universo. O idealismo mais puro reveste-se inconscientemente do mais profundo conhecimento.

O quanto isso é verdadeiro, o quanto é inexistente a relação entre o idealismo real e as fantasmagorias de brinquedo, ressalta, à primeira vista, do juízo de uma criança pura, de um menino são, por exemplo. O mesmo jovem que escuta, sem interesses e com repugnância, as tiradas intermináveis de um pacifista "idealista", prontifica-se a dar imediatamente sua vida pelo ideal de seu nacionalismo.

Inconscientemente obedece aí ao instinto, que reconhece a necessidade recôndita da conservação da espécie, à custa do indivíduo. Se preciso for, lançará um protesto contra as fantasias do discursador pacifista, que, em realidade, no seu papel de egoísta mascarado, porém covarde, peca diretamente contra as leis da evolução. Esta é condicionada pela disposição ao sacrifício do indivíduo em prol da espécie, e não por visões mórbidas de sabichões covardes e críticos da Natureza.

É justamente nas épocas em que o sentimento idealista parece querer desaparecer, que podemos também imediatamente verificar uma queda daquela força formadora de coletividade e, por si mesma, criadora de possibilidades culturais. Logo que o egoísmo principia a governar um povo, afrouxam-se os vínculos da ordem e, na caça atrás da felicidade, é que os homens se precipitam do céu para dentro do inferno.

Sim, até o posteridade esquece aqueles que só serviram a seus interesses pessoais e exalta os heróis que renunciaram à sua própria ventura.

O judeu é que apresenta o maior contraste com o ariano. Nenhum outro povo do mundo possui um instinto de conservação mais poderoso do que o chamado "Povo Eleito". Já o simples fato da existência desta raça poderia servir de prova cabal para essa verdade. Que povo, nos últimos dois milênios, sofreu menos alterações na sua disposição intrínseca, no seu caráter, etc., do que o povo judeu? Que povo, enfim, sofreu maiores transtornos do que este, saindo, porém, sempre o mesmo, no meio das mais violentas catástrofes da humanidade? Que vontade de viver, de uma resistência infinita para a conservação da espécie, fala através desses fatos!

As qualidades intelectuais do judeu formaram-se no decorrer de milênios, Ele passa hoje por "inteligente" e o foi sempre até um certo ponto. Somente, sua compreensão não é o produto de evolução própria, mas de pura imitação. O espírito humano não consegue galgar alturas, sem passar por degraus; para cada passo ascendente, necessita ele do fundamento do passado, naquele sentido lato que só na cultura geral pode transparecer. Apenas uma pequena parte do pensamento universal repousa sobre o conhecimento próprio; a maior parte é devido às experiências de épocas precedentes. O nível geral de cultura mune o indivíduo sem que disso ele se aperceba, de uma tal riqueza de conhecimentos preliminares, que, assim preparado, ele, mais facilmente, seguirá o seu caminho. O menino de hoje, por exemplo, cresce, cercado por uma infinidade de inventos técnicos dos últimos séculos, de tal modo, que muitas coisas - um enigma, há cem anos, para os espíritos mais adiantados - lhe passam despercebidas, embora a observação e a compreensão dos nossos progressos no dito terreno sejam para ele de uma importância decisiva. Se mesmo um cérebro genial da segunda década do século passado saísse hoje do seu túmulo, encontraria maior dificuldade em se orientar no tempo atual, do que, hoje, um rapazinho de quinze anos, de Inteligência mediana. Ao ressuscitado faltaria toda a formação prévia, interminável, quase inconscientemente absorvida pelo nosso contemporâneo durante seu período de crescimento, no meio das manifestações da civilização geral. Como então o judeu - por motivos que ressaltam à primeira vista - nunca possuiu uma cultura própria, as bases do seu trabalho espiritual sempre foram ditadas por outros. Em todos os tempos, seu intelecto desenvolveu-se por influências do mundo civilizado que o cerca.

Nunca se operou um processo inverso.

Mesmo que o instinto de conservação do povo judeu não fosse mais fraco e sim mais forte do que o de outros povos, quando mesmo sua capacidade intelectual pudesse dar a impressão de poder ele concorrer sem desigualdade com as demais raças, faltar-lhe-ia, no entanto, inteiramente, a condição "sine qua non" para um povo expoente de cultura - a mentalidade idealista.

No povo judeu, a vontade de sacrificar-se não vai- além do puro instinto de conservação do indivíduo. O sentimento de solidariedade acha seu fundamento em um instinto gregário muito primitivo, que se manifesta em muitos outros seres nesse mundo. Notável é nisso tudo o fato dê que o instinto gregário só conduz ao apoio mútuo, ali onde um perigo comum torna apropriado ou Inevitável tal auxílio. O mesmo bando de lobos que, era determinado momento, assalta em comum a sua presa, se dispersa de novo, assim que acaba de matar a fome. O mesmo fazem os cavalos, que, juntos, procuram defender-se de um ataque, para dispersarem-se, para todos os lados, uma vez o perigo passado.

Análogo é o caso do judeu. Seu espirito de sacrifício é só aparente, só perdura, enquanto a existência de cada um o exige peremptoriamente. Entretanto uma vez vencido o inimigo comum e afastado o perigo, que a todos ameaçava, os espólios em segurança, cessa a aparente harmonia dos judeus entre si, para deixar novamente transparecerem as tendências primitivas. O judeu só conhece a união, quando ameaçado por um perigo geral ou tentado por uma filhagem em comum; desaparecendo ambos estes motivos, os sinais característicos do egoísmo mais cru surgem em primeiro plano, e o povo, ora unido, de um instante para outro transforma-se em uma chusma de ratazanas ferozes.

Se os judeus fossem os habitantes exclusivos do Mundo não só morreriam sufocados em sujeira e porcaria como tentariam vencer-se e exterminar-se mutuamente, contanto que a indiscutível falta de espírito de sacrifício, expresso na sua covardia, fizesse, aqui também, da luta uma comédia. É pois uma idéia fundamentalmente errônea, querer enxergar um certo espírito idealista de sacrifício na solidariedade do judeu na luta ou, mais claramente, na exploração de seus semelhantes, Aqui igualmente o judeu não é movido por outra coisa senão pelo egoísmo individual nu e cru. Por isso mesmo, o Estado judaico - que deve ser o organismo vivo para a conservação e multiplicação da raça - não possui nenhum limite territorial. Uma formação estatal compreendida dentro de um determinado espaço, pressupõe sempre uma disposição idealista na raça, que ocupa esse Estado, antes de tudo, porém, uma compreensão exata da noção de "trabalho". A falta de tal convicção acarreta o desânimo, não só para construir, como até para conservar um Estado com limites marcados. Com isso desaparece o fundamento único da origem de uma civilização.

Por isso também é que o povo judeu, apesar de suas aparentes aptidões intelectuais, permanece sem nenhuma cultura verdadeira e, sobretudo, sem cultura própria. O que ele hoje apresenta, como pseudo-civilização, é o patrimônio de outros povos, já corrompidos nas suas mãos.

Para se julgar o judaísmo em face da civilização humana, é preciso salientar o traço característico mais inerente à sua natureza, a saber: que nunca houve uma arte Judaica, como hoje ainda não há, e que as duas rainhas entre as artes - a arquitetura e a música - nada de espontâneo lhe devem, o que tem feito no terreno artístico é ou fanfarronice verbal ou plágio espiritual. Além disso, faltam ao judeu aquelas qualidades que distinguem as raças privilegiadas no ponto de vista criador e cultural.

A que ponto o judeu aceita por imitação a civilização estranha, até deformando-a, está provado pelo fato de ser a arte dramática a que mais o atrai, sendo, como, a que menos depende de invenção pessoal. Mesmo nessa especialidade, ele realmente não passa de um "cabotino", melhor ainda, de um macaqueador, faltando-lhe a inspiração para grandes realizações; nunca é construtor genial, mas sim puro imitador. Os pequenos truques por ele utilizados não podem entretanto a ninguém enganar, encobrindo a falta de. vitalidade intrínseca do seu talento. Só a imprensa judaica, que presta o seu auxílio carinhosamente, completando falhas e entoando, mesmo sobre o remendão mais medíocre, um tal hino de "louvores" que o resto do mundo acaba supondo tratar-se de um verdadeiro artista, quando se trata, apenas, de um miserável comediante. Não. O judeu não possui força alguma suscetível de construir uma civilização e isso pelo fato de não possuir nem nunca ter possuído o menor idealismo, sem o qual o homem não pode evoluir em um sentido superior. Eis a razão por que sua inteligência nunca construirá coisa alguma; ao contrário, agirá destruindo; quando muito, poder dar um incentivo passageiro, aparecendo então como o protótipo da "Força, que sempre deseja o Mal, fazendo o Bem". Não por ele, mas sim apesar dele, vai se realizando de qualquer modo o progresso da humanidade.

O judeu, não tendo jamais possuído um Estado com definidos limites territoriais e, portanto, nenhuma cultura própria, formou-se o hábito de classificar esta raça entre os nômades. É isto um erro tão grande quanto perigoso. O nômade dispõe, para viver, de um espaço limitado por fronteiras; não o cultiva, porém, como um lavrador estabelecido, mas vive do rendimento de seus rebanhos, com os quais percorre as suas terras. A razão para isso reside, aparentemente, na pouca fertilidade do solo, que não permite a instalação de uma colônia; no fundo, entretanto, está na desarmonia entre a civilização técnica de uma época ou de um povo e a pobreza natural do lugar habitado. Há regiões, onde o ariano, somente pelo desenvolvimento de sua técnica milenar, consegue, em colônias isoladas, apoderar- se das terras e delas extrair os elementos necessários ao seu sustento, se não fosse essa técnica, ou ele teria que se afastar dessas paragens, ou viver igualmente como nômade, em constante peregrinação. se é que sua educação, através de milênios, e seu hábito de vida estabelecida, não tornasse semelhante solução totalmente insuportável. Seja lembrado que quando se descobriu o Continente Americano, numerosos arianos lutavam pela vida, como armadores de alçapão, caçadores, etc., e isto freqüentemente, em bandos maiores, com mulher e filhos, mudando sempre de paradeiro, em uma vida igual à dos nômades. Logo, porém, que o seu número, por demais acrescido, assim como recursos mais aperfeiçoados, permitiram desbravar o solo virgem e resistir aos indígenas, começou a surgir, no país, uma colônia depois da outra.

É provável que o ariano também tenha sido primeiro nômade, depois, com o decorrer do tempo, se tenha fixado; mas nunca o foi o judeu! Não, o judeu não é um nômade, pois, mesmo este já tomava atitudes definidas quanto ao "trabalho", contanto que, para isso, existissem as devidas condições espirituais. O idealismo, como sentimento fundamental, existe nele, embora infinitamente apagado; é por isso que, em todo seu complexo, o nômade poderá parecer estranho aos povos arianos, mas nunca antipático. Tal não acontece com o judeu; este nunca foi nômade e sim um parasita incorporado ao organismo dos outros povos. Sua mudança de domicílio, uma vez por outra, não corresponde às suas intenções, sendo resultado da expulsão sofrida por ele, de tempos em tempos, da parte dos povos que o abrigam e que ele explora. O fato dele continuar a se espalhar pelo mundo é um fenômeno próprio a todo parasita; este anda sempre à procura de novos terrenos para fazer prosperar sua raça.

Com o nomadismo isso nada tem que ver, porque o judeu não cogita absolutamente de desocupar uma região por ele ocupada, ficando aí, fixando-se e vivendo aí tão bem estabelecido, que mesmo a violência dificilmente o consegue expulsar. Sua expansão através de países sempre novos só principia quando neles existem condições precisas para lhe assegurar a existência, sem que tenha que mudar de domicílio como o nômade, É e será sempre o parasita típico, um bicho, que, tal qual um micróbio nocivo. Se propaga cada vez mais, assim que se encontra em condições propicias. A sua ação vital igualmente se assemelha à dos parasitas, onde ele aparece. O povo, que o hospeda, vai se exterminando mais ou menos rapidamente. Assim viveu o judeu, em todos os tempos, nos Estados alheios, formando ali seu próprio "Estado", que aliás costumava navegar em paz, até que circunstâncias exteriores desmascarassem por completo seu aspecto velado de "comunhão religiosa". Uma vez, porém, que adquira bastante força para prescindir de tal disfarce, deixava afinal cair o véu e torna-se de súbito, aquilo, que os outros não queriam, dantes, nem crer nem ver: o judeu. Na vida do judeu, incorporado como parasita no meio de outras nações e de outros Estados, existe um traço característico, no qual Schopenhauer se inspirou para declarar, come já mencionamos: "O judeu é o grande mestre na mentira". A vida impele o judeu para a mentira, para a mentira incessante, da mesma maneira que obriga o homem do norte a vestir roupa quente.

Sua vida, no seio de povos estranhos, só pode perdurar, se ele conseguir despertar a crença de ser o representante, não de um povo, mas de uma "comunhão religiosa", muito embora singular.

Aí está a primeira grande mentira.

Para poder levar essa vida, à custa de outros povos, precisa ele recorrer à negação de sua individualidade interior. Quanto mais inteligente é cada judeu melhor conseguirá iludir. Pode chegar ao ponto de grande parte o povo que o hospeda acreditar seriamente que o judeu seja francês ou inglês, alemão ou italiano, embora pertencente a uma crença especial. As vítimas mais freqüentes de tão infame fraude são os funcionários oficiais que parecem sempre influenciados por essa fração histórica da sabedoria universal. O pensamento independente, em tais rodas, passa, às vezes, como um verdadeiro pecado contra o progresso na vida, de modo que ninguém se deve admirar, quer por exemplo, um secretário de Estado na Baviera, até hoje, ainda não possua a mais leve suspeita de que os judeus constituem um povo e não uma seita religiosa. Aliás, basta um olhar lançado sobre a imprensa, eivada de judaísmo, para revelar tal verdade mesmo ao espírito mais curto. É verdade, que o "Eco Judeu" ainda não é o órgão oficial, não podendo traçar normas ao intelecto de uma tal autoridade do Governo.

O judaísmo nunca foi uma religião, e sim sempre um povo com características raciais bem definidas. Para progredir teve ele, bem cedo, que recorrer a um meio, para dispersar a atenção malévola, que pesava sobre seus adeptos. Que meio mais conveniente e mais inofensivo do que a adoção do conceito estranho de "comunhão religiosa"? Pois, aqui, também, tudo é emprestado, ou, melhor, roubado - a personalidade primitiva do judeu, já por sua natureza, não pode possuir uma organização religiosa, pela ausência completa de ideal, e, por isso mesmo, de uma crença na vida futura, Do ponto, de vista ariano, é impossível imaginar-se, de qualquer maneira, uma religião sem a convicção da vida depois da morte, Em verdade, o Talmud também não é um livro de preparação ao outro mundo, mas sim para uma vida presente boa, suportável e prática.

A doutrina Judaica é, em primeiro lugar, um guia para aconselhar a conservação da pureza do sangue, assim como o regulamento das relações dos judeus entre si, mas ainda com os não judeus, isto é, com o resto do inundo. Não se trata, em absoluto, de problemas morais, e sim de questões econômicas, muito elementares, Existem hoje e já existiram em todos os tempos estudos bastantes aprofundados sobre o valor ético do ensino da doutrina Judaica, espécie de religião, que, aos olhos arianos, parece, por assim dizer, escabrosa (tais estudos naturalmente não provêm de iniciativa dos judeus, ao contrário, seriam habilmente adaptados ao fim visado). O produto dessa educação religiosa - o próprio judeu é o seu melhor expoente. Sua vida só se limita a esta terra, e seu espírito conservou-se tão estranho ao verdadeiro Cristianismo quanto a sua mentalidade o foi, há dois mil anos, ao grande fundador da nova doutrina. Verdade é que este não ocultava seus sentimentos relativos ao povo judeu; em certa emergência pegou até no chicote para enxotar do templo de Deus este adversário de todo espírito de humanidade que, outrora, como sempre, na religião, só discernia um veículo para facilitar sua própria existência financeira. Por isso mesmo, aliás, é que Cristo foi crucificado, enquanto nosso atual cristianismo partidário se rebaixa a mendigar votos judeus nas eleições, procurando ajeitar combinações políticas com partidos de judeus ateístas e tudo isso em detrimento do próprio caráter nacional.

Em uma seqüência lógica, amontoam-se sempre novas mentiras sobre a grande mentira inicial, a saber: que o judaísmo não é uma raça, mas uma religião. A mentira estende-se igualmente à questão da língua dos judeus; esta não lhes serve de veículo para a expressão, mas sim de máscara para seus pensamentos. Falando francês, seu modo de pensar é judeu; torneando versos em alemão não faz senão fazer transparecer o espírito da sua raça.

Enquanto o judeu não se torna senhor dos outros povos é forçado, quer queira quer não, a falar as línguas desses.

No momento, porém, em que esses se tornassem seus vassalos, teriam que aprender todos um idioma universal (por exemplo, o Esperanto!) a fim de assim poderem ser dominados mais facilmente pelo judaísmo.

Os "Protocolos dos Sábios de Sião", tão detestados pelos judeus, mostram, de uma maneira incomparável, a que ponto a existência desse povo é baseada em uma mentira ininterrupta. "Tudo isto é falsificado", geme sempre de novo o "Frankfurter Zeitung", o que constitui mais uma prova de que tudo é verdade. Tudo o que muitos judeus talvez façam inconscientemente, acha-se aqui claramente desvendado. Mas o ponto capital é que não importa absolutamente saber que do cérebro judeu provêm tais revelações. O ponto decisivo é a maneira pela qual essas revelações tornam patentes, com uma segurança impressionante, a natureza e a atividade do povo judeu nas suas relações íntimas, assim como nas suas finalidades. A melhor crítica desses escritos é fornecida entretanto pela realidade. Quem examinar a evolução histórica do último século sob o prisma deste livro, logo compreenderá também o clamor da imprensa judaica, pois no dia em que o mesmo for conhecido de todo o povo, nesse dia estará evitado o perigo do judaísmo.

Para bem conhecer o judeu, o melhor meio é estudar o caminho seguido por ele no seio dos outros povos e no decorrer dos séculos. Basta para isso estudar um só exemplo, que nos será bastante instrutivo. Como a sua evolução, sempre e em todos os tempos, foi a mesma, como também os povos por ele devorados, são sempre os mesmos, seria recomendável, em um tal estudo, dividir essa marcha da sua evolução em períodos definidos, que marcarei com letras para simplificar.

Os primeiros judeus vieram para a Germânia no curso da marcha invasora dos Romanos, como sempre, negociando. Nos túmulos das invasões parecem entretanto ter desaparecido, e o tempo da primeira formação de Estados germânicos pode ser considerado o início de uma nova e permanente invasão Judaica na Europa Central e Setentrional. Começa aí uma evolução, que sempre foi idêntica, toda vez que, em qualquer parte, houve colisão dos judeus com povos arianos.

a) Com a instalação das primeiras colônias fixas, surge repentinamente o judeu. Ele chega como negociante, e, a princípio, não se preocupa em disfarçar a sua nacionalidade. Ainda é o judeu, talvez em parte também, porque, exteriormente, a diferença racial entre ele e o povo hospitaleiro é grande demais, seu conhecimento da língua muito falho, as desconfianças da gente da terra muito sensíveis, para lhe permitirem aparecer sob outro aspecto que o de um comerciante estrangeiro. Com o seu jeito insinuante e a Inexperiência do outro povo, a conservação de sua personalidade não apresenta para ele nenhuma desvantagem; pelo contrário, antes uma vantagem que é a de ser amavelmente recebido na sua qualidade de estrangeiro.

b) Aos poucos, começa ele a trabalhar no terreno econômico, não como produtor mas exclusivamente como intermediário. Na sua habilidade milenar de negociante, supera de muito os arianos, os quais ainda se mostram sem jeito e, sobretudo, de uma probidade sem limites. Assim, em pouco tempo, o judeu ameaça adquirir o monopólio do comércio. Começa com empréstimos de dinheiro, e, como sempre, com juros de usurários. Na verdade, foi ele quem, por este meio, introduziu o juro. O perigo dessa nova instituição, a princípio, não é reconhecido, sendo ela até acolhida com entusiasmo pelas vantagens momentâneas que oferece.

e) O judeu estabeleceu-se completamente, isto é, habita em cidades e lugarejos, bairros especiais, formando cada vez mais um Estado seu, dentro do Estado. Considera o comércio e todos os negócios financeiros como seu privilégio pessoal, que explora sem escrúpulo algum.

d) As finanças e o comércio tornaram-se decididamente monopólio seu. Seus juros de usurários afinal provocam oposição, seu atrevimento crescente revolta, sua riqueza produz inveja. A medida chega a transbordar, quando a propriedade e a terra também ingressam no círculo de seus objetivos comerciais, sendo rebaixados ao grau de mercadoria vendável e mais apta a ser negociada. Como o judeu nunca cultiva a terra, que para ele representa um fundo de exploração, o camponês pode ficar vivendo ali, entretanto tão miseravelmente oprimido por seu novo senhor, que a aversão contra esse vai pouco a pouco se convertendo em ódio declarado. Sua insaciável tirania torna-se tão grande que desperta reações violentas. Começa-se a examinar, sempre mais de perto, o corpo estranho, descobrindo-se nele sempre novos traços e maneiras repelentes, até que a cisão completa se opera.

Nas épocas das maiores privações, a fúria, afinal, rebenta contra ele; as massas exploradas e totalmente aniquiladas recorrem à defesa própria, a fim de se livrarem do "flagelo de Deus". No decorrer dos séculos, já o conheceram de sobra, sentindo que sua simples existência é uma calamidade equivalente à peste.

e) Então principia o judeu a desvendar suas qualidades genuínas. Graças à lisonja abjeta, consegue acercar-se dos Governos, faz girar e trabalhar o seu dinheiro, e deste modo arranja sempre uma "carta branca' para a exploração de suas vitimas. Mesmo que, às vezes, á ira popular se torne violenta contra a eterna sanguessuga, isso não impede absolutamente de aparecer ele no lugar há pouco abandonado e de recomeçar a vida de outrora. Não há perseguição que o possa demover do seu processo de exploração humana; nenhuma o poderá expulsar, pois cada perseguição termina ela sua volta dentro em breve e sob a mesma forma.

Para impedir, pelo menos, a piores conseqüências, começa-se a retirar a terra da sua mão usurária, tornando-se a aquisição da mesma impossível dentro da lei.

f) Quanto mais o poder dos príncipes vai aumentando, mais o judeu se vai chegando a eles. Mendiga "privilégios" que facilmente obtém, em troca do devido pagamento destes senhores constantemente em dificuldades financeiras. Custe o que custar, em poucos anos ele recobra novamente, com juros sobre juros, o dinheiro empregado. Uma verdadeira sanguessuga que se agarra ao corpo do infeliz povo e daí não se mexe até que os príncipes precisem novamente de dinheiro e se encarreguem de lhes extorquir pessoalmente o sangue sugado. Tal espetáculo repete- se sempre, sendo que o papel dos príncipes alemães é tão miserável quanto o dos próprios judeus. Foram, com efeito, perante seu povo, o castigo de Deus. Esses senhores não encontram paralelos senão em vários ministros da época atual.

Aos seus príncipes é que a nação alemã deve o não ter podido libertar-se completamente do perigo judaico. Infelizmente, as coisas não se modificaram posteriormente, de modo que do judeu só receberam o pago mil vezes merecido pelos pecados cometidos contra seu povo. Aliaram-se com o demônio, e foram parar onde ele está!

g) É assim que o seu processo de sedução tem levado os príncipes à ruína. Devagar, porém, seguramente, vão se afrouxando os laços que os ligam aos povos, na medida em que cessam de servir os interesses destes, para se transformarem em exploradores dos mesmos.

O judeu conhece perfeitamente o fim reservado aos príncipes e procura, por todos os meios, apressá-lo. Ele mesmo alimenta seus eternos apertos financeiros, afastando-os cada vez mais de seus verdadeiros deveres, rodeando-os com a mais vil adulação, conduzindo-os aos erros e tornando-se cada vez mais indispensável a eles. Sua habilidade (ou melhor sua falta de escrúpulos, em todas as questões financeiras sabe se arranjar para extorquir sempre novos recursos dos súditos explorados, recurso que aos poucos vão desaparecendo. É assim que cada corte possui seu "judeu da corte", como se denominam esses entes abomináveis que atormentam o pobre povo até o desespero, proporcionando a seus príncipes alegria perene.

Quem se admirará, então, que esses ornamentos do gênero humano por fim também, querendo se enfeitar, subam até à altura da nobreza hereditária, contribuindo assim, não só a expor essa classe ao ridículo, como também para envenená-la.

Então, naturalmente, ele poderá se aproveitar de sua situação para facilitar seu progresso.

Afinal, ele não precisa mais de outra coisa senão do batismo para entrar na posse de todas as possibilidades e de todos os direitos dos filhos do país. Não é raro vê-lo liquidar também esse negócio, fazendo a alegria das Igrejas pelo novo filho adquirido e de Israel pelo sucesso da mistificação.

h) No mundo judaico inicia-se, então, uma metamorfose- Até agora foram judeus, isto é, não faziam questão de passar por outra coisa, e também era impossível fazê-lo, dados os sinais raciais tão característicos, de ambos os lados. Ainda na época de Frederico o Grande, ninguém se lembraria de ver nos judeus outra coisa senão "o povo estranho", e até Goethe se mostrava horrorizado com o fato dos casamentos entre cristãos e judeus não serem proibidos legalmente. Goethe, portanto, santo Deus, não era nenhum retrógrado nem "ilota", O que o fazia falar era nada menos do que a voz do sangue e da razão, É assim que mau grado toda a conduta vergonhosa das cortes - o povo via instintivamente no judeu o corpo estranho introduzido no seu organismo, e tomava, por conseguinte, a atitude que essa idéia lhe sugeria.

Isso, porém, tinha que mudar. No decorrer de mais de um milênio aprendeu ele a dominar de tal forma o idioma do país que o hospeda, que agora pensa poder se aventurar a tornar menos acentuado seu aspecto judaico, pondo em maior relevo seu "germanismo". Por mais ridículo, mesmo extravagante que possa parecer isso à primeira vista, permite-se ele, portanto, o atrevimento de se transformar em um "Germano", isto é, em um "Alemão", Com isso principia uma das mais infames mistificações inimagináveis. Não possuindo do "Alemanismo" nada a não ser a arte de maltratar - aliás de um modo horrível - a língua alemã, com a qual, porém, nunca se identificou, toda sua nacionalidade alemã se resume exclusivamente na fala. A raça, porém, não reside na língua, mas unicamente no sangue. Ninguém sabe isso melhor do que o judeu, que muito pouca importância dá justamente à conservação de sua língua.

Uma pessoa pode, sem mais nem menos, mudar sua língua, quer dizer, pode servir-se de outra, mas, no seu novo idioma, expressará suas idéias antigas, sua natureza íntima não sofrerá alteração, o judeu é o melhor expoente desse fenômeno, Fala várias línguas e conserva-se, entretanto, sempre judeu. Seus traços característicos conservaram-se sempre os mesmos, quer - ele tivesse falado romano, há dois mil anos, como vendedor de cereais em Óstia, ou que hoje fale alemão quebrado, como negociante, que se enriquece à custa de trigo! É sempre o mesmo judeu. Que essa verdade evidente não seja compreendida, hoje em dia, por um conselheiro ministerial ou um funcionário superior da policia, não é de admirar, pois é difícil encontrar-se coisa mais sem intuição, mais sem espírito do que os servidores de nossa modelar autoridade oficial dos tempos que correm.

A causa que leva o judeu à resolução de converter-se subitamente em "alemão" é evidente. Ele sente como o poder dos príncipes vai começando a se abalar e procura, por isso, já cedo, uma base sólida para firmar os pés.

Além disso, já é tão vasta a sua dominação do mundo econômico pelo dinheiro, que, por não possuir todos os direitos de cidadão, ele acaba não podendo mais sustentar o colossal edifício por ele criado, ou pelo menos não podendo mais aumentar a sua influência. Ambos os fins são, porém, por - ele desejados, pois, quanto mais alto sobe, mais tentador lhe aparece o antigo fim alvejado, que lhe fora predito, É com uma ânsia febril, que os mais esclarecidos cérebros judaicos vêem aproximar-se novamente o sonho do domínio universal, tão perto que já parece realizado, É por isso que sua única aspiração de hoje é a aquisição completa dos plenos direitos de cidadãos. Eis a razão por que ele tenta ultrapassar as fronteiras do Ghetto.

i) Deste modo, o judeu cortesão transforma-se em judeu popular, isto é, permanece, como dantes, no círculo dos grandes senhores, procura até, cada vez mais, penetrar nessa roda, mas, simultaneamente, outra parte de sua raça vai se aconchegando ao povo de uma maneira que inspire confiança. Quando se reflete sobre a soma de males, que, no decorrer dos séculos, ele havia feito ao povo, como, cada vez mais, ele o sangrava e explorava sem mercê; quando se pensa ainda, como o povo, por isso, aos poucos, o foi odiando, vendo afinal na sua existência nada mais do que um castigo do Céu para os outros povos, pode se avaliar o quanto deve ser difícil ao judeu essa nova atitude, sim, com efeito, é uma árdua tarefa apresentar-se de repente como "amigo do gênero humano" às próprias vítimas, às quais sempre havia arrancado a pele.

Seu primeiro esforço consiste em reparar, aos olhos do povo, o que até então lhe fizera de mal. Inicia sua metamorfose na qualidade de "benfeitor" da humanidade. Para que a atitude de bondade que, agora, resolveu assumir, possua uma base real, ele não se pode apegar à antiga frase bíblica, segundo a qual a esquerda não deve saber o que a direita dá, tem que adotar, quer queira quer não, a prática de propagar por toda parte o quanto sente os sofrimentos da humanidade e que sacrifícios faz pessoalmente em benefício desta. Com essa "modéstia", que nele é inata, proclama com tanto alarde seus merecimentos pelo mundo afora, que todos começam a tomá-lo a sério. Quem não o fizer, comete uma grande injustiça contra ele. Em pouco tempo, já principia a revirar os fatos de tal jeito, como se, até hoje, só ele tivesse sempre sido lesado e não inversamente. Alguns, especialmente os tolos, acreditam nisso, não se podendo furtar a ter piedade do infeliz.

Além disso, cumpre ainda observar, nesse ponto, que apesar de toda a disposição ao sacrifício, o judeu pessoalmente nunca empobrece. É que ele sabe se arranjar. Só se pode comparar o benefício, por ele praticado, ao adubo, que também não é posto na terra por amor a esta, mas sim na previsão do próprio bem-estar do que usa desse processo. Em todo caso, em um lapso d e tempo relativamente curto, ficam todos sabendo que o judeu se tornou um "benfeitor e filantropo". Que mudança esquisita!

O que em outras pessoas pode parecer mais ou menos natural, da parte dele desperta a maior surpresa, mesmo admiração, por não estar de acordo com seus antecedentes. É o que explica achar-se cada um de seus atos filantrópicos muito mais extraordinário do que se tivesse sido praticado por qualquer outra criatura humana.

Ainda mais: o judeu fica de repente liberal, começando a sonhar com a necessidade do progresso humano. Pouco a pouco, transforma-se no arauto de uma nova época. Na verdade, ele está destruindo cada vez mais os fundamentos de uma economia verdadeiramente útil ao povo. Pelo recurso das sociedades de ações, vai penetrando nos círculos da produção nacional, faz desta um objeto mais suscetível de compra e de traficância, roubando assim às empresas a base de propriedade pessoal. Por isso, surge entre o patrão e o empregado aquele distanciamento que conduz à ulterior luta política de classes.

Cresce assim a influência dos judeus em matéria econômica, além da Bolsa, e isso com assombrosa rapidez. Torna-se proprietário ou controlador das forças de trabalho do país.

Para consolidar sua posição política, tenta destruir as barreiras raciais e de cidadania, que mais do que tudo o embaraçam a cada passo. Para atingir tal fim, luta, com sua resistência típica, pela tolerância religiosa, encontrando na Maçonaria, que caiu inteiramente em seu poder, um excelente instrumento para o combate e para a realização de suas aspirações. Os círculos governamentais, assim como as camadas superiores da burguesia política e econômica, caem em suas armadilhas, guiados por fios maçônicos, mal se apercebendo disso. Só o povo propriamente dito ou, melhor, a classe que, despertando, luta pelos seus próprios direitos e sua liberdade, não pode ser conquistado por esse meio, principalmente nas suas camadas mais profundas. Essa, porém, é a conquista mais indispensável. O judeu sente que sua ascensão a uma posição dominadora só se tornará possível, quando existir à sua frente um "precursor" e este pensa ele descobrir não entre a burguesia mas nas camadas populares. Não se pode, entretanto, conquistar fabricantes de luvas e tecelões com os frágeis processos da Maçonaria, tornando-se obrigatório introduzir, nesse caso, meios mais rudes e grosseiros, porém não menos enérgicos. Como segunda arma ao serviço do judaísmo, existe, além da Maçonaria, a imprensa. Com todo o afinco e toda habilidade apossa-se êle desse órgão de propaganda. Com a mesma principia lentamente a enlaçar toda a vida oficial, a dirigi-la e empurrá-la, tendo a facilidade de criar e superintender aquela potência, que, sob a denominação de "opinião pública", é hoje melhor conhecida do que há algumas décadas. Com isso tudo, apresenta-se sempre como animado por uma infinita sede de saber, elogia todo progresso, sobretudo aquele que acarreta a ruína dos outros, pois só julga todo saber e toda evolução na medida em que lhe facilitam a propaganda de sua raça. Quando falta esse objetivo, torna-se inimigo encarniçado de toda luz, um odiador de toda verdadeira civilização, Desse modo, utiliza todo o saber aprendido nas escolas alheias, unicamente ao serviço de sua raça.

Esse espírito racial ele o preserva como nunca, Enquanto aparenta transbordar de "Instrução", "Liberdade", "Humanidade" etc., preserva o mais rigorosamente possível a sua raça. Acontece que, às vozes, impinge suas mulheres a cristãos de influência, porém tem por princípio conservar sempre a pureza do ramo masculino. Envenenando o sangue alheio, zela sobremodo pelo seu próprio. Quase nunca o judeu casará com uma ensli, o inverso se dá entretanto entre o cristão e a judia, os bastardos, apesar disso, só herdam as qualidades do lado judeu, a parte mais nobre degenera completamente. O judeu sabe disso muito bem e empreende, sempre segundo um programa, esta espécie de "desarmamento" da camada dos "líderes" intelectuais de seus adversários de raça. Para mascarar seu modo de agir, e para iludir as suas vítimas, vai falando, cada vez mais, da igualdade de todos os homens, sem considerações de raça nem de cor. Os tolos já principiam a acreditar nas suas afirmações. Dado o fato de sua personalidade ainda ter um cunho por demais exótico para poder prender, sem mais nem menos, sobretudo as grandes massas populares, dá ele à imprensa a incumbência de representá-lo tão diferente da realidade quanto seja necessário para servir à finalidade visada. É, especialmente em jornais humorísticos, que se encontra uma tendência a mostrar os judeus como um povinho inofensivo, que tem lá suas peculiaridades - como outros as têm - que, porém, mesmo nas suas maneiras talvez um tanto estranhas, denota possuir uma alma, possivelmente cômica, mas sempre fundamentalmente honesta e bondosa. A preocupação dominante é sempre fazê-lo passar antes por insignificante do que por perigoso.

O fim a atingir nessa luta é, porém, a vitória da democracia, ou como ele a entende, o domínio do parlamentarismo, É o que mais satisfaz às suas necessidades, porque, nesse regime, faz-se abstração da personalidade e institui- se, no seu lugar, a preponderância da burrice, da incapacidade e, por último, da covardia! O resultado final haveria de ser, mais cedo ou mais tarde, a queda fatal da monarquia.

j) A formidável evolução econômica produz uma alteração na distribuição do povo em classes. Com a morte lenta dos pequenos ofícios, tornando-se mais rara a possibilidade do operário ganhar a sua existência independente. ele se vai "proletarizando" à vista d'olhos, É essa a origem do "operário de fábrica", na indústria. O que melhor o caracteriza é provavelmente nunca chegar ele a poder assegurar-se mais tarde uma existência própria. No mais verdadeiro sentido da palavra, não possui nada; sua velhice torna-se um tormento e quase não merece a denominação de "vida".

Outrora, havia uma situação análoga que exigia peremptoriamente uma solução e foi encontrada por fim. Ao camponês e ao operário, juntou-se a classe do funcionário e empregado, mormente do Estado. Todos estes também eram indivíduos sem propriedade. A solução que o Estado descobriu para pôr fim a essa situação de mal-estar, foi cuidar dos funcionários públicos, impossibilitados de se manterem por si na velhice, instituindo "a pensão", a aposentadoria Aos poucos, um número cada vez maior de empresas particulares foi seguindo esse exemplo, de modo que hoje cada empregado fixo recebe mais tarde sua pensão, desde que a empresa tenha alcançado ou ultrapassado certo sucesso financeiro. É só a garantia do funcionário público na idade avançada poderia educá-lo àquele amor ao dever que, antes da Guerra, era a qualidade mais característica do funcionalismo alemão. Foi desta maneira que toda uma classe popular, que permaneceu sem propriedades, foi arrancada à miséria social e assim incorporada ao conjunto da Nação. Problema idêntico, desta vez em muito maior escala, surgiu recentemente para o Estado e para a Nação. Sempre novas multidões de gente, milhões, emigravam do campo para as grandes cidades, a fim de ganhar o pão quotidiano, como operários de fábrica, nas indústrias novamente fundadas. As condições de vida e de trabalho eram mais do que deploráveis. Já não convinha, em absoluto, o transporte mais ou menos mecânico dos velhos métodos de trabalho do antigo operário ou dos camponeses aos novos quadros. A atividade de um como de outros não era mais comparável aos esforços exigidos do trabalhador de fábrica. Se, no antigo ofício manual, o tempo ocupava talvez papel menos importante, nos novos métodos de trabalho, era fator essencial. Foi de um efeito desastrado a aceitação formal dos antigos horários de trabalho nas grandes empresas industriais, visto que o produto real alcançado, outrora, era bem reduzido, pela falta dos processos intensivos de hoje. Se, portanto, dantes. se podia aturar o dia de 14 e 15 horas de trabalho, era impossível suportá-lo em uma época, na qual cada minuto é aproveitado. Na realidade, esta introdução absurda de antigos horários na atividade industrial de hoje teve um resultado infeliz em dois sentidos: a ruína da saúde e a destruição da fé em um direito superior. Acrescentou ainda, de um lado, a miserável diminuição de salários, provocando, por outro, a posição cada vez melhor do patrão.

No campo não podia haver uma questão social, uma vez que o senhor e o servo faziam o mesmo trabalho e comiam do mesmo prato. Até isso se foi mudando.

Aparece, agora, como consumada, em todos os setores da vida, a separação do trabalhador e do patrão.

Os progressos da influência judaica, no seio do nosso povo, podem ser facilmente descobertos na indiferença, mesmo desprezo, que inspira o trabalho manual. Aliás, isso não é próprio ao alemão Foi a influência latina sobre a nossa vida - fenômeno que não passa de uma influência judaica - que transformou o antigo respeito ao ofício em um certo desprezo por todo e qualquer trabalho físico.

Isso deu origem realmente a uma nova categoria social, muito pouco acatada, devendo um dia surgir a questão, se sim ou não, a Nação possuiria a força de integrá-lo novamente na sociedade geral, ou se a diferença de posição se estenderia até à cisão completa entre as classes.

Uma coisa, entretanto, é inegável. Não eram os piores elementos que a nova casta apresentava nas suas fileiras, pelo contrário, eram os mais enérgicos. As sutilezas da chamada "civilização" ainda não tinham exercido neles seus efeitos de decomposição e de destruição. A nova classe social, na sua maioria, ainda não tinha sido contaminada pelo veneno debilitante do pacifismo, mantendo-se robusta, e, segundo as exigências, mesmo brutal.

Enquanto a burguesia se descuida em absoluto desta questão de tão grande importância, deixando correr as coisas no maior indiferentismo, o judeu se prevalece das incomensuráveis possibilidades futuras, organizando, de um lado, os métodos capitalistas de exploração humana até os últimos extremos, do outro acercando-se das vítimas de seus atos, dirigindo, dentro em pouco tempo, a luta deles "contra si mesmos". O grande mestre na mentira sabe admiravelmente fazer-se passar por muito puro, a fim de melhor jogar a culpa nas costas alheias. Possuindo o desplante de instituir-se em guia das massas, estas nem de leve suspeitam a existência, atrás disso tudo, do logro mais infame de todos os tempos. Entretanto, era assim que as coisas se passavam. Apenas surgiu a nova categoria social, saída da transformação econômica que se estende a todas as classes, o judeu avista, com toda a nitidez e clareza, o novo itinerário a seguir para sua prosperidade sempre crescente. Outrora, serviu-se da burguesia como arma contra o mundo feudal, agora vai atiçar o operário contra o burguês. Se, à sombra da burguesia, ele conseguiu, por meios duvidosos, a conquista dos direitos de cidadania, espera agora encontrar, na luta do trabalhador pela vida, o caminho para implantar o seu domínio político.

Doravante, só resta ao operário a tarefa de pelejar pelo futuro do povo judeu. Sem se aperceber, entra a serviço da potência que ele tem a ilusão de combater. Com a aparência de deixá-la atacar o capital, é que se pode melhor fazê-la lutar pelo mesmo. Nisso tudo, grita-se constantemente contra o capital internacional, quando em verdade o que se visa e a economia nacional. É esta que importa demolir para que, no seu cemitério, se possa edificar triunfalmente a Bolsa Internacional.

O processo aí empregado pelo judeu é o seguinte: aproxima-se do trabalhador, finge compaixão pela sua sorte ou mesmo revolta contra seu destino de miséria e indigência, tudo isso unicamente para angariar confiança. Esforça-se por examinar cada privação real ou imaginária na vida dos operários, despertando o desejo ardente de modificar a sua situação. A aspiração à justiça social, latente em cada ariano, é por ele levada de um modo infinitamente hábil, ao ódio contra os privilégios da sorte; a essa campanha pela debelação de pragas sociais imprime um caráter de universalismo bem definido. Está fundada a doutrina marxista.

Apresentando-a inseparavelmente ligada a toda uma série de exigências sociais bem legítimas, vai ele favorecendo sua propaganda e, por outro lado, despertando a aversão da humanidade bem intencionada em satisfazer aquelas exigências, que, expostas da maneira por que o são, aparecem desde o inicio, como injustas, e mesmo de impossível realização.

É que, sob esse disfarce de idéias puramente sociais, escondem-se intenções francamente diabólicas. Elas são externadas ao público com uma clareza demasiado petulante. A tal doutrina representa uma mistura de razão e de loucura, mas de tal forma que só a loucura e nunca o lado razoável consegue se converter em realidade. Pelo desprezo categórico da personalidade, por conseguinte da nação e da raça, destrói ela as bases elementares de toda a civilização humana, que depende justamente desses fatores. Eis a verdadeira essência da teoria marxista, se é que se pode dar a esse aborto de um cérebro, criminoso a denominação de "doutrina". Com a ruína da personalidade e da raça, desaparece o maior reduto de resistência contra o reino dos medíocres, de que o judeu é o mais típico representante.

Essa doutrina pode ser julgada justamente pelos seus desvarios em matéria econômica e política. Todos os que, de fato, são inteligentes hesitam em entrar no seu séquito, e os outros, a quem falta suficiente atividade intelectual ou preparo econômico, precipitam-se ao seu encontro. O judeu, dentro de suas próprias fileiras, "sacrifica'> o elemento inteligente ao movimento, pois mesmo semelhante movimento não se pode manter sem inteligência. Assim cria-se um verdadeiro movimento trabalhista, sob a chefia de judeus. Aparentam visar à melhora das condições dos operários, tendo na mente, porém, em verdade, a escravização e o aniquilamento de todos os povos que não são judeus.

A Maçonaria se encarrega, por meio da imprensa, hoje nas mãos dos judeus, de levar, à burguesia e às camadas populares, a Idéia de que a defesa do país deve consistir no pacifismo. A essas duas armas demolidoras assecla-se, em terceiro lugar, a organização da violência bruta que é a mais temível. Como patrulha de ataque, o Marxismo tem que consumar a obra de destruição que as outras duas armas prepararam.

Trata-se de uma ação simultânea, admiravelmente conjugada. Não deve provocar admiração o fato de semelhante arma destruir instituições que se comprazem em figurar como expoentes da autoridade suprema, mais ou menos legendária. É nas mais altas esferas do funcionalismo que o judeu, em todas as épocas, com raras exceções,, descobriu os promotores mais dóceis da sua obra de destruição. Essa classe é caracterizada per: submissão bajuladora quando trata com "superiores", impertinência arrogante com os subalternos. Outra característica é uma estupidez que grita aos céus e só se vê, às vezes, superada, por uma presunção fora do comum.

Tudo isso são defeitos de que o judeu necessita para agir junto às nossas autoridades e que, por isso, cultiva com carinho.

A luta que, então, principia, pode ser "grosso modo" delineada da seguinte maneira.

De acordo com as finalidades da luta judaica, que não consistem Unicamente na conquista econômica do mundo, mas também na dominação política, o judeu divide a organização do combate marxista em duas partes, que parecem separadas mas, em verdade, constituem um bloco único: o movimento dos políticos e o dos sindicatos.

Esse último é um trabalho de aliciamento. Na dura luta pela existência, que o operário tem que enfrentar, devido à ganância e à miopia de muitos patrões, o movimento lhe propõe ajuda e proteção e a possibilidade de combater por uma melhora nas suas condições de vida. Se o operário desejar reivindicar seus direitos humanos em uma época, em que a "comunidade popular organizada" - o Estado - não se preocupa com ele em absoluto; se ele não quiser confiar essas suas aspirações à. cega arbitrariedade de semi-responsáveis, dotados, muitas vezes, de nenhum coração, é preciso que, pessoalmente, ele se encarregue de sua defesa. Na mesma proporção, a chamada burguesia nacional, cega pelo dinheiro, põe os maiores obstáculos a essa luta pela vida, opondo-se contra todas as tentativas de abreviação do horário de trabalho, desumanamente longo, supressão do trabalho infantil, segurança e proteção da mulher, melhoramento das condições sanitárias em oficinas e moradias, etc. O judeu, mais inteligente, toma a defesa dos oprimidos. Aos poucos, torna-se o chefe do movimento social. Isso lhe é fácil, pois não se trata, na realidade, de combater com boa intenção as chagas sociais, mas somente de selecionar uma tropa de combate, nos meios proletários, que lhe seja cegamente devotada na campanha de destruição da independência econômica do país. Enquanto a chefia de uma sã política social não aceitar firmemente estas duas diretrizes: conservação da saúde do povo e segurança de uma independência nacional no terreno econômico, o judeu na sua luta não só descurará completamente esses dois problemas, como fará de sua supressão uma verdadeira finalidade. Não deseja ele a conservação de uma economia nacional independente, mas, ao contrário, o seu aniquilamento. Em conseqüência, não há escrúpulos de consciência que possam demovê-lo, como chefe do movimento proletário, de fazer exigências, não só exorbitantes, como praticamente irrealizáveis e próprias a acarretar a ruína da economia nacional. Não cogita ele de ver uma geração sadia e robusta, deseja somente um rebanho contaminado e apto a ser subjugado. Com esse desideratum, faz exigências tão destituídas de senso que sua realização (ele não o ignora) se torna impossível e não pode provocar nenhuma modificação do estado de coisas existente. Serve apenas para excitar a massa popular até ao desvario. Isso, porém, é o que ele quer e não a modificação para melhor da situação do proletariado.

A chefia do judeu na questão social se manterá até o dia em que uma campanha enorme em prol do esclarecimento das massas populares se exerça instruindo-as sobre sua miséria infinita, ou até que o Estado aniquile tanto o judeu como sua obra. É claro que, enquanto durar a falta de perspicácia do povo, e o Estado se conservar indiferente como o tem sido até hoje, as massas seguirão sempre de preferência aquele, cujas promessas, de ordem econômica, forem as mais audaciosas. Nisso, aliás, o judeu leva a palma, pois nenhum escrúpulo moral entrava a sua ação.

É natural que, em pouco tempo, ele tenha vencido, nesse terreno, todos os concorrentes. De acordo com sua feroz ganância, põe ele, a base do movimento operário, o princípio da violência mais brutal. Quem for perspicaz e opuser resistência à tentação do judeu, terá sua teimosia e clarividência inutilizadas pelo terror. Os efeitos de tal sistema são simplesmente fantásticos.

De fato, através do operariado, que poderia ser uma bênção para a nação, o judeu destrói as bases da economia nacional.

Paralelamente a isso, progride a sua organização política.

Sua cooperação com o movimento proletário manifesta-se pelo modo por que prepara as massas para a organização política, fustigando-as até pela violência e pela coação. Além disso, o judeu é a fonte financeira que alimenta o enorme maquinismo do edifício político. É o órgão fiscalizador da atividade política de cada um, desempenhando, em todas as grandes manifestações oficiais, o papel de condutor. Por fim, deixa de se interessar por questões econômicas, pondo à disposição do ideal político sua principal arma de combate - a renúncia ao trabalho, sob a forma de greve coletiva e geral. A organização política e trabalhista consegue, através de uma imprensa apropriada aos mais ignorantes, os meios para resolver e agitar as camadas mais baixas da nação, amadurecendo- as para os feitos mais audazes. Sua missão não consiste em arrancar os homens do pântano dos sentimentos baixos e elevá-los a uma posição mais elevada. Ao contrário, visa à satisfação dos mais baixos instintos destes. Tudo se resume a um negócio lucrativo junto à massa popular, tão cheia de presunções quanto preguiçosa e incapaz de idéias próprias. É essa imprensa o órgão principal para a destruição, por uma campanha fanática de calúnias, tudo que se pode considerar como esteio da independência nacional, do progresso cultural e da autonomia da nação.

Faz ela uma guerra encarniçada às personalidades que não se querem curvar às pretensões dominadoras dos judeus ou que, por sua capacidade excepcional, impressionam o judeu como um perigo iminente. Para que se seja odiado pelo judeu, não é preciso que se o combata. Basta a suspeita de que seu adversário possa apenas nutrir a idéia de perseguição ou ser um propagandista da força e grandeza de algum povo hostil à sua raça.

Seu instinto, incapaz de se enganar nestas coisas, fareja em cada um a alma primitiva, podendo contar com a sua inimizade todo aquele cujo espírito não é uma cópia do seu. Não sendo judeu a vítima e sim o agressor, seu inimigo não é só o que ataca mas também o que oferece resistência. O meio, porém, pelo qual ele tenta domar almas tão ousadas e francas, não é por uma luta leal e sim pela mentira e pela calúnia. Nesse ponto, ele não recua diante de coisa alguma. Torna-se tão ordinário na sua vulgaridade, que ninguém se deve admirar que, entre o nosso povo, a personificação do diabo, como símbolo de todo mal, tome a forma do judeu em carne e osso.

A ignorância da grande massa sobre a personalidade do judeu, a falta de alcance das nossas altas camadas sociais, fazem do povo facilmente a vítima dessa campanha judaica de mentiras. Enquanto as classes mais altas se afastam por covardia do indivíduo atacado pela mentira e calúnia, o povo propriamente, na sua tolice e ingenuidade, costuma acreditar em tudo. As autoridades do Governo mantêm-se, porém, em silêncio, ou, mais freqüentemente, a fim de porem um termo à campanha dos judeus pela imprensa, perseguem a inocente vitima. Isso aparece aos olhos de um asno, sob a capa de funcionário, como uma salvaguarda da autoridade do Governo e uma garantia da ordem e da tranqüilidade!

Sobre o cérebro e a alma da gente de bem, vai descendo, aos poucos, como um pesadelo, o temor do judaísmo, a arma dos marxistas.

Todos começam a tremer diante do terrível inimigo, tornando se assim suas vítimas definitivas.

k) O domínio do judeu no Estado já parece tão firmado, que, agora, não só ele tem direito de aparecer como judeu, como também de externar seus pensamentos mais íntimos a respeito de raça e de política, sem pôr nisso o menor escrúpulo. Parte da sua raça já se confessa abertamente como povo estrangeiro, o que ainda é uma pequena mentira. Enquanto o Sionismo se esforça por fazer crer à Humanidade que a consciência do judeu, como povo, encontraria satisfação na criação de um Estado na Palestina, os judeus nada mais fazem que ludibriar os cristãos, da maneira mais miserável.

Não cogitam absolutamente de implantar na Palestina um Estado para ali viverem. O que eles desejam, é, unicamente, um centro de organização autônomo, ao abrigo da intrusão de outras potências. Querem apenas um refúgio seguro para a sua canalhice, isto é, uma academia para a educação de trapaceiros.

É, porém, um indício, não só de sua confiança crescente, como também da consciência de sua segurança, que uma parte se proclame, aberta e cinicamente, como raça judaica, ao mesmo tempo que a outra, sem a mínima sinceridade, disfarça-se em alemães, franceses ou ingleses.

A maneira por que tratam os outros povos é- um sinal evidente de que vêem muito próxima a vitória.

O judeuzinho de cabelos negros espreita, horas e horas, com um prazer satânico, a menina inocente que ele macula com o seu sangue, roubando-a ao seu povo. Não há meios que ele não empregue para estragar os fundamentos raciais do povo que ele se propõe vencer. Do mesmo modo que, segundo um plano traçado, vai corrompendo mulheres e mocinhas, também não recua diante do rompimento de barreiras impostas pelo sangue, empreendendo essa obra em grande escala, no país estranho. Foram e continuam a ser ainda judeus os que trouxeram os negros até o Reno, sempre com os mesmos intuitos secretos e fins evidentes, a saber: "bastardizar" à força a raça branca, por eles detestada, precipitá-la do alto da sua posição política e cultural e elevar-se ao ponto de dominá-la inteiramente.

Decorre daí que um povo de raça pura, consciente de seu sangue, nunca poderá ser subjugado pelo judeu. Este só poderá ser dominador de bastardos. É assim que, sistematicamente, ele tenta fazer baixar o nível racial por um ininterrupto envenenamento dos indivíduos.

Em matéria política, começa ele a substituir o ideal democrático pelo da Ditadura do Proletariado. Na multidão organizada do marxismo é que ele foi encontrar a arma que a Democracia não lhe dá e que lhe permite a subjugação e o governo dos povos pela força bruta, ditatorialmente.

Seu programa visa à revolução em um duplo sentido: econômico e político.

Povos que opõem ao ataque interno uma forte resistência são por ele envolvidos em uma teia de inimigos, graças às suas influências internacionais. Incita-os à guerra, implantando, se preciso for, nos campos de batalha, a bandeira revolucionária. Economicamente, eles criam para os Estados tal situação que as empresas oficiais, deixando de dar resídas, são subtraídas à direção do Estado e submetidas à fiscalização financeira do judeu.

No terreno político, recusam eles ao Estado os meios para sua subsistência, destroem as bases de toda e qualquer defesa nacional, aniquilam a crença em uma chefia, desprezam a história e o passado, e enlameiam tudo que é expoente de grandeza real.

A contaminação, em matéria de cultura, manifesta-se na arte, na literatura, no teatro. Cobrindo de ridículo o sentimento espontâneo, destroem todo conceito de beleza e elevação, de nobreza e de bondade, arrastando o homem aos seus sentimentos inferiores. A religião é ridicularizada Bons costumes e moralidades são taxados de coisas do passado, até que os últimos esteios de uma nacionalidade tenham desaparecido.

l) Principia agora a última grande Revolução.

Chegando a alcançar a preponderância política, despojam-se eles dos poucos disfarces que ainda lhes restam, o judeu popular e democrático se transforma no judeu sanguinário e tiranizador de povos. Procura exterminar, em poucos anos, os expoentes nacionais da intelectualidade, preparando os povos, que ele priva de uma natural direção espiritual, para uma opressão contínua.

O exemplo mais terrível nesse gênero é apresentado pela Rússia, onde o judeu, com uma ferocidade verdadeiramente fanática, trucidou cerca de trinta milhões, alguns por meio de torturas desumanas, outros pela fome, e tudo isso com o fito de assegurar a um lote de literatos judeus e bandidos da Bolsa o domínio sobre um grande povo.

A conseqüência final, entretanto, não é só a morte da liberdade dos povos oprimidos, mas também a morte desse parasita internacional. Após a imolação da vítima, morre, também, cedo ou tarde, o vampiro.

Passando em revista todas as causas da derrocada da Alemanha, resta, como última e decisiva, o desconhecimento do problema racial e sobretudo, do perigo judeu.

Teria sido muito fácil suportar as derrotas de agosto de 1918, nos campos de batalha. Não foram elas que nos aniquilaram, mas sim aquela potência que preparou essas derrotas, roubando, desde muitos anos, sistematicamente, ao nosso povo, os instintos e as forças morais que são os fatores exclusivos para assegurar a capacidade e os direitos dos povos à existência.

O antigo Império, não dando a menor atenção à questão fundamental da raça, que pesa na formação de uma nacionalidade, desprezou o direito único que explica a vida de um povo. Povos que se tornam bastardos ou se deixam contaminar, atentam contra a vontade da Providência, e seu aniquilamento não é uma injustiça e sim um restabelecimento do direito. Quando um povo não quer mais dar apreço às qualidades inerentes que lhe foram dadas pela Natureza e que se acham enraizadas no seu sangue, não tem mais o direito de chorar a perda de sua existência.

Tudo nesta terra é suscetível de melhoras. Cada derrota pode engendrar uma vitória futura, cada guerra perdida origina uma ressurreição vindoura, cada miséria fecunda energias humanas e de cada opressão as forças conseguem erguer-se até uma renascença espiritual. Tudo isso, porém, enquanto o sangue se conserva puro.

A perda da pureza de sangue por si só destrói a felicidade íntima, rebaixa o homem por toda a vida, e as conseqüências físicas e intelectuais permanecem para sempre.

Todos os demais problemas vitais, examinados e comparados em relação a este, aparecerão ridiculamente mesquinhos. Todos são limitados no tempo. A questão, porém, da conservação ou não conservação do sangue perdurará sempre, enquanto existir a Humanidade.

Todos os importantes sintomas de decadência de antes da Guerra tinham seu fundamento na questão racial.

Quer se trate de questões de direito público ou de abusos na vida econômica, de fenômenos de decadência ou de degenerescência política, de questões relativas a uma defeituosa educação escolar ou uma má influência exercida sobre adultos pela imprensa, etc., sempre e, em toda parte, surge a falta de consideração aos interesses raciais do próprio povo ou a cegueira diante do perigo racial trazido pelo estrangeiro. Daí a ineficácia de todas as tentativas de reforma, de todas as obras de assistência social, de todos os esforços políticos, de todo progresso econômico, de todo aparente acréscimo do saber. A nação e o Estado já não possuíam saúde real, o seu mal progredindo à vista d'olhos, cada vez mais, Toda prosperidade fictícia do antigo Império não conseguia ocultar a fraqueza íntima, toda tentativa de um verdadeiro fortalecimento do poder ficava sem efeito, pois deixava de lado a questão de maior importância, a questão racial.

Seria errôneo supor que os adeptos das diversas facções políticas, que tentaram esfacelar o organismo alemão, - mesmo uma parte de seus líderes - fossem homens ordinários ou mal intencionados. A causa única da esterilidade de seus esforços foi só terem enxergado, quando muito, as manifestações exteriores de nossa moléstia geral e procurado combatê-las, deixando cegamente de lado aquele que as provocou. Quem seguir sistematicamente a linha de evolução do antigo Império, deve chegar, depois de refletido exame, à conclusão de que, mesmo no tempo da unificação e, portanto, da época do maior progresso da nação alemã, já era evidente a decadência interna e que, apesar de todos os aparentes triunfos políticos e da crescente riqueza, a situação geral piorava de ano para ano. Mesmo as eleições de representantes ao "Reichstag" anunciavam, com o seu acréscimo patente de votos marxistas, o desmoronamento interno cada vez mais próximo e a todos manifesto. Todos os sucessos dos denominados partidos políticos não tinham mais valor, não só por não poderem fazer parar a ascensão da onda marxista, mesmo nas chamadas vitórias eleitorais burguesas, como também pelo fato de já trazerem dentro de si os fermentos da decomposição. Inconscientemente, o mundo burguês já se achava contaminado pelo veneno mortal do marxismo. Um único travou a luta, nesses longos anos, com inabalável regularidade, e esse foi o judeu. Sua estrela de Davi" subiu sempre mais alto, à proporção que a vontade da conservação desaparecia do nosso povo.

Por isso é que, em agosto de 1914, não foi um povo resolvido ao ataque que compareceu às urnas, mas o que se deu foi um último lampejo do instinto de conservação nacional diante da paralisação progressiva do nosso organismo popular, provocada pelo pacifismo e pelo marxismo. Como, mesmo nesses dias decisivos, se desconhecia o inimigo interno, toda resistência era debalde.

Este conhecimento da situação interna é que deveria formular as diretrizes, assim como a tendência do novo movimento. Estávamos convencidos de que só isso seria capaz de fazer estacionar o declínio do povo alemão, criando simultaneamente a base granítica sobre a qual um dia se poderá manter um Estado que não seja um mecanismo de finalidade e interesses puramente econômicos, alheio ao povo, mas sim um organismo popular, isto é, UM ESTADO VERDADEIRAMENTE GERMÂNICO.

CAPÍTULO XII

O PRIMEIRO PERÍODO DE DESENVOLVIMENTO DO PARTIDO NACIONAL SOCIALISTA DOS TRABALHADORES ALEMÃES

Quando, no fim deste volume, descrevo o primeiro período de evolução do nosso movimento, comentando, em breves palavras, as questões dele decorrentes, não tenho o intuito de fazer uma preleção sobre os seus fins intelectuais. Os propósitos e fins do novo movimento são tão importantes que só poderão ser tratados em volume exclusivamente a eles dedicado. Assim tratarei, em um segundo volume, das bases do programa do movimento e tentarei demonstrar aquilo que para nós representa a palavra "Estado". Com a palavra "nós", designo as centenas de milhares de pessoas que, no fundo, se batem pelos mesmos ideais, sem, isoladamente, acharem as palavras para designar o que no íntimo almejam, pois é característico de todas as grandes reformas, que para defendê-las apareça, muitas vezes, um só homem, enquanto os seus adeptos já são milhares. O seu alvo muitas vezes, já é há séculos o desejo íntimo de milhares de pessoas, até que apareça um que proclame o desejo geral, e, como porta-estandarte, conduza à vitória as velhas aspirações, por meio de uma idéia nova.

Que milhões de homens desejam de coração uma mudança fundamental na situação de hoje, prova-o o descontentamento profundo que experimentam- Manifesta-se esse descontentamento de mil maneiras: em alguns pelo desânimo e falta de esperança; em outros pela má vontade, irascibilidade e revolta; neste em indiferença e naquele em exaltação furiosa. Como testemunhas desse descontentamento íntimo podem servir tanto os "fatigados de eleições" como os que se inclinam para o fanatismo da esquerda.

E é a esses, em primeiro lugar, que se deveria dirigir o novo movimento. Esse não deve ser a organização dos satisfeitos, dos fartos, mas sim dos sofredores e inquietos, dos infelizes e descontentes, não deve, principalmente, sobrenadar na onda humana, mas sim mergulhar até ao fundo da mesma.

Sob o ponto de vista puramente político, apresentava o ano de 1918 o seguinte aspecto: um povo dividido em duas partes. Uma, a menor, abrange as camadas da inteligência nacional com exclusão de todos os trabalhadores manuais. É aparentemente nacional, mas não é capaz de dar a essa palavra outra significação senão a de uma representação vaga e fraca dos chamados interesses do Estado, que, por sua vez, são idênticos aos interesses dinásticos. Procura defender as suas idéias e seus fins com armas intelectuais, tão superficiais como cheias de lacunas, e que falham diante da brutalidade do adversário. Com um só golpe terrível, essa classe até aqui dominante é derrubada e suporta com covardia trêmula todas as humilhações do vencedor sem escrúpulos.

A outra parte compõe-se da grande massa do operariado, concentrada em movimentos marxistas mais ou menos radicais, resolvida a vencer à força bruta toda resistência dos intelectuais. Não quer ser "nacional", ao contrário, recusa, conscientemente, trabalhar pelos interesses nacionais, auxiliando do outro lado a opressão por parte do estrangeiro. Numericamente é a mais forte, abrangendo, antes de tudo, aqueles elementos do povo, sem os quais não se pode imaginar uma ressurreição nacional, porque, (sobre isso já em 1918 não deveria ter havido mais dúvida) todo o reerguimento do povo alemão só seria possível depois da reconquista do poder perante o exterior. As condições essenciais para isso, não são, porém, como dizem os nossos "estadistas" burgueses, armas, mas sim as forças da vontade. Outrora, o povo alemão possuía armas em quantidade mais do que suficiente. Não soube garantir, a liberdade porque lhe faltou a energia do espírito nacional de conservação e a vontade firme de auto-conservação. A melhor arma torna-se material morto e sem valor, quando falta o espírito resoluto para manejá-la. A Alemanha tornou-se fraca, não porque lhe faltassem armas, mas porque lhe faltou o ânimo de manejá-las para a conservação nacional. Se, hoje, principalmente os nossos políticos esquerdistas, apontam a falta de armas como causa obrigatória de sua política exterior fraca, condescendente, na verdade, porém, traidora, sã se lhes pode responder uma coisa: Não! O inverso é o que se dá: a vossa criminosa política de abandono dos interesses nacionais, é que vos fez entregar as armas. Agora, quereis apresentar a falta de armas como motivo de Vossa miserável baixeza. Isto, como tudo que fazeis, é mentira e mistificação.

Essa acusação também se ajusta exatamente aos políticos da direita. Graças à sua covardia foi possível, em 1918, à corja dos judeus, que se tinha apossado do poder, roubar as armas à nação. Por isso também eles não podem, com razão, justificar a sua sábia "moderação" (diga-se covardia) com a hodierna falta de armas, porque essa falta é justamente um resultado de sua covardia. A questão da reconquista do poder alemão não deve consistir em saber, por exemplo, como fabricaremos armas, mas sim, como despertaremos no povo o espírito que o habilite a ser portador de armas. Quando esse espírito domina um povo, ele achará mil caminhos dos quais cada um terminará junto a uma arma! Entreguem-se, porém, dez pistolas a um covarde e, quando for agredido, não será capaz de disparar um tiro sequer. Têm nas mãos dele menos valia que um bom porrete nas mãos de um homem corajoso. A questão da reconquista do poder político do nosso povo é, em primeira linha, uma questão de saneamento do nosso sentimento de conservação nacional, porque, segundo a experiência ensina, toda política exterior eficiente, assim como todo o valor de um Estado em si, baseiam-se menos nas armas que possui do que na reconhecida ou mesmo suposta faculdade de resistência moral da nação. A possibilidade de alianças é menos designada pela existência de armas mortas do que pela existência visível de uma incandescente vontade de auto- conservação nacional e heróico desprezo em face da morte. Uma aliança não é feita com armas mas sim com homens. Dessa maneira, o povo inglês será considerado o aliado mais valoroso do inundo, enquanto os seus governantes e o espírito da massa geral derem mostras de uma brutalidade e persistência que fazem supor que uma luta, uma vez começada, será continuada até um fim vitorioso, sem medir sacrifícios nem tempo, não entrando em consideração se os seus preparativos militares estão em relação aos dos outros Estados ou não.

Compreendendo-se, porém, que o reerguimento da nação alemã é uma questão de reconquista da nossa vontade de auto-conservação, fica evidente que para isso não basta a conquista de elementos já nacionalistas por si, ao menos pela vontade, mas sim a nacionalização de toda a massa abertamente antinacional.

Um novo movimento que almeja o reerguimento de um Estado alemão com soberania própria, terá que dirigir sua campanha unicamente no sentido da conquista das grandes massas. Por mais miserável que seja a nossa chamada "burguesia nacional", por mais fraca que seja a sua convicção nacional, desse lado não se pode esperar uma resistência séria contra uma política forte interior e exterior. Mesmo que a burguesia alemã, de idéias e vistas curtas, permaneça em resistência passiva, come já aconteceu com Bismarck, não nos fará temer nunca uma resistência ativa devido à sua proverbial covardia.

Outras são as circunstâncias na massa de nossos compatriotas impregnados de idéias internacionais. Não só os seus instintos primitivos pendem mais para o emprego da força, mas também os seus guias judeus são mais brutais e sem consideração. Eles inutilizarão do mesmo modo todo movimento de ressurreição nacional, como outrora - quebraram a espinha dorsal ao exército alemão. Principalmente neste regime parlamentar, por força da sua maioria, farão ruir toda a política nacional exterior, evitando assim uma avaliação mais alta da força alemã, e, consequentemente, a possibilidade de alianças. O sintoma de fraqueza que representam esses 15 milhões de marxistas, democratas, pacifistas e centristas, não é somente perceptível a nós, mas muito mais ao estrangeiro, que mede o valor de uma aliança conosco por esse peso morto. Não se faz uma aliança com um Estado cuja parte ativa da população se conserva passiva, ao menos diante de qualquer política exterior resoluta. Ajunte-se a isso o fato de serem os chefes desses partidos de traição nacional adversos, por instinto de conservação, a qualquer progresso. É, historicamente, difícil imaginar que o povo alemão chegue algum dia a ocupar a sua posição anterior, sem chamar à prestação de contas aqueles que motivaram e promoveram o inaudito desmoronamento de que foi vítima o nosso Estado. Diante do juízo das gerações vindouras, o mês de novembro de 1918 não será qualificado de alta traição, mas sim de traição à pátria. Assim, a reconquista da autonomia alemã, perante o exterior, está ligada em primeira linha à reconquista da união consciente do nosso povo.

Também, tecnicamente encarada, a idéia da libertação alemã, perante o estrangeiro, parecerá loucura, enquanto as grandes massas não aderirem a esse ideal de liberdade. Encarado do ponto de vista puramente militar, qualquer oficial, depois de alguma reflexão, reconhecerá que uma campanha externa não poderá ser realizada com batalhões de estudantes, e, que, além dos cérebros de um povo, também são necessários os seus punhos. Também precisa ser considerado que a defesa de uma nação, baseada somente na chamada intelectualidade, seria um sacrifício de bens irreparável. A jovem intelectualidade alemã dos regimentos de voluntários que, no outono de 1914, sucumbiu nas planícies de Flandres, mais tarde fez falta enorme. Era o bem mais valioso que a nação possuía, e a sua perda não pôde mais ser suprida durante a guerra. Não só a luta é impossível se os batalhões que avançam não têm em suas fileiras as massas dos operários, mas também os preparativos técnicos não são realizáveis sem a união interna consciente de nosso povo. Justamente o povo alemão, que, debaixo das vistas do tratado de Versalhes, vive desarmado, só poderá tratar de qualquer preparativo técnico para alcançar a liberdade e a independência humana, depois que o exército de espiões internos estiver dizimado a ponto de só restarem aqueles cuja falta de caráter lhes permita venderem tudo e todos pelos conhecidos trinta dinheiros. Mas com esses pode-se acabar. Invencíveis, no entanto, parecem os milhões que se opõem ao levantamento nacional por convicções políticas, invencíveis enquanto não se combaterem as suas idéias marxistas, arrancando-as de seus corações e de seus cérebros.

Indiferente, portanto, é o ponto de vista por que se encara a possibilidade da reconquista de nossa independência, tanto do Estado como do povo, se do ponto do preparo da política exterior, do ponto técnico do armamento ou mesmo do ponto da luta em si mesma, sempre persiste a necessidade de conquista anterior da grande massa do povo para a idéia de autonomia nacional. Sem a reconquista da liberdade exterior toda a reforma interior significará, no caso mais favorável, a elevação da nossa capacidade de produzir renda como colônia. Os saldos de toda chamada melhoria econômica serão absorvidos pelos nossos "controleurs" e todo melhoramento social elevará a nossa força produtiva em benefício dos mesmos. Progressos culturais não nos serão possíveis, porque são intimamente ligados à independência política e dignidade de um povo.

Se, portanto, a solução favorável do futuro alemão está em ligação íntima com a conquista nacional da grande massa do nosso povo, deve ser esta a mais alta e importante tarefa de um movimento, cuja eficiência não se deve esgotar na satisfação de um movimento, mas deve submeter toda a sua ação a um exame sobre as conseqüências futuras prováveis. Já no ano de 1919, estávamos convencidos de que o novo movimento deveria ter por escopo principal a nacionalização das massas.

No sentido tático resulta daí uma série de exigências.

1. - Para conquistar as massas para o levante nacional nenhum sacrifício é pesado demais. Quaisquer que sejam as concessões econômicas feitas ao operário, nunca estarão em relação ao que lucra a nação em geral, quando elas contribuem para restituir ao seu povo grandes camadas dele afastadas.

Só a ignorância míope que, lamentavelmente, muitas vezes se encontra entre os nossos empregadores, pode deixar de reconhecer que não é possível incremento econômico durável para eles e, consequentemente, mais lucros, enquanto não se restabelecer a solidariedade interna no seio do próprio povo. Se as fábricas alemãs, durante a guerra, tivessem cuidado dos interesses do operariado, sem outras considerações, se tivessem, mesmo durante a guerra, exercido pressão, por meio de greves, sobre os acionistas famintos de dividendos, se tivessem atendido às exigências dos operários, se se tivessem mostrado fanáticas no seu germanismo, em tudo que concerne à defesa nacional, se tivessem também dado à pátria o que' é da pátria, sem restrição alguma, não se teria perdido a guerra. E teriam sido verdadeiramente insignificantes todas as concessões econômicas, diante da importância imensa da vitória.

Assim, um movimento que visa a reincorporar o operário alemão à nação alemã, deve reconhecer que, neste caso, sacrifícios econômicos não podem ser tomados em consideração, enquanto não ameaçarem a conservação e a independência da economia nacional.

2. - A educação nacional das grandes massas só pode ser realizada depois de uma elevação social porque, só por meio desta, é que se prepara o terreno que produz as predisposições que permitem ao indivíduo compartilhar dos bens culturais da nação.

3. - A nacionalização das grandes massas nunca se conseguirá por meias medidas, por afirmações tímidas de um chamado ponto de vista objetivo, mas sim por uma focalização unilateral e fanática no fim almejado.

Quer isso dizer que não se pode tornar nacional um povo no sentido de nossa hodierna burguesia, isto é, com umas tantas restrições, mas sim tornando o "nacionalista" com toda veemência. Veneno só pode ser combatido com contraveneno, e só a lassidão de um caráter burguês é que poderá encarar os atalhos como conduzindo ,ao reino do céu.

A grande massa do povo não é composta de professores nem de diplomatas. O pouco conhecimento abstrato que possui conduz as suas aspirações mais para o mundo do sentimento. É lá que ela se coloca para a ação positiva ou negativa. Só é apologista de um golpe de força em uma dessas duas direções, mas nunca de situações dúbias. Esse sentimento é também a causa de sua persistência extraordinária. A fé é mais difícil de abalar do que o saber, o amor é menos sujeito a transformação do que a inteligência, o ódio e mais durável que a simples antipatia, e a força motriz das grandes evoluções, em todos os tempos, não foi o conhecimento científico das grandes massas mas sim um fanatismo entusiasmado e, às vezes, uma onda histérica que as impulsionava. Quem quiser conquistar as massas deve conhecer a chave que abre as portas do, seu coração. Essa chave não se chama objetividade, isto é, debilidade, mas sim vontade e força.

4. - A conquista da alma do povo só é realizável quando, ao mesmo tempo que se luta para os próprios fins, se aniquila o adversário dos mesmos. O povo, em todos os tempos, encara a agressão impetuosa do adversário como uma prova do direito do agressor e considera a abstenção no- aniquilamento do outro como um sinal de dúvida do próprio direito, quando não como sinal de ausência do mesmo.

A grande massa não passa de uma obra da natureza e o seu sentir não compreende o aperto de mão recíproco entre homens que afirmam pretender o contrário. O que ela quer é a vitória do mais forte e o aniquilamento do fraco ou a sua rendição incondicional.

A nacionalização de nossa massa popular só é realizável quando, na luta positiva para a conquista da alma do nosso povo, ao mesmo tempo esmagarmos os seus envenenadores internacionais.

5. - Todas as grandes questões atuais são questões de momento e representam apenas as conseqüências de determinadas causas. Importância capital, porém, tem uma só entre todas elas: a questão da conservação racial do povo. O sangue somente é a base tanto da força como da fraqueza do homem. Povos que não reconhecem e consideram a importância dos seus alicerces raciais, assemelham-se a homens que quisessem ensinar a cachorros "lulu" as qualidades características de cachorros galgos, sem compreenderem que a ligeireza do galgo e a inteligência do "Pudel" não são qualidades adquiridas pelo ensino mas sim qualidades inatas da raça. Povos que se descuidam da conservação da pureza de sua raça, abrem mão também da unidade de sua alma, em todas as suas manifestações. O enfraquecimento de seu ser é a conseqüência lógica do "enfraquecimento" do seu sangue e a

modificação de sua força criadora e espiritual é o efeito da transformação de suas bases raciais.

Quem quiser libertar o povo alemão de seus vícios de hoje, das manifestações estranhas à sua natureza, precisa livrá-lo do causador desses vícios e dessas manifestações.

Sem o mais claro conhecimento do problema racial e do problema dos judeus, não se poderá verificar um reerguimento do povo alemão.

A questão das raças fornece não só a chave para compreensão da historia universal mas também para a da cultura humana em geral.

6. - O enfileiramento da grande massa popular (que hoje faz parte de uma massa internacional) em uma comunidade popular nacionalista, não significa uma abdicação da representação de interesses legítimos de classes.

Interesses antagônicos de classes e profissões não são idênticos a divisões de classes, porque são conseqüências lógicas da nossa vida econômica de hoje. O agrupamento profissional não se opõe de forma alguma a uma verdadeira coletividade popular, consistindo essa na união do espírito nacional em todas as questões que lhe interessam propriamente.

A incorporação de uma classe à coletividade da nação não se efetua com o rebaixamento de classes superiores e sim com a ascensão das inferiores. O expoente desse fenômeno nunca poderá ser a classe superior mas sim a inferior, que luta pela equiparação de seus direitos. Não foi por iniciativa dos nobres que os cidadãos de hoje foram incorporados ao Estado e sim por sua própria energia debaixo de uma direção autônoma.

Não é através de cenas piegas de confraternização que o operário alemão será elevado a figurar no quadro da comunhão nacional e sim por uma elevação consciente de sua posição cultural e social, até que se possam considerar vencidas as diferenças mais importantes que o separam das outras classes. Um movimento visando semelhante evolução terá que procurar seus adeptos, em primeiro lugar, nos acampamentos operários. Só se deverá recorrer aos intelectuais, na medida em que estes já tiverem percebido plenamente o alvo aspirado. Este processo de transformação e aproximação não estará terminado em dez ou vinte anos, provado, como está, que se prolongará por muitas gerações.

O empecilho maior para a aproximação entre o operário de hoje e a coletividade nacional não reside na representação de interesses - conforme cada posição social - porém, ao contrário, na sua conduta e atitude internacionalistas, hostis ao povo e à Pátria. As mesmas corporações dirigidas nas suas aspirações políticas e populares por um nacionalismo fanático, fariam de milhares de operários preciosíssimos membros da sua organização nacional, sem levar em conta lutas isoladas de interesse puramente econômico.

Um movimento visando à restituição honesta do operário alemão ao seu povo, querendo arrancá-lo à loucura internacionalista, precisa opor uma resistência de aço, antes de tudo, à convicção que domina as empresas industriais. Aí se entende por (comunhão popular" a rendição econômica, sem resistência, do trabalhador ao patrão, enxergando se um ataque à coletividade em cada tentativa de preservação dos interesses econômicos, nos quais o trabalhador tem os mesmos direitos. Representar esta idéia eqüivale a ser o expoente de uma mentira consciente: a coletividade impõe suas obrigações tanto a um lado como ao outro.

Com a mesma certeza que um trabalhador prejudica o espírito de uma verdadeira coletividade popular, quando, apoiado na sua força, faz exigências desmedidas, da mesma forma, um patrão trai essa comunidade. se, por uma direção desumana e exploradora, abusar da energia de seu empregado no trabalho, ganhando milhões, como um usurário, à custa do suor daquele.

Então, perde ele o direito de se considerar um membro da nação, de falar em uma coletividade nacional, não passando de um egoísta que, pela introdução da desarmonia social, provoca lutas futuras. que de uma maneira ou de outra têm que ser perniciosas à Pátria.

A fonte de reserva, na qual o movimento incipiente tem de conquistar seus adeptos, será, em primeiro lugar, a massa dos nossos operários. Esta é que nos cumpre, a todo preço, arrancar à mania internacional, salvar da miséria social, levantar da crise cultural, para integrá-la na comunhão geral e, como um- fator bem distinto, precioso, desejando agir conforme o sentimento e espírito nacionais.

Se se acharem, nos círculos da inteligência nacional, indivíduos com o coração vibrando pelo povo e pelo seu futuro, conhecendo profundamente a importância da luta pela alma dessa multidão, que sejam benvindos nas fileiras deste movimento, como coluna vertebral do mais alto valor.

A finalidade desse movimento não deve consistir na conquista do rebanho eleitoral. Nessa hipótese adquiriria uma sobrecarga que tornaria impossível a conquista das grandes massas populares.

Nosso objetivo não é selecionar elementos no campo nacionalista mas conquistar elementos entre os antinacionalistas. Esse princípio é absolutamente necessário para a direção tática do movimento.

7. - Essa consistente e clara atitude deve ser expressa na propaganda da nossa causa, por exigências da própria propaganda.

Para que uma propaganda seja eficiente é preciso que ela tenha um objetivo definido e que se dirija a um determinado grupo. Ao contrário, ela ou não será entendida por um grupo ou será julgada pelo outro tão compreensível por si mesma que se torna desinteressante. Até a forma da expressão, o tom, não pode atuar da mesma maneira em camadas populares de níveis intelectuais diferentes. Se a propaganda não se inspirar nesses princípios, nunca atingirá as massas. Entre cem oradores, dificilmente se encontrarão dez em condições de, em um dia, conseguir sucesso ante um auditório de varredores de ruas, ferreiros, limpadores de esgotos etc., e, no dia seguinte, diante de espectadores compostos de estudantes e professores, obter o mesmo êxito em uma conferência de fundo intelectual.

Entre mil oradores talvez só se encontre um capaz de, diante de um auditório de serralheiros e professores de universidade, conseguir expressões que não só correspondam à capacidade de apreensão de ambas as partes como provoquem os seus mais entusiásticos aplausos. Não se deve perder de vista também que as mais belas idéias de uma doutrina, na maior parte dos casos, só se propagam por intermédio dos espíritos inferiores. Não se deve considerar o que tem em mente o genial criador de uma idéia, mas em que forma e com que êxito o defensor dessa idéia a comunicará às grandes massas.

A grande eficiência da Social Democracia, do movimento marxista, sobretudo, consiste, em grande parte, na homogeneidade do público a que se dirige. Quanto mais estreitas e limitadas eram as idéias propagadas, tanto mais facilmente eram aceitas pelas massas, a cujo nível intelectual correspondiam perfeitamente.

Disso resulta para o novo movimento uma conduta clara e simples. A propaganda, tanto pelas suas idéias como pela forma, deve ser organizada para alcançai- as grandes massas populares e a sua justeza só pode ser avaliada pelo êxito na prática. Em um grande comício popular, o orador mais eficiente não é o que mais se aproxima dos elementos intelectuais do auditório mas o que consegue conquistar o coração da maioria.

O intelectual que, presente a uma reunião, apesar da evidente atuação do orador sobre as camadas inferiores, critica o discurso, sob o ponto de vista intelectual, dá demonstração da sua incapacidade e da sua ineficiência para o novo movimento. Para a causa só serão úteis os intelectuais que já tenham apreendido muito bem a finalidade da mesma e estejam em condições de avaliar a eficiência da propaganda pelo êxito da mesma sobre o povo e não pela impressão que produz sobre o espírito deles. A propaganda não deve visar pessoas que já formam entre os nacionais-socialistas mas, sim, conquistar os inimigos do nacionalismo, desde que sejam da nossa raça.

Para o novo movimento devem-se adotar, no esclarecimento do espírito do povo, as mesmas idéias de que eu já tinha feito uma síntese na propaganda da Guerra. Que essas idéias eram justas provou-o o êxito das mesmas.

8. - O objetivo de um movimento de renovação política nunca será atingido por meio de propaganda puramente intelectual ou por influência sobre os dominadores do momento, mas sim pela conquista do poder político. Os que se batem por uma idéia que se destina a modificar o mundo não só têm o direito mas o dever de recorrer aos meios que facilitem a sua

realização. O êxito é o único juiz sobre a justeza de um tal movimento inicial. Esse êxito não deve ser compreendido apenas como a conquista do poder, como aconteceu em 1918, pois um golpe de estado não pode ser visto como bem sucedido somente porque os revolucionários conseguiram tomar posse da administração pública, como se pensa nos meios oficiais da Alemanha, mas sim quando seus objetivos trazem mais vantagens ao povo do que as existentes no regime precedente. Esse não é o caso da "Revolução Alemã" de 1918, como se costuma denominar esse golpe de banditismo.

Se a conquista do poder é a condição preliminar para a realização de reformas políticas, um movimento com finalidade renovadora deve, desde os primeiros dias de sua existência, considerar-se como um movimento realmente popular e não um clube literário ou um clube esportivo de burgueses.

9. - O novo movimento é, na sua essência e na sua organização, antiparlamentarista, isto é, rejeita, em princípio, toda teoria baseada na maioria de votos, que implique na idéia de que o líder do movimento degrada-se à posição de cumprir as ordens dos outros. Nas pequenas coisas como nas grandes, o movimento baseia-se no princípio da indiscutível autoridade do chefe, combinada a uma responsabilidade integral.

As conseqüências práticas desse princípio fundamental são as seguintes:

O primeiro chefe de um grupo local é investido nas suas funções pelo que lhe está imediatamente superior e assume a responsabilidade da sua direção. Todas as comissões dependem dele e não ele das comissões. Não há comissões com voto, mas comissões com deveres. O trabalho é distribuído pelo líder responsável, isto é, o primeiro chefe ou presidente do grupo. O mesmo critério deve ser adotado nas organizações maiores. O chefe é sempre indicado pelo seu superior e investido de toda a responsabilidade. Só o chefe do partido é que, por exigência de uma direção única, é escolhido pela assembléia geral de todos os correligionários. Todas as comissões dependem exclusivamente dele e não ele das comissões. Assume a responsabilidade de tudo. Os adeptos do movimento têm sempre, porém, a liberdade de chamá-lo à responsabilidade, e, por uma nova escolha, destituí-lo do cargo, desde que ele tenha abandonado os princípios fundamentais da causa ou tenha servido mal aos seus interesses.

Uma das principais tarefas do movimento é tornar esse princípio decisivo, não só dentro das próprias fileiras do partido como na organização do Estado.

Quem se propuser a ser chefe terá a mais ilimitada autoridade, ao lado da mais absoluta responsabilidade. Quem não for capaz disso ou for covarde demais para não arcar com as conseqüências de seus atos, não serve para chefe. Só o herói está em condições de assumir esse posto.

O progresso e a cultura da humanidade não são produto da maioria mas dependem da genialidade e da capacidade de ação dos indivíduos. Cultivar a personalidade, investi-la nos seus direitos, é a condição essencial para a reconquista das grandezas e do poder da nossa raça.

Por isso o movimento é antiparlamentarista. A sua participação em uma tal instituição só pode ter o objetivo de destruir o parlamento, que deve ser visto como um dos mais graves sintomas da decadência da humanidade.

10. - O movimento evita tomar posição em todo e qualquer problema fora do campo de sua atividade política ou que para a mesma não seja de importância fundamental. A sua missão não é a de uma reforma religiosa mas a da reorganização política do nosso povo. Vê em ambas as religiões um valioso esteio para a existência da nação, e, por isso, combate os partidos que pretendam transformar essa base moral e espiritual do povo em instrumento dos seus interesses.

Finalmente, o nosso partido não tem por finalidade manter ou restaurar ou combater essa ou aquela forma de governo, mas criar os princípios fundamentais, sem os quais nem a República nem a Monarquia podem existir durante muito tempo. Sua missão não consiste em fundar uma Monarquia ou estabelecer uma República, mas em criar um Estado germânico.

A questão da forma exterior desse novo Estado não é de importância fundamental, o que importa é a finalidade prática.

Um povo que compreendeu os seus grandes problemas e sua missão nunca será arrastado à luta por formas de governo.

11. - O problema da organização interna do movimento não é uma questão de princípios mas de finalidade. A melhor organização é a que entre a direção do movimento e os seus adeptos possua o menor número de mediadores, pois a finalidade da organização é comunicar uma idéia definida - que sempre se origina no cérebro de um único indivíduo - e trabalhar por vê-la transformada em realidade.

A organização é apenas um mal necessário. Na melhor hipótese, é um meio para um fim, na pior hipótese um fim em si. Como o mundo é composto mais de naturezas mecânicas do que de idealistas, a forma da organização é mais facilmente percebida do que a idéia.

A marcha de cada um na realização de idéias novas, sobretudo entre os reformadores, é, em traços gerais, a seguinte:

Todas as idéias geniais partem do cérebro dos indivíduos que se sentem destinados a comunicar os seus pensamentos ao resto da humanidade. Ele faz a sua pregação e conquista, pouco a pouco, um certo círculo de adeptos. Essa transmissão direta e pessoal das idéias de um indivíduo aos seus semelhantes é a melhor e a mais natural. A proporção que aumenta o número dos adeptos da nova doutrina, torna-se impossível ao portador da nova idéia continuar a exercer influência direta sobre os inúmeros correligionários e guiá-los pessoalmente.

A medida que cresce a coletividade e a ação direta torna-se impossível, surge a necessidade de uma organização. Termina a situação ideal primitiva e começa a organização como um mal necessário. Formam-se os pequenos grupos que no movimento político constituem, como grupos locais, a célula mater da organização. Essa organização primitiva deve sempre se realizar, a fim de que se conserve a unidade da doutrina e para que a autoridade do fundador especial da mesma seja por todos reconhecida. É da mais alta importância geopolítica a existência de um núcleo central, de uma espécie de Meca do movimento.

Na organização dos primeiros núcleos, nunca se deve perder de vista que ao núcleo primitivo de onde saiu a idéia deve ser dada a maior importância. A proporção que inúmeros outros núcleos se forem entrelaçando, deve aumentar também o apreço ao lugar que, do aspecto moral, intelectual e prático, representa o ponto de partida do movimento e a sua cabeça. Tão fácil é manter a autoridade do núcleo central em face dos outros grupos locais como difícil é protegê-la contra as mais altas organizações que se vão formando. No entanto, a conservação dessa autoridade é condição sine qua non para a consistência de um movimento e para a realização de uma idéia. Quando, por fim, esses grandes centros se ligam a novas formas de organização, aumenta a dificuldade de assegurar o absoluto caráter de chefia ao lugar da fundação do movimento. Assim só se devem formar núcleos de organização quando se pode conservar a autoridade intelectual e moral do núcleo central. Assim sendo, a organização interna do movimento deve obedecer às seguintes linhas gerais:

a) Concentração de todo o trabalho em um lugar só, que será Munique. Deve-se criar um estado maior de adeptos de indiscutível confiança, a fim de serem treinados, e fundar uma escola para a propaganda posterior da idéia. É preciso que nesse centro se adquira a indispensável autoridade para agir com eficiência no futuro.

Para tornar a nova causa e seus líderes conhecidos é necessário não somente destruir a crença na invencibilidade do marxismo como demonstrar a possibilidade, a viabilidade de um movimento que lhe seja contrário.

b) Os grupos locais só serão criados depois que a autoridade da direção central de Munique for por todos absolutamente reconhecida.

e) A criação de círculos, distritos, ligas, etc., não surge somente da necessidade da sua existência mas da absoluta segurança de que reconhecem a autoridade do núcleo central. Mais ainda, a formação de outros grupos depende dos indivíduos tidos como líderes no momento.

Há dois caminhos a seguir:

a) O movimento arranja os meios financeiros para aperfeiçoar os cérebros capazes de assumir a futura liderança. .O material adquirido deve ser disposto dentro de um certo plano, de acordo com os pontos de vista táticos e com a finalidade da causa.

Esse caminho é o mais fácil e o mais rápido. Exige, porém, grandes somas de dinheiro, pois esses líderes só a soldo poderão trabalhar pelo movimento.

b) O movimento, em conseqüência da falta de recursos financeiros, não está em condições de se utilizar de guias pagos, tem que recorrer à atividade de funcionários gratuitos. Esse caminho é o mais lento e o mais difícil. A direção do movimento deve, caso convenha, paralisar a atuação em determinados grandes setores, até que, entre os adeptos da causa, surja uma cabeça capaz de se pôr à testa da chefia e organizar e dirigir o movimento nesses locais.

Pode acontecer que não se encontre em certas regiões ninguém em situação de poder assumir a chefia e que, em outras, duas ou três pessoas estejam em condições mais ou menos idênticas quanto à capacidade. São grandes as dificuldades para a evolução do movimento em tal situação e, só depois de anos, podem elas ser vencidas.

Em qualquer hipótese, a condição indispensável na organização é a existência de indivíduos capazes para a direção. Para a causa é preferível que se deixe de organizar um grupo local a que se corra o risco de um insucesso, por falta de um guia eficiente.

Para a liderança não se exige somente boa vontade, mas também capacidade, que depende mais da energia do que de pura genialidade.- A combinação da capacidade, do poder de resolução e da persistência, constitui o ideal.

12. - O futuro do movimento depende do fanatismo, mesmo da intolerância, com a qual seus adeptos o defenderem como a única causa justa e defenderem-na em oposição a quaisquer outros esquemas de caráter semelhante.

É um grande erro pensar que o movimento se torna mais forte quando se liga a outros, mesmo que possam ter fins parecidos.

Todo aumento de extensão realizado por essa maneira traz, é verdade, um maior desenvolvimento - externo, o que faz com que o observador superficial pense tratar-se de um aumento de força. Na realidade, porém. a causa apenas recebe o germe de fraqueza que se fará sentir mais tarde.

Por mais que se fale da identidade de dois movimentos, essa identidade nunca existe. Ao contrário, não haveria dois movimentos, mas apenas um. Pouco importa saber onde estão as divergências. Fossem elas apenas fundadas na capacidade dos líderes não deixariam por Isso de existir.

A lei natural de toda evolução não permite a união de dois movimentos diferentes, mas assegura sempre a vitória do mais forte e a criação do poder e da força do vitorioso, o que só se pode conseguir por meio de uma luta incondicional.

Pode ser que a união de duas concepções partidárias, em dado momento, ofereça vantagens. Com o tempo, porém, o êxito assim conseguido é sempre uma causa de fraqueza.

A um movimento é de vantagem apenas combater por uma vitória que não seja um acesso momentâneo, mas um êxito de efeitos duradouros, obtido depois de uma luta incondicional, capaz de maiores desenvolvimentos posteriores.

Movimentos que devem seu progresso a ligações com outros de concepções parecidas, dão a impressão de plantas de estufa. Eles crescem, mas falta-lhes a força para, durante séculos, resistir às grandes tempestades. A grandeza de toda organização ativa que corporifique uma idéia está no fanatismo religioso e na intolerância com que agride todas as outras, convencidos os seus adeptos de que só eles estão com a razão. Se uma idéia em si é justa e dispõe dessas forças resistirá a todas as lutas, será invencível. A perseguição que contra a mesma se possa mover apenas aumentará sua força intrínseca.

A grandeza do Cristianismo não está em qualquer tentativa para reconciliar- se com as opiniões semelhantes da filosofia dos antigos, mas na inexorável e fanática proclamação e defesa das suas próprias doutrinas.

13. - O movimento tem que educar os seus adeptos de tal maneira que, na luta, vejam a necessidade do emprego dos maiores esforços. Não devem temer a Inimizade do adversário, mas considerá-la como condição essencial para a sua própria existência. Não se devem atemorizar pelo ódio dos inimigos da nação mas sim desejá-lo do mais intimo da alma. Na manifestação externa desse ódio, só há mentira e calúnia.

Quem não é atacado nos jornais judeus, por eles caluniado e difamado, não é um alemão Independente, não é um verdadeiro Nacional Socialista. O melhor critério para se avaliar dos seus sentimentos, da sinceridade de suas convicções e da 'sua força de vontade, é a inimizade contra os mesmos evidenciada pelos inimigos do povo alemão.

Os adeptos do movimento e, em sentido mais lato, todo o povo, devem ficar convencidos de que, nos seus jornais, o judeu mente sempre e que uma ou outra verdade é apenas o disfarce de uma falsidade e por isso sempre uma mentira.

O Judeu é o maior mestre da mentira e a mentira e a fraude são as únicas armas da sua luta.

Cada calúnia, cada mentira dos Judeus contra um de nós, deve ser vista como uma cicatriz honrosa.

Quanto mais eles nos difamarem, mais nos aproximaremos uns dos outros.

Os que nos votam ódio mais mortal são justamente os nossos melhores amigos.

Quem, pela manhã, ler um jornal judeu e não tiver sido pelo mesmo difamado, não aproveitou bem o seu dia, pois se o tivesse, teria sido pelo judeu perseguido, caluniado, insultado, enxovalhado.

Só os que enfrentam de maneira eficiente esse inimigo mortal do nosso povo e da civilização ariana devem esperar a calúnia dessa raça e ver dirigida contra si a luta desse povo.

Se essas idéias fundamentais forem totalmente assimiladas pelos nossos correligionários, então o movimento será inabalável, invencível.

14. - O nosso movimento deve usar de todos os meios para incutir o respeito pelas personalidades. Não deve perder de vista que todos os valores humanos residem no indivíduo, que todas as idéias, todas as realizações, são o resultado do poder criador de um homem e que a admiração pela grandeza não é simplesmente uma homenagem prestada mas também um pacto de união entre os que lhe são gratos. Não há substituto para a personalidade, sobretudo quando essa personalidade não é mecânica mas corporifica um elemento criador da cultura.

Assim como um célebre artista não pode ser substituído e nenhum outro acerta concluir um quadro já quase pronto, o mesmo acontece com os grandes poetas e pensadores, os grandes estadistas e os grandes generais. A sua atividade não é formada mecanicamente, mas é um dom da graça de Deus.

As grandes revoluções, as grandes conquistas desta terra, suas grandes produções culturais, as obras imorredouras no terreno da política etc., estão sempre ligadas a um nome e serão por ele representadas. A falta de reconhecimento do valor excepcional de um desses espíritos significa a perda de uma força imensa.

Melhor do que ninguém sabe disso o judeu. Ele que só é grande na destruição da humanidade e da sua cultura, tem a maior admiração pelos seus próprios valores. No entretanto, o respeito dos povos pelos seus grandes espíritos ele tenta apontar como coisa indigna e é considerado como "culto pessoal".

Quando um povo é bastante covarde para se deixar vencer por essa insolência e descaramento dos judeus, renuncia à mais poderosa força que possui, pois essa força não consiste no respeito às massas mas na veneração pelos gênios. Nos primeiros dias do nosso movimento, a nossa maior fraqueza foi a insignificância dos nossos nomes e a circunstância de sermos desconhecidos. Só esse fato tornou problemático o nosso êxito.

O mais difícil, nesses primeiros tempos, em que apenas seis, sete ou oito pessoas se reuniam para ouvir o discurso de um orador, era despertar, nesses pequenos círculos, a confiança no grande futuro do movimento e em mantê-lo.

Pense-se em que seis ou sete homens, inteiramente desconhecidos, simples pobres diabos, se reuniam com a intenção de criar um movimento destinado a vencer de futuro, - o que até então tinha sido impossível aos grandes partidos - e de reerguer a nação alemã ao seu mais alto poder e esplendor!

Se, naqueles tempos, nos tivessem prendido ou rido de nós, nós nos sentiríamos felizes da mesma maneira, pois o que mais nos entristecia, naquele momento, era o passarmos despercebidos. Era isso o que mais me fazia sofrer.

Quando me incorporei a essa meia dúzia de homens, não se podia falar ainda nem em um partido nem em um movimento. Já descrevi as minhas impressões a respeito do primeiro encontro com essa pequena organização.

Nas semanas que se sucederam a esse início tive oportunidade de pensar na aparente impossibilidade desse novo partido. O quadro que se deparava aos meus olhos era de entristecer. Não existia, nesse sentido, nada, absolutamente nada.

O público nada sabia a nosso respeito. Em Munique, não se conhecia o partido nem de nome, afora a sua meia dúzia de adeptos e as poucas pessoas de suas relações.

Todas as quartas-feiras se realizava, no München Café, uma reunião da comissão e, uma vez por semana, havia conferência à noite. Como todos os membros do "Movimento" estavam representados apenas pela comissão, as pessoas eram naturalmente sempre as mesmas. Era, por isso, essencial que se alargasse o pequeno circulo e se conseguissem novos adeptos, mas, antes de tudo, fazer com que o nome do movimento se tornasse conhecido. Servimo-nos da seguinte técnica:

Tentamos realizar um comício todos os meses, e, mais tarde, todas as quinzenas. Os convites para os mesmos eram em parte datilografados e em parte escritos a mão. Cada um se esforçava por conseguir, no circulo de suas relações, visitas a essas sessões preparatórias.

O êxito era dos mais lamentáveis.

Lembro-me ainda como, naqueles primeiros tempos, depois de ter distribuído o 80.º convite, esperava, à noite, a grande massa popular, que deveria assistir a reunião Depois de adiar por uma hora a reunião, o presidente era obrigado a iniciar a "sessão". Éramos de novo os sete, sempre os mesmos sete.

Passamos a copiar na máquina os convites em uma casa de utensílios de escritório e tirávamos inúmeras cópias. O resultado foi obtermos maior auditório na próxima reunião. O número subiu lentamente de onze para treze, finalmente para dezessete, vinte e três, e vinte e quatro.

Pobres diabos, subscrevíamos pequenas importâncias entre os nossos conhecidos, com o que conseguimos anunciar um comício no "Münchener Beobachter" que era, então, independente. O sucesso dessa vez foi espantoso Tínhamos aprazado a reunião para o Hofbräuh, auskeller. de Munique, pequena sala que apenas poderia comportar cento e trinta pessoas. O espaço deu-me, pessoalmente, a impressão de um vasto salão e cada um de nós estava ansioso por ver se conseguiríamos, na hora marcada, encher este "vasto" edifício. As sete horas, com a presença de cento e onze pessoas, começou o comício. Um professor de Munique deveria fazer o primeiro discurso. Eu falaria em segundo lugar.

Falei trinta minutos e aquilo que, antes, sem o saber, havia sentido intuitivamente, estava provado: eu sabia discursar. Depois de trinta minutos, o auditório estava eletrizado e o entusiasmo foi tal que meu apelo a uma contribuição dos presentes rendeu a soma de trezentos marcos. Isso nos libertou de uma grande preocupação. A situação financeira era tão precária que não tínhamos nem recursos para mandar imprimir as linhas gerais do programa ou mesmo boletins. Afinal tínhamos conseguido uma base para fazer face às despesas mais indispensáveis e mais urgentes.

Sob outro aspecto, o êxito dessa primeira grande reunião era muito significativo.

Comecei a atrair um grande número de forças novas. Durante meus longos anos de serviço militar, conheci muitos camaradas fiéis que começavam, aos poucos, a entrar no movimento, em conseqüência de minha propaganda. Eram jovens de grande eficiência, habituados à disciplina e educados, desde o tempo do serviço militar, na convicção de que a quem quer nada é impossível.

De como era necessária uma tal afluência de sangue novo pude reconhecer poucas semanas depois.

O então presidente do Partido, Herr Barrer, era, por profissão e por treino, um jornalista. Como chefe do Partido, tinha, porém, uma grande fraqueza: não era orador para as massas. Por mais conscioncioso que fosse no seu trabalho, talvez por falta daquela qualidade, faltava-lhe o poder de arrastar o povo. Herr Drexler, outrora presidente do grupo local de Munique, era um simples operário, não valia grande coisa como orador, e, sobretudo, não tinha qualidades de soldado. Nunca servira na Guerra, de modo que, além de ser naturalmente fraco e Indeciso, nunca tinha passado pela única escola que transforma, em verdadeiros homens, espíritos fracos e indecisos. Nenhum deles possuía qualidades não só para inspirar a fé entusiástica na vitória de uma causa como para, por uma inabalável força de vontade, sem contemplações e pelos meios mais violentos, vencer a resistência oposta à vitória de uma idéia nova. Para esse objetivo servem apenas os homens que possuem aquelas virtudes físicas e intelectuais do militar.

Naquele tempo, eu ainda era soldado. Minha aparência exterior, meu caráter, se tinham formado de tal modo durante quase dois anos que, naquele meio, devia sentir-me como um estranho. Tinha-me esquecido de expressões como estas: Isso não pode ser; isso não se realizará; isso não se deve arriscar; isso é demasiado perigoso, etc.

De fato, a coisa era perigosa. Em 1920, era impossível, em muitas regiões da Alemanha, aventurar-se alguém a dirigir um apelo às massas populares para uma assembléia nacionalista e convidá-las publicamente para uma visita. Os que participavam dessas reuniões quebravam-se as cabeças mutuamente. As chamadas grandes reuniões coletivas burguesas eram debandadas por uma dúzia de comunistas, como aconteceria com lebres em face de cães.

Os comunistas não davam importância a esses clubes burgueses inofensivos, que não ofereciam o menor perigo, e que eles conheciam melhor do que a seus próprios adeptos. Estavam, porém, resolvidos a liquidar, por todos os meios ao seu alcance, um movimento novo que lhes parecia perigoso. E o meio mais eficiente, em tais casos, sempre foi o terror, o emprego da força. Mais do que qualquer outro grupo, os marxistas, ludibriadores da nação, deveriam odiar um movimento cujo escopo declarado era conquistar as massas que até então tinham estado a serviço dos partidos marxistas dos judeus internacionais. Só o título "Partido dos Trabalhadores Alemães" já era capaz de irritá-los. Assim não era difícil prever que, na primeira oportunidade favorável, surgiria uma definição de atitudes em relação aos agitadores marxistas ainda ébrios com a vitória.

No pequeno âmbito do movimento de outrora, ainda se sentia um certo receio ante uma tal luta. Evitava-se, pelo menos, uma oportunidade pública, com medo de ser-se batido. Via-se nisso uma mácula para a primeira grande reunião e que o movimento assim seria sufocado no início. O meu modo de ver era diferente. Pensava que não se devia evitar a luta, mas, ao contrário, ir a seu encontro e tomar as únicas precauções garantidoras contra o emprego da força. Não se combate o terror com armas intelectuais, mas com o próprio terror. O êxito da primeira assembléia fortaleceu no meu espírito esse ponto de vista. Adquirimos coragem para uma segunda, já de proporções mais vastas.

Mais ou menos em outubro de 1919, realizou-se, na Eberlbraukeller, a segunda grande reunião. O tema foi Brest-Litowsky e Versalhes, os dois tratados).

Apresentaram-se quatro oradores. Eu falei quase uma hora e o êxito foi maior do que da primeira reunião. O número de convites tinha subido a mais de cento e trinta. Uma tentativa de perturbação foi abafada de início por meus camaradas, os responsáveis pela perturbação fugiram de escadas abaixo, com as cabeças machucadas. Quatorze dias depois realizou-se uma reunião maior, na mesma sala. O número de ouvintes tinha ultrapassado cento e setenta - uma casa cheia. Falei de novo e o sucesso foi ainda maior do que da outra vez.

Procurei conseguir uma sala maior. Por fim encontramos uma em condições, do outro lado - da cidade, no Deutschen Reich, na Dachauer Strasse. A freqüência da primeira reunião nessa sala foi menor do que a anterior, apenas cento e quarenta pessoas.

As esperanças começaram a se arrefecer e os eternos céticos acreditavam que a causa da pequena freqüência devia ser vista na repetição constante de nossas afirmações. Havia fortes divergências, sendo que eu defendia o ponto de vista segundo o qual uma cidade de setecentos mil habitantes deveria comportar não um comício de quinzena em quinzena mas dez por semana, a fim de que, por força de repetir, não houvesse engano sobre o caminho certo que se havia tomado e que mais cedo ou mais tarde, com incrível constância, haveria de levar ao sucesso. Durante todo o inverno de 1919 1920, nossa principal luta foi no sentido de fortalecer a fé na força conquistadora do novo movimento e elevá-la às alturas do fanatismo capaz de abalar as montanhas.

O próximo comício do Deutschen Reich de novo provou que eu tinha razão. O auditório compunha-se de mais de duzentas pessoas e nosso sucesso foi brilhante, tanto no que diz respeito ao público como sob o ponto de vista financeiro.

Tomei providências imediatas para mais vastas reuniões. Apenas quatorze dias depois, realizava-se um novo comício e a multidão subia a mais de duzentos e setenta indivíduos.

Nesse tempo, conseguimos dar organização interna ao movimento. Muitas vezes, no pequeno círculo em que agíamos, havia divergências mais ou menos fortes. De vários lados, como acontece ainda hoje, o novo movimento foi acusado de ser um partido.

Em tal concepção, eu via sempre a prova de incapacidade prática e de estreiteza de espírito. Trata-se de homens que não sabem distinguir a realidade no meio das aparências e que procuram avaliar a importância de um movimento pelas denominações pomposas.

Difícil era, então, fazer compreender ao povo que todo movimento, enquanto não tiver atingido a vitória de suas idéias e a finalidade, é um Partido, qualquer que seja a denominação que se lhe dê.

Quem quer que possua uma idéia ousada, cuja realização pareça útil ao interesses de seu próximo e deseje transformá-la em realidade prática, o primeiro passo a dar é conquistar adeptos que estejam dispostos a levar avante os seus desígnios. Enquanto esses desígnios se limitarem a anular os partidos existentes no momento, a ultimar a sua dissolução, os representantes das novas idéias, os seus pregadores, formarão sempre um Partido, até que o objetivo seja alcançado.

É puro jogo de palavras, mera dissimulação, a tentativa de qualquer teórico popular, cujo êxito na prática está sempre em relação inversa à sua sabedoria, de imaginar possível que um movimento ainda com o caráter de partido se transforme apenas pela mudança de nome.

Quando se trata de um movimento impopular, sua propaganda é sempre feita sobretudo com expressões alemãs antigas que não só não são aplicadas hoje como não traduzem pensamentos em forma precisa. E, além disso, podem concorrer para que se aprecie a Importância de um movimento pelo vocabulário que emprega. Isso é um desatino que se pode observar hoje, em um sem número de vezes.

O novo movimento devia e deve precaver-se contra a invasão, por parte de homens, cuja única recomendação consiste, na maior parte das vezes, no fato de, durante trinta ou quarenta anos, se terem batido pela mesma idéia. Quem, porém, durante todo esse tempo, se bate por uma idéia, sem conseguir o menor êxito, sem mesmo ter evitado as idéias contrárias, dá uma prova evidente da sua incapacidade.

O mais perigoso é que esses indivíduos não querem entrar no movimento como quaisquer outros adeptos mas intrometem-se na direção do mesmo, na qual pretendem posições de destaque, atendendo a sua atividade no passado. Ai do novo movimento que lhes cai nas mãos! Nenhuma recomendação é para um homem de negócios ter empregado, durante quarenta anos, a sua atividade em determinado ramo, para, no fim desse prazo. arrastar a sua firma à falência. Ninguém nisso veria credenciais para confiar-lhe a direção de outra firma. O mesmo acontece com esses Matusaléns populares que. depois de, no mesmo prazo, haverem fossilizado uma grande idéia, ainda pensam em dirigir um novo movimento.

Aliás, esses homens entram em um novo movimento, com o fim de servi-lo e de ser útil à nova doutrina, mas, na maioria dos casos, o que pretendem é, sob a proteção do mesmo ou pelas possibilidades que esse lhes oferece, fazer mais uma vez a infelicidade geral, com as suas idéias próprias.

A sua característica principal é possuir-se de entusiasmo pelos antigos heróis alemães, pelos tempos mais recuados, pela idade da pedra, por dardos e escudos, mas, na realidade, não passam dos maiores covardes que se pode imaginar. Essa mesma gente que tanto finge glorificar o heroísmo do passado, prega a luta no presente com armas intelectuais e foge diante de qualquer cassetete de borracha nas mãos dos comunistas. A posteridade terá poucos motivos para dai retirar uma nova epopéia.

Aprendi a conhecer essa gente bem demais para não sentir o mais profundo nojo ante suas miseráveis simulações. A sua atuação sobre as massas é irrisória. O judeu tem toda razão para conservar com cuidado esses comediantes e para preferi-los aos verdadeiros propugnadores por um novo Estado alemão. Esses indivíduos, apesar de todas as provas da sua perfeita incapacidade, querem entender tudo melhor do que os outros. Assim transformam-se em uma verdadeira praga para os lutadores retos e honestos, cujo heroísmo não se manifesta só na veneração do passado e que se esforçam por deixar à posteridade, através de seus atos, um quadro de heroicidade igual ao dos antepassados.

Freqüentemente é difícil distinguir, no meio dessa gente, quem age por estupidez ou incapacidade e quem obedece a determinados motivos.

Não foi sem razão que o novo movimento adotou um programa definido e não empregou a palavra "popular". Devido ao seu caráter vago, esta expressão não pode oferecer uma base segura para qualquer movimento nem um modelo para os que ao mesmo de futuro aderirem.

É incrível o que hoje se compreende sob essa denominação. Um conhecido professor da Baviera, um dos célebres lutadores com "armas espirituais", concilia a expressão "popular" com o espírito monárquico. Esse sábio" esqueceu-se de explicar a identidade existente entre a nossa velha monarquia e o que hoje se entende por "popular". Acredito que isso lhe seria quase impossível, pois dificilmente se pode imaginar coisa menos popular" do que a maior parte dos Estados monárquicos da Alemanha. Se não fosse assim, esses Estados não teriam desaparecido, ou o seu desaparecimento significaria que as opiniões do povo estavam erradas.

Devido ao seu sentido vago, cada um entende a expressão "popular", a seu jeito. Só esse fato a torna inviável para a base de um movimento político. Prova disso é o ridículo que desperta.

Neste mundo, porém, quem não se dispuser a ser odiado pelos adversários não me parece ter muito valor como amigo. Por isso, a simpatia desses indivíduos era por nós considerada não só inútil mas prejudicial. Para irritá-los, adotamos, de começo, a denominação de Partido para o nosso movimento, que tomou o nome de Partido Nacional Socialista dos Trabalhadores Alemães.

É claro que teríamos de ser combatidos, não com armas eficientes mas pela pena, única arma desses escrevinhadores. A nossa afirmação de que "nos defendemos com a força contra quem nos combate com a força" era incompreensível para eles.

Há uma classe de indivíduos contra os quais não é nunca demasiado chamar a atenção dos nossos correligionários. Refiro-me aos que "trabalham no silêncio". Não só são covardes como incapazes e indolentes. Quem quer que entenda do assunto social e veja uma possibilidade de perigo, tem a obrigação, desde que conheça o meio de evitar esse perigo, de agir publicamente contra o mal conhecido e trabalhar abertamente pela sua cura. Se não fizer isso é um miserável covarde, sem noção dos seus deveres. É assim que age a maior parte de tais "trabalhadores silenciosos". Eles nada realizam e, no entanto, tentam iludir o mundo inteiro com as suas obras; são preguiçosos e dão a impressão de, com o seu "trabalho silencioso", desenvolverem uma atividade fora do comum. Em resumo, eles são trapaceiros, aproveitadores políticos, que vêem com ódio a atividade dos outros.

Qualquer agitador que tenha coragem para enfrentar seus opositores e defender seus pontos de vista, com audácia e franqueza, tem mais eficiência que mil desses hipócritas.

No começo do ano de 1920 eu insisti pelo primeiro grande comício. A imprensa vermelha começava a se ocupar de nós. Considerávamo-nos felizes por termos despertado o seu ódio. Tínhamos começado a freqüentar outras reuniões, como críticos. Com isso conseguimos ser conhecidos e ver aumentados a aversão e o ódio contra nós. Deveríamos, por isso, esperar que os nossos amigos vermelhos nos fariam uma visita, ao nosso primeiro grande comício. Era muito possível que fôssemos atacados de surpresa. Eu conhecia muito bem a mentalidade dos marxistas. Uma forte reação da nossa parte não só produziria sobre eles uma profunda impressão como serviria para ganhar adeptos. Deveríamos, pois, nos decidir a essa reação!

Harrer, então presidente do Partido, não concordou com os meus pontos de vista sobre a escolha do momento, e, como homem de honra, retirou-se da liderança do movimento. O seu sucessor foi Anton Drexler. Eu tomei a mim a organização da propaganda do movimento e resolvi levá-la a cabo sem contemplações.

O dia 24 de fevereiro de 1920 foi a data fixada para o primeiro grande comício do movimento, até então desconhecido. Eu, pessoalmente, encarreguei-me de arranjar as coisas. Os preparativos eram os mais simples. O anúncio deveria ser feito por cartazes e boletins orientados no sentido de produzir a mais forte impressão sobre as massas.

A cor que escolhemos foi a vermelha, não só porque chama mais atenção como porque, provavelmente, irritaria os nossos adversários e faria com que eles se impressionassem conosco.

Só me dominava uma preocupação. Perguntava-me: a sala ficará repleta ou teremos que falar em uma sala vazia? Tinha a certeza de que se tivéssemos auditório, o sucesso seria completo.

As 7 horas e meia da noite começou o comício. As 7,15 eu entrei na sala da Hotbrauhaus, de Munique. Senti uma alegria infinita. A enorme sala - como me parecia então - estava à cunha. No auditório encontravam-se talvez umas duas mil pessoas, justamente aquelas a que nos queríamos dirigir. Mais da metade dos presentes era composta de comunistas e de independentes.

Quando o primeiro orador acabou de falar, eu pedi a palavra. Dentro de poucos minutos começaram os apartes e verificaram-se cenas de violência dentro da sala. Alguns fiéis camaradas da Guerra, depois de espancarem os perturbadores da ordem, restabeleceram a tranqüilidade. Pude, então, prosseguir. Meia hora depois, os aplausos abafavam os apartes dos adversários.

Comecei, então, a expor o programa, ponto por ponto. Depois que expliquei as vinte e cinco teses do nosso movimento, senti que tinha diante de mim uma massa popular conquistada às novas idéias, a uma nova crença e animada de uma nova força de vontade.

A proporção que, depois de quase quatro horas de discussões, a sala começou a esvaziar-se, senti que as bases do movimento estavam lançadas.

no coração do povo.

Estava ateado o fogo de um movimento que, com o auxílio da espada, haveria de restaurar a liberdade e a vida da nação alemã.

Pensando no sucesso futuro, sentia que a deusa da vingança marchava contra os traidores da Revolução de novembro!

O movimento seguia o seu curso.

SEGUNDA PARTE

CAPÍTULO I

DOUTRINA E PARTIDO

Deu-se em 24 de fevereiro de 1920 a primeira manifestação pública, em massa, de nosso novo movimento. No salão de festas da Hofbräuhaus, de Munique, perante uma multidão de quase duas mil pessoas, foram apresentadas e jubilosamente aprovadas, ponto por ponto, as vinte e cinco teses do programa do novo Partido.

Foram, nesse momento, lançadas as diretrizes e linhas principais de uma luta cuja finalidade era varrer o monturo de idéias e pontos de vista gastos e de objetivos perniciosos. No putrefato e acovardado mundo burguês. bem como no cortejo triunfal 4a onda marxista em movimento, devia aparecer uma nova força para deter, à última hora, o carro do destino.

É evidente que o novo movimento só poderia ter a devida importância, a força necessária para essa luta gigantesca, se conseguisse despertar, no coração de seus correligionários, desde os primeiros dias, a convicção religiosa de que, para ele, a vida política deveria ser, não uma simples senha eleitoral, mas uma nova concepção do mundo de significação doutrinária.

Deve-se ter em mente a maneira lastimável por que os pontos de vista dos chamados "programas de partido" são ordinariamente consertados, alindados ou remodelados de tempos a tempos. Devem ser examinados cuidadosamente os motivos impulsores das "comissões de programa" burguesas para aquilatar-se devidamente o valor de tais programas.

É sempre uma preocupação única, que leva a uma nova exposição de programas ou à modificação dos já existentes: a preocupação com o êxito nas futuras eleições. Logo que à cabeça desses artistas do Estado parlamentar acode a idéia de que o povo pode revoltar-se e escapar dos arreios do carro partidário, costumam eles pintar de novo os varais do veículo. Eí tão aparecem os astrônomos e astrólogos do partido, os chamados "experientes" e "entendidos", na maioria velhos parlamentares que, pelo seu largo "tirocínio", podem recordar-se de casos análogos em que as massas perdiam toda a paciência e se tornavam ameaçadoras. E recorrem, então, às velhas receitas, formam uma "comissão", apalpam o sentimento popular, farejam a opinião da imprensa e sondam lentamente o que poderia desejar o amado povo, o que lhe desagrada, o que ele almeja. Todos os grupos profissionais, todas as classes de empregados são acuradamente estudados. Pesquisam-se-lhes os mais íntimos desejos. Então, com espanto dos que os descobriram e os divulgaram, costumam reaparecer subitamente, os mesmos estribilhos da temível oposição, já agora inofensivos e como que fazendo parte do patrimônio do velho partido.

Reúnem-se as comissões, que fazem a "revisão" do velho programa e elaboram um novo no qual se dá o seu a seu dono. Esses senhores mudam de convicções como o soldado no campo de batalha muda de camisa, isto é. quando a antiga está imunda! Por esse novo programa, o camponês recebe proteção para a sua propriedade, o industrial para as suas mercadorias, o consumidor para as suas compras, aos professores elevam-se os vencimentos; aos funcionários melhora-se a aposentadoria: das viúvas e órfãos cuidará o Estado com largueza; será incentivado o comércio; as tarifas serão reduzidas e os impostos serão não totalmente, mas quase abolidos. Por vezes sucede que uma classe fica esquecida ou não é atendida uma reclamação popular. Nesse caso, acrescentam-se a toda pressa remendos, que continuam a ser feitos, até que o rebanho dos burgueses comuns e mais as suas esposas se tranqüilizem e fiquem, inteiramente satisfeitos. Assim, de ânimo armado pela confiança no bom Deus e na inabalável estupidez dos cidadãos eleitores, podem começar a luta pelo que chamam a "reforma", do Estado.

Passa-se o dia da eleição. Os parlamentares fizeram a última assembléia popular, que só se renovará cinco anos mais tarde; e, abandonando a domesticação da plebe, entregam-se ao desempenho de suas altas e agradáveis funções. Dissolve-se a comissão do programa" e a luta pela reforma das instituições reveste de novo a modalidade da luta pelo querido pão. nosso de cada dia, pela "dieta", como dizem os deputados. Todos os dias se dirigem os senhores representantes do povo para a Câmara, se não para o interior da casa, ao menos para a ante-sala onde se acham as listas de presença. ‚Em fatigante serviço pelo povo, eles registam lá os seus nomes e aceitam, como bem merecida recompensa, uma pequena indenização pelos seus extenuantes esforços.

Quatro anos depois, ou antes, nas semanas críticas, quando começa a aproximar-se a dissolução das corporações parlamentares, apodera-se deles um impulso Irresistível. Como a larva não pode fazer outra coisa senão transformar-se em crisálida, assim as lagartas parlamentares abandonam o casulo comum e voam para o amado povo. Tornam a falar aos seus eleitores, contam o enorme trabalho que fizeram e a malévola obstinação dos outros; mas as massas ignaras, em vez de agradecido aplauso, lançam-lhes em rosto, por vezes, expressões ásperas, cheias de ódio. Se essa ingratidão popular sobe até um certo ponto, só um remédio pode servir: é preciso restaurar o esplendor do partido, o programa necessita ser melhorado, renasce para a vida a "comissão" e recomeça-se a burla. Dada a estupidez granítica dos homens do nosso tempo, não é de admirar o êxito desse processo. Guiado pela sua imprensa e deslumbrado com o novo e sedutor programa, o gado "burguês" e "proletário" torna a voltar ao estábulo e de novo elege os seus velhos impostores.

Assim, o homem do povo, o candidato das classes produtoras, transforma-se em lagarta parlamentar, que se ceva na vida do Estado, para, quatro anos depois, de novo se transmudar em brilhante borboleta.

Nada mais deprimente que observar a nua realidade desse estado I de coisas, que ter de ver repetir-se essa eterna impostura.

Certamente, dessa base espiritual do mundo burguês não é possível haurir elementos para a luta contra a força organizada do marxismo.

E nisso não pensam nunca seriamente os senhores parlamentares. Devido à reconhecida estreiteza e Inferioridade mental desses médicos parlamentares da raça branca, eles próprios não conseguem imaginar seriamente como uma democracia ocidental possa arrostar com uma doutrina para a qual a democracia e tudo que lhe diz respeito é, no melhor dos casos, um meio para chegar a um determinado fim; um meio que se emprega para anular a ação do adversário e facilitar a sua própria. E se uma parte do marxismo, por vezes, tenta, com muita prudência, aparentar indissolúvel união com os princípios democráticos, convém não esquecer, que esses senhores, nas horas críticas, não deram a menor importância a uma decisão por maioria, à maneira democrática ocidental! Isso foi quando os parlamentares burgueses viam a segurança do Reich garantida pela monumental parvoíce de uma grande maioria, enquanto o marxismo, com uma multidão de vagabundos, desertores, pulhas partidários e literatos judeus, em pouco tempo, arrebatava o poder para si, aplicando, assim, ruidosa bofetada à democracia. Por isso, só ao espírito crédulo dos magros parlamentares da burguesia democrática cabe supor que, agora ou no futuro, os interessados pela universal peste marxística e seus defensores possam ser banidos com as fórmulas de exorcismo do parlamentarismo ocidental.

O marxismo marchará com a democracia até que consiga, por via indireta, os seus criminosos fins, até obter apoio do espírito nacional por ele condenado à extirpação. Que ele se convencesse hoje de que o caldeirão de feiticeira, que é a nossa democracia parlamentar, poderia repentinamente fermentar uma maioria que - mesmo que fosse na base de sua legislação justificada pelo maior número - enfrentasse seriamente o marxismo - e estaria extinta a ilusão parlamentar, Então os porta-bandeiras da Internacional vermelha, em lugar de um apelo à consciência democrática, dirigiram uma incendiária proclamação às massas proletárias e a luta se transplantaria imediatamente do ar viciado das salas de sessões dos nossos parlamentos para as fábricas e para as ruas. A democracia ficaria logo liquidada; e o que não conseguiria a habilidade intelectual dos apóstolos do povo, conseguiriam, com a rapidez do relâmpago, tal qual aconteceu no outono de 1918, a alavanca e o malho das excitadas massas proletárias. Isso ensinaria eloqüentemente ao mundo burguês quanto ele é insensato em imaginar que, com os recursos da democracia ocidental, é possível resistir à conquista judaica do mundo.

Como já dissemos, só um espírito crédulo pode aceitar regras de jogo com um parceiro para o qual elas só vigoram para "bluff" ou quando lhe são úteis e que as despreza logo que deixem de ser-lhe vantajosas. Como em todos os partidos da chamada classe burguesa, toda luta política na realidade consiste na disputa de cadeiras individuais no parlamento, luta em que, de acordo com as conveniências, posições e princípios são atirados fora, como lastros de areia, da mesma maneira que os seus programas são alterados em todos os sentidos. E por essa bitola são avaliadas as suas forças. Falta-lhes aquela forte atração magnética, que sempre seguem as massas, sob a impressão incoercível dos altos, dominadores pontos de vista e da força convincente da fé inabalável, dobrada pelo espírito combativo que a sustenta.

Mas, numa época em que uma parte, aparelhada com todas as armas de uma nova doutrina, embora mil vozes criminosa, se prepara para o ataque a uma ordem existente, a outra parte só pode resistir-lhe sempre se adotar fórmulas de uma nova fé política; em nosso caso, se trocar a senha de uma defesa fraca e covarde pelo grito de guerra de um ataque animoso e brutal, Por isso, se hoje os chamados ministros nacionais-burgueses, até mesmo do centro bávaro, fazem a espirituosa censura de que o nosso movimento trabalha por uma "revolução", só uma resposta se pode dar a esses políticos liliputianos: Sim, tentamos recuperar o que perdestes com a vossa criminosa estupidez. Com os princípios do vosso avacalhado parlamentarismo, cooperastes para que a nação fosse arrastada ao abismo; nós, porém, mesmo de forma agressiva, lançando uma nova concepção do mundo e defendendo-lhe os princípios de maneira fanática e inexorável, prepararemos os degraus pelos quais um dia o nosso povo poderá subir de novo ao templo da liberdade.

Assim, ao tempo da fundação do novo movimento, os nossos primeiros cuidados deveriam ser sempre no sentido de impedir que o exército dos nossos combatentes por uma nova e elevada convicção se tornasse uma simples liga para a proteção de interesses parlamentares.

A primeira medida preventiva foi a elaboração de um programa que conduzisse convenientemente a um desenvolvimento que, pela sua grandeza Intima, fosse apropriado a afugentar os espíritos pequeninos e fracos de nossa atual política partidária.

Quanto era certo o nosso conceito da necessidade de um programa de pontos de mira definidos, provou claramente o fatal enfraquecimento que levou a Alemanha à ruína.

Desse conhecimento devem sair novas fórmulas do conceito de Estado, que sejam parte essencial de uma nova concepção do mundo.

Já no primeiro volume desta obra analisei a palavra "popular" (volkisch), pois constatei que esse termo parece pouco preciso para permitir a formação de uma definida comunidade de combatentes. Tudo o que é possível imaginar, embora sejam coisas completamente distintas, corre sob a capa de "popular". Por isso, antes de passar à missão e objetivos do Partido Alemão Nacional Socialista dos Trabalhadores, devo determinar o conceito de "popular" e suas relações com o movimento partidário.

O conceito "popular" parece tão mal delimitado, tão mal explicado, e tão Ilimitado no seu emprego quanto a palavra "religioso". Deveras difícil é compreender-se por essa palavra alguma coisa exata, quer quanto à percepção do pensamento, quer quanto à realização prática. O termo "religioso" só é fácil de perceber no momento em que aparece ligado a uma forma determinada e delimitada de realização. É uma bela e fácil explicação qualificar um homem de "profundamente religioso". Haverá, decerto, algumas raras pessoas que se sintam satisfeitas com uma tal denominação geral, porque tais pessoas podem perceber uma imagem mais ou menos viva desse estado de espírito. Mas, para as grandes massas, que não são constituídas nem de santos nem de filósofos, tal idéia geral religiosa apenas significaria para eles, na maioria dos casos, a tradução de seu modo individual de pensar e de agir, sem entretanto, conduzir àquela eficiência que imediatamente desperta a íntima ânsia religiosa pela formação, no ilimitado mundo mental, de uma fé definida. De certo, não é esse o fim em si, mas apenas um meio para o fim; todavia, é um meio absolutamente inevitável para que afinal se possa alcançar o fim. E esse fim não é simplesmente ideal, mas, em última análise, essencialmente prático. Como cada um de nós pode capacitar-se de que os mais elevados ideais sempre correspondem a uma profunda necessidade da vida, assim a sublimidade da beleza está, em derradeira instância, na sua utilidade lógica.

A fé, auxiliando o homem a elevar-se acima do nível da vida vulgar, contribui em verdade para a firmeza e segurança de sua existência. Tome-se à humanidade contemporânea a sua educação apoiada nos princípios da fé e da religião, na sua significação prática, quando à moral e aos costumes, eliminando-a sem substituí-la por outra educação de igual valor, e ter-se-á em conseqüência um grave abalo nos fundamentos da existência humana. E deve ter-se em mente que não é só o homem que vive para servir os altos Ideais, mas que também, ao contrário, esses altos Ideais pressupõem a existência do homem. E assim se fecha o circulo.

A denominação "religioso" implica, naturalmente, pensamentos doutrinários ou convicções, como, por exemplo, a indestrutibilidade da alma, a sua vida Imortal, a existência de um ser supremo, etc. Mas todos esses pensamentos, ainda que para o indivíduo sejam muito convincentes, sofrem o exame critico Individual e com isso a hesitação que afirma ou nega, até que ele aceite, não a noção sentimental ou o conhecimento, mas a legítima força da fé apodítica. Esse é o principal fator da luta que abre brecha no reconhecimento das concepções religiosas. Sem a clara delimitação da fé, a religiosidade, na sua obscura polimorfia não só seria inútil para a vida humana, mas provavelmente contribuiria para a confusão geral.

O mesmo que acontece com o conceito "religioso" se dá com o termo "popular". Nele se subentendem também noções doutrinárias. Estas são, todavia, bem que da mais alta significação pela forma, determinadas com tão pouca clareza, que só tomam o valor de uma opinião a ser mais ou menos reconhecida quando postas no quadro de um partido político. Porque a realização dos ideais de uma concepção do mundo e das exigência. dela decorrentes resulta tão pouco do sentimento puro e da vontade interior do homem, em si, como, porventura, a conquista da liberdade do natural anseio por ela. Não, só quando o impulso ideal para a independência sob a forma de força militar recebe organização combativa - pode o ardente desejo de um povo converter-se em realidade.

Cada concepção do mundo, por mais justa e de mais alta utilidade que seja para a humanidade, ficará sem significação para o aperfeiçoamento prático da vida de uma população, enquanto não se tornem os seus princípios o estandarte de um movimento de luta, que, por sua vez, se converte em um partido; enquanto não tiver transformado as suas idéias em vitória e os seus dogmas partidários não formarem as novas leis fundamentais do Estado.

Mas se uma representação mental de um modo geral deve servir de base a um futuro desenvolvimento, nesse caso a primeira condição é a absoluta clareza do caráter, natureza e amplitude dessa representação, pois só sobre esses alicerces é possível organizar um movimento que, pela intrínseca homogeneidade de suas convicções, possa desenvolver as necessárias forças para a luta. Um programa político deve ser caracterizado por Idéias gerais e por uma definida fé política em uma doutrina universal. Esta, visto que o seu objetivo deve ser praticamente realizável, deverá servir não só à idéia em si, mas também tomar em consideração os elementos de luta existentes e a serem empregados para a consecução da vitória dessa Idéia. A uma idéia mentalmente correta que o autor do programa tenha de anunciar, deve associar-se o conhecimento prático do homem político. Assim, um eterno ideal deve contentar-se, infelizmente, com ser a estréia guia da humanidade, tendo em consideração as fraquezas humanas, para não naufragar desde o Inicio ante a geral deficiência do homem. Ao investigador da verdade deve associar-se o investigador da psicologia popular, para, do reino do eterno verdadeiro e do ideal, retirar o que é humanamente possível para os pobres mortais.

A conversão da representação ideal de uma concepção do mundo da máxima veracidade em uma fé política e em uma organização combativa definida e centralizada, pelo espírito e pela vontade é o serviço mais

Importante, pois do feliz resultado desse trabalho dependem exclusivamente as possibilidades de vitória de uma idéia. Preciso é, pois, que do exército, por vezes de milhões de homens, dos quais cada um pressente ou mesmo compreende de modo mais ou menos claro essa verdade, seria alguém que, com força apodítica, forme, das idéias vacilantes das massas, princípios graníficos e empreenda o combate em defesa deles, até que do jogo livre das ondas do mundo mental se erga o rochedo da aliança da fé e da vontade.

Tentando extrair a significação profunda da palavra "popular", chegamos à conclusão seguinte:

A nossa concepção política usual repousa geralmente sobre a idéia de que ao Estado, em si, se pode atribuir força criadora e cultural, mas que ele nada tem a ver com a questão racial; e que ele é, antes de mais nada, um produto das necessidades econômicas ou, no melhor dos casos, a resultante natural da competição política pelo poder. Essa concepção fundamental, em seu lógico e conseqüente desenvolvimento progressivo, leva não só ao desconhecimento das forças primordiais da raça como à desvalorização do indivíduo. Porque a negação da diferença entre as raças, em relação à capacidade cultural de cada uma delas, implica necessariamente em transferir esse grande erro para a apreciação do indivíduo. A aceitação da identidade das raças viria a ser o fundamento de um semelhante modo de ver em relação aos povos e depois em relação aos homens individualmente. Por isso, o marxismo internacional é simplesmente a versão aceita pelo judeu Karl Marx de idéias e conceitos já há muito tempo existentes de fato sob a forma de aceitação de uma determinada fé política. Sem o alicerce de uma semelhante intoxicação geral já existente, jamais teria sido possível o espantoso êxito político dessa doutrina. Entre os milhões de indivíduos de um mundo que lentamente se corrompia, Karl Marx foi, de fato, um que reconheceu, com o olho seguro de um profeta, a verdadeira substância tóxica e a apanhou para, como um feiticeiro, com ela aniquilar rapidamente a vida das nações livres da terra. Tudo isso, porém, a serviço de sua raça.

A doutrina de Marx é assim o extrato espiritual concentrado das doutrinas universais hoje geralmente aceitas. E, por esse motivo, qualquer luta do nosso chamado mundo burguês contra ela é impossível, até ridícula, pois esse mundo burguês está inteiramente impregnado dessas substancias venenosas e admira uma concepção do mundo que, em geral, só se distingue da marxística em grau e pessoas, o mundo burguês é marxístico, mas acredita na possibilidade do domínio de determinado grupo de homens (burguesia), ao passo que o marxismo procura calculadamente entregar o mundo às mãos dos judeus.

Em face disso, a concepção "racista" distingue a humanidade em seus primitivos elementos raciais, Ela vê, no Estado, em princípio, apenas um meio para um fim e concebe como fim a conservação da existência racial humana. Consequentemente, não admite, em absoluto, a igualdade das raças, antes reconhece na sua diferença maior ou menor valor e, assim entendendo, sente-se no dever de, conforme à eterna vontade que governa este universo, promover a vitória dos melhores, dos mais fortes e exigir a subordinação dos piores, dos mais fracos. Admite, assim, em princípios, o pensamento aristocrático fundamental da Natureza e acredita na validade dessa lei, em ordem descendente, até o mais baixo dos seres. Vê não só os diferentes valores das raças, mas também os diferentes valores dos indivíduos. Das massas destaca ela a significação das pessoas, mas, nisso, em face do marxismo desorganizador, age de maneira organizadora. Crê na necessidade de uma idealização da vida humana, pois só nela vê a justificação da existência da humanidade. Não pode aprovar, porém, a idéia ética do direito à existência, se essa idéia representa um perigo para a vida racial dos portadores de uma ética superior pois, em um mundo de mestiços e de negros, estariam para sempre perdidos todos os conceitos humanos do belo e do sublime, todas as idéias de um futuro ideal da humanidade.

A cultura humana e a civilização nesta parte do mundo estão inseparavelmente ligadas à existência dos arianos. A sua extinção ou decadência faria recair sobre o globo o véu escuro de uma época de barbaria.

A destruição da existência da cultura humana pelo aniquilamento de seus detentores é, porém, aos olhos de uma concepção racista do mundo, o mais abominável dos crimes. Quem ousa pôr as mãos sobre a mais elevada semelhança de Deus ofende a essa maravilha do Criador e coopera para a sua expulsão do paraíso.

Assim corresponde a concepção racista do mundo ao íntimo desejo da Natureza, pois restitui o jogo livre das forças que encaminharão a uma mais alta cultura humana, até que, enfim, conquistada a terra, uma melhor humanidade possa livremente chegar a realizações em domínios que atualmente se acham fora e acima dela.

Todos pressentimos que, em remoto futuro, surgirão ao homem problemas para cuja solução deverá ser chamada uma raça superior, apoiada nos meios e possibilidades de todo o- globo terrestre.

Está claro que a constatação geral de uma concepção racista de análogo conteúdo pode dar lugar a milhares de interpretações. De fato, dificilmente acharemos uma, para a nossa nova instituição política, que não se refira de qualquer modo a essa concepção. Ela prova, todavia, exatamente pela sua própria existência em face de muitas outras, a diferença de suas concepções.

Assim, à organização central da concepção marxística, opõe-se uma mixórdia de conceitos que, idealmente, à vista da fechada "frente" inimiga, é pouco impressionante. Não se ganha a vitória pelejando com armas fracas! Somente opondo à concepção internacional - politicamente dirigida pelo marxismo - uma concepção igualmente dotada de organização central e direção racista, será possível, com igual energia combativa, alcançar o sucesso para a verdade eterna.

Mas a organização de uma concepção do mundo só pode efetuar-se duradouramente sobre a base de uma fórmula definida e clara. Os princípios políticos do partido em formação devem ser como os dogmas para a Religião.

Por isso, a concepção racista do mundo tem de tornar-se um instrumento que permita ao Partido as devidas possibilidades de luta, tal como a organização partidária marxista abre o caminho para o internacionalismo.

Esse fim visa o Partido Nacional Socialista dos Trabalhadores Alemães.

Que uma tal compreensão partidária do conceito racista implica na vitória da concepção racista, a melhor prova é dada, - ao menos indiretamente, pelos próprios adversários de uma tal união partidária. Exatamente aqueles que não se cansam de insistir que a concepção racista não é privilégio de um indivíduo, mas que dormita ou vive sabe Deus no coração de quantos milhões de pessoas, documentam, com isso, que o fato da existência de uma tal idéia de modo algum impediria a vitória da concepção adversa, que, sem dúvida, terá a representação clássica de um partido político. E se não fora assim, já o povo alemão teria alcançado uma gigantesca vitória e não jazeria à beira de um abismo. O que deu êxito à concepção internacional foi o fato de ser representada por um partido político nos moldes de um batalhão de assalto: o que fez sucumbir a concepção contrária foi a falta, até agora, de uma representação centralizada. Não é pela faculdade de interpretar um conceito geral, mas sim, pela forma definida e por isso mesmo concentrada de uma organização política que pode lutar e vencer uma nova doutrina.

Por isso, compreendi que a minha própria missão era especialmente selecionar, da vasta informe matéria de uma concepção do mundo, as idéias nucleares e fundi-las em fórmulas mais ou menos dogmáticas, que, na sua clara delimitação, servissem para unir e coordenar os homens que as aceitassem. Por outras palavras: o Partido Nacional Socialista dos Trabalhadores Alemães apropria- se das características essenciais do pensamento fundamental de uma concepção geral racista do mundo; e, tomando em consideração a realidade prática, o tempo, o material humano existente, com as suas fraquezas, forma uma já política, a qual, por sua vez, dentro desse modo de entender a rígida organização das grandes massas humanas, autoriza a prever a luta vitoriosa dessa nova doutrina.

CAPÍTULO II

O ESTADO

Já nos anos de 1920 e 1921, nosso novo movimento era constantemente acusado nos círculos burgueses, hoje fora da época, de manter uma atitude de reação contra o Estado. Daí concluíam todos os partidos que lhes assistia o direito de combaterem, por todos os meios possíveis, o inconveniente campeão de uma nova doutrina. De propósito, esqueceram esses partidos que a própria burguesia já não considera o Estado como um corpo homogêneo e que, do mesmo, não dava e nem pode dar uma definição precisa. É verdade que há professores, nas nossas universidades oficiais, que, nas suas conferências sobre direito público, tem por tarefa encontrar uma explicação para a existência mais ou menos feliz do Estado que lhes assegura o pão. Quanto pior um Estado é constituído tanto mais confusa e incompreensível é a explicação da sua finalidade. Que poderia, por exemplo, outrora, um professor da Universidade do império, escrever a respeito do sentido e da finalidade do Estado em um país cujo Governo é a maior monstruosidade do século XX? É realmente uma tarefa difícil, se pensarmos que, no ensino do direito público, em nossos dias, há menos a preocupação de atender à verdade do que alcançar um determinado objetivo. Esse objetivo consiste em conservar, a todo preço, a monstruosidade que se designa pelo nome de Estado. Ninguém se admire de que, na discussão desse problema, sejam postos à margem os verdadeiros pontos de vista para, em seu lugar, pôr-se um amálgama de valores e objetivos intelectuais e morais.

Entre esses indivíduos devem-se distinguir três grupos.

a) O grupo dos que vêem o Estado como uma reunião mais ou menos voluntária de indivíduos sob a mesma administração oficial.

Esse grupo é o mais numeroso. Nas suas fileiras, encontram-se, sobretudo, os fanáticos pelo princípio da legitimidade, para os quais, nesses assuntos, a vontade dos homens não desempenha nenhum papel. Para esses, a simples existência do Estado dá-lhes direito a uma inviolabilidade sagrada. Para defender essa concepção idiota eles observam uma fidelidade de cão em relação à autoridade do Estado. Assim, com a rapidez de um relâmpago, eles convertem um meio em uma finalidade.

O Estado, para estes indivíduos, não existe para servir aos homens mas estes são destinados a adorar a autoridade do Estado, que se personaliza em qualquer empregado público. Para que esse Estado, objeto de uma verdadeira adoração, não se perturbe, é que o governo toma a si a defesa da ordem e da tranqüilidade. A autoridade, então, já não- é um fim nem um meio. O Estado tem que cuidar da ordem e da tranqüilidade e, inversamente, essa ordem e tranqüilidade deve facilitar a existência do Estado. A vida Toda tem que se circunscrever entre esses dois pólos.

Na Baviera, eram principais representantes dessa teoria os políticos do chamado Partido Popular Bávaro; na Áustria, eram os Legitimistas, no Império alemão, eram os Conservadores que se batiam por essas idéias.

b) O segundo grupo é um pouco menor em número. Nesse grupo devem ser computados os que não acreditam que a autoridade do Estado seja a única finalidade do mesmo, mas condicionam-na a umas tantas exigências. Esses desejam não somente um Governo único, mas também, se possível, uma língua única, quando não por outras razões ao menos por motivos de técnica administrativa. A autoridade já não é a única, a exclusiva finalidade do Estado. Este tem que cuidar também do bem- estar do povo. Idéias de "liberdade", geralmente mal compreendidas, insinuam-se na compreensão do Estado, por parte desse grupo. A forma de governo já não é considerada intangível só por sua . existência em si. Discute-se também a sua conveniência. O caráter sagrado da idade não a abriga contra as críticas do presente. Os principais representantes dessas idéias encontram se entre os burgueses, sobretudo entre os liberais-democratas.

c) O terceiro grupo é o mais fraco em número. Vê no Estado um instrumento para realizar tendências vagas no sentido de uma política de força, por uma nação unificada e falando a mesma língua.

A aspiração de uma língua única não se manifesta somente na esperança de se criar um fundamento capaz de produzir um aumento de prestígio da nação no exterior, mas, não menos, na falsíssima opinião de que, por esse meio, se conseguirá uma orientação definida na obra de nacionalização. Era uma tristeza ver- se, durante os últimos cem anos, como indivíduos tendo essas idéias na maior parte dos casos de boa fé - jogavam com a palavra "germanizar". Lembro-me como, na minha juventude, esse vocábulo dava margem a concepções absolutamente falsas. Mesmo nos círculos pan-germanistas, ouvia-se a opinião de que, com auxílio do Governo, poder-se-ia realizar com sucesso a germanização da Áustria eslava, sem que ninguém se apercebesse que só se pode germanizar um território e nunca um povo. O que se compreendia pela palavra germanização resumia-se na adoção forçada da língua. É quase incrível que alguém pense ser possível transformar um negro ou um chinês em alemão somente por ter o mesmo aprendido a língua alemã e esteja disposto a falá-la por toda a vida e a votar em qualquer dos partidos políticos alemães. Os meios nacionalistas burgueses nunca se elevaram à compreensão de que semelhante processo de germanização redundaria em uma desgermanização. Quando, hoje, pela imposição de uma língua comum, se diminuem ou mesmo se suprimem as diferenças mais sensíveis entre os povos, isso representa um começo de abastardamento da raça e, no nosso caso, não uma germanização mas a destruição dos elementos germânicos. Acontece muito freqüentemente na História que um povo conquistador consiga impor a sua língua aos vencidos, e que, depois de milhares de anos, essa língua venha a ser falada pois outro povo e que assim o vencedor passe à posição de vencido.

Desde que a nacionalidade, ou, melhor, a raça, não está na língua que se fala, mas no sangue, só se deveria falar em germanização se, por um tal processo, se pudesse modificar o sangue dos indivíduos. Isso é absolutamente impossível. Essa modificação teria que ser feita pela mistura do sangue, o que resultaria no rebaixamento do nível da raça superior. A conseqüência final seria a destruição justamente das qualidades que tinham preparado o povo conquistador para a vitória. Por uma tal mistura com raças inferiores, sobretudo as forças culturais desapareceriam mesmo que o produto daí resultante falasse perfeitamente a língua da raça superior. Durante muito tempo, travar-se-á uma luta entre os dois espíritos e pode ser que o povo que desce cada vez mais de nível consiga, por um esforço supremo, elevar-se e criar uma cultura de surpreendente valor. Isso pode acontecer com os indivíduos das raças mais elevadas ou com os bastardos, nos quais, no primeiro cruzamento, ainda prevalece o melhor sangue: nunca se verificará, porém, esse fato com os produtos definitivos da mistura. Nesses verificar-se-á sempre um movimento de regressão cultural.

Deve-se considerar uma felicidade que a germanização da Áustria, nos moldes da empreendida por Francisco José, não fosse continuada. O sucesso da mesma ter-se-ia traduzido na conservação do Estado austríaco, mas em um rebaixamento do nível da raça alemã. Talvez daí surgisse um novo Estado, mas uma cultura ter-se-ia perdido. Com o correr dos séculos, ler-se-ia organizado um rebanho, mas esse rebanho seria de valor muito medíocre. Daí poderia talvez surgir um povo organizado em Estado, mas com isso teria desaparecido uma civilização.

Foi muito melhor para a nação alemã que se não tivesse realizado essa mistura, aliás evitada não por motivos elevados mas devido à curteza de vistas dos Habsburgos. Se o contrário tivesse acontecido, hoje mal se poderia apontar o povo alemão como um fator de cultura.

Não só na Áustria como na própria Alemanha, os chamados nacionalistas eram e ainda são inclinados a essas idéias falsas. A tão desejada política polonesa, no sentido de uma germanização do oeste, apoiava-se quase sempre em idênticos sofismas. Acreditava-se poder conseguir a germanização dos elementos poloneses apenas pela adoção da língua. O resultado dessa tentativa só poderia ser funesto. Um povo de raça estrangeira exprimindo os seus pensamentos próprios em língua alemã só poderia, por sua mediocridade, comprometer a majestade do espírito alemão.

Os grandes prejuízos que, indiretamente, já sofreu o espírito alemão, podem ser constatados no fato de os americanos, por falta de conhecimentos, confundirem o dialeto judaico com o alemão. A ninguém passará pela idéia que essa piolheira judaica que, no oriente, fala alemão, só por isso deve ser vista como de descendência alemã, como pertencente ao povo alemão.

A história mostra que foi a germanização da terra, que os nossos antepassados promoveram pela espada, a que nos trouxe proveitos, pois essa terra conquistada era colonizada com agricultores alemães, sempre que o sangue estrangeiro foi introduzido no corpo da nação, os seus desastrados eleitos se fizeram sentir sobre o caráter do povo, dando lugar ao super-individualismo, infelizmente ainda hoje muito apreciado.

Nesse terceiro grupo a que aludimos acima, o Estado é visto, de certa maneira, como um fim, sendo a sua conservação a mais alta missão da vida dos indivíduos.

Em resumo, pode-se afirmar que todos esses pontos de vista não têm as suas raízes mais profundas na convicção de que as forças culturais e criadoras de um povo repousam nos elementos raciais e que o Estado deve ter como seu mais alto objetivo a conservação e aperfeiçoamento da raça, base de todos os progressos culturais da humanidade.

As últimas conseqüências dessa concepção falsa sobre a existência e a finalidade do Estado foram tiradas pelo judeu Karl Marx. Enquanto o mundo burguês abandonava o conceito do Estado, tendo por base os deveres para com a raça, e não conseguia substituir essa concepção por outra fórmula- que pudesse ser aceita, uma outra doutrina que chegava a negar o próprio Estado abria caminho no mundo moderno.

Nesse campo, a luta do mundo burguês contra o internacionalismo marxístico deveria ser um fracasso completo. A burguesia já tinha, há - muito tempo, sacrificado os fundamentos absolutamente indispensáveis para a defesa de suas idéias. Seus espertos adversários, reconhecendo a fraqueza das instituições do inimigo, lançaram-se na luta com as próprias armas que este, embora involuntariamente, lhes fornecera.

Por tudo isso, o primeiro dever de um novo movimento que repousa sobre o fundamento da raça, é dar uma forma clara, bem definida, da concepção sobre a existência e a finalidade do Estado.

O grande princípio que nunca deveremos perder de vista é que o Estado é um meio e não um fim. É a base sobre que deve repousar uma mais elevada cultura humana, mas não e a causa da mesma. Essa cultura depende da existência de uma raça superior, de capacidade civilizadora. Poderia haver centenas de Estados modelos no mundo e isso não impediria que, com o desaparecimento dos arianos, formadores de cultura, desaparecesse a civilização no nível em que se encontra atualmente nas nações mais adiantadas.

Podemos avançar mais um pouco e proclamar que o fato dos indivíduos se organizarem em Estados, de nenhum modo afastaria a possibilidade do desaparecimento da raça humana, desde que uma capacidade intelectual superior e um grande poder de adaptação se perdessem por falta de uma raça para conservá-las.

Se, por exemplo, a superfície da terra fosse inundada por um dilúvio, e, do meio das vagas do oceano, surgisse um novo Himalaia, nessa terrível catástrofe desapareceria a cultura humana. Nenhum Estado persistiria, os bandos se dissolveriam, seriam destruídos os atestados de uma evolução de milhares de anos e restaria de tudo apenas um vasto cemitério coberto de água e de lama. Mas, se desse horrível caos, se conservassem alguns homens pertencentes a uma certa raça de capacidade criadora, de novo, embora isso durasse milhares de anos, no mundo, depois de cessada a tempestade, se notariam sinais da existência do poder criador da humanidade. Só o desaparecimento das últimas raças capazes transformaria a terra em um vasto deserto. O contrário disso vemos em exemplos do presente. Estados têm existido que por não possuírem, devido a suas origens raciais, a genialidade indispensável, não puderam evitar a sua ruína. O que aconteceu com certas espécies animais dos tempos pré-históricos, que cederam lugar a outras e, por fim, desapareceram completamente, acontece com os povos, quando lhes falta a força espiritual, única arma capaz de assegurar sua própria conservação!

O Estado em si não cria um determinado standard de cultura, pode apenas conservar a raça de que depende essa civilização. Em outra hipótese, o Estado poderá durar centenas de anos, mas se não tiver evitado a mistura de raças, a capacidade cultural e todas as manifestações da vida a ela condicionadas sofrerão profundas modificações.

O Estado de hoje, por exemplo, pode, como mecanismo, ainda por muito tempo aparentar vida, mas o envenenamento da raça criará fatalmente um rebaixamento cultural que, aliás, já se nota hoje em proporções assustadoras.

Assim sendo, a condição essencial para a formação de uma humanidade superior não é o Estado mas a raça.

Nações ou, melhor, raças, possuidoras de gênio criador trazem sempre essas virtudes consigo, embora, muitas vezes, em estado latente, mesmo quando circunstâncias exteriores, desfavoráveis em dado momento, não permitam o seu desenvolvimento. É um ultraje, por exemplo, imaginar que os povos alemães de antes da era cristã eram bárbaros. Bárbaros nunca foram eles. O clima áspero dos países do Norte forçou-os a viver sob condições que não lhes permitiram desenvolver suas qualidades criadoras.

Se o mundo clássico nunca tivesse existido, se os alemães tivessem descido para os países do sul, de clima mais favorável, e ali tivessem contado com os primeiros auxílios da técnica, empregando a seu serviço raças que lhe eram Inferiores, então a capacidade criadora latente teria produzido uma civilização tão brilhante como a dos Helenos.

Mas esta força criadora de cultura nem sempre se encontra nos climas do Norte. O Lapônio, transportado para o sul, produziria tão pouco, sob o ponto de vista cultural, como o esquimó. Essa capacidade dominadora e criadora é característica do ariano, que a possui em estado latente ou em toda sua eficiência, tudo dependendo das condições do meio que ou permitem a sua expansão ou a impedem.

Daí resultam os seguintes princípios:

O Estado é um meio para um fim. Sua finalidade consiste na conservação e no progresso de uma coletividade sob o ponto de vista físico e espiritual. Essa conservação abraça em primeiro lugar tudo o que diz respeito à defesa da raça, permitindo, por esse meio, a expansão de todas as forças latentes da mesma. Pela utilização dessas forças, promover-se-á a defesa da vida física e, por outro - lado, o desenvolvimento intelectual. Na realidade, os dois estão sempre em função um do outro. Estados que não atendem a esse objetivo são criações artificiais, simples mostrengos. O fato de semelhante Estado existir em nada altera essa verdade, assim como o êxito de uma associação de piratas não justifica o saque.

Nós, nacionais-socialistas, como defensores de uma nova concepção do mundo, não devemos nunca nos colocar no ponto de vista falso das chamadas "realidades". Se assim acontecesse não seríamos os fatores de uma grande idéia mas escravos das mentiras em voga. Temos que estabelecer bem claramente a diferença entre o Estado como continente e a raça como conteúdo. Esse continente só tem sentido se puder manter e proteger o conteúdo. Na hipótese contrária, torna- se inútil.

Assim, a finalidade principal de um Estado nacionalista é a conservação dos primitivos elementos raciais que, por seu poder de disseminar a cultura, criam a beleza e a dignidade de uma humanidade mais elevada. Nós, como arianos, i. 'vendo sob um determinado Governo, podemos apenas imaginá-lo como um organismo vivo da nossa raça que não só assegurará a conservação dessa raça, mas a colocará em situação de, por suas possibilidades intelectuais, atingir uma mais alta liberdade.

O que hoje se tenta apresentar-nos como um tipo de Estado é apenas o produto de um grande erro de que resultarão as conseqüências mais deploráveis.

Nós, nacionais-socialistas, sabemos muito bem que o mundo atual nos contempla como revolucionários devido às nossas Idéias e, com esse qualificativo, pretende estigmatizar-nos. Os nossos pensamentos e ações não se devem, porém, deixar influenciar pela aprovação ou condenação dos contemporâneos, mas, ao contrário, devemos nos manter cada vez mais firmes na defesa das verdades que reconhecemos. Poderemos assim ficar certos de que uma mais clara visão da posteridade não só compreenderá a nossa atuação de hoje, como aceitá-la-á como justa e dar-lhe-á o devido apreço.

Por esse critério é que devemos, nós, nacionais-socialistas, medir o valor de um Estado Esse valor será relativo quanto a um determinado povo e absoluto no que diz respeito à humanidade em si. Em outras palavras:

O valor de um Estado não pode ser apreciado pela sua elevação cultural ou pelo seu poder em comparação com outros povos, mas, em última análise, pela justeza de sua orientação em relação à posteridade.

Um Estado pode ser apontado como modelar quando não somente corresponde às condições da vida do povo que representa mas também assegura a existência material desse povo, qualquer que seja a importância cultural que as instituições atinjam no resto do mundo.

A missão do Estado não é criar capacidades mas tornar possível a expansão das forças existentes.

Por outro lado, pode-se apontar como um Estado mal organizado aquele em que, qualquer que seja a elevação de sua cultura, consente na ruína, sob o ponto de vista racial, dos portadores dessa cultura. Pois assim se eliminaria praticamente a condição indispensável para a continuação dessa civilização que, aliás, não foi criada por ele mas é o fruto de um espírito nacional criador garantido por uma organização estatal conveniente. O Estado não é um conteúdo mas uma forma.

A elevação da cultura de um povo, qualquer que ela seja, não dá a medida por que se deve apreciar o valor de um Estado.

É evidente que um povo altamente civilizado dá de si uma impressão mais elevada do que um povo de negros. Não obstante isso, a organização estatal do primeiro, observada quanto à maneira por que realiza a sua finalidade, pode ser pior que a dos negros. Assim como a melhor forma de governo não pode produzir, em um povo, capacidades que não existiam antes, assim um Estado mal organizado pode, promovendo a ruína dos indivíduos de uma determinada raça, fazer desaparecerem as qualidades criadoras que possuíam na origem.

Conclui-se daí que o julgamento da boa ou má organização de um Estado só poderá ser feito pela relativa utilidade que oferece a um determinado povo e nunca pela importância que atinge em face do mundo.

Esse julgamento relativo pode ser fácil e acertadamente feito. O juízo, porém, sobre o valor absoluto é muito difícil, pois não depende somente da organização estatal, mas principalmente das qualidades de determinado povo.

Quando se fala de uma mais elevada missão do Estado, não se deve nunca esquecer que a maior finalidade reside no povo e que o dever do

Governo é tornar possível, com a sua organização, a livre expansão das forças existentes.

Quando, porém, nos perguntamos qual o Estado que precisamos instituir para nós, devemos primeiro esclarecer que espécie de homens se há. de propor produzir e qual o objetivo que está destinado a servir. Infelizmente, o âmago da nacionalidade alemã já não é mais homogêneo, sob o ponto de vista racial. o processo de fusão dos elementos originais não tinha ainda ido tão longe que já se pudesse afirmar que uma nova raça tinha surgido dessa fusão. Ao contrário, o envenenamento racial de que o nosso país se vem ressentindo, desde a guerra dos Trinta Anos, não só perturbou a pureza do sangue como da própria alma do povo.

As fronteiras abertas da Pátria, a vizinhança de elementos não germânicos nas fronteiras, e, sobretudo, a corrente contínua de sangue estrangeiro no interior do Império, não dão tempo a uma fusão absoluta, desde que a invasão continua sem interrupção.

Não se formará uma nova raça, mas as diferentes raças continuarão a viver umas ao lado das outras. A conseqüência disso é que, nos momentos críticos, justamente quando os rebanhos se costumam unir, os alemães se debandam em todas as direções.

Não é só nos seus respectivos territórios que os elementos raciais se comportam diferentemente o mesmo acontece com os indivíduos de raças diferentes, dentro das mesmas fronteiras. Coloquem- se homens do norte ao lado de homens de leste, ao lado de homens de leste homens do oeste e o resultado será a mistura.

Por um lado, isso é de grandes vantagens.

Falta aos alemães o espírito gregário que sempre se verifica quando todos são do mesmo sangue e que protege as nações contra a ruma, sobretudo nos momentos de perigo, em que todas as pequenas diferenças desapareçam e o povo, como um só rebanho, enfrenta o inimigo comum.

Na existência de elementos raciais diferentes, que se não fundiram, está o fundamento do que designamos pela palavra super-individualismo.

Nos tempos de paz, esse super-individualismo poderia ser útil, mas, bem examinadas as coisas, foi o que nos arrastou a sermos dominados pelo mundo.

Se o povo alemão, na sua evolução histórica, possuísse aquela inabalável unidade, que foi de tanta utilidade a outros povos, seria hoje o senhor do globo terrestre. A história do mundo teria tomado outro curso. Não veríamos esses cegos pacifistas mendigarem a paz através de queixas e lamentações, pois a paz do mundo não se mantém com as lágrimas de carpideiras pacifistas, mas pela espada vitoriosa de um povo dominador que põe o mundo a serviço de uma alta cultura.

O fato da não existência de uma perfeita unidade racial causou-nos grandes males. Isso deu lugar ao surto de um pequeno número de potentados alemães, mas retirou à Alemanha o direito à dominação, Ainda hoje, o nosso povo sofre as conseqüências dessa desunião. O que, no passado e no presente, causou a nossa infelicidade, pode ser, porém, a nossa salvação no futuro. Por mais prejudicial que, por um lado, tenha sido a falta de fusão dos diferentes elementos raciais, o que impediu a formação da perfeita unidade nacional, é incontestável que, por outro, com isso se conseguiu que, pelo menos uma parte do povo, de melhor sangue, se conservasse na sua pureza, evitando-se assim a ruína da raças.

Certamente, uma completa fusão dos primitivos elementos raciais originaria uma unidade mais perfeita, mas, como se verifica em todos os cruzamentos, a capacidade criadora seria menor do que a possuída pelos elementos primitivos superiores. Foi uma felicidade que não se tenha dado a fusão completa, pois, por isso, ainda possuímos representantes do puro sangue germânico do Norte, em que vemos o mais precioso tesouro para o nosso futuro. Nos dias sombrios de hoje, em que é completa a ignorância sobre as leis raciais, em que todos os homens são tidos como iguais, não se tem uma idéia clara dos diferentes valores dos elementos raciais primitivos. Sabemos hoje que uma mistura completa dos diversos componentes do nos. w organismo racial poderia, em conseqüência de uma maior unificação, ter-nos proporcionado maior poder exterior, mas o maior objetivo da humanidade não poderia ser atingido, uma vez que os indivíduos apontados pela Providência a realizá-lo tinham desaparecido na mistura geral.

O que a sorte evitou, sem o querermos, devemos experimentar e utilizar à luz dos conhecimentos adquiridos de então para cá.

Quem falar de uma missão do povo alemão neste mundo, deve saber que essa missão só pode consistir na formação de um Estado que vê, como sua maior finalidade, a conservação e o progresso dos elementos raciais que se mantiveram puros no seio do nosso povo, na humanidade inteira.

Com essa missão, o Estado, pela primeira vez, assume a sua verdadeira finalidade. Em vez do palavreado irrisório sobre a segurança da paz e da ordem, por meios pacíficos, a missão da conservação e do progresso de uma raça superior escolhida por Deus é que deve ser vista como a mais elevada.

Em lugar de uma máquina que só se esforça por viver, deve ser criado um organismo vivo com o objetivo único de servir a uma nova idéia.

O Estado alemão deve reunir todos os alemães com a finalidade não só de selecionar os melhores elementos raciais e conservá-los mas também de elevá-los, lenta mas firmemente, a uma posição de domínio.

Nesse período de luta, deve-se entrar com a mais firme resolução. Como sempre acontece em tudo neste mundo, aqui mais uma vez se verifica a verdade deste provérbio - máquina que não trabalha se enferruja e também que a vitória está sempre no ataque. Quanto maior for o objetivo que tivermos diante de nós, quanto menor for a compreensão das massas no momento, tanto mais prodigioso será – de acordo com as lições da história - o êxito, desde que o alvo seja bem compreendido e a luta dirigida com firmeza inabalável.

É muito natural que a maior parte dos empregados que hoje controlam o Estado se sintam mais a cômodo trabalhando para conservar o statu quo atual do que lutando por uma nova ordem de coisas. Eles sentirão que é mais fácil considerar o Estado como uma máquina que existe somente para garantir-lhes a subsistência, uma vez que as suas vidas, como eles costumam dizer, pertencem ao Estado.

Como dissemos acima, é mais fácil ver na autoridade do Estado apenas um mecanismo do que encará-la como a corporificação da força de conservação de um povo na terra.

No primeiro caso, para esses espíritos fracos, o Estado é uma finalidade em si; no segundo, é a arma poderosa a serviço da eterna luta pela existência, arma que não é mecânica, mas a expressão de uma vontade geral em favor da conservação da vida. Na luta pelas novas idéias - que estão em harmonia com o sentido original das coisas - encontraremos poucos combatentes no seio de uma sociedade de homens envelhecidos, não só de corpo como de espírito também, o que é ainda mais lamentável.

Só virão para as nossas fileiras os indivíduos excepcionais, Isto é, os velhos de coração e de espírito moços. Nunca se incorporarão às nossas hostes aqueles que pensam ser a finalidade única da vida manter inalterável a situação atual.

Contra nós se arregimentara um exército composto menos dos indivíduos maus do que dos indiferentes, preguiçosos mentais, e dos interessados na conservação do atual estado de coisas. O grito de guerra que, logo de início, afugenta os fracos, é o toque de reunir das naturezas dotadas de espírito combativo. Devemos ter sempre presente no espírito que quando uma certa soma de grande energia e eficiência de um povo é concentrada em um determino4o fim e segregada definitivamente, da inércia das grandes massas, essa pequena minoria está destinada a dominar o resto. A história do mundo é feita pelas minorias, desde que elas tenham incorporado a maior parte do poder de vontade e de determinação do povo.

Isso que, a muitos, parece uma desvantagem, é, na realidade, a condição indispensável para a nossa vitória. Na grandeza e na dificuldade da nossa tarefa, está a possibilidade de que só os melhores Lutadores formarão conosco. Nessa seleção está a garantia do sucesso.

A própria natureza consegue fazer certas correções nos seres vivos, no que diz respeito à pureza da raça. Ela tem muito pouca inclinação pelos bastardos. Os primeiros produtos desse cruzamento são os que mais sofrem, quando não na primeira, na terceira, quarta ou quinta geração. Perdem as qualidades da raça superior, e, pela falta de unidade racial, perdem também a constância na força de vontade e de decisão. Em todos os momentos críticos em que as raças puras tomam resoluções certas e firmes, o bastardo ficará indeciso, tomará meias medidas. Isso não se traduz somente na inferioridade da mistura em relação à pureza mas, na prática, na possibilidade de uma mais rápida ruína. Em um sem- número de casos, em que a raça pura resiste, os bastardos se deixam vencer. Nisso se deve ver uma das maneiras de correção da natureza. Ela vai mais adiante, quando restringe a possibilidade de procriação. Com isso proíbe a fecundidade de novos cruzamentos e arrasta-os ao extermínio.

Se, por exemplo, em uma determinada raça, um indivíduo cruza com outro de raça inferior, o resultado imediato é a baixa do nível racial e, depois, o enfraquecimento dos descendentes, em comparação com os representantes da raça pura. Proibindo-se absolutamente novos cruzamentos com a raça superior, os bastardos, cruzando-se entre si, ou desapareceriam, dada a sua pouca resistência, ou, com o correr dos tempos, através de misturas constantes, criariam um tipo em que não mais se reconheceria nenhuma das qualidades da raça pura.

Assim se formaria uma nova raça com uma certa capacidade de resistência passiva, mas muito diminuída na importância da sua cultura em relação à raça superior do primeiro cruzamento. Nesse último caso, na luta pela existência, o bastardo será sempre vencido, enquanto existir, como adversário, o representante de uma raça pura.

No correr dos tempos, todos esses novos organismos raciais, em conseqüência do rebaixamento do nível da raça e da diminuição da elasticidade espiritual, daí decorrente, não poderiam sair vitoriosos em uma luta com uma raça pura, mesmo intelectualmente atrasada.

Pode-se, pois, estabelecer o seguinte princípio:

Toda mistura de raça tende, mais cedo ou mais tarde, a provocar a decadência do produto híbrido, enquanto a raça superior do cruzamento se mantiver em sua pureza. Só quando os últimos representantes da raça superior se tornam bastardos é que para os produtos híbridos cessa o perigo de desaparecimento.

Inicia-se, então, um processo natural, mas lento, de regeneração, que gradualmente eliminará o veneno racial, desde que ainda exista um es toque de elementos puros e que se tenha impedido a mistura.

A essa situação podem chegar mesmo indivíduos com o mais forte instinto racial e que, por força de certas situações ou por influência de coação, foram obrigados a abandonar os processos normais de multiplicação! Logo, porém, que essa situação excepcional deixa de exercer sua influência, a parte pura da raça procurará unir-se aos seus semelhantes, opondo um dique ao abastardamento. Os produtos bastardos entram por si mesmos para um segundo Plano a menos que, pelo número considerável por eles já atingido, a resistência dos elementos raciais puros se tivesse tornado impossível.

O homem que, uma vez, perdeu os seus instintos e se nega ao cumprimento dos deveres que a natureza lhe impõe, não deve, em regra, nada esperar de um corretivo da natureza, desde que não tenha compensado com um conhecimento visível a perda desse instinto. Há, nesse caso, sempre o perigo de que o indivíduo, completamente cego, cada vez mais destrua as fronteiras entre as raças até perder de todo as melhores qualidades da raça superior. Resultará de tudo isso uma massa informe que os famosos reformadores de nossos dias vêem como um ideal. Em pouco tempo, desapareceria do mundo o idealismo. Poder-se-ia com isso formar um grande rebanho de indivíduos passivos, mas nunca de homens portadores e criadores de cultura. A missão da humanidade deveria, então, ser vista como terminada.

Quem não quiser que a humanidade marche para essa situação, deve-se converter à idéia de que a missão principal dos Estados Germânicos, é cuidar de pôr um paradeiro a uma progressiva mistura de raças.

A geração dos nossos conhecidos fracalhões de hoje naturalmente gritará e se queixará de ofensa aos mais sagrados direitos dos homens.

Só existe, porém, um direito sagrado e esse direito é, ao mesmo tempo, um dever dos mais sagrados, consistindo em velar pela pureza racial, para, pela defesa da parte mais sadia da humanidade, tornar possível um aperfeiçoamento maior da espécie humana.

O primeiro dever de um Estado nacionalista é evitar que o casamento continue a ser uma constante vergonha para a raça e consagrá-lo como uma instituição destinada a reproduzir a imagem de Deus e não criaturas monstruosas, meio homens meio macacos. Protestos contra isso estão de acordo com uma época que permite qualquer degenerado reproduzir-se e lançar uma carga de indizíveis sofrimentos sobre os seus contemporâneos e descendentes, enquanto, por outro lado, meios de evitar a procriação são oferecidas à venda em todas as farmácias e até anunciados pelos camelôs, mesmo quando se trata de pais sadios.

Neste estado de "paz e ordem" dos dias de hoje, neste mundo de bravos "nacionalistas" burgueses, a proibição da procriação de portadores de sífilis, tuberculose e outras moléstias contagiosas, de mutilados e de cretinos, é vista como um crime, ao passo que a esterilidade de milhares dos indivíduos mais fortes de nossa raça não é tida como um mal ou ofensa à moral dessa hipócrita sociedade, mas aproveita ao seu comodismo. Se fosse de outra maneira, eles teriam que quebrar a cabeça para arranjar meios de prover à subsistência e à conservação dos elementos sadios da nação, que deveriam prestar esse grande serviço às gerações futuras.

Como esse sistema é desprovido de ideal e de honra! Ninguém se preocupa em cultivar o que há de melhor, em benefício da posteridade, mas, ao contrário, deixam-se as coisas continuarem como estão.

Até a nossa igreja, que fala sempre no homem como criado à imagem de Deus, peca contra esse princípio, cuidando simplesmente da alma, enquanto deixa o homem descer à posição de degradado proletário. A gente fica transido de vergonha ao ver a atuação da fé cristã, em nosso próprio país, em relação à "impiedade" desses indivíduos pecos de espírito e degradados de corpo, enquanto se procura levar a bênção da igreja a cafres e hotentotes. Enquanto os povos europeus são devastados por uma lepra moral e física, erra o piedoso missionário pela África Central, organiza missões de negros, até conseguir a nossa "elevada cultura" fazer de indivíduos sadios, embora primitivos e atrasados, bastardos, preguiçosos e incapazes.

Seria muito mais nobre que ambas as igrejas cristãs, em vez de importunarem os negros com missões, que estes não desejam nem compreendem, ensinassem aos europeus, com gestos bondosos, mas com toda seriedade, que é agradável a Deus que os pais não sadios tenham compaixão das pobres criancinhas sadias e que evitem trazer ao mundo filhos que só trazem infelicidade para si e para os outros.

O que não tem sido feito em outros setores deve ser empreendido pelo Estado. , raça deve ser vista como ponto central da atuação do Estado na vida geral da nação. Deve ser conservada pura. A infância deve ser vista como a mais preciosa propriedade da Pátria. Deve-se providenciar para que só pais sadios possam ter filhos. Só há uma coisa vergonhosa: é que pessoas doentes ou com certos defeitos possam procriar, e deve ser considerada uma grande honra impedir que isso aconteça. Por outro lado, deve ser condenado o privar a nação de filhos sadios, o Estado deve pôr todos os recursos médicos a serviço dessa concepção. Deve proclamar como incapaz de procriar quem quer que seja doente ou tenha certas taras hereditárias e levar esse propósito ao terreno prático. Deve providenciar também para que a fecundidade de uma mulher sadia não seja diminuída pelas malditas condições econômicas de um regime em que o ter filhos é tido como uma calamidade pelos pais. Deve-se libertar a nação dessa indolente e criminosa indiferença com que se tratam as famílias de muitos filhos e, em lugar disso, ver nelas a maior felicidade de um povo. Os cuidados da nação devem ser mais em favor das crianças do que dos adultos.

Quem, física ou espiritualmente, não é sadio ou digno, não deve perpetuar os seus defeitos através de seus filhos! Nisso consiste a maior tarefa educativa do Estado nacionalista. Isso será visto, de futuro, como uma obra mais elevada do que as mais vitoriosas guerras do atual século burguês. Educando o indivíduo, o Estado deve ensinar que não é uma vergonha, mas uma lamentável infelicidade, ser fraco ou doente, mas é um crime e também uma vergonha que se arrastem, nessa infelicidade, por mero egoísmo, inocentes criaturas. Ao contrário é uma prova de grande nobreza de sentimentos, do mais admirável espírito de humanidade, que o doente renuncie a ter filhos seus e consagre seu amor e sua ternura a alguma criança pobre, cuja saúde dá esperança de Vir a ser ela um membro de valor de uma comunidade forte. Nessa obra de educação, o Estado deve coroar os seus esforços tratando também do aspecto intelectual. Deve agir, nesse sentido, sem consideração de qualquer espécie, sem procurar saber se a sua atuação é bem ou mal entendida, popular ou impopular.

Só uma proibição, durante seis séculos, da procriação de degenerados físicos e de doentes de espírito não só libertaria a humanidade dessa imensa infelicidade como produziria uma situação de salubridade que, hoje, parece quase impossível. Se se realizar com método um plano de procriação dos mais sadios, o resultado será a constituição de uma raça que trará em si as qualidades primitivas, evitando assim a degradação física e intelectual de hoje.

Só depois de ter tomado esse caminho é que um povo e um Governo conseguirão melhorar uma raça e aumentar a sua capacidade de procriar, permitindo, afinal, à coletividade retirar todas as vantagens da existência de uma raça sadia, o que constitui a maior felicidade de uma nação.

É preciso que o Governo não deixe ao acaso os novos elementos incorporados à nação, mas, ao contrário, submeta-os a determinadas normas. Devem ser organizadas comissões que tenham a seu cargo fornecer atestados a esses indivíduos, atestados que obedeçam ao critério da pureza racial. Assim se formarão colônias cujos habitantes todos serão portadores do mais puro sangue e, ao mesmo tempo, de grande capacidade. Serão o mais precioso tesouro da nação. O seu progresso deve ser visto com orgulho por todos, pois neles estão os germes de um grande desenvolvimento da nação e da própria humanidade.

A nova doutrina deve procurar no seio do Estado, criar um ambiente mais puro e mais elevado em que os homens não mais dediquem toda a sua atenção à seleção de cavalos, cães e gatos, mas sim procurem melhorar a sua própria situação, pela renúncia consciente de uns - os que não devem procriar - e pelo sacrifício espontâneo de outros, os que têm aquela capacidade.

Isso não deve ser impossível em um mundo em que centenas de milhares de homens voluntariamente se entregam ao celibato, apenas por força de um compromisso religioso.

Não será possível essa renúncia, se, em lugar do voto religioso, se colocar a advertência de que se deve pôr um paradeiro ao envenenamento da raça e dar ao mundo apenas criaturas verdadeiras feitas à imagem do Criador?

É verdade que o calamitoso exército dos nossos burgueses de hoje não entenderá isso. Eles encolherão os ombros ou sairão sempre com as suas eternas evasivas. Dirão: "isso é muito bonito mas é irrealizável". No mundo deles, isso é, de fato, impossível, pois não têm capacidade para esse sacrifício. Eles só têm uma preocupação - o seu próprio eu. O seu único Deus é o dinheiro. Mas nos não nos dirigimos a esses e sim às grandes legiões daqueles que, por demasiado pobres, vêem na sua própria vida a única felicidade e que não têm como Deus o dinheiro, mas possuem outras crenças. Sobretudo à mocidade alemã, é que nos dirigimos. A juventude alemã, de futuro, ou constrói um novo Estado nacionalista ou será a última testemunha da derrocada, do fim do mundo burguês.

Quando uma geração sofre de certos males que ela conhece e contenta-se, como é o caso atual do mundo burguês, em declarar levianamente que nada se pode fazer, está fatalmente condenada à destruição.

A principal característica da nossa burguesia é que já não pode negar a enfermidade. Ela é obrigada a confessar que há muita coisa podre, mas não é capaz de resolver-se a combater o mal e, coordenando, com toda energia, a força de sessenta ou setenta milhões de homens, resistir ao perigo. Quando acontece o contrário, procura-se, pelo menos de longe, provar a impossibilidade teórica desse modo de proceder e mostrar que não se deve nem pensar em êxito. Não há razão, por mais absurda, que não invoquem em apoio da sua mesquinha propaganda.

Se, por exemplo, um continente inteiro, envenenado pelo álcool, se recusa a combater esse mal e libertar o povo das suas garras, o nosso mundo burguês nada encontra para dizer. Limita-se a arregalar os olhos e levantar os ombros.

Com uma coisa não devemos nos enganar: a nossa burguesia atual é incapaz de realizar qualquer grande missão na humanidade. E é incapaz, na minha opinião, não porque seja deliberadamente má, mas devido a sua incrível indolência e tudo que daí decorre.

Há muito tempo, os clubes políticos que atendem pelo nome de partidos burgueses nada mais são do que sociedades que representam certas classes e profissões e a sua maior finalidade é defender interesses egoísticos, da melhor maneira possível. É óbvio que uma liga política de burgueses, como os nossos, presta-se para tudo menos para a luta, especialmente quando o adversário consiste, não em tímidos lojistas, mas em massas proletárias e absolutamente resolvidos à luta.

Se reconhecemos que a nossa maior missão, a bem do povo, é a conservação e o aperfeiçoamento dos melhores elementos raciais, é natural que os nossos cuidados não parem após o nascimento, mas continuem na educação da criança, para a sua transformação em uma individualidade apta para a multiplicação. Assim como, em conjunto, a condição essencial para a capacidade de realizações espirituais é a virtude racial, da mesma maneira, quanto ao indivíduo, a educação deve ter em mira, em primeiro lugar, o aperfeiçoamento físico, pois, em regra, é nos indivíduos sadios e fortes que se encontra a maior capacidade intelectual. Não desmente essa verdade o fato de que muitos gênios são fisicamente mal formados e, até mesmo, doentes. Trata-se, nesse caso, de exceções que apenas confirmam a regra geral. Se a massa de um povo é composta de degenerados físicos, muito raramente surgirá desse pântano um espírito realmente grande. Da sua atuação, não é lícito, em nenhum caso, esperar grande coisa. A massa inferior ou não o entendera absolutamente ou será tão fraca de vontade que não conseguirá acompanhar o gênio nos seus surtos.

Tendo isso em vista, o Estado deve dirigir a educação do povo, não no sentido puramente intelectual, mas visando sobretudo à formação de corpos sadios. Em segundo plano, é que vem a educação intelectual. Aqui ainda, a formação do caráter deve ser a primeira preocupação, especialmente a formação do poder de vontade e de decisão e do hábito de assumir com prazer todas as responsabilidades. Só depois disso, é que vem a aquisição do conhecimento puro.

O Estado deve agir na presunção de que um homem de modesta educação, mas fisicamente sadio, de caráter firme, confiante em si mesmo e na sua força de vontade, é mais útil à comunidade do que um indivíduo fraco, embora altamente instruído.

Um povo de sábios, fisicamente degenerados, torna-se fraco de vontade e transforma-se em um corpo de pacifistas covardes que nunca se elevara às grandes ações e nem mesmo poderá assegurar-se a existência na terra.

Em uma áspera luta pela vida, é raramente vencido o que sabe menos, mas sempre os que não podem tirar partido da sua ciência, na sua atuação na vida. Deve, pois, haver uma harmonia entre os dois pontos de vista.

De um corpo apodrecido, mesmo servido por um brilhante espírito, nada de grande é lícito esperar. As altas criações intelectuais nunca se realizarão por intermédio de caracteres dúbios, sem força de vontade e fisicamente doentes.

O que tornou imperecível o ideal da beleza grega foi a harmonia entre a beleza física e a espiritual e moral.

O refrão popular, segundo o qual a "felicidade, no final das contas, está sempre reservada aos mais capazes" também se aplica na harmonia que deve existir entre o corpo e o espírito. O espírito sadio geralmente coincide com o corpo sadio.

A cultura física não é, pois, um problema que só interesse ao indivíduo ou que afete somente aos pais, mas é um requisito Indispensável para a conservação da raça, a que o Estado deve proteção.

Assim como, já hoje, o Estado, no que diz respeito à cultura intelectual, passa por cima do livre arbítrio dos indivíduos e, sem consultar a vontade dos pais, torna obrigatória a freqüência às escolas, assim também o Estado, de futuro, deve agir no problema da conservação da raça, sem indagar se as razões para essa atitude são ou não são compreendidas pelas massas.

O Estado deve dirigir a educação do povo de maneira que a infância, desde os primeiros tempos, se prepare a enfrentar a luta pela vida que a espera. Deve tomar todo o cuidado para que não se forme uma geração de comodistas.

Esse trabalho de educação e assistência deve ser iniciado pelas mães. Assim como foi possível, com um cuidadoso trabalho de dez anos, conseguir um ambiente livre de infecções para o nascimento, limitando as possibilidades de febres puerperais, também devem ser e serão possíveis, por meio de real educação das irmãs e das próprias mães, já nos primeiros anos da criança, cuidados que forneçam excelentes bases para um desenvolvimento futuro.

Em um Estado nacionalista, a escola deve reservar mais tempo para o exercícios físicos.

De nenhum interesses é que se sobrecarregue o cérebro das crianças com excesso de conhecimentos que, a prática demonstra, só em uma proporção insignificante, são conservados. Na maior parte dos casos, esquecem o importante e guardam o que é secundário, sabido como é que as crianças não estão em condições de fazer a seleção da matéria que lhes é ensinada. Foi um erro crasso ter-se, hoje, até no programa das escolas médias, deliberado reservar à ginástica apenas duas horas por semana e, isso mesmo sem caráter obrigatório. Não se deve passar um dia sem que cada jovem tenha, pelo menos, uma hora de exercício físico, pela manhã e à tarde, em esportes e ginástica. Especialmente o boxe, visto por muitos nacionalistas "como rude e indigno", não deve ser esquecido. É incrível a soma de idéias falsas que, entre os "educados", há sobre esse assunto. Julga-se natural e honroso que os indivíduos aprendam a lutar, a bater-se em duelo, mas jogar boxe é grosseiro! Por que? Não há desporto que estimule tanto o espírito de ataque. Mais do que nenhum outro, requer decisões rápidas e enrija e torna flexível o corpo, ao mesmo tempo. Não é mais grosseiro que dois jovens decidam uma disputa a soco do que a espada. Não é também mais nobre que um indivíduo atacado se defenda a murros do seu agressor, em vez de correr a gritar por socorro? Antes de tudo, o rapaz sadio deve aprender a suportar pancadas. Isso, aos olhos dos nossos "lutadores intelectuais", pode parecer selvagem. Mas um Estado nacionalista não tem por missão fundar uma colônia de estetas pacifistas ou de degenerados físicos. O ideal humano não consiste em modestos burgueses ou virtuosas solteironas, mas, ao contrário, em homens e mulheres fortes que possam dar ao mundo outros seres em idênticas condições.

A função do esporte não é somente a de tornar os indivíduos ágeis e destemidos, mas também de prepará-los para suportarem todas as reações.

Se as nossas classes intelectuais não tivessem sido educadas exclusivamente em desportos elegantes; se, em vez disso, tivessem aprendido o boxe, nunca teria sido possível uma revolução alemã de rufiões, de desertores e de outros indivíduos do mesmo jaez. O que assegurou o êxito da Revolução não foi a intrepidez e a coragem dos seus organizadores, mas a covardia, a miserável irresolução dos que dirigiam o Estado e eram responsáveis pela sua conservação. Os condutores intelectuais do nosso povo recebiam apenas educação espiritual e, por isso, ficaram sem poder reagir, no momento em que os adversários, em vez de armas espirituais, puseram em cena ate alavancas. A Revolução só triunfou porque a educação ministrada nas escolas superiores não formava homens, no verdadeiro sentido da palavra, mas funcionários, engenheiros, juristas, literatos e, por fim, professores encarregados de manter sempre viva essa instrução puramente intelectual.

Nossa direção intelectual produziu brilhantes resultados, mas o cultivo da força de vontade sempre esteve abaixo de qualquer crítica. É claro que, por meio da educação, não se pode transformar um intelectual covarde em um homem corajoso. É evidente também que um homem, que não é covarde por natureza, mas prejudicado no desenvolvimento de suas qualidades individuais, desde que não receba uma educação que aperfeiçoe a sua força física e a sua destreza, será, logo de início, derrotado. É no exército que se pode avaliar o quanto a capacidade física estimula a coragem e desperta o espírito de ataque. A excelente instrução recebida pelos nossos soldados, durante a paz, inoculou, nesse gigantesco organismo, a fé sugestiva na sua própria superioridade, em proporções que os nossos próprios adversários não julgavam possível.

O imortal espírito de combatividade e de coragem que, nos meses do fim do verão e no outono de 1914, se verificou na ofensiva do exército alemão, foi efeito exclusivamente dos ininterruptos exercícios dos tempos de paz, que permitiram que, de corpos fracos, se obtivessem os efeitos mais incríveis e que neles inspirou uma confiança em si mesmos que nunca mais os abandonou nas maiores refregas.

Justamente agora que a nação alemã está em colapso, espezinhada por todo mundo, é que mais se faz necessária aquela confiança em si mesma. Essa confiança deve ser cultivada na juventude, desde a meninice. Toda a sua educação, todo o seu treinamento, devem ser dirigidos no sentido de dar-lhe a convicção da sua superioridade. Certa da sua força e da sua habilidade, a mocidade deve readquirir a fé na invencibilidade da sua nação. O que levou, outrora, o exército alemão à vitória foi a confiança extraordinária que cada um tinha em si mesmo e todos tinham nos seus chefes. O que poderá levantar de novo o povo alemão é a convicção de que a liberdade ainda poderá ser reconquistada. Mas essa convicção só poderá ser o produto final de um sentimento partilhado por milhões de indivíduos.

Ninguém se engane sobre isso.

Inaudita foi a derrocada da nossa nação, inaudito deve ser o esforço para, um dia, se pôr um fim a essa deplorável situação. Engana-se desgraçadamente quem acredita que o nosso povo, continuando essa educação burguesa inspirada na "paz e na ordem", poderá conquistar a força necessária para modificar a situação atual de ruína e jogar os nossos grilhões de escravos à face dos nossos adversários. Só por um imenso desenvolvimento de nossa força de vontade, por uma sede de liberdade e por uma alta devoção à Pátria é que se poderá reconquistar o que nos tem faltado.

Até o vestuário dos jovens deve ser apropriado a esse fim. É uma verdadeira lástima ser obrigado a ver como os moços de hoje se submetem a uma moda idiota que muito bem se traduz no ditado popular que as roupas fazem os homens.

Justamente na mocidade é que o vestuário deve estar em função da finalidade educacional. Um jovem, que, no verão, anda para cima e para baixo vestido até ao pescoço, só por isso dificulta a sua educação física. O espírito de honra e - digamos entre nós - a vaidade devem ser cultivados, não a vaidade de possuir belas roupas, que nem todos podem comprar, mas a de criar-se um corpo bem formado, a que todos podem concorrer.

Isso corresponde, para o futuro, a uma certa finalidade. A rapariga deve conhecer o seu cavalheiro. Se a beleza física não se ocultasse hoje, completamente, sob as vestes da moda idiota, e a sedução de centenas de milhares de moças, por judeus bastardos, de pernas tortas e desengonçados, não seria possível. Está também no interesses da nação que se chegue à formação de corpos perfeitos, a fim de se criar um novo ideal de beleza.

Isso é mais necessário, hoje, por faltar a educação militar, cuja organização supria em parte a deficiência de nosso sistema educacional de outrora. O êxito dessa organização não se via somente na educação do indivíduo, mas também na sua influência sobre as relações entre os dois sexos. A rapariga alemã preferia o soldado ao civil.

É dever do Estado nacionalista cultivar a eficiência física, não somente nos anos de freqüência à escola mas também depois da idade escolar. Enquanto o indivíduo se estiver desenvolvendo fisicamente, este desenvolvimento deve ser dirigido de modo que se torne para ele uma bênção futura.

É idiotice pensar que o direito do Estado em superintender a educação da sua mocidade termina com a idade escolar e só recomeça com o serviço militar. Esse direito é um dever que nunca deve ser perdido de vista.

O Governo atual, que não tem nenhum interesses pela saúde do povo, abandonou essa missão da maneira mais criminosa. Consente que a mocidade se desmoralize nas ruas e nos bordéis, em vez de dirigi-la de maneira que de futuro se transforme em homens e mulheres sadios.

De que maneira o Estado continua a dirigir essa educação pode ser, hoje, indiferente; o essencial é que ele o faça e procure o caminho para chegar a esse fim. O Estado tem como uma das suas finalidades, a educação, tanto intelectual como física, dos jovens, depois da idade escolar. E essa educação deve ser realizada de acordo com a orientação oficial, visando, nas suas linhas gerais, o serviço militar.

O exército não deve, como até agora, instruir os moços apenas nos exercícios regulamentares mas transformar jovens já perfeitos, no ponto de vista físico, em verdadeiros soldados.

Em um Estado nacionalista, o exército não existe só para ensinar o homem a marchar e a outros exercícios militares, mas deve ser a mais alta escola da educação nacional. Naturalmente, o jovem recruta deve aprender a manejar as armas, mas, ao mesmo tempo, deve ser preparado para a Vida futura. Nessa escola é que o rapaz se deve transformar em homem. Não deve só aprender a obedecer, mas também a comandar, de futuro. Deve aprender a silenciar não só quando é censurado com razão, mas deve também aprender a suportar a injustiça em silêncio.

Apoiado na confiança de sua própria força, empolgado pelo espírito de classe, ele deve adquirir a convicção de que sua Pátria é invencível.

Quando tiver terminado seu serviço militar deve estar em condições de poder exibir dois documentos: seu diploma de cidadão, que lhe dá o direito a tomar parte na vida pública, e um atestado de saúde que lhe dá direito a casar-se.

A educação do sexo feminino deve obedecer ao mesmo critério da do sexo masculino. O ponto mais importante é a educação física, vindo, em seguida, o desenvolvimento do caráter e, por último, o valor intelectual. A preocupação principal, na educação das mulheres, é formar futuras mães.

Só, em segundo plano, o Estado nacionalista tem de promover a for. mação do caráter.

As qualidades reais de caráter, nos indivíduos, são inatas: o egoísta é e será sempre egoísta, o idealista sincero será sempre idealista. Entre esses dois caracteres, absolutamente típicos, há milhões que aparecem cujo caráter é confuso, indistinto. O criminoso nato será sempre criminoso, mas há inúmeras pessoas que possuem uma certa tendência para o crime e que poderão ser corrigidas e transformadas em ótimos membros de uma coletividade. Inversamente, caracteres dúbios podem, por defeito de educação, transformar-se em péssimos elementos.

Quantas vezes, durante a Guerra, não ouvi queixas sobre a indiscrição do nosso povo, que, com dificuldade, podia guardar os mais importantes segredos, mesmo perante o inimigo! Mas, consideremos: Que fez a educação alemã, antes da Guerra, para recomendar a discrição como uma virtude? Na escola, o delator não era preferido ao que se mantinha em silêncio? Alguém procurou, por acaso, apontar a discrição como uma grande virtude? Não! Nas nossas escolas, essa virtude é considerada coisa insignificante. Apenas, essa insignificância custou à nação incontáveis milhões, pois noventa por cento dos processos de ofensa e outros têm sua origem na incapacidade de manter o silêncio.

Afirmações feitas sem responsabilidade são retrucadas da mesma maneira. Nossa economia é constantemente prejudicada pela divulgação dos mais importantes métodos de fabricação, etc., e todos os preparativos para a defesa do país são simplesmente ilusórios, porque o povo nunca aprendeu a ser discreto. Durante uma guerra, esse amor à indiscrição pode ocasionar a perda de batalhas e constitui a causa principal do insucesso de uma campanha. Ninguém se deve esquecer de que o que não é praticado na mocidade não pode ser aprendido na idade madura. Daí se conclui que o professor não deve procurar tomar conhecimento de pequenas travessuras, cultivando a delação. A mocidade tem o seu governo próprio. Ela tem para com os mais crescidos uma solidariedade mais limitada, perfeitamente compreensível. A ligação de uma criança de dez anos com outra da mesma idade é maior e mais natural do que com uma mais crescida. Uma criança que denuncia seu camarada, pratica uma traição que, no sentido figurado, corresponde a uma traição contra a Pátria. Tal criança não pode ser vista como "valente" e "independente", mas como possuindo qualidades de caráter de pouco valor. Para o professor pode ser mais cômodo, a fim de manter a autoridade, utilizar esse mau costume, mas, no coração da criança, esse processo ocasionará um sentimento que agirá como um germe fatal. Não é raro de um pequeno delator sair um grande tratante. Isso é apenas um exemplo entre muitos. Na escola de hoje o desenvolvimento intelectual é maior, mas as nobres qualidades de caráter estão reduzidas quase a zero. Deve-se, por isso, dar maior importância ao outro ponto de vista. Fidelidade, capacidade de sacrifício, discrição, são virtudes de que um grande povo precisa e cujo ensino e cultivo nas escolas é mais importante do que muita coisa que, atualmente, figura nos programas.

Também deve fazer parte desse plano o combate às lamúrias e eternas queixas. Se um processo educacional deixa de atuar, na criança, de modo que essa se acostume a suportar em silêncio todos os sofrimentos, ninguém se deve admirar que, mais tarde, no momento crítico, na linha de frente de uma batalha, por exemplo, o tráfico postal só se ocupe em transmitir cartas lamuriantes de um lado e de outro. Se a nossa juventude, nas escolas, tivesse aprendido menos conhecimentos e se tivesse mais exercitado no domínio de si mesma. grandes vantagens se teriam verificado nos anos de 1915-1918.

Por tudo isso, o Estado nacionalista, na sua missão educativa, deve dar a maior importância à educação física e à do caráter. Inúmeras deformidades existentes hoje no organismo nacional seriam, por esse processo de educação, quando não afastadas pelo menos minoradas.

Da maior importância é a formação da força de vontade e do poder de decisão, assim como do prazer da responsabilidade.

Assim como no exército era convicção geral, antigamente, que uma ordem é sempre melhor do que nenhuma, também na juventude uma resposta é sempre melhor do que nenhuma. O receio de, para não dar uma resposta falsa, não dar nenhuma resposta, deve envergonhar mais do que responder errado. Isso vai aos poucos acostumando os jovens a terem a coragem de suas atitudes.

Era geral a queixa, em novembro e dezembro de 1918, de que havia ineficiência em todos os setores, e que, a partir do Imperador ao último comandante de divisão, ninguém tinha coragem de tomar uma decisão independente Essa terrível realidade é uma praga da nossa educação, pois nessa cruel catástrofe apareceu apenas em vasta escala o que já existia por toda parte em casos de menor importância.

É essa falta de poder de vontade e não a falta de material de guerra que, hoje, nos torna incapazes de resistência séria. Está profundamente arraigada no nosso povo e proíbe-nos de tomar qualquer resolução que ofereça um perigo, como se a grandeza de uma ação não consistisse na ousadia com que é atacada.

Sem o querer, um general alemão encontrou uma fórmula para essa miserável falta de decisão, quando avançou: Não ao nunca sem. contar pelo menos com 51% de probabilidades de êxito. Nesses 51% está a razão da trágica ruína da Alemanha.

Quem confia à sorte a vitória de uma causa, não compreende a importância de um ato de heroísmo. Esse está justamente na convicção de que, diante da possibilidade do perigo, dá-se o passo que pode levar à vitória. Um canceroso, cuja morte é certa, não precisa de 51% de probabilidades para tentar uma operação. Se essa operação lhe oferece um meio por cento de possibilidade de cura, ele, sendo homem corajoso, arriscar-se-á à mesma. Se não o fizer não tem o direito de se queixar da sorte. A epidemia de falta de vontade e de espírito de decisão é, em última análise, sobretudo a conseqüência da falha educação da mocidade, cuja atuação devastadora se faz sentir na vida e cujas últimas conseqüências são a falta de coragem cívica dos estadistas que dirigem a nação.

Sob o mesmo aspecto, pode ser visto o terror da responsabilidade que grassa em todo o país. Nesse caso também, o motivo inicial está na maneira por que se educa a juventude. Essa falta de responsabilidade conta. mina toda a vida pública e encontra a sua mais alta expressão na instituição do Parlamento.

Já na escola dá-se mais valor a uma demonstração de remorso e de contrição do que a uma franca confissão do erro.

Justamente porque o Estado nacionalista deve, de futuro, prestar toda atenção ao cultivo da força de vontade e de decisão, deve implantar nos corações juvenis, desde a meninice até a idade adulta, a alegria da responsabilidade e a coragem de confessar as suas faltas.

Somente quando o Estado compreender essa necessidade em toda a sua significação, poderá, depois de um trabalho secular, ter como resultado disso um organismo nacional, não mais composto dessas criaturas fracas que tanto contribuíram para a nossa ruína.

A instrução científica que, hoje, é o objetivo único da educação oficial pode ser adotada pelo Estado nacionalista com algumas modificações, que podem ser resumidas nestes três itens.

Em primeiro lugar, o cérebro infantil não deve ser sobrecarregado com assuntos, noventa por cento dos quais são desnecessários e cedo esquecidos.

O programa das escolas populares e das escolas médias, é o mais anarquizado. Em muitos casos, a matéria é tão vasta que só uma parte é conservada e essa mesmo não encontra emprego na vida prática. Do outro lado, nada se aprende que seja de utilidade, em uma determinada profissão, para a conquista do pão quotidiano.

Tome-se, por exemplo, na idade de trinta e seis ou quarenta anos, o tipo normal do burocrata, que tenha feito o curso do Ginásio ou da Oberrealschule, e faça-se um exame sobre o que ele aprendeu na escola. Como é pouco o que ele conservou de tudo quanto lhe meteram na cabeça!

Poder-se-á responder que a instrução ministrada na escola não visa somente o objetivo de posse posterior de múltiplos conhecimentos mas também o desenvolvimento da capacidade de assimilação, de raciocínio e de atenção do cérebro. Em parte, isso é verdadeiro.

Nisso há, porém, sempre, um perigo. O cérebro juvenil fica empanturrado de impressões que, em raríssimos casos, consegue assimilar completamente e cuja importância, nos detalhes, não pode perceber nem compreender. Por isso, na maioria dos casos não é o secundário mas o essencial, que os jovens esquecem. Não é, por exemplo, compreensível que milhões de pessoas, no decorrer de anos, sejam obrigados a aprender duas ou três línguas estrangeiras que, só em proporções insignificantes, podem utilizar, e que, na maioria dos casos, esquecem inteiramente. De cem mil alunos que aprendem francês, por exemplo, talvez apenas dois mil possam encontrar utilização para esse conhecimento, enquanto os outros para o mesmo não encontrarão nenhum emprego, durante . toda a sua vida. Na juventude, dedicaram milhares de horas a um assunto, sem nenhum valor para a sua vida futura. Contra mil homens, para os quais o conhecimento dessa língua foi de alguma utilidade prática, há noventa e oito mil que foram inutilmente submetidos ao suplício de aprendê-la, com sacrifício completo do seu tempo.

Além disso, trata-se, nesse caso, de uma língua da qual não se pode dizer que constitui a escola para a formação lógica do espírito, como se dá talvez com a língua latina. Por isso, seria um objetivo mais importante que se estudasse esse idioma apenas em suas linhas gerais, os fundamentos de sua gramática, a pronúncia, a construção através de exemplos modelares, etc. Isso bastaria para as necessidades comuns e, porque, mais fácil d e alcançar, de muito mais valor seria do que a aprendizagem da linguagem falada, que nunca é completamente dominada e é cedo esquecida.

Deve evitar também o perigo de, sobrecarregando demais o cérebro dos jovens com matérias que ficam sem ligação na memória e de que eles só conseguem aprender as que mais despertam a sua atenção, desapareça, nos cérebros juvenis, a diferença entre o valor e o desvalor.

O sistema de educação que aqui esboço em largos traços será suficiente para a grande maioria dos jovens, enquanto que os outros que, mais tarde, precisarem de uma língua estrangeira, poderão sempre estudá-la exaustivamente, à sua livre escolha.

Assim ganhar-se-ia o tempo necessário para a educação física e para outras exigências mais importantes que já indiquei.

Sobretudo nos métodos atuais de ensinar história, deve-se proceder a uma modificação racial. Poucos povos têm tanta necessidade de aprender história quanto o povo alemão; poucos povos a utilizam tão mal quanto o nosso. A nossa educação histórica deve ser orientada pela nossa experiência política. Não nos devemos irritar com os miseráveis resultados da direção da coisa pública se não estivermos resolvidos a cuidar de uma melhor educação política. Em noventa e nove por cento dos casos, as conseqüências do nosso atual sistema de ensinar história são as mais deploráveis. Algumas datas e nomes, eis o que, habitualmente, fica do estudo da história. Do mesmo não constam as linhas gerais e claras da evolução. Tudo que é essencial, de importância, não é ensinado. Deixa-se ao maior ou menor talento dos indivíduos a descoberta da significação do dilúvio de datas e da sucessão dos acontecimentos. Por mais arrepiante que seja essa constatação, ela mantém-se incontestável. Basta, para prova disso, que se leiam com atenção os discursos dos nossos parlamentares, mesmo em um só período de sessão, sobre os problemas políticos, até os da política externa. Pense-se em que, ao menos pela importância de sua posição, esses parlamentares representam a elite nacional, e que eles, em grande parte, freqüentaram as escolas secundárias e alguns até as superiores, e compreender-se-á como é insuficiente a cultura histórica desses homens. Se eles nunca tivessem estudado história mas possuíssem intuições sadias, isso teria sido muito melhor e mais útil à nação.

Sobretudo no ensino da história é que se deve tomar em consideração uma redução nos programas. A parte mais importante é o conhecimento das linhas gerais da evolução. Quanto mais se restringir o ensino a esse ponto de vista, tanto mais é de esperar que os indivíduos tirem proveito dos seus conhecimentos, o que é também de vantagem para a coletividade.

Não se estuda história somente para saber o que aconteceu, mas para que ela possa orientar o futuro da nação.

Essa é a finalidade, o ensino da história é apenas um meio. Não se argumente que o estudo dessas datas referentes a indivíduos seja necessário a um fundamental estudo da história, a fim de que se possa encontrar a base para as linhas gerais da evolução. Essa missão compete ao especialista. O tipo normal não é, porém, o do professor. Para aquele o estudo da história deve consistir, em primeiro lugar, em proporcionar-lhe as noções necessárias para que possa tomar atitude em face dos acontecimentos políticos da nação. Quem desejar ser professor que se aprofunde mais tarde nesses estudos. Esse sim terá que se ocupar com todos os detalhes, mesmo os mais insignificantes.

Sob todos os aspectos, o ensino atual da história é deficiente, pois para a maioria dos indivíduos é demasiado extenso e para os especialistas muito limitado.

Enfim, a missão de um Estado nacionalista é de esforçar-se por que seja escrita uma história do mundo em que a questão racial seja o problema dominante.

Em resumo: o Estado nacionalista racista deve resumir o ensino intelectual, reduzindo-o ao que é essencial. Só depois disso é que se oferecerá a possibilidade de uma educação especializada sobre bases sólidas.

A educação geral, destinada a todos, deve ser obrigatória. O resto deve ficar ao arbítrio dos indivíduos.

A redução dos programas e das horas de estudo que assim se obteria, seria aproveitada em benefício da cultura física, do caráter, da vontade, do poder de decisão. A pouca importância que as nossas escolas, sobretudo as secundárias, hoje dão às exigências profissionais na vida pós escolar, é evidenciada pelo fato de homens saídos de três escolas diferentes poderem abraçar a mesma profissão. Daí se conclui que o importante é a educação geral e não a especial. Quando se trata de casos em que um verdadeiro conhecimento especializado torna-se necessário, os programas das nossas escolas secundárias aparecem deficientes.

A segunda reforma que se impõe aos nossos programas de ensino é a seguinte: Prefere-se, nos tempos de materialismo de hoje, que a nossa educação intelectual se oriente cada vez mais no sentido de especializações técnicas, como matemática, física, química, etc. Por mais que isso seja necessário em uma época em que domina a técnica, que se apresenta, pelo menos aparentemente, como constituindo as grandes características dos nossos dias, não se deve esquecer nunca o perigo que resulta para o povo de uma tal orientação. A educação deve sempre e cada vez mais atender às exigências profissionais, fornecendo apenas as bases para futuras especializações.

Ao contrário, desperdiçar-se-ão forças que para a conservação do povo são muito mais importantes que todos os conhecimentos especializados.

Não se deve afastar o estudo da história antiga, pois a história romana, bem apreciada nas suas linhas gerais, é e será sempre a melhor mestra não só para o presente como para o futuro. O ideal da cultura helênica, na sua típica beleza, deve ser aproveitado. Não se deve destruir a grande comunidade racial pelas diferenciações entre os vários povos. A luta que hoje se agita tem o grande objetivo de, ligando sua existência ao passado milenar, unificar o mundo greco-romano com o germânico.

Deve-se estabelecer uma diferença bem clara entre a educação geral e a especializada.

Uma vez que a última ameaça pôr-se ao serviço dos argentários, a educação geral, pelo menos na sua concepção ideal, deve continuar a servir de contrapeso àquela tendência.

Devemos nos aferrar à convicção de que a indústria, a ciência técnica e o comércio só podem florescer em uma sociedade que oferece, por seus elevados ideais, as condições indispensáveis para aquele progresso, esses ideais não consistem em egoísmo material, mas em capacidade de sacrifício e prazer de renúncia.

A educação da mocidade tem, como mais elevado objetivo, dar ao jovem a instrução de que, de futuro, ele precisará para os seus progressos na vida.

Essa orientação pode ser expressa na seguinte fórmula: "O jovem deve ser de futuro uma unidade útil na sociedade humana". Por isso não se deve entender, porém, a sua capacidade apenas para ganhar o pão.

A superficial educação do Estado burguês tem bases fraquíssimas. Como o Estado em si se apresenta apenas como uma forma, é muito difícil educar homens que se sintam com deveres para com o mesmo. Uma simples forma é fácil de destruir. A concepção de Estado, de hoje, não possui um conteúdo. Assim sendo, tudo o que se pode fazer em um tal Estado é promover a educação "patriótica", hoje em voga. Na Alemanha antiga essa educação consistia em uma espécie de veneração dos pequenos potentados regionais, o que ocasionou, logo de início, a não compreensão da nação tomada em conjunto. O resultado, por parte das massas populares, foi o insuficiente conhecimento da nossa história, por falta de percepção das linhas gerais.

É evidente que, por esse meio, nunca se poderá chegar a assegurar uma verdadeira grandeza nacional. Falta à nossa educação a arte de, da evolução histórica da nacionalidade, fazer seleção de alguns nomes que se imponham à admiração da nação, de maneira a formar um só bloco nacional. Não se compreendeu a importância de apresentar aos olhos do povo os verdadeiros grandes homens como grandes heróis, de concentrar sobre os mesmos a atenção geral, criando-se assim uma opinião definida no seio das massas. Não se pôde, no trato das diferentes matérias dos programas nacionais destinados à glória da nação, ultrapassar o nível de uma representação material. Por isso, os brilhantes exemplos do passado não puderam inflamar o orgulho nacional. Para aqueles isso parecia chauvinismo. coisa de que, sob essa forma, menos se gostava. O patriotismo dinástico pareceu mais agradável e mais fácil de executar que as tempestuosas paixões que desperta o orgulho nacional. Com a primeira forma de patriotismo estava-se sempre disposto a "servir", com a segunda, poder-se-ia, um dia, dominar. O patriotismo monárquico terminou nas associações de veteranos; a meta a que se chegaria com o verdadeiro ardor nacional era mais difícil de ser determinada. Esse se compara a um cavalo nobre que não consente em ser montado por qualquer. Não é de admirar, pois, que toda gente preferisse recuar ante esse perigo. Ninguém pensou em que um dia uma guerra, com todos os seus horrores, poderia pôr à prova a consistência desses sentimentos patrióticos. Quando ela apareceu é que se verificou, da maneira mais terrível, a falta de um elevado sentimento nacional. Os homens tinham cada vez menos vontade de morrer pelo seu imperador. pelos seus reis. E a "nação" era desconhecida pela maior parte deles.

Desde que a Revolução entrou na Alemanha e desapareceu o patriotismo monárquico, o ensino da história só visara na realidade um objetivo - mera aquisição de conhecimentos. Esse novo Estado não precisará de entusiasmo nacional; o que ele quer, porém, jamais conseguirá. Há poucas probabilidades de uma permanente força de resistência em um patriotismo dinástico. Quanto à República, o entusiasmo é ainda menor. Não, há nenhuma dúvida que o povo nunca teria permanecido, durante quatro anos e meio, nos campos de batalha, se a divisa então tivesse sido - pela República!

O resto do mundo vê com simpatia essa República. Um fraco é sempre mais bem recebido pelos que dele se utilizam, do que um indivíduo forte. Na simpatia por essa forma de Governo está, porém, a maior crítica à mesma. O estrangeiro gosta da República alemã e deixa-a viver, porque não se poderia encontrar um melhor aliado na obra de escravização de nosso povo. A isso devemos o "magnífico" quadro da situação atual. Daí a oposição a qualquer educação verdadeiramente nacional e a exaltação de heróis fictícios que. na hora do perigo, fugiriam como lebres.

O Estado nacionalista deve lutar pela sua existência. Não a defenderá pelo plano Dawes. Para sua existência e garantia do seu futuro precisará daquilo a que hoje se acredita ter ele renunciado. Quanto mais importante for a forma que assumir, tanto maiores serão a inveja e a oposição dos adversários. A sua maior proteção não está nas armas mas nos seus cidadãos. Não são fortalezas que o defenderão, mas as muralhas vivas das mulheres e homens, dominados pelo mais elevado amor à Pátria e por um fanático entusiasmo nacional.

O Estado nacionalista deve ver na ciência um meio de aumentar o orgulho nacional. Tanto a história universal como a história da civilização devem ser ensinadas sob esse aspecto. Um inventor deve ser visto não só porque é inventor, mas também porque é um dos nossos compatriotas. A admiração por todas as grandes ações deve ser combinada ao orgulho por ser seu executor um membro de nossa Pátria. Devemos selecionar as maiores figuras da massa dos grandes nomes da nossa história e pô-las diante da juventude de modo tão impressionante que elas possam servir de colunas mestras de um inabalável sentimento nacionalista.

De acordo com esses pontos de vista, deve ser escolhida a matéria a ser ensinada nas escolas. A educação deve ser orientada de tal maneira que um jovem, ao deixar a escola, não seja um pacifista democrata ou coisa que o valha, mas um verdadeiro alemão, na mais ampla acepção da palavra.

Para que esse sentimento nacionalista seja verdadeiro e não meramente artificial, já na juventude deve-se manter no cérebro de cada um a convicção firme de que quem ama seu povo deve prová-lo somente pelo sacrifício de que é capaz em favor do mesmo. sentimento nacional que só visa lucros não existe. Nacionalismo que só tem em consideração o espírito de classe não merece esse nome. Só o fato de gritar urra! nada significa e não dará nenhum direito ao título de verdadeiro nacionalista, se atrás disso não houver a preocupação pela conservação de um espírito nacional sadio. Só se pode ter orgulho de uma nação, quando, na mesma, não há nenhuma classe de que a gente precise se envergonhar. Uma nação, porém, em que a metade vive na miséria, trabalhada pelas maiores preocupações, ou mesmo corrompida, dá de si uma impressão tão pouco edificante que ninguém por ela pode sentir orgulho. Enquanto um país não aparecer como sadio de corpo e alma, o prazer de a ele pertencer não poderá nunca atingir a esse elevado sentimento que denominamos orgulho nacional. Mas esse orgulho só pode possuir quem conhecer a grandeza de sua Pátria.

Essa aliança íntima de nacionalismo e de espírito de justiça social deve ser implantada já nos corações juvenis. Assim se formará, de futuro, um Estado composto de cidadãos unidos entre si, fortalecidos, em conjunto, por um amor e um orgulho comum a todos e que se tornará inabalável e invencível para sempre.

O pavor do chauvinismo, hoje freqüente, é uma demonstração de incapacidade Como falta ao Estado burguês aquela força exuberante, que até parece desagradável, o mesmo não mais está destinado a grandes ações. As maiores revoluções da humanidade não teriam sido possíveis se as forças impulsoras das mesmas fossem apenas virtudes burguesas inspiradas na paz e na tranqüilidade", em vez das fanáticas e histéricas paixões pela causa defendida.

A verdade é que o mundo passa por grandes transformações. A única questão a saber é se o resultado final será a favor da raça ariana ou em proveito do eterno judeu.

A tarefa do Estado nacionalista será, por isso, a de preservar a raça e prepará-la para as grandes e finais decisões, por meio da educação apropriada da mocidade.

A nação que primeiro entrar no campo da luta alcançará a vitória.

O trabalho de educação coletiva do Estado nacionalista deve ser coroado com o despertar do sentido e do sentimento da raça, que deve penetrar no coração e no cérebro da juventude que lhe foi confiada.

Nenhum rapaz, nenhuma rapariga deve abandonar a escola sem, estar convencido da necessidade de manter a pureza da raça.

Assim se estabelecerão as condições essenciais para a conservação dos fundamentos raciais e, com isso, as condições preliminares para o posterior desenvolvimento cultural.

Toda educação física e intelectual, em última análise, tornar-se-ia inútil, se não pudesse ser aproveitada por uma criatura disposta e resolvida a manter-se e a mantê-la.

Ao contrário aconteceria o que nós alemães já hoje lamentamos, sem talvez nos darmos conta da extensão dessa trágica infelicidade: no futuro serviríamos apenas de adubo para a civilização, não só no sentido das limitadas concepções dos burgueses atuais, que lastimam a perda dos indivíduos somente porque com eles se perde o Estado burguês, mas também no sentido de que, apesar de toda a nossa ciência, nossa raça se teria arruinado.

Enquanto nos misturarmos com outras raças elevaremos a um nível mais elevado as raças inferiores mas desceremos para sempre da posição elevada em que nos achávamos antes.

Sob o ponto de vista racial, essa educação deve ser completada pelo serviço militar, que deve ser visto como a conclusão da educação normal de cada alemão.

Embora seja grande a importância, no Estado nacionalista, da educação física e espiritual, não o é menos a seleção dos melhores indivíduos.

Na maioria dos casos, são os filhos de pais bem situados na vida que são julgados aptos para uma mais elevada educação. A questão do talento desempenha um papel secundário.

Um filho de camponês pode ser dotado de muito mais talento do que um filho de pais que vêm ocupando posições elevadas há muitas gerações, mesmo quando, na sua capacidade de percepção, pareça inferior àquele.

O fato de o último possuir maior soma de conhecimento nada tem que ver com a questão do talento, mas tem a sua origem na variedade das impressões recebidas pela criança, como resultado do meio mais elevado em que vive. Se o talentoso camponesinho, desde os primeiros anos, tivesse crescido no mesmo meio, a sua capacidade de assimilação seria outra.

Hoje talvez só existe um setor em que o nascimento vale menos do que os dotes naturais. Refiro-me à arte. Como aqui não se trata somente de aprender, mas tudo provém de qualidades inatas que apenas precisam ser desenvolvidas posteriormente, a questão do dinheiro e da posição dos pais não entra em consideração, o que prova que o gênio não depende da posição social ou da riqueza. Os maiores não raramente têm origem em famílias modestas. Muitos pequenos camponeses tornam-se, mais tarde, festejados mestres.

Não recomenda a profunda cultura da época que se não tenha tirado partido dessa verdade em benefício da vida espiritual da coletividade. Pensa-se que isso, que não se pode negar em relação à arte, não se aplica aos chamados conhecimentos reais.

Sem dúvida pode-se acostumar os homens a umas certas habilidades automáticas, assim como é possível, por um hábil adestramento, levar os cães a executar trabalhos quase incríveis. Em um caso como no outro, não é, porém, o intelecto do indivíduo que o leva à prática dessas habilidades.

Pode-se, em qualquer hipótese, levar um talento inferior a adquirir habilidades científicas, mas o resultado caracteriza-se sempre pela falta de vida, de alma, tal como acontece com os animais. Pode-se, por um certo exercício espiritual, Incutir no espírito de um homem medíocre conhecimentos acima de medíocres, mas essa ciência mantém-se morta e estéril Dá-se o caso de um indivíduo ser um verdadeiro dicionário vivo, mas, em todos os momentos da vida, fracassar miseravelmente. A cada nova exigência que se lhe apresenta ele tem que aprender de novo. esse indivíduo é incapaz de contribuir com a menor parcela para um maior desenvolvimento da humanidade.

Essa ciência mecânica serve admiravelmente para ser aceita pelos burocratas de hoje.

É perfeitamente compreensível que em todas as camadas sociais de uma nação serão encontrados talentos e que o valor do saber será tanto maior quanto mais possa ser vivificado, por essas naturezas de elite, o conhecimento morto. Realizações criadoras só podem surgir quando se dá a aliança do saber com a capacidade.

Como a humanidade de hoje erra nesse sentido demonstra-o um único exemplo.

De tempos em tempos, os jornais ilustrados comunicam aos seus leitores burgueses que, pela primeira vez, aqui ou ali, um negro tornou-se advogado, professor, pastor, primeiro tenor, etc. Enquanto a burguesia sem espírito fica admirada de um tão maravilhoso adestramento e, cheia de respeito por esse fabuloso resultado da atual arte de educar, o judeu esperto compreende que daí será possível tirar mais um aprova da justeza da teoria que pretende inculcar no público, segundo a qual todos os homens são iguais. Não se apercebe esse desmoralizado mundo burguês que se trata de um ultraje à nossa razão, pois é uma criminosa idiotice, adestrar, durante muito tempo, um meio macaco, até que se acredite que ele se fez advogado, enquanto milhões de indivíduos, pertencentes às mais elevadas raças, devem permanecer em uma posição inteiramente digna, se tem em vista a sua capacidade. É um atentado contra o próprio Criador deixar-se perecerem, no atual pântano proletário, centenas de milhares das criaturas mais bem dotadas para adestrar hotentotes e cafres.

No caso, trata-se na realidade de um adestramento, como o do cão, e nunca de educação científica.

O mesmo cuidado aplicado em relação a raças inteligentes, daria, a cada indivíduo, mil vezes mais depressa, idêntica capacidade de realizações.

É intolerável pensar-se que, todos os anos, centenas de milhares de indivíduos, inteiramente sem talento, mereçam uma educação superior, enquanto centenas de milhares de outros, dotados de grande inteligência, fiquem privados dessa educação. Não é para se desprezar a perda que a nação com isso experimenta. Se, nas últimas décadas, aumentou consideravelmente o número das invenções importantes, sobretudo na América do Norte, é que ali se ofereciam, mais do que na Europa, possibilidades de uma educação superior às camadas populares. Para as descobertas não basta a instrução mal digerida. É imprescindível o talento, infelizmente, hoje em dia, na Alemanha, não se dá nenhum valor a isso. Só as exigências imperiosas da necessidade é que despertarão o povo a essa verdade. Essa é outra tarefa educacional do Estado nacionalista. Seu dever não é restringir a determinada classe social a influência decisiva na vida da nação, mas permitir que surjam os cérebros mais capazes e prepará-los para as mais altas e mais dignas posições. Sua obrigação é não só dar uma certa educação ao tipo médio mas também oferecer aos verdadeiros talentos a oportunidade de desenvolverem suas qualidades excepcionais. Deve considerar como a sua mais imperiosa obrigação abrir as portas dos estabelecimentos superiores oficiais a todos os talentos, sem distinção de classes. Essa finalidade deve ser cumprida, pois só assim, das camadas dos representantes de uma ciência morta, poderão surgir os condutores geniais da nação.

Há uma outra razão para que o Estado deva volver a sua atenção sobre esse assunto. As camadas intelectuais, sobretudo na Alemanha, vivem em um mundo tão à parte, que não têm nenhuma ligação com as classes que lhes são inferiores. Daí resultam dois péssimos efeitos: em primeiro lugar aquela classe nem entende o povo nem por ele tem simpatias. Há tanto tempo que os intelectuais vivem afastados da massa popular que não podem possuir a necessária compreensão da psicologia da mesma. Tornaram-se estranhos uns para com os outros. A essas classes superiores, em segundo lugar, falta a necessária força de vontade, sempre menos freqüente entre os intelectuais do que na massa do povo. Graças a Deus, a nós alemães, nunca faltou educação científica; em compensação era geral a deficiência em força de vontade e poder de decisão. Quanto mais "intelectuais" eram os nossos estadistas, tanto mais fracas eram as suas realizações. Nossa preparação política para a guerra, assim como a preparação técnica, foram insuficientes, não porque os dirigentes da nação tivessem pouca ilustração, mas, ao contrário, porque eram super instruídos, cheios de ciência mas vazios de intuições sadias e, sobretudo, de energia e intrepidez.

Foi uma fatalidade que a nação alemã tivesse de lutar pela sua existência sob o governo de um chanceler filósofo e fraco. Se, naquela época, em vez de um Batmann Hollweg, tivéssemos por chefe um enérgico homem do povo, o sangue heróico dos nossos granadeiros não teria sido derramado em vão. Além disso, o exagerado intelectualismo dos nossos guias foi o melhor aliado que podiam encontrar os pulhas da Revolução de novembro. A maneira vergonhosa por que esses intelectuais sacrificavam o interesses nacional que lhes estava confiado, em vez de promoverem a sua defesa pelos meios mais enérgicos, ofereceu aos adversários a condição essencial para a vitória. Nesse assunto, a Igreja Católica oferece um exemplo muito instrutivo, o celibato dos sacerdotes obriga-a a recrutar os seus futuros ministros, não nas suas próprias fileiras, mas na massa do povo. Essa importância do celibato eclesiástico passa despercebida a muita gente. Aí está a razão da incrível força dessa instituição multissecular. Porque, ininterruptamente, esse gigantesco exército de dignitários espirituais é recrutado nas camadas inferiores, só por isso, a Igreja se assegura uma natural ligação com os sentimentos do povo, como também uma soma de energia que só se pode encontrar na massa popular. Daí resulta a impressionante vitalidade dessa formidável organização, a sua flexibilidade, a sua inquebrantável força de vontade.

Uma das finalidades do Estado nacional, no ponto de vista da educação, é agir de maneira que seja possível uma perpétua renovação das classes intelectuais pela inoculação de sangue novo vindo das classes inferiores.

É obrigação do Governo selecionar, com o maior cuidado e exatidão, do meio de todas as classes, o material humano visivelmente capaz de pô-lo ao serviço da coletividade.

O Estado e os seus dirigentes não existem para possibilitar uma vida cômoda às diferentes classes mas para que essas possam cumprir a missão que lhes está reservada. Isso, porém, só será possível se para as posições de direção se instruírem os mais capazes, os de mais força de vontade. Isso se aplica não só a todos os empregados públicos como aos diretores intelectuais da nação, em todos os setores, e constitui um fator da grandeza do nosso povo, pois assim se consegue fazer a seleção dos mais capazes e pô-los a serviço da nação.

Se dois povos entram em concorrência, em igualdade de condições, vencerá aquele que souber aproveitar os maiores talentos e serão vencidos os que só cuidam da defesa de suas posições ou de sua classe, sem nenhuma consideração à capacidade dos indivíduos.

Isso parece, no mundo de hoje, impossível. Dir-se-á, em oposição a essa idéia, que o filho de um alto funcionário público não deve ser operário, porque é superior a não importa que filho cujos pais foram operários. Isso está de acordo com a idéia que hoje se faz do trabalho manual. Por isso, o Estado nacionalista deve se esforçar por modificar a atual concepção do trabalho. Se necessário, mesmo por uma educação secular, deve o Estado acabar com o desprezo pela atividade física e valorizar os homens não pela sorte de trabalho que desempenham mas pela forma e vantagens de sua atuação.

Isso poderia parecer extravagante em uma época em que os escrevinhadores mais sem espírito, somente porque manejam com a pena, valem mais do que os melhores profissionais.

Essa falsa valorização, não tem fundamento natural, mas é conseqüência da educação, e não existia outrora. Essa situação artificial é sintoma da super materialização de nossos tempos.

Todo trabalho tem um duplo valor, um material e um ideal. O valor material reside na importância do trabalho realizado, que se avalia pela sua significação em relação à coletividade. Quanto maior for a utilidade coletiva de um determinado trabalho, tanto maior será o seu valor. Isso se verifica também quanto à avaliação material do trabalho individual, isto é, quanto ao salário. O valor do trabalho puramente material está em função do ideal. O valor material depende da sua necessidade; embora a utilidade material de uma descoberta possa ser maior do que a de um serviço doméstico de todos os dias, todos vêem no mesmo plano a importância de ambos esses serviços, desde que cada indivíduo, na sua esfera, qualquer que ele seja, trate de se esforçar por cumprir o seu dever da melhor maneira possível.

Por esse critério, é que se deve medir o valor de um homem e não pelo que ele ganha.

Assim, é dever do Estado assegurar a cada um a atividade que corresponda à sua capacidade, ou, em outras palavras, aperfeiçoar os indivíduos capazes para os trabalhos que lhes estão reservados. A capacidade não é, porém, somente conseqüência da educação; é uma qualidade mata, um presente da natureza e não constitui um mérito para o indivíduo. A avaliação pela coletividade não pode ser feita pela natureza desse trabalho, que é produto tanto de qualidades trazidas do berço como de outras adquiridas pela educação. A medida do valor de um homem depende da maneira por que ele cumpre a missão que lhe confiou a coletividade. O trabalho não é a finalidade da existência humana, mas apenas um meio para garanti-la. O homem deve continuar a educar-se, a enobrecer-se, mas isso só será possível dentro do quadro de uma cultura geral, cujo fundamento deve ser sempre o Estado. Para a conservação desse Estado, ele deve trazer a sua contribuição. A forma dessa contribuição é determinada pela natureza, cabendo ao homem, por sua diligência e honestidade, restituir à coletividade o que esta lhe deu. A recompensa material deve depender da utilidade coletiva do trabalho. As forças de que a natureza dotou os indivíduos e a coletividade aperfeiçoou devem ser consagradas ao interesses geral. Não deve ser considerado uma vergonha ser um modesto trabalhador. Vergonha é ser um empregado incapaz que rouba o pão ao povo, é perfeitamente compreensível, porém, que não se pode exigir de um indivíduo uma determinada tarefa, sem que ele, de inicio, tenha sido educado para executá-la.

A sociedade de hoje, está, porém, promovendo a sua própria ruína. Ela introduz o sufrágio universal, tagarela sobre igualdade de direitos, não encontra, porém, fundamentos para essa doutrina. Vê na recompensa material a expressão do valor do indivíduo, demolindo assim as bases da mais nobre igualdade que pode existir. A igualdade não consiste e não pode consistir nas realizações humanas em si mesmas, mas é possível na forma por que cada homem cumpre suas obrigações, só assim, se pode, no julgamento de valor do indivíduo, pôr de lado as diferenças da natureza, podendo, então, cada um forjar o seu próprio valor.

Nos tempos de hoje, em que todos os grupos humanos só se sabem apreciar pelos salários, não pode haver um entendimento a esse respeito. Isso não é, porém, motivo para que renunciemos às nossas idéias. Ao contrário. Quem quiser salvar esse mundo apodrecido deve ter a coragem de mostrar as causas primárias desse mal. A preocupação do movimento nacional-socialista deve ser esta: desprezando todos os preconceitos burgueses reunir e coordenar todas as forças capazes de ser aproveitadas como pioneiros da nova doutrina universal.

Certamente levantar-se-á a objeção de que, na maioria dos casos, é difícil fazer distinção entre o valor material e o ideal e que o menor apreço do trabalho seria ocasionado justamente pelo menor salário. Esse pequeno apreço é, por sua vez, a causa da menor participação dos indivíduos nas riquezas culturais da nação. Assim, é prejudicada a cultura ideal dos homens, que nada tem que ver com o seu trabalho. A vergonha que se sente pelo trabalho material reside nisso: como conseqüência dos pequenos salários, desce o nível cultural do operário e com isso se justifica o menor valor em que é tida a sua atividade.

Nisso há muita verdade. Justamente por esse motivo, é que, de futuro, se deve evitar uma grande disparidade de salários. Não se argumente que, assim, o resultado do trabalho individual seria menor. Seria o mais deplorável sintoma da decadência de uma época se o estímulo para as mais altas realizações espirituais dependesse apenas de altos salários. Se esse ponto de vista fosse até hoje o único, então a humanidade não teria nunca alcançado as suas grandes realizações no domínio da ciência e da cultura. As maiores invenções, as maiores descobertas, os trabalhos que mais revolucionaram a ciência, os esplêndidos monumentos da cultura humana, não surgiram da caça do dinheiro. Ao contrário, a sua origem coincide, não raramente, com a renúncia aos bens terrenos.

É possível que o dinheiro se tenha tornado o poder dominante na vida de hoje, mas um dia virá em que os homens venerarão outros deuses, de mais elevação.

Muita coisa hoje deve sua existência à ânsia pelo dinheiro e pelo poder, mas nisso está incluído pouca coisa, cujo desaparecimento deixaria a humanidade mais pobre. E uma das finalidades do nosso movimento anunciar que virá um tempo em que se dará ao indivíduo o que ele precisa para viver, mantendo-se, porém, o princípio de que o homem não deve viver somente para a satisfação de prazeres materiais. Isso se realizará, de futuro, com uma sábia graduação de salários que permita a cada trabalhador honesto ter a certeza de poder viver uma vida ordenada e digna, como homem e como cidadão.

Não se diga que isso é um ideal que não resistiria à prática e jamais poderá ser atingido.

Nós mesmos não somos tão simplórios que acreditemos na possibilidade de se conseguir restituir a existência a uma sociedade cheia de defeitos. Isso não nos deve, porém, livrar do dever de combater as faltas que conhecemos, abolir as fraquezas e lutar por um ideal. A dura realidade ocasionará somente restrições a essa atividade. Por isso mesmo, o homem se deve esforçar para atingir o objetivo final. Insucessos não devem desviá-lo da sua finalidade, da mesma maneira que não se pode renunciar à justiça somente porque na mesma se verificam erros, nem desprezar a medicina porque as moléstias continuam a existir.

Devemos evitar dar tão pouco valor à força de um ideal. Quem, nesse assunto, sentir-se desalentado, deve lembrar-se, se já foi soldado, de um tempo cujo heroísmo era representado pela certeza da força do ideal, o que, então, fez com que os homens se deixassem morrer não foi a preocupação de ganhar o pão quotidiano, mas o amor da Pátria, a fé na sua grandeza, o sentimento geral da honra da nação. Somente quando o povo alemão afastou-se desse ideal, para seguir as promessas da Revolução e trocou as armas pela sacola é que alcançou o desprezo geral e a miséria.

É absolutamente necessário que se ponha, diante das vistas dos homens práticos da República "realista" de hoje, um Estado ideal.

CAPÍTULO III

Cidadãos e "súditos" do estado

A instituição que hoje erroneamente é designada pelo nome de Estado reconhece apenas duas sortes de indivíduos: cidadãos e estrangeiros. Cidadãos são aqueles que, pelo nascimento ou pela naturalização, gozam dos direitos de cidadania; estrangeiros são todos os que gozam idênticos direitos em seus respectivos países. Entre esses há os que se podem denominar "cometas", que não pertencem a nenhum Estado e que, por isso, não têm o direito de cidadania.

Hoje, o direito de cidadania é adquirido, em primeiro lugar, por se ter nascido dentro das fronteiras de um determinado Estado. A raça e a nacionalidade nada têm a ver com isso. O filho de um negro que viveu em um protetorado alemão e que está domiciliado na Alemanha é automaticamente cidadãos do Estado alemão. Do mesmo modo, qualquer filho de judeu, de polonês, de africano ou de asiático, pode, sem maiores dificuldades, tornar-se cidadão alemão.

Além da naturalização pelo nascimento existe a possibilidade da naturalização posterior. Essa naturalização está condicionada a várias exigências, como sejam, por exemplo, as seguintes. O candidato, quando possível, não será um arrombador de portas ou cáften, não será suspeito à polícia, não tomará parte em política, isto é, será um imbecil e, finalmente, não incomodará a sua nova pátria. Naturalmente, o mais importante nesta época de realismo é a situação financeira do candidato. É uma recomendação importante apresentar-se como um presumível futuro contribuinte para apressar a aquisição do direito de cidadania nos tempos atuais.

Argumentos de raça de nada valem nesse caso.

Todo o processo para adquirir o direito de cidadania em nada difere daquele por que se consegue entrar em um clube de automóveis, por exemplo. O candidato faz seu requerimento e, um dia, por meio dum escrito, chega ao seu conhecimento a notícia de que está considerado cidadão alemão, o que se revestia ainda de uma forma pândega. Participava-se ao catre em questão que "ele com aquela comunicação se tinha tornado cidadão alemão".

Esse passe de mágica preparava um presidente da República. O que os céus não podem fazer consegue-o o mais humilde empregado, enquanto o diabo esfrega um olho. Com uma simples penada, um criado mongol transforma-se, como por encanto, em alemão da melhor espécie!

O pior é que não só ninguém se preocupava com a raça do candidato como não se cogitava também da sua saúde.

Um indivíduo, por mais roído de sífilis que esteja, é recebido pelo Governo de hoje como cidadão alemão desde que, economicamente, não crie problemas financeiros ou caracterize uma ameaça política.

O cidadão alemão distingue-se do estrangeiro porque lhe são abertas as portas para os empregos públicos, porque, eventualmente, está sujeito ao serviço militar e pode votar e ser votado nas eleições. Nisso está toda a diferença. Quanto à proteção dos direitos pessoais e da liberdade, a situação dos estrangeiros é a mesma dos alemães e, às vezes, melhor Pelo menos é isso que acontece na República Alemã de hoje.

Sei que ninguém gosta de ouvir essas verdades, mas o que é incontestável é que dificilmente se poderá encontrar no mundo uma legislação tão insensata, tão louca como a nossa.

Há um país em que, pelo menos, se notam fracas tentativas para melhorar essa legislação. Naturalmente não me refiro à nossa modelar República Alemã mas ao Governo dos Estados Unidos da América do Norte, onde se está tentando, embora por medidas parciais, pôr um pouco de senso nas resoluções sobre este assunto.

Eles se recusam a permitir a imigração de elementos maus sob o ponto de vista da saúde e proíbem absolutamente a naturalização de determinadas raças. Assim começam lentamente a executar um programa dentro da concepção racista do Estado.

O Estado nacionalista divide seus habitantes em três classes: cidadãos, súditos e estrangeiros.

Só o nascimento dá, em princípio, o direito de cidadania. Não dá, porém, o direito de exercer cargo público ou tomar parte na política, para votar ou ser votado.

Quanto aos chamados súditos, a raça e a nacionalidade terão sempre que ser declaradas. A esses é livre passarem dessa situação à de cidadãos do país, dependendo isso da sua nacionalidade.

O estrangeiro é diferente do súdito no fato de ser súdito em um país estrangeiro.

O jovem súdito da nação alemã é obrigado a receber a educação que se ministra a todos os alemães. Ele se submete assim à mesma educação dos nacionais. Mais tarde ele tem que se submeter à educação física oficial e, finalmente, entra para as fileiras do exército. O serviço militar é obrigatório. Deve abranger todos os alemães, a fim de prepará-los, física e espiritualmente, para as possíveis exigências militares.

Depois do serviço militar, aos jovens, inteiramente sadios, com solenidade será concedido o título de cidadão. Esse será o mais importante documento para toda a sua vida. Ele entra na posse de todos os direitos e goza de todas as vantagens daí decorrentes. É preciso que se faça a diferença entre os que concorrem para a existência e grandeza da nação e os que residem no país apenas para ganhar a vida.

A concessão do título de cidadão exige um solene juramento em relação à coletividade e ao Estado.

Nesse título deve ser inscrito: Deve ser uma honra maior ser varredor de rua em sua Pátria do que rei em país estrangeiro.

O cidadão alemão é privilegiado em relação ao estrangeiro. Essa honra excepcional também implica em deveres. O indivíduo sem honra, sem caráter, o criminoso comum, o traidor da Pátria, etc., pode, em qualquer tempo, ser privado desses direitos. Torna-se, então, súdito, novamente.

As jovens alemãs são súditas e só se tornam cidadãs depois de casadas. À mulher, porém, que vive do seu trabalho honesto, pode ser concedido o título de cidadã.

CAPÍTULO IV

PERSONALIDADE E CONCEPÇÃO DO ESTADO NACIONAL

Se o Estado nacional socialista e racista tem como sua mais importante finalidade a formação e educação do povo, como esteio do mesmo, é óbvio que não basta somente favorecer os elementos raciais em si, educá-los para a vida prática. Faz-se necessário também que a sua própria organização seja estabelecida em harmonia com esse objetivo.

Seria loucura querer medir o valor dos homens pela raça, e, ao mesmo tempo, declarar guerra ao princípio marxista segundo o qual "um homem é sempre igual a outro", se não estivermos resolvidos a tirar daquele axioma todas as conseqüências. A última conseqüência do reconhecimento da importância da questão do sangue, isto é, do fundamento do problema racial, deve consistir em levar aos indivíduos essa convicção. Assim como eu devo estabelecer a diferença entre os povos pela raça a que pertencem, assim também devem fazer os indivíduos dentro de uma determinada coletividade. A afirmação de que os povos não são iguais provoca nos indivíduos de uma nação a idéia de que nem todas as cabeças são iguais, porque, também nesse caso, embora as partes essenciais sejam semelhantes nas linhas gerais, nos casos individuais notam-se milhares de pequenas diferenças.

A primeira conseqüência desse modo de encarar o problema é também a mais elementar. Refiro-me ao trabalho de favorecer, no seio da coletividade, os elementos de mais valor sob o ponto de vista racial e cuidar sobretudo de sua alimentação.

Mais fácil torna-se essa tarefa, justamente porque pode ser quase mecanicamente compreendida e resolvida. Mais difícil é, porém, descobrir, no seio da coletividade, os indivíduos de mais valor sob o ponto de vista intelectual e ideal e sobre eles exercer uma influência que ponha esses espíritos superiores a serviço da nação.

Esse movimento no sentido de estimular a inteligência e a capacidade não se pode fazer mecanicamente, é um trabalho que depende da luta diária pela vida.

Uma concepção social que se propõe, pondo de lado os pontos de vista democráticos das massas, a entregar a terra aos melhores, aos tipos mais elevados, não deve logicamente estimular, no seio do povo, o princípio aristocrático, mas assegurar a direção aos mais capazes, para que esses possam exercer a mais elevada influencia sobre esse mesmo povo. Esse trabalho não se pode fundar sobre o princípio da maioria mas deve ser alicerçado no reconhecimento do valor da personalidade. Quem quer que hoje acredite que um Estado nacional-socialista- racista pode diferenciar-se dos outros Estados, com a aplicação de meios puramente mecânicos, pela melhoria da vida econômica, etc., isto é, por uma melhor distribuição da riqueza, por um maior controle no processo econômico, por salários mais compensadores, pelo combate às grandes desproporções dos mesmos, quem assim pensar, repetimos, encontrar-se-á em um absoluto impasse e provará não ter a mais leve idéia do que entendemos por uma verdadeira concepção do mundo. Por esses processos acima aludidos, não se chegará nunca a reformas profundas e radicais e de efeitos duradouros, porque essa maneira de agir toca apenas a superfície das coisas sem preparar para o povo uma situação que lhe dê uma segurança definitiva de poder vencer as fraquezas, de que hoje todos sofremos.

Para mais facilmente compreender-se essa verdade, é oportuno, mais uma vez, lançar uma vista sobre as causas primárias da evolução da cultura humana.

O primeiro passo que, visivelmente, levou o homem a distinguir-se do resto dos animais foi o que o arrastou a fazer descobertas. Essas descobertas consistiam, no primeiro momento, na astúcia, cujo emprego facilitou a luta pela vida contra os outros animais e o êxito na mesma.

Essas descobertas primitivas não se apresentam claramente no espírito das pessoas, porque o observador de hoje as vê apenas em massa. Certos artifícios e espertos expedientes que o homem pode observar nos animais aparecem simplesmente como um fato natural. Não estando, por isso, em condições de determinar ou investigar suas causas primárias, contenta-se em considerar essas qualidades como instintivas.

Em nosso caso, essa última palavra nada significa.

Quem acredita em uma evolução mais elevada da vida deve admitir que todas as manifestações dessa luta pela existência devem ter tido um começo. Em dado momento, um indivíduo praticou uma determinada ação. Por força da repetição, esse fato se foi tornando cada vez mais geral até, de certo modo, passar para o subconsciente dos indivíduos e ser visto como instintivo.

Isso se compreenderá mais facilmente em relação aos homens. Seus primeiros atos de inteligência na luta contra os outros animais foram, com certeza, na sua origem, atos praticados sobretudo pelos indivíduos mais capazes. As qualidades pessoais foram, incontestavelmente, o estímulo para as decisões e realizações que, mais tarde, foram aceitas como naturais por toda a humanidade. Da mesma maneira, a confiança na sua própria força, fundamento atual de toda estratégia, foi, originariamente, devida a uma determinada cabeça e, só com o correr de muitos anos, talvez milhares, passou a ser aceita por toda gente como perfeitamente compreensível.

O homem completou essa primeira descoberta com uma segunda. Aprendeu outras coisas, outros processos, que pôs a serviço da sua luta pela subsistência. Com isso começou a atividade criadora, cujos resultados vemos por toda parte. Essas invenções materiais, que começaram pelo emprego da pedra como arma, que levaram à domesticação dos animais. e, através de criações artificiais, deram ao homem o fogo e, assim por diante, até as múltiplas e espantosas descobertas de nossos dias, são evidentemente devidas à iniciativa individual, o que se torna claro se examinarmos as descobertas de hoje, sobretudo as mais importantes, as que mais impressionam.

Todas as invenções que vemos em torno de nós foram o resultado do poder criador e da capacidade do indivíduo e todas elas, em última análise, concorreram para elevar, cada vez mais, o homem acima do nível dos outros animais, distanciando-o dos mesmos em progressão sempre crescente.

O que, de começo, era apenas simples artifício para auxiliar os caçadores da floresta na sua luta pela existência, serve agora, sob a forma das brilhantes descobertas científicas dos tempos atuais, a auxiliar a humanidade nas lutas do presente e a forjar as armas para os embates futuros.

Todo pensamento humano, todas as invenções, em seus últimos efeitos. servem, em primeiro lugar, para facilitar a luta do homem pela vida neste planeta, mesmo quando a utilidade real de uma descoberta ou de uma profunda concepção científica passa despercebida no momento. Enquanto tudo isso auxilia o homem a elevar-se acima do nível das criaturas que o cercam, ele fortifica cada vez mais a sua posição, tornando-se, a todos os respeitos, o rei da criação.

Todas as descobertas são, pois, a conseqüência do poder criador do indivíduo. Todos esses inventores constituem, quer se queira quer não, os maiores ou menores benfeitores da humanidade. Sua atuação proporciona a milhões de homens, meios de subsistência e recursos posteriores para a facilitação da luta pela vida.

Se, na origem da civilização material de hoje, vemos sempre personalidades que se completam umas às outras e sempre realizam novos progressos, o mesmo acontece na execução e aperfeiçoamento das coisas descobertas. Os vários processos de produção, em última análise, são sempre obras de determinados indivíduos. O trabalho puramente teórico que, em relação a cada pessoa, dificilmente se pode medir, e que representa a condição indispensável para todas as descobertas posteriores, até esse trabalho é produto individual. As massas nunca inventam, nunca organizam ou pensam por si. No início de tudo está sempre uma atividade individual.

Uma coletividade humana só é bem organizada quando facilita, por todos os modos possíveis, o trabalho desses elementos criadores e utiliza-os em benefício da comunidade.

O que há de mais importante em matéria de invenções, quer se trate de invenções de ordem material quer de descobertas no mundo do pensamento, é sempre o fruto da força criadora de um indivíduo.

Utilizá-las em benefício da coletividade é a primeira e a mais elevada tarefa da organização social, que deve ser apenas o desenvolvimento desse princípio. Por isso deve livrar-se da praga da orientação mecânica para transformar-se em uma organização viva. Deve ser, em si mesma, a corporificação do esforço para pôr os valores individuais acima das massas e subordinar essas àqueles.

Essa organização não deve impedir que os valores individuais surjam do seio das massas, mas, ao contrário, por uma ação consciente, deve promover essa evolução facilitando-a por todos os meios possíveis. Deve partir do princípio de que a prosperidade do gênero humano nunca é devida às massas, mas às cabeças criadoras, que, por isso, devem ser vistas como benfeitoras da espécie.

Facilitar-lhes a mais vasta influência está no interesses da coletividade. Esse interesses nunca será atendido pela dominação das massas incapa7es mas Cinicamente pela direção das almas privilegiadas pela Natureza. A áspera luta pela vida, mais do que qualquer outra causa, concorre para o aparecimento dos indivíduos superiores. Nessa luta muitos sucumbem, não resistem às provas, e, no fim, somente poucos aparecem como os escolhidos.

Nos domínios do pensamento, das criações artísticas e até nos da economia, ainda hoje esse processo de seleção se verifica sempre, embora. no terreno econômico, encontre grandes obstáculos.

A administração do Estado e o poder das nações representado pela sua capacidade guerreira são dominados pelo princípio do valor pessoal. Nesse setor domina a idéia da personalidade, a autoridade desta em relação aos que estão embaixo e a responsabilidade dos que estão em cima.

A vida política de hoje tem cada vez mais abandonado esse princípio natural. Enquanto toda a cultura humana não passa de uma conseqüência da atividade criadora do indivíduo, na comunidade em geral e especialmente entre os líderes da mesma, o princípio da maioria pretende ser a autoridade que decide e começa gradualmente a envenenar a vida da nação, isto é, a arruiná-la.

A ação destruidora do judaísmo em vários aspectos da vida do povo, deve ser vista como um esforço constante para minar a importância da personalidade nas nações que os acolhem e substituí-la pela vontade das massas. O princípio orgânico da humanidade ariana é substituído pelo princípio destruidor dos judeus. Assim se torna o judaísmo um "fermento de decomposição" dos povos e raças e, em sentido mais vasto, de ruína da cultura humana.

O marxismo aparece como a tentativa dos judeus para enfraquecer, em todas as manifestações da vida humana, o princípio da personalidade e substituí-lo pelo prestígio das massas. Em política, o marxismo tem. a sua forma de expressão no regime parlamentar cujos efeitos sentimos desde as menores células da comunidade até as posições mais eminentes do Reich. No que diz respeito à economia, o efeito disso é o estabelecimento de uma organização que, na realidade, não serve aos interesses do proletariado mas aos propósitos destruidores do judaísmo internacional.

A proporção que a economia se subtraia à atuação do princípio da personalidade, e, em lugar do mesmo, se instalava a influência: ,das massas, perdia a oportunidade de ter a seu serviço todas as capacidades reais e entrava em decadência inevitável.

Todas as organizações industriais que, em vez de atenderem aos interesses dos seus empregados, procuram ter influência sobre a própria produção, servem a esses mesmos objetivos destruidores da economia. São nocivos à direção da coletividade e, em conseqüência, também aos indivíduos tomados isoladamente.

A satisfação dos interesses dos membros de uma coletividade, em última análise, não é a conseqüência de meras frases teóricas, mas, sobretudo, de uma segurança que no indivíduo se oferece a respeito das necessidades da vida diária e a convicção definitiva daí resultante de que a direção geral de uma coletividade deve atender aos interesses dos indivíduos.

Pouco importa que o marxismo, no terreno da sua teoria das massas, aparente capacidade para tomar sob a sua direção e desenvolver a economia existente no momento. A crítica sobre a justiça ou injustiça desse princípio não será determinada pela prova de sua aptidão para preparar o presente para o futuro, mas pela prova de sua capacidade para criar uma cultura. Mil vezes poderia o marxismo assumir a direção da economia e deixá-la progredir, o êxito dessa atividade nada provaria contra o fato de não estar o mesmo em condições de, pelo emprego do princípio das maiorias, criar essa cultura.

O próprio marxismo deu disso uma prova prática. Não só nunca pôde, em parte alguma, criar uma cultura, ou mesmo um sistema econômico próprios, como também jamais conseguiu desenvolver um sistema já existente, de acordo com os seus princípios. Ao contrário, depois de curto espaço de tempo, é forçado a voltar atrás e fazer concessões ao princípio da personalidade que não pode negar nem mesmo nas suas próprias organizações.

A concepção racista deve ser completamente diferenciada desde que aquela reconhece não só o valor da raça como o do próprio indivíduo, duas colunas sobre que deve repousar todo o edifício. Esses são os fatores básicos na sua maneira de encarar o mundo.

Se o movimento nacional-socialista não compreendesse a importância fundamental dessa verdade, mas, ao contrário, em vez disso, procurasse pôr remendos ao Estado atual e visse no ponto de vista das massas um ponto de vista seu próprio, transformar-se-ia em um partido de concorrência ao marxismo. Não teria, então, o direito de falar em uma nova doutrina.

Se o programa social do novo movimento consistisse somente em suprimir a personalidade e pôr em seu lugar a autoridade das massas, o Nacional-Socialismo, já ao nascer, estaria contaminado pelo veneno do marxismo, como é o caso dos partidos burgueses.

O Estado nacionalista racista tem que cuidar do bem-estar dos seus cidadãos, em tudo em que reconhecer o valor da personalidade, e, assim, introduzir, em todos os campos de atividade, aquela produtiva capacidade de direção que só ao indivíduo é concedida.

O Estado nacionalista deve trabalhar infatigavelmente para libertar o Governo, sobretudo os altos postos de direção, do princípio parlamentar da maioria, para assegurar, em seu lugar, a indiscutível autoridade do indivíduo.

Daí resultam as seguintes noções:

A melhor forma de Governo e de constituição é aquela que, com a mais natural firmeza, eleva aos postos de comando, de maior influência, as melhores cabeças de uma coletividade.

Como na vida econômica os homens mais capazes não provêm de cima mas têm que abrir o seu próprio caminho lutando e nessa luta recebem as lições da experiência, tanto em pequenos negócios como nas grandes empresas, não podem, por isso, as cabeças de valor político ser descobertas de um momento para outro.

Na sua organização, o Estado, desde os lugares mais modestos até aos postos mais elevados da coletividade, deve basear-se no princípio da personalidade. Não deve haver maiorias tomando decisões mas sim um corpo de pessoas responsáveis. A palavra "Conselho" reverterá assim à sua antiga significação. Cada um poderá ter conselheiros a seu lado, mas a decisão caberá sempre a uma pessoa.

A razão porque o exército prussiano se pode transformar em um admirável instrumento de grandeza do povo alemão é que, em sentido figurado, ele representava o edifício de nossa organização nacional: autoridade e responsabilidade.

Não nos poderemos passar, mesmo então, dessas corporações que designamos sob o nome de parlamento. A diferença ó que seus Conselhos serão verdadeiramente conselhos, mas a responsabilidade recairá sempre sobre uma só pessoa, a única que tem autoridade e o direito de dar ordens.

Os parlamentos em si são necessários, antes de tudo porque neles têm oportunidade de se afirmar os valores individuais, a que, mais tarde, se podem confiar missões de responsabilidade.

Resulta o seguinte:

O Estado racista, em nenhum dos setores, terá um corpo de representantes que possa resolver por meio da maioria de votos, mas apenas Conselhos consultivos que auxiliam o chefe escolhido e, por intermédio desse, tomarão parte nos trabalhos e, de acordo com as necessidades, aceitarão responsabilidades

incondicionais, nas mesmas condições em que age o chefe ou presidente nas grandes questões.

O Estado racista não tolera que homens cuja educação ou ocupação não lhes tenha proporcionado conhecimentos especiais, sejam convidados a dar conselhos ou a julgar, o corpo representativo do Estado será dividido em comitês políticos e comitês profissionais permanentes.

A fim de obter uma cooperação vantajosa entre os dois haverá sobre eles um Senado permanente. Mas nem o Senado nem a Câmara terão poderes para tomar resoluções; eles são designados para trabalhar e não para decidir. Os seus membros individuais podem aconselhar mas nunca resolver. Essa prerrogativa é da competência exclusiva do presidente responsável do momento.

Esse princípio de absoluta aliança da responsabilidade com a autoridade pouco a pouco tornará possível a escolha de um líder, o que, hoje, é absolutamente impossível em face da irresponsabilidade do parlamento.

Então a constituição política da nação será posta em harmonia com a lei a que esta já deve a sua grandeza nos domínios da cultura e da economia.

No que diz respeito à possibilidade de pôr em prática essa doutrina, devo lembrar que nem sempre o princípio da maioria de Votos dos parlamentos democráticos governou o mundo. Ao contrário, esse princípio só é encontrado em pequenos períodos da história e esses são sempre períodos de decadência das nações ou dos Governos.

Em todo caso, ninguém imagine que providências puramente teóricas, partidas de cima, possam provocar essa mudança, desde que, logicamente, a mesma não se pode limitar à constituição de um Estado mas toda a legislação e, na realidade, toda a vida da nação, devem por ela ser influenciadas.

Uma tal revolução só poderá e só virá a realizar-se por meio de um movimento inspirado naquela idéia e que traga em si a semente do novo Estado.

Assim o movimento nacional socialista hoje deve-se identificar com aquela idéia e pô-la em prática em sua organização própria, de maneira que não só possa guiar o Estado no bom caminho mas também preparar todo o corpo da nação, assim melhorada, a receber a nova ordem de coisas.

CAPÍTULO V

CONCEPÇÃO DO MUNDO E ORGANIZAÇÃO

O Estado nacionalista, que tentei pintar em linhas gerais, não surgirá apenas do conhecimento das suas necessidades. Não basta saber que aspecto um tal Estado deverá assumir. Muito mais importante é o problema da sua formação. Não se pode esperar que os partidos atuais, que são os maiores aproveitadores do Estado, mudem de atitude por sua própria iniciativa. Isso é absolutamente impossível, uma vez que seus verdadeiros chefes são todos judeus.

A evolução por que passamos terminará um dia, se não lhe opusermos obstáculos, nesta, profecia judaica: o judeu, na realidade, devorará os povos da terra e tornar-se-á senhor dos mesmos.

Perfeitamente consciente dos seus objetivos, o judeu defende-os de maneira irresistível, nas suas relações com milhões de alemães proletários e burgueses, os quais caminham para a destruição, principalmente devido á sua covardia, aliada à indolência e à estupidez.

Os partidos sob a sua direção não podem fazer outra coisa que não seja combater por seus interesses e nada têm de comum com o caráter das nações arianas.

Se se deve fazer uma tentativa para realizar o ideal de um Estado nacionalista, devem ser postos de parte os que agora controlam a vida pública e deve-se procurar uma nova força resoluta e capaz de tomar a si a luta por esse ideal.

A primeira tarefa nesse combate não é a criação de uma nova concepção do Estado, mas a remoção das concepções judaicas atuais. Como acontece freqüentemente na história, a principal dificuldade não está em encontrar os moldes do novo estado de coisas mas em abrir caminho para instalá-los. Preconceitos e interesses dispõem-se em falanges cerradas procurando evitar por todos os meios a vitória de uma nova idéia que vejam como desagradável e ameaçadora.

Por isso, o combatente por um novo ideal dessa natureza é infelizmente forçado, de maneira veemente, a começar a luta pela parte negativa que deve terminar pela remoção das instituições em vigor.

A primeira arma de uma nova doutrinação que se inspire em grandes princípios, por mais que isso possa desagradar a certos indivíduos, deve ser o exercício da mais forte crítica contra aqueles que estão na liderança da sociedade.

De observações superficiais sobre a história dos povos costuma-se chegar à conclusão de que a evolução dos mesmos, de nenhum modo, é devida à crítica negativa mas ao trabalho construtivo. Essa cegueira "popular", infantil e sem sentido, é uma prova de como, nessas cabeças, até os acontecimentos dos dias de hoje passaram sem deixar vestígios.

O marxismo possui um objetivo e também conhece a atuação construtora (somente, porém, quando se trata de estabelecer o despotismo do capitalismo internacional judeu), mas nem por isso ele deixou de exercer a crítica, durante sessenta anos, aliás uma crítica demolidora e dissolvente que se prolongou até que o antigo Estado, corroído pelo acido dessa crítica, foi arrastado à ruína. Só então, começou o seu chamado peno. do "construtivo". Isso era compreensível, justo e lógico. Uma situação existente não pode ser posta à margem pela simples anunciação de um novo estado de coisas. Não é admissível que os adeptos ou interessados na manutenção do statu quo se convertessem ao novo movimento simplesmente porque se proclamasse a sua necessidade. Ao contrário, acontece freqüentemente que as duas situações continuam uma ao lado da outra e, então, a chamada concepção do mundo transforma-se em partido, não podendo jamais elevar-se acima do nível das facções.

Uma doutrina universal é sempre intolerante e não se contenta em representar o papel de um "partido ao lado dos outros", mas insiste em ser por todos reconhecida e em impor uma nova maneira de encarar a vida pública, de acordo com os seus pontos de vista. Por esse motivo, não pode tolerar a continuação de uma força representando a situação anterior, O mesmo acontece com as religiões.

O cristianismo não se satisfez em erigir os seus altares, mas viu-se na contingência de proceder à destruição dos altares dos pagãos. Só essa fanática intolerância tornou possível construir aquela fé adamantina que é a condição essencial de sua existência.

Pode-se fazer a objeção de que, na história da humanidade, esse fato é característico do modo de pensar dos judeus e que a intolerância e o fanatismo são a sua razão de ser. Essa objeção pode ser muito justa e pode-se até lamentar essa realidade e constatá-la com tristeza na história humana. Isso, porém, não impede que ainda hoje se verifique o mesmo fenômeno.

Os homens que querem salvar o nosso povo da atual situação não devem quebrar a cabeça sobre se as coisas se deveriam passar dessa ou daquela maneira, mas devem tentar os meios para demover os obstáculos do presente.

Uma doutrina universal que se caracteriza por sua infernal intolerância só será destruída por outra inspirada no mesmo espírito, mantida pela mesma vontade de ferro, baseada, porém, em idéias mais puras e mais verdadeiras.

Cada um pode hoje, com tristeza, constatar que, no tempo antigo, de muito mais liberdade, o primeiro terror espiritual se verificou por ocasião do aparecimento do cristianismo. Não se contestará, porém, o fato de que o mundo, desde aquele tempo, foi torturado e dominado por essa intolerância e que só se vence um terror com outro terror. Só, então, pode-se iniciar a obra de construção.

Os partidos políticos estão sempre prontos a assumir compromissos, ao contrário do que acontece com as concepções universais. Aquelas entram em acordo com os seus adversários, essas proclamam-se infalíveis.

Os partidos políticos, de começo, também acariciam a esperança de exercer uma autoridade despótica. Eles sempre apresentam ligeiros traços de uma concepção mundial. A estreiteza dos seus programas priva-os do heroísmo que uma doutrina universal exige. A capacidade de conciliar atrai para o seu seio os espíritos fracos e com esses nenhuma verdadeira cruzada pode ser levada a efeito. Assim ficam desde cedo reduzidos às suas mesquinhas proporções. Por isso, não tentam a luta por uma renovação de concepções, mas, em vez disso, por uma "colaboração positiva", visam apenas conquistar um lugarzinho na gamela das comidas e aí permanecer por muito tempo. Nisso consiste todo o seu esforço.

Quando, por um forte e inteligente concorrente à pensão, eles são expulsos da manjedoura, concentram toda sua inteligência e esforços para, por meio da força ou da astúcia, de novo entrar nas primeiras filas dos seus companheiros famintos, e, embora com o sacrifício das suas mais sagradas convicções, gozar as delícias das comidas.

Chacais da política!

Como uma doutrina mundial nunca entra em acordo com uma segunda, assim também não poderá colaborar em uma situação pela mesma condenada, mas, pelo contrário, sente-se no dever de combatê-la e combater também todas as idéias adversas, preparando, assim, a derrocada das mesmas.

Logo que essa campanha demolidora, cujo perigo por todos será imediatamente reconhecido, encontrando por isso resistência geral, inicia também sua ação positiva, destinada a assegurar o êxito das novas idéias, então fazem-se necessários lutadores resolutos. Um tal movimento só levará à vitória as suas idéias se ao mesmo se unirem os mais corajosos e mais eficientes elementos do momento, em uma organização com capacidade para a luta. Para isso é, porém, indispensável que essa organização, tomando em consideração esses elementos, escolha certas idéias e lhes dê uma forma que, de maneira precisa e incisiva, seja a apropriada a servir de dogma à nova sociedade.

Enquanto o programa de um novo partido político consiste apenas em uma receita para o triunfo nas eleições, o programa de uma nova doutrina deve se traduzir na fórmula de uma declaração de guerra contra uma ordem de coisas existente, em uma palavra, contra as atuais maneiras de compreender o mundo.

Não é necessário que cada lutador, individualmente, tenha conhecimento completo de todas as idéias e do processo mental dos líderes do movimento. Muito mais necessário é que se lhe esclareçam certos pontos de vista de conjunto e as linhas essenciais capazes de provocar um entusiasmo permanente, de maneira que cada um se compenetre da necessidade da vitória do movimento em que está empenhado. É o mesmo que acontece com o soldado na tropa, o qual nunca está ao par dos altos planos estratégicos. Quanto mais é ele educado em uma disciplina rígida, quanto maior é o seu fanatismo a respeito do direito e da força da sua causa, tanto mais se entrega de corpo e alma à mesma. Assim acontece com o adepto de um movimento de grandes proporções, de grande futuro e que exige grande força de vontade.

Tão pouco valeria um exército em que os soldados fossem todos iguais aos generais, pela sua educação e pela sua sagacidade, como um movimento político baseado em uma, concepção mundial, que se compusesse apenas de um conjunto de "homens de espírito". São absolutamente necessários os soldados, sem os quais não se pode conseguir a disciplina.

Está na natureza de uma organização de combate que ela só pode subsistir se a sua direção, inspirada em idéias elevadas, servir a - uma massa de indivíduos que nela se enfileiram por motivos sentimentais.

Um grupo de duzentos homens, iguais quanto à capacidade intelectual, com o tempo, seria mais difícil de disciplinar do que um de cento e no. venta homens menos capazes e de dez tipos superiores.

Dessa verdade a social-democracia tirou outrora as maiores vantagens. Ela se aproveitou dos que se haviam licenciado do serviço do exército, já acostumados à disciplina e saídos das vastas camadas populares, e submeteu-os sua rígida disciplina partidária. A sua organização se apresentava como um exército de soldados e oficiais. Os operários que deixavam o serviço militar eram os soldados do partido, o intelectual judeu era o oficial, os empregados de fábricas o corpo de suboficiais.

O que a nossa burguesia sempre olhou com indiferença, isto é, a verdade segundo a qual ao marxismo só se ligam as classes iletradas, era. na realidade, a condição sine qua non para o êxito do mesmo. Enquanto os partidos burgueses, na sua intelectualidade superficial, nada mais representavam do que um bando incapaz e indisciplinado, o marxismo, com um material humano intelectualmente inferior, formou um exército de soldados partidários que obedeciam tão cegamente aos seus dirigentes judeus como outrora aos seus oficiais alemães.

A burguesia alemã, por julgar-se superior, nunca se preocupou seriamente com os problemas psicológicos, não julgou necessário, nesse caso, refletir sobre a importância desse fato e o perigo que nele se ocultava. Acreditava-se, ao contrário, que um movimento político que se compunha de elementos recrutados nos círculos intelectuais só por esse fato era de mais valor e tinha mais direito e mesmo mais probabilidade de alcançar o Governo do que um simples movimento de massas sem instrução.

Não se apercebeu de que a força de um partido político não repousa em uma intelectualidade elevada e independente dos seus adeptos, mas sobretudo na obediência disciplinada com que a direção intelectual assegura a vitória. Quem decide é a própria direção.

Quando dois corpos de tropa lutam um contra o outro, não vence aquele em que cada soldado recebeu uma perfeita educação estratégica, mas sim o que dispõe da melhor direção e, ao mesmo tempo, das tropas mais disciplinadas, mais cegas na sua obediência e mais treinadas. Isso é um ponto de vista fundamental que, no cálculo das possibilidades para a conversão de uma doutrina em realidade, devemos sempre ter em mente. Se, para levarmos essa doutrina à vitória, temos que nos transportar ao terreno da luta, logicamente o programa do movimento deve ter em consideração o material humano de que se pode dispor.

Quanto mais inalterável for o objetivo a ser conseguido, quanto mais dogmáticas forem as idéias fundamentais, tanto mais psicologicamente justo deve ser o programa de aliciamento das massas, sem o auxílio das quais as idéias mais elevadas ficam sempre no terreno da teoria.

Para que o programa racista-nacionalista possa emergir dos vagos anseios de hoje para tornar-se uma realidade, é preciso que se selecionem, dentro de suas largas concepções, certas idéias mestras bem definidas que, por sua significação, sejam apropriadas a atrair e conseguir a adesão de vastas massas populares, justamente aquelas que podem assegurar o êxito da grande luta de finalidade universal. Referimo-nos ao proletariado alemão.

Com esse objetivo, o programa do novo movimento foi sintetizado em vinte e cinco proposições principais destinadas a orientar a luta. Essas teses são destinadas, antes de tudo, a dar ao homem do povo uma idéia geral das intenções do movimento. São por assim dizer, uma declaração de fé política, que, de um lado, serve à causa e, do outro, visa unir em um bloco sólido os adeptos do movimento por um compromisso por todos entendido.

Assim, não devemos nunca abandonar o seguinte aspecto da questão. Como o programa do movimento, na sua mais alta finalidade, é absolutamente justo mas deve atender ao momento psicológico, com o correr dos tempos, pode-se chegar à convicção de que os indivíduos compreendem mal certas proposições e que receberiam melhor outro programa. Toda tentativa de modificação nesse sentido é, porém, fatal. Com isso, entregar-se-ia à discussão o que se deveria conservar inabalavelmente firme. Uma vez que qualquer ponto do dogma político é afastado, não se chegará a produzir um novo, melhor e mais conforme com o programa mas, ao contrário, marchar- se-á, através de discussões sem fim, para o caos geral.

Nessa situação, deve-se sempre procurar saber o que é mais conveniente, se uma nova fórmula, embora melhor, que ocasiona a decomposição do movimento, ou uma que, não obstante não ser perfeita, no momento corporifica-se em uma nova organização inquebrantável, centralizada. Do exame mais superficial ressalta a vantagem da última hipótese. Como nessas modificações do programa trata-se apenas de uma questão de forma, elas parecerão sempre possíveis ou desejáveis.

Devido à superficialidade dos homens, há o perigo de acabarem estes por considerar a fórmula do programa como a finalidade real do movimento.

Diminuem, assim, a vontade e a força no combate pela idéia, e a atividade que se devia empregar na propaganda externa gasta-se inutilmente em lutas internas sobre questões de programa.

Tratando-se de uma doutrina sã, em suas linhas gerais, é menos prejudicial insistir em uma determinada concepção, mesmo quando não corresponda perfeitamente à realidade, do que tentar melhorá-la, abrindo a discussão sobre os princípios básicos do movimento que devem ser considerados como inalteráveis. Daí só poderão resultar as piores conseqüências, entre as quais a impossibilidade de vitória do movimento.

Como é possível inspirar aos indivíduos a fé cega na excelência de uma doutrina, quando modificações constantes no programa de propaganda da mesma desenvolvem a incerteza e a dúvida?

O essencial de um movimento não está nas aparências externas mas no âmago das suas concepções e, nesse campo, nada deve ser modificado. Devemos todos desejar que, no seu próprio interesses, o movimento mantenha a sua força para todos os combates, evitando qualquer iniciativa que ponha em evidência divisões e falta de entendimento mútuo.

Também nessa questão muito se pode aprender com a Igreja Católica. Apesar de suas doutrinas estarem - aliás, sob certos aspectos, desnecessariamente - em muitos pontos, em colisão com a ciência exata e o espírito de investigação, a Igreja não sacrifica uma vírgula dos seus princípios. Com muita sabedoria, ela reconheceu que seu poder de resistência não consiste em uma maior ou menor harmonia com as conquistas científicas do momento, sempre variáveis, mas na insistência da defesa dos dogmas que, em conjunto, expressam o caráter da fé. Conseqüência disso é que a Igreja mantém-se mais firme do que nunca.

Pode-se profetizar que, com o tempo, cada vez conquistará maior número de adeptos.

Quem realmente desejar com sinceridade a vitória de uma doutrina racista deve reconhecer que, para a consecução de um tal resultado, é indispensável, primeiro, que o movimento se revele capaz para a luta, mas só se manterá se tiver como fundamento um programa inalterável e firme. Esse programa não deve fazer concessões exigidas pelo espírito publico em determinado momento, mas manter, para sempre, a fórmula julgada boa ou pelo menos até à hora da vitória. Antes disso, provocará a desagregação qualquer tentativa que tenha por fim modificar a finalidade de um ou outro ponto do programa e terá como conseqüência a destruição do espírito de decisão e da capacidade para a luta, à proporção que seus adeptos se empenham em discussões internas.

Acrescente-se a isso que uma "reforma" executada hoje, já amanhã poderia ser destruída por novas críticas para, no dia seguinte, encontrar-se uma mais vantajosa.

Quem entra nesse caminho, toma uma estrada livre da qual, porém, só se conhece o começo. O ponto terminal perde-se em horizontes sem fim.

Essa importante noção deve ser utilizada pelo novo movimento nacional- socialista. O Partido Nacional-Socialista dos Trabalhadores Alemães, com o seu programa de vinte e cinco teses, aceitou uma base que deve ser mantida inalterável.

A missão dos adeptos do movimento, os de hoje como os do futuro, não é criticar e alterar essas teses essenciais mas considerar do seu dever empenhar-se na sua defesa. Ao contrário, as próximas futuras gerações, com o mesmo direito, dissipariam as suas forças nessa atividade interna, em vez de atrair para o seio do partido novos adeptos, novas forças. Para a maior parte dos nossos correligionários a essência do movimento deve estar menos na letra das teses do que no espírito que podemos lhes emprestar.

A essa noção o novo partido deveu de inicio o seu nome, de acordo com a mesma foi organizado o seu programa e nela se fundamenta o processo do seu desenvolvimento. Para se conseguir a vitória das idéias racistas, deve-se organizar um partido popular, um partido que não se componha somente de guias intelectuais mas também de proletários.

Sem uma organização forte, qualquer tentativa para promover a realização de idéias no seio do povo será sem conseqüências, hoje como de futuro.

Só assim o movimento terá não só o direito mas também o dever de considerar-se como pioneiro e representante dessas idéias.

As idéias básicas do movimento Nacional Socialista são nacionalistas, assim como as idéias nacionalistas são também do Partido Nacional Socialista. Para a vitória do Partido Nacional Socialista é preciso que ele adira absolutamente a essas convicções. É seu dever e direito proclamar, da maneira mais incisiva, que é inadmissível qualquer tentativa de representar a idéia nacionalista fora dos limites do Partido e que, na maioria dos casos, essa tentativa não passa de embuste.

Se alguém fizer ao movimento a censura de que o mesmo age, como se tivesse "monopolizado" a idéia racista nacionalista, deve-se-lhe dar apenas a seguinte resposta: Não só a "monopolizou" como a criou para o seu uso.

O que até hoje existia, em matéria de organização partidária, não estava em condições de exercer a menor influência sobre a sorte do nosso povo, pois a todas as idéias em voga faltava uma exteriorização clara, um plano uniforme.

Tratava-se, na maioria dos casos, de noções mais ou menos justas, que não raramente se contradiziam e que nenhuma ligação íntima tinham umas com as outras. Mesmo, porém, que houvesse a união a que nos referimos, essas idéias, por sua fraqueza, nunca teriam sido suficientes para, com elas, se organizar um movimento.

Se hoje, todas as associações e pequenos grupos, e até "grandes partidos" reclamam para si a denominação de nacionalistas, devemos ver nisso a influência do movimento nacional-socialista. Sem a atuação deste, nunca teria ocorrido a estas organizações nem mesmo mencionar a palavra nacionalista. Esse qualificativo nada lhes teria sugerido. Ao mesmo tempo, essa concepção lhes teria passado indiferente, o NSDAP, isto é, o Partido Nacional-Socialista dos Trabalhadores Alemães, foi o primeiro a dar um sentido a essa palavra, que hoje tem uma significação tão vasta e que está na boca de toda gente. Nosso movimento demonstrou, de maneira tão eloqüente, a força da idéia nacionalista, que a ambição está forçando os outros partidos pelo menos a pretenderem possuir aspirações iguais.

Porque eles põem tudo o serviço de suas pequenas especulações eleitorais, a concepção nacionalista racista não passou de um estribilho oco, superficial, com o qual os partidos tentam rivalizar com a força criadora do movimento nacionalista- socialista.

Só a preocupação de sua própria subsistência e o receio da prosperidade de um movimento que se faz em torno de uma nova concepção do mundo, cuja significação eles compreenderam assim como o perigo de seu espírito exclusivista, obriga-os a usar essa palavra que há oito anos eles não conheciam, há sete levavam a ridículo, há seis apontavam como uma insensatez, há cinco combatiam, há quatro odiavam, há três perseguiam, e só há dois anexaram ao resto do seu vocabulário, para empregá-la como grito de guerra.

Ainda hoje mesmo, é fácil demonstrar que todos esses partidos não têm a menor idéia do que é preciso ao povo alemão. A prova mais evidente disso é a superficialidade com que compreendem a palavra "nacionalista".

Não menos perigosos são os partidos que se agitam em torno de idéias aparentemente nacionalistas, fazem planos fantásticos, apoiados apenas em idéias fixas que, em si mesmas, podem ser justas, mas, no seu isolamento, não têm nenhuma significação para uma luta contínua em favor da coletividade e, muito menos, para a construção de um novo estado de coisas.

Essa gente, que fabrica um programa de idéias próprias ou de idéias resultantes de leituras, é geralmente mais perigosa do que os inimigos declarados da concepção nacionalista.

Na melhor das hipóteses, são teóricos estéreis, mas, na maior parte, palradores que se limitam a destruir e que, não raramente, acreditam que, com suas longas barbas e ademanes ultra- germânicos, poderão disfarçar a insignificância espiritual de sua maneira de agir, de sua capacidade.

Em contraposição a todas essas estéreis tentativas, é bom que se rememore o tempo em que o novo partido nacional-socialista começou a sua luta.

CAPÍTULO VI

A LUTA NOS PRIMEIROS TEMPOS - A IMPORTÂNCIA DA ORATÓRIA

Mal tínhamos terminado o primeiro grande comício de 24 de fevereiro de 1920, na sala de festas do Hofbräuhaus e já nos preparávamos para o próximo. Até aquele momento tinha-se como quase impossível, em uma cidade como Munique, fazer um comício de quinze em quinze dias ou mesmo uma vez por mês. No entanto, íamos realizar um grande mitingue por semana!

Naqueles tempos, faziamo-nos sempre esta angustiosa pergunta: O povo virá às nossas reuniões, estará disposto a ouvir-nos? Quanto a mim, já estava firmemente convencido de que uma vez que o povo comparecesse aos mitingues, aí permaneceria e ouviria os oradores com atenção.

No início do movimento a sala de festas do Hofbräuhaus de Munique tinha, para nós nacionais-socialistas, uma significação quase sagrada. Todas as semanas ali se realizava um comício, quase sempre na mesma sala. A concorrência era cada vez maior e a assistência cada vez mais atenta. A começar da questão de saber a quem cabia a responsabilidade na guerra, com que ninguém mais se preocupava, até ao tratado da paz, tudo era discutido, tudo o que de qualquer modo, fosse necessário para a agitação em favor das nossas idéias, da nossa finalidade. Sobretudo a crítica do tratado de paz despertava grande atenção popular. Quase tudo o que o novo movimento profetizou sobre esse assunto, junto às massas, realizou-se depois. Hoje é fácil falar ou escrever sobre o tratado de paz. Outrora, porém, um comício popular público composto, não de fleumáticos burgueses, mas de operários excitados, e que tivesse por tema o tratado de Versalhes, era considerado como um ataque à República e um sintoma de reacionarismo, e até mesmo de tendências monárquicas. A primeira proposição pronunciada por um crítico desse tratado era invariavelmente recebida com o grito: "É o tratado de Brest-Litowsky?" A gritaria da multidão continuava cada vez mais forte até atingir o auge da violência, se o orador não abandonasse a idéia de, tentar persuadir as massas. Era de desesperar o espetáculo que então oferecia o povo!

O povo não queria ouvir, não queria entender que o tratado de Versalhes era uma vergonha e um opróbrio para a nação e que esse tratado de paz que nos fora ditado traduzia-se por um verdadeiro saque. A obra de destruição do marxismo, a sua propaganda envenenadora tinha cegado o povo. E ninguém se poderia queixar dessa situação, tão grande era a culpa do lado dos dirigentes. Que tinha feito a burguesia para conter essa terrível desagregação, contrariá-la e, por uma melhor e mais inteligente propaganda, abrir o caminho para a verdade Nada, absolutamente nada. Nunca encontrei, naqueles tempos, os grandes apóstolos de hoje. Talvez estivessem eles fazendo conferências em reuniões familiares, em five o' clock teas ou em outros círculos semelhantes. Não se encontravam nunca no lugar em que deveriam estar, isto é, entre os lobos, uivando com eles.

Eu via claramente que, para o nosso movimento, então na infância, a questão da responsabilidade da guerra deveria ser liquidada à luz da verdade histórica. Foi uma condição sine qua non do êxito da nossa causa o ter proporcionado às massas a - compreensão do tratado de paz. Como, naqueles tempos, todos viam nessa paz uma vitória da Democracia, fazia-se necessário lutar contra essa idéia e gravar na cabeça do povo para sempre o ódio contra esse tratado, para que, mais tarde, quando essa obra de mentiras, em formas brilhantes, aparecesse na sua dura realidade, a lembrança de nossa atitude de outrora servisse para conquistar para nós a confiança do povo. Já naqueles tempos eu tinha tomado a resolução de, nas importantes questões de princípio, nas quais a opinião pública geral tinha aceito um ponto de vista falso, tomar uma atitude contrária, sem preocupação de popularidade. O Partido Nacional Socialista não deve ser um esbirro da opinião pública mas senhor da mesma.

Em todos os movimentos ainda em inicio, sobretudo nos momentos em que um adversário mais poderoso, com a sua arte de sedução, conseguiu arrastar o povo a alguma lunática revolução ou a tomar uma posição falsa, nota-se uma forte tentação para agir e gritar com as multidões, especialmente quando há algumas razões, mesmo ilusórias, para assim agir do ponto de vista do partido.

A covardia humana procura com tanto ardor essas razões que quase sempre encontrará alguma coisa que ofereça uma aparência de justiça para, do seu próprio ponto de vista, colaborar em um tal crime.

Tive ocasião de observar, algumas vezes, esses casos, em que se faz - necessário desenvolver a máxima energia para evitar que a nau do partido não navegue na corrente geral, ou melhor, não se deixe por ela arrastar. A última vez que isso aconteceu foi quando a nossa infernal imprensa, que é a Hecuba da nação alemã, conseguiu emprestar à questão do sul do Tirol uma proeminência que terá sérias conseqüências para a nação alemã.

Sem refletirem sobre a causa a que estávamos servindo, muitos dos chamados nacionalistas, indivíduos, partidos e associações, simplesmente com receio da opinião pública excitada pelos judeus, fizeram coro comum com o sentir geral e, idiotamente, deram o seu apoio à luta contra um sistema que nós alemães, especialmente na crise atual, deveríamos ver como uma brilhante esperança nesse momento de corrupção. Enquanto os judeus internacionais, lenta mas firmemente, tentam estrangular-nos, os soi-disants patriotas vociferam contra um homem e um sistema .que se tinham aventurado a libertar, pelo menos um trato do planeta, da dominação dos judeus-maçons, e a opor as forças nacionais a esse veneno internacional. Era mais cômodo, porém, para caracteres fracos, navegar ao sabor dos ventos e capitular ante o clamor da opinião pública. E, de fato, tudo não passou de uma capitulação. Podem esses indivíduos, com a falsidade e maldade que lhes é peculiar, não confessar essa fraqueza, nem mesmo perante a sua própria consciência, mas a verdade é que só por medo e covardia da opinião pública preparada pelos judeus consentiram em colaborar no movimento a que nos referimos. Todas as outras razões que apresentam não passam de miseráveis subterfúgios de quem tem a consciência do crime praticado.

Tornava-se, pois, necessário, um punho de ferro para dar outra orientação, a fim de livrá-lo dos danos ocasionados por essa orientação. Tentar uma mudança dessa natureza em um momento em que a opinião pública era excitada sempre no mesmo sentido, por todas as forças, não era uma missão popular, mas, ao contrário, extremamente perigosa, mesmo para os mais audazes. Não, é, porém, raro na história que, nestes momentos, indivíduos se deixem lapidar por um gesto que dará à posteridade motivos para prostrar-se a seus pés.

Com esses aplausos da posteridade deve contar todo movimento de grande alcance e não somente com os aplausos dos coevos. Pode acontecer que, nesses momentos, os indivíduos se deixem entibiar. Não devem porém, esquecer de que, depois dessas horas difíceis, vem a redenção e de que uma agitação que pretende renovar o mundo, tem que visar mais o futuro do que o presente.

Pode-se constatar facilmente que os maiores sucessos, os de efeitos mais duradouros, na história da humanidade foram, geralmente, de começo, pouco compreendidos e isso porque se contrapunham aos pontos de vista e ao gosto da opinião pública. Isso pudemos verificar nos primeiros dias de nossa apresentação em público. Não procuramos conquistar o favor das massas, ao contrário fomos de encontro, em tudo, aos desvarios do povo. Quase sempre acontecia, naqueles tempos, apresentai--me em reuniões de homens que acreditavam no contrário do que eu lhes queria dizer e queriam o contrário daquilo em que eu acreditava. Nossa missão era, durante duas horas, libertar dois a três mil homens das noções erradas que possuíram, por golpes sucessivos destruir os fundamentos dos mesmos e, finalmente, atraí-los para as nossas idéias, para a nossa doutrina.

Em pouco tempo aprendi uma coisa importante que consistia em tirar das mãos do inimigo as armas de defesa. Logo se tornou evidente que os nossos adversários, sobretudo tratando-se de discussões verbais, sempre se apresentavam com um repertório certo de argumentos que, repentinamente, usavam contra as nossas afirmações, de modo que a uniformidade desse processo de argumentar proporcionou-nos um treno consciente e de objetivo bem definido. Pudemos compreender o espírito de disciplina dos nossos adversários, na sua propaganda. Hoje orgulho-me de ter descoberto os meios não só de tornar a sua propaganda ineficiente como também de vencer os seus próprios líderes. Dois anos depois eu era mestre nesta arte.

Em cada discussão, o importante era ter, de antemão, uma idéia clara da forma e do aspecto prováveis dos argumentos que se esperavam por parte dos adversários e, mencionar, de começo, as possíveis objeções e provar a sua falta de consistência. Assim o ouvinte, apesar das numerosas objeções que lhe tinham sido inspiradas, pela destruição antecipada das mesmas, era facilmente conquistado para a causa, desde que fosse um homem bem intencionado. A lição que lhe ensinavam de cor era abandonada e sua atenção era cada vez mais atraída para a exposição do orador.

Foi essa a razão por que, depois da minha conferência sobre o tratado de Versalhes, dirigida às tropas, na qualidade de "instrutor", mudei a minha orientação e comecei a falar sobre os dois tratados, de Versalhes e de Brest-Litowsky, o último dos quais antes sempre irritava o auditório. Depois de algum tempo, no decorrer da discussão que se seguiu à primeira conferência, pude afirmar que o povo, na realidade, nada sabia sobre o tratado de Brest-Litowsky e que isso era devido à bem sucedida propaganda dos partidos políticos que apontavam esse tratado como um dos mais vergonhosos atos de opressão da história da humanidade. À tenacidade com que essa mentira era posta diante dos olhos das grandes massas, deve-se o fato de milhões de alemães verem no tratado de Versalhes nada mais do que um justo castigo pelo crime que havíamos cometido em Brest-Litowsky. Influenciados por essa propaganda, os nossos compatriotas viam uma campanha forte contra o tratado de Versalhes como injusta e, freqüentemente, se irritavam ou se enojavam ante qualquer tentativa nesse sentido.

Foi por isso também que o povo se pode acostumar com a impudente e monstruosa palavra "reparação". Por milhões de nossos compatriotas, iludidos por uma propaganda falsa, essa mentira passou a ser vista como um ato de grande justiça. A melhor prova disso está no êxito da propaganda que dirigi contra o tratado de Versalhes, campanha que sempre iniciava com uma explicação sobre o tratado de Brest-Litowsky. Durante a argumentação punha os dois tratados um ao lado do outro, comparava-os, ponto por ponto, mostrava que um, na realidade, se inspirava em um sentimento generoso, enquanto, ao contrário, o outro se caracterizava por uma crueldade desumana. Esse processo de comparação era coroado do mais completo êxito. Muitas vezes, discorri, outrora, sobre esse tema, em reuniões de milhares de homens, dos quais a maioria me recebia com olhares agressivos. E três dias depois, tinha diante de mim uma massa agitada pela mais sagrada revolta, por uma fúria sem limites contra esse tratado. Mais uma vez uma grande mentira era desalojada dos cérebros de milhares de homens, e, no lugar do embuste, se instalava a verdade.

Eu considerava como as mais importantes as duas conferências sobre "As verdadeiras causas da Guerra e sobre "Os tratados de Versalhes e Brest-Litowsky". Por isso, repetia-as dezenas de vezes sempre com argumentos novos, até que uma compreensão clara e definida se formasse no espírito dos ouvintes, no seio dos quais o nosso movimento granjeava os primeiros adeptos. Esses mitingues tiveram para mim ainda a vantagem de transformar-me aos poucos em orador de comícios, tendo adquirido o entusiasmo e os gestos que as grandes reuniões populares estimulam.

Naqueles momentos, como já afirmei, a não ser em pequenos círculos, nunca assisti, por iniciativa dos partidos, a qualquer explicação sobre esses tratados, com a orientação por mim adotada. No entanto, hoje, esses partidos enchem a boca com essas idéias e agem como se fossem eles que tivessem modificado a opinião pública.

Se os chamados partidos políticos nacionalistas alguma vez fizeram conferências nesse sentido, falavam sempre em círculos que já possuíam as mesmas idéias dos conferencistas, que apenas serviam para fortalecer as convicções do auditório.

Não acontecia nunca, porém, que, por meio da propaganda, procurassem conquistar a adesão dos que, até então, por sua educação e por suas idéias, se mantinham no campo oposto.

Também os folhetos foram postos a serviço da nossa propaganda. Já no seio da tropa, eu havia redigido um folheto fazendo um confronto entre o tratado de Brest-Litowsky e o de Versalhes, o qual alcançou uma grande tiragem. Mais tarde, servi-me desse recurso para a propaganda do partido. Nesse ponto também, a eficiência se fez sentir.

Os nossos primeiros mitingues se distinguiam pelo fato de distribuirmos opúsculos, boletins, jornais e brochuras de toda espécie. No entanto, a nossa maior confiança estava na palavra falada. É, de fato, a palavra falada, por motivos psicológicos, é a única força capaz de provocar grandes revoluções.

Em outro capítulo deste livro, já cheguei à conclusão de que todos os acontecimentos importantes, todas as revoluções mundiais, não são jamais fruto da palavra escrita mas, ao contrário, são sempre produzidas pela palavra falada.

Sobre esse assunto, travou-se, em uma parte da imprensa, longa discussão em que, sobretudo entre os nossos espertalhões da burguesia, se combateu essa afirmação A razão por que isso acontecia era suficiente para destruir os argumentos dos que contraditavam essa verdade, os intelectuais burgueses protestavam contra uma tal noção somente porque visivelmente eles não possuíam força e capacidade para exercer influência sobre as massas, por meio da palavra falada. Acostumados a agir sempre pela palavra escrita, renunciaram a utilizar a grande força de agitação que é a palavra falada.

Esse hábito, com o decorrer dos tempos, teve fatalmente o resultado, que hoje verificamos na burguesia, isto é, a perda do instinto de atuação sobre as massas.

Ao passo que lhe permite corrigir os seus pontos de vista de acordo com a maneira de comportar-se da audiência, podendo seguir seus argumentos com inteligência e verificar se as suas palavras estão produzindo o efeito desejado, o escritor nenhum contato tem com seus leitores. Por isso, o escritor é, de inicio, incapaz de se dirigir a uma multidão definida, com um programa em condições de arrastá-la e tem que se limitar a argumentos de ordem geral.

Assim perde ele, até certo ponto, a fineza necessária para compreender a psicologia popular e, com o tempo, a plasticidade indispensável. É mais freqüente que um brilhante orador consiga ser um grande escritor do que vice-versa.

Releva notar ainda que as massas humanas são naturalmente preguiçosas, e, por isso, inclinadas a conservar os seus antigos hábitos. Raramente, por impulso próprio, procuram ler qualquer coisa que não corresponda às idéias que já possuem ou que não encerre aquilo que esperam encontrar. Assim sendo, um escrito que visa um determinado fim, na maioria dos casos, só é lido por aqueles que já possuem a mesma orientação do autor. Mais eficiente é um boletim ou um folheto. Justamente por serem curtos, de leitura fácil, podem despertar a atenção do antagonista, durante um momento.

Grandes possibilidades possui a imagem sob todas as suas formas, desde as mais simples até ao cinema. Nesse caso, os indivíduos não são obrigados a um trabalho mental. Basta olhar, ler pequenos textos. Muitos preferirão uma representação por imagens à leitura de um longo escrito. A imagem proporciona mais rapidamente, quase de um golpe de vista, a compreensão de um fato a que, por meio de escritos, só se chegaria depois de enfadonha leitura.

O mais importante é que o escritor nunca sabe em que meios vão parar as suas produções e quem vai aceitar as suas idéias. A atuação do propagandista será em geral tanto mais eficiente quanto melhor as noções propagadas correspondam ao nível intelectual e ao modo de vida dos leitores. Um livro que é destinado às grandes massas deve, em primeiro lugar, esforçar-se por adotar um estilo e uma elevação inteiramente diversos de outro que se dirige às altas camadas intelectuais. Só com essa capacidade de adaptação pode a palavra escrita aproximar-se, nos seus efeitos, da palavra falada.

Suponhamos que o orador trate do mesmo assunto explanado em um livro. Se ele é um grande e genial orador, não precisa repetir o mesmo assunto, duas vezes, da mesma maneira. Ele se identificará tanto com as massas que as palavras de que precisa fluem naturalmente de modo a tocar o coração do auditório. Quando se empenha em um caminho errado, tem a oportunidade de corrigir-se, até mesmo, no seio da multidão. Na fisionomia dos ouvintes poderá ele observar, primeiro, se está sendo compreendido, segundo, se todos os ouvintes podem acompanhá-lo, terceiro, se estão persuadidos da justeza do que lhes apresenta.

Na hipótese de verificar que não está sendo compreendido, procederá a uma explicação tão clara, tão simples, que todos a aceitarão. Se sentir que o auditório não pode acompanhá-lo em todos os seus raciocínios, ele, então, exporá suas idéias lenta e cuidadosamente, até que os espíritos intelectualmente mais fracos possam apanhá-las. Se compreender que os ouvintes não estão convencidos da correção de seus argumentos, repeti-los-á tantas vezes quantas forem necessárias, aduzindo sempre novos argumentos e fazendo ele mesmo as objeções que julga estarem no espírito do auditório. Continuará assim até que o último grupo de oposição demonstre, pela sua maneira de portar-se e por sua fisionomia, que capitulou ante os raciocínios apresentados.

Não raramente surge o caso da existência de poderosos preconceitos, que não vêm da razão, mas ao contrário, são na maior parte, inconscientes e com base apenas nos sentimentos. É mil vezes mais difícil transpor essa barreira de repulsa instintiva, de ódio ou de preconceitos negativos, do que corrigir uma noção errada ou incorreta- A ignorância, falsas concepções podem ser removidas por argumentos, a obstrução oriunda do sentimento, nunca. Só um apelo a essas forças ocultas pode ser bem sucedido nesse caso. Isso é quase impossível para um escritor. Só um orador pode ter esperanças de consegui-lo.

A prova mais evidente disso está no fato de a imprensa burguesa apesar de sua grande habilidade, apesar de espalhar-se por milhões de exemplares, não ter podido evitar que justamente as massas se constituíssem nos maiores inimigos do mundo burguês. A aluvião de jornais e de livros que, todos os anos, produzem os intelectuais, escorre, entre milhões de alemães das camadas inferiores, como água sobre pele untada de óleo.

Esse fato pode provar duas teses: ou o erro do conteúdo de todas essas produções escritas ou a impossibilidade de atingir o coração das massas, só pela palavra escrita, sobretudo quando essa palavra escrita não está de acordo com a psicologia coletiva, como é o caso entre nos.

Não se objete (como o tentou um grande jornal nacionalista de Berlim) que o marxismo, com os seus escritos, sobretudo pela atuação da obra fundamental de Karl Marx, oferece uma prova em contrario dessa afirmação.

A força que deu ao marxismo a sua espantosa influência sobre as massas não foi a obra intelectual preparada pelos judeus, mas sim a formidável propaganda oral que inundou a nação, acabando pela dominação das camadas populares. De cem mil proletários alemães não se tiram talvez Cem que conheçam a obra de Marx, que era estudada, mil vezes mais, pelos intelectuais, especialmente os judeus, do que por genuínos adeptos do movimento, nas classes inferiores. Esse livro foi escrito para o povo mas exclusivamente para os líderes intelectuais da máquina que os judeus montaram para a conquista do mundo, A agitação foi dirigida com material de outra espécie, isto é, com a imprensa. Nisso está a diferença entre a imprensa marxista e a burguesa. Os jornais marxistas eram redigidos por agitadores, enquanto a imprensa burguesa preferiu dirigir a sua agitação através de escritores.

O redator clandestino social-democrata, que quase sempre sai dos locais de reunião para as redações, conhece a sua gente melhor do que ninguém. O escrevinhador burguês, que sai do seu escritório para pôr-se em contato com o povo, cai doente só em sentir o cheiro das massas e, por isso, fica impotente em face delas, com a sua palavra escrita.

O que fez com que o marxismo conquistasse milhões de trabalhadores foi menos a maneira de escrever dos papas marxistas do que a infatigável e verdadeiramente poderosa propaganda de cem mil incansáveis agitadores, a começar dos apóstolos da primeira fila até aos pequenos empregados de fábrica e aos oradores populares. Foi nas centenas de milhares de reuniões, nas salas contaminadas de fumo das estalagens, que os oradores martelavam as suas idéias na cabeça do povo, obtendo um conhecimento fabuloso do material humano, que o marxismo aprendia a usar as armas adequadas para conquistar a opinião pública.

A vitória do marxismo foi também devida às formidáveis demonstrações coletivas, àqueles cortejos de centenas de milhares de homens, perante os quais os indivíduos se Julgavam mesquinhos vermes, mas, não obstante isso, orgulhavam-se de pertencer à gigantesca organização, ao sopro da qual o odiado mundo burguês poderia ser incendiado, permitindo à ditadura proletária festejar a sua vitória final.

Dessa propaganda vêm os homens que estavam preparados a ler a imprensa social- democrática, imprensa que não é escrita mas falada. Enquanto, no campo burguês, professores e exegetas, teóricos e escritores de todas as nuances tentaram a tribuna, os oradores marxistas também se dedicaram à produção de trabalhos escritos. Sobretudo o judeu, que, nesses assuntos, não deve ser perdido de vistas, será, graças à sua dialética mentirosa e à sua maleabilidade, mais afeiçoado à oratória do que à palavra escrita.

Essa é a razão por que os burgueses (pondo-se de parte o fato de que estavam em grande maioria influenciados pelos judeus e não tinham nenhum interesses em instruir a coletividade) não puderam exercer a menor influência sobre a grande massa do povo.

De como é difícil destruir preconceitos, impressões e sentimentos e substitui-los por outros, que dependem de influências e condições imprevisíveis, só o orador, que sente a alma popular, pode fazer uma idéia. A mesma conferência, o mesmo orador, o mesmo tema, produzem efeitos, às dez horas da manhã, diferentes dos que se pode obter às três horas da tarde ou à noite. Eu mesmo, como principiante, tentei fazer reuniões à tarde e lembro-me muito bem de uma demonstração que, como "protesto contra a opressão nas nossas fronteiras", fizemos no Kindl-Keller de Munique. Era a mais vasta sala da cidade e o risco em que incorríamos parecia acima de nossas forças. Para facilitar a presença dos nossos adeptos e de todos que quisessem na mesma tomar parte, marquei a reunião para as dez horas da manhã de um domingo. A expectativa era de ansiedade, que logo se transformou em uma lição das mais instrutivas: a sala encheu-se, a impressão era de vitória, mas notava-se a mais fria disposição por parte do auditório. Ninguém se inflamava. Eu mesmo, como orador, sentia-me infeliz, não conseguia estabelecer ligação com os ouvintes. Aliás, eu estava convencido de que não tinha falado mal, mas, não obstante isso, o efeito da conferência foi nulo. Descontente, apesar de ter adquirido mais uma experiência, deixei a sala de reuniões. Outras provas que eu, mais tarde, tentei, tiveram o mesmo resultado.

Isso não deve causar admiração a ninguém. Quem for assistir a uma representação teatral às três horas da tarde e depois assistir à mesma peça às oito horas da noite ficará surpreendido com a diferença de impressões! Qualquer indivíduo de sentimentos delicados e de capacidade artística para compreender esse estado de espírito, poderá logo constatar que a impressão causada pela representação à tarde não se pode comparar com a mesma da noite. O mesmo acontece com o cinematógrafo. Essa última observação é importante, porque poder-se-ia dizer que, durante o dia, os artistas de teatro não desenvolvem o mesmo esforço que durante a noite.

Quanto ao filme, a situação é a mesma, tanto de noite como de dia. A razão é que é o próprio tempo que provoca a alteração, tal como acontece comigo em relação ao lugar. Há lugares que provocam frieza, por motivos que, dificilmente, se podem avaliar, e onde toda tentativa de afinação com o povo encontra a mais firme resistência. As recordações e representações do passado, presentes ao espírito dos homens também podem criar uma certa impressão. Assim uma representação de Parsifal em Bayreuth produzirá uma impressão diferente da que se terá em qualquer outra parte do mundo. O místico encanto da casa de Fest-spielhügel da cidade dos antigos margraves não pode ser substituído nem sobrepujado.

Em todos os casos, trata-se de uma diminuição do livre arbítrio do homem. Isso é mais verdadeiro ainda quando se trata de assembléias nas quais os indivíduos possuem pontos de vista opostos. Pela manhã e mesmo durante o dia, a força de vontade das pessoas parece resistir melhor, com mais energia, contra a tentativa de impor-se-lhes uma vontade estranha. À noite, deixam-se vencer mais facilmente pela força dominadora de uma vontade forte. Na realidade, em cada uma dessas reuniões há uma luta de duas forças opostas. A superioridade de um verdadeiro apóstolo, quanto à eloqüência, tornar-lhe-ia mais fácil o êxito da conquista, para o novo credo de adeptos que já sofreram uma diminuição na sua capacidade de resistência. Visa ao mesmo objetivo a misteriosa e artística hora do angelus da igreja católica, com suas luzes, seu incenso, turíbulos, etc.

Nessa luta do orador com o adversário que se quer convencer, adquire este, pouco a pouco, um espírito de combatividade que quase sempre falta ao escritor.

Daí resulta que as produções escritas, na sua limitada eficiência, prestam-se melhor à conservação, fortalecimento e aprofundamento de um ponto de vista já existente. Todas as grandes modificações históricas foram devidas à palavra falada e não à escrita.

Não se acredite por um momento que a Revolução Francesa se realizou por força de teorias filosóficas. Ela teria fracassado se não contasse com um exército de demagogos de alto estilo, que despertaram as paixões do povo martirizado, a ponto de provocar a terrível erupção que deixou a Europa transida de pavor.

A mesma explicação tem a maior revolução de nossos dias, a revolução comunista da Rússia. Essa não foi conseqüência dos escritos de Lenine, mas da eficiência oratória de grandes e pequenos oradores, que desenvolveram o ódio das massas contra a situação existente. Um povo de analfabetos não seria arrastado nunca a uma revolução comunista pela leitura de um teórico como Karl Marx, mas sim pelos milhares de agitadores que, a serviço de uma idéia, discursavam para o povo.

Isso foi e há de ser sempre assim.

Os nossos intelectuais, na sua ignorância das realidades, chegam a acreditar que um escritor é, forçosamente, superior em inteligência a um orador.

Esse ponto de vista é deliciosamente ilustrado em um artigo de certo jornal nacionalista, em que se afirma que geralmente se sente uma desilusão quando se lê um discurso de um grande orador, por todos admirado como tal.

Lembro-me de outra crítica que me veio às mãos durante a Guerra. O jornal pegou os discursos de Lloyd George, então ministro das munições, examinou-os, nos menores detalhes, para chegar à brilhante conclusão de que esses discursos revelavam inferioridade intelectual, ignorância e banalidade. Obtive alguns desses discursos enfeixados em um pequeno volume e não pude deixar de rir, ao pensar que o escrevinhador não conseguiu compreender a influência que essas obras- primas exercem sobre a opinião pública. O tal escrevinhador julgou esses discursos somente pela impressão que os mesmos causavam no seu espírito blasé, ao passo que o grande demagogo inglês tinha obtido um efeito imenso no seu auditório e em todas as camadas inferiores da população britânica.

Examinados por esse prisma, os discursos de Lloyd George eram produções admiráveis, pois revelavam um grande conhecimento da psicologia das massas. Sua atuação no espírito do povo foi decisiva.

Comparem-se os discursos de Lloyd George com os discursos fúteis, gaguejados por um Bethmann-Hollveg! Talvez as orações do último sejam superiores sob o ponto de vista intelectual, mas demonstram a incapacidade do seu autor para falar à nação que ele não conhecia.

Que Lloyd George era superior a Bethmann-Hollveg prova-o o fato de ser a forma dada aos seus discursos em moldes capazes de falar ao coração do seu povo e fazê-lo obedecer à sua vontade. A simplicidade das suas orações, a forma de expressão, a escolha de ilustrações simples, de fácil compreensão, são provas evidentes da extraordinária capacidade política de Lloyd George.

O discurso de um estadista, falando ao seu povo, não deve ser avaliado pela impressão que o mesmo provoca no espírito de um professor de Universidade, mas no efeito que produz sobre as Só por esse critério é que se pode medir a genialidade de um orador.

O admirável progresso do nosso movimento que, há poucos anos, se originara do nada, e hoje é um movimento de valor, perseguido por todos os inimigos internos e externos do povo. deve-se ao fato de sempre ter sido tomada em consideração aquela verdade.

Por mais importante que seja a produção escrita do movimento, ela terá sempre mais valor para a formação intelectual dos grandes e pequenos líderes, em um plano único, do que para a conquista das massas colocadas em pontos de vista contrários. Só em casos excepcionalíssimos, um social-democrata convencido ou um fanático comunista condescenderá em adquirir uma brochura ou mesmo um livro nacional-socialista para lê-los e daí formar uma idéia sobre a nossa doutrina ou para estudar a crítica às suas convicções. Os jornais raramente são lidos quando não trazem bem claro o sinete do partido a que pertence o leitor. Além disso, a leitura de um exemplar de jornal pouco adianta. A sua atuação é de tal modo dispersiva que da mesma nenhuma influência digna de nota se pode esperar. Não se pode e não se deve exigir de ninguém, sobretudo daqueles para os quais um pfening é muito dinheiro, que assinem jornais inimigos, só pelo desejo de obter esclarecimento sobre os fatos. Isso talvez não aconteça em um caso sobre dez mil. Quem já aderiu a uma causa lerá naturalmente o jornal do seu partido para se pôr ao par das notícias do movimento em que está empenhado.

O contrário acontece com o boletim. Uma ou outra pessoa tomá-lo-á nas mãos, sobretudo quando o mesmo é distribuído gratuitamente. Isso acontece mais freqüentemente ainda quando, já na epígrafe, se anuncia a discussão de um tema que está na boca de todos.

Depois da leitura de alguns desses boletins, o leitor talvez seja conquistado aos novos pontos de vista ou pelo menos terá a sua atenção despertada para o novo movimento. Mesmo na hipótese mais favorável, só se conseguirá, por esse meio, um ligeiro impulso e nunca uma situação definitiva, isso só se obterá com os comícios populares.

Os comícios populares são necessários, justamente porque neles o indivíduo que se sente inclinado a tomar parte em um movimento mas receia ficar isolado, recebe, pela primeira vez, a impressão de uma coletividade maior, o que provoca, na maior parte dos espíritos, um estímulo e um encorajamento.

O mesmo homem que, nas fileiras de sua companhia ou do seu batalhão, entra na luta de todo coração, não o faria se estivesse sozinho. Na companhia sente-se como protegido, mesmo quando milhares de razões houvesse em contrário. O caráter coletivo nas grandes manifestações não só fortalece o indivíduo, como estabelece a união e concorre para a formação do espírito de classe.

O homem que se inicia em uma nova doutrina e que, na sua empresa ou na sua oficina sofre opressões, precisa de fortalecer-se pela convicção de que é um membro e um lutador dentro de uma grande coletividade. Essa impressão ele recebe apenas nas manifestações coletivas.

Quando ele sai de sua pequena oficina ou da sua grande fábrica, onde se sente infinitamente pequeno, e, pela primeira vez, entra em um comício, e aí encontra milhares e milhares de pessoas com as mesmas idéias que as suas, quando é arrastado pela força sugestiva do entusiasmo de três a quatro mil pessoas, quando o êxito visível da causa e a unanimidade de opiniões lhe dão a convicção da justeza do novo movimento e lhe despertam a dúvida sobre a verdade de suas antigas idéias, então estará sob a influência do que poderemos designar por estas palavras - sugestão das massas. A vontade, os anseios, também a força, de milhares, acumulam-se em cada pessoa.

O indivíduo que entrou para o comício vacilando, envolvido em dúvidas, dali sai firmemente fortalecido. Tornou-se membro de uma coletividade.

O movimento nacional-socialista nunca se deve esquecer disso e não se deve nunca deixar influenciar por esses patetas burgueses que sabem tudo mas nem por isso deixaram ir à ruína um grande Estado e perderam até a direção da própria classe. Eles são extraordinariamente inteligentes, sabem tudo, entendem tudo, só uma coisa eles não entenderam, isto é, não puderam impedir que o povo alemão caísse nas garras do marxismo. Nisso eles fracassaram da maneira mais deplorável. A sua presunção atual é pura ignorância. É sabido que o orgulho anda sempre de par com a estupidez.

Quando esses indivíduos se recusam a emprestar qualquer valor à palavra falada, assim agem simplesmente porque, graças a Deus, estão convencidos da ineficiência do seu palavreado oco.

CAPÍTULO VII

A LUTA COM A FRENTE VERMELHA

Em 1919/20 e também em 1921, assisti pessoalmente a algumas das chamadas "assembléias burguesas". A impressão que delas guardei, foi sempre a mesma, que me causava, na minha juventude, a colher obrigatória de óleo de fígado de bacalhau. Tem que ser engolida, deve fazer muito bem, mas o gosto é detestável! Se fosse possível amarrar com cordas todo o povo alemão, arrastando-o à força para essas manifestações públicas, trancando as portas para não deixar sair um só, até o fim da representação, talvez ao cabo de alguns séculos tudo isso desse algum resultado. Aliás devo confessar abertamente, que se isso acontecesse, eu não teria mais prazer na vida, preferindo até não ser mais nem alemão. Não sendo isso possível - graças a Deus - ninguém se deve admirar de que o povo sadio e não corrompido evitasse as tais "assembléias de grandes multidões burguesas", como o diabo foge da água benta.

    Cheguei a conhecer, muito bem, esses profetas de uma doutrina burguesa, e, por isso, não me causa a menor surpresa, sendo até compreensível, que eles não atribuam a, mínima significação à palavra falada. Naquele tempo, assisti a reuniões de Democratas, de Nacionais-Alemães, do Partido Popular Alemão, e também do Partido Popular da Baviera (Centro Bávaro). O fato que em todas elas chamava logo atenção era a homogeneidade do auditório. Quase sempre, os que tomavam parte em tais manifestações, só eram os membros dos partidos. Sem disciplina alguma, o conjunto se assemelhava mais a um clube de jogadores de cartas, que já está com sono, do que à assembléia de um povo que acabava de passar por sua maior revolução. Para conservar esta atmosfera de paz, os oradores faziam tudo o que estava na medida de suas forças. Falavam, ou melhor, liam discursos que mais pareciam artigos de jornal ou dissertações científicas, evitando toda palavra mais grosseira, aplicando, aqui e ali, algum insulso gracejo professoral que fazia rir, de uma maneira forçada, a digníssima mesa da Diretoria. Se bem que não rissem estrondosamente, já era convidativo esse riso, abafado com distinção e reserva!

    E só essa mesa presidencial!!!

    Uma vez assisti a uma reunião na "Sala Wagner", em Munique. Era uma manifestação por ocasião do aniversário da grande batalha de Leipzig. O discurso foi proferido ou lido por um respeitável senhor de idade, professor em uma universidade qualquer. A diretoria ocupava o estrado; à esquerda, um monóculo, à direita, um monóculo, entre os dois, um "sem monóculo", Todos três vestiam sobrecasaca, o que dava a impressão de se estar, ou em um tribunal, que se prepara a uma execução, ou em um batizado festivo; enfim, em um ato de solenidade religiosa. O tal discurso, que, escrito, talvez pudesse ter dado uma impressão sofrível produziu um efeito verdadeiramente deplorável. Passados três quartos de hora, já a assembléia cochilava, em uma espécie de estado de transe, interrompido somente pela saída de um ou outro homem ou melhor, pelo barulho de pratos das copeiras e os bocejos de ouvintes, em número sempre crescente. Três operários, que assistiam à reunião, por curiosidade ou sob encomenda, olhavam-se, de quando em vez, com uma careta mal dissimulada, acotovelando-se, por fim, antes de saírem bem devagarinho. Atrás deles estava eu. Via-se que, de modo algum, queriam incomodar, precaução francamente supérflua em uma tal assembléia. Afinal, parecia esta aproximar-se do termo. Depois de concluída a conferência do professor, cuja voz se fora tornando cada vez mais fraca, ergueu-se o líder da tal sessão, exprimindo, em frases bombásticas, sua gratidão aos "irmãos e irmãs" alemães ali reunidos e sugerindo a atitude que eles deveriam tomar diante do extraordinário e magnífico discurso do Sr. Professor X., feito com a máxima profundeza e grande conhecimento do assunto, tendo sido verdadeiramente "um acontecimento vívido", sim "uma ação cristalizada na palavra". Acrescentar ainda uma discussão a essas luminosas dissertações, significaria uma profanação desta hora sagrada. De acordo com todos os presentes, desistia ele, por conseguinte, de continuar a falar, pedindo a todos, porém, que se levantassem, entoando o brado de: "Nós somos um povo de irmãos unidos", etc. Para terminar a sessão, foram todos convidados a entoar a "canção da Alemanha".

 Cantaram, então. A minha impressão era que, já na segunda estrofe, as vozes diminuíam, só se avolumando muito no estribilho: na terceira, a mesma impressão aumentou tanto, que cheguei a duvidar se todos saberiam bem de cor, o que estavam cantando.

 No entanto, que coisa empolgante, quando semelhante canção jorra, com todo o fervor, do fundo da alma de um alemão nacionalista!

 Depois disso, dispersou-se a reunião, isto é: todos tinham pressa de sair, uns para beberem cerveja, outros para tomarem café, outros ainda para passearem. Era o anseio geral!

 Para fora, para o ar livre, para fora! Minha vontade era de fazer o mesmo, E isso deve servir à maior glória de uma luta heróica de centenas e milhares de Prussianos e Alemães? Raios os partam!

 Só o governo pode com efeito gostar de tais coisas! Naturalmente, isso é o que se pode chamar uma assembléia "pacífica". O Ministro não precisa recear a perturbação da paz e da ordem ou que as ondas do entusiasmo possam fazer transbordar subitamente a medida da conveniência burguesa ou que, levado pelo entusiasmo, o povo se precipite fora da sala, não para o café ou pare a taberna mas sim para marchar, quatro a quatro, pelas ruas da cidade cantando "urra à Alemanha" e incomodando assim uma polícia, que deseja descansar. Não! Com tais cidadãos, o Estado pode se dar por satisfeito.

Ao contrário destas, as assembléias nacionais-socialistas nada tinham de "pacíficas". Aí, as ondas de duas doutrinas quebravam-se de encontro uma à outra, não terminando com cantos patrióticos sem significação e sim cem a irrupção fanática de paixões populares. Desde o princípio, a introdução da disciplina cega e a garantia da autoridade da direção impôs-se nas nossas assembléias como uma condição das mais importantes, pois os nossos discursos não eram comparáveis ao falatório desenxabido de qualquer orador "burguês", mas, ao contrario, apropriados, pelo conteúdo e pela forma, a provocar a réplica do adversário.

E quantos e que sorte de adversários havia nas nossas reuniões! Quantas vezes entravam instigadores na sala, em número' avultado, no meio deles alguns especialmente designados, lendo-se em todos os semblantes a convicção: "Hoje acabamos com vocês"! Sim, quantas vezes nossos amigos vermelhos compareciam até ali, em colunas cerradas, com a missão bem delineada de dispersar aquilo tudo na mesma noite, à força de pancada, pondo um fim àquela história, E quantas vezes esteve tudo perto disso mesmo! As intenções do adversário foram aniquiladas apenas pela energia férrea de nossos líderes e pelas medidas brutais de nossa polícia defensiva.

E eles tinham toda a razão de se sentir irritados.

Só a cor vermelha dos nossos cartazes fazia com que eles afluíssem às nossas salas de reunião. A burguesia mostrava-se horrorizada por nós termos também recorrido à cor vermelha dos bolchevistas, suspeitando, atrás disso, alguma atitude ambígua. Os espíritos nacionalistas da Alemanha cochichavam uns aos outros a mesma suspeita, de que, no fundo, não éramos senão uma espécie de marxistas, talvez simplesmente mascarados marxistas ou, melhor, socialistas. A diferença entre marxismo e socialismo até hoje ainda não entrou nessas cabeças. Especialmente, quando se descobriu, que, nas nossas assembléias, tínhamos por princípio não usar os termos "Senhores e Senhoras" mas "Companheiros e Companheiras", só considerando entre nós o coleguismo de partido, o fantasma marxista surgiu claramente diante de muitos adversários nossos. Quantas boas gargalhadas demos à custa desses idiotas e poltrões burgueses, nas suas tentativas de decifrarem o enigma da nossa origem, nossas intenções e nossa finalidade!

A cor vermelha de nossos cartazes foi por nós escolhida, após reflexão exata e profunda, com o fito de excitar a Esquerda, de revoltá-la e induzi-la a freqüentar nossas assembléias; isso tudo nem que fosse só para nos permitir entrar em contato e falar com essa gente.

Era delicioso seguir naqueles anos a falta de iniciativa e de recursos dos nossos adversários, pela sua tática eternamente vacilante. Primeiro, incitavam os seus adeptos a não nos darem a menor atenção, evitando as nossas reuniões, conselhos aliás geralmente seguidas.

Como, porém, no decorrer do tempo, alguns apareciam isoladamente, aumentando lentamente, mas cada vez mais, o número, e a impressão deixada pela nossa doutrina era manifesta, os chefes iam ficando nervosos e inquietos, afincando-se na convicção de que esta evolução não deveria continuar a prolongar- se, devendo-se-lhe dar um paradeiro, por um sistema de terror.

Depois disso, houve convites aos "Proletários conscientes de sua classe", para assistirem, em massas compactas, às nossas assembléias, a fim de atacar "as intrigas monárquicas, reacionárias", entre seus representantes, com os punhos cerrados do Proletariado.

De repente, nossas reuniões começaram a ficar repletas de operários, três quartos de hora antes de começarem. Assemelhavam-se ao barril de pólvora, que podia a cada instante voar pelos ares, e sob o qual já se via arder a mecha, Acontecia, entretanto, sempre o contrário. Esses operários entravam como inimigos e, ao saírem, se já não eram adeptos nossos, pelo menos submetiam sua própria doutrina a um exame refletido e crítico. Pouco a pouco, depois de uma conferencia minha, que durou três horas, adeptos e adversários chegaram a fundir-se em uma só massa cheia de entusiasmo. Toda tentativa para dispersar a nossa assembléia tornou-se debalde. Os chefes adversários começavam francamente a ter medo, voltando-se novamente para os antigos adversários desta tática e que agora apontavam, com uma certa aparência de razão para sua opinião, e que consistia em vedar categoricamente ao operário a frequentação das nossas reuniões.

Nesse ponto, parou ou, pelo menos, diminuiu a freqüência. Ao cabo de pouco tempo, recomeçou, porém, o mesmo jogo.

Não se observava a proibição, os correligionários deles compareciam cada vez mais, triunfando, por fim, os partidários da tática radicalista. Nós estávamos destinados a saltar pelos ares.

Quando, depois de várias reuniões, descobriu-se que uma dispersão, por meio de bombas, era mais fácil em teoria do que na prática, e que o resultado de cada reunião era um esfacelamento das tropas rubras de combate, elevou-se subitamente outro grito: "Proletários, companheiros e companheiras! Evitai as Assembléias dos Instigadores Nacionais Socialistas!" Na imprensa "vermelha" encontrava-se a mesma tática, eternamente vacilante, Experimentavam matar-nos pelo silêncio e acabavam convencidos da inutilidade desta tentativa, voltando a tomar medidas contrárias. To. dos os dias, éramos "citados" em todas as oportunidades e, quase sempre, com o fim de fazer ver ao operário o ridículo da nossa existência. Passado algum tempo, os tais senhores tiveram que sentir, entretanto, não só a inocuidade como até a utilidade de tal iniciativa. Naturalmente, alguns deles faziam a si próprios a pergunta: "Para que perder tantas palavras com uma coisa, que não passa de uma ficção ridícula?" A curiosidade popular crescia. Neste ínterim, operou-se uma reviravolta e começamos a ser tratados como verdadeiros malfeitores da humanidade, Choviam artigos sobre artigos, com explanação e provas sempre renovadas a respeito das nossas intenções criminosas, histórias escandalosas, se bem que bordadas à vontade, de começo ao fim. Isso tudo devia servir de complemento ao que precedeu. Todavia, já em pouco tempo parecia ter sido tirada a prova da ineficácia desses ataques.

Na realidade tudo isto só servia a contribuir para que a atenção geral se concentrasse sobre nós, ainda mais do que dantes.

Minha atitude naquela época foi a seguinte: ficar indiferente à troça ou ao insulto, a ser apontado como palhaço, bobo ou como criminoso, o que me importava é que fôssemos citados, que a opinião pública se ocupasse conosco e que aos poucos aparecêssemos, diante do operariado, como sendo o único poder, com o qual ainda era possível haver discussão. O que realmente somos e tencionamos realizar ainda chegaremos a demonstrar, um belo dia, à corja da "imprensa judaica".

Foi devido à covardia, francamente incrível, dos chefes da oposição, que, naquela ocasião, não houve quase um só ataque direto contra as nossas assembléias. Em todos os casos críticos, mandavam na frente alguns toleirões, que o mais que faziam era espreitarem fora das salas o resultado da explosão!

Quase sempre vivíamos bem informados sobre as intenções desses cavalheiros, não só por termos, no meio dos blocos vermelhos, muitos correligionários, para servirem nossas conveniências, como também por causa da tagarelice dos próprios manejadores do partido vermelho. Nesse caso, isso nos foi de grande utilidade, embora não deixe de ser um defeito infelizmente muito disseminado entre o povo alemão. Não podiam eles ficar sossegados, quando tinham uma notícia nova; costumavam, a maior parte das vezes, cacarejar, antes mesmo de pôr o ovo. Quantas e quantas vezes já tínhamos feito os preparativos mais importantes, sem que os comandantes rubros do corpo de bombardeio o suspeitassem, nem de leve.

Esse tempo nos forçou a tomar a peito, por nossa conta, a proteção das nossas assembléias. Com a garantia das autoridades não há quem possa contar; ao contrário, está provado que ela só beneficia os perturbadores da ordem. Em matéria de intervenção de autoridades, pode-se assinalar, como único resultado efetivo, a dissolução e, portanto, o encerramento da assembléia, E não era outra a finalidade nem a intenção dos desordeiros adversários.

De um modo geral, formou-se, na Polícia, um hábito, que representa a maior monstruosidade imaginável em matéria de atentado aos direitos humanos. Quando a autoridade, por meio de qualquer ameaça, é advertida que uma Assembléia corre o perigo de ser atacada, em vez de prender os ameaçadores, proíbe aos outros - aos inocentes - a entrada na sala - medida esta, que ainda por cima, enche de orgulho o espírito comum da nossa Policia. Isto, no seu modo de ver, representa uma medida preventiva para impedir qualquer infração "às leis".

O bandido resoluto, por conseguinte, dispõe, a toda hora, das armas necessárias para impossibilitar o indivíduo honesto de tomar parte ou trabalhar em questões políticas, Em nome do sossego e da ordem pública, curva-se a autoridade do governo diante do bandido e pede ao outro que desista de provocá-lo. Quando então os Nacionais-Socialistas queriam fazer reuniões em determinados locais, e as corporações operárias declaravam oposição a tal iniciativa, a Polícia seguramente não poria esses malfeitores detrás do cadeado e do ferrolho, limitando-se a proibir a nossa reunião. Sim, esses órgãos da Lei tiveram até o incrível descaramento de nos fazer tal comunicação, inúmeras vezes, por escrito.

A fim de escapar a semelhantes eventualidades, era preciso tomar precauções, para abafar, já no germe, toda tentativa de perturbação. Neste ponto ainda se deveria considerar o seguinte: "todo comício, que não contar com outra garantia se não a da polícia, desmoraliza seus organizadores aos olhos da grande massa do povo". "Assembléias cuja realização só é anunciada por um grande cartaz policial, não são convidativas, já que as condições para a conquista das camadas mais baixas de um povo, por si já devem se manifestar como uma força real e bem sensível".

Tal qual um homem corajoso vencerá um covarde na conquista de corações femininos, um levante heróico mais facilmente ganhará a alma popular do que um movimento pusilânime, que só não se extingue devido à proteção policial.

Era sobretudo este último motivo, que obrigava o partido incipiente a cuidar de sua própria defesa e a resistir sozinho ao regime terrorista do adversário.

Eis os fundamentos da proteção às assembléias:
1) Uma direção enérgica e psicologicamente bem compreendida.
2) Uma tropa organizada para manter a ordem.

Quando nós, os Nacionais-Socialistas, promovíamos, naquele tempo, uma reunião, esta era exclusivamente dirigida por nós; direito de chefia esse, que, aliás, sem interrupção e a cada minuto, sublinhávamos explicitamente. Nossos adversários sabiam perfeitamente que qualquer provocador de desordem seria enxotado sem a menor consideração, mesmo que nós só fôssemos doze e eles quinhentos homens. Nas reuniões daquela época, mormente fora de Munique, quinze ou dezesseis dos nossos correligionários se encontravam freqüentemente com quinhentos, seiscentos, setecentos e oitocentos adversários. Ainda assim, não tolerávamos nenhuma provocação, e os freqüentadores das nossas reuniões sabiam muito bem que nós preferiríamos a morte à rendição. Mais de uma vez também sucedeu, que um punhado de correligionários nossos, saiu vitorioso, lutando contra uma maioria de vermelhos, que berravam e davam pancadas a torto e a direito.

Esses quinze a vinte homens seguramente teriam acabado por ser vencidos. Mas os outros sabiam, que, antes disso, um grupo duas ou três vezes maior teria tido ali o crânio partido, e era preferível não correr esse risco.

Tentamos aprender e realmente aproveitamos alguma coisa sobre a técnica das assembléias marxistas e burguesas.

Os marxistas tiveram, desde a origem, absoluta disciplina, de modo que nenhum grupo burguês jamais cogitou de atacar uma das suas reuniões. Em compensação, tais intenções eram sempre alimentadas pelos vermelhos. Aos poucos tinham estes alcançado, nesse terreno, não só uma indiscutível perícia, mas até chegaram ao ponto de apontar toda assembléia anti-marxista, em todo o território do "Reich", como "uma provocação ao proletariado", sobretudo onde os líderes farejavam, em qualquer comício, a enumeração de seus próprios pecados, destinada a desmascarar a baixeza de seus atos mentirosos e enganadores praticados contra o povo. Mal se ouvia anunciar uma reunião desse gênero, a "Imprensa Vermelha", em bloco, começava um berreiro louco. Os desrespeitadores profissionais da Lei, procuravam então, não raramente, as autoridades, com o pedido, tão suplicante quanto ameaçador, de impedir imediatamente tal "Provocação ao Proletariado", a fim de evitar conseqüências mais graves. Suas palavras eram acolhidas e o sucesso alcançado, segundo a "estupidez" do "funcionário" a quem se dirigiam. Se, por exceção, em tal posto se achasse realmente um funcionário alemão (e não "uma criatura funcionalizada") sendo assim recusada a descarada exigência, seguia-se então o conhecido convite a repelir uma tal "Provocação". Tratava-se então de marcar para tal dia uma reunião, à qual compareceriam em grande número.

Para que se possa fazer uma idéia segura, é preciso ter-se visto uma dessas reuniões, é preciso ter-se passado pelo pavor, que experimentava a direção de uma tal sessão! Mais de uma vez bastariam ameaças dessa ordem para fazer adiar uma dessas reuniões. Às vezes, o medo era tamanho que, em lugar de 8 horas, raramente alguém comparecia à abertura antes de 9 horas ou 9 menos um quarto. O presidente se esforçava então por explicar aos presentes "Senhores da Oposição", - e isto por meio de inúmeros cumprimentos - a que ponto ele e todos os presentes se alegravam intimamente (mentira crassa!) com a visita de homens que ainda não partilhavam de suas convicções; pois só a permuta de idéias (o que foi logo de antemão, aprovado, o mais solenemente possível), podia aproximar as convicções, despertar a compreensão recíproca e formar como uma ponte entre eles. Asseverava, ao mesmo tempo, que a assembléia não tinha a mais leve intenção de afastar cada um de suas idéias antigas. "Longe de nós tal suposição", diziam eles, cada um que seguisse as suas próprias idéias, consentindo, porém, que os outros fizessem o mesmo! Por isso pedia ele que deixassem o orador prosseguir até o fim, aliás próximo, para evitar de dar ao mundo, com esta reunião, o espetáculo vergonhoso do ódio íntimo entre irmãos da mesma pátria.

É verdade que a irmandade da esquerda não atendia quase nunca a tal apelo; pois, antes mesmo do orador abrir a boca, já era ele alvo das mais loucas descomposturas, tendo que escafeder-se. Não raramente deixava ele a impressão de uma certa gratidão à sorte, que lhe encurtara o processo martirizante, Debaixo de um barulho infernal, é que esses "toreros" das assembléias burguesas deixavam a arena, se é que não rolavam nas escadas com as cabeças cheias de "galos" - o que acontecia muito freqüentemente.

Desse modo, a organização dos nossos comícios e, sobretudo, a feição que lhes dávamos, foi uma verdadeira novidade para os marxistas. Entravam plenamente convencidos de que poderiam repetir o seu eterno jogo:

"Hoje devemos acabar com isso!" Quantos, ao penetrarem nas nossas sessões, não terão proferido, com arrogância, esta frase para algum colega, para caírem diante da porta da sala, antes de gritarem pela segunda vez! E tudo isso com a rapidez de um raio.

Em primeiro lugar, já a presidência dos nossos comícios era diferente da dos demais. Não se mendigava permissão para fazer conferência, também não se garantia a qualquer um, de antemão, a liberdade de fazer discursos intermináveis. Observávamos que a presidência era inteiramente nossa, que estávamos em nossa casa e que a ousadia de interromper a sessão por intervenções extemporâneas seria, sem piedade, castigada com a expulsão imediata. Se sobrasse tempo e isso nos conviesse, toleraríamos uma discussão, mas só nesse caso.

Só isso provocava espanto.

Em segundo lugar, tínhamos á nossa disposição um serviço bem organizado de defesa. Entre os partidos burgueses, esse serviço de defesa, ou, melhor, serviço de ordem, geralmente era confiado a senhores, que, pela dignidade da sua idade, julgavam possuir algum direito à autoridade e ao respeito. Como as massas populares, incitadas por marxistas, não davam, absolutamente, importância a autoridade, nem a idade, essa tal guarda burguesa era, praticamente, inútil.

Logo no começo de nossa grande atividade nos comícios, propus a organização de uma "guarda da sala", como um serviço de ordem para G qual só se deviam recrutar rapazes fortes. Uns eram camaradas que eu conhecia dos tempos do serviço militar; outros eram correligionários há pouco angariados e que, desde os primeiros dias, vinham sendo educados na convicção de que o terror só se vence pelo terror e que, neste mundo, o sucesso, até hoje, sempre se decidiu do lado que demonstrou mais coragem e resolução, que o nosso combate gira em torno de uma idéia formidável, tão grande e elevada que merece plenamente ser resguardada e protegida, mesmo com o sacrifício da última gota de sangue. Estavam convencidos da verdade do seguinte princípio: o ataque constitui a arma mais eficaz da defesa, uma vez que a razão se cala e a violência é chamada a falar. Nossa tropa de serviço de ordem tem que ser precedida da fama de ser uma comunidade de combatentes decididos ao extremo, e não um "Clube de Debates".

E que ânsia reinava, entre essa mocidade, por uma tal divisa!

Que decepção e indignação, que nojo e repugnância animava esta geração de batalhadores ante a moleza sem nome dos burgueses!

Aí é que se via, claramente, que a Revolução só vingara, graças à desoladora direção burguesa do nosso povo. Mesmo naquela época, teria sido possível encontrar braços fortes para proteger o povo alemão, Faltaram, apenas, as cabeças para guiarem-no. Com que olhos faiscantes me olhavam os meus rapazes, quando eu lhes expunha a importância da alta missão, assegurando-lhes, cada vez mais, que, neste mundo, toda sabedoria fracassa quando não é protegida pela força, que a doce deusa da Paz só pode caminhar ao lado do deus da Guerra e que toda e qualquer ação pacífica necessita do amparo e do auxílio da força. Essas preleções contribuíram para a compreensão da idéia de defesa pela força, mais eficientemente do que os processos outrora adotados. Isso se yen. ficava não no espírito dos "fossilizados" funcionários públicos, ao serviço de uma autoridade morta, em um país igualmente morto, mas naqueles que tinham pleno conhecimento do dever, cada um disposto, individualmente, a pagar com a sua vida o tributo exigido pela existência coletiva de seu povo.

Com que entusiasmo se alistavam então esses rapazes!

Tal qual um enxame de vespas, eles caíam em cima de quem ousasse perturbar nossos comícios, sem ter em consideração o fato de os adversários estarem em maioria, sem temer ferimentos nem sacrifícios de sangue, somente animados do grande ideal, que consistia em abrir caminho à santa missão do nosso movimento.

Já no meio do verão de 1920, o Serviço de ordem foi, aos poucos, tomando uma feição definida, até organizar-se, na primavera de 1921, em grupos de cem, que, por sua vez, ainda se subdividiram.

Tudo isso era de uma necessidade premente, pois, nesse ínterim, a atividade nas reuniões aumentava cada vez mais. Ainda nos reuníamos por vezes, na sala de festas do "Münchener Hofbräuhaus", mais freqüentemente, porém, em salas mais espaçosas. A sala de festas do

"Bürgerbräu" e do "Münchener Kindl-Keller" foram o teatro, em 1920 e 1921, da realização de assembléias populares cada vez mais formidáveis. O quadro, porém, era sempre o mesmo. Manifestações do Partido Nacional-Socialista dos Trabalhadores Alemães, já, naquela época, tinham de ser interditas pela Polícia, a maior parte das vezes devido à aglomeração antes do início das reuniões.

A organização do nosso serviço de ordem veio esclarecer uma questão importantíssima. Até então o movimento não possuía, nem insígnias nem estandarte próprios do Partido. A falta de semelhantes emblemas não só apresentava desvantagens no momento, como se tornava indefensável no futuro. As desvantagens consistiam, no presente, na falta de um símbolo para exprimir a solidariedade dos correligionários e, de futuro, não seria possível dispensar um sinal distintivo do movimento que pudesse servir de oposição à "Internacional".

Já na minha juventude, tinha tido, muitas vezes, a ocasião de sentir e compreender a significação psicológica de símbolos dessa ordem. Depois da Guerra, presenciei uma grande manifestação dos marxistas diante do Palácio Real, no Lustgarten. Uma imensidade de bandeiras, de faixas e de flores vermelhas davam a essa manifestação, na qual tomavam parte, aproximadamente, cento e vinte mil pessoas, uma aparência formidável. Pude sentir com que facilidade o homem do povo é empolgado pela magia sugestiva de um tal espetáculo.

A burguesia, que, como partido político, não representa nenhum ponto de vista geral, por isso mesmo, não possuía bandeira própria. Compunha-se de "patriotas" e usava as cores do Reich. Se essas fossem, realmente, o símbolo de uma determinada doutrina, compreender-se-ia que os proprietários" do Estado enxergassem, também, na bandeira deste, a representação de seus pontos de vista, uma vez que o símbolo das suas idéias já se tinha tornado bandeira do Estado e do Reich, graças à sua própria atividade.

Entretanto, as coisas não se passavam desse modo. O Reich se tinha formado sem a contribuição da burguesia alemã. A própria bandeira tinha sido criada no campo da guerra. Não passava, porém, de uma bandeira do Estado, sem a menor significação no sentido de uma finalidade universal.

Só na Áustria alemã é que existia, até então, qualquer coisa parecida com uma bandeira burguesa de partido. Uma parte da burguesia nacional daquele país, escolhendo as cores de 1848, preto, vermelho e ouro, para representar sua bandeira de partido, havia criado um símbolo que, apesar de não ter significação mundial, trazia os característicos políticos do Estado, embora revolucionário. Os inimigos mais acerbos dessa bandeira preta, vermelha e ouro eram, naquele tempo - não esqueçamos isso hoje - os Sociais-Democratas e os Sociais-Cristãos. Eram eles, justamente, que insultavam, então, e emporcalhavam essas cores, tal qual mais tarde, em

1918, fizeram com o pavilhão preto, branco e vermelho. É verdade que o preto, o vermelho e o ouro dos partidos alemães da velha Áustria representavam a cor do ano de 1848, portanto, de uma época que pode ter sido de fantasias, que, porém, contava, entre os seus representantes, com os alemães mais honestos, apesar de, por trás dos mesmos, existir invisível o dedo do judeu. Por essa razão, a traição da pátria e a vergonhosa venda do povo alemão e de suas riquezas tornaram logo essas bandeiras tão simpáticas ao marxismo e ao Centro, que estes partidos, hoje, veneram esses símbolos como a sua maior relíquia, adotando estandartes próprios para proteger a bandeira sobre a qual, outrora, haviam cuspido.

É assim que, até o ano de 1920. o marxismo não contava com nenhuma bandeira adversária que oferecesse um contraste em matéria doutrinária. Mesmo que a burguesia alemã, pelos seus melhores partidos, não quisesse mais condescender, depois do ano de 1918, em adotar, como seu próprio símbolo, a bandeira do Reich, preta. vermelha e ouro, não tinha, também, um programa a apresentar futuramente, nessa nova evolução e nem a idéia de reconstrução do antigo Reich.

É a essa idéia que a bandeira preta, branca e vermelha, do antigo Reich, deve a sua ressurreição como emblema de nossos chamados partidos nacionais- burgueses. É evidente que o símbolo de uma crise que podia ser vencida pelo marxismo, em circunstâncias pouco honrosas, pouco se presta a servir de emblema sob o qual esse mesmo marxismo tem que ser novamente aniquilado. Por mais santas e caras que possam ser essas antigas e belíssimas cores aos olhos de todo alemão bem intencionado, que tenha combatido na Guerra e assistido ao sacrifício de tantos compatriotas, debaixo dessas cores, não pode essa bandeira simbolizar uma luta no futuro.

Ao contrário dos políticos burgueses, sempre defendi, no nosso movimento, a opinião de que, para a nação alemã, foi uma felicidade ter perdido sua antiga bandeira. Não precisamos investigar o que a República tem feito debaixo da sua. De todo coração, deveríamos, porém, ser gratos ao destino misericordioso que preservou a mais heróica bandeira de guerra de todos os tempos de servir de lençol nos antros da prostituição.

O Reich atual, que vende seus cidadãos e a si próprio, nunca deveria arvorar a bandeira preta, branca e vermelha, coberta de honras e de heroísmo. Enquanto durar a vergonha de novembro poderá a República continuar a usar suas insígnias próprias sem roubar a bandeira de um passado honesto. Nossos políticos burgueses deveriam ter consciência de que o uso da bandeira preta, branca e vermelha, por esse Estado, eqüivale a um roubo ao passado. O antigo pavilhão, francamente, só se adaptava ao antigo Reich. Graças a Deus, a República, também, escolheu um de acordo com as suas idéias.

Eis a razão por que nós, nacionais-socialistas, não teríamos podido enxergar, na antiga bandeira, um símbolo expressivo de nossa própria atividade. Nossa intenção não é ressuscitar o velho Reich, que pereceu por seus próprios erros, mas, sim, construir um novo Estado.

A questão do novo pavilhão, isto é, o seu aspecto, ocupava muito a nossa atenção, naquele tempo. De todos os lados recebíamos sugestões muito bem intencionadas, mas sem sucesso. A nova bandeira tinha que representar o símbolo da nossa própria luta, e, ao mesmo tempo, deveria produzir um efeito majestoso sobre as massas. Quem tiver o hábito de lidar com a massa popular verá, facilmente, nessas bagatelas aparentes, questões de grande importância. Um emblema que produza grande efeito pode, em milhares de casos, dar o primeiro impulso ao interesse popular por um movimento qualquer.

Eis porque tivemos de recusar todas as propostas, aliás bastante numerosas, para identificar, por uma bandeira branca, o nosso movimento com o antigo Estado ou, melhor ainda, com aqueles partidos enfraquecidos, cujo único fim político consistia na restauração de situações passadas. Acresce ainda que o branco não é uma cor arrebatadora; ela é apropriada a congregações de virgens castas e puras, e não a movimentos violentos de uma época revolucionária.

O preto foi igualmente proposto. Seria próprio para a época atual, não exprimia, porém, as aspirações do nosso movimento. Além disso, o efeito dessa cor não é empolgante.

Branco-azul não foi aceito, apesar do maravilhoso efeito estético, por ser a cor de um Estado da Alemanha, infelizmente de uma atitude política que não goza da melhor fama, por sua estreiteza regionalista. Aliás, nessa escolha, não haveria nada que correspondesse ao nosso movimento. Preto e branco estava no mesmo caso. Preto, vermelho e ouro, por si mesmo, não entrou em questão, por motivos já mencionados. Preto, branco e vermelho, pelo menos na mesma disposição antiga, também não foi discutido. Quanto ao efeito, esta última composição de cores leva a palma sobre todas as outras, realizando a mais brilhante harmonia.

Eu mesmo fui sempre um advogado da conservação das cores antigas, não só por venerá-las como uma relíquia, na minha qualidade de soldado, como, também, pelo efeito estético que elas exercem e que é mais conforme ao meu gosto.

Apesar disso, fui obrigado a recusar, sem exceção, os inúmeros esboços que saíam, naquele tempo, dos círculos do movimento incipiente, e que, na maior parte, tinham introduzido a cruz suástica na antiga bandeira. Como líder, eu mesmo não queria aparecer logo em público com o meu próprio projeto, porque era possível que alguém tivesse a idéia de outro igual, ou mesmo melhor, do que o meu. Com efeito, um dentista de Starnberg produziu um desenho bem regular e muito parecido com o meu, com um único defeito de trazer a cruz suástica com ganchos curvos sobre um disco branco.

Nesse ínterim, depois de inúmeras tentativas, eu havia chegado a uma forma definitiva; uma bandeira de fundo vermelho com um disco branco, em cujo meio figurava uma cruz suástica preta. Após longas experiências, descobri, também, uma relação determinada entre a dimensão da bandeira e a do disco branco, como entre a forma e o tamanho da cruz suástica, e aí fizemos ponto final.

No mesmo sentido, fez-se logo encomenda de braçais para os encarregados do "serviço de ordem", sendo o braçal vermelho, com um disco branco, trazendo no centro a cruz suástica preta.

O emblema do partido foi esboçado segundo as mesmas diretrizes: um disco branco sobre fundo vermelho e no centro a cruz. Um ourives de Munique, por nome Füss, forneceu o primeiro esboço suscetível de ser empregado e adotado.

Em pleno verão de 1920, o novo pavilhão apareceu, pela primeira vez, em público. Adaptava-se, admiravelmente, ao nosso movimento incipiente. Partido e bandeira distinguiam-se pela novidade. Nunca tinham sido vistos antes. Seu efeito, naquele momento, foi o de uma tocha incendiada. A nossa alegria foi quase infantil quando uma fiel adepta de nosso partido executou o plano pela primeira vez e no-lo entregou. Já poucos meses depois, possuíamos meia dúzia em Munique. As tropas do "serviço de ordem", cada vez mais, extensas, contribuíram, extraordinariamente, para a propagação do novo símbolo do movimento.

Era um símbolo de verdade! Por serem intérpretes da nossa veneração pelo passado, estas cores ardentemente amadas, que, outrora, alcançaram tanta glória para o povo alemão, eram, agora, ainda a melhor materialização das aspirações do movimento. Como nacionais-socialistas, costumamos ver na nossa bandeira o nosso programa. No vermelho, vemos a idéia socialista do movimento, no branco, a idéia nacional, na cruz suástica a missão da luta pela vitória do homem ariano, simultaneamente com a vitória da nossa missão renovadora que foi e será eternamente anti- semítica.

Dois anos mais tarde, quando as "tropas de ordem" já se tinham transformado, há muito tempo, em um batalhão de assalto de muitos milhares de homens, surgiu a necessidade de dar a essa organização de defesa da nova doutrina ainda um símbolo especial de triunfo: Os estandartes! Esses, também, foram esboçados por mim e a execução foi confiada a um fiel adepto do partido, o ourives Guhr. Desde aquele momento, os estandartes passaram a ser os sinais característicos da campanha nacional-socialista.

A atividade nos comícios populares, que crescia, cada vez mais, durante o ano de 1920, levou- nos, por fim, a marcar duas reuniões por semana, As multidões se aglomeravam diante dos nossos cartazes, as salas mais espaçosas da cidade estavam sempre repletas e dezenas de milhares de adeptos, desviados pelos marxistas, voltaram à sua antiga comunidade, para lutar pela liberdade de um Reich futuro. Já estávamos conhecidos pelo público de Munique. Falava-se em nosso nome, e a expressão "Nacional-Socialista" já era familiar a muitos, significando até mesmo um programa, o número dos adeptos do movimento começou a crescer sem interrupção, de modo que, no inverno de 1920/21, já podíamos aparecer em Munique com um forte partido.

Naquele tempo, não havia, fora dos partidos marxistas, nenhum outro, pelo menos de caráter nacional, que pudesse registrar tão grandes manifestações populares.

O "Münchener Kindl-Keller", que podia comportar cinco mil pessoas, ficou, mais uma vez, à cunha, e só havia um local que não tínhamos ousado ocupar, Esse era o circo Krone.

No fim de janeiro de 1921, surgiram, novamente, grandes preocupações para a Alemanha. O tratado de Paris, pelo qual a Alemanha se obrigava ao pagamento da soma absurda de cem bilhões de marcos ouro, devia se tornar uma realidade sob a forma do pacto de Londres.

Uma associação de trabalhistas, que existia há muito tempo em Munique e era formada por ligas populares, queria aproveitar esse pretexto para lançar o convite para um grande protesto coletivo, o tempo urgia e, eu mesmo, me sentia nervoso diante das eternas hesitações quanto às resoluções tomadas. Falou-se, primeiro, em uma manifestação de protesto diante da Feldherrnhaller.

Isso, também, fracassou, surgindo, então, a proposta para uma reunião geral no Münchener- Kindl-Keilcr. Nesse ínterim, passava o tempo. Os grandes partidos não tinham dado a menor atenção ao terrível acontecimento e a associação trabalhista não se podia decidir a fixar uma data certa para a tal manifestação.

Na terça-feira, 1.º de fevereiro de 1921, exigi, com a maior urgência, uma resolução definitiva. Fizeram-me esperar até quarta-feira, Nesse dia, pedi informações seguras quanto à possibilidade da tal reunião, A resposta foi novamente incerta e evasiva, Disseram que tinham a intenção de convidar a associação trabalhista a realizar uma manifestação daí a oito dias.

Com isso esgotou-se a minha paciência e tomei a iniciativa de executar, sozinho, uma manifestação de protesto. Quarta-feira, ao meio-dia, em dez minutos, ditei a uma datilógrafa o anúncio da reunião, mandando, ao mesmo tempo, alugar o circo Krone, para o dia seguinte, quinta-feira, 3 de fevereiro.

Naquela época, isso significava uma ousadia extraordinária, Não era só a incerteza de poder encontrar auditório para encher aquele enorme espaço; havia, também, o perigo de um ataque, durante a sessão.

Nossas "tropas de ordem" não eram suficientes para vigiar um espaço tão grande. Eu também não tinha uma idéia definida sobre a atitude a tomar na eventualidade de Um ataque, Acresce que eu achava a defesa mais difícil em um circo do que em uma sala comum. Devia ser justamente o contrário, como ficou provado mais tarde. Em uma área gigantesca, era mais fácil dominar um batalhão de assalto do que em salas apertadas.

Só havia, de certo, uma coisa: todo fracasso poderia nos atrasar por muito tempo. Um assalto, coroado de sucesso, poderia destruir, de um golpe, a nossa fama e encorajar o adversário a recomeçar o mesmo jogo.

Isso poderia ocasionar uma sabotagem de toda a nossa atividade nos comícios futuros. E semelhante desastre só poderia ser reparado depois de muitos meses e após grandes lutas.

Só dispúnhamos de um dia para pregar cartazes. Infelizmente chovia de manhã e tínhamos o justo receio de que muitos prefeririam ficar em casa a irem a uma reunião debaixo de chuva ou de neve, expondo-se, talvez, até a serem assassinados.

A verdade é que, na manhã de quinta-feira, apoderou-se de mim o pavor de que não conseguiria encher a casa. Imediatamente ditei e mandei imprimir alguns boletins para serem distribuídos à tarde. Se meu receio se realizasse eu passaria uma grande vergonha, diante da associação trabalhista, os folhetos naturalmente encerravam o convite para a reunião.

Dois caminhões, que eu mandei fretar, foram cobertos com o maior número possível de panos vermelhos, arvorando algumas bandeiras nossas. Quinze a vinte adeptos do nosso partido partiram nos mesmos, com a ordem expressa de passar por todas as ruas da cidade jogando boletins, enfim, fazendo propaganda para a colossal manifestação da noite, Era a primeira vez que caminhões embandeirados passavam pela cidade sem serem guiados por marxistas. Eis porque a burguesia via, boquiaberta, a passagem dos carros enfeitados de vermelho e de bandeiras nazistas que voavam ao vento, enquanto, nos bairros afastados do centro da cidade, levantavam-se, também, inúmeros punhos cerrados que exprimiam uma fúria visível contra a última "provocação ao proletariado", Até então só o marxismo possuía o monopólio de organizar reuniões e de andar para cima e para baixo em caminhões.

As 7 horas da noite, o circo ainda não estava repleto. De dez em dez minutos, chamavam-me ao telefone. Sentia-me bastante inquieto, pois às sete horas ou às sete e um quarto, as outras salas já estavam quase completamente cheias. A razão, aliás, não tardou a ser descoberta: eu não tinha contado com as dimensões gigantescas do novo local. Mil pessoas na sala do Hotbräuhaus já faziam um bonito efeito, enquanto passavam inteiramente despercebidas no circo Krone. Quase não se via ninguém. Pouco depois começaram a vir comunicações mais favoráveis e, às oito horas menos um quarto, diziam-me que três quartos do circo já estavam ocupados, havendo grande multidão diante dos guichês da entrada. Com essa notícia eu me pus a caminho.

Cheguei ao circo às oito horas e dois minutos. Via-se, ainda uma grande multidão diante do mesmo; alguns pareciam meros curiosos, outros, adversários, que esperavam fora o desenrolar dos acontecimentos. Quando penetrei na formidável área deixei-me empolgar pela mesma alegria que havia experimentado no ano precedente, quando da primeira reunião na sala de festas da Bräuhaus, de Munique, Mas somente depois de eu ter, a muito custo, conseguido passar através de verdadeiras muralhas humanas, até chegar ao estrado um pouco elevado, e que o sucesso, em toda a sua plenitude, se manifestou aos meus olhos. Esse local se estendia diante de mim como uma concha enorme, repleta de milhares e milhares de pessoas.

Até o picadeiro estava repleto. Na entrada, tinham sido distribuídos cinco mil e seiscentos cartões; sem se contar o número total dos sem trabalho, dos estudantes pobres e dos nossos homens do "serviço de ordem", deviam ser ao todo seis mil e quinhentas pessoas.

"Marchamos para um futuro de prosperidade ou para a derrocada?" Era esse o tema da minha conferência e meu coração exultava na convicção de que o futuro estava ali diante dos meus olhos. Comecei a falar e falei cerca de duas horas e meia. Depois da primeira meia hora, já eu pressentia que a reunião teria um grande sucesso. Estava estabelecida a ligação com todos esses milhares de indivíduos. Já no fim da primeira hora, comecei a ser interrompido por aplausos que explodiam cada vez mais, espontaneamente, para decrescer novamente, depois de duas horas, passando a um silêncio solene que eu devia, mais de uma vez, mais tarde, constatar nesse lugar, e de que cada um de nós guarda uma lembrança imperecível. Quase que não se ouvia outra coisa senão a respiração dessa multidão colossal e, só depois que proferi a última palavra, é que se levantou, subitamente, um bramido que somente cessou com o cântico patriótico "Alemanha", entoado com o máximo ardor. Eu observava como, aos poucos, a enorme área começava a se esvaziar e uma monstruosa onda de gente procurava a saída pela grande porta do centro. Isso durou quase vinte minutos. Só então, possuído do mais vivo contentamento, deixei o meu lugar, a fim de voltar para casa.

Tiraram-se fotografias dessa primeira reunião no circo Krone, de Munique. Melhor do que palavras, servirão elas para provar a importância da manifestação. Jornais burgueses trouxeram ilustrações e notícias mencionando, porém, unicamente, o caráter "nacional" da manifestação, silenciando, porém, como sempre, sobre o nome dos organizadores.

Com essa demonstração, saímos, pela primeira vez, do quadro dos partidos existentes. Não podíamos mais passar despercebidos. Para impedir a todo o preço a impressão de que esse sucesso pudesse ser visto como efêmero, marquei, imediatamente, para a semana vindoura, a segunda manifestação no circo, e o sucesso foi idêntico.

Novamente, o imenso espaço se achava à cunha, a tal ponto que decidi organizar, pela terceira vez, outra reunião do mesmo gênero, na semana seguinte e, pela terceira vez, o circo gigantesco ficou apinhado de gente.

Após esse confortador início do ano de 1921, desenvolvi ainda mais nossa atividade na organização de comícios, em Munique. Chegamos a realizar não um, mas, às vezes, dois comícios por semana. No meio do verão e no fim do outono, realizávamos até três por semana. Nós nos reuníamos sempre no circo e, para nossa grande satisfação, constatávamos todas as noites o mesmo brilhante sucesso de sempre.

O resultado foi então um acréscimo ininterrupto do número de adeptos do movimento.

Era natural que esses sucessos inquietassem os nossos adversários. Uma vez que estes, sempre vacilantes na sua tática, ora aconselhavam o terror, ora um silêncio absoluto, tornavam-se incapazes de impedir o progresso do nosso movimento de um modo ou de outro, como eles próprios eram obrigados a reconhecer. Foi assim que, em um esforço supremo, resolveram-se a um ato terrorista, a fim de sufocar, definitivamente, a nossa atividade nos comícios. Como pretexto a tal atitude aproveitaram-se de um atentado extremamente misterioso contra um deputado da Dieta, por nome Erhard Auer. Constava que, certa noite, ele tinha recebido um tiro, sem se saber de quem. A verdade é que ele não foi atingido. Houve, porém, ao que se dizia, a intenção. Tudo não passou de boatos. A fantástica presença de espírito, assim como a coragem proverbial do chefe do partido social- democrata, teria não só anulado o ataque criminoso como, também, induzido a fugir, vergonhosamente, os miseráveis autores. Tinham fugido tão depressa e para tão longe, que, mesmo mais tarde, a polícia não pôde mais descobrir o menor rastro deles. Esse processo misterioso serviu ao órgão do partido social democrata de Munique como instrumento de intriga contra o nosso movimento. Medidas tinham sido tomadas para evitar os nossos impressionantes progressos. Nesse programa, estava prevista uma oportuna intervenção de parte do proletariado, por meio da violência.

E o dia da intervenção não se fez esperar.

Foi escolhido um comício, na sala de festas do Hotbräuhaus, de Munique, na qual eu mesmo devia falar, para se decidir, definitivamente, a questão.

No dia 4 de novembro de 1921, recebi, entre 6 e 7 horas da noite, as primeiras notícias positivas sobre o próximo ataque ao comício e soube que se tinha a intenção de mandar para o local grandes grupos de operários recrutados para esse fim, especialmente em alguns meios rubros.

A um feliz acaso devemos o não termos recebido antes disso esse aviso. Nesse dia mesmo, tínhamos deixado nosso velho e respeitável escritório da Sterneckergasse, em Munique, mudando-nos para um novo, isto é, tínhamos saído do velho, mas não podíamos ainda entrar no novo, pois esse estava em obras. Como o telefone da antiga sede tinha sido retirado e ainda não estava colocado na segunda, foram inúteis os esforços de numerosas comunicações telefônicas, avisando-nos sobre o ataque planejado.

A conseqüência disso tudo foi ficar o serviço de defesa do comício reduzido a algumas patrulhas muito fracas. Achava-se presente só uma companhia numericamente fraca, de, mais ou menos, quarenta e seis pessoas. O serviço de patrulhamento ainda não estava bastante organizado para que se pudesse mandar vir, à noite, dentro de uma hora, um reforço suficiente. Acrescia ainda que boatos alarmantes desse gênero, já nos tinham chegado aos ouvidos inúmeras vezes, sem que nada de extraordinário tivesse acontecido. O velho ditado, segundo o qual, revoluções preditas, geralmente não arrebentam, até então tinha sido confirmado pelos fatos.

Eis por que não se tomaram todas as precauções necessárias para enfrentar um possível ataque, pela maneira mais violenta. Considerávamos a sala de festas do Hofbräuhaus, de Munique, como totalmente imprópria para ser atacada. Tínhamos receado isso muito mais nas grandes salas, sobretudo no circo. A esse respeito, esse dia nos trouxe uma preciosa lição. Mais tarde estudamos todas essas questões, posso dizer, com método científico, chegando a resultados tão surpreendentes quanto interessantes e que se tornaram, nos tempos que se seguiram, de uma importância fundamental para a direção organizadora e a tática de nossos pelotões de assalto. Quando, às 8 menos um quarto, penetrei na entrada do Hofbräuhaus, não podia, com efeito, subsistir a menor dúvida sobre tal intenção. A sala estava repleta e, por isso, interdita pela polícia.

Os adversários, que tinham chegado muito cedo, achavam-se na sala e a maior parte dos nossos adeptos encontravam-se fora do recinto. A pequena "tropa de assalto" me esperava na entrada. Mandei fechar as portas da grande sala, dei ordens para que entrassem os quarenta e tantos homens. Expus aos rapazes que havia chegado a hora de provarem, pela primeira vez, a sua fidelidade inquebrantável ao movimento. Nenhum de nós tinha o direito de deixar a sala senão depois de morto. Eu ficaria, pessoalmente, na sala e não supunha que um só deles ousasse me abandonar. Se, porém, chegasse a avistar algum que se mostrasse, pessoalmente, covarde, arrancar-lhe-ia o braçal e a insígnia. Depois disso, incitei-os a irem para frente, logo que notassem qualquer tentativa de assalto, sem esquecerem que o melhor meio de defesa é o ataque.

A resposta foi um "viva", repetido três vezes, e que, nessa ocasião, soou mais alto do que de costume. Depois disso, entrei na sala, podendo, então, com os meus próprios olhos, colher uma vista panorâmica da situação. Os inimigos ali estavam, em massas compactas, procurando furarme com os olhares. Inúmeras caras se voltavam para mim, mal contendo seu ódio, enquanto outras, com caretas sarcásticas, faziam exclamações insofismáveis. "Hoje eles acabariam conosco", "nós devíamos defender nossas tripas", "nossas bocas seriam definitivamente arrolhadas", enfim uma série de belas locuções desse jaez. Estavam conscientes de sua superioridade e manifestavam-se de acordo com a atmosfera do momento.

Apesar de tudo, a sessão pôde ser abei-ta e tomei a palavra. Na sala de festas do Hofbräuhaus eu tomava lugar sempre em um dos lados, em uma mesa de cerveja. Assim ficava, realmente, no meio do público. Talvez essa circunstância contribuísse para criar, nessa sala, um ambiente como nunca encontrei em nenhum outro lugar.

Na minha frente, sobretudo mais para a esquerda, só havia adversários, sentados e de pé. Eram todos homens e rapazes robustos, em grande parte trabalhadores da fábrica Maffei, de Kusterman, Isasrizäher, etc. Ao longo da parede esquerda da sala, já tinham empurrado as mesas até bem perto da minha e começavam a recolher os quartilhos. Encomendavam sempre mais cerveja, colocando os recipientes vazios debaixo da mesa. Assim se formavam verdadeiras baterias. Teria sido um milagre se as coisas, dessa vez, acabassem em pai. Depois de hora e meia, mais ou menos, - período durante o qual consegui falar, apesar de todos os apartes - parecia que eu chegaria a dominar a situação. O mesmo receio parecia terem os chefes do pelotão de ataque. Sua inquietação aumentava. De vez em quando saiam e entravam novamente, falando, visivelmente nervosos, com o seu pessoal.

Um pequeno erro psicológico que cometi, respondendo à um aparte e de cuja inoportunidade tive imediatamente consciência, mal acabava de proferir a palavra, foi o sinal para o começo do conflito.

Depois de alguns apartes enfurecidos, um homem saltou em cima de uma cadeira, berrando para o público: "Liberdade!" Os "pioneiros" da liberdade só esperavam esse sinal para entrar na luta.

Em poucos segundos a sala inteira se achava repleta de uma multidão que berrava e gritava e, por cima da qual, como obuses, voavam inúmeros copos; ouviam-se o rachar de pernas de cadeiras, o quebrar de quartilhos, gritos e berros de toda espécie.

Era um espetáculo simplesmente ridículo. Fiquei parado no meu lugar, podendo observar com que consciência meus rapazes cumpriam o seu dever, Eu desejava ver como se portariam os burgueses em uma tal situação.

A "dança" ainda não tinha começado e já minha patrulha de assalto - nome que se guardou desde esse dia - iniciava seu ataque. Como lobos, precipitavam-se, em matilhas de oito ou dez, sobre os seus adversários, conseguindo, aos poucos, porem-nos fora da sala. Ao cabo de cinco minutos, quase todos eles estavam sujos de sangue. Quantos eu conheci somente a partir daquele momento! A frente de todos estavam o bravo Maurice. meu atual secretário particular, Hesse e muitos outros que, apesar de gravemente feridos, voltavam sempre ao ataque, enquanto se podiam manter de pé. O barulho infernal durou vinte minutos, no fim dos quais, os adversários, que podiam ser setecentos ou oitocentos, já tinham sido expulsos da sala e jogados de escada abaixo, pelos meus homens, que não eram mais de cinqüenta.

Só no lado esquerdo do fundo da sala ainda permanecia um grande grupo, que opunha a mais encarniçada resistência. Subitamente, da entrada da sala, deram dois tiros de pistola sobre o estrado. seguidos de um tiroteio desenfreado. Exultávamos diante de uma tal ressurreição de antiga cena guerreira.

Não havia mais meio de distinguir quem atirava. Só uma coisa se podia verificar, é que a fúria dos meus rapazes, cobertos de sangue, tinha aumentado e que, afinal, os últimos desordeiros, vencidos, eram jogados fora da sala.

Tinham decorrido, mais ou menos, vinte e cinco minutos. O aspecto da sala era como se uma granada aí tivesse estourado.

Muitos dos meus adeptos estavam sendo submetidos a curativos, outros tinham que ser transportados, mas nós tínhamos ficado senhores da situação.

Hermann Esser, que, nessa noite, havia assumido a chefia da sessão, declarou: A sessão continua. Tem a palavra o orador. E eu recomecei a falar.

Depois que, nós mesmos, já tínhamos encerrado a sessão, entrou de repente um agitado tenente de polícia gritando, com movimentos descontrolados: "A reunião está suspensa!"

Involuntariamente, tive que rir desse retardatário. Nos policiais, essa mania de importância é típica. Quanto menores eles são, mais querem aparentar autoridade.

Nessa noite, tínhamos realmente aprendido muito e nossos adversários, também, não esqueceram a lição recebida. Até o outono de 1923, o "Münchener Post" não nos amedrontou mais com as ameaças de violência por parte do proletariado.

CAPÍTULO VIII

O FORTE É MAIS FORTE SOZINHO

No capítulo precedente, tive ocasião de mencionar a existência de uma associação trabalhista formada por ligas racistas alemãs e desejo, aqui, elucidar, em poucas palavras, o problema dessas organizações.

Geralmente entende-se por associação trabalhista um agrupamento de ligas que, para facilitarem o seu trabalho, assumem compromissos recíprocos, escolhem uma direção comum, de competência mais ou menos reconhecida, para realizarem uma ação de conjunto.

Só por esse fato, já se vê que se trata de associações ou partidos, cujas finalidades são mais ou menos idênticas.

Para o tipo normal do cidadão é agradável e cômodo saber que, pelo fato de tais ligas se unirem formando uma associação, elas destacam os traços que as podem unir, pondo de lado o que as pode separar.

Com isso surge a convicção de que a força de uma tal agremiação aumentou extraordinariamente e que os pequenos grupos se transformaram subitamente em uma verdadeira potência.

Isso, porém, é quase sempre falso.

É interessante e, na minha opinião, de grande importância para a compreensão do problema, conseguir ver claramente como é possível a formação de ligas, associações, etc., todas visando à mesma finalidade.

Seria lógico que cada liga visasse apenas a um fim.

Incontestavelmente, esse objetivo só tinha sido visado por uma liga. Em determinada liga, um indivíduo proclama uma verdade, convida outros a resolverem uma questão, propõe uma finalidade e organiza um movimento que tende à realização de seu objetivo.

Funda-se assim uma associação ou um partido que, segundo seu programa, deve conseguir ou a supressão dos males existentes ou o estabelecimento de condições especiais para o futuro.

Logo que surge um tal movimento, possui ele praticamente um certo direito de prioridade.

Nada mais natural que todos os homens, visando ao mesmo objetivo, se filiassem ao novo movimento, fortalecendo-o, para melhor servirem à causa comum.

Cada indivíduo que pensa por si deveria ver em uma tal filiação a condição indispensável para o êxito da causa coletiva

Para atingir-se esse objetivo só um movimento organizado pode ser eficiente.

Há duas causas para que isso não se verifique. A uma delas eu daria o qualificativo de "trágica", a segunda reside na própria fraqueza humana. Em verdade, só vejo em ambas essas causas fatos que se prestam a reforçar a vontade e a energia humana e, por uma educação aprimorada da atividade dos homens, tornar possível a solução desse problema.

Eis a razão pela qual nunca uma liga por si só pode dar a solução de um determinado problema. Toda realização importante será geralmente a satisfação de um desejo alimentado, de há muito, secretamente, por milhões de entes humanos.

Pode acontecer que, durante séculos e séculos, se anseie pela solução de um determinado problema, sem que, devido à pressão de condições difíceis, se chegue jamais à realização desses anelos.

Deve-se dar o qualificativo de impotentes aos povos que, em uma tal emergência, não encontram uma solução heróica. A força vital de um povo, o seu direito à vida, se manifestam do modo mais impressionante, no momento em que esse povo recebe a graça de um homem que o destino reservou para a realização de suas aspirações, isto é, para a libertação de um grande cativeiro, para a supressão de amargas dificuldades.

É um fenômeno típico de todos os problemas do momento que milhares trabalhem na sua solução, que muitos se julguem predestinados, para que, enfim, a sorte, no jogo das forças, escolha o mais competente para confiar-lhe a solução do problema.

Assim, pode acontecer que durante muitos séculos, descontentes com a conformação de sua vida religiosa, aspirem a uma inovação e que, dessa aspiração moral, surjam dúzias de homens que se crêem eleitos, pela sua clarividência ou pelo seu saber, como profetas de uma nova doutrina ou pelo menos como lutadores contra outra já existente.

Aqui também, pela ordem natural das coisas, certamente será o mais forte que será escolhido para cumprir a grande missão; apenas os outros só muito tardiamente reconhecem o fato de ser este o único eleito. Ao contrário, todos se julgam com os mesmos direitos e predestinados a resolver o problema, sendo que a coletividade geralmente é que menos sabe distinguir quem dentre eles é capaz de realizar a mais alta missão, quem merece o apoio de seus semelhantes.

É desse modo que, no decorrer dos séculos, às vezes, até dentro de uma mesma época, surgem diferentes homens organizando movimentos que visam, pelo menos na teoria, finalidades idênticas ou assim julgadas pela grande maioria. O povo nutre desejos vagos e convicções indeterminadas, sem saber explicar com clareza o que, realmente constitui a essência da sua finalidade ou do seu desejo próprio ou mesmo da possibilidade de sua realização.

O ponto trágico reside no fato de que esses indivíduos aspiram, por caminhos diferentes, a fim idêntico, sem se conhecerem entre si, e, por isso mesmo, na fé mais ingênua em sua própria missão, vão seguindo o seu caminho julgando-se no dever de cumpri-la sem a menor consideração para com os outros.

Que tais movimentos, partidos, agrupamentos religiosos, completamente independentes uns dos outros, surjam das aspirações gerais, em dado momento histórico, para encaminhar a sua atividade na mesma direção, é o que, pelo menos à primeira vista, parece lastimável, por prevalecer a opinião geral de que as forças dispersadas em rumos diferentes e depois concentradas em um só conduzem, mais depressa e mais seguramente, ao sucesso almejado. Tal, porém, não se verifica. A natureza, na sua lógica implacável, decide a questão deixando entrarem em luta os diferentes grupos na competição pela vitória, e conduzindo ao fim almejado o movimento dos que tiverem escolhido o caminho mais reto, mais curto e mais seguro. Como, porém, determinar se estava certo ou errado o caminho seguido, quando as forças se exercem livremente, quando a última decisão deriva da resolução doutrinária de sabichões e é entregue às infalíveis demonstrações do sucesso visível que, no final de contas, é sempre a sanção última de uma ação?

Se, portanto, diversos grupos visam ao mesmo alvo por caminhos diferentes, logo que tomarem conhecimento da analogia de suas aspirações com as dos outros, submeterão o seu programa a um exame mais minucioso, tentando com redobrado esforço alcançar o fim o mais depressa possível.

Essa concorrência tem por fim um aperfeiçoamento do combate individual e não é raro que a humanidade deva o triunfo de suas doutrinas ao fracasso de tentativas precedentes. Assim é que podemos reconhecer no fato aparentemente lamentável da dispersão inicial e inconsciente, o remédio pelo qual chegaremos ao melhor resultado.

A história nos mostra - e nisso, quase todas as opiniões estão de acordo - que os dois caminhos abertos à solução do problema alemão, cujos principais representantes e campeões eram a Áustria e a Prússia, Habsburgos e Hohenzollern, desde o princípio deveriam correr paralelos. Segundo essas opiniões, nossas forças se deveriam ter unificado e tomado uma ou outra dessas direções. Naquele tempo, porém, o caminho escolhido foi o menos importante; as intenções austríacas, entretanto, nunca teriam conduzido à construção de um Reich alemão.

O Reich alemão surgiu justamente daquilo que milhões de alemães consideravam, com o coração sangrando, como o último e mais terrível emblema da nossa briga entre irmãos: a coroa imperial da Alemanha. saiu verdadeiramente do campo de batalha de Königgrätz e não dos combates diante de Paris, como geralmente se supõe.

A fundação do Reich alemão não foi o resultado de qualquer aspiração comum animando iniciativas comuns; resultou muito mais de uma luta, ora consciente ora inconsciente, pela hegemonia, sendo que dessa luta foi a Prússia que saiu vitoriosa por fim. E quem não se deixar cegar por partidos políticos, renunciando assim à verdade, terá que confirmar que a chamada sabedoria humana nunca teria tomado a sábia resolução que resultou do livre jogo das forças reais.

Quem nos países de raça alemã teria acreditado, há duzentos anos, que não os Habsburgos, mas a Prússia dos Hohenzollern, seria um dia a célula mater, a pedra fundamental do novo reino?! Quem, ao contrário, ainda se meteria a negar hoje que o Destino fez bem, agindo assim? Quem poderia ainda imaginar um Reich alemão implantado sobre as bases de uma dinastia corrompida e decadente?

Não, a evolução natural, se bem que após uma luta secular, assegurou à melhor parte do povo alemão o lugar que lhe compete.

Foi e será sempre assim na vida das nações.

Não se deve, pois, lamentar o fato de diferentes indivíduos se porem em caminho para atingir o mesmo alvo: o mais forte e o mais expedito será sempre o vitorioso.

Na vida dos povos, ainda há uma segunda causa que determina freqüentemente que movimentos de aparência idêntica, procurem, por vias diversas, uma finalidade aparentemente idêntica. Essa causa, por demais deplorável, é conseqüência de um misto de inveja, ciúme, ambição e desonestidade que se encontram, infelizmente, às vezes reunidos em um mesmo indivíduo. Logo que apareça um homem conhecendo profundamente as misérias do seu povo e que procure enxergar claramente a natureza dos seus males, tentando remediar tudo, logo que ele visar um fim e traçar o caminho a seguir, imediatamente os espíritos mais mesquinhos ficam atentos, seguindo com ansiedade os passos desse homem que chamou a si a atenção geral, Esses indivíduos se portam como os pardais, que, aparentemente sem nenhum interesses, na realidade, observam com ansiedade e com a intenção de furtar, um companheiro mais feliz que logra achar uma migalha de pão, Basta que um indivíduo enverede por um novo caminho para que muitos vagabundos fiquem alertas farejando qualquer petisco saboroso que possa ter sido jogado nesse caminho. Logo que o descobrem, põem-se em marcha para alcançar o alvo, se possível por um atalho.

Uma vez lançado o novo movimento e fixado o seu programa definido, aparece aquela gente pretendendo bater-se pelas mesmas finalidades; isso, porém, é mentira, pois eles não se alistam nas fileiras da causa para reconhecer-lhes a prioridade, mas, ao contrário, plagiam seu programa lançando sobre ele os fundamentos de novo partido. Nisso tudo eles se mostram desavergonhados, afirmando ao público inconsciente que as intenções do outro partido já há muito eram as suas também, e o pior é que, com essas pretensões, conseguem aos poucos aparecer sob um prisma simpático, em vez de caírem rio desprezo geral que mereciam. Pois, não é uma grande falta de vergonha tomar a si a missão proclamada pela bandeira alheia, refutar as diretrizes do programa alheio, para depois seguir seus próprios caminhos como se tivesse sido o plagiário o criador de tudo? O maior descaramento consiste em serem esses elementos, - aliás os primeiros causadores da dispersão, por suas sucessivas inovações - os que mais proclamam a necessidade da união, logo que se convencem de não poderem tomai- a dianteira do adversário.

A um processo desses é que se deve a chamada "dispersão dos elementos racistas". Aliás, como a evolução natural das coisas tem provado suficientemente, a formação de toda uma série de grupos e partidos denominados racistas, nos anos de 1918 e 1919, foi um acontecimento que não pode ser absolutamente atribuído aos seus autores. Desses fatos todos, já no ano de 1920, tinha surgido vitorioso o Partido Nacional Socialista dos Trabalhadores Alemães. Não pode haver melhor prova da honestidade 1)1-overbial dos promotores desse movimento do que a decisão, verdadeiramente admirável, de muitos deles, de sacrificarem ao movimento mais forte o outro por eles chefiados e cujo sucesso era muito menor, havendo, por isso, conveniência em dissolvê-lo ou incorporá-lo incondicionalmente.

Isso se aplica sobretudo a Julius Streicher, o principal campeão do Partido Socialista de Nuremberg. Naquela época, o Partido Nacional Socialista dos Trabalhadores Alemães e o Partido Socialista Alemão tinham nascido inteiramente independentes um do outro, mas visando às mesmas finalidades. O principal precursor nas lutas preparatórias para a formação do Partido Socialista Alemão foi,

como já dissemos, Julius Streicher, então professor em Nuremberg. A princípio, estava ele também solenemente convencido da missão futura do seu movimento. No momento, porém, em que não restava mais dúvida nenhuma sobre a força maior e a maior extensão do Partido Nacional Socialista dos Trabalhadores Alemães renunciou ele à sua atividade na propaganda do Partido Socialista Alemão, incitando os seus adeptos a enfileirarem-se no Partido Nacional Socialista dos Trabalhadores Alemães, que tinha saído vitorioso na luta recíproca. Propôs- se então a batalhar em nossas fileiras pelo ideal comum, o que constitui uma resolução tão heróica quanto digna de um homem de bem.

Nessa primeira fase do movimento não se verificou nenhuma dispersão, sendo que quase por toda parte a vontade bem intencionada dos homens da época conduzia a um resultado honesto e seguro. Aquilo que hoje entendemos por dispersão dos elementos racistas" deve sua existência, como já acentuamos, à segunda causa por mim mencionada (e isso sem exceção): homens ambiciosos que, antes, nunca tinham visado a fins próprios nem possuído idéias próprias, sentiram a sua "vocação" precisamente no momento em que os sucessos do Partido Nacional Socialista dos Trabalhadores Alemães começavam a firmar-se.

Surgiram, então, programas, do começo ao fim, copiados dos nossos, combates por idéias decalcadas sobre as nossas, exposição de finalidades já há anos visadas por nós, escolha de caminhos há muito já trilhados pelo nosso Partido. Procurou-se por todos os meios achar um motivo para a formação obrigatória desses novos partidos, já existindo há tanto tempo o nosso. Quanto mais nobres eram os pretextos menos verdade continham.

Na verdade um único motivo era a causa de tudo; a ambição pessoal dos fundadores de representar um papel dificilmente preenchido pela sua própria pequenez, se não fosse uma grande ousadia de adotar pensamentos alheios, com uma petulância que, na vida burguesa, só se costuma atribuir aos ladrões.

Naquela época não existiam representações nem idéias alheias de que semelhante cleptômano político não se apoderasse logo para servir aos seus novos interesses. Os autores de tal plágio eram, porém, os mesmos indivíduos que mais tarde, com lágrimas nos olhos, ousavam deplorar profundamente a "dispersão dos elementos racistas" falando sem cessar da "necessidade da união", na secreta esperança de, finalmente, embrulharem os outros de tal maneira que esses, cansados de ouvir os gritos de eterna acusação, lhes faziam presente não só das idéias roubadas como também dos movimentos criados para propagá-las.

Se todavia não conseguiam isso e se as novas empresas não rendiam o que se esperava delas, devido à pequena capacidade intelectual de seus diretores, a coisa se liquidava mediante um preço menor, e já se considerava feliz quem nesse caso podia ingressar em uma das tais associações trabalhistas.

Todos os que, naquele tempo, não conseguiam manter-se independentemente, filiavam-se a tais associações, inspirados talvez na crença de que oito aleijados de braços dados certamente serão equivalentes a um gladiador.

Se acontecia que entre os aleijados aparecesse de fato um que não o fosse, tinha esse que despender toda sua força só para manter os outros de pé, acabando finalmente por ficar inválido também. É preciso considerar sempre como uma questão de tática a cooperação nessas chamadas associações trabalhistas; não devemos, porém, nos afastar nunca da seguinte verdade fundamental:

A formação de uma associação trabalhista nunca concorrerá para transformar ligas fracas em poderosas; uma liga forte ao contrário pode às vezes enfraquecer-se por causa daquelas. É falsa a suposição de que da fusão de grupos fracos possa resultar um fator de energia, pois a maioria, sob toda e qualquer forma e em todas as hipóteses, tem sido sempre a representante da tolice e da covardia. É assim que todas as ligas, dirigidas por muitas cabeças, estão totalmente votadas à covardia e à fraqueza. Acresce ainda que uma tal coesão impede o livre exercício das forças, a luta pela seleção do melhor elemento, barrando assim a possibilidade da vitória final, que deve coroar o mais sadio e o mais forte.

Semelhantes coalizões são, portanto, contrárias à seleção natural, impedindo, na maior parte das vezes, a solução do problema a resolver.

Pode acontecer que considerações de ordem puramente estratégica possam induzir a chefia suprema do movimento a concluir, por um curto período, um pacto com ligas desse gênero, a fim de tratar determinadas questões e talvez empreender até alguns passos em comum, semelhantes relações entretanto, não devem nunca se prolongar indefinidamente, se o movimento não quiser renunciar à sua missão redentora. É que, uma vez que se empenha em uma tal união, o movimento perde a possibilidade e o direito também de exercer plenamente sua própria força, no sentido de uma evolução natural, como seja a derrota dos rivais e a vitória do fim que se propõe.

Ninguém deve esquecer que tudo o que há de verdadeiramente grande neste mundo não foi jamais alcançado pelas lutas de ligas, mas representa o triunfo de um vencedor único. O êxito de coalizões já traz na sua origem o germe da corrupção futura. Na realidade só se concebem grandes revoluções suscetíveis de causar verdadeiras mutações de ordem espiritual, quando arrebentam sob a forma de combates titânicos de elementos isolados, nunca, porém, como empreendimentos de combinações de grupos.

É assim que, antes de tudo, o Estado nacionalista nunca será criado pela vontade vacilante de uma associação nacional de operários, mas unicamente pela vontade férrea do movimento que sozinho alcançou a vitória na luta contra todos.

CAPÍTULO IX

IDEIAS FUNDAMENTAIS SOBRE O FIM E A ORGANIZAÇÃO DOS TRABALHADORES SOCIALISTAS

O poder da antiga nação era apoiado em três colunas: a constituição monárquica, o corpo administrativo e o exército. A revolução de 1918 revogou a constituição monárquica, dissolveu o exército e entregou o corpo administrativo à corrupção partidária. Com isso foram, porém, destruídos os sustentáculos principais da chamada autoridade do Estado.

Essa baseia-se quase sempre sobre aqueles elementos que, em geral, são o fundamento de toda autoridade.

O primeiro fundamento para a formação do princípio da autoridade consiste sempre na popularidade. Uma autoridade, porém, que se apoia unicamente nesse fundamento é ainda extremamente fraca, insegura e vacilante. Todo portador de uma tal autoridade, baseada exclusivamente sobre as simpatias populares, deverá, por essa razão, tratar de melhorar a base dessa autoridade pela criação do poder. No poder, na força material, vemos a segunda base de toda autoridade. É essencialmente mais sólida, mais segura, mas nem sempre mais vigorosa do que a primeira. Quando se reúne a popularidade com a força material, e conseguem as mesmas sobreviver juntas, um certo tempo, então poderá surgir uma autoridade sobre uma base fundamental ainda mais sólida, a autoridade da tradição. Quando, enfim, se ligam. a popularidade, a força material e a tradição, pode-se, então, falar de uma autoridade inabalável.

Com a Revolução esta última hipótese foi inteiramente afastada, pois já não havia mais a tradição. Com a queda do Império, com a mudança da antiga forma de governo, com a destruição das antigas insígnias e símbolos do Império, a tradição foi, de um golpe, destruída, o resultado disso foi o mais forte abalo ria autoridade do Estado.

Até a segunda coluna da autoridade, a força material, não existia mais. A fim de fazer o possível para levar a cabo a Revolução, era necessário dissolver o exército como encarnação da capacidade organizadora e da força do Estado. Mais ainda, devia-se utilizar a parte do exercício dividido como elemento para o combate revolucionário. Se bem que nos exércitos do front não se tivesse realizado totalmente essa decomposição, os mesmos, no entanto, à proporção que deixavam atrás de si os gloriosos campos das suas heróicas lutas, que duraram quatro anos e meio, iam sendo corroídos pelo ácido da desorganização e acabaram, após a desmobilização, por entrar na confusão da denominada obediência espontânea da época dos "Conselhos dos soldados".

Nessas bordas revoltosas de soldados, que eram de opinião que o serviço militar deveria ser idêntico ao dia de oito horas de trabalho, não se podia, é claro, apoiar nenhuma autoridade. Com isso desaparecia também o segundo elemento, que é a garantia da solidez da autoridade, e a Revolução passava a dispor, unicamente, do primeiro, isto é, da popularidade, para erigir sobre ele a sua autoridade. Essa base era, porém, um elemento extraordinariamente incerto. De fato, conseguiu a Revolução, por meio de um poderoso golpe, destruir o antigo edifício do Estado. A razão por que a Revolução logrou esse efeito, deve ser vista no fato de já ter sido destruído pela guerra o equilíbrio normal da organização de nosso povo.

As nações podem ser divididas em três grandes classes; em um extremo encontra-se a humanidade superior, portadora de todas as virtudes, distinguindo-se, principalmente, pela coragem e capacidade de sacrifícios; na outra extremidade, acham-se os representantes da vileza humana, possuidores de todos os impulsos e vícios egoístas. Entre estes dois extremos, encontra-se uma terceira classe, a vasta camada média, na qual não se encontram nem radiantes heroísmos nem tendências criminosas.

Tempos de grande prosperidade de uma nação se distinguem, pode-se dizer mesmo, só existem, quando a sua direção está nas mãos da parte melhor da sociedade.

Tempos de um desenvolvimento normal e harmônico ou de um Estado sólido são caracterizados pela evidente dominação dos elementos do centro, em que ambos os extremos se encontram em equilíbrio.

Tempos de ruína de um povo são determinados pela ação predominante dos elementos inferiores.

Notável é, nesse caso, que a grande massa, como classe do centro, como a classifiquei, só apareça quando os dois extremos se combatem mutuamente. No caso da vitória de um dos extremos, sempre se subordina voluntariamente ao vencedor.

No caso de vencer o extremo melhor, a grande massa acompanhá-lo-á; na hipótese de subir o extremo do mal a massa pelo menos não lhe oporá resistência, pois as camadas do centro nunca entram em combate.

A guerra sangrenta, nos seus quatro anos e meio, destruiu, a tal ponto, o equilíbrio interno dessas três classes, que se pode declarar - sem se deixar de reconhecer todos os sacrifícios da massa do centro - que o resultado, para a parte superior da humanidade, foi perder quase completamente o seu sangue.

É incrível o que, nesses quatro anos e meio, a Alemanha perdeu, justamente no sangue dos seus heróis. Somemos todas as centenas de milhares de casos particulares em que se dizia sempre: Voluntários para o front! Patrulhas de ronda voluntárias! Estafetas voluntários! Telefonistas voluntários! Voluntários para construções de pontes! Voluntários para submarinos! Voluntários para aviões! Voluntários para batalhões de assalto, etc., sempre e sempre, durante quatro anos e meio, em mil ocasiões, voluntários e novamente voluntários! Via-se sempre o mesmo resultado: os jovens menores ou o homem maduro, todos possuídos de ardente amor pela pátria, de grande coragem pessoal e da mais alta consciência do dever, apresentavam-se ininterruptamente. Dez mil, cem mil desses casos aconteciam. Pouco a pouco ia diminuindo, cada vez mais, essa torrente de homens. Os que não tombavam no campo de batalha ficavam mutilados, aleijados, ou se dispersavam aos poucos, em conseqüência do seu pequeno número. Considere-se, antes de tudo, que o ano de 1914 pôs em pé de guerra exércitos completos dos denominados voluntários, os quais, graças à criminosa falta de consciência dos nossos perversos parlamentares, não tinham recebido a educação militar devida e, nessas condições, eram apresentados aos inimigos como carne para canhões! Os quatrocentos mil que, naquele tempo, tombaram nas batalhas de Flandres ou se transformaram em aleijados, não podiam mais ser substituídos. Sua perda era mais do que uma perda apenas numérica. Com os seus mortos, a concha boa da balança subiu, e, mais do que dantes, pesavam agora os representantes da vileza, da infâmia, da covardia, enfim a grande massa dos inferiores.

Mas isso não foi tudo.

Enquanto, durante quatro anos e meio, os elementos melhores rareavam em proporção assustadora, os piores se conservavam de maneira surpreendente. A cada herói que, sacrificando sua vida, subia as escadas da glória, correspondia um safado que, cautelosamente, se salvava da morte e, no interior do país, desenvolvia a sua atividade mais ou menos inútil.

Assim, o fim da Guerra apresentava o seguinte quadro: a grande camada média da nação tinha cumprido com o seu dever, oferecendo à Pátria o seu sangue; elementos superiores sacrificaram-se em um heroísmo exemplar; covardes, apoiados, por um lado, por leis insensatas e, por outro, pela não aplicação dos artigos do código militar, foram, para desgraça geral, integralmente conservados.

Foi essa escória do nosso povo que, logo depois, fez a Revolução, que pôde organizar, porque não tinha mais, na sua frente, a nata da nação, sacrificada na Guerra.

Por isso, a Revolução alemã, desde o início, era uma empresa de popularidade muito relativa. Não foi o povo alemão que cometeu este crime de Caim, mas a canalha composta de desertores, rufiões, etc. O soldado da frente regozijava-se com o fim da luta sangrenta, sentisse feliz por poder voltar à Pátria, tornar a ver a esposa e os filhos. Pela Revolução, porém, não tinha ele, no íntimo, nenhum interesses; não simpatizava com ela, nem muito menos com seus autores e organizadores. Nos quatro anos e meio de combate, tinha esquecido as hienas partidárias e tinha ficado estranho às suas brigas.

Somente para uma pequena parte do povo alemão, a Revolução era verdadeiramente popular, isto é, para aquela classe dos seus auxiliares que tinha escolhido uma sacola como emblema de todos os cidadãos de honra deste novo Estado. Eles não simpatizavam com a Revolução por si mesma, como muitos pensam erradamente ainda hoje, mas sim devido às suas conseqüências.

Mas era difícil qualquer autoridade apoiar-se, de maneira firme, unicamente na popularidade desses filibusteiros marxistas. No entanto, justamente a nova República precisava de uma autoridade a qualquer preço, se não quisesse ser devorada, após um curto caos, pela desforra dos últimos bons elementos do nosso povo.

Nada temiam mais naquele tempo os organizadores da Revolução do que, no turbilhão de suas próprias confusões, ver fugir-lhes o chão e verem-se apanhados de surpresa, por um punho de ferro, como muitas vezes, em tais tempos, acontece na vida das nações. A República devia consolidar-se, custasse o que custasse.

Por isso foi forçada a organizar imediatamente, ao lado da coluna vacilante da sua popularidade, um regime de violência para, sobre o mesmo, melhor fundamentar uma autoridade mais sólida.

Quando nos dias de dezembro, janeiro e fevereiro de 1918/19, os tratantes da Revolução sentiam que a terra firme cedia a seus pés, procuraram encontrar homens que estivessem prontos a reforçar, pelo poder das armas, a fraca posição que lhes oferecia o amor de seu povo. A República anti-militarista necessitava soldados. Como, porém, o primeiro e único apoio da sua autoridade - isto é, a sua popularidade - se compunha somente de uma sociedade de rufiões, ladrões, arrombadores, desertores, etc., quer dizer, daquela parte do povo que devemos classificar como o extremo da vileza, toda tentativa para encontrar homens prontos ao sacrifício da própria vida em prol do novo ideal era absolutamente impossível naqueles círculos. Os que haviam feito a propaganda da idéia revolucionária e haviam organizado a Revolução não eram capazes nem estavam dispostos a fornecer, das suas próprias fileiras, soldados para a defesa da mesma. Pois essa gente não desejava, de modo algum, a organização de um Estado republicano, mas sim a desorganização do

Estado existente, para melhor poder satisfazer seus instintos. Seu lema não era: a ordem e o progresso da República Alemã, mas, ao contrário: o saque da mesma.

Assim, fatalmente, o grito de socorro que; naqueles dias lançavam os defensores da República, apavorados, não podia ser ouvido por essas camadas. Ao contrário, só poderia provocar recusas e exasperos. Já então se pensava na constituição de uma autoridade que não fosse apoiada somente na sua popularidade mas sim também na força. Pensava-se, de início, em um combate contra os pontos de vista da Revolução, os únicos vitais para aqueles elementos: isto é, no começo da Guerra contra o direito ao roubo, contra o poder desenfreado de uma horda de ladrões e arrombadores que haviam escapulido dos muros das prisões.

Os defensores da República poderiam gritar tanto quanto quisessem, ninguém das suas fileiras se apresentava, o contra grito "traidores" lhes fez compreender como os portadores de sua popularidade pensavam.

Naquele tempo, pela primeira vez, muitos jovens alemães se achavam prontos, em nome da "tranqüilidade e da ordem", como eles diziam, a vestir novamente o uniforme e, de armas aos ombros, com seus capacetes de aço, dar combate aos destruidores da pátria. Como voluntários reuniram-se os mesmos em corpos livres e começaram a defender a mesma República que tanto odiaram e que assim praticamente reforçavam.

Essa gente agiu de boa fé.

O verdadeiro organizador da Revolução e seu manipulador efetivo, o judeu internacional, tinha calculado bem a situação. O povo alemão ainda não estava bastante amadurecido para ser afogado no mar de sangue do bolchevismo, como aconteceu na Rússia. O motivo era, em grande parte, devido à maior unidade de raça que se verificava entre os intelectuais e os operários alemães. Concorreu para isso também a grande divulgação da cultura intelectual nas camadas mais baixas do povo, que somente se comparava à dos demais Estados do oeste da Europa, o que faltava absolutamente na Rússia. Na Rússia, a intelectualidade, na sua maior parte, não era de nacionalidade russa ou, pelo menos, era de caráter não eslavo. A camada superior de intelectualidade da Rússia daqueles tempos podia ser manejada de um momento para outro porque lhe faltavam absolutamente os elementos que a podiam ligar com a grande massa do povo. O nível intelectual desta última era, também, horrivelmente baixo.

No momento em que se conseguiu na Rússia, atiçar a massa analfabeta contra a fina camada intelectual, com a qual a mesma não tinha nenhuma relação, estava decidido o destino do país, estava vitoriosa a Revolução. O analfabeto russo tornava-se escravo incondicional dos seus ditadores judaicos, os quais, por sua parte, eram bastante inteligentes para disfarçar essa ditadura com a frase:

Na Alemanha, ainda se dava o seguinte: a Revolução só tinha sido possível em conseqüência da gradual decomposição do exército. O soldado do front não tinha sido o verdadeiro causador da Revolução e destruidor do exército, mas sim a miserável canalha, que ou perambulava nas guarnições do interior ou, então, como "indispensável", prestava em qualquer parte serviços na economia interna. Esse exército era reforçado ainda por dezenas de milhares de desertores que, sem o menor risco, puderam volver as costas ao front. O verdadeiro covarde de todos os tempos nada teme tanto quanto a morte. A morte ele tinha, porém, diante dos olhos diariamente no front, sob mil aspectos.

Para que se possa forçar moços indecisos e vacilantes ou até covardes a cumprir o seu dever, em todos os tempos só houve um meio: o desertor deve saber que a sua deserção traz justamente consigo aquilo de que ele desejava fugir, isto é, a morte. No front pode-se morrer, o desertor deve morrer.

Unicamente por meio de uma ameaça draconiana como essa, para toda tentativa de deserção, poder-se-á evitar o desânimo não só do indivíduo mas também da totalidade, da massa.

Esses eram o sentido e a finalidade dos artigos do código militar.

Entrar na grande luta em prol da existência da nação inteira era uma crença superior, unicamente apoiada na fidelidade espontânea, nascida e conservada em conseqüência do reconhecimento de uma necessidade imperiosa. Foi sempre o cumprimento do dever espontâneo que inspirou as ações dos homens superiores, nunca porém as dos homens comuns. Por esta razão, são necessárias leis, como, por exemplo, as contra o roubo, as quais não foram decretadas para os honestos mas sim para os elementos vacilantes e fracos. Essas leis devem ser o meio para aterrorizar os maus, a fim de impedir que se crie uma situação em que, finalmente, o honesto seria contemplado como o mais imbecil e, por conseguinte, sempre cada vez mais teria a impressão de que seria mais conveniente participar também no roubo do que presenciar o mesmo, como espectador, com mãos vazias, ou deixar-se roubar.

Era assim, portanto, um erro acreditar-se que se poderia numa luta que, conforme todas as previsões humanas, se poderia prolongai- anos e anos, prescindir dos meios que a experiência de muitos séculos, até de milênios, apontava capazes de, nos momentos mais graves, forçar esses homens indecisos e fracos ao cumprimento do seu dever.

Para os heróis voluntários evidentemente não se necessitava de artigos do código militar, indispensáveis, porém, para o covarde egoísta, que, na hora em que a Pátria corria perigo, estimava mais a sua vida do que a da coletividade. Tais covardes só poderão abandonar a sua covardia aplicando-se contra eles os mais severos castigos. Quando homens lutam ininterruptamente com a morte e, durante semanas, são obrigados a permanecer, em combate sem tréguas, dentro de trincheiras cheias de lama, às vezes sem o mais indispensável alimento, o indivíduo que prefere a vida nos seus cantões não poderá ser forçado ao cumprimento do seu dever por meio de ameaça de prisão, mas sim unicamente por uma rigorosa aplicação da pena de morte.

Esses indivíduos consideram, nesses tempos, como o prova a experiência, a prisão como um lugar ainda mil vezes mais agradável do que o campo de batalha, visto que na prisão ao menos a sua inestimável vida não está ameaçada.

Causou as piores conseqüências que, durante a guerra, se tivesse deixado de aplicar a pena de morte. Um exército de desertores espalhou-se pelo país em 1918 e colaborou na formação da organização criminosa a que se deve a Revolução de novembro de 1918.

O front estava alheio a tudo isso. Os soldados que lutavam na frente ansiavam pela paz. Justamente nesse fato havia um grande perigo para a Revolução. À proporção que, depois do armistício, os exércitos alemães regressavam à Pátria, no espírito dos revolucionários surgiam as seguintes perguntas: Que farão as tropas da frente? Suportarão elas tudo isso?

Durante aquelas semanas, a Revolução na Alemanha deveria apresentar uma extrema moderação, se não quisesse correr o perigo de ser destruída de um momento para outro, por algumas divisões alemãs. Naquela época, se o comandante de uma única divisão tivesse tomado a resolução, com auxílio de seus dedicados soldados, de arrear os trapos vermelhos, destruir os "Conselhos" e vencer qualquer resistência, mediante lança-minas e granadas de mão, essa divisão, em menos de quatro semanas, se teria transformado em um exército de sessenta divisões. Os judeus que manejavam o movimento temiam isso mais do que tudo. Justamente para impedir que essa hipótese se realizasse, era necessário impor à revolução um certo aspecto de moderação, dando-se a impressão de que ela de nenhum modo degeneraria em bolchevismo, ao contrário devia dissimular que se batia "pela tranqüilidade e pela ordem". Este foi o motivo das grandes concessões, o apelo ao antigo corpo de funcionários públicos, aos chefes do antigo exército. Precisava-se deles, pelo menos por certo tempo, e, somente depois que o mouro tivesse cumprido o seu dever, poder-se-ia tentar aplicar-lhe o devido pontapé, e retirar, assim, a República das mãos dos antigos servidores do Estado e entregá-la às garras dos urubus da Revolução.

Somente assim pela aparente inofensividade e tolerância do novo regime se poderia esperar enganar velhos generais e empregados de Estado e evitar uma possível resistência dos mesmos.

Até que ponto lograram isso, foi demonstrado na prática.

A Revolução não foi feita, porém, por elementos pacíficos e ordeiros, mas, ao contrário, por elementos revoltosos, ladrões e saqueadores. O mais amplo desenvolvimento da Revolução não correspondia aos desejos desses últimos elementos, e nem poderiam eles, por motivos táticos, esclarecer o curso da mesma e torná-la mais apetecível.

Com o aumento progressivo de sua influência, a Social Democracia perdeu, mais e mais, o caráter de um partido de revolução à força bruta. Isso se verificou não porque se visassem outros fins que os da Revolução ou porque os seus organizadores tivessem mudado de intenções.

Absolutamente não. A razão é que a organização já não se prestava a realizar aquela finalidade. Com um partido de dez milhões de adeptos já não se pode fazer revolução. Em um tal movimento já não se pode contar com um extremo de atividade, devido à influência, no combate por parte da grande massa do centro. Compreendendo isso, o judeu, ainda durante a Guerra, provocou a célebre cisão da Social Democracia. Isso significa que, enquanto o Partido Social Democrático, devido à inércia das suas massas, pesava sobre a defesa nacional como uma massa de chumbo, dele foram extraídos os elementos radicais e ativos. Com os mesmos se formariam batalhões de ataque, de uma força decisiva. O Partido Social Democrático Independente e a "União Espartacista" foram os batalhões de assalto do marxismo revolucionário. A burguesia covarde foi julgada, nessa ocasião, realmente com justiça e tratada simplesmente como canalha. Como é sabido que, pela sua humildade canina, as organizações políticas de uma geração velha e inválida não eram capazes de qualquer resistência, julgou-se supérfluo prestar-lhes qualquer atenção.

A Revolução tinha vencido e demolido os esteios principais do antigo regime, mas o exército, voltando para a Pátria, aparecia como um fantasma ameaçador que deveria pôr um freio ao desenvolvimento natural da Revolução. O grosso do exército social-democrático ocupava as posições conquistadas e os batalhões de assalto dos Independentes e dos Espartacistas foram postos à margem.

Isso não se conseguiu, porém, sem combate.

Não somente as mais ativas formações de assalto da Revolução se sentiam ludibriadas porque não tinham sido satisfeitos os seus desejos e que. riam continuar a luta, mas também a sua desenfreada indisciplina era bem vista pelos que manejavam a Revolução. Mal se tinha modificado a situação e já apareciam dois partidos, lado a lado: O partido da "Tranqüilidade e da Ordem" e o grupo terrorista. Que poderia haver de mais natural, agora, que a nossa burguesia imediatamente entrasse, de bandeiras desfraldadas, no acampamento "da Tranqüilidade e da Ordem"? Essas miseráveis organizações políticas tinham assim a possibilidade para uma atividade pela qual teriam encontrado novamente uma base com que conseguiram solidarizar-se com o Poder que tanto odiavam, mas que muito temiam. A burguesia política alemã tinha obtido a alta honra de lhe ser permitido sentar-se na mesma mesa com os malditos chefes marxistas, para combater pelo bolchevismo.

Dessa forma, já em dezembro de 1918 e janeiro de 1919, era esta a situação:

Com uma minoria de péssimos elementos, foi feita uma revolução à qual aderiram imediatamente todos os partidos marxistas. A Revolução tem aparentemente um caráter moderado, com o que provoca a inimizade dos extremistas fanáticos. Estes começam a trabalhar com granadas de mão e metralhadoras, a ocupar edifícios públicos, enfim, a ameaçar a revolução moderada. A fim de afastar os horrores de uma tal evolução, os adeptos do novo regime fazem um armistício com os adeptos do antigo para, solidários, combaterem os extremistas. O resultado é que os inimigos da República cessaram o seu combate contra ela e ajudaram a vencer aqueles que, de pontos de vista completamente diferentes, também eram inimigos da mesma República. O segundo resultado foi que, desse modo, o perigo de um combate dos adeptos do regime antigo contra os da nova ordem de coisas parecia definitivamente afastado.

É importantíssimo não esquecer nunca esse fato. Somente quem o compreender poderá explicar como foi possível a um décimo impor essa Revolução a um povo do qual nove décimos nela não tomaram parte, sete décimos a recusaram e seis décimos a odiavam.

Os combatentes das barricadas espartacistas, de um lado, os fanáticos nacionalistas e os idealistas do outro, derramavam seu sangue e, à medida que esses dois extremos se aniquilavam uns aos outros, vencia como sempre a massa do centro. Burguesia e Marxismo renderam-se aos fatos consumados e a República começou a consolidar-se. Isso, no entretanto, não impedia que os partidos burgueses, especialmente antes das eleições, falassem ainda por algum tempo nas idéias monárquicas para, evocando os espíritos do mundo passado, atraírem os espíritos inferiores dos seus adeptos e conquistarem-nos novamente.

Isso não era honesto, Todos estavam, há muito tempo, no seu íntimo, desligados da monarquia. A impureza do novo regime começou a produzir seus efeitos tentadores também no acampamento do partido burguês. O tipo normal do político burguês de hoje sente-se melhor na lama da corrupção republicana que na austeridade do regime antigo que ainda não desapareceu de sua memória.

Como já explicamos, depois da destruição do antigo exército, a Revolução estava na contingência de criar um fator novo - a autoridade de seu Estado. Nas condições em que estavam as coisas, esse fator novo só podia ser encontrado nas fileiras dos partidários de uma doutrina política universal contrária à sua. Dessas fileiras poderia, então, surgir, pouco a pouco, um corpo militar que, numericamente limitado pelos tratados de paz, nos seus sentimentos devia ser transformado, no correr do tempo, em um instrumento da nova concepção do Estado.

Pondo de parte os defeitos reais do antigo regime, chega se à conclusão de que os motivos por que a Revolução triunfou foram os seguintes:

1) O entorpecimento das nossas idéias sobre cumprimento do dever e obediência.

2) A passividade covarde dos nossos chamados partidos conservadores. A isso acrescente-se a seguinte observação:

A falta da noção do cumprimento do dever explica-se, em última análise pela ausência do espírito nacional da nossa educação, orientada apenas no interesses do Estado. Daí resulta também a confusão entre meios e fins. Consciência do dever, cumprimento do dever e obediência não são fins em si mesmos, como também não o é o Estado, mas apenas meios para assegurar a existência a uma comunidade de seres humanos, homogêneos tanto de corpo como de espírito.

Em um. momento em que um povo se arruina a olhos vistos e está sob o jugo da mais dura opressão, graças à atividade de um punhado de biltres, obediência e cumprimento de dever é puro formalismo doutrinário, atinge as raias da insensatez. Só se poderia conseguir evitar a ruína de um tal povo pela recusa à obediência e ao cumprimento do dever.

De acordo com a atual concepção burguesa de Estado. o comandante de divisão que, da parte do governo, tivesse recebido ordem de não fazer fogo, tinha cumprido com o seu dever e procedido corretamente, porque para o mundo burguês vale mais a obediência formal e absoluta do que a existência do próprio povo. A concepção nacional socialista, porém, em momentos semelhantes, é esta: o mais importante não deve ser a obediência aos superiores indecisos mas sim a obediência à comunidade do povo. Em uma tal hora, somente deve existir o dever da responsabilidade pessoal perante a nação inteira.

A Revolução só triunfou porque o nosso povo ou, melhor, os nossos governos, haviam perdido a compreensão dessas idéias para aceitarem, em seu lugar, uma compreensão puramente formal e doutrinária.

O motivo mais íntimo da covardia dos partidos "conservadores" do Estado é, antes de tudo, o desaparecimento, das suas fileiras, da parte ativa e bem intencionada do nosso povo, a parte que se sacrificou, até à última gota de sangue, nos campos de batalha. Não obstante isso, os partidos burgueses estavam convencidos de poder defender suas convicções, exclusivamente por meios intelectuais, desde que a aplicação de meios físicos devia caber unicamente ao Estado. Dever-se-ia logo reconhecer em uma tal compreensão o sinal de uma decadência que paulatinamente se ia acentuando. Isso era insensato, em um tempo em que o adversário político, já de há muito, se tinha afastado desse ponto de vista e proclamava por toda parte, com a maior franqueza, estar resolvido a defender seus fins políticos até pela força. No mesmo momento em que apareceu no mundo da democracia burguesa e, em conseqüência da mesma, o marxismo, seu apelo foi combater com "armas intelectuais", disparate que um dia haveria de produzir seus terríveis efeitos sobre o partido, desde que o marxismo sempre defendia a opinião contrária, isto é, que o emprego das armas devia atender apenas a pontos de vista de conveniência e que o direito a esse recurso é justificado pelo sucesso do mesmo. Quanto essa opinião era exata ficou provado nos dias 7 e 11 de novembro de 1918. Naquele momento, o marxismo absolutamente não tomou em consideração nem o parlamentarismo nem a democracia, mas, por meio de bandos de criminosos armados, deu o golpe de morte em ambos. É perfeitamente compreensível que as organizações dos palradores burgueses estivessem desarmadas naqueles dias.

Depois da Revolução, quando os partidos burgueses, embora sob novos nomes, repentinamente reapareciam e seus heróicos chefes saíam de rastros da obscuridade de bodegas seguras e porões bem ventilados, como todos os representantes dessas antigas organizações, nem tinham esquecido seus erros nem aprendido qualquer coisa de novo. O seu programa político tinha raízes no passado, na parte em que ainda não tinham assimilado o novo estado de coisas. O seu objetivo era, no entanto, se possível, tomar parte no novo estado de coisas. Antes como depois, sua única arma ficou sempre sendo a palavra.

Mesmo depois da Revolução, os partidos burgueses sempre capitularam da forma mais miserável, em todas as manifestações de rua.

Quando se tratou de votar a "lei de defesa da República" não era possível contar desde logo com uma maioria. Diante da demonstração de duzentos mil marxistas, os estadistas burgueses foram tomados de um tal terror, que votaram a lei, contra a sua convicção, simplesmente com receio de, ao saírem do Reichstag, serem espancados pela furiosa massa popular. É pena que isso não tenha acontecido em conseqüência da votação da lei.

Assim, o novo Estado seguiu o seu caminho, como se nunca tivesse existido uma oposição nacional.

As únicas organizações, que, naquele tempo, teriam tido coragem e força para enfrentar o marxismo e as massas revolucionárias, eram, em primeiro lugar, os corpos voluntários, as organizações de defesa própria, os corpos de defesa local, etc., e, finalmente, as associações tradicionais.

O motivo por que também a existência desses elementos de defesa não conseguiu qualquer sensível alteração na evolução alemã, foi o seguinte:

Assim como os chamados partidos nacionais não conseguiram exercer qualquer influência, por incapacidade de dominar os movimentos coletivos, da mesma maneira, as denominadas associações de defesa não o puderam, por falta de idéias políticas, de objetivos políticos.

Foi a decisão absoluta combinada com a brutalidade prática que assegurou a vitória do marxismo.

O que evitou a possibilidade de uma defesa prática dos interesses alemães foi a ausência de uma colaboração da força com uma vontade política inteligente. Qualquer que fosse a vontade dos partidos "nacionais", não tinham eles o mínimo poder de defender essa vontade, pelo menos nas manifestações públicas. As "associações de defesa" possuíam toda força, eram senhores da rua e do Estado, mas não possuíam nenhuma idéia, nenhum objetivo político, com os quais pudessem trabalhar pelo bem-estar da Alemanha. Em ambos os casos, foi a astúcia do judeu, que conseguiu, por meio de conselhos prudentes, quando não tornar firme para sempre, pelo menos garantir a situação existente.

Foi o judeu que soube, por meio da sua habilíssima imprensa, conseguir dar às ligas armadas um caráter "não político" e que, na vida política, com igual astúcia, sempre pregava e exigia a "pura intelectualidade" do combate. Milhões de idiotas alemães repetiram essas asneiras sem se aperceberem de que, assim, eles mesmos, praticamente, se desarmavam e se entregavam desarmados aos judeus.

Para isso, porém, há uma explicação natural. A falta de uma grande idéia renovadora vale, em todos os tempos, por uma diminuição da Capacidade de resistência.

A convicção do direito ao emprego de armas, mesmo as mais brutais, é sempre associada à existência de uma fé fanática na necessidade da vitória de uma organização nova e transformadora. Um movimento que não combate por semelhantes fins e ideais nunca recorrerá às armas.

A proclamação de uma grande idéia nova foi o segredo do sucesso da Revolução Francesa! Foi à idéia que a revolução russa deveu a sua Vitória, só pela idéia é que o fascismo teve a força de, de uma maneira muito feliz, conquistar um povo para uma grandiosa organização nova.

Partidos burgueses não são capazes disso.

Não eram somente os partidos burgueses que reconheciam o seu fim político em uma restauração do passado, mas sim também as associações de defesa. Associações de veteranos e outras do mesmo jaez ajudavam a destruir politicamente a mais forte arma que a Alemanha nacionalista possuía naquele tempo e concorreram para, pouco a pouco, colocá-la a serviço da República. Que as mesmas nisso agiam com a melhor intenção, com a melhor boa-fé, em nada modifica a insensatez dos acontecimentos daquele tempo.

Aos poucos obtinha o marxismo, no exército imperial, o necessário apoio à sua autoridade, e começava, em seguida, conseqüente e logicamente, a considerar como desnecessárias as associações de defesa nacional, aparentemente perigosas. Principalmente alguns chefes audaciosos, dos quais se desconfiava, foram levados aos tribunais da justiça e metidos na cadeia. Todos, porém, cumpriam o destino que tinham merecido.

Com a fundação do N. S. D. A. P. (Partido Nacional-Socialista dos Trabalhadores Alemães) apareceu, pela primeira vez, um movimento cujo fim não era idêntico aos dos partidos burgueses, isto é, não consistia em uma restauração mecânica do passado, mas sim no empenho de erigir, no lugar do atual mecanismo estatal absurdo, um Estado orgânico e nacionalista.

O novo movimento aceitava, desde o primeiro momento, que suas idéias tinham de ser defendidas intelectualmente, e que a sua defesa, em caso de necessidade, também tinha de ser garantida por meios violentos. Fiel à convicção da grande importância da nova doutrina, parecia-lhe evidente que, para o alcance de seu fim, nenhuma vítima deveria ser grande demais.

Eu já demonstrei que um movimento que visa conquistar o coração de um povo, deve, dentro de suas próprias fileiras, organizar a defesa contra tentativas terroristas dos inimigos. Também a experiência da História Universal prova que o terror desenvolvido por uma nova concepção do mundo nunca poderá ser combatido por meio de métodos puramente formalísticos, mas simplesmente por outra doutrina, com o mesmo poder de decisão e de audácia.

Isso terá de ser desagradável, em todos os tempos, aos empregados encarregados da defesa do Estado, o que não invalida a verdade do que afirmamos. O poder do Estado só poderá então garantir "calma e ordem", quando o Estado protege, internamente, a sua atual concepção, de maneira que os elementos capazes de violência assumem o caráter de criminosos, e não podem ser vistos como representantes de uma concepção do Estado contrária à maneira de ver em vigor. Nesse caso, pode a nação empregar, durante séculos, as maiores medidas de violência contra um terror que a está ameaçando; no fim, ela nada conseguirá fazer contra o mesmo, e será sempre vencida.

O Estado alemão está exposto aos ataques mais duros do marxismo. Não pôde impedir, durante sete anos de combate, a vitória desta doutrina, mas apesar das milhares de penas de prisão e das mais sangrentas medidas que decretou, em inúmeros casos, contra os combatentes do ameaçador dogma marxista, teve que capitular quase completamente. Isso negará o estadista burguês, não podendo, entretanto, a ninguém convencer.

O Estado, porém, que, em 9 de novembro de 1918, se submeteu incondicionalmente ao marxismo não poderá amanhã aparecer como dominador do mesmo. Os patetas burgueses que ocupam poltronas de ministros começam já a conversar sobre a necessidade de não tomar atitudes contra os operários, mostrando com isso que quando se referem a operários pensam sempre no marxismo. Enquanto eles identificam o operário alemão com o marxismo, não somente cometem uma falsificação tão covarde como mentirosa, da verdade, mas tentam dissimular o desmoronamento próprio diante da idéia e da organização marxista.

Em vista, porém, deste fato, isto é, da submissão incondicional do atual Estado ao marxismo, tanto mais tem o movimento nacional-socialista o dever de preparar a vitória das suas idéias, não somente no sentido intelectual mas também no da sua defesa contra o próprio terror da Internacional, na embriaguez de suas vitórias.

Já descrevi como, para os objetivos práticos do nosso novo movimento, formou-se lentamente, uma guarda para as reuniões, guarda que assumiu o aspecto de um corpo de tropa encarregado de manter a ordem e que aspirava tomar a forma de uma organização definitiva. Embora essa formação, que se organizava paulatinamente, desse a impressão de uma liga militar de defesa, faltava-lhe muito para poder merecer essa denominação.

Como já explicamos, as organizações defensivas alemãs não tinham um programa político definido. Eram, de fato, apenas uniões para a defesa própria com uma educação e organização que representavam, a dizer a verdade, um suplemento ilegal aos meios legais de defesa do Estado. Seu caráter de corpos voluntários era justificado somente pelo modo de sua formação e pela situação do Estado naquele tempo, mas de nenhum modo lhes competia o título de formações livres de combate por uma convicção própria. Não mereciam esse título, apesar da atitude de oposição de um ou outro dos chefes e de associações inteiras contra a República.

Não basta que se esteja convencido da inferioridade de urra situação para poder falar de uma opinião em sentido mais elevado, pois esta tem as suas raízes no conhecimento de uma situação nova que a gente se sente no dever de atingir.

Isso distinguia a "guarda" de ordem do movimento nacional-socialista daqueles tempos, de todos os outros "corpos de defesa". Aquele não estava absolutamente e nem desejava estar a serviço da situação criada pela Revolução, mas, ao contrário, combatia exclusivamente por uma Alemanha nova.

Essa guarda, é verdade, destinava-se, de princípio, à defesa dos mitingues. A sua primeira tarefa era restrita a esse objetivo: tornar possível a realização de reuniões, que, sem essa defesa, teriam sido imediatamente impedidas pelos adversários. Já naquele tempo era educada para o ataque, não como se costuma afirmar em estúpidos círculos populares nacionalistas, pelo prazer da violência, mas porque compreendia que os maiores ideais podem ser prejudicados quando o seu representante é abatido por um golpe de força de um adversário insignificante, o que é muito freqüente na história da humanidade. Eles não viam a força como fim. Pretendiam defender os anunciadores do grande ideal contra a opressão pela violência. Compreenderam também que não estavam obrigados a aceitar a defesa de um Estado que não protegia a nação. Ao contrário, deviam proteger a nação contra aqueles que ameaçavam aniquilá-la assim como ao Estado. Depois da luta na assembléia do Hofbräuhaus, de Munique, obteve a "guarda", uma vez para sempre, como recordação eterna dos seus heróicos ataques, o nome de "corpo de assalto". Como já significa essa denominação, ela representa, cinicamente uma seção do movimento. Do mesmo faz parte, exatamente como a propaganda, a imprensa, os institutos científicos. etc.

Quanto era necessária sua organização pudemos ver não somente naquela memorável assembléia, mas também quando tentamos alargar o movimento, além dos limites da cidade de Munique, para as outras legiões da Alemanha. Desde o momento em que o marxismo começou a nos julgar perigosos, não deixava passar nenhuma oportunidade para sufocar qualquer tentativa de uma assembléia nacional--socialista, ou melhor, impedir sua realização por meio de intervenções tumultuárias. Era perfeitamente compreensível que as organizações partidárias do marxismo de todas as nuances se abrigassem, nessas tentativas, atrás dos corpos representativos, isto é. atrás dos outros partidos. O que deveríamos dizer dos partidos burgueses que, aniquilados eles próprios pelo marxismo, em muitas cidades nem podiam se atrever a deixar falar seus representantes publicamente e que, no entanto, com um contentamento incompreensível e estúpido, dirigiam um combate contra o marxismo, de todo desfavorável a nós? Para eles era motivo de prazer que não pudesse ser por nós aniquilado aquele que eles mesmos não tinham podido vencer, o que devíamos pensar de empregados públicos, comissários de polícia, mesmo ministros, que se comprazíam em se apresentar publicamente como "nacionalistas", em atitude na realidade sem significação, e que, porém, em todas as ocasiões de discussões que nós nacionais-socialistas tivemos com o marxismo, ajudavam a estes como humildes servidores? Que se devia pensar de indivíduos que, na sua subserviência, chegaram a tal ponto que, por um miserável elogio de jornais judaicos, perseguiam sem escrúpulos os homens a cujo heróico sacrifício da própria vida tinham em parte de agradecer o não terem sido suspensos, pela matilha rubra, poucos anos antes, em postes de iluminação, como cadáveres dilacerados?

Foram estes tristes fenômenos, que um dia inspiraram ao inesquecível presidente Pöhner - que, na sua dura franqueza, odiava todos os aduladores, tanto quanto um coração puro era capaz de odiar - a seguinte expressão: "Em toda a minha vida, sempre desejei ser, em primeiro lugar, um alemão e, em segundo lugar, um empregado de Estado, mas não desejei nunca ser confundido com essas criaturas, que, como empregados públicos prostituídos, prostituíam todo aquele que, em determinado momento, podia desempenhar o papel de senhor!"

Em tudo isso, era sobretudo triste que essa classe de homens dominasse, pouco a pouco, dezenas de milhares dos mais honestos e íntegros servidores do Estado e, além disso, os infeccionasse pouco a pouco com o seu caráter miserável, perseguisse-os e, finalmente, os expulsasse dos seus cargas e empregos, enquanto que ela mesma não deixava de apresentar-se, na sua hipócrita mendacidade, como "nacionalista".

De homens de tal categoria não podíamos esperar qualquer apoio e, aliás, o recebemos somente em casos muito excepcionais. Só a organização da defesa própria podia assegurar a atividade do movimento e, ao mesmo tempo, conseguir a atenção pública e o respeito geral que sempre se presta a um homem que se defende de moto próprio, quando atacado.

Como divisa para a educação interna desses corpos de ataque, sempre era preponderante o fim, de, ao lado da capacidade física, educá-los como representantes convictos da idéia nacional- socialista e, finalmente, aperfeiçoar sua disciplina. Não deviam ter nada de parecido com uma organização secreta.

Os motivos que, já naqueles tempos, tinha para evitar, energicamente, que os corpos de ataque do N. S. D. A. P. se apresentassem como associação de defesa militar originaram-se das seguintes considerações:

Por todas as razões práticas, a defesa militar de um povo não pode ser realizada por grêmios particulares, salvo quando apoiados por todas as forças do Estado. Imaginar o contrário é confiar demais nas suas próprias forças. É, de fato, impossível organizar, por meio da "disciplina voluntária", corpos de grande extensão, com eficiência militar. Falta aqui o esteio mais importante do poder de comando: o direito de castigo. Na Verdade, no outono ou ainda melhor na primavera de 1919, era possível formar os chamados "corpos voluntários", mas isso não somente porque, na sua maior parte, eles eram soldados do front que tinham passado pela escola do antigo exército, mas também porque o compromisso que se exigia de cada um deles submetia-os, ao menos temporariamente, à obediência militar.

Isso falta completamente à "organização de defesa" de hoje. Quanto mais cresce o número de corpos, tanto mais fraca é a disciplina, tanto menor deve ser a exigência que se faz individualmente a cada homem e tanto mais adotará o total o caráter das antigas associações militares de veteranos.

Uma educação voluntária para o serviço militar, sem se assegurar a força de comando incondicional, não se poderá levar a cabo quando se trata de grandes massas. Só muito poucos estarão prontos a submeter-se voluntariamente à obrigação da obediência, natural e imprescindível em um exército.

Além disso, uma educação militar real não é possível em conseqüência dos meios financeiros ridiculamente restritos de que dispõe um corpo de defesa. A melhor e mais segura escola, porém, devia ser a tarefa principal de semelhante instituição. Passaram-se oito anos desde o fim da Guerra e, desde aquele tempo, nenhuma classe da mocidade alemã recebeu educação militar. Claro está que não pode ser o fim de um corpo de defesa recrutar adeptos nas classes que, outrora, receberam educação militar porque, por sua idade, logo no ato de sua admissão, poder-se-ia com certeza matemática convidá-los a retirarem-se do corpo. Mesmo o soldado moço de 1918, estará incapaz para o combate, dentro de vinte anos, e este momento aproxima-se com uma rapidez impressionante. Assim assumirá cada corpo de defesa, forçosamente, cada vez mais, o caráter de uma associação de veteranos da guerra. Esse, porém, não pode ser o fim de uma instituição que não deve ser chamada associação de veteranos mas associação de "defesa", e a qual, já por seu nome, indica que sua missão não é somente a conservação da tradição e da camaradagem dos antigos soldados mas a educação para a idéia da defesa e a representação prática dessa idéia, isto é, a criação de um corpo capaz de pegar em armas.

Essa tarefa, porém, necessita absolutamente da educação militar dos elementos até agora não educados nesse sentido e isso é impossível na prática. Com a educação militar de uma ou duas horas por- semana, não se pode realmente conseguir formar soldados. Com as exigências, hoje enormemente aumentadas, no serviço da guerra, a cada indivíduo, o serviço militar de dois anos mal será suficiente para transformai- o moço em um soldado experiente. - Nós todos já tínhamos visto no front as terríveis conseqüências que resultaram de os novos soldados não serem fundamentalmente educados para a guerra. Formações de voluntários treinados, durante quinze a vinte semanas, com energia férrea e uma dedicação ilimitada, representavam, apesar de tudo isso, unicamente comida para os canhões do front. Somente quando enfileirados, entre velhos e experimentados soldados, podiam os novos recrutas, educados durante quatro a seis meses, ser membros úteis de um regimento; eles eram dirigidos nisso pelos "velhos" e, pouco a pouco, ficavam familiarizados com os seus deveres.

Que esperança se pode depositar, em vista disso, na tentativa de educar, sem força de comando e sem grandes recursos materiais, uma tropa militar? Dessa forma pode-se talvez rejuvenescer velhos soldados, mas nunca se poderá formar de gente nova e inexperta verdadeiros soldados.

Como, nos seus resultados, um tal procedimento seria sem valor, pode ser provado pelo fato de que, no mesmo tempo em que um corpo Voluntário, com dificuldades de toda sorte, instrui ou tenta instruir uns poucos milhares de homens de boa vontade (os outros são absolutamente fora de discussão) em idéias de defesa, o Estado rouba, a milhões e milhões de gente nova, seus instintos naturais, envenena seu pensamento lógico e patriótico por meio de uma educação pacifista-democrática e transforma-os, pouco a pouco, em um rebanho de carneiros inerte, incapaz de reagir contra qualquer despotismo.

Como ridículos aparecem, em comparação a isso, todos os esforços dos corpos de defesa em transmitirem suas idéias à juventude alemã!

Ainda mais importante, porém, é o ponto de vista que me levou à oposição contra qualquer tentativa de uma preparação militar sobre a base do voluntariado. Imaginando que, apesar das dificuldades acima enumeradas, alguma associação conseguisse, todos os anos, transformar um certo número de alemães em homens de combate, e isso tanto sob o ponto de vista do caráter como quanto à sua capacidade de resistência militar, haveria de ser nulo o resultado em um Estado que, de acordo com a sua tendência geral, não deseja de forma nenhuma um tal armamento, e que até antipatiza com essa idéia, em desarmonia com os objetivos dos seus dirigentes - elos corruptores do Estado. Em qualquer hipótese, seria sem valor um tal resultado sob governos que não só provaram pelos fatos que não têm interesse na força militar da nação, mas também, que, antes de tudo, nunca admitiram um apelo a essa força, a não ser para o apoio à sua própria existência.

E hoje isso é, no entanto, um fato. Não é ridículo o querer instruir militarmente um exercitozinho de algumas dezenas de milhares de homens no lusco-fusco do crepúsculo, quando o Estado, poucos anos antes, sacrifícios, expunha-os ao insultos de todos? É compreensível que não só desprezava os seus serviços, mas até, como recompensa pelos seus sacrifícios, expunha-os aos insultos de todos? É compreensível que se foi-me um exército para um Estado que manchava os mais heróicos soldados de outrora, mandava arrancar-lhes do peito suas condecorações e as cocardas, arrastar no chão as bandeiras e ridiculariza os seus grandes feitos? Porventura, o atual regime deu um passo sequer, a fim de restituir a honra ao antigo exército, de responsabilizar seus destruidores e insultadores? Absolutamente não. Ao contrário. Os que achincalhavam o exército podem ser vistos hoje ocupando os mais altos empregos do Estado. No entanto, dizia-se em Leipzig: O direito está ao lado da força.

Como, porém, hoje em dia, em nossa República, o poder encontra-se nas mãos dos mesmos homens que no seu tempo fizeram a Revolução, e essa revolução representa o mais miserável e vil ato da história alemã e a mais baixa traição à pátria, não se pode realmente encontrar nenhum motivo por que a força justamente desses caracteres deva ser aumentada pela formação de um novo exército de jovens. Todos os motivos que a razão possa inspirar condenam essa iniciativa.

O valor que esse Estado, mesmo depois da revolução de 1918. atribuía ao reforço militar da sua posição, ressaltava, mais uma vez, clara e insofismável, da sua atitude para com as grandes organizações de defesa própria que, naqueles tempos, existiam.

Enquanto as mesmas intervinham na defesa de revolucionários covardes, não eram consideradas indesejáveis. Logo, porém, que, graças à gradual decadência do nosso povo, o perigo para esses poltrões parecia removido, a existência das associações passou a significar um fortalecimento para a política nacionalista. Então passaram a ser supérfluas, e tudo se fez para desarmá-las e, se possível, dispersá-las.

A história oferece poucos exemplos da gratidão de príncipes. Contar com a gratidão de revolucionários incendiários, saqueadores do povo e traidores da nação, é uma idéia que só poderia passar pela cabeça dos nossos patriotas burgueses. Sempre que examinava a possibilidade da formação de associações voluntárias ele defesa eu não podia deixar de fazer me a seguinte pergunta: Para quem estou recrutando os jovens? Para que fim serão eles empregados e quando devem ser chamados? A resposta a isso daria, ao mesmo tempo. a melhor indicação para a conduta que se deveria ter.

Se a nação de hoje tornasse a lançar mão ele associações de defesa assim instruídas, não o faria para a proteção de interesses nacionais externos, mas unicamente para a proteção dos traidores da nação no interior contra a ira geral do povo enganado, traído e vendido, que talvez algum dia fosse levado à rebelião.

As "tropas de assalto" do Partido Nacional-Socialista dos Trabalhadores Alemães, só por esse motivo, não se deveria interessar por uma organização militar. Eram um meio de defesa e educação para o movimento nacional-socialista, e seus deveres estavam em um terreno completamente diferente do dos denominados corpos de defesa.

Também não deveriam consistir em organizações secretas. O objetivo de organizações secretas só pode ser contra as leis. Com isso, porém, diminui-se a amplitude da organização. Não é possível, principalmente tendo-se em vista a loquacidade do povo alemão, fazer-se uma organização de certa extensão, e. ao mesmo tempo, conservá-la secreta, ou mesmo disfarçar os seus fins. Toda tentativa, nesse sentido, será de mil modos frustrada. Além disso, no seio da nossa polícia, encontra se hoje uma grande massa de rufiões e gente do mesmo jaez. os quais, pelos trinta dinheiros de Judas, trairão tudo o que puderem encontrar e inventarão o que possa existir para ser traído. Só por esse motivo, nunca se poderá conseguir, dos próprios partidários. o necessário segredo. Somente grupos muito pequenos, por seleção contínua, durante anos, podem adotar o caráter de organizações secretas efetivas. A pouca importância de tais formações anularia, porém, o seu valor para o movimento nacional-socialista.

O de que nós precisávamos e precisamos ainda é não de cem ou duzentos audaciosos conspiradores, mas de cem mil e outros cem mil lutadores fanáticos de nossa doutrina. Não é em congregações secretas que se deve trabalhar, mas sim em imponentes manifestações populares; não é por meio de punhal, de veneno ou de pistola que se pode abrir caminho para o movimento, mas, unicamente, mediante a conquista da rua. Devemos levar ao marxismo a convicção de que o futuro dono da rua é o Nacional-Socialismo, assim como, de futuro, ele será, o senhor do Estado.

Há ainda outro perigo nas organizações secretas. Os seus membros muitas vezes deixam de compreender a grandeza do problema e são inclinados a pensar que se pode decidir, de um golpe, o destino de um povo, por um assassinato isolado, na ocasião oportuna. Essa opinião pode encontrar justificação na história nos casos em que um povo está sob a tirania de um opressor genial, que unicamente por sua preponderante personalidade garante a estabilidade interna e alimenta o pavor da pressão inimiga. Em tal caso, pode um homem decidido sair do seio do povo para sacrificar-se, dando o golpe de morte no coração do odiado opressor. E, então, só a mentalidade republicana de pequenos biltres, cientes da sua culpabilidade, declarará um tal gesto como execrável, enquanto o maior cantor da liberdade de nosso povo (Schiller) teve a ousadia de glorificar semelhantes feitos, no imortal Wilhelm Tell.

Nos anos de 1919 e 1920, havia o perigo de que um membro de qualquer organização secreta, inspirado nos grandes exemplos da história e impressionado com a desgraça sem limite da pátria, tentasse vingar-se dos destruidores da nação, na crença de, com isso, pôr fim à miséria de seu povo. Qualquer tentativa nesse sentido seria, porém, uma loucura, porque o marxismo não tinha vencido, graças ao gênio superior e à importância pessoal de um indivíduo, mas unicamente pela ilimitada covardia e incompetência do mundo burguês. A crítica mais cruel que se pode fazer à nossa burguesia, é o constatar-se que a Revolução não fez aparecer uma única cabeça de certa importância e que, apesar disso, essa burguesia se submeteu à mesma. Pode-se compreender uma capitulação diante de um Robespierre, um Danton ou um Marat, mas é deprimente que alguém se deixe vencer por um franzino Scheidmann, pelo gordo Erzberger, por um Friedrich Ebert e por todos os demais anões políticos. Realmente não existia nenhuma individualidade na qual se pudesse reconhecer o homem genial da Revolução e nele a desgraça da pátria. Só existiam os percevejos da Revolução, espartacistas de sacola, en gros et en détail. Eliminar qualquer um deles seria completamente sem conseqüência e teria no máximo o único resultado de que um dos outros sanguessugas do mesmo tamanho e, com a mesma sede, tomaria mais cedo do que devia a posição vaga.

Naqueles anos, toda oposição não seria bastante enérgica contra uma opinião que tinha os seus motivos fundamentais nos grandes fenômenos da história e não menos no caráter liliputiano da época atual.

Sob o mesmo ponto de vista, deve ser encarado o problema da eliminação dos chamados traidores da pátria. É, ridiculamente ilógico fuzilar um rapaz que abandonou um canhão, quando, ao seu lado, se encontram canalhas nas mais altas posições e que venderam uma nação inteira, que têm sobre a consciência o crime de haverem sacrificado inutilmente dois milhões de homens, que são responsáveis por milhões de mutilados, tudo isso, com o maior sangue-frio, na satisfação dos seus interesses republicanos.

Eliminar pequenos traidores da pátria é absurdo em um regime cujo governo liberta esses traidores de qualquer punição. Assim pode suceder que, algum dia, um idealista honesto que, para o bem de seu povo, eliminou um covarde traidor das armas, seja responsabilizado pelos traidores de elite da pátria. Em tal caso, é importante a seguinte pergunta: É conveniente admitir que um pequeno biltre traidor seja eliminado por outro biltre ou por um idealista? Em um caso, o sucesso é duvidoso, e a traição para mais tarde quase certa; noutro caso fica eliminado o biltre com o risco de vida de um idealista insubstituível.

Nessa questão, o meu ponto de vista é este: que não se enforquem ladrões pequenos para deixar impunes os grandes, mas que, em um dia, um grande tribunal de justiça alemão julgue e execute algumas dezenas de milhares dos organizadores e responsáveis pelo crime de traição de Novembro e por tudo que se relacione com isso. Um tal exemplo servirá também de escarmento, uma vez por todas, para o pequeno traidor militar.

Todas essas considerações levaram-me a proibir sempre a participação em organizações secretas e preservar as Companhias de Assalto do caráter de semelhantes organizações. Afastei, naqueles anos, o movimento nacional-socialista de tentativas dessa natureza, cujos autores, na maioria dos casos, podiam ser magníficos jovens alemães idealistas, que seriam vítimas pessoais desses atentados sem, com isso, conseguirem melhorar os destinos da pátria.

Se, porém, as Companhias de Assalto não deviam ser organizações de defesa militar nem associações secretas, deviam daí resultar as seguintes conseqüências:

1) Sua educação não devia ser orientada, por pontos de vista militares mas sim no sentido da utilidade partidária.

Desde que seus membros se deviam tornar fisicamente capazes. não só devia dar a maior importância aos exercícios militares mas sim aos esportivos. O boxe e o jiu-jitsu, no meu modo de ver, eram mais importantes que qualquer má ou incompleta instrução de tiro. Proporcione-se à nação alemã seis milhões de homens perfeitamente treinados nos esportes, todos ardentes de amor fanático pela pátria e educados no mais elevado espírito ofensivo, e um Estado nacionalista formará deles, se necessário, dentro de menos de dois anos, um verdadeiro exército desde que para isso exista uma certa base. Tal base, nas condições atuais, só poder ser a Reichswehr, e nunca um corpo defensivo deficientemente organizado. A educação física deve criar em cada indivíduo a convicção da sua superioridade e inocular-lhe aquela confiança que só pode resultar da consciência da própria força; além disso, deve dar-lhe as faculdades desportivas que servirão de arma na defesa do movimento nacionalista.

2) Para evitar, desde o inicio, qualquer caráter secreto das "Tropas de Assalto", o uniforme deve torná-las por todos reconhecidas. A própria extensão do seu efetivo está a indicar-lhe o caminho mais conveniente a seguir, que é o da maior publicidade. Não se devem reunir em segredo mas

devem marchar ao ar livre, de maneira a, por essa atitude, destruir todas as lendas de "organização secreta". Para distrai-las, também, intelectualmente de qualquer tentativa para empregar sua atividade em pequenas conspirações, devem, de começo, ser iniciadas na grande idéia do movimento, no dever de defender esta idéia, de maneira a que se amplie seu horizonte mental e que cada um contemple sua tarefa, não na eliminação de qualquer pulha, mas na colaboração entusiástica para a formação de um novo Estado nacional-socialista-racista, Assim se conseguiu elevar o combate contra o atual Estado, de uma atmosfera de pequenas ações de vingança e conspirações, à altura de uma guerra contra o marxismo e suas criações, sob o ponto de vista universal.

3) A formação e a organização das "Tropas de Assalto", no que diz respeito ao seu vestuário e armamento, devem obedecer à conveniência dos deveres a serem cumpridos e não aos modelos do exército antigo.

Estas considerações que me serviram de guia nos anos de 1920 e 1921, e que tratei de imprimir, aos poucos, às novas organizações, tiveram tanto êxito que, já em pleno verão de 1922, dispúnhamos de um núcleo respeitável de "corpos de cem" que, em fins do outono de 1922, receberam seu uniforme característico. Três acontecimentos foram de uma importância extraordinária para o desenvolvimento futuro das Tropas de Assalto:

1o. - A grande demonstração geral de todas as reuniões patrióticas contra a "lei de defesa da República", em fins do verão de 1922, na Königsplatz, em Munique. As associações patrióticas de Munique tinham publicado, naquele tempo, o manifesto em que, como protesto contra a decretação da "lei do defesa da República", convidavam para uma gigantesca manifestação. O Partido Nacional Socialista devia nela tomar parte. A marcha do Partido foi encabeçada por seis "companhias" de Munique, as quais eram seguidas das seções do partido político. No cortejo, marchavam duas bandas de música e foram levadas cerca de cem bandeiras. A chegada dos Nacionais-Socialistas na grande praça, já meio repleta, causou um entusiasmo indescritível. Eu pessoalmente tive a honra de poder falar diante de uma multidão que já agora atingia sessenta mil pessoas.

O êxito da manifestação foi formidável, especialmente porque, desafiando todas as ameaças rubras, ficou provado, pela primeira vez, que também o nacionalista de Munique se podia utilizar das manifestações de rua. Membros das associações rubras republicanas que tentaram opor-se pelo terror ao cortejo em marcha foram dispersados, dentro de poucos minutos, com as cabeças quebradas, pelas companhias das "Tropas de Assalto". O movimento nacional-socialista, neste dia, pela primeira vez, ostentava a sua firme vontade de, futuramente, reclamar também para si o direito sobre a rua e de tirar com isso esse monopólio das mãos dos traidores internacionais do povo e inimigos da pátria.

O resultado desse dia foi a prova indiscutível da exatidão das nossas idéias sobre a organização definitiva das "Tropas de Assalto".

A experiência havia provado tão bem que, poucas semanas depois, em Munique já existia um número duplo de companhias.

2o. - A marcha para Koburg em outubro de 1922.

As associações "nacionalistas" decidiram organizar em Koburg um "dia alemão". Eu pessoalmente fui convidado, com a observação de que seria desejável trazer comigo alguns amigos. Este convite, que recebi, às 11 horas da manhã, chegou muito a propósito. Já uma hora mais tarde, eram dadas as ordens para o comparecimento a esse "dia alemão". Ordenei que oitocentos homens das "Tropas de Assalto", divididos aproximadamente em quatorze companhias, fossem, transportados de Munique, em trem especial, para a pequena cidade que tinha sido incorporada à Baviera. Ordens idênticas foram dadas a grupos nacionais-socialistas das "Tropas de Assalto" que se haviam formado em outros lugares!

Foi a primeira vez que na Alemanha foi organizado semelhante trem especial. Em todas as estações, onde outros homens das "Tropas de Assalto" tomavam o trem, causou esse transporte a maior sensação. Muitos nunca tinham visto as nossas bandeiras. A impressão que as mesmas causavam era enorme.

Quando chegamos à estação de Koburg, fomos recebidos por uma deputação dos organizadores do "dia alemão" que nos anunciaram que, por ordem das uniões sindicais, isto é, do Partido Independente e dos Comunistas, tinha ficado "combinado" que não nos era permitido entrar na cidade nem com bandeiras desfraldadas nem como música (acompanhava-nos uma banda de música de quarenta e dois homens) nem em marcha cerrada.

Imediatamente, recusei peremptoriamente tão humilhantes condições mas não deixei de exprimir aos senhores da direção do "dia" a minha surpresa por terem eles entrado em combinações com tal gente e declarei que, imediatamente, as "Tropas de Assalto" marchariam em companhias, com a música a tocar, e entrariam na cidade, com bandeiras desfraldadas.

E assim se fez.

Na praça da estação, fomos recebidos por uma massa de muitos milhares de homens, gritando e berrando: "Assassinos", "bandidos", "piratas", "criminosos"! Eram os qualificativos com que amavelmente nos recebiam os modelares fundadores da República alemã. As nossas "Tropas de Assalto" se mantinham em uma ordem irrepreensível. As companhias formaram na praça diante da estação e não tomaram em consideração os insultos. Polícias tímidos levaram o cortejo, em uma cidade completamente desconhecida, não para o lugar designado, isto é, para o nosso quartel, um grande edifício de tiro, situado nos arrabaldes de Koburg, mas para o pátio da Hofbräuhaus, perto do centro da cidade. A esquerda e à direita do cortejo aumentava cada vez mais a gritaria das massas que o acompanhavam. Apenas tinha entrado, no pátio da adega, a última companhia, já grandes massas, com barulho infernal, tentavam acompanhar-nos. Para impedir isso a polícia fechou a adega. Como esta situação era insuportável, mandei novamente as "Tropas de Assalto" formarem e, em breves palavras, pedi à polícia que abrisse imediatamente as portas. Depois de uma longa hesitação ela obedeceu.

Agora voltávamos, pelo mesmo caminho, para alcançar o nosso quartel, e ali, por fim, tivemos que enfrentar a multidão. Como não tinham logrado perturbar a calma das companhias, mediante gritarias e aclamações ofensivas, os representantes do verdadeiro socialismo, da igualdade e da fraternidade, começavam a jogar pedras. Com isso foi esgotada a nossa paciência, e, em consequência, distribuímos pancadas à esquerda e à direita, durante dez minutos. Um quarto de hora mais tarde,, não havia mais um vermelho nas ruas.

Durante a noite, ainda se verificaram violentos encontros. Patrulhas das "Tropas de Assalto" haviam encontrado, em estado lastimável, nacionalistas que tinham sido assaltados isoladamente. Em vista disso, abreviamos o nosso procedimento contra os adversários. Já na manhã seguinte, o terror vermelho, sob o qual a cidade de Koburg tinha sofrido por muitos anos, estava completamente destruído.

Com uma mendacidade genuinamente marxista-judaica, tentava-se. agora, por meio de panfletos, trazer novamente para a rua os companheiros e companheiras do proletariado internacional, assegurando que as nossas "quadrilhas de assassinos" tinham começado em Koburg a "guerra de extermínio contra os pacíficos operários". A uma e meia, devia ter lugar a grande "demonstração popular" para a qual se esperava o comparecimento de dezenas de milhares (te operários de todos os arredores. Mandei formar, portanto, ao meio dia, as "Tropas de Assalto" que. nesse ínterim, haviam quase atingido o número de mil e quinhentos homens, firmemente resolvidos a acabar definitivamente com o terror vermelho, e pus-me com ela em marcha para a fortaleza de Koburg, seguindo para a grande praça na qual se deveria realizar a demonstração vermelha. Queria ver se eles se arriscariam, mais uma vez, a nos incomodar. Quando chegamos na praça, somente estavam presentes poucas centenas dos anunciados dez mil, os quais. à nossa aproximação, em geral se conservaram calmos e em parte fugiram. Em alguns lugares, corpos vermelhos que tinham chegado de fora e não nos conheciam ainda tentaram irritar- nos novamente; mas, imediatamente, perderam o gosto por essa aventura. Já agora se podia observar como a população. até agora intimidado, pouco a pouco despertava, ficava valente, arriscava-se a saudar-nos por aclamações e, à noite, ao despedirmo-nos, rompeu em muitos lugares, um regozijo espontâneo.

Na estação, com surpresa nossa, o pessoal do trem declarou que não guiaria o comboio. Imediatamente mandei comunicar a alguns desses grevistas que, nesse caso, eu estava resolvido a pegar todos os vermelhos que me caíssem nas mãos e que nós mesmos guiaríamos o trem e que tínhamos a intenção de levar conosco, na locomotiva, no tender e, em cada carro, algumas dúzias de "irmãos da solidariedade internacional", Também não deixei de lembrar aos cavalheiros que a viagem, com as nossas forças, naturalmente seria uma empresa infinitamente arriscada e que não seria impossível que saltassem algumas cabeças e se machucassem alguns ossos. Nós, porém, ficaríamos muito satisfeitos por não entrarmos, no outro mundo, sozinhos, mas em companhia de algumas dúzias de "irmãos" vermelhos, em plena igualdade e fraternidade!

Em conseqüência disso, o trem partiu muito pontualmente e chegou, na manhã seguinte, são e salvo, em Munique.

Foi, portanto, em Koburg que, pela primeira vez, desde o ano de 1914, foi restabelecida a igualdade dos cidadãos perante a lei, se hoje um alto funcionário público qualquer pode fazer a alegação de que o Estado defende a vida dos seus cidadãos, naquele tempo isso não era absolutamente exato; pois eram os cidadãos que se deviam defender dos representantes do Governo.

A importância daquele dia, nas suas conseqüências no momento, não podia ser avaliada em toda a sua extensão. Não somente as vencedoras "Tropas de Assalto" foram extraordinariamente reforçadas na sua confiança em si mesmas e na fé na justeza da sua direção, como também, o meio começava a ocupar-se conosco da maneira mais intensa e muitos reconheciam, pela primeira vez, no movimento nacional-socialista, a instituição que, com toda probabilidade, um dia seria chamada a pôr fim à loucura marxista. Finalmente, a "democracia" sofria porque podemos nos arriscar a não nos deixarmos pacificamente quebrar os crânios, mas, ao contrário, retribuíamos um ataque brutal com outro ataque e não com cânticos pacíficos.

A imprensa burguesa mostrava-se, como sempre, em parte lamuriante, em parte indiferente, e somente poucos diários sinceros mostravam-se satisfeitos, porque, ao menos em uma ocasião, se havia desmanchado a obra dos salteadores marxistas.

Em Koburg mesmo, uma parte dos operários marxistas, mesmo dentre os que deviam ser tomados como iludidos, havia aprendido, à custa dos punhos de operários nacionais-socialistas, que também estes defendiam seus ideais, porque, como é sabido, a gente só se bate por uma causa na qual se tem confiança e pela qual se tem amor.

Quem tirou a maior vantagem foram as "Tropas de Assalto". Foram rapidamente aumentadas, de maneira que, já na reunião do partido, no dia 27 de janeiro de 1923, aproximadamente seis mil homens puderam tomar parte no ato da consagração das bandeiras e já as primeiras companhias estavam usando o seu novo uniforme.

As experiências em Koburg haviam provado como é necessário adotar, nas "Tropas de Assalto", um traje uniforme, não somente para reforçar o sentimento de camaradagem mas também para evitar confusões e prevenir o não reconhecimento dos homens entre si. Até então só tinham o braçal, agora passaram a ter a túnica e o muito conhecido gorro.

Os acontecimentos de Koburg nos revelaram também a importância de irmos em tortos os lugares onde o terror vermelho, por muitos anos, havia impedido qualquer assembléia de pessoas que pensavam contrariamente a eles e de acabarmos com esse terror, restabelecendo a liberdade de reunião. Daí por diante, sempre se reuniram batalhões nacionais-socialistas em tais lugares, e, pouco a pouco, na Baviera. os castelos vermelhos foram caindo um após outro, ante a propaganda nacional-socialista. As "Tropas de Assalto", cada vez melhor, compreendiam os seus deveres e com isso haviam perdido o aspecto de um movimento de defesa absurdo e de nenhum valor e se haviam elevado a uma organização viva de combate para a formação de um novo Estado alemão.

Até março de 1923, esse desenvolvimento seguiu seu caminho lógico. Então aconteceu algo que me obrigou a desviar o movimento do caminho até então seguido e submetê-lo a uma transformação.

3o. - A ocupação da província do Ruhr pelos franceses, nos primeiros meses do ano de 1923, ia ter para o futuro desenvolvimento das "Tropas de Assalto" uma grande importância.

Hoje ainda não é possível, e - sobretudo devido ao interesse nacional - oportuno falar ou escrever sobre isso abertamente. Posso adiantar apenas que esse assunto já. foi tratado em discussões públicas, por meio das quais o povo ficou inteirado de tudo.

A ocupação da província do Ruhr, que não nos surpreendeu, deixou brotar a esperança justificada de que finalmente desistiríamos da política covarde da submissão e que, agora, as "Associações de Defesa" teriam deveres bem definidos. Também as "Tropas de Assalto" que, já naquele tempo, contavam muitos milhares de homens moços e fortes, não poderiam deixar de colaborar nesse serviço nacional. Na primavera e no verão do ano de 1923, as "Tropas de Assalto" foram transformadas em uma organização de combate militar. Foram elas, em grande parte, a causa do desenvolvimento futuro do ano de 1923, relativamente ao nosso movimento.

Como vou tratar, em outro lugar, em linhas gerais, do progresso do movimento no ano de 1923, quero aqui somente constatar que a transformação das "Tropas de Assalto" em elementos de resistência ativa contra a França, foi prejudicial.

Os acontecimentos do fim do ano de 1923, por mais desagradáveis que pareçam, à primeira vista, olhados por um prisma mais elevado, foram quase necessários, pois realizaram, de um só golpe, a transformação das "Tropas de Assalto", que estavam sendo nocivas ao movimento. Ao mesmo tempo, esses acontecimentos criavam a possibilidade de uma reconstrução, a começar do ponto em que tínhamos sido forçados a nos desviar do caminho reto.

O Partido Nacional Socialista dos Trabalhadores Alemães, refundido no ano de 1925. deve agora novamente formar, treinar e organizar as suas "Tropas de Assalto", conforme os princípios acima mencionados, Deve voltar- para os seus antigos princípios sãos e terá novamente de considerar como o seu maior dever transformar as "Tropas de Assalto" em um instrumento de defesa e fortalecimento da luta pela doutrina do movimento.

O Partido não pode permitir que as "Tropas de Assalto" desçam ao nível de associações de defesa nem ao de organizações secretas; ao contrário, deve providenciar para a formação de uma guarda de cem mil homens para o Nacional Socialismo, doutrina profundamente nacional.

CAPÍTULO X

MÁSCARA DO FEDERALISMO

No inverno de 1919 e, sobretudo, na primavera e terão de 1920, o novo partido foi obrigado a tomar posição em face de um problema que. lá durante a Guerra, era da mais alta relevância. No primeiro volume, aludi aos sintomas de ameaça do descalabro alemão, visíveis na maneira especial por que os ingleses e os franceses procuravam, na sua propaganda. estimular a antiga hostilidade entre o Sul e o Norte. Na primavera de 1915, apareceram sistematicamente os primeiros panfletos contra a Prússia, apontando-a como a culpada principal da Guerra. No ano de 1916, essa propaganda já tinha chegado ao auge de sua organização, que tanto tinha de hábil quanto de vergonhosa. Era claro que tal manobra não poderia deixar de produzir- alguns resultados, desde que se contava com a exploração dos mais baixos instintos para alimentar a odiosidade dos alemães. Os do Sul contra os do Norte. Não se podia deixar de acusar os dirigentes daqueles tempos, tanto na administração civil como na militar - mais ainda no Estado Maior dos corpos do exército bávaro - por não terem agido com a devida energia. Contra tal acusação não há defesa. Nada se fazia! Muito ao contrário, parecia que todos se sentiam satisfeitos com essa maneira de proceder. pensando. cada um, na sua estreiteza mental, poder impedir, por meio de tal propaganda, a maior unidade do povo alemão, e que disso resultaria automaticamente uma solidificação das forças da federação. Talvez nunca na história a uma omissão de má fé tenha sido infligido castigo tão grande. O enfraquecimento que se pretendia impor à Prússia atingiu a Alemanha toda. A conseqüência foi a aceleração da catástrofe que não arruinou só a Alemanha em conjunto mas, sobretudo, as unidades federadas.

Naquela cidade (Munique), em que o ódio artificialmente alimentado contra a Prússia era mais violento, foi justamente onde irrompeu, em primeiro lugar, a revolução contra a Casa Reinante, de antiquíssima tradição.

Errôneo, no entanto, seria crer que unicamente à propaganda inimiga coubesse a culpa da formação do ambiente contra a Prússia e que não tivesse havido atenuantes para o povo que nela tomou parte. A maneira incrível por que foi organizada a administração, que tutelava e explorava a Alemanha toda em uma quase que desvairada centralização, foi a causa principal do surto do espírito anti- prussiano. No espírito das pessoas do povo, as sociedades bélicas que possuíam em Berlim os seus escritórios centrais, foram identificadas com Berlim, e Berlim passou a ser sinônimo de Prússia. Não acorreu à mente da maioria do povo que os organizadores desses centros, chamados sociedades "pró-guerra", não eram nem berlinenses, nem pressionas, nem mesmo alemães. Só se constatavam as faltas e erros grosseiros que lá se cometeram. A contínua arrogância dessa odiosa instituição, que funcionava na capital do império, fez com que o povo concentrasse todo o seu ódio sobre Berlim e, simultaneamente, sobre a Prússia, sobretudo porque os poderes públicos de certos Estados não só nada fizeram para impedir tais demonstrações de antipatia como até alegravam-se com tal interpretação da parte do povo.

O judeu era esperto demais para que, já naquele tempo, não tivesse compreendido que a infame empresa que organizara contra o povo alemão, sob a capa de sociedades de guerra, haveria de provocar uma resistência inevitável. Enquanto o povo não o atacasse, ele nada teria a recear. Para evitar, porém, uma explosão das massas, levadas ao desespero e à revolta, não podia haver outra receita melhor do que instigar a população contra outro inimigo qualquer para desviar a atenção da mesma.

Quanto mais os bávaros e os prussianos se hostilizassem tanto melhor! A luta mais encarniçada de ambos significava para o judeu uma paz segura. A atenção geral se concentrava nessa luta regional. e todos pareciam se ter esquecido da guerra. E se assim mesmo pudesse surgir o perigo de elementos sensatos - que havia também em grande número na Baviera - aconselharem prudência e a cessação de tais manobras, o judeu só precisava pôr em cena uma nova provocação em Berlim e esperar pela vitória, imediatamente lançar-se-iam todos os usufruidores da discórdia entre o Sul e o Norte sobre esse acontecimento, e não dariam tréguas enquanto a chama da revolução não se acendesse de novo.

Foi um jogo habilíssimo que o judeu desenvolveu naquela época, o de desviar a atenção de certos Estados alemães para melhor poder saqueá-los.

Depois veio a Revolução.

Se até o ano de 1918, ou melhor até novembro daquele ano, o homem normal, principalmente o burguês e o operário pouco instruídos, ainda não tinham podido dar-se conta da realidade e das conseqüências inevitáveis das lutas dos Estados alemães entre si, principalmente na Baviera, pelo menos a parte que se chamava nacionalista, deveria ter compreendido a gravidade do momento, logo no início da Revolução, pois mal se iniciara o movimento na Baviera e já o chefe e organizador da Revolução se transformara em representante dos interesses bávaros. O judeu internacional Kurt Eisner começou a lançar a Baviera contra a Prússia. Era perfeitamente compreensível que fosse justamente aquele oriental que, como jornalista, percorria a Alemanha em todos os sentidos, o menos apontado para defender os interesses da Baviera, que para ele era absolutamente indiferente.

Quando Kurt Eisner dava ao movimento revolucionário na Baviera uma orientação certa contra o resto do Reich, ele não agia de forma alguma do ponto de vista bávaro mas apenas como mandatário do judaísmo. Ele se utilizou dos instintos e ódios do povo bávaro para, por esse meio, aniquilar mais facilmente a Alemanha. O império em ruínas seria uma presa fácil do bolchevismo. A tática usada por ele foi continuada, mesmo depois da sua morte.

O Marxismo que sempre vira com desdém os Estados federados e seus príncipes, de súbito, apelava, agora, como "partido independente", para aqueles sentimentos e instintos que tinham nas casas reinantes e nos Estados federados, as suas mais fortes raízes.

A luta da "República do Conselho" contra os contingentes libertadores em movimento foi explorada para fins de propaganda, sobretudo como uma luta de operários bávaros contra o militarismo prussiano.

Só assim se pode compreender porque, em Munique, muito diferente das demais regiões alemãs, a vitória sobre a "República dos Conselhos" não conseguia acordar as grandes massas populares e sim contribuir cada vez mais para aumentar a odiosidade e a irritação contra a Prússia. Não podia deixar de produzir ótimos frutos a arte com que os agitadores bolchevistas procuravam demonstrar que o aniquilamento da "República dos Conselhos" era uma vitória do militarismo prussiano contra o povo bávaro, cujos sentimentos eram anti-militaristas e anti- prussianos. Ainda por ocasião das eleições para a Câmara Legislativa de Munique, Kurt Eisner não pôde conseguir nem sequer dez mil eleitores, o partido comunista nem três mil. No entanto, depois da queda da República, os dois partidos em conjunto levaram quase cem mil correligionários às urnas.

Já naquele tempo, iniciei a minha luta pessoal contra esse ódio desvairado dos Estados alemães entre si.

Penso que, em toda minha vida, nunca me meti em empresa mais impopular que a minha resistência, naquele tempo, à campanha de ódio contra a Prússia. Em Munique, já durante o período dos "Conselhos", tinham tido lugar as primeiras demonstrações coletivas em que se estimulava o ódio contra o resto da Alemanha, principalmente contra a Prússia, a tal ponto que arriscava a vida um alemão do norte que assistisse a essas reuniões e esses comícios, os quais quase sempre terminavam com uma gritaria infernal: Separação da Prússia - Abaixo a Prússia - Guerra contra a Prússia! Um dos mais brilhantes representantes dos interesses da soberania bávara definiu bem esse estado de espírito quando, no parlamento alemão, exclamou: É melhor morrer como bávaro do que putrefazer-se como prussiano.

Somente quem assistiu aos comícios de então poderá fazer-se uma idéia do que tive de arrostar quando, pela primeira vez, cercado de alguns amigos, iniciei o ataque a essa loucura, em ,uma reunião no Löwenhrâukeller de Munique. Eram meus camaradas de guerra os que, naquela ocasião me prestavam auxílio. É fácil imaginar o nosso estado de espírito quando sabíamos que a massa irracional que berrava contra nós e ameaçava espancar-nos era composta justamente daqueles que, enquanto nós defendíamos a pátria, eles, na sua maior parte, como desertores vagabundos, perambulavam na terra natal. É verdade que para mim ofereciam essas cenas uma certa vantagem. Os meus adeptos sentiam-se assim mais ligados a mim, estabelecendo-se, dentro de pouco tempo, uma união para a vida e para a morte.

Essas lutas, que sempre se repetiram e se prolongaram durante todo o ano de 1919, tornaram-se ainda mais ásperas no começo de 1920. Comício houve - ainda me recordo muito bem de um que se realizou na Wagnersaal, da Sonnenstrasse, de Munique - durante o qual o meu grupo, que no correr do tempo tinha-se tornado maior, teve de sustentar as lutas mais encarniçadas, as quais não raramente finalizavam com espancamento de dúzias de meus adeptos, jogados por terra, e, a pontapés atirados fora da sala, com aspecto mais de cadáveres do que de entes vivos.

A luta, que eu tinha iniciado, unicamente amparado pelos meus companheiros de guerra, foi considerada, depois, quase posso dizer, como uma tarefa sagrada do novo movimento.

Ainda hoje, orgulho-me de poder afirmar que nós, naquele tempo - quase que dispondo exclusivamente dos nossos partidários bávaros - havíamos preparado vagarosa, porém firmemente, um ponto final a essa mistura de estupidez e traição. Digo estupidez e traição porque não posso atribuir aos seus organizadores e instigadores tanta simplicidade e por estar convicto da boa índole e da ingenuidade da grande massa dos seus adeptos. Eu considerava e ainda hoje considero esses instigadores como traidores assalariados e pagos pela França. Em um caso, no caso Dorten, a história já deu o seu veredicto.

O que naquele tempo tornava a ação muito perigosa era a habilidade com que se sabiam esconder as verdadeiras tendências, apresentando-se, em primeiro plano, intenções federalistas como o único motivo para esse movimento. Que o atiçamento do ódio contra a Prússia nada tinha que ver com o federalismo é por todos reconhecido. É curioso também que um movimento federalista tenha justamente por escopo desmembrar um Estado federativo. Um federalista honesto, para o qual a idéia do império unido de Bismarck não representa uma frase mentirosa, não desejaria desligar partes do Estado prussiano constituído ou em todo caso terminado por Bismarck ou apoiar publicamente tais aspirações de separação.

Como não se teria protestado em Munique se um partido conservador prussiano tivesse favorecido o desligamento da Francônia da Baviera o que mais nos penalizava em tudo isso era ver que só as naturezas honestas, os federalistas bem intencionados, os primeiros a serem vítimas do ludíbrio, não tinham percebido essa infame trapaçaria. Assim desviado, o movimento federalista tinha, nos seus próprios adeptos, seus principais coveiros Não se pode propagar nenhuma formação federalista do Reich se se põe de lado o membro mais importante de uma tal organização estatal, como é o caso da Prússia, em uma palavra, se se procura tornar- impossível a sua participação no todo. Isso era ainda mais incrível pelo fato de a campanha desses tais federalistas se dirigir justamente contra a Prússia que nenhuma ligação teve com a Democracia de novembro- Por que as ofensas e ataques desses tais federalistas não se dirigiam contra os autores da Constituição de Weimar que eram, na sua maioria, do Sul do país ou judeus, mas sim contra os representantes da antiga Prússia conservadora, portanto, os adversários da constituição de Weimar? Não é de admirar que não se tenha tentado tocar nos judeus. Isso fornecerá, talvez, a chave para a solução de todo o enigma.

Assim como, antes da Revolução, o judeu tinha sabido desviar' a atenção de suas sociedades de guerra, ou melhor, de sobre si mesmo e tinha tido a habilidade de levantar as massas, principalmente do povo bávaro, contra a Prússia, com certeza teria ele, também após a Revolução, de mascarar de qualquer modo a nova razia, de proporções infinitamente maiores. Novamente conseguiu, neste caso, instigar os denominados elementos nacionais da Alemanha, uns contra os outros A Baviera conservadora contra a Prússia conservadora! De novo agia o judeu com a sua esperteza de sempre. Ele que tinha em suas mãos os destinos da Alemanha provocava combates tão grosseiros e tão sem tino que o sangue das Vítimas consequentemente sempre provocava novas ebulições Mas esses ataques nunca eram dirigidos contra os judeus, mas sempre contra o irmão alemão. O Bávaro não via Berlim de quatro milhões de homens laboriosíssimos e de espírito criador, mas tão somente Berlim apodrecida do infeliz "Westen"! No entanto, não voltou o seu ódio contra este "Westen" e, sim, contra a cidade "prussiana".

Era realmente de desesperar.

A habilidade dos judeus de desviar de si a atenção pública e ocupá-la em outra coisa qualquer, pode-se verificar também nesse movimento.

No ano de 1918, não havia nenhum combate regular ao judaísmo. Ainda me recordo das dificuldades que se deparavam a quem, ao menos, pronunciasse a palavra judeu. Das duas uma: ou se era olhado com espanto ou se encontrava uma resistência fortíssima. As nossas primeiras tentativas para mostrar em público o verdadeiro inimigo, pareciam fracassar inteiramente. Só muito lentamente as coisas iam melhorando. Apesar de errada, no seu plano de organização, a "União de defesa e resistência", não se pode negar, teve o mérito de trazer novamente para o tapete da discussão a questão judaica. Em todo caso, começou, no inverno de 1918/1919, a surgir coisa semelhante a anti-semitismo. Mais tarde, encarregou-se o movimento nacional-socialista da propagação das idéias anti-semíticas, por processos inteiramente diversos. Conseguiu desviar esse problema das camadas sociais da aristocracia e da pequena burguesia para as vastas massas populares. Mal se lograva inculcar no povo alemão a idéia de reação e já o judeu iniciava a ofensiva. Recorreu aos seus velhos processos. Com uma rapidez incrível, lançava ele próprio no seio das massas o brandão da rixa e semeava a discórdia. No início da questão ultramontana e da resultante luta do catolicismo contra o protestantismo, como os fatos o provaram, estava a única probabilidade de entreter a atenção pública com outros problemas, a fim de evitar o assalto concentrado ao judaísmo. Os erros cometidos por aqueles que lançavam o nosso povo nessa luta nunca mais poderão ser remediados, o judeu alcançou o fim almejado: o catolicismo e o protestantismo mantém entre si uma guerra inofensiva, enquanto o inimigo cruel da humanidade ariana e de toda a cristandade ri-se consigo mesmo.

Assim como, outrora, se tinha julgado útil, durante anos e anos, atrair a opinião pública para a luta entre o federalismo e o unitarismo, até extenuá-la, enquanto o judeu vendia a liberdade da nação e traía a nossa pátria perante as altas finanças internacionais, da mesma forma, agora, ele, novamente, consegue arremessar as duas confissões alemãs uma contra a outra, enquanto as bases de ambas são minadas e devoradas pelo veneno do judaísmo internacional.

Se levarmos em consideração as devastações que o bastardismo judaico causa diariamente no povo alemão, reconheceremos mui naturalmente que esse envenenamento de sangue, somente depois de séculos, isso mesmo dificilmente, poderá ser evitado. Em seguida, devemos todos reconhecer como essa decomposição da raça rebaixa os nossos últimos valores arianos, não só os desvaloriza mas também freqüentemente os destrói. Assim, a nossa força, como nação portadora de cultura, está retrogradando visivelmente e nos arriscamos, ao menos nas grandes cidades, a chegar ao mesmo nível em que hoje já se encontra o sul da Itália. Esse envenenamento de sangue para o qual centenas de milhares do nosso povo são cegos, está, hoje, metodicamente, sendo posto em prática pelo judeu. Sistematicamente, esses parasitas das nações estão desonrando as nossas inexperientes jovens, destruindo dessa forma um valor que nunca mais pode ser restituído. As confissões cristãs, todas duas, estão presenciando indiferentes a essa profanação e destruição de um nobre e incomparável ser presenteado à nossa terra pela graça de Deus. Para o futuro da humanidade, não importa saber se os protestantes vencem os católicos ou os católicos os protestantes, mas sim, se o homem ariano é conservado no mundo ou se desaparece. Apesar disso, essas duas confissões, longe de combaterem o destruidor da espécie, tratam apenas de se aniquilarem mutuamente. Justamente o homem de sentimentos nacionalistas devia ter a sagrada obrigação, cada um dentro do seu próprio credo, de cuidar, não só de falar sempre da vontade de Deus, mas também de cumpri-la, não permitindo que a obra de Deus seja desonrada. A vontade de Deus foi que deu aos homens sua forma exterior, sua natureza e suas faculdades. Aquele que destruir a obra de Deus está desta forma combatendo a obra divina, a vontade divina. Por isso cada um se esforce por agir com eficiência no campo da sua confissão e reconheça como seu primeiro e mais sagrado dever fazer frente contra aqueles que, por palavra, atos ou omissões, saem do terreno da sua religião e tentam imiscuir-se com as outras confissões. Pois o combate aos detalhes de uma determinada religião tem, devido à divergência religiosa existente na Alemanha, forçosamente como resultado uma guerra de efeitos destruidores para os dois credos. As nossas circunstâncias particulares não permitem de forma nenhuma uma comparação, quer com a França, quer com a Espanha ou mesmo com a Itália. Pode-se, por exemplo, em qualquer dessas três nações, fazer uma propaganda contra o clericalismo ou ultramontanismo sem correr perigo de que, por esse fato, se arruine a nação francesa, espanhola ou italiana. De forma nenhuma, porém, se deveria agir assim na Alemanha, certo como é que em uma tal luta os protestantes também tomariam parte ativa. A defensiva organizada naqueles países católicos contra a usurpação, no terreno político, por parte dos próprios chefes da igreja, assumiria, na Alemanha, infalivelmente, o aspecto de um ataque do protestantismo contra o catolicismo, quer dizer do ataque de uma religião contra a outra. O que é suportável, da parte de um adepto do mesmo credo, mesmo que se trate de uma crítica injusta, será imediatamente combatido, da forma mais áspera, desde que o adversário se encontra nas fileiras da outra confissão. Esse sentimento vai tão longe que mesmo os homens que, em determinado momento, estavam dispostos a aceitar qualquer sugestão no sentido de remediar um visível erro no terreno da sua própria confissão, abandonariam essa idéia e concentrariam as suas resistências contra essa mesma proposta, caso essa partisse de uma outra religião. Eles sentem que não é uma conduta nem justificada nem permitida, e até indigna, o meter-se alguém em assuntos que não são da sua competência. Tais intervenções não se desculpam nem mesmo em casos que se justificam pela defesa dos direitos ou dos interesses da comunhão nacional, porque os sentimentos religiosos ainda são mais poderosos que quaisquer conveniências políticas nacionais. Isso não se transformará instigando as duas confissões a uma guerra sem tréguas. Só há para isso um remédio, que consiste, por meio de concessões dos dois lados, em preparar um futuro que, por sua grandeza, teria efeitos paulatinamente reconciliadores.

Não hesito em declarar que julgo os homens que arrastam o movimento de hoje na crise de divergências religiosas piores inimigos da pátria que qualquer comunista com tendências internacionais, pois converter o comunista é a tarefa do movimento nacional-socialista. Quem trata de remover o nacional-socialista das suas próprias fileiras, de removê-lo da sua verdadeira missão, está agindo da maneira mais condenável. E, consciente ou inconscientemente, um combatente em favor dos interesses dos judeus. O interesses do judeu é hoje este: esgotar as forças do movimento nacional-socialista por uma guerra religiosa, justamente na ocasião em que este movimento começa a oferecer-lhe perigo. Estou acentuando de propósito a palavra esgotamento, pois só um homem absolutamente ignorante da história mundial pode imaginar ser possível solucionar assim um problema em que soçobraram esforços seculares e estadistas de vulto.

Além disso, os fatos falam por si. Os que, no ano de 1924, de repente descobriram que a mais alta missão do movimento nacionalista seria a guerra contra o ultramontanismo, não destruíram o ultramontanismo mas sim destruíram o movimento nacionalista. Também devo fazer uma advertência contra a opinião de que um partidário qualquer do movimento nacionalista, com idéias pouco maduras, seja capaz de realizar aquilo que mesmo um Bismarck não foi capaz de realizar. Sempre será o mais nobre dever da direção do movimento nacional socialista fazer frente absoluta contra qualquer tentativa de envolver o movimento em combates desta espécie e de remover imediatamente das suas fileiras qualquer propagandista com semelhantes idéias. Na realidade, tínhamos conseguido esse objetivo até o outono de 1923. Nas fileiras do nosso partido o mais convencido protestante podia sentar-se ao lado do mais sincero católico, sem entrar no mais leve conflito, por motivos de convicção religiosa. O grandioso combate comum iniciado pelas duas confissões contra o destruidor da coletividade ariana tinha levado os dois grupos a se estimarem e a se respeitarem. Aliás, justamente naqueles anos, o movimento nacionalista estava empenhado na guerra mais violenta contra o partido centrista, não por motivos religiosos mas exclusivamente por motivos nacionais, motivos de raça e motivos de política econômica. O resultado, naqueles tempos, foi a nosso favor, como é hoje contra os sabichões.

Nestes últimos anos, a situação chegou, algumas vezes, a tal ponto que círculos nacionalistas, na maldita cegueira das suas discussões religiosas, nem sequer se apercebiam do desvario do seu modo de proceder no fato de jornais marxistas, ateístas, de repente, se transformarem, quando se fazia necessário, em advogados de comunidades religiosas, para, por esse meio, prejudicarem um ou outro lado dos combatentes, com manifestações muitas vezes demasiado estúpidas, atiçando assim o fogo entre os dois grupos.

Justamente um povo como o alemão, capaz de lutar até a última gota de sangue em qualquer sorte de guerras, como o prova a sua história, é que correrá perigo de morte envolvendo-se em tais lutas. Sempre foi esse o meio para desviar nosso povo dos problemas reais da sua vida. Enquanto nos consumíamos combatendo por problemas religiosos, os outros repartiram o mundo entre si. Enquanto o nacional-socialista discute sobre se o perigo ultramontano é maior do que o perigo judaico ou vice-versa, o judeu continua a destruir os fundamentos raciais da nossa existência, aniquilando, desta maneira, cada vez mais a nação. No que diz respeito a esses combatentes "nacionalistas", o nosso movimento e o povo alemão pedem ao Todo-Poderoso que nos livre de semelhantes amigos, que dos inimigos nós nos saberemos livrar.

A guerra entre o federalismo e o unitarismo, propagada nos anos de 1919/20/21, de modo tão manhoso pelos judeus, forçou o movimento nacional- socialista, pela condenação da mesma, a encarar de frente os seus problemas essenciais.

A Alemanha deve ser um Estado federativo ou unitário? Quais os característicos que distinguem praticamente as duas formas? Ao meu juízo, a mais importante questão é a última, porque não somente é indispensável para o esclarecimento do problema mas também concorre para um entendimento mútuo e conseqüente reconciliação.

Que é um Estado federativo?

Por Estado federativo compreendemos uma união dos Estados soberanos que, em virtude da sua própria soberania, unem-se renunciando a favor dessa união parte de direitos que torna a mesma possível e oferece garantias à sua existência.

Essa forma teórica não está de acordo com a prática em nenhum dos Estados federativos existentes hoje em dia, menos ainda na União Norte Americana, onde, na maior parte dos seus Estados, nem sequer se pode falar de uma soberania primitiva. Muitos deles, só no correr dos tempos, começaram a figurar no mapa geral da União. Nos Estados da União Norte Americana trata-se, na maioria dos casos, de menores ou maiores territórios formados por motivos de técnica administrativa, territórios que antes nunca possuíram soberania própria e nem podiam possuir. Não foram estes Estados que fundaram a União, mas, ao contrário, foi a União que criou grande parte destes chamados Estados. Os importantes direitos outorgados naquela ocasião aos diferentes territórios correspondem não somente ao caráter especial dessa união mas estão em harmonia com a vastidão da área, suas dimensões territoriais que eqüivalem quase às dimensões de um continente. Quando se fala da União Americana, não se pode aludir a soberanias estaduais dos seus diferentes membros, mas somente a direitos garantidos pela Constituição, ou, melhor, por ela facultados.

Também no caso da Alemanha não corresponde inteiramente aos fatos a fórmula acima descrita. É verdade que, ali, existiam primitivamente Estados separados e independentes e por eles foi fundado o Império, mas este não foi fundado pela livre vontade ou pela igual cooperação dos diferentes Estados, mas porque um deles, a Prússia, conseguiu hegemonia sobre os demais. A grande diferença territorial dos Estados alemães não permite um paralelo com a fundação, por exemplo, da União Norte Americana. A diferença territorial entre os primitivos minúsculos Estados alemães e os maiores, sobretudo o maior, a Prússia, prova a disparidade da formação entre o Império alemão e a União Americana, assim como explica a desigualdade na área dos Estados. De fato, não se pode falar, em relação à maior parte destes Estados, em uma soberania efetiva, a não ser que a palavra soberania tenha apenas a significação de uma frase oficial. Na realidade, não somente no passado, mas também no presente, inúmeros desses Estados denominados soberanos tinham desaparecido, o que claramente demonstra a fraqueza dessa concepção de "soberania".

Não desejamos mencionar aqui como cada um desses Estados se formou historicamente. É incontestável, porém, que os mesmos, quase em nenhum caso, têm os seus limites primitivos. São criações puramente políticas, as quais têm suas raízes, na maioria dos casos, nos mais tristes tempos da fraqueza da nação e da conseqüente decomposição da nossa pátria.

Tudo isto tomou em consideração, pelo menos em parte, a Constituição do primeiro Reich, não dando aos diferentes Estados a mesma representação numérica no Conselho Federal, mas unicamente uma representação que correspondia a unidades federativas na formação do Reich.

Os direitos de soberania cedidos pelas unidades federativas para tornar possível a fundação da União, só em poucos casos, foram renunciados espontaneamente. Na sua maioria, ou não existiam praticamente ou já tinham sido perdidos pela pressão preponderante da Prússia. O princípio seguido por Bismarck não era dar ao Reich tudo o que podia obter de cada um dos Estados mas sim de exigir das unidades federativas unicamente o que o Reich absolutamente necessitava, princípio esse tão moderado como sábio que, por um lado, respeitava, ao extremo, hábitos e tradições e que, por outro lado, assim assegurava de antemão ao novo Império a maior soma de entusiástica cooperação. É um erro fundamental, porém, atribuir essa deliberação de Bismarck a qualquer convicção de sua parte de que, por esse meio, o Reich adquiria todos os direitos de soberania que garantissem a sua existência. Essa convicção não tinha Bismarck, de modo algum. Ao contrário, ele desejava unicamente deixar para o futuro o que, no momento, teria sido difícil de realizar e difícil de manter. Ele contava com a vagarosa e aplainadora força do tempo e com a pressão do progresso em si, que ele julgava ter, no correr dos tempos, mais força de que uma tentativa de reagir logo contra a resistência dos diferentes Estados rio momento. Com isso provou da maneira mais eloqüente a sua grande habilidade de homem de Estado. Na realidade, a soberania do Reich aumentou constantemente à custa da soberania dos diferentes Estados. O tempo realizou as esperanças de Bismarck. Com o colapso alemão e com a queda do sistema monárquico, essa evolução foi acelerada. Como as diferentes unidades alemãs deviam a sua existência menos a fundamentos nacionalistas do que a motivos puramente políticos, era lógico que a importância desses Estados tinha que desaparecer no momento em que desapareceu a encarnação fundamental do desenvolvimento político dos mesmos: o sistema monárquico, com as suas dinastias, muitas dessas criações políticas perderam, assim, tanta força interior que, em conseqüência disso, automaticamente deviam renunciar a uma ulterior existência, ou reunir-se, por motivos de conveniência, com outras, ou ainda, voluntariamente, se deixarem absorver por outras de maior importância. Isso é a prova mais evidente da fraqueza extraordinária da soberania efetiva dessas pequenas formações políticas e da pouca consideração em que elas mesmas eram tidas por seus próprios cidadãos.

Se a abolição do sistema monárquico e de seus representantes deu um golpe forte ao caráter federativo do Reich muito mais ainda o fez o encargo das obrigações resultantes do tratado de "paz".

Que os diferentes Estados perdessem a sua autonomia financeira a favor do Reich era natural e evidente por si mesmo, no momento em que o Reich, com o fracasso da Guerra, devia aceitar obrigações financeiras que nunca teriam encontrado cobertura nas importâncias parciais que podiam fornecer os diferentes Estados federados. Também a iniciativa era conseqüência inevitável da escravização do nosso povo, que, pouco a pouco, se realizava por força do tratado de paz. O Reich foi forçado a tomar conta de novos valores para fazer frente às obrigações resultantes de novas extorsões. Dada a maneira desvairada por que, às vezes eram feitas as extorsões, muito lógico e natural era aquele fato. A culpa disso coube aos partidos e aos homens que nada haviam feito para terminar a Guerra com a vitória. Culpados foram, especialmente na Baviera, os partidos que, visando fins egoísticos, abandonaram, durante a Guerra, o ideal do Reich, o que deveriam mil vezes lamentar depois da Guerra perdida. A vingança da história! Raramente o castigo do céu foi tão rude, depois do crime, como neste caso. Os mesmos partidos que, poucos anos antes, haviam colocado os interesses dos seus Estados particulares - especialmente na Baviera - acima dos interesses do Reich, deviam agora presenciar como, sob a pressão dos fatos, o Reich sufocava a existência desses mesmos Estados. Tudo por culpa deles próprios.

É uma hipocrisia sem par, perante as massas dos eleitores (pois só a estes se dirige a agitação dos nossos partidos atuais), queixarem-se esses partidos da perda da soberania dos Estados, quando todos eles se emulavam na prática de uma política que, nas suas últimas conseqüências, naturalmente deveria provocar profundas alterações no interior da Alemanha. O império de Bismarck era livre, tanto no exterior como no interior. Obrigações financeiras tão asfixiantes e, ao mesmo tempo, absolutamente improdutivas, como tem de suportar a atual Alemanha, graças ao plano Dawes, não existiam nos tempos de Bismarck. No interior eram poucas, só as absolutamente necessárias, as despesas que tinha de satisfazer. Assim podia passar-se muito bem de uma predominância financeira, e viver da contribuições dos Estados particulares. Compreende-se, facilmente, que, de um lado, a conservação da soberania dos Estados, e, do outro lado, as relativamente pequenas contribuições financeiras ao Reich, muito concorreram para o entusiasmo dos Estados em relação a este. Não é verdade, é inteiramente falso, alegar-se, hoje, como propaganda, que a atual falta de entusiasmo pelo Reich é conseqüência única da dependência financeira dos Estados para com ele. Não, essa não é a verdade dos latos. A diminuição do entusiasmo pelas idéias do Reich não é a conseqüência da perda da soberania dos Estados, mas, sim, o resultado da maneira miserável por que a nação alemã era representada no seu governo central. Apesar de todas as manifestações, em nome da bandeira alemã e da Constituição, o Governo de hoje é alheio aos sentimentos de todas as camadas da nação e as leis republicanas podem impedir um ataque às instituições republicanas, nunca, porém, conquistar o amor de um só alemão. O cuidado excessivo em defender a República contra seus próprios cidadãos, mediante leis e cadeia, é a crítica mais demolidora à instituição e a suo mais formal condenação.

Por outro lado, também, a alegação de certos partidos de hoje, segundo a qual o desaparecimento do entusiasmo pelo Reich é a conseqüência de desmandos do mesmo, em face de certos direitos de soberania dos Estados particulares, não corresponde à verdade. Suposto que o Reich não tivesse abusado de sua autoridade, não é de crer que o amor dos Estados pelo mesmo fosse maior, se, não obstante isso, as contribuições totais fossem as mesmas de hoje. Ao contrário: se os Estados, hoje, devessem suportar as contribuições de que o Governo central necessita para o cumprimento do tratado de escravidão, a odiosidade contra o Reich seria ainda muito mais forte. A importância das contribuições, que teriam de pagar os Estados ao Reich, só com muita dificuldade poderia ser cobrada. Seria preciso empregar meios de coação. Como a base sobre a qual a República foi fundada consiste nos tratados de paz, e como não tem a coragem, nem a intenção de rompê- los, ela deve pensar, na maneira de cumprir essas obrigações. Também neste caso, são culpados, unicamente, os partidos que, a toda hora, falam às massas de eleitores da necessidade de autonomia dos Estados e, ao mesmo tempo, favorecem uma política que, necessariamente, terá o resultado de destruir os restos dos chamados "direitos de soberania".

Digo "necessariamente" porque, ao Reich de hoje, não resta, absolutamente, outra possibilidade para fazer frente à sobrecarga das suas obrigações, originadas por uma política infame, tanto no interior como no exterior. Cada impulso cria novo impulso e cada dívida nova, com que o Reich é sobrecarregado pela criminosa representação de interesses alemães no exterior, deve ser saldada no interior, mediante aumento da pressão, aumento que, novamente, tem como resultado abolir, pouco a pouco, toda a soberania dos Estados, isso com o fim de não deixar nesses formarem-se germes de resistência ou conservarem-se os já existentes.

Em geral, a diferença característica da política do Reich de hoje, em comparação com a política de outrora, é a seguinte: o primeiro Império dava liberdade no interior, demonstrava força no exterior, e a República está demonstrando fraqueza no exterior e está oprimindo os seus cidadão no interior. Um fato é a conseqüência do outro. Um Estado nacionalista vigoroso necessita, para a sua vida interior, somente de poucas leis, em conseqüência do maior amor e dedicação dos seus cidadãos; um Estado de escravos, com tendências internacionalistas, somente por violência bruta pode conseguir serviços forçados dos seus súditos. Uma das mais atrevidas insolências do governo de hoje é falar de "cidadãos livres". Cidadãos livres somente existiam na Alemanha de outrora. A República, como colônia de escravos, sob o domínio estrangeiro, não tem cidadãos, mas, na melhor das hipóteses, súditos. Por esse motivo, também não possui uma bandeira nacional, mas, unicamente, um símbolo de privilégios, criado pelas autoridades e protegido pelas leis. Esse símbolo, admitido como "chapéu de Gessler", da democracia alemã, sempre ficará estranho aos íntimos sentimentos da nação. A República que, sem o mínimo respeito pela tradição, pela grandeza do passado, enlameou os emblemas deste passado, ficará admirada como é superficial a afeição dos seus súditos para com os emblemas dela. Essa República, por culpa própria, figurará na história alemã sob o aspecto de "intermezzo".

Assim, o Estado de hoje, para segurar sua própria existência, é forçado a suprimir, mais e mais, os direitos de soberania dos Estados e isto não somente do ponto de vista material, mas, também, do ponto de vista ideal. Pois, tirando aos seus cidadãos a última gota de sangue, como conseqüência da sua política financeira de extorsão, vê-se, também, na contingência de privá-los dos últimos direitos, se não quiser ver o descontentamento geral, um belo dia, inflamar-se e transformar se em rebelião violenta.

Resulta, para nós Nacionais-Socialistas, o seguinte princípio fundamental: Um Governo nacionalista forte que defende, por todos os meios, os interesses dos seus cidadãos contra o estrangeiro, pode oferecer liberdade no interior, sem necessidade de recear pela solidez do Estado. Por outro lado, porém, é lícito a um governo nacionalista forte fazer mesmo importantes incursões, na liberdade individual, como na dos Estados, e acarretar com a responsabilidade, quando o cidadão pode reconhecer nessas providências um meio para promover a grandeza da sua nação.

É um fato que todos os Estados do mundo se estão transformando na sua organização interna, no sentido de uma certa unificação. A Alemanha não fará exceção a isso. Já hoje em dia é um absurdo falar, tratando-se dos diferentes Estados alemães, de uma "soberania de estado", soberania, que já não existe, dadas as proporções ridículas dessas formações estaduais Tanto no terreno econômico, como no técnico administrativo, diminui, cada vez mais, a importância dos diferentes Estados. A técnica moderna dos transportes encurta cada vez mais as distâncias. Uma nação antiga representa, hoje em dia, unicamente, uma província, e nações da atualidade seriam vistas, antigamente, como continentes. Do ponto de vista técnico, a dificuldade de administrar uma nação, como a Alemanha, não é maior do que a dificuldade da administração de uma província, como Brandenburgo, há cento e vinte anos atrás. Vencer a distância de Munique a Berlim é, hoje em dia, mais fácil do que a de Munique a Starnberg, há cem anos. E todo o território nacional hoje é, devido à técnica atual dos transportes, menor do que qualquer uma unidade federativa mediana alemã, ao tempo da guerra de Napoleão. Quem foge das conseqüências resultantes de verdades provadas, fica precisamente na retaguarda do tempo. Criaturas que procedem por esse modo, existiam em todos os tempos, e também existirão sempre no futuro. Podem diminuir a marcha dos acontecimentos, nunca, porém, fazê-los parar.

Nós nacionais socialistas não devemos passar cegamente sobre as conseqüências dessas verdades. Nesses assuntos, não devemos, também, nos deixar prender pelas frases dos nossos denominados partidos burgueses nacionalistas. Eu faço uso da palavra frases, primeiro, porque esses partidos não acreditam, seriamente, na possibilidade de levar a cabo as suas intenções, e, em segundo lugar, porque os mesmos são culpados, e, grandemente, pela situação atual. Principalmente na Baviera, o grito pela descentralização é, realmente, mais um jogo de partido, sem intenções de sérias conseqüências. Em todos os momentos em que esses partidos deveriam ter tomado a sério as suas "frases", falharam, sem exceção, de uma maneira lastimável. As frases, como "assalto aos direitos soberanos" do Estado da Baviera pelo Reich, não passam de um latido- repugnante, sem a mínima resistência. se, realmente, alguém se atrevesse a fazer, com seriedade, frente a esse desorientado sistema, estão era considerado como -

fora do Estado, pelos mesmos partidos posto fora da lei e condenado e perseguido até ser constrangido ao silêncio, ou por meio da cadeia ou por meio de uma proibição legal de falar ou escrever. Justamente, em conseqüência disso, devem os nossos adeptos reconhecer a mentira desses chamados círculos federalistas, Assim como acontece com a religião, o federalismo é apenas um meio para atingirem os seus sujos interesses partidários.

Por mais natural que possa parecer uma certa unificação, principalmente no terreno dos meios de comunicações, para nós, nacionais-socialistas, há a obrigação de fazer contra uma tal evolução a mais forte oposição, desde que as providências tomadas têm unicamente o fim de disfarçar ou tornar possível uma funesta política exterior. Justamente porque o Reich de hoje se propõe controlar os trens, correios, finanças, etc., não de pontos de vistas superiores da política nacionalista, mas, sim, só para, desse modo, ter nas suas mãos os meios e as garantias de uma política de obrigações sem fim, devemos, nós nacionais-socialistas, fazer todo o possível, tudo o que, de qualquer modo, pareça conveniente a dificultar a realização de uma tal política, se possível impedi-la. Para esse fim, porém, é preciso lutar contra a atual centralização de importantes organizações, a qual só é empreendida para, por esse meio, se conseguirem os milhões que facilitem a nossa política de depois da Guerra, em relação com o estrangeiro.

O segundo motivo que nos leva a resistir a uma tal centralização, é que, nessa centralização, poderia ser reforçada a eficiência de um sistema de governo no interior que, nos seus efeitos gerais, havia dado origem à maior desgraça da nação alemã. O Reich, do "judeu democrático" de hoje, que se transformou em uma verdadeira maldição para o povo, trata de anular as objeções levantadas pelos Estados que, até agora, ainda não adotaram o modo de pensar corrente, reduzindo- o a uma completa nulidade. Em face de uma tal situação, a nós nacionais socialistas, está reservada a tarefa de tentar, não somente dar à posição destes diferentes Estados a base de uma força nacional, com possibilidades de sucesso, mas transformar, totalmente, sua luta contra a centralização e dar lhe a expressão de um mais alto interesse nacional. Enquanto, porém, o Partido Popular Bávaro, por motivos regionais insignificantes, trata de se assegurar direitos especiais para a Baviera, devemos servir-nos dessa situação especial a favor de um interesses nacional mais elevado, agindo contra a Democracia de novembro.

O terceiro motivo, que nos pode induzir a reagir contra a centralização é a convicção de que, grande parte dos chamados controles, de fato não constituem uma unificação e muito menos uma simplificação, mas, ao contrário, em muitos casos, trata-se somente de reduzir a soberania dos Estados, para abrir a porta à defesa dos interesses dos partidos revolucionários. Jamais, na história alemã, houve um favoritismo tão despudorado como na República democrática. A maior parte do furor atual de centralização teve sua origem nos partidos que, outrora, prometeram aproveitar os homens ativos e capazes e, quando se tratou da nomeação para empregos e posições públicas, tiveram em vista, exclusivamente, o critério partidário. Foram, sobretudo, os judeus que inundaram, desde os primeiros dias da República, em número incrível, as grandes organizações econômicas e as repartições públicas, que assim passaram, inteiramente, ao seu controle. Principalmente, essa terceira consideração obriga-nos, por motivos táticos, a examinar, com o maior rigor, qualquer medida no sentido da centralização, e, se necessário, tomar uma atitude decisiva contra a mesma. Os nossos pontos de vista terão de ser, neste caso, os pontos de vista políticos nacionais mais elevados e nunca mesquinhos regionalismos.

Essa última observação é necessária, a fim de não se criar, no espírito de nossos partidários, o conceito de que nós, nacionais-socialistas, não daríamos ao Reich o direito de corporificar uma soberania mais elevada que a dos diferentes Estados. Sobre esse direito não deve e não pode existir, entre nós, nenhuma dúvida. Como o Estado em si é, para uns, unicamente, uma forma e que o essencial é o seu conteúdo, isto é, o povo, é claro que, aos interesses soberanos deste, tudo terá de subordinar-se. Sobretudo, não podemos permitir que nenhum Estado, dentro da nação e do Reich, que representa a mesma, goze da absoluta soberania política como Estado. O absurdo de diferentes unidades federativas poderiam manter representações no estrangeiro e entre si deverá ter e terá um fim. Enquanto semelhantes fatos forem possíveis, não nos devemos admirar de que o estrangeiro continua a pôr em dúvida a estabilidade da nossa estrutura estatal e aja de acordo com essa dúvida. O absurdo de tais representações ressalta ainda mais quando consideramos que só desvantagens acarreta. Interesses de um cidadão alemão no estrangeiro, que não podem ser percebidos pelo embaixador do Reich, sê-lo-ão muito menos pelo embaixador de um minúsculo Estado, de proporções ridículas na situação atual do mundo. Nessas pequenas unidades federativas devem-se ver unicamente estimulantes à tendência de desagregação da nação alemã e ao seu enfraquecimento interno e externo. Nossas representações diplomáticas, no estrangeiro, eram, já ao tempo do antigo império, tão miseráveis, que tornavam completamente dispensáveis outras experiências posteriores.

A importância das diferentes Estados terá de ser, futuramente, sem restrições, mas no terreno da política cultural. O monarca que mais fez pela reputação da Baviera, não foi um obstinado regionalista, de intenções anti-alemãs, mas, sim, Luís I, que tinha tanto entusiasmo pela grandeza alemã como pela Arte. Quando ele utilizava as forças do Estado, na promoção do progresso cultural da Baviera, e não no fortalecimento dos poderes políticos, prestava maiores e mais duráveis serviços ao seu povo do que teria sido possível se agisse de outra maneira. Elevando Munique, da posição de capital provincial de pouca importância, à de uma grande metrópole de arte alemã, transformou-a em um centro de cultura que ainda hoje, tem a faculdade de atrair a esse Estado até os franceses, apesar do seu modo de pensar ser tão diferente. Supondo que Munique tivesse ficado no que era antigamente, ter-se-ia repetido, na Baviera, a mesma evolução que se verificou na Saxônia, unicamente com a diferença de que Nurenbergue, a Leipzig bávara, não teria ficado uma cidade bávara, ruas se teria transformado em uma cidade da Francônia. Não foram os que gritavam "abaixo a Prússia!" que tornaram grande a cidade de Munique, mas sim o rei que, com ela, queria fazer à nação alemã um presente de 'ima jóia de arte, que merecia ser vista e apreciada e que, de fato, o foi, posteriormente. Nisso deve-se ver uma lição para o futuro. A importância dos diferentes Estados, absolutamente não se deve basear, futuramente, no terreno do poder político, mas na raça ou tio campo cultural. Mesmo aqui, a ação do tempo é niveladora. As facilidades do transporte moderno estão aproximando os homens de tal forma que, paulatina e continuamente, as fronteiras das raças desaparecerão e, com isso, o quadro cultural dos diferentes povos tenderá, pouco a pouco, a atingir o mesmo nível.

O exército deve ser, severamente. afastado das influências estaduais. O futuro Estado nacional socialista não deve incorrer nos mesmos erros do passado, impondo ao exército tarefas que não lhe competem, nem devem competir. A finalidade do exército alemão não é a de uma escola para manutenção de regionalismos, mas uma escola que ensine todos os alemães a se entenderem e a viverem em harmonia entre si. Tudo o que, na vida da nação, tende a provocar desuniões deve ser convertido pelo exército em uma força em sentido contrário. O exército deve tirar cada. jovem do ambiente estreito da sua terra natal e colocá-lo no seio da nação alemã, ensinando-o a ver, não as fronteiras de sua província, mas, sim, as da sua pátria, pois são estas que um dia ele terá de defender. É. portanto, uma loucura deixar o jovem alemão na região em que nasceu. Muito mais acertado é dar-lhe a oportunidade de conhecer a Alemanha, durante o tempo do seu serviço militar. Isso é hoje em dia tanto mais necessário quanto os alemães não costumam viajar, assim alargando os seus horizontes, como o faziam antigamente. Não é contraproducente deixar o jovem bávaro em Munique, o franconio em Nuremberg, o habitante de Baden em Karlsruhe, o Württemburgo, em Stuttgart, etc.? Não seria mais razoável mostrar ao jovem bávaro o Rheno e o Mar do Norte, ao hamburguês os Alpes, ao prussiano do este as montanhas da Alemanha Central, etc.? O amor pela terra natal deve ser cultivado no exército e não nas guarnições regionais. Toda tentativa de centralização deverá ter a nossa desaprovação, nunca, porém, a que se operar no exército. Mesmo que outras tentativas de centralização não fossem aconselháveis, essa, pelo menos, deve sê-lo. Pondo de parte o absurdo de conservar separadas as corporações do exército alemão, vemos na efetiva unificação do exército um passo que, de futuro, quando se tratar da reorganização do exército nacional, nunca mais deveremos interromper.

Além disso, um movimento novo deve afastar qualquer empecilho que possa anular a sua atividade na luta pela vitória das suas idéias. O Nacional-Socialismo deve reclamar para si o direito de impor à totalidade da nação alemã, sem consideração às atuais fronteiras dos Estados, os seus princípios e educar a nação nas suas idéias. Da mesma forma que as religiões não são dependentes dos limites políticos, a idéia nacional-socialista. independe dos diferentes Estados da nossa pátria.

A doutrina nacional socialista não é destinada a servir a interesses políticos dos diferentes Estados federados, mas a guiar a nação alemã.

Ela deve organizar, novamente, a vida de toda a nação e, por esse motivo, deve reclamar, categoricamente, para si, o direito de ultrapassar fronteiras traçadas por acontecimentos políticos que condenamos. Quanto mais decisiva for a vitória destas idéias, tanto maior poderá, mais tarde, ser a liberdade individual, cercada de todas as garantias no interior.

CAPÍTULO XI

PROPAGANDA DE ORGANIZAÇÃO

O ano de 1921 teve, em vários sentidos, para o movimento, uma importância capital, Depois da minha entrada no "Partido Nacional Socialista dos Trabalhadores Alemães", tomei imediatamente conta da direção da propaganda. Eu tinha este setor, naquele momento, como o mais importante de todos. Tratava-se menos de assuntos de organização do que de propagar a idéia ao maior número possível. A propaganda devia preceder à organização, conquistando o material humano necessário a esta. Além disso, sempre fui inimigo de um trabalho de organização demasiadamente rápido e pedantesco. Daí resulta, na maioria dos casos, somente um mecanismo morto, raras vezes uma organização viva. As organizações estão em função da vida, do desenvolvimento orgânico de um povo. Idéias que conquistaram um certo número de indivíduos sempre provocarão a necessidade de uma certa disciplina, absolutamente indispensável. Mas, também aqui, se deve contar com a fraqueza humana, inclinada a opor-se, pelo menos no começo, contra uma direção superior. Na hipótese de uma organização sem vida surge imediatamente o grande perigo de aparecer um homem, apontado por todos mas ainda não inteiramente experimentado e que, talvez, de inferior capacidade, trate de impedir, dentro do movimento, a elevação de elementos mais capazes. O mal daí resultante, pode ser, especialmente em movimento novo, de conseqüências fatais.

Por essa razão é mais conveniente divulgar a idéia, pelo menos durante certo tempo, centro de um determinado núcleo, para daí selecionar o material humano em condições de dirigir o movimento. Mais de uma vez se evidenciará que, nessa seleção, não devemos julgar pelas aparências.

Seria, porém, inteiramente falso ver, em conhecimentos teóricos, provas de capacidade de direção.

O contrário acontece freqüentemente.

Um grande teórico é raramente um grande organizador, pois o valor do teórico consiste, em primeiro lugar, na noção de definição de leis abstratamente exatas, enquanto o organizador deve ser em primeiro lugar um conhecedor da psicologia popular. Deve ver os homens como eles são na realidade. Não lhes deve dar demasiada importância nem depreciá-los no meio da massa, Ao contrário, deve ter em conta a sua fraqueza como o seu aspecto instintivo, para, tomando em consideração todos os fatores, organizar uma força capaz de sustentar uma idéia e de garantir o sucesso! Um grande teórico será raramente um líder. A um agitador é mais fácil possuir essas qualidades, apesar da oposição dos teóricos puros.

Isso é perfeitamente compreensível. Um agitador capaz de comunicar uma idéia à grande massa, precisa conhecer a psicologia do povo, mesmo que ele não seja senão um demagogo. Mesma nessa hipótese, ele será um líder mais apto do que o teórico desconhecedor da psicologia humana. Para ser chefe é preciso ter a capacidade para movimentar massas. A capacidade intelectual nada tem que ver com a capacidade de comando. Por - isso é completamente supérfluo discutir se há mais valor em criar idéias e finalidades do que em realizá-las. Aqui acontece o mesmo que em muitos outros casos: um não pode dispensar o outro. A mais bela doutrina não tem nem finalidade nem eficiência se o líder não consegue empolgar as massas. Por outro lado, de que utilidade seria a genialidade de um condutor de massas, se o teórico não indicasse as finalidades das lutas humanas? A existência, no mesmo indivíduo, do teórico, do organizador e do líder é o mais raro fenômeno deste mundo. Quando isso se dá trata-se de um gênio.

Dediquei-me, nos primeiros tempos da minha atividade partidária, à propaganda. Por essa propaganda dever-se-ia conseguir, pouco a pouco, um pequeno núcleo de indivíduos, convencidos da nova idéia, os quais formariam assim o material que, mais tarde, poderia fornecer os primeiros elementos de uma organização. Visávamos mais a propaganda do que a organização.

Quando um movimento tem como finalidade demolir uma situação existente para reconstruir, em seu lugar, um mundo novo, é preciso que os seus líderes estejam todos acordes sobre os seguintes princípios fundamentais: cada movimento deve dividir o estoque humano conquistado para a causa em dois grandes grupos: adesistas e combatentes.

O dever da propaganda é alistar adesistas, o da organização é conquistar combatentes.

Adesista de um movimento é aquele que aceita a sua finalidade, com. batente aquele que luta pela mesma.

O adesista é alistado para um movimento por meio da propaganda. O combatente é levado, pela organização, a cooperar pessoal e ativamente, paro- o alistamento de novos adesistas, dos quais então se podem recrutar novos combatentes.

Como a qualidade de adesista exige somente o reconhecimento passivo de uma idéia, e a qualidade de combatente a representação ativa e a sua defesa, entre dez adesistas encontrar-se-ão no máximo um a dois combatentes.

A qualidade de adesista baseia-se na compreensão da doutrina, a de combatente na coragem de defender e divulgar as noções adquiridas.

A doutrina pura corresponde melhor à psicologia da maioria da humanidade, comodista e covarde. Os requisitos exigidos para pioneiros do Partido correspondem à uma capacidade prática que só se encontra em raros indivíduos.

Assim sendo, a constante preocupação da propaganda deve ser no sentido de conquistar adeptos, ao passo que a organização deve cuidar escrupulosamente de selecionar, entre os adesistas, os lutadores mais eficientes. A propaganda, portanto, não necessita examinar o valor de cada um dos por ela convertidos, quanto à eficiência, capacidade, inteligência ou caráter, enquanto que a organização deve escolher cautelosamente, da massa destes elementos, os que efetivamente têm capacidade para levar o movimento à vitória.

A propaganda trata de impor uma doutrina a todo o povo; a organização aceita no seu quadro unicamente aqueles que não ameaçam se transformar em obstáculo a uma maior divulgação da idéia.

A propaganda estimula a coletividade no sentido de uma idéia, preparando-a para a vitória da mesma; a organização tem de ganhar a vitória mediante concentração dos adeptos corajosos, capazes de combater pelo triunfo comum.

A vitória de uma idéia será mais fácil quanto mais intensa for a propaganda e quanto mais exclusiva, rígida e solida for a organização que, praticamente, toma a si a realização do combate.

Daí resulta, que nunca é exagerado o número dos adeptos, enquanto que, no que diz respeito aos combatentes, não se deve cogitar de número mas de qualidade.

Quando a propaganda já conquistou uma nação inteira a uma idéia, surge o momento asado para a organização, com um punhado de homens, retirar as conseqüências práticas. Propaganda e organização, estão em função uma da outra. Quanto melhor tiver agido a propaganda tanto menor poderá ser a organização; quanto maior for o número de adesistas, tanto mais modesto pode ser o número dos combatentes e, vice-versa; quanto pior for a propaganda, tanto maior deve ser a organização e quanto mais diminuto o número de adesistas de um movimento tanto mais numeroso deve ser o número dos seus organizadores, se se quiser contar com sucesso.

O primeiro dever da propaganda consiste em conquistar adeptos para a futura organização; o primeiro dever da organização consiste em conquistar adeptos para a continuação da propaganda. O segundo dever da propaganda é a destruição do atual estado de coisas e a disseminação da nova doutrina, enquanto que o segundo dever da organização deve ser a luta pelo poder para conseguir, por esse meio, o sucesso definitivo da doutrina.

O sucesso mais decisivo de uma revolução sempre será conseguido quando a nova doutrina for divulgada peio maior número, imposta a todos depois, ao passo que a organização da idéia, isto é, o movimento, deve abranger unicamente os homens absolutamente necessários aos postos de comando.

Por outras palavras: em cada grande movimento destinado a revolucionar o mundo a propaganda primeiramente terá de divulgar a idéia do mesmo.

Incessantemente terá de esclarecer as massas sobre as novas idéias, atraí-las para as suas fileiras ou, pelo menos, abalar as crenças em voga. Como, porém, a divulgação de uma idéia, isto é, a propaganda, deve ter um núcleo central de direção, será necessário uma organização sólida. A organização recruta os seus sócios do número total dos adesistas conquistados pela propaganda.

A mais alta missão da organização é, pois, tomar precauções para que não nasçam divergências íntimas, entre os adeptos do movimento, que possam originar uma desarmonia e, com isso, um enfraquecimento da causa, e para que se conserve sempre o espírito de ataque e de resolução. Não é necessário que aumente infinitamente o número de combatentes; ao contrário, como só uma pequena parte da humanidade possui um caráter enérgico e resoluto, ficaria forçosamente enfraquecido um movimento que aumentasse desproporcionadamente a sua organização central. Organizações passando além de um certo número de membros, perdem, pouco a pouco, seu poder de combate e a capacidade de apoiar a propaganda de uma idéia, de maneira resoluta.

Quanto mais forte e revolucionária for uma idéia, tanto mais eficiente devem ser os seus defensores, devendo-se dela afastar os covardes e incapazes. Às escondidas, esses quererão passar como adesistas, mas, de público, desistirão de provar a sua adesão. Assim incorporam-se à organização de uma doutrina efetivamente revolucionária somente os mais eficientes dentre os adeptos conquistados pela propaganda. É justamente na eficiência dos membros de um movimento, garantida pela sua escolha natural, que está a condição essencial para uma propaganda correspondente e para um combate bem sucedido pela realização da doutrina.

O maior perigo que pode ameaçar um movimento é um número exagerado de adeptos adquiridos em conseqüência de êxito fácil. Todos os covardes e egoístas fogem de um movimento, enquanto este tem de enfrentar lutas ásperas, ao passo que ao mesmo acorrem quando o êxito é fácil de prever ou já se realizou.

Esse é o motivo por que muitos movimentos vitoriosos fracassam antes de atingir a sua finalidade, suspendem a luta e finalmente desaparecem. Em conseqüência da vitória inicial, entram na sua organização tantos elementos maus, indignos, sobretudo covardes, que esses caracteres inferiores conseguem finalmente a preponderância sobre os lutadores enérgicos e logo forçam o movimento em favor dos seus próprios interesses, degradando o e nada fazendo para completar a vitória da idéia primitiva. Desaparece o entusiasmo fanático, anula se a força de combate ou, como em casos idênticos, se diz nos meios burgueses: "Jogue-se água no vinho". Está sacrificado o surto do movimento.

Por essa razão é indispensável que, ao menos por instinto de conservação, imediatamente se dificulte a admissão de adeptos no momento em que o sucesso se inclina para a causa e, de futuro, se alargue a organização com a máxima cautela e depois de um exame muito rigoroso, unicamente assim, o movimento se conservará, invariavelmente, sadio, na sua essência. É preciso que se tomem precauções para que seja exclusivamente o núcleo central que continue a promover o progresso do movimento, isto é, que oriente a propaganda destinada a conquistar a adesão geral e tome como detentor do poder as medidas necessárias à realização prática das suas idéias.

A organização deve recrutar do primitivo núcleo do movimento não somente os homens que devem ocupar todas as posições importantes no terreno conquistado, mas também os da direção geral, e isso deve durar até que os atuais princípios e doutrinas do partido se transformem em base do novo Estado. Só, então, poderá passar, aos poucos, o governo a ser dirigido pela nova constituição, nascida do espírito do movimento. Isso, porém, geralmente também se realiza mediante lutas recíprocas, por que não se trata de uma questão de idéias mas de jogo de forças, que, é verdade, podem ser previamente reconhecidas, mas não podem ser constantemente controladas.

Todos os grandes movimentos, quer sejam de natureza religiosa quer de natureza política, devem seus grandes sucessos exclusivamente ao conhecimento e à aplicação destes princípios. Nenhum êxito de efeitos duradouros é possível sem o respeito a essas leis.

Como chefe de propaganda do Partido, muito me esforcei, não somente por preparar o terreno para o desenvolvimento futuro da causa, mas também para assegurar, por uma compreensão exata desses princípios. que a organização - somente recebesse o melhor material humano. Quanto mais radical e incitadora era a minha propaganda, tanto mais assustava os homens débeis e as naturezas tímidas, impedindo a sua entrada no núcleo primitivo da nossa organização. Eles talvez tenham ficado adeptos da causa, mas certamente não com espírito decidido. Quantos milhares asseguravam, naquele tempo, que estariam absolutamente decididos a tudo, mas nem por isso puderam ser aceitos como membros do Partido. O movimento teria que ser tão radical que os seus adeptos poderiam ser expostos aos mais sérios perigos, de maneira que não se devia censurar um cidadão respeitável e pacifico por, ao menos por certo tempo, ficar á margem, embora de todo coração pertencesse à causa.

Foi muito bom que assim se fizesse.

Se todos os que, no íntimo, não estavam de acordo com a Revolução se tivessem filiado ao nosso partido, poderíamos ser hoje vistos como uma congregação pia, nunca, porém, como um movimento forte e pronto para o combate. A forma agressiva que se deu, naquele tempo, à nossa propaganda consolidou e garantiu a tendência radical do novo movimento, porque, assim efetivamente, o mesmo ficou constituído, salvo raríssimas exceções, de homens radicais, capazes de assumir a responsabilidade de defensores da causa.

O efeito dessa propaganda era tal que, dentro de pouco tempo, centenas de milhares não somente concordaram conosco mas desejavam a nossa vitória, embora, pessoalmente, fossem covardes demais para fazerem o sacrifício de entrar para o Partido.

Até o meado de 1921, esta atividade unicamente no sentido da propaganda era suficiente e útil para o movimento. Acontecimentos especiais, porém, no verão daquele ano, mostraram que seria conveniente que a organização marchasse pari passu com a propaganda, cujo êxito era cada vez mais evidente.

O ensaio de um grupo de racistas de fancaria, com o apoio benévolo do primeiro presidente do Partido de então, de apoderar-se da direção do mesmo, teve como resultado o desmoronamento desta pequena intriga. Em uma assembléia geral, foi entregue a mim, unanimemente, a liderança de todo o movimento. Ao mesmo tempo, foi tomada unia nova resolução pela qual o presidente era investido de responsabilidade, e que abolia as resoluções das comissões substituindo-as por um sistema de divisão de trabalho que, desde aquele tempo, tem dado os melhores resultados.

Desde 1o. de agosto de 1921, encarreguei-me desta reorganização interna do Partido e encontrei nisso o apoio de um número de forças excelentes, cujos nomes julguei necessário mencionar em um capítulo especial.

A experiência trazida pelos resultados da propaganda deveria, quando se tratou da organização, afastar um certo número de hábitos atuais e estabelecer princípios que não existiam em nenhum dos partidos do momento.

Nos anos de 1919 e 1920, o movimento tinha, na sua direção, uma comissão eleita em assembléias de sócios, de acordo com os estatutos. A comissão compunha se de um 1.º e de um 2.º tesoureiro; um 1.º e de um 2.º secretário e como chefes um 1.º e um 2.º presidente. A isto juntaram ainda um fiscal, o chefe da propaganda e vários assistentes.

Esse comitê corporificava - o que era extremamente cômico - justamente o que o movimento devia combater do modo mais enérgico, isto é, o parlamentarismo. Era claro que se tratava de uma organização que, partindo do pequenino grupo local, e passando pelos futuros distritos, províncias, etc., até que o governo no Reich, representava o mesmíssimo sistema parlamentar, sob o qual nós todos estávamos e estamos ainda hoje sofrendo.

Era de uma necessidade urgentíssima modificar esse estado de coisas, a menos que não quiséssemos que o movimento ficasse para sempre sacrificado em conseqüência das bases falsas da sua organização interna.

As assembléias do comitê que obedeciam a um certo protocolo e nas quais eram tomadas as decisões por maioria de votos, eram na realidade um pequeno parlamento. Nelas havia ausência de qualquer responsabilidade pessoal. Como nas grandes assembléias políticas, imperavam nesses comitês os mesmos absurdos e as mesmas extravagâncias. Foram nomeados para esse comitê secretários, tesoureiros, representantes da totalidade dos membros da organização, representantes para a propaganda e para muitas outras coisas mais. Todos juntos é que deviam, porém, tomar resoluções, por meio do voto, a respeito de qualquer questão isolada. Quer isso dizer que o indivíduo que representava a seção de propaganda decidia sobre um assunto da competência do encarregado das finanças, este decidia sobre assuntos da organização, sobre detalhes que competiam aos secretários, etc.

O motivo por que se nomeava um especialista para a propaganda, quando tesoureiros, secretários, etc., deviam decidir sobre assuntos que somente eram da competência daquele, parece tão incompreensível para um cérebro normal, quão incompreensível seria se, em uma grande empresa industrial, os gerentes ou diretores de outras seções e de outros ramos decidissem sobre assuntos com os quais não tinham absolutamente nada que ver.

Não me conformei com essa loucura; muito pouco tempo depois, já não aparecia mais nessas assembléias. Fiz eu mesmo a minha propaganda, protestando sempre quando qualquer ignorante nesse assunto tratava de intrometer-se na mesma. Pelo mesmo princípio eu, também, não me intrometia nas funções alheias.

Quando, com a aprovação dos novos estatutos e com a minha nomeação para primeiro presidente, tinha adquirido a necessária autoridade e o direito de agir de acordo com a mesma, acabei imediatamente com aquela idiotice. Em lugar de resoluções de comitê, estabeleci o princípio da responsabilidade absoluta.

O primeiro presidente tem a responsabilidade da direção geral do movimento. Ele divide o trabalho a fazer tanto entre os membros do comitê a ele subordinado como entre os demais colaboradores porventura necessários. Cada um destes senhores fica inteiramente responsável pelos deveres de que são incumbidos. Estão subordinados apenas ao primeiro presidente que tem de cuidar da cooperação de todos e de tornar esta cooperação eficiente, a começar pela escolha das personalidades e pela indicação das diretrizes gerais.

Esse princípio da responsabilidade tornou-se pouco a pouco natural destro do movimento, pelo menos quanto à direção do Partido. Nos pequenos grupos locais e talvez também nos distritos serão precisos anos para fazer vingar esses princípios, porque espíritos tímidos e incapazes sempre se oporão aos mesmos. Para esses sempre será desagradável a responsabilidade pessoal em qualquer empreendimento, sentem-se melhor e mais livres se tiverem, em qualquer decisão difícil, o apoio da maioria de um comitê. Parece, porém, necessário enfrentar, com todo rigor, tais tendências, não fazer concessões à covardia ante a responsabilidade e conseguir assim, embora depois de muito tempo, uma compreensão do dever de chefe que permita surgirem, para a posição de líderes, justamente os mais competentes, os predestinados.

Em. qualquer hipótese, um movimento que se propõe fazer guerra à loucura parlamentar deve ele mesmo evitar o mal que combate, somente sobre uma tal base pode adquirir a força para a sua luta.

Um movimento que, em pleno domínio da maioria, baseia-se em tudo no princípio da autoridade do chefe e na responsabilidade daí resultante, com segurança matemática, há de aniquilar, algum dia, o atual estado de coisas e sair vencedor.

Esse princípio deu lugar, no seio do movimento, a uma completa reorganização do mesmo, e, no seu resultado lógico, uma separação muito rigorosa entre as funções partidárias do movimento e as funções da direção política geral. A idéia da responsabilidade foi adotada também para todas as funções partidárias e trouxe, como era de esperar,. em idêntica proporção, um saneamento das mesmas, libertando-as de quaisquer influências políticas e limitando-as a pontos de vista puramente econômicos.

Quando, no outono de 1919, entrei para o Partido, então composto de seis membros, este não tinha nem um escritório nem um empregado; nem mesmo formulários, carimbos, impressos, existiam, o local para as reuniões do comitê era, a princípio, um restaurante na Herrengasse e mais tarde um café em Casteig. Isso era uma situação intolerável. Pouco tempo depois pus-me a visitar um grande número de cervejarias e restaurantes de Munique, com a intenção de poder alugar um quarto separado ou qualquer outro local para o partido. No antigo Sterneckerbräu da rua Tal encontrei um pequeno lugar, um sótão que, antigamente, serviu aos conselheiros de Estado da Baviera como uma espécie de taberna. Era sombrio e escuro e tão próprio para seu anterior destino quão impróprio para os novos objetivos o beco para o qual dava sua única janela era tão estreito que, mesmo nos dias mais claros de verão, o quarto era escuro. Este foi o nosso primeiro escritório. Como, porém, o aluguel era apenas de cinqüenta marcos por mês (para nós naquele tempo era uma soma enorme), não podíamos alimentar grandes pretensões nem nos podíamos queixar.

Mesmo assim, isso já significava um grande progresso. Pouco a pouco fomos melhorando a instalação. Primeiro instalamos luz elétrica, depois um telefone; levamos para dentro uma mesa com algumas cadeiras emprestadas, finalmente uma prateleira, um pouco mais tarde um armário;

dois balcões pertencentes ao dono da casa deviam servir para guardar folhetos, cartazes, etc.

A direção do movimento, por meio de uma assembléia do comitê, uma vez por semana, era impossível ser conservada por muito tempo. Só um empregado, pago pelo movimento, poderia garantir um andamento contínuo dos negócios.

Isso era muito difícil naquele tempo. Contávamos ainda com um número tão diminuto de adeptos, que- foi preciso uma habilidade especial para encontrar entre eles o homem para o momento, que se contentasse com pouco e pudesse satisfazer às múltiplas exigências do movimento.

Era um soldado, antigo camarada meu, de nome Schüssler. Encontrávamos, após busca prolongada, o primeiro diretor econômico do partido. No princípio, ele, diariamente, entre 18 e 20 horas, comparecia ao nosso escritório, mais tarde entre 17 e 20 horas, e, pouco tempo depois, nosso secretário exclusivo, ocupando-se, desde a manhã até alta noite, com os seus trabalhos. Era um homem tão ativo como reto, absolutamente honesto; trabalhava em todos os sentidos e era um fiel partidário Schüssler trouxe consigo uma pequena máquina de escrever "Adler", de sua propriedade. Era a primeira máquina para o serviço do nosso movimento. Mais tarde essa máquina foi comprada a prestação. Uma pequena caixa forte parecia ser necessária para evitar o furto do fichário e dos livros dos membros do Partido. Esta compra não foi feita, pois, para depositar as grandes somas de dinheiro, que, naquele tempo. pudéssemos ter. Ao contrário, tudo era infinitamente pobre, e, muitas vezes, sacrifiquei parte das minhas pequenas economias.

Um ano e meio mais tarde, o escritório era pequeno demais e mudávamo- nos para um outro local na Corneliusstrasse. Mais uma vez era para um restaurante que nos mudávamos, mas agora já não tinham somente um quarto, e sim três. Naquele tempo essas instalações nos pareciam enormes. Nesse local permanecemos até novembro de 1923.

Em dezembro de 1920, foi comprado o Völkische Beobachter. Este diário, que defendia, como já indicava o seu nome, interesses populares e geral, devia agora ser transformado em órgão do Partido Nacional Socialista dos Trabalhadores Alemães. No princípio era publicado duas vezes por semana, no começo de 1923 diariamente, e, em fins de agosto 1923, foi publicado no formato grande que conservou daí por diante.

Naquele tempo, sem a mínima experiência em matéria de imprensa tive que fazer uma aprendizagem que me custou muito sacrifício.

Era de fazer cismar o fato de, ao lado da poderosa imprensa judaica só existir um único jornal popular de real importância. O motivo deste fato, como depois pessoalmente verifiquei, inúmeras vezes na prática residia na organização comercial pouco hábil das denominadas empresas populares. Na sua direção dava-se mais importância ao lado intelectual do que ao prático. Esse ponto de vista é completamente falso, pois a idéia tem a sua maior expressão na realização. Aquele que está efetivamente criando para sua nação coisas de valor, está provando com isso possuir uma idéia de valor idêntico, enquanto outro que apenas finge defender uma idéia sem entretanto executar serviços úteis para a nação, está sendo funesto a qualquer ideal real. Ele está pesando sobre a comunidade com sua idéia.

Também o "Völkisher Beobachter" era, como o seu título indica, um órgão "popular", com todas as vantagens e, sobretudo, todos os defeitos fraquezas inerentes a todas as instituições populares. Embora fosse. excelente sua matéria, a sua direção comercial era inviável. Era da opinião que os jornais populares deviam ser mantidos por subscrições populares em lugar de entrarem na concorrência com os demais. Não se compreendia que era uma indecência querer cobrir os erros da direção comercial da empresa com os donativos de patriotas bem intencionados.

Tratei de remediar esta situação, cujo perigo logo compreendi. F para mim uma felicidade o ter encontrado o homem, o qual, desde aquele tempo, não somente como diretor econômico do jornal mas também como diretor econômico do Partido, prestou serviços inestimáveis à causa. No ano de 1914, no front, cheguei a conhecer (naquele tempo como meu superior) o homem que é hoje, diretor econômico do Partido - Max Amann. Durante os quatro anos da Guerra, tive a oportunidade de quase diariamente observar a extraordinária capacidade, a diligência e os grandes escrúpulos do meu futuro cooperador.

No verão de 1921, quando o movimento passava por uma forte crise, quando eu já não estava contente com um grande número de empregados e até tinha tido com um deles desagradável experiência, dirigi-me a meu antigo camarada de regimento, que um dia casualmente encontrei, rogando-lhe que se encarregasse da direção 'econômica do movimento. Depois de longa hesitação, pois Amann tinha um emprego promissor, consentiu finalmente em aceitar o cargo com a condição formal de que nunca. ficaria à mercê de quaisquer comitês de ignorantes e de que reconheceria exclusivamente um chefe. Ao inesquecível merecimento deste primeiro diretor do movimento, de uma educação comercial efetivamente completa, deve se o ter sido possível introduzir a ordem nas finanças do Partido. Desde aquele tempo, a direção tornou se modelar, incomparavelmente melhor do que a de qualquer das sub-organizações. Como, porém, sempre na vida, a capacidade, não raras vezes, é a causa da inveja e do ciúme, isso devia-se naturalmente esperar também neste caso.

Já no ano de 1922, existiam certas diretrizes para guiar o movimento, tanto no sentido econômico como no que diz respeito propriamente à organização. Já existia um fichário central completo, que abrangia todos os membros do movimento. Do mesmo modo estavam as finanças orientadas firmemente. Despesas normais deviam ser cobertas por entradas normais, entradas extraordinárias eram empregadas para satisfazer a despesas extraordinárias. Apesar dos maus tempos, podia-se manter o movimento. Trabalhava-se como em uma empresa particular: o pessoal devia distinguir-se pela sua competência e de nenhum modo somente pelo critério da célebre "convicção" partidária. A "convicção" de cada nacional socialista prova-se. em primeiro lugar, pela sua boa vontade, pela sua atividade e capacidade para o cumprimento do trabalho que lhe foi confiado pela coletividade. Quem não cumpre o seu dever, não se deve vangloriar de uma idéia contra a qual ele próprio, na realidade, está protestando. O novo diretor econômico do Partido defendia, com toda energia, contra quaisquer influências, o ponto de vista, segundo o qual funções partidárias não se devem transformar em sinecuras para membros ou sócios pouco dispostos ao trabalho. Um movimento que luta de forma tão áspera contra a corrupção partidária do nosso atual aparelho administrativo deve conservar sua própria organização limpa de semelhantes vícios. Aconteceu que foram admitidos na administração do jornal elementos que, quanto a suas "convicções", tinham pertencido ao Partido Popular Bávaro, que, porém, pelos seus trabalhos, deviam ser qualificados como de primeira classe. O resultado desta experiência foi excelente. Justamente por este leal e franco reconhecimento da capacidade de cada um, o movimento conquistou os corações destes empregados mais rapidamente do que dantes. Tornaram se mais tarde bons nacionais-socialistas, não somente em palavras, mas pelo trabalho consciencioso e leal que executaram a serviço do novo movimento. É claro que, em igualdade de condições, dava-se preferência ao partidário. Ninguém, porém, era empregado só por ser membro do partido. A energia com que o novo diretor econômico defendia este princípio fundamental, pondo o em prática contra quaisquer resistências, produziu, no futuro, as maiores vantagens para o movimento. Somente assim foi possível que, nos tempos difíceis da inflação monetária, quando dezenas de milhares de empresas faliram e milhares de jornais deviam fechar as portas, não somente a direção do movimento pode ser conservada e cumprir seus deveres, mas a feitura do Völkische Beobachter cada vez mais se aperfeiçoava. Era classificado, naquele tempo, entre os grandes jornais.

O ano de 1921, teve, além disso, outra significação. Consegui lentamente, como presidente do Partido, subtrair também as diferentes formações do mesmo da crítica e das contradições de tantos membros de comitês. Isso foi importante porque não se pode conquistar para qualquer trabalho uma cabeça realmente capaz, quando, continuamente, os ignorantes se metem em tudo, de tudo dizem entender e, em verdade, provocam apenas a pior confusão, para depois se retirarem silenciosamente à procura de outro campo para a sua atividade "fiscalizadora" e "inspiradora" Havia gente possuída de uma verdadeira idéia fixa de procurar intrometer se em tudo, eternamente prenhe de planos excelentes, idéias, projetos, métodos, etc. Seu mais alto ideal era, na maioria dos casos, formar um comitê que, como órgão fiscalizador, deveria imiscuir se, como perito, no trabalho correto dos outros. Quão prejudicial e pouco conforme ao nacional socialismo era que a gente que nada sabe de uma determinada coisa estivesse continuamente contrariando homens realmente competentes, nunca entrou na consciência daqueles entusiastas de comitês. Julguei meu dever defender, naqueles tempos, todas as forças eficientes do movimento, sobre as quais recaíam todas as responsabilidades, contra semelhantes elementos, de garantir-lhes o necessário apoio e um campo de atividade em que pudessem, continuar a trabalhar.

O melhor meio de tornar inofensivos esses comitês que nada faziam ou somente amontoavam resoluções impraticáveis, era distribuir-lhes um trabalho verdadeiro. Era cômico o constatar-se como tal comitê desaparecia, como por encanto, não sendo mais encontrado em parte alguma. Lembrava-me, naquelas ocasiões, da mais imponente das instituições desse- gênero do Reichstag. Como rapidamente desapareciam repentinamente todos, quando se lhes confiava, em lugar das discurseiras de costume, um verdadeiro trabalho, isto é, um trabalho que cada um destes tagarelas pessoalmente teria de executar com responsabilidade própria.

Já naquele tempo exigi que, como na vida particular, também a respeito do movimento, se deveria buscar, dentro dos diferentes setores, o empregado, administrador ou gerente evidentemente capaz e honesto. Depois disso, dever-se-ia conferir-lhe a autoridade e a liberdade de ação incondicionais a respeito dos seus subordinados, e, ao mesmo tempo, exigir deles responsabilidade ilimitada para com os seus superiores. Ninguém pode ter autoridade sobre subordinados sem pessoalmente conhecer o trabalho em questão. No curso de dois anos, logrei cada vez maior êxito com essa prática, hoje aceita como natural no nosso movimento, pelo menos no que diz respeito à suprema direção.

O êxito desta atitude tornou-se evidente no dia 9 de novembro de 1923. Quando, quatro anos antes, entrei para o movimento, não existia um simples carimbo. No dia 9 de novembro de 1923, foi dissolvido o Partido e confiscada sua fortuna. Esta montava, incluindo todos os objetos de valor e o jornal, em mais de cento e setenta mil marcos ouro.

CAPÍTULO XII

A QUESTÃO SINDICAL

O rápido crescer do movimento obrigou-nos, no ano de 1922, a tomar-mos posição em torno de um problema que, ainda hoje, não está totalmente solucionado.

Em nossas tentativas de estudarmos os métodos que, de maneira mais fácil e mais rápida, poderiam abrir caminho para levar o movimento ao coração das grandes massas, chocamo-nos sempre com a objeção de que o operário nunca nos pertenceria completamente, enquanto a defesa dos seus interesses na esfera puramente econômica e profissional permanecesse em mãos de pessoas orientadas de maneira diversa da nossa e a sua organização política estivesse sob a influência das mesmas.

É claro que muita coisa falava a favor dessa objeção. O operário que exercia a sua atividade em uma fábrica, não podia, segundo a convicção geral, de modo nenhum existir, se não se tornasse membro de um sindicato. Não era apenas a sua importância profissional que parecia protegida por esse meio; também a estabilidade de sua posição na fábrica, só era concebível sendo ele filiado a um sindicato. A maioria dos operários fazia parte de uniões sindicais. Essas tinham, em geral, defendido as lutas pelo salário e concluído pactos tarifários, os quais, agora, iam assegurar ao operário um rendimento determinado. Indubitavelmente os resultados dessa luta eram favoráveis a todos os operários da fábrica, e, para o homem honesto, especialmente, iriam surgir conflitos de consciência, se porventura ele viesse a partilhar do salário obtido a custa de luta pelos sindicatos, tendo, entretanto, pessoalmente, permanecido alheio à mesma.

Com o tipo. normal do empreiteiro burguês mui difícil era o poder-se falar acerca desse problema. Eles não tinham a compreensão (ou não queriam tê-la) do lado material da questão e nem tão pouco do lado moral. Finalmente, todos os pretensos interesses econômicos especiais falam, na verdade, de antemão, contra toda e qualquer concentração organizadora das forças de trabalho deles dependentes, de sorte que, já por esse motivo, na maioria deles, dificilmente se pode formar um juízo imparcial. Portanto, nesse caso, como aliás em muitos outros, é necessário que a gente se dirija aos que estão de fora, os quais não sucumbem à tentação de, estando na Igreja, não ver os santos. Esses, depois, com boa vontade, lograrão compreensão mais fácil para um assunto que, de uma maneira ou de outra, pertence ao número dos mais importantes da nossa vida do presente e da nossa vida futura.

Já me manifestei no primeiro tomo acerca da natureza, finalidade e necessidade dos sindicatos. Adotei ali o ponto de vista de que, enquanto não surgir uma mudança na atitude do patrão com relação ao emprega do, seja por meio de medidas do Estado (as quais, geralmente, são em sua maioria infrutíferas), seja por meio de uma reeducação geral, ao operário não restará outra coisa senão defender ele mesmo os seus interesses apelando para o direito que lhe assiste como parte contratante de igual valor na vida econômica. Acentuei mais que em uma tal defesa repousaria, absolutamente, o sistema duma comunidade nacional inteira, se por meio dela lograssem ser evitadas injustiças sociais que pudessem trazer como conseqüência prejuízos graves para a comunhão geral de um povo Expliquei mais ainda que essa necessidade deverá ser considerada como existente, enquanto houver entre os patrões homens que não possuem em si sentimento, já não direi de deveres sociais, mas até mesmo dos mais comezinhos direitos humanos. Tirei daí a conclusão de que, desde o instante em que uma tal autodefesa seja considerada necessária, sua forma, analogicamente, só pode consistir em uma concentração dos empregados em bases sindicais.

Quanto a concepção geral nada se modificou em mim no ano de 1922, Mas, na verdade, teve-se então de procurar uma fórmula dai-a e determinada para a atitude a ser tomada em face desse problema. Não se tratou, daí por diante, de se contentar a gente, apenas, com reconhecimentos, mas foi necessário que se tirassem deles conclusões de ordem prática.

Tratava-se de responder às seguintes perguntas:
1. Os sindicatos são necessários?
2. Deve o N.S.D.A.P. (Partido Nacional Socialista dos Trabalhadores Alemães) exercer sua atividade sindicalmente ou conduzir os seus membros a exercerem uma tal atividade em qualquer outra forma?
3. De que espécie deve ser um sindicato nacional socialista? Quais são as nossas tarefas e os seus objetivos?
4. Como chegaremos a tais sindicatos?

Creio ter respondido à primeira pergunta à saciedade. Tais como se encontram as coisas, hoje em dia, de acordo com a minha maneira de pensar, os sindicatos não podem ser dispensados. Pelo contrário, pertencem eles ao número das instituições mais importantes da vida econômica da nação. Mas a sua importância não repousa apenas na esfera político social, e sim, e em grau maior, em um setor político-nacional geral. Pois um povo, cujas extensas massas obtém, por meio de um movimento sindical bem orientado, satisfação para as necessidades de sua vida, mas ao mesmo tempo educação, também, alcançará por esse meio uma força de resistência enorme em sua luta pela existência.

Os sindicatos são necessários, sobretudo, como pedra fundamental do futuro parlamento econômico e, relativamente, das câmaras de classes.

A segunda pergunta já não é tão fácil de ser respondida. Se o movimento sindical é importante, então é claro que o nacional socialismo deve tomar a sua posição não apenas teoricamente, mas também praticamente. Na verdade, o como já é mais difícil de explicar.

O movimento nacional socialista, que tem em mira o Estado nacional socialista racista, não deve alimentar a menor dúvida de que todas as instituições futuras desse Estado deverão surgir de dentro do próprio movimento. É um erro gravíssimo acreditar que a gente possa, de repente, apenas de posse do poder, empreender uma reorganização, sem já dispor antecipadamente de um punhado de homens, cujo caráter, antes de tudo, esteja firmemente nos mesmos princípios. Aqui, também, tem valia o princípio de que, mais importante do que a forma exterior, a qual pode ser criada mecanicamente, muito depressa, permanece sendo sempre o espírito que enche uma tal forma. Autoritariamente pode-se, na verdade, enxertar, por exemplo, em organismo estatal o princípio "führeriano", de maneira ditatorial. Mas esse só adquirirá vida se, em sua própria evolução, se tiver formado nas mínimas coisas, paulatinamente, a si mesmo e pela constante seleção que põe diante de si, ininterruptamente, a dura realidade da vida, receber, no decurso de muitos anos, o material dirigente necessário à execução desse princípio.

Assim sendo, não se deve imaginar seja possível se logre tirar de uma pasta, assim sem mais aquelas, o projeto de uma nova constituição e se ponha à luz do dia e, depois, por uma decisão autoritária, se possa "introduzir" de cima. Tentativas nesse sentido, se poderão fazer, é claro, mas o resultado não terá capacidade de vida, e sim que será, seguramente, uma criança natimorta. Isso me faz lembrar perfeitamente a Constituição de Weimar e a tentativa de outorgar ao povo alemão uma nova carta constitucional e unia nova bandeira, constituição essa que não se achava em conexão alguma com os acontecimentos vividos pelo nosso povo no último meio século.

Também o Estado nacional socialista deve se precaver contra tais experiências. Ele poderá evoluir organicamente de uma organização já há muito tempo existente. Essa organização deve possuir em si, originariamente, vida nacional socialista, para, finalmente, criar um Estado nacional socialista vivo.

Como já foi acentuado, os núcleos das câmaras econômicas estarão contidos nas diversas representações profissionais, portanto, antes de tudo, nos sindicatos. Mas se essa posterior representação de classes e o parlamento econômico central tiverem de representar uma instituição nacional socialista, então haverá mister que também esses importantes núcleos sejam portadores de uma opinião e de uma concepção nacional socialistas. As instituições do movimento serão transportadas para o Estado, mas o Estado não pode assim, repentinamente, tirar do nada, por artes mágicas, instituições correspondentes, a não ser que elas tenham de ficar sendo figuras absolutamente destituídas de vida.

Já desse ponto de vista máximo, o movimento nacional socialista deve reconhecer a necessidade de uma atividade sindical própria.

Ele o deve ainda mais pelo fato de que uma educação realmente nacional socialista, tanto do empregador como do empregado, no sentido de uma articulação de ambos os lados na moldura geral da comunidade nacional não se realizará mediante doutrinamentos teóricos, proclamações ou advertências, mas por meio da luta da vida quotidiana. Nela e por ela o movimento tem de educar os diferentes grupos econômicos e, nos grandes pontos de vista, aproximá-los uns dos outros. Sem um trabalho preparatório desse gênero, qualquer esperança na durabilidade de uma verdadeira comunidade nacional futura fica sendo ilusão brilhante, somente o grande ideal de concepção do universo que o movimento defende, poderá ir formando lentamente aquele estilo geral, o qual, então, nos novos tempos, há de aparecer como um estilo de fundamentos interiores realmente firmes e não como um estilo feito apenas exteriormente.

A resposta à terceira Pergunta resulta do dito anteriormente. O sindicato nacional socialista não é órgão de luta de classe, mas um órgão da representação profissional. O Estado nacional socialista não conhece classes", mas, sob o aspecto político, apenas cidadãos com direitos absolutamente iguais e, por conseguinte, deveres gerais também iguais e ao lado disso membros do Estado que, do ponto de vista político estatal, porém, são absolutamente sem direitos.

O sindicato, na maneira de entender nacional socialista, não tem por missão o transformar em uma classe, paulatinamente, determinados homens concentrados no seio de uma corporação nacional, para depois ir com ela travar luta contra elementos organizados de maneira idêntica no seio da comunidade nacional, Essa missão não a podemos, aliás, atribuir ao sindicato, mas ela lhe será distribuída no instante em que ele se transformar em instrumento de luta do marxismo. Não o sindicato cm si é que é "lutador de classes", mas o marxismo é que fez dele um instrumento para a luta de classes. Ele criou as armas econômicas de que se utiliza o judaísmo internacional para arruinar as bases econômicas dos Estados nacionais livres, independentes, para aniquilamento da sua indústria nacional e do seu comércio nacional e por conseqüência para a escravização de povos livres ao serviço do judaísmo financeiro universal, super-estata, o sindicato nacional socialista tem, por conseguinte, de aumentar a segurança da economia nacional, mesmo por meio da concentração organizadora de determinados grupos de participantes do processo econômico nacional, e de robustecer as forças dessa economia nacional, por meio da eliminação retificadora de todas os situações embaraçosas que, em suas últimas conseqüências fenomenológicos, obram de maneira destruidora sobre a nação, a força viva da comunidade nacional, mas com isso, também, causa danos ao Estado e, no fim de contas, leva a economia à desgraça e à corrupção.

Para o sindicato nacional socialista, portanto, a greve não é um meio de destruição e abalo da produção nacional, mas, pelo contrário, meio para o seu aumento e o seu escoamento mediante o combate a todas as situações embaraçosas que, em conseqüência do seu caráter anti-social, entravam a capacidade da economia e consequentemente a existência da comunidade, Pois a capacidade do indivíduo está sempre em ligação causativa com a posição jurídica e social geral que ele adota dentro do processo econômico e com o reconhecimento que, somente dai, resulta da necessidade de florescimento desse processo para a sua própria vantagem.

O empregado nacional socialista deve saber que o florescimento da economia nacional importa na sua própria felicidade material. O empregador nacional socialista deve saber que a felicidade e o contentamento dos seus empregados é a pressuposição necessária para a existência e evolução da sua própria grandeza econômica.

Empregadores e empregados nacionais-socialistas são, ambos, encarregados e procuradores da comunidade nacional toda. A elevada medida de liberdade pessoal, que lhes é outorgada em seu agir, é explicável pelo fato de que, de acordo com a experiência, a capacidade do indivíduo é aumentada mais com a concessão de ampla liberdade do que com a coação vinda de cima e é, também, apropriada para impedir que o processo de seleção natural, que deve ser facilitado aos mais hábeis, aos mais capazes e aos mais diligentes, seja entravado.

Para o sindicato nacional socialista, portanto, a greve é um meio que, só pode ser empregado e, na verdade, só o deve ser, enquanto não existir o Estado nacional socialista. Este, de fato, deverá tomar a seu cargo, em lugar da grande luta em massa dos dois grandes grupos - Empregadores e Empregados - (luta que prejudica a comunidade nacional toda em conseqüência da diminuição da produção que ela acarreta) o cuidado e a proteção dos direitos de todos. As Câmaras Econômicas, propriamente ditas, caberá o dever de conservar em andamento a economia nacional e de eliminar essas faltas e erros prejudiciais. O que, hoje em dia, é disputado na luta e nos combates de milhões, sê-lo-á, no futuro, nas câmaras de classes e no parlamento econômico central, aí deverá encontrar a sua solução. Com isso os empresários e operários não se lançarão furiosamente mais uns contra os outros em luta tarifária e salarial, prejudicando a existência econômica de ambos, mas entregam a solução desse problema a uma autoridade mais alta, a qual deve ter sempre a flutuar diante dos seus olhos, em letras bem luminosas, o bem-estar da comunidade nacional e do Estado.

Também aqui, como aliás em toda parte, tem de valer o princípio brônzeo de que, em primeiro lugar, vem a pátria e depois, então, o partido.

A missão do sindicato nacional socialista é a educação e a preparação para esse objetivo que, então, se define: Trabalho em comum de todos, para a manutenção e segurança do nosso povo e do nosso Estado, de acordo com as aptidões e forças inatas do indivíduo e as que ele vem a adquirir por educação, através da comunidade nacional.

A quarta pergunta: Como chegarmos a esses sindicatos? parece, pelo seu lado, ser a mais difícil de responder.

É mais fácil, em geral, lançar um alicerce em uma terra virgem do que em uma região que já possui um alicerce parecido. Em um lugar em que ainda não existe um negócio de uma determinada espécie, pode-se, facilmente, organizar um nessas condições. Mais difícil se torna isso quando já se encontra aí uma empresa semelhante, e dificílimo quando, além disso, coexistam circunstâncias, em virtude das quais somente um logra florescer. Pois aqui os fundadores se encontram diante da tarefa de, não apenas introduzir seu próprio negócio novo, mas de serem obrigados, para que possam subsistir, a aniquilar o que anteriormente já se encontrava no lugar.

Um sindicato nacional socialista, lado a lado de outros sindicatos, é coisa inadmissível. Pois ele, também, deve se sentir compenetrado da sua missão possuidora de uma concepção do mundo e da intolerância que decorre desse dever inato, com relação a outras formações análogas ou hostis e da acentuação da necessidade exclusivista do seu próprio Eu. Não há aqui, também, entendimentos, nem compromissos, com aspirações afins, mas tão somente a manutenção do direito único e exclusivo.

Há, apenas, dois caminhos para se atingir essa evolução.

1. Poder-se-ia fundar um sindicato próprio e, depois, paulatinamente, empreender a luta contra os sindicatos marxistas internacionais, ou se poderia

2. penetrar nos sindicatos marxistas e tratar, então, de imbuí-los totalmente com o novo espírito e transformá-los, relativamente, em instrumentos do novo mundo de idéias. Contra o primeiro recurso falam as seguintes ponderações: nossas dificuldades financeiras eram, naquele tempo, sempre mais graves os meios que tínhamos à disposição, absolutamente sem importância. A inflação paulatina, mas sempre crescente, agravava a situação pela circunstância de que, nesses anos, se poderia falar de uma utilidade material tangível do sindicato para o seu membro. O operário, de per si, considerado desse ponto de vista, não tinha, absolutamente, motivo algum para fazer contribuições monetárias para o sindicato. Mesmo os sindicatos marxistas existentes estavam quase às portas da falência, até que, em virtude da genial ação do Ruhr do senhor Cuno, os milhões lhes caíram, subitamente no seio. Esse chanceler federal, sedicente "nacional", pode ser designado como o salvador dos sindicatos marxistas.

Com tais possibilidades financeiras é que nós não podíamos contar nessa ocasião; e não podia seduzir a ninguém o entrar em um sindicato que, em conseqüência da sua impotência financeira, não teria podido lhe oferecer a mínima coisa. Por outro lado, devo eu me defender, incondicionalmente, de criar em uma dessas novas organizações apenas uma sinecura para espíritos, mais ou menos, grandes.

Aliás, a questão pessoal desempenha o papel maior de todos. Não dispunha, outrora, de nem sequer uma cabeça a que eu teria confiado a solução desse momentoso tema. Quem, naquele tempo, tivesse realmente arruinado sindicatos marxistas a fim de, em lugar dessa instituição da luta de classes aniquiladora, colocar a idéia do sindicato nacional socialista e contribuir para a sua vitória, esse pertence ao número dos verdadeiros grandes homens do nosso povo e seu busto deverá, um dia, ser dedicado à posteridade, no Walhalla de Regensburg.

Mas eu não conheci nenhum crânio que tivesse se adaptado a uma tal peanha.

É absolutamente falso, sob esse aspecto, o deixar-se transviar pelo fato de que os sindicatos internacionais dispõem até mesmo de meras cabeças medianas. Isso na realidade não diz nada; pois quando esses sindicatos foram fundados, outrora, não havia outros. Hoje o movimento nacional socialista tem de lutar contra uma organização gigantesca já existente há muito tempo e bem construída em seus mínimos detalhes. Mas o conquistador deve sempre ser mais genial do que o defensor, ele quer vencer a este. A fortaleza sindical marxista, hoje em dia, pode, na verdade, ser administrada por bonzos comuns; mas assaltada ela só o será pela selvagem energia e pela capacidade de uma grandeza extraordinária colocada do lado oposto. Se não se encontrar uma tal, é coisa destituída de objetivo o estar-se a contender com o destino, e ainda muito mais insensato o querer forçar a coisa com sucedâneos inadmissíveis.

Aqui se trata de valorizar o conhecimento de que, na vida, é melhor, muitas vezes, o deixar de lado uma causa, do que começá-la só pela metade. por falta de forças apropriadas.

Uma outra ponderação que, na verdade, não se deveria designar como demagógica, surge ainda aqui. Eu possuía, outrora, e possuo ainda hoje, a convicção inabalável de que é perigoso o ligar uma grande política de concepções filosóficas, demasiado prematuramente, com assuntos econômicos. Isso vale especialmente para o nosso povo alemão. Pois aqui. em um tal caso, a luta econômica roubará energias em seguida à luta política. Assim como o povo já chegou à convicção de que, por meio de economia, ele poderá obter uma casinha, ele irá se dedicar apenas a essa tarefa, e não lhe restará mais tempo algum para a luta política contra aqueles que, mais dia menos dia, pensam em lhe subtrair de novo os mil-réis economiza. dos. Em vez de pelejarem na luta política pela opinião e convicção adquiridas, dirigir-se-á ele, então, apenas para a sua idéia de "colonização", e no fim de contas, em sua maioria, ficarão a ver navios. O movimento nacional socialista está, hoje, no início da sua luta. Em sua maior parte deve ele primeiro formar a sua concepção filosófica e completá-la. Ele tem que pelejar com todas as suas energias pela realização dos seus grandes ideais e um sucesso só é admissível se todas as forças entraram, sem exceção, a serviço dessa luta. Mas o quanto a ocupação somente com problemas econômicos, pode paralisar a força ativa de luta, vemos, justamente hoje, em um exemplo clássico à nossa frente:

A revolução de novembro de 1918 não foi feita por sindicatos, mas realizou- se contra eles. E a burguesia alemã não moveu uma luta pelo futuro alemão, porque esse futuro no trabalho construtivo da economia parece suficientemente garantido.

Devemos aprender com essas experiências; pois conosco também as coisas não se passariam de outra maneira. Quanto mais nós concentramos a força toda do nosso movimento na luta política, tanto mais depressa poderemos contar com o sucesso em tida a linha; mas quanto mais nós, prematuramente, nos sobrecarregarmos com problemas de sindicatos, colonização e outros semelhantes, tanto mais limitada será a vantagem para a nossa causa, considerado de uma maneira geral. Pois, por mais importantes que essas circunstâncias o sejam, a sua realização só. poderá aparecer em grande extensão, quando estivermos em condições de colocar o poder público a serviço desses pensamentos. Até lá esses problemas o que farão é tanto mais paralisar o movimento, quanto mais cedo ele se ocupar dessas coisas e tanto mais fortemente a sua vontade ideal se tornaria prejudicada. Poderia se dar facilmente o caso de que movimentos sindicais passassem a governar o movimento político, em lugar da concepção nacional socialista forçar o sindicato a seguir o seu rumo.

Utilidade real para o movimento, como para o nosso povo em geral, porém, só pode surgir de um movimento sindical nacional socialista, se esse já estiver tão fortemente embebido das nossas idéias nacional socialistas que ele não corra mais perigo de seguir as pegadas marxistas. Pois um sindicato nacional socialista, que visse como sua missão apenas a concorrência aos marxistas, seria pior do que nenhum. Ele tem de declarar a sua luta ao sindicato marxista, não apenas como organização, mas, antes de tudo, como idéia. Ele deve encontrar nele o pregoeiro da luta de classes e da idéia de classes e deve se tornar, em lugar deles, o guardião dos interesses profissionais dos cidadãos alemães.

Todos esses pontos de vista falavam, outrora, e falam ainda hoje, contra a fundação de sindicatos próprios, seria preciso que surgisse, subitamente, uma cabeça evidentemente designada pelo destino para solução desse problema.

Assim sendo, havia, apenas, duas outras possibilidades: ou recomendar aos próprios correligionários que saíssem dos sindicatos, ou permanecessem neles até aqui para agirem aí de maneira mais destrutiva possível.

De uma maneira geral eu recomendei esse último recurso. Especialmente no ano de 1922 e no ano de 1923, podia-se levar a cabo isso sem mais delongas; pois a vantagem financeira que durante o tempo da inflação, o sindicato, em conseqüência da juventude do nosso movimento, dispunha em suas fileiras de sócios não muito numerosos, era quase nulo. Mas o prejuízo para ele foi muito grande, pois os partidários nacionais socialistas eram os seus críticos mais agudos e por isso os seus destruidores internos.

Nessa ocasião impugnei, inteiramente, todas as experiências que já de antemão traziam em si o fracasso. Eu teria considerado como um crime, tirar do ganho escasso de um operário qualquer soma para uma instituição, de cuja utilidade para os seus membros eu não possuía convicção íntima.

Se um novo partido político um dia torne a desaparecer, isso mal chega a ser um dano, mas quase sempre uma vantagem, e ninguém tem o direito de se lamentar por causa disso; pois, o que o indivíduo dá a um movimento político, ele o dá a fonds perdu. Mas quem faz as suas contribuições para um sindicato tem direito ao cumprimento de uma compensação a ele assegurada. Se as contas não são ajustadas com ele, então os organizadores de um tal sindicato são embusteiros, ou quando menos pessoas levianas, que devem ser chamadas à responsabilidade.

De acordo com essa maneira de ver foi que, no ano de 1922, agimos assim também. Outros julgaram isso aparentemente melhor e fundaram sindicatos. Eles nos exprobraram da falta de um tal sindicato como o sintoma mais evidente da nossa visão errônea e limitada. Entretanto, não se passou muito tempo até que essas instituições mesmas desaparecessem a sua vez, de sorte que a situação final era a mesma que a nossa.

Somente com a diferença que nós nem nos enganáramos e nem aos outros.

CAPÍTULO XIII

FOLÍTICA DE ALIANÇA DA ALEMANHA APÓS A GUERRA

A confusão reinante na direção da política externa do Reich, a falta de orientação segura na política de alianças, não só continuou com a Revolução mas até piorou. Se antes da Guerra, a confusão geral de idéias foi o motivo principal da má orientação do nosso governo em matéria de política externa, depois da Guerra foi a falta de boa vontade a causa de situação idêntica. Era natural que aqueles meios que, com a Revolução, viram afinal alcançados os seus objetivos destruidores, não pudessem ter qualquer interesses em uma política de alianças cujo resultado final devia ser a reconstrução de um Estado alemão livre. Não somente uma tal evolução estaria em contradição com as idéias do atentado de novembro, mas assim se interromperia ou mesmo se anularia o plano de internacionalização da economia alemã. Por outro lado, o efeito político interno de uma reconquista da liberdade na política externa seria fatal, no futuro aos atuais detentores do poder. Mal se pode fazer idéia do ressurgimento de um povo sem uma nacionalização prévia do mesmo. Por outro lado, todo grande sucesso político externo forçosamente tem esse resultado. É um fato sabido que qualquer combate pela liberdade resulta em um fortalecimento do sentimento nacional, da consciência da dignidade própria e também em um sentimento mais acentuado contra elementos e esforços anti-nacionalistas. Situações e pessoas que, em tempos pacíficos, são toleradas e, muitas vezes, até passam desapercebidas, encontram, em momentos de entusiasmo nacional, não somente repulsa mas até uma resistência, que freqüentemente, lhes é fatal. Basta que nos lembremos, por exemplo, do receio que todos tinham dos espiões que, no momento de estalar a Guerra, no fervor das paixões humanas, eram levados às mais brutais e injustificadas perseguições. No entanto, todos, facilmente, se poderiam convencer de que o perigo da espionagem, durante os longos tempos de paz, é muito maior, embora não desperte, nas mesmas proporções, a atenção geral.

Por seu instinto apurado, os parasitas de Estado, trazidos à tona pelos acontecimentos de novembro, já estão prevendo a sua própria destruição, por um combate pela liberdade do nosso povo, apoiado em uma sábia política de alianças e no alvoroço de paixões nacionais inflamadas por essa política.

Assim se compreende por que os detentores do poder, desde 1918, falharam quanto à política externa e porque a direção de Estado se opunha, quase sempre premeditadamente, aos interesses da nação alemã. O que, à primeira vista, podia parecer como não obedecendo a nenhum plano, aparece, após exame mais detido, como a conseqüência lógica da orientação tomada publicamente pela Revolução de novembro de 1918.

Verdade é que, nesse caso, deve-se distinguir entre os chefes responsáveis ou, melhor, "os que deveriam ser responsáveis" pelos negócios públicos, entre a média dos politiqueiros parlamentares e o grande e estúpido rebanho do nosso povo, de paciência de carneiros.

Uns sabem o que querem. Os outros ou os acompanham conscientemente ou porque são covardes de mais para oporem-se firmemente a fatos cuja nocividade compreendem. Outros ainda se submetem por incompreensão e estupidez.

Enquanto o Partido Nacional Socialista dos Trabalhadores Alemães tinha a extensão de um pequeno grupo, pouco conhecido, podia-se compreender que os problemas da política externa tivessem importância secundária ria opinião de certo número de partidários. No seio do nosso movimento sempre foi e devia ser propagada a idéia fundamental de que a liberdade externa não é proporcionada como presente do céu ou de poderes terrestres, mas só pode ser o fruto de um esforço interno. Só o afastamento das causas do nosso desmoronamento e o aniquilamento dos aproveitadores do mesmo, pode tornar possível o combate pela liberdade externa.

Em conseqüência de tais pontos de vista, pode se compreender porque, nos primeiros tempos, o valor das questões da política externa em comparação com as intenções de reformas internas, foi relegado a segundo plano.

Logo que se alargou o quadro da pequena e insignificante união, e a nova formação adquiriu a importância de uma grande associação, resultou também a necessidade de se tomar atitude em face das questões de política externa. Tratava-se de estabelecer diretrizes que não somente não fossem contrárias aos princípios fundamentais da nossa doutrina, como até representassem uma conseqüência desse modo de pensar!

Justamente da falta de educação do nosso povo, em política externa, resulta, como dever do novo movimento, facilitar, mediante diretrizes gerais, tanto a cada um dos diferentes chefes como à grande massa, uma maneira de pensar a respeito da política a adotar, que seja a condição indispensável para qualquer futura realização prática no sentido da recuperação da liberdade do nosso povo e de uma soberania efetiva o Reich.

O princípio essencial que, no julgamento desta questão, sempre devemos ter presente é que a política a externa é apenas um meio para se chegar a uma finalidade, e que o objetivo final é exclusivamente o progresso da nossa própria nacionalidade. Nenhuma deliberação em política externa deve ser tomada senão deste ponto de vista: resulta isso em proveito imediato ou futuro da nossa nação ou será prejudicial à mesma? Essa é a única prevenção que deve prevalecer no tratamento dessa questão. Pontos de vista político partidários, religiosos, humanitários, ou quaisquer outros devem ser afastados.

Se, antes da Guerra, a política alemã externa tinha o dever de assegurar a alimentação do nosso povo, pelos meios que pudessem conduzir a esse fim, como a solidariedade com aliados eficientes, o seu dever de hoje é o mesmo, apenas com esta diferença: antes da Guerra tratava-se da conservação da nacionalidade alemã, tendo-se em consideração a força viva do Estado independente, hoje deve-se, primeiro, recuperar para o povo a força, na forma de um Estado livre, que é a condição essencial para a direção posterior de uma política externa prática no sentido da conservação, da alimentação e do progresso do nosso povo.

Em outras palavras: O fim atual de uma política alemã externa deve ser a preparação para a recuperação da liberdade.

Nisso não se deve deixar de observar um princípio fundamental: a possibilidade de recuperar a independência de um povo não depende absolutamente dos limites territoriais mas sim da existência de uma base, por menor que seja, desse povo e desse Estado, capaz de dispor da necessária liberdade, de ser a personificação não somente da comunidade intelectual da nação inteira, mas também o preparador para o combate militar em favor da independência.

Se um povo de cem milhões tolera o jugo da escravidão, só para conservar a integridade do Estado, isso é pior do que se tal Estado ou tal povo tivesse sido destroçado e se tivesse conservado somente uma parte do mesmo a liberdade completa. Isso, naturalmente, na hipótese de que esta última somente de apregoar ininterruptamente a união intelectual e cultural mas também de preparar, pelas armas, a definitiva libertação e de reunir novamente as partes oprimidas.

Além disso, não nos devemos esquecer que o problema da recuperação de partes perdidas do território de uma nação consiste, em primeiro lugar, na reconquista do poder político e da independência da Pátria, que, portanto, em um tal caso, os interesses de territórios perdidos devem ser absolutamente postos de lado, visando-se apenas o interesse da recuperação da liberdade nacional. Pois a libertação de partes isolados de uma raça ou de províncias de um Estado não se realiza em virtude do desejo dos oprimidos ou de protestos, mas sim pelos recursos de força dos remanescentes, conservados mais ou menos independentes, da primitiva pátria comum.

Portanto, a condição essencial para a recuperação de territórios perdidos é o fortalecimento do território que se' conservou livre e a resolução inabalável de pôr, no momento oportuno, a nova força adquirida ao serviço da libertação e da união de toda a nacionalidade. Em resumo, deve-se adiar a defesa dos interesses dos territórios conquistados, e ver apenas o interesses de conseguir para a nação um poder e força políticos absolutamente necessários para a correção da obra do vencedor inimigo. Povos subjugados não serão reconduzidos ao seio da Pátria comum por meio de protestos ardentes, mas mediante uma espada eficiente.

Forjar essa espada é a missão dos dirigentes da política interna de um povo; assegurar o funcionamento da forja e preparar companheiros de combate é o dever da direção e política externa.

No primeiro volume dessa obra ocupei-me da fraqueza da nossa política de aliança de antes da Guerra. Dos quatro caminhos que se ofereciam para a conservação da nossa nacionalidade e alimentação do nosso povo, tinha-se escolhido justamente o menos vantajoso. Em lugar de fazer se uma sã política territorial européia, preferiu-se uma política colonial e econômica. Isto era tanto mais errado quanto se acreditava poder assim evitar-se uma decisão pelas armas. O resultado dessa tentativa de querer apoio em vários lados foi a queda, como sempre acontece em casos idênticos. A guerra mundial foi apenas a última consequência que o Reich sofreu em consequência de sua má direção.

O melhor caminho já naquele tempo teria sido: o reforçamento do poder no Continente mediante a aquisição de novos territórios na Europa, com o que justamente se teria alcançado a possibilidade de uma futura política colonial. Na realidade, aquela política só teria sido possível em aliança com a Inglaterra ou levando a força militar a um desenvolvimento tal que, por quarenta a cinquenta anos, prejudicaria todos os objetivos culturais. A importância cultural de uma nação quase sempre está ligada à liberdade política e à independência da mesma, e, consequentemente, é esta a condição sine qua non para a garantia de sua existência.

Por esse motivo, todo sacrifício em favor da liberdade política é perfeitamente justificado, o sacrifício dos interesses culturais por uma preparação militar será grandemente compensado. Pode- se mesmo dizei-que, depois de um esforço concentrado no sentido da conservação da independência nacional, geralmente se verifica uma surpreendente expansão das forças culturais da nação até então relegadas a segundo plano. O perigo das guerras dos Persas provocou o florescimento do século de Péricles e, devido às inquietações das guerras púnicas, começou o Estado romano a preocupar-se com uma cultura mais elevada.

É claro que não se pode confiar à força de resolução de uma maioria de idiotas parlamentares a subordinação incondicional de todos os demais interesses de uma nação ao dever único da preparação militar para a segurança do Estado. Só o pai de Frederico, o Grande, seria capaz de sacrificar todos os demais problemas ao da preparação militar, mas os países da nossa parlapatice parlamentar de cunho judaico não são capazes disso.

Só por esse motivo, a preparação militar, antes da Guerra, visando uma conquista territorial na Europa, era quase impossível, sem uma inteligente política de alianças.

Como, em geral, não se cogitava absolutamente de uma preparação sistemática para a guerra, renunciou-se à política de conquistas territoriais na Europa e sacrificou-se, com a política colonial e econômica, a natural aliança com a Inglaterra, aliás perfeitamente possível. Não se cogitou, como seria lógico, de um apoio na Rússia, e, por isso, ficamos isolados, apoiados apenas, na Guerra, pelos doentes Habsburgos.

A nossa política internacional não possui uma diretriz que a caracterize. Se, antes da Guerra, tomava-se erradamente o quarto caminho, para segui-lo indecisamente, depois da Revolução nem para os olhos mais perspicazes seria possível descobrir uma orientação. Mais do que antes da Guerra, faltava qualquer plano regular, a não ser o de tentar aniquilar a última possibilidade de uma ressurreição do nosso povo.

Um exame imparcial das relações das potências européias leva-nos às seguintes conclusões: Durante trezentos anos, a história do nosso continente caracterizou-se pela tentativa da Inglaterra de cercar-se da necessária garantia contra coalizões de potências que pudessem perturbar os seus planos de política mundial.

A tendência tradicional da diplomacia britânica, com a qual, na Alemanha, só pode ser comparada a tradição do exército prussiano, era, desde o governo da rainha Elisabeth, impedir, por todos os meios, que qualquer uma das grandes potências européias se elevasse de maneira a tornar-se predominante. E, para alcançar esse objetivo, não recuaria nem mesmo ante intervenções militares. Os meios que a Inglaterra em tal caso costumava empregar, variavam, segundo a situação existente ou o problema a resolver, mas a firmeza de resolução era sempre a mesma. Quanto mais difícil era a situação da Inglaterra tanto mais necessário parecia ao governo inglês a conservação do statu quo das diferentes forças da Europa, mantendo-se as rivalidades entre as mesmas. A independência política da antiga colônia norte-americana, com o tempo, deu lugar a que o governo britânico dispendesse os maiores esforços para garantir a sua política continental.

Depois que a Espanha e os Países-Baixos deixaram de ser grandes potências marítimas, as forças do Estado inglês concentraram-se contra a elevação da França à posição de grande potência, até que, finalmente, com a queda de Napoleão I, a hegemonia desse poder militar, o mais perigoso para a Inglaterra, parecia para sempre destruída.

A mudança de orientação da diplomacia inglesa a respeito da Alemanha foi um processo lento, porque a Alemanha, em conseqüência da sua falta de unidade, não oferecia nenhum perigo para a Inglaterra. A opinião pública, uma vez preparada por meio de propaganda para um fim político determinado, somente aos poucos toma novos rumos. As opiniões dos estadistas transformam-se, no espírito do povo, em valores sentimentais que não só são mais eficientes na sua atuação, mas também resistem à ação do tempo. Assim o estadista, depois de ter alcançado seu objetivo, facilmente muda de idéias; a massa, porém, só depois de uma lenta e continuada propaganda, poderá servir de instrumento da nova orientação dos chefes.

Já em 1870/71, a Inglaterra tinha adotado a sua nova atitude. Suas vacilações resultantes da importância da América na economia mundial assim como o desenvolvimento do poder político da Rússia, infelizmente não foram aproveitados pela Alemanha. O resultado foi que a tendência histórica da diplomacia britânica tornou-se cada vez mais firme.

A Inglaterra via na Alemanha a potência, cuja importância econômica e portanto política, em conseqüência da sua enorme industrialização, aumentava em proporções tão ameaçadoras, que já se podiam colocar os dois países no mesmo plano. A conquista do mundo por processos "econômicos pacíficos", que os nossos estadistas viam como a última palavra da sabedoria política, forneceu ao político inglês o motivo da organização da resistência contra a Alemanha. Essa resistência não podia deixar de assumir a forma de um ataque universal organizado, sabido como é que a diplomacia inglesa não visava a manutenção de uma paz duvidosa, mas sim a consolidação do domínio britânico no mundo. Para isso a Inglaterra recorreu a alianças com todos os países militarmente fortes, o que estava de acordo com a sua proverbial precaução na avaliação das forças do inimigo e com o conhecimento da sua própria fraqueza militar no momento. Essa atitude não se pode denominar inescrupulosa, pois a organização de uma guerra não obedece a pontos de vista de nobreza de sentimentos, mas ao senso da oportunidade. O dever de qualquer diplomacia é evitar que uma nação pereça heroicamente, e que se conserve praticamente. Qualquer caminho que conduza a este objetivo é, então, conveniente, e a não utilização do mesmo deve ser classificada de crime, de esquecimento do dever.

Na agitação política da Alemanha a diplomacia britânica encontrou o meio seguro de evitar a ameaça de uma hegemonia mundial germânica.

Já agora não existe, da parte da Inglaterra, o interesse de riscar completamente a Alemanha do mapa europeu. Ao contrário, justamente a horrível derrocada conseqüente ao movimento de novembro de 1918, colocou a diplomacia britânica em frente de uma situação nova que, de princípio, não se poderia acreditar como possível. A Alemanha estava destruída e a França tornava- se a primeira potência militar do continente.

Durante quatro anos e meio, o império britânico tinha lutado para evitar a hipotética preponderância de uma potência continental. Agora, com a perda da Guerra, parecia desaparecer completamente aquela potência. Dava-se uma demonstração da ausência do mais primitivo instinto de conservação própria; acreditou-se que o equilíbrio europeu estava rompido por um acontecimento de apenas 48 horas.

A propaganda extraordinária que, na Guerra, manteve o entusiasmo e a perseverança do povo britânico e revolveu todos os seus instintos primitivos e paixões, devia agora ser o pesadelo dos diplomatas britânicos. Com o aniquilamento da Alemanha, isto é, da sua política colonial econômica e comercial, estava alcançado o objetivo britânico da guerra; tudo que não fosse isso redundaria em prejuízo para os interesses ingleses. Com o aniquilamento de um estado poderoso, como a Alemanha, na Europa continental, somente podiam ganhar os inimigos da Inglaterra. Apesar disso, uma mudança na orientação da diplomacia inglesa, que, durante a Guerra, se tinha servido mais do que nunca das forças sentimentais da grande massa, não era mais possível em novembro de 1918 e no verão de 1919. Não era possível do ponto de vista da orientação efetiva do próprio povo e não era possível em vista das proporções entre as diferentes potências militares. A França podia ditar a sua vontade aos outros. A única potência, porém, que durante estes meses, em que tudo se regateava e mercadejava, teria sido capaz de trazer uma mudança à situação, era a Alemanha, mas esta sofria as convulsões da guerra civil e anunciava, pela voz dos seus chamados diplomatas, a sua disposição para aceitar qualquer tratado.

Quando um povo, em conseqüência da falta absoluta de instinto de conservação própria, perde a capacidade de constituir-se em aliado eficiente de outro, degenera em uma nação escrava e passa para a categoria de colônia.

Justamente para não deixar crescer o poder da França desproporcionadamente, a única política possível, por parte da Inglaterra, era participar da política de pilhagem da França.

Na realidade, a Inglaterra não alcançou os objetivos com que entrou para a Guerra. Não conseguiu evitar a existência de uma grande potência militar capaz de perturbar o equilíbrio europeu; ao contrário, concorreu para a formação da mesma.

A Alemanha, como potência militar, estava, no ano de 1914, apertada entre dois países dos quais um dispunha de um poder igual, o outro de um maior que ela.

A isso dever-se-ia juntar o predominante poder marítimo da Inglaterra. A França e a Rússia sozinhas ofereciam a qualquer desmedida expansão alemã obstáculos e resistências invencíveis. Além disso, a situação geográfica, extraordinariamente desfavorável do Reich, sob o ponto de vista militar, deveria ser vista como mais uma segurança contra um demasiado aumento da força da Alemanha. Especialmente o litoral alemão era, do ponto de vista militar, desfavorável no caso de uma guerra contra a Inglaterra, por suas pequenas proporções em face da extensão da frente continental, inteiramente aberta.

Totalmente diferente é a posição da França de hoje. Militarmente, é a primeira potência, sem nenhum concorrente sério no continente: as suas fronteiras no sul estão bem protegidas com a Espanha e a Itália. Por outro lado, está protegida contra a Alemanha pela fraqueza da nossa pátria. O seu litoral, apresenta uma frente extensa contra o império britânico. Os seus aeroplanos e baterias de grande alcance podem facilmente alcançar os seus alvos ingleses, As ações do submarino seriam expostas as vias de comunicação do comércio britânico. Uma guerra submarina, com apoio tanto nas extensas costas do Atlântico quanto nas não menos extensas do Mediterrâneo, na Europa e na África do Norte, teria conseqüências devastadoras.

Assim o resultado da guerra contra o aumento do poder da Alemanha foi, sob o ponto de vista político, da hegemonia francesa no continente. O resultado militar foi a consolidação da França como primeira potência militar e o reconhecimento dos Estados Unidos da América do Norte como potência marítima eqüivalente. Em matéria de política econômica, o que se verificou foi a passagem de grandes territórios, onde predominavam os interesses britânicos, a aliados antigos.

Assim como os tradicionais objetivos políticos da Inglaterra exigem uma espécie de balcanização da Europa, os da França são no sentido de uma balcanização da Alemanha.

O desejo da Inglaterra é e sempre será impedir a formação de ama grande potência continental com uma exagerada importância política universal, para assim manter o equilíbrio europeu, condição indispensável à hegemonia britânica no mundo.

O desejo da França é e sempre será impedir a formação de um poder sólido na Alemanha, conservando um sistema de pequenos Estados com forças equilibradas e sem uma direção uniforme, com a ocupação da margem esquerda do Reno para assegurar a sua hegemonia na Europa.

O objetivo final da diplomacia francesa será eternamente contrário ao da diplomacia britânica.

Quem, dos pontos de vista acima explicados, fizer um exame das possibilidades de aliança da Alemanha deve chegar à convicção de que só nos resta- um entendimento possível e esse é com a Inglaterra. Por mais horrorosas que tenham sido e sejam ainda para a Alemanha as conseqüências da política inglesa na Guerra, não se deve perder de vista que já não existe, de parte da Inglaterra, o desejo de aniquilar a Alemanha, mas, ao contrário, a política inglesa, cada vez mais, trabalha para pôr um freio ao excesso de poder da França. Agora não mais se fará uma política de alianças influenciada por divergências passadas mas apoiada na experiência. A experiência devia ter ensinado que alianças para a execução de fins negativos são naturalmente fracas.

Os destinos de povos só se aliam pela perspectiva de um sucesso comum no sentido de aquisições territoriais, de conquistas comuns, em aumento de força de ambos os lados.

A falta de senso do nosso povo, em assuntos de política externa, demonstra- se claramente nas notícias diárias da imprensa a respeito da maior ou menor "simpatia pela Alemanha" manifestada por esse ou aquele diplomata estrangeiro, na qual se vê a garantia de uma política de colaboração conosco. Isso é um absurdo incrível, uma exploração da ingenuidade sem par do tipo normal do político alemão. Não há estadista inglês, americano ou italiano que possa ser indicado como simpático ao povo alemão. Cada estadista inglês naturalmente será antes de tudo inglês, qualquer americano, americano, e não há diplomata italiano que esteja inclinado a fazer outra política que não seja a reclamada pelos interesses de seu país. Quem, pois, acredita poder fundar alianças com nações estrangeiras baseadas na simpatia dos estadistas para com a Alemanha, ou é um asno ou um hipócrita. A condição essencial para a aliança de povos não está nunca em uma estima recíproca, mas na previsão de uma conveniência das partes contratantes. Isso significa que um diplomata inglês sempre fará política pró Inglaterra e nunca pró Alemanha. Pode acontecer, porém, que os objetivos da política inglesa e da alemã sejam idênticos, embora por motivos diferentes. Essa harmonia que se verifica em determinado momento pode desaparecer de futuro. A habilidade diplomática de um estadista está justamente em encontrar para a execução de seus próprios interesses, em determinado tempo, os colaboradores que, na defesa de interesses idênticos, têm de percorrer o mesmo caminho.

A utilidade prática para a atualidade somente pode resultar da resposta às seguintes interrogações: Quais são atualmente os Estados que não têm interesse vital em que, mediante o afastamento da hipótese de uma Europa central alemã, chegue o poder econômico e militar francês a assegurar-se a absoluta hegemonia continental? Quais são os Estados que. em virtude das suas próprias condições de vida e da sua tradicional orientação política, vêem na hegemonia da França uma ameaça ao seu próprio futuro?

Não devemos ter a mínima dúvida de que o inimigo mortal, inexorável, do povo alemão é e será sempre a França. É indiferente que a França seja governada por Bourbons ou jacobinos, bonapartistas ou democratas burgueses, republicanos clericais ou bolchevistas vermelhos. O objetivo da sua atividade política será sempre a tentativa da conquista das fronteiras do Reno e de uma garantia para a posse deste rio, pela França, com o enfraquecimento da Alemanha.

A Inglaterra não deseja que a Alemanha se transforme em potência mundial, a França não nos quer como potência de espécie alguma. Há uma grande diferença nesses dois pontos de vista!

Hoje em dia, não estamos, porém, combatendo para conquistar a posição de potência mundial; temos de lutar pela existência da nossa pátria, pela união da nossa nação e pelo pão de todos os dias para nossos filhos. Aceitando esse ponto de vista, só dois Estados na Europa podem fazer aliança conosco: a Inglaterra e a Itália.

A Inglaterra não deseja uma França cujo poder militar não controlado pelo resto da Europa, disponha das condições essenciais para uma posição ameaçadora. E, além disso, nunca a Inglaterra pode desejar uma França que, pelo enfraquecimento do resto da Europa, venha a ocupar, na política, uma posição tão segura que permita e até provoque o restabelecimento de uma política francesa em, maior escala.

A preponderância militar da França é para o império inglês um pesadelo muito maior que as bombas dos nossos Zepelins.

A Itália também não pode desejar o aumento da preponderância francesa na Europa. O futuro da Itália sempre dependerá da sua expansão territorial na bacia do Mediterrâneo. O motivo que levou a Itália à guerra, certamente não foi o desejo de aumentar o poder da França, mas muito mais a intenção de dar um golpe de morte no odiado concorrente adriático. Qualquer aumento de força da França no continente eqüivale, para o futuro, a uma diminuição da Itália. Ninguém se deve, pois iludir pensando que a afinidade de raças entre nações seja capaz de anular rivalidades.

Refletindo-se, friamente, chega-se à conclusão de que a Inglaterra e a Itália são os dois Estados, cujos interesses naturais menos se encontram em conflito com as condições essenciais para a existência da nação alemã e que, até certo ponto, se identificam com os nossos interesses.

No julgamento das possibilidades de uma tal aliança, não devemos desprezar três fatores: O primeiro reside em nós, os outros dois dizem respeito aos outros países.

Será possível fazer uma aliança com a Alemanha atual? As potências só se aliam para reforçar as suas posições, o seu caráter ofensivo. Quem cogitaria de aliar-se a um Estado, cujo governo, há anos, oferece o espetáculo de lastimável incapacidade, de covardia pacífica, e no qual a maior parte do povo, cega pelos democratas-marxistas, está atraiçoando os interesses da própria nação, de uma maneira que clama ao céu? Pode qualquer potência, hoje em dia, alimentar a esperança de fazer aliança eficiente com um Estado, na suposição de defender um dia interesses comuns. se esse Estado aparentemente não tem nem coragem nem ânimo de defender a própria vida? Existirá uma potência qualquer, - para a qual uma aliança seja mais que um pacto de garantia para a conservação de um Estado em lento apodrecimento - que se comprometa, para a vida ou para a morte, com uma nação cujos característicos consistem em submissão canina para com o exterior e na mais vergonhosa ausência de virtudes nacionais do interior, com uma nação que não possui mais grandeza porque já não a merece, em conseqüência de sua própria conduta, com governos que não gozam da mínima estima por parte dos cidadãos e muito menos por parte dos estrangeiros?

Não. Uma potência, que veja em uma aliança mais do que vantagens para parlamentares ávidos de lucros, não entrará, não poderá entrar em uma aliança com a Alemanha de hoje. A nossa incapacidade para qualquer aliança é a causa mais importante da solidariedade dos piratas inimigos. Como a Alemanha nunca se defende senão por alguns ardorosos "protestos, por parte dos nossos parlamentares, o resto do mundo não tem razão para libertar nações covardes. O próprio Criador não dá a liberdade- a povos pusilânimes! Em face das lamentações dos nossos "patriotas", não resta, aos Estados que não tenham nenhum interesses direto em ver-nos completamente aniquilados, nada mais que tomar parte nas piratarias francesas quando não por outros motivos ao menos para, por uma tal participação no roubo, evitar o fortalecimento exclusivo da França.

Além disso, não se deve desconhecer a dificuldade de conseguir uma transformação dos sentimentos das grandes massas populares, quando influenciadas em uma certa direção por uma propaganda intensiva. Não se pode, pois, apontar, durante anos, uma nação como composta de "Hunos", "piratas", "vândalos", para, de repente, de um dia para outro, proclamar o contrário e recomendar o antigo inimigo como aliado.

Mais atenção ainda merece um terceiro fato, de importância capital para a formação de futuras alianças na Europa.

Admitindo-se mesmo que seja pequeno o interesse da Inglaterra na continuação da derrocada da Alemanha, não se deve perder de vista que é imenso o do judaísmo financeiro internacional. A divergência entre os estadistas britânicos e as forças judaicas da Bolsa em parte nenhuma aparece mais clara do que nas suas respectivas atitudes nas questões da política internacional inglesa. O judaísmo financeiro, deseja, contrariando os interesses do Estado britânico, não somente o inteiro aniquilamento econômico da Alemanha, mas também sua completa escravização política. A internacionalização da economia alemã, isto é, a exploração do trabalho alemão por parte dos financeiros judeus internacionais, somente será praticável em um Estado politicamente bolchevizado. Mas a tropa de assalto marxista do capitalismo internacional judaico só poderá quebrar definitivamente a espinha dorsal do Estado alemão mediante a assistência amigável de fora. Por isso, os exércitos da França devem ocupar a

Alemanha, até que o Reich, corroído no interior, seja dominado pelas forças bolchevistas a serviço do capitalismo judaico internacional.

Assim, o judeu é, hoje em dia, o grande instigador do absoluto aniquilamento da Alemanha. Todos os ataques contra a Alemanha, no mundo inteiro, são de autoria dos judeus. Foram eles que, na paz como durante a guerra, pela sua imprensa, atiçaram, premeditadamente o ódio contra a Alemanha, até que Estado por Estado abandonou a neutralidade e assentou praça na coligação mundial, renunciando aos verdadeiros interesses dos seus povos.

As idéias do judaísmo nesse assunto são de uma clareza meridiana. A bolchevização da Alemanha, isto é, a exterminação da cultura do nosso povo e a conseqüente pressão sobre o trabalho alemão por parte dos capitalistas judeus é apenas o primeiro passo para a conquista do mundo por essa raça. Como tantas vezes na história, também neste monstruoso combate, a Alemanha é o alvo fixado. Caso o nosso povo e o nosso Estado sejam vítimas destes tiranos sanguinários e ávidos de ouro, o mundo inteiro cairá nos tentáculos deste polvo; se a Alemanha conseguir libertar-se das garras do judaísmo, estará afastado, para felicidade do mundo, esse formidável perigo que representa a dominação judaica.

Por isso é que o judaísmo desenvolve todos os seus esforços não somente para manter a atual hostilidade das nações contra a Alemanha, mas, se possível, para aumentá-la ainda mais. Nesse trabalho, somente em proporção insignificante, defendem os verdadeiros interesses dos povos assim envenenados. O judaísmo, no seio das diferentes nacionalidades, sempre lutará com armas que pareçam ser, em face da mentalidade dessas nações, as mais eficientes e de êxito mais seguro. No seio do nosso povo, sem unidade racial, as idéias que propagam os judeus são mais ou menos "cosmopolitas", pacifistas, sentimentais, enfim de tendências internacionais, das quais o judaísmo se serve no seu combate pelo poder; na França operam por meio do muito apreciado chauvinismo; na Inglaterra agem inspirados em pontos de vista econômicos e políticos universais. Em uma palavra, agem sempre de acordo com os atributos essenciais que caracterizam a mentalidade de cada nação. Quando, por essa maneira, conseguem uma certa influência predominante na direção econômica e política é que desprezam essas armas e revelam as verdadeiras intenções íntimas da sua luta. Começa o período de destruição, cada vez mais acentuado, até terem convertido em um campo de ruínas uma nação após outra e, sobre essas ruínas, erigirem a soberania do império judaico eterno.

Na Inglaterra como na Itália, é clara, ressalta aos olhos, a divergência entre as opiniões dos verdadeiros estadistas e as intenções do judaísmo financeiro mundial.

Só na França existe, hoje mais do que nunca, uma íntima harmonia entre as intenções do capitalismo judaico e os desejos de uma política nacional chauvinista. Justamente nessa harmonia está um perigo enorme para a Alemanha; justamente por esse motivo a França é e será sempre o inimigo mais terrível. Esse povo, continuando cada vez mais a degenerar-se pela mistura com os negros africanos, representa, na sua ligação com os objetivos da dominação mundial judaica, um perigo latente para a existência da raça branca na Europa. A infecção do sangue africano no Reno, no coração da Europa, significa não só a sede de vingança sadística e perversa desse eterno inimigo hereditário do nosso povo como a fria resolução do judeu de começar assim o abastardamento do centro do continente europeu, privando a raça branca, mediante infecção com sangue humano inferior, dos fundamentos para uma existência autônoma.

O que está fazendo hoje a França, na Europa, instigada pela própria sede de vingança, guiada pelo judeu, é um atentado contra a existência da humanidade branca, que um dia há de atiçar contra esse povo as explosões de vingança de uma geração que tenha reconhecido no aviltamento da raça o maior crime da espécie humana.

Para nós alemães, porém, o perigo francês nos impõe o dever, com abandono de todos os motivos sentimentais, de estender a mão àquele que sob as mesmas ameaças, não estiver disposto a apoiar e permitir os desejos de dominação da França.

Na Europa, só dois aliados são possíveis à Alemanha: a Inglaterra e a Itália.

Quem se der o trabalho de lançar um golpe de vista retrospectivo sobre a orientação da política externa da Alemanha desde a Revolução, deve, ante as constantes falhas do nosso governo, ou perder a esperança de dias melhores ou rebelar-se contra semelhante Governo. Não se pode imaginar nada de mais contrário ao bom senso. Os gigantes intelectuais da Revolução de novembro chegaram a esta coisa inconcebível a qualquer cérebro normal: procurar merecei- as simpatias da França! Naqueles tempos, com uma comovente ingenuidade procuravam os nossos estadistas insinuar-se junto à França, lisonjear sempre a "grande nação" e, em cada- truque do carrasco francês, procuravam ver o sinal de uma mudança de sentimentos a nosso respeito. Os verdadeiros orientadores da nossa política externa naturalmente nunca acreditaram em tal idiotice. Para eles a lisonja da França era o meio natural para evitarem qualquer política de alianças que servisse aos interesses da nação. Eles sabiam perfeitamente quais eram as intenções da França e dos que manobravam por trás dos bastidores. O que os forçou a fingir que acreditavam honestamente na possibilidade de uma mudança na situação alemã foi a certeza de que, de outro modo, o nosso povo provavelmente teria, por si mesmo, tomado outra orientação.

Naturalmente é difícil para nós, nacionais-socialistas, imaginar a Inglaterra como possível aliada futura. A nossa imprensa judaica conseguiu sempre alimentar o ódio especialmente contra a Inglaterra, e muitos alemães simplórios se deixaram fisgar pelo estratagema dos judeus, que consistia em fazer frases sobre a ressurreição de um poder marítimo alemão, em protestar contra a perda das nossas colônias, em sugerir a sua recuperação, cooperando assim, para fornecer o material que o miserável judeu mandava aos seus correligionários na Inglaterra, para efeitos de propaganda. Os nossos idiotas políticos burgueses deviam ter compreendido que, hoje, já não devemos lutar por poder marítimo, etc. Mesmo antes da guerra já era uma loucura orientar as forças nacionais nesse sentido, sem uma prévia consolidação da nossa posição na Europa. Tal aspiração é uma estupidez que, em política, deve ser vista como crime.

Era de fato, para desesperar, quando se observava como os judeus conseguiam entreter o povo alemão com assuntos secundários, arrastá-lo a manifestações e protestos, enquanto, ao mesmo tempo, a França dilacerava a nossa nação, subtraindo-nos os fundamentos da nossa independência.

Devo aqui mencionar que o problema do sul do Tirol era objeto constante das explorações dos judeus.

Se insisto nesse assunto, é porque desejo chamar a contas essa corja de mentirosos que, contando com a falta de memória e a estupidez das grandes massas populares, atreve-se a fingir um movimento de revolta nacional, que sobretudo, aos mistificadores parlamentares, é tão absurdo como a noção de propriedade é a uma pega.

Desejo acentuar que, pessoalmente, quando estava sendo decidida a sorte do Tirol do Sul - isto é, desde agosto de 1914 até novembro de 1918 - eu me encontrava entre os que defendiam esse território, isto é, no exército. Ajudei- a combater, naquele tempo, para que não se perdesse o Tirol do Sul, para que o mesmo continuasse incorporado a Pátria como qualquer outro território alemão.

Naquele tempo não estavam nas linhas de combate os bandidos parlamentares, a corja dos políticos partidários. Ao contrário, quando estávamos combatendo na convicção de que só uma vitória militar poderia conservar para a nação alemã o Tirol do Sul, esses novos Efialtes batiam se contra essa vitória até conseguirem abater, pela traição, o alemã heróico. A conservação do Tirol do Sul em poder da Alemanha naturalmente não podia ser garantida pelos discursos inflamados e hipócritas dos elegantes parlamentares da "Rathausplatz" de Viena ou em frente à "Feldherrnhalle" de Munique, mas exclusivamente pelos batalhões combatentes do front. Os que enfraqueceram o front foram os verdadeiros traidores do Tirol do Sul como das outras partes do território alemão.

Quem hoje acredita poder resolver, por meio de protestos, declarações manifestações de entusiasmos de clubmen, a questão do Tirol do Sul, ou é um pulha ou um grande ingênuo.

Devemos nos convencer de que não conseguiremos a recuperação do territórios perdidos por meio de invocações solenes ao bom Deus ou por esperanças vás cm uma Liga das Nações, mas unicamente pelo poder das armas.

O problema deve ser posto nestes termos: quem estará pronto a força a recuperação destes territórios perdidos pelo emprego das armas? No que diz respeito à minha pessoa posso asseverar, que teria vontade de tentar a conquista do Tirol do Sul à frente de um batalhão composto de parlamentares, de chefes de partidos e de conselheiros da corte Como me regozijaria se, sobre as cabeças veementes protestadores, à repente estalassem alguns schrapnel. Se uma raposa invadisse um galinheiro, o cacarejo não podia ser pior e o "salva-se quem puder" das galinhas não poderia ser mais acelerado do que o desses discursadores.

O que, porém, é mais infame em tudo isso, é que esses indivíduos estão longe de acreditar, que, dessa maneira, poderiam chegar a algum resultado positivo. Eles conhecem, mais do que ninguém, a impossibilidade a ingenuidade dos seus processos. Agem assim porque hoje é mais fácil discutir sobre a recuperação do Tirol do Sul do que combater outrora pela sua conservação. Cada um desempenha o seu papel: nós arriscamos outrora a vida, hoje aquela corja afia a língua.

É curioso também observar-se como aumenta o entusiasmo dos legitimastes vienenses no seu atual trabalho de recuperação do Tirol do Sul. Sete anos atrás, a augusta dinastia concorreu, mediante uma vil traição paira que uma coligação mundial conquistasse o Tirol do Sul. Naquele tempo, ajudaram esses círculos a política da sua pérfida dinastia e nenhum caso fizeram nem do Tirol do Sul nem de qualquer outra coisa. Naturalmente hoje é mais simples combater, por esses territórios, com arma "intelectuais", fazer protestos, até enrouquecer, de íntima e sublime ir dignação, escrever artigos de jornais até ficarem paralisados os dedos, d que fazer voar pontes pelos ares.

O motivo por que, nos últimos anos, em certos círculos, a questão d Tirol do Sul constitui o eixo das relações teuto-italianas é, pois, evidente. Os legitimistas judeus e habsburgueses têm o máximo interesse em fazer fracassar nina política de aliança da Alemanha, de que possa resultar ressurreição de uma pátria alemã livre. Não é por amor do Tirol do Si que assim procedem - pois com isso não se lhe presta um serviço, mm ao contrário, um desserviço - mas pelo receio de um entendimento entre a Itália e a Alemanha.

Nessa tendência para caluniar e mentir, muito freqüente nesses círculos, está a explicação da ousadia com que tentam descrever as coisas de maneira que passemos como "traidores" da causa do Tirol do Sul.

É preciso que se diga a. esses cavalheiros com toda clareza: O Tirol do Sul foi atraiçoado, primeiro por todo alemão sadio, que, nos anos de 1914-1978, não se achava no front pondo à disposição da pátria seus serviços; em segundo lugar, por todos os que, naqueles anos, não se esforçaram por aumentar a resistência a perseverança do nosso povo na guerra; em terceiro lugar, por todos os que cooperaram, direta ou indiretamente, na revolução de novembro, inutilizando a única arma que teria podido salvar o Tirol do Sul: e, em quarto lugar, por todos os partidos que aceitaram os tratados vergonhosos de Versalhes e St. Germain.

Hoje estou convencido de que não se pode readquirir territórios perdidos por meio de discursos, mas pelo emprego da força.

Não hesito, porém, em declarar que agora, depois dos fatos consumados, penso que a reconquista do Tirol do Sul não só é impossível, como se deveria desistir da mesma, desde que não se pode mais conseguir, em torno dessa questão, despertar o entusiasmo nacional indispensável para a vitória. Sou, ao contrário, da opinião que, se algum dia, para isso se arriscasse a vida, consumar-se-ia um crime combatendo por duzentos mil alemães, enquanto, nas fronteiras do país, mais de sete milhões estão gemendo debaixo do domínio estrangeiro, enquanto o sangue alemão está sendo contaminado por hordas de negros africanos.

Se a nação alemã quiser pôr um termo à situação que ameaça o seu extermínio na Europa, não deve incorrer nos mesmos erros de antes da Guerra, em que fez inimigos em Deus e todo o mundo, mas deverá reconhecer o adversário mais perigoso e concentrar todas as suas forças para combatê-lo. E se esta vitória foi' conseguida mediante sacrifícios em outros setores, as gerações futuras não nos condenarão. Saberão avaliar tanto melhor os motivos dessa amarga resolução quanto mais radiante for o sucesso alcançado.

A nossa constante preocupação deve ser a compreensão de que, acima de recuperação de territórios perdidos, está a questão da recuperação da independência política e da força da Pátria.

Realizar esse objetivo mediante uma política inteligente é o principal dever de um governo consciente.

Justamente nós, nacionais-socialistas, devemos evitar ser arrastados pelos nossos patriotas burgueses de fancaria, chefiados pelos judeus. Ai do nosso movimento, se, em vez de prepararmo- nos para a luta, continuássemos no hábito de protestos platônicos. A fantasia da aliança da Alemanha com o cadáver político dos Habsburgos foi o motivo por que a Alemanha se arruinou. Uma sentimentalidade fantasista no tratamento das possibilidades políticas internacionais é o melhor meio de impedir para sempre a nossa ressurreição.

É necessário que também me ocupe, ainda que brevemente, das objeções referentes às três seguintes questões já anteriormente mencionadas:

1o. - É de esperar que alguma potência se queira aliar com a Alemanha de hoje, visivelmente enfraquecida?

2o. Serão as nações inimigas capazes de tomar uma nova orientação?

3o. A influência inegável do judaísmo, mais forte que a possível boa vontade das nações, não aniquilará todos os novos planos?

Penso já ter discutido, nos seus pontos principais, a primeira questão. É claro que ninguém entraria em uma aliança com a Alemanha atual. Não há potência no mundo que se arrisque a associar seu destino ao de uma nação, cujo Governo não inspira nenhuma confiança. Deve-se, porém, protestar energicamente contra a tentativa de muitos de nossos compatriotas, de desculpar a política do Governo com a deplorável mentalidade do povo alemão.

Não há dúvida de que a falta de caráter do nosso povo, dos últimos seis anos para cá, é profundamente lamentável, sua indiferença pelos interesses mais vitais do país é deprimente, e a sua covardia, às vezes, clama aos céus. Não se deve esquecer nunca que, apesar disso, trata se de um povo que, poucos anos antes, dera ao mundo um exemplo admirável das mais altas virtudes humanas. Desde agosto de 1914 até o fim da Guerra, nenhuma nação do mundo jamais demonstrou maior coragem, mais tenaz perseverança e paciência do que a nossa, hoje em situação tão miserável. Ninguém chegará a afirmar que a vergonha da época atual é uma característica da nação. O que hoje sofremos é apenas a horrível conseqüência do crime de 9 de novembro de 1918. Mais de uma vez fica provado a asserção do poeta: "Um mal gera sempre outro mal". Mas não se perderam de todo os bons elementos fundamentais da raça, eles estão latentes e, às vezes, como raios no horizonte enegrecido, resplandecem virtudes, nas quais a Alemanha futura verá os primeiros sinais do início da convalescença. Mais de uma vez, milhares e milhares de jovens alemães, dispostos a todos os sacrifícios, apresentaram-se, voluntária e alegremente, oferecendo a sua vida, tal como em 1914, à Pátria querida. Milhões voltaram a trabalhar assiduamente, como se nunca tivesse havido a Revolução destruidora. O ferreiro voltou para a bigorna, o lavrador para o arado e o homem de estudo para seu gabinete, todos com o mesmo empenho, com a mesma dedicação no cumprimento do dever.

Não se vê mais em face das opressões dos nossos inimigos o riso pronunciado de outrora, mas sim fisionomias pesarosas. É incontestável que se iniciou uma importante mudança na mentalidade do povo.

Se tudo isso hoje ainda não se manifesta em renascença da orientação política e do instinto de conservação do nosso povo, a culpa está nos que, desde 1918, estão dirigindo o país para a morte.

Quando hoje lastimamos a sorte da nação, devemos sempre nos fazer a seguinte pergunta: Que foi feito para torná-la melhor? Que têm feito os nossos governos para inocular novamente neste povo o espírito de conservação, a pertinácia, é o ódio contra os inimigos?

Quando, no ano de 1919, o tratado de paz foi imposto ao povo alemão, podia-se ter motivo de esperar que, justamente esse instrumento de opressão, deveria ter sido aproveitado para auxiliar o movimento da libertação da Alemanha. Tratados de paz cujas condições caem sobre os povos como chicotadas, não raras vezes são o primeiro toque de reunir para o ressurgimento nacional.

Que possibilidades oferecia, nesse sentido, o tratado de paz de Versalhes! Como era fácil a um governo enérgico fazer deste instrumento de extorsão um meio para exaltar ao máximo as paixões nacionais! Como era fácil, mediante uma inteligente propaganda das crueldades e do sadismo dos conquistadores, transformar a indiferença do povo cm revolta, a revolta no ódio mais intenso!

Cada artigo do tratado devia ter sido impresso no cérebro e no coração do povo, até que finalmente a vergonha sentida por todos e o ódio de todos se transformassem, cm sessenta milhões de homens e de mulheres. em um mar de labaredas, de cujas chamas logo se levantaria uma vontade férrea a clamar: Queremos de novo nos arma!

Não há dúvida (te que para isso se conseguir nada mais apropriado do que um tratado de paz como o de Versalhes.

A opressão desmedida, o despudor das exigências feitas pelo inimigo ofereciam a melhor arma de propaganda para a ressurreição dos sentimentos adormecidos da nação.

Tudo deveria ter sido posto a serviço dessa grande missão, desde o abecedário das crianças até ao último jornal, todo teatro, todo cinema, toda coluna de cartazes. Isso se deveria repetir até que a tímida oração dos nossos atuais "patriotas" - "Deus Todo-Poderoso libertai-nos!" - Se transformasse, mesmo no cérebro dos mais jovens rapazinhos, na súplica ardente:, "Deus Todo- Poderoso. abençoai no futuro as nossas armas; sede tão justo como sempre fostes; decidi, agora, se somos dignos da liberdade; Deus Todo-Poderoso, abençoai o nosso combate!"

Perderam-se todas as oportunidades, nada se fez.

Não é, pois, de estranhar que o nosso povo não seja o que deveria, o que poderia ser e que os outros povos o vejam como o cão que lambe as mãos que acabaram de castigá-lo.

A nossa atual incapacidade para alianças resulta da situação do povo e, mais ainda, da orientação dos nossos governos. São estes, com a sua corrupção, os responsáveis por tudo. Por isso é que, depois de oito anos de desmedida opressão, existe tão pouco desejo de liberdade.

Uma eficiente política de aliança está sempre dependente da idéia em que é tido o nosso povo e da existência de um Governo que não queira ser escravo de nações estrangeiras mas arauto da consciência nacional.

Se o povo alemão contar com um Governo que veja nisso a sua principal finalidade, menos de seis anos depois, uma altiva orientação política externa terá em seu apoio a firme vontade de uma nação sedenta de liberdade.

A segunda objeção, isto é, a grande dificuldade da mudança de mentalidade dos povos inimigos a nosso respeito poderá ser respondida assim:

As antipatias universais contra a Alemanha, cultivadas em todos os países pela propaganda durante a Guerra, continuarão a produzir seus efeitos, até que a Alemanha, pela visível restauração de uma vontade de conservação própria, recupere o caráter de um Estado que tenha um papel a representar no jogo da política européia. Somente quando, tanto por parte do Governo como por parte do povo, estiver assegurado esse ambiente de confiança, é que uma ou outra potência, estimulada por interesses idênticos aos nossos, poderá pensar em modificar a opinião do seu povo pela propaganda. Para isso são precisos anos de um trabalho continuo e hábil. Justamente porque essa remodelação da opinião pública exige trabalho demorado, é que se explica a necessidade de agir prudentemente quando se oferecer a ocasião de começá-lo. Não se iniciará nunca uma tal propaganda sem se ter antes a absoluta certeza do valor de semelhante trabalho e dos seus efeitos futuros. Ninguém há de querer modificar a mentalidade de uma nação, somente em conseqüência do palavrório vazio de um ministro do exterior mais ou menos inteligente, sem ter a certeza do valor real de uma tal modificação. Resultaria isso, aliás, em um completo esfacelamento da opinião publica. A segurança mais sólida para a possibilidade de uma aliança entre povos não está em frases pomposas de um ou outro membro do Governo, mas na estabilidade de uma determinada orientação do Governo assim como em uma opinião pública dirigida em sentido análogo. Essa segurança será tanto maior quanto mais firme Fr a atividade do Governo na preparação e no auxílio à mesma.

Um país na situação do nosso só será julgado capaz de alianças quando o seu Governo e a opinião pública estiverem fanaticamente resolvidos a trabalhar juntos pela sua liberdade. - Esta é a condição indispensável para que outros Governos comecem a modificar a opinião dos seus respectivos povos. Então, com os Estados dispostos a defender seus interesses próprios, ao lado de um parceiro que lhes parece conveniente, é que uma aliança é possível.

Mas nisso é preciso que se observe o seguinte. Como a modificação de uma certa mentalidade do povo é uma tarefa penosa, e que, por muitos, de inicio, não será compreendida, é um crime e ao mesmo tempo, uma tolice, fornecer, por seus próprios erros, armas para a reação dos elementos contrários a essas idéias.

É perfeitamente compreensível que se passará muito tempo até que um povo compreenda inteiramente as intenções do Governo, pois não se pode dar explicações públicas sobre a finalidade de uma certa preparação política. Deve se contar unicamente ou com a fé cega das massas ou com a intuição das camadas dirigentes de um nível intelectual mais elevado. Como, porém, muita gente não tem tato político, nem o poder de adivinhar, e como explicações não podem ser dadas, por motivos políticos, sempre haverá uma parte da camada intelectual dirigente que fica em oposição às novas tendências que, por não serem compreendidas, facilmente podem ser interpretadas como simples experiências. E assim se incentiva a resistência dos elementos políticos conservadores.

Justamente por esse motivo, é preciso tomar providências para subtrair todas as armas das mãos de tais perturbadores do início da harmonia recíproca, especialmente se se trata, como em nosso caso, de palavrórios puramente fantasistas de enfatuados patriotas de clubes e de burgueses freqüentadores de cafés. A reclamação em favor de uma nova marinha em favor da recuperação das nossas colônias, etc., nada mais é que palavrório oco, sem possuir uma única idéia de possibilidade prática. Isso se torna evidente à menor reflexão.

É desvantajoso para a Alemanha o modo por que se exploram, na Inglaterra, esses insensatos palavreados de lutadores de fancaria, em parte ingênuos em parte idiotas, mas sempre a serviço dos nossos inimigos mortais. Esgotando nos em demonstrações hostis a Deus e a todo mundo, esquecemo-nos do princípio que é essencial a todo e qualquer sucesso, e que se traduz nas seguintes palavras: O trabalho que começares deves continuar com afinco. Irritando cinco ou dez países, deixa-se de fazer a concentração de todas as forças para o golpe decisivo contra o nosso adversário mais cruel e sacrifica-se a possibilidade de adquirir força em novas alianças para a reparação da vergonha que nos foi imposta pela Guerra.

O movimento nacional socialista tem, nesse assunto, uma missão a desempenhar. Deve ensinar o nosso povo a desprezar as coisas insignificantes e visar apenas o mais importante, a não fragmentar a sua atividade. a não esquecer nunca que o fim pelo qual devemos combater hoje, é a existência da nação e que o único inimigo que devemos visar, é e será sempre o país que nos está roubando esta existência.

É verdade que muitos males nos torturam. Mas longe de ser isso um motivo de perder a calma e de, com gritaria insensata, irritar todo o mundo, deve estimular- nos a concentrar todas as nossas forças contra o maior inimigo, o mais perigoso.

Além disso, o povo alemão não tem o direito de queixar-se dos outros por motivos da atitude que adotam, enquanto não tiver ajustado contas com os criminosos que venderam e atraiçoaram o próprio país. Não é honesto protestar e declamar de longe contra a Inglaterra, a Itália, etc.. e permitir que se movimentem livremente entre nós os próprios criminosos, que, pagos pelos propagandistas inimigos, arrancaram-nos as armas, tiraram-nos a força moral e venderam por trinta dinheiros o Reich manietado.

O inimigo age como era de prever. Devíamos retirar lições das suas atitudes. Quem não se puder elevar à compreensão de semelhante dever, deve considerar que, então, não nos restará mais nada do que cruzar os braços, pois ficará afastada de futuro qualquer política de alianças. Por essa teoria, não somos capazes de entrar em uma aliança com a Inglaterra porque esta nos roubou as colônias; com a Itália porque tem em seu poder o Tirol do Sul, nem com a Polônia e a Checoslováquia. Restaria, então, na Europa, apenas a França que - digamos de passagem - roubou-nos a Alsácia Lorena.

Se com isso se presta ou não um serviço à Alemanha não pode haver dúvidas. O que é duvidoso é se uma tal opinião é defendida por um simplório estúpido ou por um patife refinado.

No que diz respeito aos chefes, estou convencido de que a segunda hipótese é sempre verdadeira.

Assim uma modificação da psicologia dos diferentes povos, até agora inimigos, cujos interesses futuros, porém, forem mais ou menos idênticos aos nossos, só poderá ser possível, se o poder interno do nosso Estado e a vontade visível pela conservação da nossa existência permitirem a suposição de que voltamos a ter novamente valor como aliados.

A mais difícil a responder é a terceira pergunta.

É concebível que os representantes dos reais interesses das nações, com que alianças sejam possíveis. consigam realizar as suas intenções contra a vontade do judeu, inimigo mortal de todos os Estados livres?

As forças da tradicional política britânica poderão anular a influência devastadora do judeus?

Responder a essa pergunta é muito difícil. É preciso estudar um grande número de fatores para fazei- a esse respeito um juízo definitivo. Em todo caso, um é certo: só há um Estado em que se pode considerar o atual poder público tão firmemente estabelecido e servindo aos interesses do país tão incondicionalmente, que ali não se pode falar de uma reação eficaz do judaísmo internacional contra a orientação política.

O combate que está realizando a Itália fascista contra as três armas principais do judaísmo, inconscientemente talvez, (do que eu pessoalmente duvido) é o melhor sinal de que, indiretamente, estão sendo extraídos os dentes venenosos àquela potência internacional. A interdição das lojas maçônicas secretas, a perseguição da imprensa internacionalista, assim como o constante combate ao marxismo internacional, por outro lado a constante consolidação da doutrina fascista, habilitarão, no curso dos anos, o Governo italiano a, cada vez mais, poder servir aos interesses do seu povo, sem receio da hidra judaica.

Mais difícil é a situação da Inglaterra. Neste país da mais liberal "Democracia", o judeu continua a dominar, de maneira quase absoluta, por intermédio da opinião pública. No entanto, ali também, há uma luta constante entre os representantes dos interesses nacionais britânicos e os defensores da ditadura universal judaica. Como se chocam essas forças opostas pode-se ver, pela primeira vez, depois da Guerra, do modo mais claro, na diferença de opiniões entre o Governo britânico e a imprensa a respeito do problema nipônico.

Imediatamente depois da Guerra, reapareceu a anterior irritação entre a América e o Japão. Naturalmente, as grandes potências mundiais da Europa não podiam ficar indiferentes ante este novo perigo de guerra. Todas as afinidades de sangue não puderam impedir, na Inglaterra, um certo sentimento de apreensão em vista do crescente aumento da União Americana, em todos os domínios da economia internacional e da política. Parece formar-se da antiga colônia uma nova soberana do mundo. É perfeitamente compreensível que a Inglaterra submeta a novas provas suas antigas alianças e a diplomacia britânica pense no tempo em que não mais se possa dizer:

"A Inglaterra, soberana dos mares", mas "Os mares para a América!"

É mais difícil enfrentar o gigantesco colosso americano, com as suas imensas riquezas, do que a nação alemã cercada por todos os lados. Se, algum dia, se tiver de decidir essa disputa entre as duas grandes potências marítimas, a Inglaterra será fatalmente vencida, se continuar no seu isolamento.

Enquanto o governo inglês não queria, devido à luta em comum na Europa, afrouxar a aliança com o Japão, tida a imprensa judaica atacava essa aliança. Como se compreende que a imprensa judaica, que, até 1918, era paladina "leal" do combate britânico contra a Alemanha, de repente tenha traído essa atitude, tomando outra orientação?

A destruição da Alemanha não estava no interesse da Inglaterra, mas dos judeus, assim como, hoje, uma destruição do Japão serve menos aos interesses políticos britânicos que aos vastos desejos dos dirigentes do esperado império mundial judaico. Enquanto a Inglaterra se esgota na conservação da sua posição no mundo, o judeu organiza seu ataque para conquistar a Terra.

. Ele já contempla os atuais Estados europeus como instrumentos passíveis nas suas mãos, por meio da chamada democracia ocidental ou na forma de um domínio direto mediante o bolchevismo russo. Não é só o velho mundo que se está enredando nessa trama; a América está também ameaçada da mesma sorte. Judeus são os reis da Bolsa da União Norte Americana. Cada vez mais eles controlam as forças de trabalho de um povo de cento e vinte milhões; muito poucos são os que se mantêm completamente independentes.

Com uma grande habilidade preparam a opinião pública, formando dela o instrumento de combate para o futuro da sua causa.

Os chefes mais importantes do judaísmo já estão convencidos de aproximar se o cumprimento da profecia dos seus livros sagrados - a destruição dos povos. No meio deste grande número de territórios coloniais desnacionalizados, só um Estado independente poderia fazer ruir na última hora, toda a obra, pois o bolchevismo só pode perdurar, abrangendo a totalidade do mundo.

Quando mesmo só um Estado ficasse conservando a sua grandeza nacional sucumbiria o império mundial dos sátrapas judaicos, como qualquer tirania neste mundo há de sucumbir diante do poder da idéia nacional.

O judeu sabe muito bem que, com sua capacidade de acomodação, pode minar povos europeus e transformá-los em bastardos e que dificilmente poderia fazer o mesmo com um Estado asiático nacionalista como o Japão. Ele pode, hoje, minar o alemão, o inglês, o americano e o francês, mas para fazê-lo em relação ao asiático amarelo, faltam as pontes de ligação. Por isso trata de destruir o Estado nacional nipônico com as forças atuais. para livrar se deste adversário perigoso, para poder transformar a última potência nacional em um despotismo sobre seres desarmados, o que é indispensável para a fundação do império judaico mundial. Atiça as paixões dos povos contra o Japão, como antes o fez contra a Alemanha, e assim pode acontecer que, enquanto os estadistas britânicos tentam conservar a aliança com o Japão, a imprensa judaica comece a exigir a guerra contra o aliado, preparando contra o mesmo a luta de extermínio, com proclamações em favor da democracia e ('em o grito de batalha: "Abaixo o militarismo e o imperialismo japonês!"

O judeu na Inglaterra tornou se hoje um rebelde.

O combate contra o perigo mundial judaico começará também ali.

É nesse terreno que o movimento nacional-socialista tem de cumprir a sua missão mais importante.

O Nacional Socialista deve abrir os olhos do povo a respeito das nações estrangeiras e deve continuar sempre a apontar ao mundo de hoje o seu verdadeiro inimigo, Em lugar do ódio contra raças arianas, das quais podemos estar separados por muitos motivos, mas com as quais estamos unidos pelo sangue comum e pela homogeneidade da cultura, deve pregar a cólera comum contra o perverso inimigo da humanidade, o verdadeiro autor de todos os males atuais.

Tem que cuidar, ao menos no nosso país, de tornar conhecido o adversário mais mortal, para que o combate contra o mesmo abra o caminho aos demais povos para a luta pela salvação da humanidade ariana.

Que seja a razão o nosso guia, que seja a vontade a nossa força; que o dever sagrado de assim proceder nos dê perseverança e o nosso mais forte apoio seja sempre a nossa fé.

CAPÍTULO XIV

ORIENTAÇÃO PARA LESTE
OU POLÍTICA DE LESTE

Duas razões me levam a submeter a exame especial as relações da Alemanha para com a Rússia.
1. Trata-se, no caso, talvez da questão mais decisiva da política externa alemã.
2. Esse problema põe à prova a capacidade política do movimento nacional socialista para pensar com clareza e agir com acerto.

Devo confessar que, sobretudo, o segundo ponto muitas vezes me encheu de apreensões. Como o nosso movimento não angaria seus adeptos rio campo dos indiferentes e, sim, na maioria dos casos, entre os ideólogos mais extremados, é muito natural que esses homens, no que diz respeito à política externa, estejam preliminarmente sobrecarregados dos preconceitos e da estreiteza de vistas dos círculos a que anteriormente pertenciam, política e ideologicamente. Isso não acontece com os que nos chegam da "esquerda". Ao contrário. Por mais errados que os ensinamentos até então fossem com relação a esses problemas, em não raros casos, ao menos parcialmente, eles eram compensados por um resto existente de instinto natural e sadio. Seria então necessário substituir a influência anterior por uma noção, freqüentemente melhor; o nosso aliado, nesse trabalho, era a intuição sadia ainda existente, bem como o instinto de conservação.

Muito mais difícil, ao contrário, é fazer com que uma criatura, cuja educação anterior nesse sentido não foi feita de acordo com a razão e com a lógica e que tenha sacrificado todo o resto do instinto natural no altar da objetividade, pense com clareza em matéria política. Justamente os nossos chamados intelectuais é que são os que mais dificilmente chegam à compreensão verdadeira e clara de seus interesses e dos interesses de seu povo. Eles não só estão saturados de idéias e preconceitos os mais absurdos, como, além disso, perderam todo o instinto de conservação. O movimento nacional socialista tem de sustentar sérias lutas com essas criaturas, lutas sérias justamente porque, infelizmente, não obstante a sua completa incapacidade, não raramente eles são possuídos de extraordinário orgulho, o que faz com que, sem justificação, olhem de cima para baixo as outras criaturas, ate as que lhes são superiores. São pretensiosos e arrogantes sabichões, sem qualquer capacidade de exame sereno e de ponderação, condições primordiais de qualquer resolução em política externa.

Como justamente essas criaturas começam hoje, de uma maneira nociva, a desviar nossa política externa de qualquer representação real dos interesses nacionais, a fim de que a mesma seja útil às suas fantásticas teorias, sinto-me obrigado a falar, com especial cuidado, aos meus adeptos, sobre uma importantíssima questão de política externa, isto é, sobre as nossas relações com a Rússia, pois isso deve ser compreendido por todos e tratado em uma obra como esta.

De um modo geral, quero ainda dizer preliminarmente o seguinte:

Se devemos compreender como política externa a regulamentação das relações de um povo para com o resto do mundo, essa espécie de regulamentação será condicionada por fatos determinados. Como nacionais socialistas, podemos, em seguida, estabelecei- a seguinte proposição, quanto ao caráter da política externa de um Estado nacionalista.

O dever da política externa de um Estado nacionalista é assegurar a existência da raça incluída no Estado, estabelecendo uma proporção natural entre o número e o crescimento da população, de um lado, e, do outro, a extensão e a qualidade do solo.

Quando falo em proporção natural refiro-me à possibilidade do Estado de assegurar alimentação a um povo no seu próprio solo. Qualquer outra situação, dure ela séculos ou mesmo milhares de anos, nem por isso é menos natural e, mais cedo ou mais tarde, conduzirá ao enfraquecimento se não ao aniquilamento do povo.

Somente um suficiente espaço na terra é que assegura, a um povo a liberdade de existência.

Por isso, não se pode julgar a extensão da área de povoamento somente pelas exigências do presente, nem mesmo pela capacidade de produção da terra em referência ao número de habitantes. Pois, como já explanei no primeiro volume, no capitulo "Política de aliança da Alemanha antes da Guerra", cabe à superfície de um Estado, além .de sua importância como fonte direta da alimentação de um povo, também nina outra, a de caráter político-militar. Quando um povo tem assegurada a sua alimentação pela extensão de seu território, é ainda necessário considerar a garantia do próprio solo. Esta reside na força política do Estado, que, por sua vez, é determinada por pontos de vista militares e geográficos.

Só desse modo pode a nação alemã defender-se como potência mundial. Por cerca de dois mil anos, os nossos interesses nacionais, como devem ser chamadas as nossas atividades externas, mais ou menos felizmente concebidas, representaram o seu papel na história universal. Nós próprios podemos dar testemunho disso, pois a grande luta de 1914 a 1918 não foi mais que a luta da nação alemã pela sua existência no mundo e teve o nome de guerra mundial.

O povo alemão entrou naquela luta como pretensa potência mundial. Digo pretensa porque, na realidade, ele não o era. Tivesse tido o povo alemão, no ano de 1914, uma outra relação entre a área de seu solo e o número de seus habitantes e a Alemanha teria sido na realidade uma potência mundial e a Guerra teria podido terminar favoravelmente, abstraindo todos os demais fatores.

Não é aqui minha tarefa ou mesmo minha intenção mostrar o "se", caso não tivesse havido o "mas". Sinto, entretanto, como uma necessidade imperiosa, expor, de maneira simples, o atual estado de coisas, apontar suas angustiantes fraquezas, para, ao menos nas fileiras do Nacional-Socialismo, aprofundar o exame no que é essencial.

Hoje a Alemanha não é uma potência mundial. Mesmo que a nossa atual impotência militar fosse remediada, não poderíamos ter mais nenhuma pretensão a esse título. Que significa hoje em dia uma estrutura que, na sua relação de habitantes para a área, é tão lamentavelmente constituída como o império alemão de antes da Guerra? Em uma época em que aos poucos o mundo é dividido entre alguns Estados, dos quais uns quase que abraçam continentes, não se pode falar em potência mundial de uma nação cuja metrópole política se acha restrita a uma área ridícula de menos de quinhentos mil quilômetros quadrados.

Considerada, sob o ponto de vista puramente territorial, a superfície do império alemão é insignificante em face das chamadas potências mundiais. A Inglaterra não é exemplo a ser citado, desde que a mãe-pátria britânica não é na realidade senão a grande capital do seu império mundial, que considera, como propriedade sua, cerca de um quarto da superfície terrestre. Devemos antes olhar para Estados gigantescos como a União Americana e depois a Rússia e a China, - que possuem áreas, algumas das quais dezenas de vezes maiores que o império alemão. A própria França deve ser contada como um deles. Ela não somente completa constantemente o seu exército com a população de cor de seu império gigantesco, como também, racialmente, faz tais progressos na sua negrificação que, na realidade, já se pode falar no aparecimento de um Estado africano em solo europeu. A política colonial da França atual não se pode comparar com a passada política alemã. se o desenvolvimento da França prosseguir, na forma atual, por trezentos anos, os últimos restos de sangue franco desaparecerão no Estado europeu-africano de mulatos que se está formando e ela terá um território formidável, do Reno ao Congo, povoado por uma raça inferior que cada vez mais se abastarda. Nisso é que a política colonial francesa difere da anterior política alemã.

A política alemã de outrora era feita por metade, como tudo que fazíamos. Ela nem aumentou as terras ocupadas com a raça alemã, nem empreendeu a tentativa criminosa de fortalecer o império pela introdução de sangue negro. O caso dos askaris na África oriental alemã foi um pequeno e hesitante passo nesse caminho, mas, na realidade, só serviu para a defesa da própria colônia. A idéia de trazer para o teatro de guerra européia tropas pretas, abstraindo inteiramente a impossibilidade disso, durante a Guerra, nunca foi objeto de cogitações de nossa parte, mesmo em condições mais favoráveis, ao passo que, ao contrário, entre os franceses, sempre foi considerada e sentida como fundamento de sua atividade colonial.

Assim é que, hoje em dia, há no mundo, uma série de potências que ultrapassam não só em população a grandeza do povo alemão, como, sobretudo quanto à sua superfície, possuem o maior apoio ao seu poderio político. Desde o começo de nossa história, há dois mil anos atrás, e agora de novo, nunca foi tão desfavorável a proporção, quanto área e à população, entre o império alemão e outras potências em evidência. Naquela época, irrompemos como um povo jovem em um mundo de grandes nações em decadência, cujo último gigante, Roma, nós mesmos ajudamos a aniquilar. Encontramo-nos hoje em dia num mundo de grandes potências em formação. entre as quais o nosso país cada vez mais diminui de importância.

É necessário que encaremos calmamente essa amarga verdade. Faz-se mister que acompanhemos e comparemos o Império alemão, através dos séculos, nas suas relações com outros Estados, no que diz respeito à população e superfície. Sei que cada um chegará com consternação ao resultado por mim já proclamado ao tratar desse assunto: A Alemanha não é mais uma potência mundial, pouco importando que ela esteja militarmente forte ou fraca.

Cessamos de desfrutar o mesmo prestigio das outras grandes nações do mundo, e isso exclusivamente devido à direção nefasta de nossa política externa, a uma absoluta falta de tradição, por assim dizer, de uma política externa visando objetivo determinado, e à perda de todo e qualquer instinto de conservação.

Se o movimento nacional socialista quer realmente consagrar-se a uma grande missão em favor de nosso povo perante a História, ele terá de lutar condenado, compenetrado da dor provocada pela atual situação de nosso povo e tendo em mira um objetivo determinado, contra a dispersão e incapacidade que até então nos conduziram pelos caminhos de sua política externa. Ele terá de encontrar a coragem para, desprezando tradições" e preconceitos, congregar o povo e suas forças para a marcha pela estrada que nos libertará da estreiteza atual do nosso solo, livrando-nos assim, para sempre, do perigo de perecer ou de ter, como povo escravizado, de servir a outros povos.

O movimento nacional socialista terá de tentar eliminar a disparidade entre a nossa população e a área de nosso solo - este considerado tanto como fonte de subsistência como também de baluarte político, e entre nosso passado histórico e o desespero de nossa impotência atual. Ele se deverá convencer de que, como preservadores do mais alto espírito de humanidade, estamos ligados ao mais elevado dos deveres e ele tanto mais facilmente cumprirá essa missão quanto mais fizer o povo alemão atingir a sua consciência racial.

A prova de minha afirmação de que a política externa alemã de até então era sem objetivo e incapaz, reside no fracasso real da mesma. Fosse o nosso povo intelectualmente inferior e covarde, os resultados de suas. lutas no mundo não poderiam ter sido piores do que os que vemos diante de nós, hoje em dia. Os acontecimentos dos últimos decênios anteriores à Guerra não nos devem enganar, pois, não se pode medir o poder de uma nação por si mesma e sim pela comparação com outros países. É, porém, justamente uma tal comparação que fornece a prova de que o acréscimo de poder de outros Estados não só foi mais uniforme como também maior no seu efeito final e que, portanto, o caminho tomado pela Alemanha, não obstante a ascensão aparente, na verdade cada vez mais se afastava do de outros países, ficando ela muito para trás. Em poucas palavras: a diferença de grandeza aumentava desfavoravelmente a nós. Mesmo quanto à população, à medida que passava o tempo, mais ficávamos para trás. Como o nosso povo incontestavelmente não é, em heroísmo, ultrapassado por nenhum outro povo do mundo e mesmo foi que, no final das contas, maior tributo de sangue pagou, entre todos os povos, pela conservação de sua existência, o insucesso só pode ser atribuído à maneira errônea pela qual esse tributo foi pago.

Se examinarmos, em conjunto, os acontecimentos políticos do nosso povo num período de mil anos, fazendo desfilar diante de nossos olhos as inúmeras guerras e lutas, e analisarmos o resultado final, teremos de confessar que, na verdade, desse mar de sangue só surgiram três fenômenos que poderemos considerar frutos de uma política externa claramente delineada.

1. A colonização da Marca Oriental (Ostmark) devida principalmente aos Bajuwares.
2. A aquisição e penetração do Território a Leste do Elba.
3. A organização, devida aos Hohenzoller, do Estado Brandenburgo prussiano, como modelo e ponto de cristalização de um novo Reich.

Uma advertência cheia de ensinamentos para o futuro!

Aqueles dois primeiros grandes sucessos de nossa política externa foram os mais duradouros. Sem eles, o nosso povo, hoje em dia, não teria mais importância no rol das nações. Foram eles a primeira tentativa e, infelizmente também a única conseguida, de procurar estabelecer um equilíbrio entre a população crescente e a extensão do solo. Deve ser considerado uma verdadeira fatalidade o fato de nossos historiadores não terem nunca sabido dar o verdadeiro valor a esses dois resultados, os mais formidáveis e de maior repercussão para a posteridade. Entretanto glorificaram tudo, heroísmos de fantasia, elogiaram inúmeras guerras e lutas de aventuras, em vez de reconhecerem quão insignificante a maioria desses acontecimentos fora para o desenvolvimento da Nação.

O terceiro grande sucesso de nossa atividade política está na formação da Prússia e na idéia de Estado cultivado pela mesma, bem como na formação de um exército alemão dotado de todos os requisitos modernos da técnica. A mudança da idéia de defesa regional para a de defesa nacional considerada um dever, surgiu diretamente da formação desses Estado e dos novos princípios por ele introduzidos. É impossível exagerar a significação desse acontecimento. A nação alemã, desunida pelo excesso de regionalismo inato, tornou-se disciplinada sob a direção do exército prussiano e recobrou, por seu intermédio, ao menos em parte, a capacidade de organização que se havia perdido. Por meio do exercício militar conquistamos para nos aquilo que as outras nações sempre possuíram - isto é, unidade.

Por isso, a abolição do serviço militar obrigatório - que seria sem importância para uma dezena de outras nações - para nós é de conseqüências desastradas. Dez gerações de alemães sem a disciplina e a educação militares, abandonados a influências malsãs provenientes da falta de unidade inerente a seu sangue, e nosso país teria perdido os últimos vestígios de existência independente neste planeta. O espírito germânico Leria dado a sua contribuição à civilização, exclusivamente sob as bandeiras de nações estrangeiras e sua origem se teria perdido no esquecimento. Passaria a ser "adubo de civilização" até que o último resto de sangue ariano nórdico se tivesse decomposto e desaparecido em nós.

É digno de nota o fato de nossos inimigos compreenderem e darem valor do que nós à importância dessas verdadeiras vitórias políticas, conseguidas por nosso povo em suas lutas milenárias. Até hoje ainda apreciamos um heroísmo que custou aos alemães milhões de seus mais nobres valores, sem resultado final apreciável. É altamente importante para nossa maneira de agir, tanto agora como no futuro, que as verdadeiras vitórias da nossa nação e os objetivos estéreis pelos quais tanto sangue se derramou sejam claramente distinguidos e separados.

Nós, os nacionais socialistas não devemos jamais aderir ao patriotismo viciado e barulhento de nosso atual mundo burguês. É sobretudo extremamente perigoso nos considerarmos ligados por menos que seria a ultima orientação anterior à guerra. De todo o período histórico do século dezenove não se pode deduzir, naquilo que nos diz respeito, um único compromisso que estivesse bem fundamentado nesse mesmo período. Temos de, em contraposição à atitude dos representantes daquela época, converter-nos ao ponto de vista mais elevado de qualquer política externa, a saber: Procurar estabelecer o equilíbrio entre o solo e a população Podemos mesmo tirar do passado o ensinamento que nos diz que devemos orientar o nosso objetivo de ação política em duas direções: o solo como finalidade de nossa política externa e, como objetivo de política interna, uma base nova e uniforme solidificada por princípios gerais.

Até que ponto a exigência de solo é moralmente justificada, eis a questão de que ainda quero tratar. Isso se torna necessário, pois, infelizmente, aparecem, mesmo nos chamados círculos nacionalistas, toda sorte de faladores vazios, que se esforçam por propor ao povo alemão, como objetivo de toda política externa, a reparação da injustiça de 1918, achando, entretanto, necessário assegurar ao mundo inteiro, a fraternidade das raças, desde que aquele desideratum esteja atingido.

Eu desejaria antecipar o seguinte:

A exigência do restabelecimento das fronteiras do ano de 1914 é uma tolice política de tal quilate e de tais consequências, que fazem com que ela deva ser considerada um crime, abstraindo mesmo inteiramente o fato de serem as fronteiras do Reich em 1914 tudo menos lógicas. Pois elas não eram completas em relação ao conjunto da população de origem alemã nem racionais em relação à sua conveniência geográfico-militar. Não foram o resultado de uma ação política estudada e sim fronteiras eventuais oriundas de lutas políticas inacabadas, e, até em parte consequência de mero acaso. Com o mesmo direito e, em muitos casos, com mais direito, poder-se-ia tomar um ano qualquer da história alemã, a fim de. recompondo as condições daquela época, esclarecer o objetivo de uma ação no terreno da política externa. A exigência acima corresponde, entretanto, inteiramente, ao nosso mundo burguês, que também aqui não possui um único pensamento político para o futuro, e vive antes no passado, sobretudo no passado mais próximo. Os seus olhares retrospectivos não vão além de sua própria época. A lei da inércia o prende a uma dada situação, faz com que ofereça resistência contra qualquer modificação da mesma. Assim é. pois, natural que o horizonte político dessa gente não ultrapasse o limite do ano de 1914. Proclamando, porém, como objetivo político de sua ação o restabelecimento daquelas fronteiras. eles estão sempre renovando a aliança de nossos inimigos, já em vias de destruição. Só assim é que se explica porque, oito anos após a guerra mundial, em que tomaram parte nações cujas finalidades e desejos eram os mais heterogêneos, consegue se manter a coligação entre vitoriosos, de uma maneira mais ou menos sólida.

E nós não os enganamos. Fixando como ponto de seu programa político o restabelecimento das fronteiras de 1914, o nosso mundo burguês amedronta o parceiro que por acaso queira abandonar a aliança, pois este terá medo de ser atacado isoladamente, perdendo a proteção dos aliados. Cada Estado se sente atingido e ameaçado por aquela plataforma.

E, no entretanto, ela é tola sob dois pontos de vista:

1. Porque faltam os meios materiais para, do fumo das reuniões noturnas dos restaurantes, torná-la uma realidade.

2. Porque mesmo que ela se pudesse tornar realidade, o resultado seria outra vez tão lamentável, que, com toda a sinceridade, não teria valido a pena desperdiçar o sangue de nosso povo em uma tal empreitada.

É evidente que o restabelecimento das fronteiras de 1914 só poderia ser conseguido com sangue. Só espíritos ingenuamente infantis é que se podem embalar na ilusão de que a reparação do erro de Versalhes poderá ser conseguido por vias indiretas. Isso sem considerar que uma tal tentativa exigiria uma natureza à Talleyrand, que não possuímos. Uma metade de nossos políticos é constituída de elementos essencialmente ladinos, sem . caráter e inimigos de nosso povo, enquanto a outra metade é constituída de homens fracos, boa gente, inocente e cheia de complacência.

Além disso, os tempos mudaram muito desde o Congresso de Viena: Não são mais os príncipes e amantes de príncipes que mercadejam e negociam as fronteiras do Estado e sim o implacável judeu internacional que luta pelo domínio sobre os povos. Não há povo que consiga afastar esse punho de sua garganta, a não ser pela espada. Somente a força unida e concentrada de uma paixão nacional em ebulição consegue fazer frente à escravização internacional dos povos. Uma tal solução é e terá de sei sempre por meio da violência.

Se, entretanto, existe a convicção que, de uma maneira ou de outra, o futuro da Alemanha exige o maior sacrifício, é necessário, que, abstraindo quaisquer considerações sobre habilidade política, 3á por causa desse sacrifício, é preciso saber se o objetivo pelo qual se quer combater é digno do mesmo.

As fronteiras de 1914 nada significam quanto ao futuro da Alemanha. Elas não constituíam uma proteção no passado nem significarão força no futuro. Elas não dariam a solidariedade interna à nação alemã nem poderiam prover à sua alimentação; do ponto de vista militar, elas não serviriam, nem satisfariam, nem melhorariam a nossa atual situação com relação às outras potências, ou melhor em relação àquelas que são as verdadeiras potências mundiais. A distância que nos separa da Inglaterra não diminuiria, não seria possível atingir à grandeza da União Americana, nem mesmo a França sofreria sensível diminuição na sua importância como potência.

Uma coisa, porém, seria certa: qualquer tentativa no sentido de restaurar as fronteiras de 1914, mesmo bem sucedida, só conduziria a mais derramamento de sangue, até que não restasse mais o indispensável à reconstrução da vida e do futuro da nação. Ao contrário, a embriagues de uma vitória tão vazia, faria com que sobreviesse a desistência de qualquer objetivo, tanto mais quanto estaria reparada a "honra nacional" e novas portas abertas ao desenvolvimento comercial, ao menos por algum tempo. Em contraposição, nós os nacionais-socialistas devemos nos manter firmes nos nossos propósitos quanto à política externa, isto é, os de assegurar ao povo alemão o solo que lhe compete neste mundo. E essa ação é a única que justifica, perante Deus e a posteridade alemã, um tributo de sangue. Perante Deus, uma vez que fomos colocados neste mundo com a obrigação de lutar eternamente pelo pão de cada dia, sendo como somos criaturas que nada recebem de presente e que devem a sua posição de senhores no mundo exclusivamente ao gênio e à coragem com que sabemos lutar por ela; perante a nossa posteridade alemã, uma vez que jamais derramamos o sangue de um cidadão sem que fossem doados à posteridade milhares de outros. O solo em que algum dia as gerações de camponeses alemães poderão gerar filhos fortes, explicará o sacrifício dos filhos de hoje e os estadistas, embora perseguidos no presente, serão futuramente absolvidos do crime de derramamento de sangue e de sacrifício do povo.

Da maneira mais violenta, sou obrigado a me insurgir contra aqueles escritores que vêem em uma tal aquisição do solo "uma violação dos sagrados direitos das gentes", dirigindo os seus escritos contra uma tal atuação. Não se sabe nunca quem está escondido atrás de tais indivíduos. O que é certo, porém, é que a confusão que eles conseguem estabelecer é desejada por alguém e favorece os nossos inimigos. Tomando tais atitudes, eles ajudam criminosamente a diminuir, a eliminar em nosso povo a vontade de persistir no ponto de vista certo quanto às suas necessidades vitais. Pois não há povo neste mundo que possua um único quilômetro quadrado, por vontade superior ou direito superior. Assim como as fronteiras da Alemanha são fronteiras devidas ao acaso, à luta política da ocasião, assim também acontece em relação às fronteiras dentro das quais vivem os outros povos. E, assim como só um néscio pode considerar graniticamente imutável a formação de nossa superfície terrestre, superfície essa que é a criação de formidáveis forças da natureza, e que quiçá amanhã sofrerá destruição ou transformação por forças mais poderosas ainda, assim também acontece na vida dos povos, em relação às fronteiras entre as quais eles vivem.

Os limites entre os países são criados pelos homens e por eles modifica dos.

O fato de um povo ter conseguido adquirir uma extensão desmedida de solo não significa uma obrigação superior de reconhecer-se eternamente essa aquisição. Isso prova, quando muito, a força do conquistador e a fraqueza daqueles que o toleram. É somente nessa força é que reside o direito. O fato do povo alemão, hoje em dia, encontrar-se apertado em uma extensão territorial insignificante, aguardando um futuro deplorável, não é um desígnio do destino, assim como também uma rebelião contra esse estado de coisas representa uma mudança brusca contra o mesmo. Assim como nossos antepassados não receberam como dádiva do céu o solo em que hoje vivemos e sim através de árduas lutas, com sacrifício de suas vidas, também para o futuro o solo e a vida de nosso povo não advirá de nenhum favor e sim somente por intermédio da força de uma espada vitoriosa.

Por mais que reconheçamos hoje em dia a necessidade de um entendimento com a França, esse entendimento será ineficaz em linhas gerais caso ao mesmo omitam o nosso objetivo geral em matéria de política externa. Esse entendimento só poderá e só terá sentido, se oferecer uma garantia de aumento de nosso solo na Europa. A aquisição de colônias não resolve essa questão. De fato, não há solução fora da conquista de território para colonização que aumente a extensão territorial da mãe pátria e com isso não só mantenha os colonizadores em contato íntimo com o seu país de origem como também assegure as vantagens de uma unidade perfeita.

O movimento nacionalista não deverá ser o advogado de outros povos e sim o pioneiro do seu próprio povo. A não ser assim, ele será supérfluo e sobretudo não terá direito de falar sobre o passado, pois, nesse caso, estaria agindo como esse. A antiga política alemã foi erradamente determinada em obediência a pontos de vista de dinastias. De futuro não deverá ser conduzida por sentimentalismo. Sobretudo não somos polícia de proteção dos conhecidos "pobres e pequenos povos" e sim soldados de nosso próprio povo.

Nós os nacionais-socialistas temos de ir mais longe: o direito ao solo não se trata de um qualquer poviléu de negros e sim da Pátria germânica pode se tornar um dever quando um grande povo, sem possibilidade de aumento territorial, parece destinado ao desaparecimento. Sobretudo quando que imprimiu ao mundo de hoje o seu cunho cultural. A Alemanha tornar-se-á uma potência mundial ou deixará de existir. Para tanto ela necessita daquela grandeza que hoje em dia a sua importância lhe confere e a seus cidadãos a vida oferece.

Nós os nacionais socialistas traçamos com isso, deliberadamente, uma linha, antes da Guerra, sobre a tendência divisória de nossa política externa. Começamos ali onde os outros terminaram, há 600 anos atrás. Fazemos parar a eterna corrente germânica em direção ao sul e ao ocidente da Europa e lançamos a vista para as terras de leste. Terminamos, finalmente, a política colonial e comercial de antes da Guerra e passamos à política territorial do futuro.

Quando hoje em dia falamos, na Europa, de nosso solo, pensamos, em primeira linha, somente na Rússia e Estados adjacentes, a ela subordinados.

O próprio destino parece querer nos indicar a direção. O destino, ao abandonar a Rússia ao bolchevismo, roubou ao povo russo a classe educada que criara e garantira a sua existência como Estado. A organização de um Estado russo não foi o resultado da capacidade política do eslavismo na Rússia, e sim um maravilhoso exemplo da eficiência, como criadores de Estados, dos elementos germânicos no seio de uma raça inferior. Assim foram criados numerosos impérios poderosos do mundo. Povos inferiores, tendo elementos como organizadores e dirigentes dos mesmos, mais de uma vez cresceram e se mantiveram prósperos, enquanto se conservou o cerne da raça em formação. Durante séculos, as camadas superiores da Rússia se aproveitaram dessa influência germânica. Hoje em dia, ela pode ser considerada inteiramente destruída. Em seu lugar, apareceu o judeu. É tão impossível à Rússia livrar-se do jugo judaico, por suas próprias forças, como ao judeu manter o controle sobre o vasto império, ainda por muito tempo. Ele não é um elemento organizador, e sim antes um fermento de decomposição. O imenso império do oriente está prestes a ruir. O fim do domínio judaico na Rússia será também o fim da Rússia como Estado. Fomos escolhidos pelo destino para sermos testemunhas de uma catástrofe que será a mais formidável confirmação da verdade da teoria racial.

Nossa finalidade, a missão do movimento nacional socialista, é porém, convencer o povo alemão de que não deve ver aí o seu objetivo do futuro realizado na embriaguez de uma nova campanha de Alexandre e sim no trabalho laborioso do arado alemão ao qual só a espada tem de dar o solo.

É natural que os judeus oponham a essa política a mais tenaz resistência. Eles sentem melhor do que ninguém a importância dessa questão, no que diz respeito ao seu próprio futuro. Justamente esse fato é que devia esclarecer todos os homens de idéias nacionalistas sobre a retidão dessa nossa orientação. Infelizmente, porém, dá-se justamente o contrário. Não só nos círculos germânicos nacionalistas como também mesmo nos "racistas" combate-se fortemente essa idéia de uma política oriental, invocando-se, como quase sempre em ocasiões semelhantes, uma autoridade mais alta. Cita se o espírito de Bismarck para acobertar uma política que é tão insensata como impossível, e perniciosa em alto grau ao povo alemão. Diz-se que Bismarck fizera outrora sempre questão das boas relações com a Rússia. Isso é, até certo ponto, certo. Mas se esquecem de mencionar, a esse respeito, que ele dava igualmente grande valor, por exemplo às boas relações com a Itália, que o mesmo Bismarck se aliara outrora à Itália para melhor liquidar a Áustria. Porque é que não se continua, pois, essa política? "Porque a Itália de hoje não é a Itália de outrora", dir-se-á. Bem. Mas nesse caso, honrados senhores, permitam-me objetar que a Rússia atual não é mais a Rússia de então. A Bismarck nunca ocorreu, por princípio, querer fixar, para sempre, um mesmo caminho em táticas políticas. Ele era por demais senhor do momento para impor a si mesmo um tal compromisso. A pergunta não deve, portanto, ser: que fez então Bismarck? E sim, antes: Que faria ele hoje em dia? Essa pergunta é mais fácil de responder. Com sua inteligência política, ele nunca se aliaria a um Estado condenado ao aniquilamento.

Além disso, já naquela época, Bismarck observava com restrições a política alemã de colonização e comércio, pois o que mais de perto lhe interessava era garantir, da maneira mais segura, a consolidação do Estado por ele criado. Esse, também, foi o único motivo por que ele, naquela ocasião, aceitou com agrado que a Rússia lhe guardasse as costas, deixando-lhe livre o braço direito para agir no ocidente. Entretanto, aquilo que, então, trouxe vantagem para a Alemanha, seria hoje prejudicial.

Já nos anos de 1920/21, quando o movimento nacional socialista começava lentamente a se elevar no horizonte político e já era considerado um movimento de libertação da nação alemã, o Partido foi abordado, por vários lados, por certos indivíduos, com o projeto de estabelecer-se entre o mesmo e os momentos de libertação de outros países uma certa ligação, nos moldes há muito preconizados de "Aliança das Nações Oprimidas". Tratava-se sobretudo de representantes de Estados balcânicos, egípcios e indianos, que me davam sempre a impressão de presunçosos tagarelas, sem quaisquer elementos. Mas houve uns raros alemães, especialmente entre os nacionalistas, que se deixaram levar por aqueles enfatuados orientais e imaginaram que qualquer estudante indiano ou egípcio que aparecia era um genuíno "representante" do povo da Índia ou do Egito. Nunca se deram ao trabalho de obter informações, nem compreenderam que essa gente não tinha elementos nem autoridade dada por quem quer que fosse para realizar qualquer espécie de acordo. Assim sendo, tratar com tais personagens era a mesma coisa que nada fazer e perder tempo. Eu sempre me defendi contra tais tentativas, não só porque tinha mais o que fazer do que perder semanas em "confabulações" estéreis, como também porque considerava, mesmo que se tratasse de representantes autorizados daquelas nações, tudo isso imprestável e mesmo pernicioso.

Já era bastante mau que, no tempo da paz, a política de aliança alemã tivesse terminado em uma aliança defensiva de Estados velhos, politicamente inválidos, em virtude da falta de intenções eficientes de combate. Tanto a aliança com a Áustria como com a Turquia tinham pouco de agradável, em si. Enquanto os maiores Estados do mundo, militares e industriais, se reuniam em uma aliança ofensiva, fazíamos a reunião de alguns Estados velhos e impotentes e, com essas velharias destinadas a desaparecerem, procurávamos enfrentar uma coligação mundial eficiente. A Alemanha pagou caro esse erro da política externa. Entretanto isso não impediu que os nossos eternos sonhadores caíssem imediatamente no mesmo erro, pois a tentativa de desarmar um vencedor todo-poderoso por meio de uma "aliança de nações oprimidas" é não só ridícula como nociva. É nociva porque, com isso, o nosso povo é sempre desviado de suas possibilidades reais, e se entrega a esperanças e ilusões fantásticas e estéreis. O alemão de hoje se assemelha na realidade ao náufrago que se agarra a qualquer palha, mesmo quando se trata de gente muito culta. Logo que aparece o fogo-fátuo de uma esperança, por mais irreal que seja, essas criaturas põem-se a caminho e seguem esse fantasma, seja o mesmo uma aliança de nações oprimidas, uma liga das nações ou qualquer outra fantasia; nem por isso essa fantasia deixará de encontrar milhares de almas crentes.

Lembro-me ainda das esperanças, tão infantis quanto incompreensíveis, que, nos anos de 1920/21, surgiram nos círculos "populares". Pensava-se que a Inglaterra estava diante de um fracasso na Índia. Um prestidigitador asiático qualquer, um desses libertadores da Índia que não estavam em atividade na Europa, tinha conseguido encher a cabeça de gente geralmente insensata com a idéia fixa de que o império britânico que possuía o seu ponto de apoio na Índia, se encontrava em face da ruína. Naturalmente não se deram conta de que também nesse caso, somente o seu próprio desejo é que gerava todas as suas idéias. Tão pouco compreendiam a contradição de suas próprias esperanças. Esperando ver na queda do domínio inglês na Índia o fim do império mundial britânico e do poderio inglês, eles mesmos reconhecem que justamente a Índia é para a Inglaterra da mais eminente importância.

Essa questão, de importância vital, não é, porém, somente conhecida de qualquer profeta popular germânico que disso faça o seu maior segredo, e sim provavelmente também por parte dos dirigentes ingleses. É verdadeiramente infantil supor que, na Inglaterra, não se saiba avaliar a importância do Império das Índias para a união britânica. É apenas uma triste prova de não se ter tomado a lição da guerra mundial e de não se ter compreendido o caráter firme do anglo-saxão o imaginar-se que a Inglaterra deixaria a Índia tornar-se independente. Isso também prova a completa ignorância dominante na Alemanha quanto aos métodos com que a Inglaterra administra aquele império. A Inglaterra jamais deixará a Índia separar-se, a não ser que ela caia na confusão racial (hipótese completamente afastada na Índia), ou a não ser que ela a isso seja forçada pela espada. de um poderoso inimigo. Os levantes indianos jamais terão êxito. Nós alemães conhecemos bem, por experiência, quanto é duro contrariar a Inglaterra. Além de tudo isso, falando como alemão, eu prefiro ver a Índia sob o domínio da Inglaterra do que sob o de qualquer outra nação.

São igualmente sem fundamento as míticas esperanças de um levante no Egito. A "guerra santa" pode provocar em nossos ingênuos alemães a agradável sensação proveniente do fato de outros estarem dispostos a perder sangue por nós, pois essa especulação covarde foi, realmente, a causa dessas esperanças. Na verdade, qualquer tentativa de levante teria um fim infernal, sob o fogo das companhias de metralhadoras inglesas e sob uma chuva de bombas.

O que é fato é que é uma impossibilidade, com uma coligação de aleijados, lutar contra um Estado poderoso que está decidido a sacrificar, por sua existência, se necessário, a última gota de sangue. Como um racista que julga a humanidade pelo critério da raça, não posso admitir que se acorrentem os destinos de uma nação às chamadas "nacionalidades oprimidas", desde que, racialmente, elas são de insignificante valor.

Justamente a mesma posição temos de adotar em relação à Rússia. A Rússia de hoje, desprovida da elite germânica, não é, mesmo pondo de parte inteiramente as intenções íntimas de seus atuais senhores, um aliado próprio a uma luta pela libertação alemã. Sob o ponto de vista puramente militar, as conseqüências, no caso de uma guerra da Alemanha e da Rússia contra o ocidente da Europa e, provavelmente, também. contra o resto do mundo, seriam verdadeiramente catastróficas. A luta desenrolar-se-ia, não em terreno russo, mas em território alemão, sem que a Alemanha pudesse receber da Rússia o menor auxílio eficiente. O poder material do atual império alemão é tão precário e de tal maneira impróprio para uma luta externa, que toda qualquer proteção da fronteira ocidental, inclusive da Inglaterra, não seria de possível realização. E justamente a região industrial alemã estaria indefesa contra as armas concentradas de nossos inimigos. Acresce a circunstância de haver, entre a Alemanha e a Rússia, a Polônia, que se- encontra totalmente em mãos francesas. No caso de uma guerra da Alemanha e da Rússia contra o ocidente da Europa, a Rússia teria de, primeiro, vencer a Polônia, antes de poder trazer o seu primeiro soldado ao "front" alemão". Nesse caso não se trata tanto de soldados como de armamento técnico e repetir-se-ia, de maneira muito mais horrorosa, a situação da guerra mundial. Assim como a indústria alemã ainda teve de suprir os nossos famosos aliados e a Alemanha teve de lutar sozinha, no terreno da guerra técnica, assim, nessa luta, a Rússia seria inteiramente desprezível, como fator técnico. Quase nada poderemos contrapor à motorização geral do mundo, a qual na próxima guerra será violentamente decisiva. Não só a Alemanha ficou vergonhosamente em atraso nesse importantíssimo terreno, como teria de manter, com o pouco que possui, ainda a Rússia, que até hoje não dispõe de uma única fábrica ria qual possa produzir um automóvel caminhão capaz de funcionamento. Assim sendo, uma tal luta assumiria somente o caráter de uma carnificina. A juventude alemã seria mais sacrificada do que outrora, pois, como sempre, o peso da luta cairia sobre nós exclusivamente e o resultado seria uma derrota inevitável.

Mas, mesmo no caso de se dar um milagre e de uma tal luta não terminar com o completo aniquilamento da Alemanha, o resultado final seria que o povo alemão, exangue, continuaria, como dantes, rodeado de grandes potências militares, sem que, portanto, a sua situação real se modificasse de qualquer maneira.

Não se objete que, no caso de uma aliança com a Rússia tenha logo de aparecer a hipótese de guerra ou que, no caso afirmativo, possa ser feita uma preparação fundamental para a mesma. Uma aliança, cujo objetivo não compreenda a hipótese de uma guerra, não tem sentido nem valor. Alianças só se fazem para luta. Embora, no momento de ser realizado um tratado de aliança, esteja muito afastada a idéia de guerra, a probabilidade de uma complicação bélica é, não obstante, a verdadeira causa. E não se pense, por acaso, que qualquer potência interprete de outra maneira uma tal aliança. Ou uma coligação russo-alemã ficaria só no papel - e nesse caso seria para nós sem significação e sem valor - ou se transformaria, das letras do tratado, em realidade visível, e o resto do mundo ficaria de sobreaviso. Como é ingênuo pensar que a Inglaterra e a Fiança, em tal caso, esperariam um decênio, até que a aliança russo alemã tivesse terminado os seus preparativos técnicos para a luta! Não. A tempestade cairia de chofre sobre a Alemanha.

Assim, pois, o simples fato de uma aliança com a Rússia é uma indicação da próxima guerra. O seu desenlace seria o fim da Alemanha.

Acresce ainda o seguinte:

1. Os atuais detentores do poder, na Rússia, não pensam, absolutamente, cm fazer uma aliança honesta ou de mantê-la.

É preciso não esquecer nunca que os dirigentes da Rússia atual são sanguinários criminosos vulgares e que se trata, no caso, da borra da sociedade, que, favorecida pelas circunstâncias, em uma hora trágica, derrubou um grande Estado e, na fúria do massacre, estrangulou e destruiu milhões dos mais Inteligentes de seus compatrícios e, agora, há dez anos, dirige o mais tirânico regime de todos os tempos. Não devemos esquecer que muitos deles pertencem a uma raça que combina uma rara mistura de crueldade bestial e grande habilidade em mentir e que se julga especialmente chamada, agora, a submeter todo o mundo a sua sangrenta opressão. Não devemos esquecer que o judeu internacional, que continua a dominar na Rússia, não olha a Alemanha como um aliado mas como um Estado destinado à mesma sorte. Não se conclui, porém, nenhum tratado com uma parte, cujo único interesse está no aniquilamento da outra. Não se concluem contratos sobretudo com indivíduos para os quais nenhum contrato seria sagrado, pois que eles não vivem neste mundo como representantes da honra e da verdade, mas sim como representantes da mentira, da impostura, do furto, do saque, do roubo. Pensar em poder concluir relações contratuais com parasitas, assemelha-se à tentativa de uma árvore em, para vantagem sua, fazer um acordo com um agarico.

A ameaça a que a Rússia sucumbiu, pende perpetuamente sobre a Alemanha. Somente o burguês ingênuo é capaz de imaginar que o perigo bolchevista esteja afastado. Na sua maneira superficial de pensar, ele não tem a menor idéia de que se trata, aqui, de um processo instintivo, isto é, de um esforço pelo domínio da terra da parte do povo judeu, de um processo que é tão natural como o instinto do anglo-saxão de apropriar-se deste mundo. E assim como o anglo- saxão segue esse caminho a seu modo e luta com as suas armas, assim também o judeu. Este procura insinuar-se entre os povos e carcomê-los, lutando com as suas armas, isto é, com a mentira e com a calúnia, o veneno e a corrupção, aumentando a luta até à sangrenta extirpação do inimigo odiado. Devemos enxergar no bolchevismo russo a tentativa do judaísmo, no século vinte, de apoderar-se do domínio do mundo, justamente da mesma maneira por que, em outros períodos da história, ele procurou, por outros meios, embora intimamente parecidos, atingir os mesmos objetivos. A sua aspiração tem raízes na sua maneira de ser. Assim como outros povos não desistem, por si, de expandir o seu poder e são levados a isso por circunstâncias exteriores sob pena de diminuírem de importância. assim também o judeu não renuncia espontaneamente a sua aspiração de uma ditadura mundial, nem reprime o seu eterno desejo nesse sentido. Ou ele será repelido por forças exteriores para outro caminho ou o seu desejo de domínio universal só desaparecerá com a extinção da raça. A impotência dos povos, sua própria morte pela idade, baseia-se no problema de sua pureza de sangue. E essa pureza o judeu guarda melhor que qualquer povo da terra. Assim segue ele o seu caminho nefasto, até que se lhe oponha uma outra força que, em luta gigantesca, atire o invasor do céu nos braços de Lúcifer.

A Alemanha é hoje o próximo grande objetivo do bolchevismo. É necessária toda a força de uma idéia nova, com o caráter de uma emissão, para mais uma vez fazer ressurgir o nosso povo, livrá-lo da fascinação dessa serpente internacional e no interior pôr um dique à corrupção do sangue, de maneira que as forças da nação, assim libertada, possam ser empregadas para preservar a nossa raça, evitando, para sempre, a repetição das últimas catástrofes. Se esse é o nosso objetivo, é loucura a aliança com uma potência cuja finalidade é aniquilar-nos de futuro. Como é que se quer libertar o nosso povo das cadeias desse amplexo corruptor, atirando o aos seus braços? Como é possível explicar ao trabalhador alemão que o bolchevismo é um crime horroroso contra a humanidade, se o governo se alia a esse produto do inferno, reconhecendo-o oficialmente? Com que direito se condenam as grandes massas por suas simpatias por uma doutrina, se os próprios chefes do Estado escolhem os dirigentes dessa teoria universal para aliados?

A luta contra a bolchevização mundial exige uma atitude clara com relação à Rússia soviética. Não se pode afugentar o Diabo com Belzebu.

Quando os próprios círculos nacionalistas se entusiasmam com uma aliança com a Rússia, devem eles lançar as suas vistas para a Alemanha e examinar com quem contarão para isso. Ou encaram os racistas como benéfica para o povo alemão uma ação que é recomendada e exigida pela imprensa marxista internacional? Desde quando combatem os racistas com uma armadura que, como escudo, nos apresenta o judeu?

Ao antigo império se podia fazer, em relação à sua política de aliança, uma censura capital: que prejudicava as suas relações para com todos pela sua hesitação e fraqueza, querendo conservar a paz a todo custo só de uma coisa não se pode censurá-la: não continuou a manter as suas relações com a Rússia.

Admito francamente que, durante a Guerra, teria sido melhor para a Alemanha que ela tivesse renunciado à sua louca política colonial e à sua política naval, que se tivesse unido à Inglaterra em uma aliança de defesa contra uma invasão da Rússia e que tivesse abandonado a sua fraca aspiração de envolver todo o mundo em uma determinada política de aquisição territorial no continente europeu. Não esqueço as perpétuas e insolentes ameaças feitas à Alemanha pela Rússia pan-eslavista; não esqueço as continuas mobilizações, cujo único fim era molestar a Alemanha; não esqueço a disposição da opinião pública da Rússia, que, antes da Guerra, primava em ataques inspirados pelo ódio à nossa nação e ao Império, nem posso esquecer a maioria da imprensa da Rússia, que sempre tinha mais entusiasmo pela França que por nós

Entretanto, antes da Guerra ainda teria sido possível um segundo caminho: o apoio da Rússia contra a Inglaterra.

Hoje, as condições são outras. Se, antes da Guerra, recalcando todos os possíveis sentimentos, havia possibilidade de acompanhar a Rússia, hoje em dia já não há mais. O ponteiro do relógio mundial desde então já tem avançado e esse mesmo relógio, em formidáveis pancadas, nos anuncia a hora em que o destino de nosso povo terá de decidir-se de uma maneira ou de outra. A atual consolidação das grandes potências é a última advertência que nos é feita para compreendermos a realidade e reconduzirmos o nosso povo, dos domínios do sonho, para a dura verdade e mostrar lhe o único meio pelo qual o Reich poderá ainda reflorescer.

Se o movimento do Partido Nacional Socialista abandonar todas as ilusões e tomar a razão como seu único guia, a catástrofe de 1918 pode transformar-se em uma imensa bênção para o futuro de nossa nação. Partindo desse colapso, o nosso povo poderá chegar a uma orientação inteiramente nova para sua atuação na política externa e, prosseguindo firmado, intimamente, na sua nova concepção universal, atingir, finalmente a estabilização de sua política externa. Podemos acabar ganhando o que a Inglaterra possui, o que mesmo a Rússia possuía e o que a França sempre e sempre teve, ao tomar decisões nos seus próprios interesses: uma tradição política.

A tradição política da nação alemã, na sua atuação externa, deverá e terá de ser sempre esta:

Não tolereis jamais a formação de duas potências continentais na Europa. Divisai em toda tentativa de formar, nas fronteiras alemãs, uma segunda potência militar como um ataque contra a Alemanha, mesmo que se trate de um Estado apenas capaz de se transformar em potência militar; e vede nisso, não só um direito, como um dever, de, por todos os meios, mesmo com o emprego de força armada, evitar a formação de um tal

Estado, ou destruí-lo, caso ele já se tenha formado. Diligenciai para que a força de nosso povo não se baseie em colônias e, sim, em território na Europa. Não considereis jamais o Reich em segurança, enquanto ele não estiver em condições de, por séculos, oferecer a cada rebento de nosso povo, o seu próprio pedaço de terra. Não esqueçais nunca que o direito mais sagrado neste mundo é o direito sobre a terra que queremos cultivar e o sacrifício mais sagrado o sangue que derramamos por essa terra.

Não queria terminar estas considerações sem, mais uma vez, apontar a única possibilidade de aliança que no momento há para nós na Europa. Já no capítulo anterior, referente ao problema alemão de aliança, apontei a Inglaterra e a Itália como os dois únicos Estados na Europa com os quais seria desejável e promissor que conseguíssemos mais estreitas relações. Quero, aqui, em poucas palavras, referir-me à importância militar de uma tal aliança. As conseqüências militares da conclusão dessa aliança seriam em tudo e por tudo opostas às de uma aliança com a Rússia. O mais importante é o fato de que uma aproximação com a Inglaterra e a Itália de maneira alguma provocaria o risco de guerra. A única potência que poderia assumir uma atitude de oposição a essa aliança, a França, não estaria em condições de fazê-lo. Com isso, porém, a aliança daria à Alemanha a possibilidade de, com toda a calma, fazer aqueles preparativos que, no quadro de uma tal coligação, de uma maneira ou de outra teriam de ser feitos. O mais importante em tal aliança está justamente no fato de - que a Alemanha. nesse caso, não será repentinamente sujeita a uma invasão inimiga; e sim que com a aliança inimiga se desbaratará a "entente", à qual devemos tanta infelicidade, e, com isso, a França, o inimigo mortal de nossa povo, cairá no isolamento. Mesmo que essa vitória, de princípio, só tivesse efeito moral, ela bastaria para dar à Alemanha uma liberdade de movimento difícil de ser avaliada hoje. As iniciativas estariam em mãos da nova aliança européia anglo-germânica-italiana e não nas mãos da França.

O resultado seguinte seria que, de um, golpe, a Alemanha estaria libertada de sua posição estratégica desfavorável. A mais poderosa proteção dos flancos, de um lado, a completa asseguração de nosso abastecimento de víveres e material bélico de outro, seria o efeito benéfico da nova ordem política.

Talvez mais importante seria o fato da nova aliança abranger Estados de capacidade técnica que em muitos pontos se completam. Pela primeira vez, a Alemanha teria aliados que não seriam sanguessugas de nossa economia, mas até poderiam contribuir e contribuiriam para completar o nosso preparo técnico.

Não se deve perder de vista o último fato de que, nos dois casos, se trataria de aliados que não se podem comparar à Turquia ou à Rússia atual. A maior potência mundial e um jovem Estado nacionalista teriam outras condições para uma luta na Europa que os putrefatos cadáveres de Estados, com os quais a Alemanha se havia aliado na última guerra.

Certamente, como já acentuei no capitulo precedente, as dificuldades que se opõem a uma tal aliança são grandes. Entretanto, a formação da Entende foi, porventura, uma obra menos penosa? O que o rei Eduardo VII conseguiu, em parte com interferências naturais, temos e haveremos de conseguir, quando nos convencermos de uma tal necessidade, a ponto de determinarmos o nosso próprio modo de proceder nesse sentido, com inteligente abnegação. Isso se conseguirá no momento em que advertido pela necessidade, em vez da política externa sem objetivo dos últimos dez anos, se seguir persistentemente por um único caminho com objetivo determinado. Não é a orientação para o Ocidente e para o Oriente que deve ser o futuro objetivo de nossa política externa e, sim, a política do Oriente necessária ao nosso povo. Como para isso é necessário força e o nosso inimigo mortal, a França, nos sufoca inexoravelmente e nos rouba essa força, teremos de fazer todos os sacrifícios, cujas conseqüências sejam propícias a contribuir para o aniquilamento das tendências francesas de hegemonia na Europa. Toda potência que, como nós, não suporta a febre de poder da frança no continente é hoje em dia nosso aliado natural. Nenhum passo nosso junto a uma tal potência, nenhuma renúncia nos devem ser irrealizável, desde que o resultado final ofereça possibilidade do aniquilamento de nosso mais feroz inimigo. Deixemos a cura de nossas pequenas feridas aos efeitos suaves do tempo, desde que consigamos cauterizar e fechar a maior.

Naturalmente, ficaremos sujeitos ao ladrar odiento dos inimigos de nosso povo no interior. Nós nacionais socialistas, não devemos nos transviar, deixando de proclamar aquilo que, segundo a nossa mais íntima convicção, é necessário. Devemos nos encorajar para enfrentarmos a opinião pública, ensandecida pela astúcia judaica que explora a nossa falta de sentimento nacional. Muitas vezes os vagalhões batem com fúria em torno de nós. Entretanto, aquele que nada na corrente mais facilmente será perdido de vista do que aquele que enfrenta as ondas. Hoje não somos senão uma rocha no rio; dentro de alguns anos o destino poderá levantar-nos como um dique contra o qual a corrente geral só rebentará para correr em um novo leito.

É por isso necessário que, perante os olhos do resto do mundo, o movimento nacional socialista, seja reconhecido e estabelecido como o portador de uma determinada intenção política. Seja qual for o destino que o Céu nos reserve, hão de reconhecer-nos pelo nosso altivo programa.

Assim que nós mesmos reconhecermos a grande necessidade de definir a nossa ação na política externa, desse reconhecimento promanará a persistência de que as vezes necessitamos, quando, sob fogo cerrado da matilha da nossa imprensa inimiga, um ou outro se amedronta e se deixa levar pela inclinação de, para não ter todos contra si, fazer concessão ao menos neste ou naquele terreno e uivar com os lobos.

CAPÍTULO XV

O DIREITO DE DEFESA

Quando depusemos as armas, em novembro de 1918, foi iniciada uma política que, segundo todas as probabilidades humanas, era destinada a conduzir à ruína. Exemplos semelhantes, tirados da história, mostram que os povos que depõem as armas antes de tentarem um último esforço, mais facilmente preferem, no correr do tempo, sofrer as maiores humilhações e opressões a tentarem uma mudança de seu destino por meio de um novo apelo à violência.

Isso é perfeitamente humano. Um vencedor inteligente fará, se possível, as suas exigências ao vencido, por partes. Ele poderá contar, então, no caso de tratar-se de um povo que se tornou sem caráter - e como tal se pode considerar todo povo que se rende voluntariamente - que não encontrará em cada uma dessas opressões um motivo suficiente para mais uma vez se pegar em armas. Quanto mais opressões forem aceitas voluntariamente, tanto mais injustificado parece, a esses homens, porem-se em guarda ante novas opressões, sempre repetidas, embora isoladamente, sobretudo considerando que, no final de contas, já se tolerou muito maior desgraça em silêncio.

A decadência de Cartago é uma horrível imagem do suplício de um povo culpado.

Por isso, Clausewítz destaca, nas suas três "confissões", de maneira incomparável, esses pensamentos e os fixa para sempre, dizendo: "que é indelével a mácula vergonhosa de uma submissão covarde; que essa gota de veneno passa para o sangue da posteridade e paralisará e destruirá a força das gerações vindouras"; e, em contraposição, "mesmo a derrocada dessa liberdade após uma luta sangrenta e honrosa assegura o renascimento de um povo e é o núcleo vital de que deitará raízes uma nova árvore."

Naturalmente, uma nação que perdeu a honra e o caráter não dará ouvidos a uma tal doutrina, pois quem a toma a peito não poderá descer a tanto. Só decai quem a esquece ou dela não quer mais saber. Daí não se poder esperar que os responsáveis por uma submissão covarde caiam em si e, baseados na experiência humana, ajam de maneira diferente da de até então. Ao contrário, justamente esses afastarão de si qualquer doutrina nesse sentido, até que o povo se acostume definitivamente à sua situação de escravo ou até que forças melhores aflorem à superfície para tirar o poder das mãos do perverso corruptor. No primeiro caso, essas criaturas nem se sentem mal, pois, não raras vezes, recebem dos inteligentes vencedores o cargo de feitor de escravos, cargo esse que essas naturezas desbriadas exercem geralmente da maneira mais impiedosa, com relação ao seu próprio povo, do que qualquer fera estrangeira aí colocada pelo inimigo.

Os acontecimentos, desde o ano de 1918, nos mostram que na Alemanha a esperança de, por meio de submissão voluntária, poder conseguir o favor do vencedor, infelizmente determina, da maneira mais nefasta, a conduta política da grande massa. Eu desejaria, por isso, ressaltar o valor que empresto à grande massa, pois não consigo convencer-me de que a maneira de agir dos dirigentes de nosso povo possa ser atribuída a essa mesma loucura nefasta. Como, desde o fim da Guerra, a direção de nossos destinos é sabidamente orientada por judeus, não se pode, na realidade, supor que exclusivamente uma noção falha tenha sido a causa de nossa desgraça, mas, ao contrário, deve se ter a convicção de que uma intenção consciente conduz nosso povo ao aniquilamento. E desde que se examine, desse ponto de vista, a aparente loucura na direção da nossa política externa, ela se desvenda como uma lógica extremamente requintada e fria ao serviço da idéia e da luta dos judeus pela conquista do mundo.

Torna-se compreensível como se passou, sem ser utilizado, um período de tempos, entre 1806 e 1813, suficiente para dar à Prússia, inteiramente derrotada como estava, nova energia e espírito combativo. Esse tempo não só não foi utilizado como, de fato, conduziu a maior enfraquecimento de nosso Estado.

Sete anos depois de novembro de 1918 foi assinado o tratado de Locarno! As coisas se passaram como ficou indicado acima. Logo que se assinou o vergonhoso armistício, ninguém teve energia nem coragem para opor-se às medidas de opressão que o inimigo executava repetidamente. Ele era muito inteligente para pedir demasiado de cada vez. Restringiu a sua opressão a uma extensão que, no modo de ver e na opinião de nossos dirigentes alemães, no momento seria suportável, sem que se tivesse de temer uma explosão do sentimento público. Quanto mais assinavam "Tratados" e os toleravam, tanto menos parecia justificado, por meio de mais uma opressão ou mais uma humilhação exigida, fazer de repente aquilo, que não se tinha feito de outras vezes, isto é, opor resistência. Isso é justamente aquela "gota de- veneno" de que fala Clausewitz: a indignidade, uma vez perpetrada, aumenta cada vez mais. Ela pode tornar-se um terrível peso de que um povo dificilmente conseguirá livrar-se e que antes arrastará definitivamente uma raça à escravidão.

Assim é que na Alemanha se alternavam ordens de desarmamento e de escravização, enfraquecimento político e pilhagem econômica, a fim de, por último, produzir aquela mentalidade que consegue ver na mediação e no plano Dawes uma felicidade e no tratado de Locarno uma grande vitória.

É verdade que, observando essa questão de um ponto de vista superior, nessa penúria só se pode falar de uma única felicidade e esta é: é possível iludir o homem mas não é possível subornar o céu. Com efeito, esse não deu a sua bênção. A miséria e os cuidados, desde então, não têm cessado de ser os fiéis companheiros do nosso povo, nossos únicos aliados inseparáveis. Desde que não sabemos mais prezar a honra. vemo-nos obrigados, pelo menos, a dar o devido valor à liberdade na conquista do pão. A humanidade já aprendeu a gritar pelo pão; ainda fará preces um dia. porém, pela liberdade.

Por mais amarga e patente que tenha sido a derrocada do nosso povo, nos anos que seguiram 1918. mais encarniçada e violenta era, precisamente. neste tempo, a perseguição de todo aquele que ousasse profetizar o acontecimento que efetivamente se realizou mais tarde. A direção do povo era tão deplorável como grande era a sua presunção, especialmente quando se tratava de pôr de lado aqueles que enxergavam o perigo e por isso pareciam importunos e antipáticos. Então, e ainda hoje, podiam-se ver os maiores imbecis parlamentares, verdadeiros fabricantes de arreios e de luvas, (aliás o fato da profissão não teria a menor importância) elevar-se subitamente ao pedestal de homens de Estado, para, lá de cima, atacar os pequenos mortais. Não importava absolutamente que semelhante "homem de estado", talvez já no sexto mês de sua atividade, fosse desmascarado como o maior mistificador, "aureolado" pelo escárnio e o desprezo de todo o resto do mundo, não sabendo para onde se virar, dando assim a prova infalível de sua completa incapacidade! Não, isso não tinha a mínima importância. Ao contrário: quanto mais esses estadistas parlamentares carecem de verdadeira eficiência no serviço dessa República, tanto maior é a fúria com a qual perseguem aqueles que esperam deles realizações, que se atrevem a constatar a paralisação de sua atividade e profetizam seu fracasso no futuro. Se, porém, se chega a pegar um tal honrado parlamentar, de modo que não possa o estadista de fancaria negar o desastre de toda a sua atividade e a falência dos seus resultados, então, acha ele mil e um pretextos de desculpas para os seus fracassos, recusando-se a confessar a verdade de ser ele a causa única de todo o mal.

O mais tardar, no inverno de 1922 a 1923, dever-se-ia ter compreendido, por toda parte, que a França, mesmo depois da conclusão da Paz, esforçava-se, com uma lógica de ferro, por alcançar ainda a finalidade guerreira com a qual, desde o princípio, sonhava. Pois ninguém acreditaria que, na luta mais decisiva da sua história, a França empenhasse o sangue de sei povo que, já não é muito abundante, somente para, mais tarde, receber indenizações pelos estragos praticados. A própria Alsácia Lorena, por si só, não explicaria ainda a energia da atuação militar dos franceses, se em tudo isso não estivesse em jogo uma parte do programa futuro, verdadeiramente grandioso, elaborado pela política exterior da França. Eis a definição de tal finalidade: dissolução da Alemanha, no caos dos pequeno Estados. Eis o motivo de luta para a França chauvinista, luta, aliás, na qual, em verdade, ela vendeu seu povo ao judeu cosmopolita e internacionalista. Essas aspirações militares dos franceses já teriam sido alcançadas pela Guerra, se, como a princípio se esperava em Paris, os combates se tivessem sucedido em terreno alemão. Imagine-se que as sangrentas batalhas de Guerra se tivessem desenrolado, não às margens do Some, em Flandres no Artois, diante de Varsóvia, Nischnij-Nowgorod, Kowno, Riga, ou outro qualquer lugar, e sim na Alemanha, na região do Ruhr ou às margens do Meno, do Francfort, do Elba, diante de Hannover, Leipzig, Nuremberg etc., e será preciso convir que teria havido possibilidade para uma destrui cão em regra da Alemanha. É muito duvidoso que a nossa federação, bastante recente, tivesse resistido a essa grande prova durante quatro ano e meio, tal qual a França, que já vem centralizada rigorosamente há muito' séculos e só tem um centro indiscutível: Paris. O fato deste combate entre povos (o mais formidável que já existiu) ter-se desenrolado fora dos limites da nossa pátria, não foi só o merecimento imortal do incomparável antigo exército, como, também, a maior felicidade possível para o futuro da Alemanha. Estou firmemente convencido de que, dada a segunda hipótese, há muito tempo não existiria mais um Reich alemão, mas, apenas, "Estados alemães". Eis, também, a única razão pela qual o sangue de nossos amigos e irmãos mortos na guerra não correu totalmente. em vão.

Tudo veio ao contrário do que se esperava! Com a rapidez de um raio operou-se, em novembro de 1918, a derrocada completa da Alemanha. Quando a catástrofe caiu sobre o nosso país, as tropas de campanha ainda continuavam a agir bem longe, em terra inimiga. A primeira preocupação da França, nesse momento, não era mais a dissolução da Alemanha e, sim, a seguinte: Como fazer saírem o mais depressa possível as tropas alemãs da França e da Bélgica? Para os dirigentes dos franceses, a primeira missão, depois de terminada a Guerra, foi o desarmamento dos soldados alemães, o seu repatriamento mais rápido possível. Só em segundo lugar se poderia cogitar da realização das finalidades guerreiras iniciais, que eram as verdadeiras. Na satisfação dessas, a França já se achava bastante manietada. Para a Inglaterra, a guerra de fato tinha terminado, vitoriosamente, com o aniquilamento da Alemanha como potência colonial e comercial e seu rebaixamento .à categoria de Estado de segunda ordem. Não existia somente interesses no esmagamento total da potência alemã como também era legítimo o desejo de criar, no futuro, um grande rival contra a França na Europa. Deste modo, a política francesa teve que continuar, na paz, um trabalho resoluto, continuando o que a guerra já tinha encaminhado: a opinião de Clemenceau, segundo a qual, a Paz não passava de uma continuação da guerra, recebeu, assim, uma significação maior.

Continuamente, sob todos os pretextos, era necessário abalar a organização do Rewh. Em Paris esperava-se conseguir isso lentamente, de um lado, pela imposição de novas ordens de constante desmobilização e de outro pela exploração econômica provocada por esse meio. Quanto mais declinava na Alemanha a honra nacional, tanto mais fácil era alcançar efeitos de destruição política pela pressão econômica e a miséria permanente. Semelhante política de opressão e exploração no terreno político e econômico, levada a efeito durante dez a vinte anos, tem que destruir, pouco a pouco, o mais forte organismo político, apto a dissolver-se pela ruína. Com isso, porém, estariam alcançados, afinal, os objetivos políticos da França.

Já desde o inverno de 1922 e 1923, dever-se-ia ter descoberto nisso a intenção capital da França. Assim restavam, somente, duas possibilidades: podia-se esperar ou enfraquecer a vontade da França na luta contra a resistência do organismo popular alemão, ou fazer o que era praticamente inevitável por fim, isto é, no caso especialmente crítico, desviar a direção do barco do governo.

Significava isso, aliás, um combate de vida e de morte, só havendo esperança de salvação, se houvesse possibilidade de isolar a França de tal modo que essa segunda luta não fosse mais uma luta da Alemanha com o mundo, mas uma defesa da Alemanha contra a França, que, sem cessar, está sempre perturbando a paz universal.

Sublinho este ponto, e disso estou plenamente convicto, que essa hipótese se realizará fatalmente. Não acredito nunca que as intenções da França, a nosso respeito, possam um dia mudar; pois, elas estão definitivamente arraigadas e se traduzem na conservação da nação.

Se eu próprio fosse francês, desejando, portanto, o engrandecimento da França, como em realidade desejo o da Alemanha, também não poderia, nem quereria, agir de outra maneira do que a indicada por Clemenceau.

O espírito francês, ameaçado de desaparecer lentamente, não só pela diminuição da densidade de sua população como, sobretudo, dos seus melhores elementos raciais, só poderá manter, de uma maneira duradoura, sua importância mundial, pela aniquilação da Alemanha, Não importa quantas vezes a política francesa se possa desviar, no fim, aparecerá sempre esse objetivo como realização dos desejos máximos e da mais arraigada aspiração nacional. É um erro, porém, supor que uma vontade puramente passiva e que só visa a sua própria conservação possa resistir, até o fim, a outra não menos forte mas que procede de um modo ativo. Enquanto o eterno conflito entre a Alemanha e a França só se traduzir por uma defesa alemã contra um ataque francês, o mesmo permanecerá sem solução; a Alemanha, entretanto, de século em século, irá perdendo uma etapa após outra. Analisando a extensão da fronteira lingüística da Alemanha, do século XII até hoje, será difícil esperar ainda resultado satisfatório de uma atitude e de uma evolução que tanto mal já nos têm trazido.

Somente quando a Alemanha se compenetrar dessa verdade, e não mais deixar enfraquecer-se a vontade de existir da nação por uma atitude de defesa passiva, mas, ao contrário, armar-se para um encontro decisivo com a França e lançar-se nessa última luta de vida e de morte com as maiores finalidades em vista, que se chegará ao ponto de pôr um termo à eterna e infrutífera peleja entre nós e a França. Isso, aliás, só deverá acontecer sob a condição da Alemanha enxergar no aniquilamento da França um meio, apenas, para finalmente dar ao nosso povo, em outro terreno, a sua possível expansão. Hoje contamos, na Europa, oitenta milhões de alemães! Essa política externa só será reconhecida e aprovada quando, antes de um século, duzentos e cinqüenta milhões de alemães viverem nesse continente, não comprimidos uns contra os outros como escravos do resto do mundo mas, como camponeses e operários que, pelo seu trabalho, facilitam a existência uns aos outros.

Em dezembro de 1922, a situação entre a França e a Alemanha parecia novamente tensa e isso de um modo verdadeiramente ameaçado. A França tinha em vista novas e monstruosas extorsões. A exploração econômica tinha que ser procedida por uma pressão política, e só um pulso violento intervindo no centro do sistema nervoso de toda a vida alemã, poderia ser, aos olhos dos franceses, um meio suficiente para submeter nosso povo "rebelde" a um jugo mais pesado.

Com a ocupação do Ruhr esperava-se, na França não só quebrar definitivamente a espinha dorsal da Alemanha, como também colocar-nos economicamente em uma situação tão precária, que bem ou mal teríamos que aceitar os compromissos mais onerosos.

Era uma questão de curvar ou quebrar. E a Alemanha, logo no princípio, curvou-se para acabar em uma completa desagregação.

Com a ocupação do Ruhr, a sorte, mais uma vez, deu a mão ao povo alemão, para erguê-lo novamente. Aquilo que, no primeiro momento, devia aparecer como uma grande desgraça, examinado de perto, continha a esperança de poder pôr um termo ao sofrimento geral.

Quanto à política externa, a ocupação do Ruhr, pela primeira vez, conseguia modificar contra a França os sentimentos da Inglaterra e isso, não só nos círculos da diplomacia britânica, que só tinha concluído e mantido o pacto francês com as intenções de frios calculadores, mas, também, nos círculos mais largos do povo inglês. Era, sobretudo, nos meios econômicos ingleses, que se sentia um mal-estar, mal dissimulado, diante do incrível aumento de forças da potência continental francesa. Pondo de lado o fato de, no terreno puramente militar e político, a França ocupar uma posição na Europa como mesmo a Alemanha nunca o tinha feito, recebia ela, agora, bases econômicas que a tornavam capaz de concorrer na política com uma situação, por assim dizer, única. As maiores minas de ferro e de carvão da Europa achavam-se reunidas nas mãos de uma nação, que tinha visto- os seus interesses vitais de um modo resoluto e eficiente, ao contrário do que tinha acontecido com a Alemanha, e que, pela guerra mundial, tinha provado perante o mundo a sua grande capacidade militar. Com a ocupação pela França das jazidas carboníferas do Ruhr, perdia a Inglaterra novamente, todo o seu sucesso na Guerra. Não tinha vencido a esperta diplomacia britânica e sim o Marechal Foch e a França por ele representada.

Na Itália, também, os sentimentos para com a França, que já não eram precisamente róseos desde o fim da Guerra, transformaram-se em verdadeiro ódio. Era chegado o grande momento histórico no qual os aliados de então se podiam tornar os inimigos de amanhã. Porque não aconteceu o contrário, e porque os aliados, como na segunda guerra dos Balcãs, não entraram subitamente em lutas recíprocas, deve-se unicamente à circunstância de não haver na Alemanha um Enver-Paxá, mas somente um chanceler Cuno.

A invasão do Ruhr pelos franceses ofereceu à Alemanha as maiores possibilidades, não só para sua política externa, como para a interna. Uma parte considerável do nosso povo, que, devido à influência ininterrupta de sua imprensa mentirosa, ainda via na França o campeão do progresso e da liberalidade, achou-se bruscamente curada de tal loucura. Assim como o ano de 1914 tinha varrido dos cérebros dos trabalhadores alemães os sonhos de solidariedade internacional, precipitando-os, novamente, no mundo das pelejas eternas, onde um ser se mantém à custa do outro e a morte do mais fraco simboliza a vida do mais forte, com as mesmas desilusões rompeu a primavera de 1923.

No dia em que o francês realizou suas ameaças, penetrando, finalmente, na região carbonífera da baixa Alemanha, primeiro com muito cuidado e alguma hesitação, neste dia soou para a Alemanha uma grande e decisiva hora da sua existência. Se, naquele momento,, o nosso povo, mudando de sentimentos, também tivesse modificado a atitude mantida até então, a região do Ruhr poderia ter sido para a França o que Moscou foi para Napoleão.

Só havia então duas possibilidades: ou suportava-se isso ainda sem resistência, ou com o olhar voltado para os fornos de Essen, criava-se para o povo alemão a vontade abrasadora de pôr termo a essa eterna vergonha, suportando, de preferência, o terror a uma opressão que não acabava nunca. Cabe a Cuno, então chanceler do Reich, o mérito imperecível de ter descoberto uma terceira solução, sendo ainda uma maior honra a que coube aos nossos partidos burgueses que o admiraram e trilharam o caminho por ele seguido.

Aqui me proponho examinar, da maneira mais sucinta, em primeiro lugar, a segunda solução: como, com a ocupação do Ruhr, a França tinha realizado uma brilhante infração ao tratado de Versalhes, tinha, com isto, se incompatibilizado com várias grandes potências, sobretudo, porém, com a

Inglaterra e a Itália. Qualquer apoio desses Estados para sua própria campanha egoísta de pilhagem estava fora de questão. Esta tinha que levar a fim, sozinha, com os seus próprios recursos, a sua aventura. Para um governo nacionalista alemão só podia haver uma única saída - a traçada pela honra. Era patente que ninguém podia enfrentar de chofre a França, pelo emprego das armas. Entretanto, era necessário que se compreendesse que toda ação não apoiada na força só levaria a resultados ridículos e estéreis, Era um absurdo, sem a perspectiva de uma resistência ativa, fazer a seguinte declaração: "Não entraremos em nenhuma negociação" Maior absurdo seria, porém, acabar por entrar na negociação sem se ter tomado a precaução de apoiar-se em alguma força. Não digo com isso que se tivesse podido impedir a ocupação do Ruhr por medidas militares. Somente um louco podia aconselhar tal solução. É verdade, porém, que sob a impressão desse proceder da França e durante o tempo que durou a execução dos seus planos, era preciso ter-se em mente sem tomar-se em consideração o tratado de Versalhes, já violado pela própria França - os meios de defesa militar que podiam ser fornecidos aos negociadores para que se chegasse ao fim visado. Desde o princípio não restava dúvida sobre as decisões que seriam tomadas, em qualquer conferência, em relação a esta região, ora ocupada pela França. Da mesma maneira era preciso ver com clareza que mesmo os mais hábeis negociadores alcançariam pouco sucesso, enquanto não tivessem absoluto apoio do povo. Um indivíduo fraco não pode lutar com atletas, da mesma forma que um diplomata sem armas terá, para fazer frente à espada inimiga, de opor-se com outra, espada. Não era francamente uma miséria ter-se que presenciar as comédias das negociações que, desde o ano de 1918, procederam sempre os respectivos tratados? Esse espetáculo vergonhoso, oferecido ao mundo inteiro, de convidar-nos, como por escárnio, a sentarmo-nos na mesa das conferências, a fim de nos mostrar resoluções e programas, há muito definitivamente elaborados, sobre os quais se podia falar, que porém, tinham que ser considerados como inalteráveis?

A verdade é que os nossos diplomatas raríssimas vezes ultrapassam o tipo médio e, na quase generalidade, justificam a arrogante afirmação de Lloyd George na presença do então chanceler Simon, na qual, ironicamente, dizia que os "alemães não sabiam escolher homens de valor intelectual para seus chefes e representantes". Mas nem mesmo gênios teriam, em face da resoluta vontade do inimigo e da lamentável fraqueza do nosso povo, podido alcançar grande sucesso, sob qualquer aspecto.

Quem, na primavera de 1923, quisesse aproveitar a ocupação do Ruhr pela França, para o restabelecimento do poder militar da Alemanha, teria, primeiro, que dar à nação armas espirituais, fortalecer o poder da vontade nacional e anular os destruidores dessa inestimável força, condição sine qua non de qualquer resistência material.

O erro, neste caso, foi o mesmo cometido em 1918. Dever-se-ia ter começado por alvejar a cabeça da hidra marxista e assim destrui-la uma vez por todas.

Qualquer idéia de resistência contra a França seria rematada loucura, se não se declarasse guerra de morte aos elementos marxistas que, cinco anos antes, impediram que a Alemanha continuasse a luta nas linhas da frente. Só pela cabeça de indivíduos simplórios poderia passar a idéia de terem os marxistas mudado de orientação e que os canalhas da Revolução de 1918, que, friamente, passaram sobre os cadáveres de dois milhões de alemães, para mais facilmente se instalarem no poder, de um momento para outro, se dispusessem a pagar o seu tributo a nação! Não podia haver idéia mais absurda, mais louca, de que a de acreditar que traidores da Pátria se transformassem, repentinamente, em campeões das liberdades alemães. Assim como uma hiena nunca despreza um cadáver, assim também o marxista nunca deixará de ser traidor da Pátria. Não se faça a objeção de que muitos operários deram, também, o seu sangue à Pátria. esses, porém, eram reais operários alemães, já não eram marxistas internacionalistas. Se, em 1914, o operariado alemão consistisse de marxistas, a guerra teria terminado dentro de três semanas.

A Alemanha teria sido derrotada antes que seu primeiro soldado atravessasse as fronteiras.

O fato de ter o nosso soldado outrora lutado com ardor é a prova mais evidente de que não estava ainda contaminado pela loucura marxista.

A proporção, porém, que o soldado e o operário alemão, com o decorrer da Guerra, iam caindo nas garras do marxismo, eram elementos perdidos- para a Pátria.

Se, no começo e durante a Guerra, tivéssemos submetido à prova de gases asfixiantes uns doze ou quinze mil desses judeus, desses corruptores de povos, prova a que, nos campos de batalha, se submeteram centenas de milhares dos nossos melhores operários alemães de todas as Categorias, não se teria visto o sacrifício de milhões de nossos compatriotas das linhas da frente. A eliminação de doze mil patifes, no momento oportuno, teria talvez influído sobre a vida de um milhão de homens honestos que muito úteis poderiam ser à nação de futuro. É característico dos estadistas burgueses não hesitarem no sacrifício da vida de milhões, nos campos de batalha e verem em dez ou doze mil traidores, ladrões, usurários e mentirosos, preciosas relíquias da nação que proclamam como insubstituíveis. Nesse mundo burguês não se sabe o que mais admirar se a cretinize, a fraqueza e a covardia ou se a sua absoluta tratante. Trata-se na realidade de um classe destinada a desaparecer e que, infelizmente, arrastará na sua ruma um povo inteiro.

No ano de 1923 estávamos em face de uma situação idêntica à de 1918. Qualquer que fosse a maneira - de resistir que se escolhesse, a condição indispensável, seria livrar, primeiro, o nosso povo do marxismo corruptor.

E, segundo a minha convicção, o primeiro problema em um governo verdadeiramente nacionalista, era, naquela ocasião, procurar e achar as forças que estivessem decididas a declarar guerra de morte ao marxismo e, em seguida, dar liberdade de ação a essas forças. Era dever do mesmo não render culto à tolice da "paz e da ordem" em um momento em que o inimigo externo desfechava o golpe mais terrível sobre a nossa Pátria, enquanto, no seio do país, em cada esquina se encontrava um traidor. Não, um governo verdadeiramente nacional tinha de desejar naquela ocasião a desordem e a intranqüilidade, contanto que no meio desse caos finalmente fosse possível realizar-se uma prestação de contas com os inimigos mortais de nosso povo, os marxistas. Deixando-se de fazer isso, qualquer idéia de resistência, fosse de que espécie fosse, não passaria de pura loucura.

Entretanto, uma prestação de contas real e de importância universal não é possível realizar-se segundo as idéias de qualquer conselheiro privado ou de uma alma fanada de ministro e, sim, segundo as leis eternas da vida neste mundo, que são e sempre serão uma luta por esta mesma vida. Era necessário ter-se em mente que das mais sangrentas guerras civis muitas vezes nasceu um povo de aço, cheio de saúde, enquanto da paz artificialmente cultivada mais de uma vez se desprendem as exaltações das coisas podres. O destino dos povos não se orienta com luvas de pelica. Assim é que em 1923 havia necessidade de agir com pulso de aço, a fim de agarrar as víboras que envenenavam o organismo nacional. Só quando isso fosse conseguido é que se teria sentido o preparo de uma resistência ativa.

Naquela ocasião falei até enrouquecer, tentando ao menos esclarecer os chamados círculos nacionalistas sobre o que desta vez estava em jogo e convencê- los que, com os mesmos erros de 1914 e dos anos seguintes, forçosamente teria de surgir um resultado igual ao de 1918. Roguei-lhes sempre deixassem ao destino livre curso e dessem ao nosso movimento a possibilidade de um ajuste de contas com o marxismo. Eu, porém, pregava a orelhas moucas. Eles todos se julgavam mais sabidos, inclusive o chefe da defesa, até que finalmente se encontraram diante da capitulação mais lamentável de todos os tempos.

Naquela ocasião convenci-me profundamente de que a burguesia alemã chegara ao fim de sua missão e que não seria mais chamada a desempenhar nenhuma outra. Vi, então, como todos esses partidos brigavam com o marxismo somente por uma inveja de concorrentes, sem quererem destruí- lo seriamente.

Intimamente, todos eles, há muito, se tinham conformado com a destruição da Pátria e o que os movia era exclusivamente a preocupação de poderem tomar parte no funeral. Somente por isso é que eles ainda - "lutavam".

Confesso francamente que, naquele tempo, eu nutria fervente admiração pelo grande homem do sul dos Alpes, cujo profundo amor pela sua nação lhe vedava negociar com os inimigos internos da Itália e que lutava por destruí-los por todos os meios e métodos possíveis. A qualidade que emparelha Musselina com os maiores homens do mundo é a sua determinação de não dividir a Itália com o marxismo, mas de salvar a sua pátria levando à destruição os inimigos da nação. Como, em comparação com eles, parecem anões os pseudo estadistas da Alemanha e como nos sentimos enojados quando essas nulidades se atrevem, com todo convencimento, a criticar um homem mil vezes maior que eles; e como é doloroso pensar que isso acontece em um país que há pouco menos de meio século possuía um dirigente do quilate de Bismarck!

Com essa atitude da burguesia e a tolerância ao marxismo, já em 1923, podia-se considerar inutilizada qualquer tentativa de resistência ativa no Ruhr. Querer combater a França tendo-se um inimigo mortal dentro das próprias fronteiras, era pura tolice. O que se fez então podia no máximo ser encenação levada a efeito a fim de contentar um pouco o elemento nacionalista na Alemanha, acalmar "a alma do povo em efervescência" ou, na realidade, com o fito de embair. Se eles acreditassem seriamente no que faziam teriam de reconhecer que a força de um povo, em primeiro lugar, não reside em suas armas e, sim, na sua vontade e que, antes de vencer inimigos externos, tem de ser destruído o inimigo interno; do contrário, ai desse povo, se a vitória não recompensa a luta no primeiro dia. A menor sombra de uma derrota de um povo que não está livre de inimigo interno destruirá a sua resistência própria e o inimigo se tornará definitivamente vitorioso.

Isso podia ser previsto já na primavera de 1923. Não se venha falar da incerteza de um sucesso militar contra a França! Pois se o resultado da ação alemã, em face da invasão francesa no Ruhr, tivesse sido unicamente a destruição do marxismo no interior, somente com isso a vitória já seria nossa. Uma Alemanha libertada desses inimigos fatais de sua vida e de seu futuro teria uma força que ninguém mais conseguiria destruir. No dia em que, na Alemanha, for. destruído o marxismo, romper-se-ão, na verdade, para sempre, os nossos grilhões. Pois nunca, em nossa história, fomos vencidos pela força dos inimigos e sim, sempre, por nossos próprios erros e por inimigos no nosso próprio campo.

Como com a orientação do nosso governo naquela ocasião, não era possível surgir, um tal ato de heroísmo, logicamente ele só poderia seguir o primeiro caminho, a saber: não fazer nada e deixar as coisas correrem como de costume.

Entretanto, em momento de grande inspiração, o Céu presenteou a Alemanha com um grande homem: o Sr. Cuno! Verdadeiramente, ele não era estadista ou político de profissão e muito menos, naturalmente, de nascimento; ele representa uma espécie de político que era utilizado para resolver certas questões; no mais era um homem de negócios. Isso foi uma maldição para a Alemanha, por isso que esse negociante político considerava a política como uma empresa econômica, agindo nessa conformidade. "A França ocupava a bacia do Ruhr. Que há na região do Ruhr? Carvão. Portanto, a França ocupa a região do Ruhr por causa do carvão." Que coisa mais natural para o Sr. Cuno que o pensamento de então de fazer greve, a fim de que os franceses não obtivessem carvão, até que, segundo o seu modo de ver, os franceses, seguramente, um dia abandonariam de novo a região do Ruhr, em virtude de não dar resultado a empresa. Mais ou menos assim se desenrolava o raciocínio desse "importante" "estadista" "nacional", que teve permissão de falar ao "seu povo" em Stuttgart e em outras localidades e que, por esse mesmo povo, era admirado com beatitude.

Para a greve eram naturalmente necessários os marxistas, pois eram os operários que teriam de fazer a mesma. Portanto, era necessário fazer com que o operário (e na cabeça de um estadista burguês o operário significa a mesma coisa que marxista) formasse uma frente única com todos os outros alemães. Era de ver, então, o entusiasmo dessa mentalidade bolorenta em face de uma tal divisa, nacionalista e genial ao mesmo tempo! Finalmente tinham conseguido aquilo que ultimamente haviam procurado todo o tempo! Estava achada a ponte para o marxismo e para o cavalheiro de indústria nacional era possível estender a mão ao traidor internacional com aparências de alemão e frases nacionalistas. E este último mais que depressa aderiu. Pois assim como Cuno precisava, para a sua "frente única", do apoio dos dirigentes marxistas, da mesma maneira estes últimos necessitavam o dinheiro de Cuno. Com isso as duas partes se completavam. Cuno conseguiu a sua frente única formada de tagarelas nacionalistas e de gatunos anti- nacionalistas e os impostores internacionais podiam, mediante dinheiro do Governo, servir à sua elevada missão, isto é, destruir a economia nacional e (desta vez até às expensas do Estado. Uma idéia imortal, essa de salvar uma nação por meio de uma greve geral paga, senha com a qual mesmo o vagabundo mais indiferente pode concordar com todo entusiasmo.

Que não se pode livrar um povo por meio de rezas é uma coisa geralmente sabida. O que tinha de ser historicamente experimentado era se não seria talvez possível livrá-lo por meio da inatividade. Se, em vez de ter lançado mão da greve geral paga, fazendo dela a base da "frente única" o Sr. Cuno tivesse naquela ocasião exigido de cada alemão somente mais duas horas de trabalho, a impostura dessa "frente única" ler-se-ia liquidado por si no primeiro dia. Os povos não se libertam por meio da inação e, sim, por meio de sacrifício.

É verdade que essa chamada resistência passiva não pode ser mantida por muito tempo, pois que somente uma criatura inteiramente antibelicosa é que poderia imaginar poder afugentar exércitos de ocupação por meios tão ridículos. Somente esse poderia ter sido o sentido de uma ação cujo custo subiu a bilhões e que ajudou poderosamente a destruir completamente a moeda nacional.

Naturalmente os franceses puderam se instalar com certo sossego, na região do Ruhr, no momento em que viram a resistência se utilizar de tais meios eles recebiam justamente de nós mesmos, as melhores receitas para chamar a razão uma população civil obstinada, quando, pelo seu modo de proceder, pudesse constituir um perigo sério para as autoridades ocupantes. Com que presteza tínhamos, nove anos antes, aniquilado os bandos de franco-atiradores belgas e esclarecido a população civil quanto à gravidade da situação, quando, devido à atividade daqueles, o exército alemão corria risco de sofrer sérios danos. Logo que a resistência passiva no Ruhr se tivesse tornado realmente séria, a tropa de ocupação teria, em menos de oito dias, e com a máxima facilidade, dado um fim cruel a toda essa travessura infantil. Pois essa é sempre a última pergunta: que se poderá fazer quando, finalmente, a resistência passiva irrita o inimigo e ele se decide a lutar com brutalidade sanguinária contra essa atitude? Decidir-se-á então continuar a resistência? No caso afirmativo, bem ou mal será necessário acarretar com as mais pesadas perseguições. Com isso, porém, fica-se onde se estaria em caso de resistência ativa, a saber, na luta. Daí se conclui que toda resistência passiva só tem um sentido quando atrás dela está a decisão de, no caso de necessidade, continuar essa resistência em campo aberto ou em guerrilhas. De um modo geral, toda luta assim está ligada à convicção de uma possível vitória. Quando uma fortaleza sitiada, duramente atacada pelo inimigo, é forçada a perder a última esperança de socorro, praticamente com isso ela se rende, sobretudo quando em um caso como esse, em vez da morte provável, o defensor é atraído ainda pela vida certa. Tire-se à guarnição de uma fortaleza sitiada a esperança de uma possível salvação, e todas as forças de defesa bruscamente se desfarão.

Por isso, uma resistência passiva no Ruhr, tendo-se em vista as últimas conseqüências que ela devia e teria de trazer consigo, se tivesse de ser vitoriosa, só teria sentido se formasse atrás de si uma resistência ativa. Então, poder-se-ia sem dúvida conseguir de nosso povo algo de extraordinário. Se cada um desses habitantes da Westfália tivesse a certeza de que a pátria levantaria um exército de oitenta ou cem divisões, os franceses teriam pisado em espinhos. Mas há mais homens valentes a se sacrificarem por uma causa com possibilidade de êxito do que por uma visível insensatez.

Foi um caso clássico que forçou a nós nacionais-socialistas tomarmos uma atitude decidida contra esse chamado lema nacionalista. E fizemos isso. E naqueles meses, não poucas vezes, fui atacado por criaturas cujo sentimento nacionalista era somente um xisto de tolice e de fingimento;

todos eles gritavam com a perspectiva agradável de, de repente e sem perigo, também poderem ser nacionalistas.

Considerei essa mais que lamentável frente única como um dos fatos mais ridículos, e a história me deu razão.

Logo que as uniões profissionais marxistas encheram, praticamente, os seus cofres com as contribuições de Cuno e ficou quase resolvido mudar a resistência passiva em ataque ativo, a hiena vermelha imediatamente rompeu com o rebanho nacional e voltou a ser o que sempre fora. Sem um murmúrio, o sr. Cuno retirou-se para bordo de seus navios e a Alemanha enriqueceu-se com mais uma experiência e empobreceu de mais uma esperança.

Até o fim do verão, muitos oficiais - certamente não os piores - intimamente não acreditavam em um desenlace tão vergonhoso. Todos eles tinham nutrido a esperança de que, embora não abertamente, em segredo, tivessem sido tomadas as providências no sentido de tornar esse atrevidíssimo assalto na França um novo ponto de partida para a ressurreição alemã. Também em nossas fileiras havia muitos que tinham confiança ao menos no exército. E essa convicção era tão viva que orientava o modo de agir e sobretudo a educação de inúmeros jovens.

Quando veio, porém, o ignominioso colapso e se deu a vergonhosa capitulação depois de um sacrifício de bilhões em dinheiro e de milhares de jovens alemães, que tinham sido todos bastante para acreditar nas promessas dos governantes do Reich, explodiu a indignação contra tal traição ao nosso infeliz povo. Em milhões de cabeças de repente se arraigou a convicção de que somente a mudança completa do regime em vigor é que poderia salvar a Alemanha.

Nunca uma época foi mais oportuna, nunca se exigiu tão peremptoriamente tal solução como no momento em que, de um lado, manifestava-se cruamente a traição à Pátria, enquanto, por outro lado, um povo era condenado. lentamente, à morte pela fome. Como era o próprio governo que pisava todos os princípios de lealdade e de fé, que zombava dos direitos de seus cidadãos, que escarnecia do sacrifício de milhões dos seus mais dedicados filhos, e que roubava o último vintém de outros milhões, ele não tinha o direito de esperar dos seus, outra coisa que não o ódio. E esse ódio contra os que desgraçaram o povo e a Pátria, de. um modo ou de outro, conduziria a uma explosão. Chamo a atenção para o último período de meu discurso, por ocasião do grande processo da primavera de 1924:

"Embora os Juízes deste Estado se sintam satisfeitos com a condenação de nossos atos, a História, essa deusa de uma verdade mais elevada e de uma lei melhor, com um sorriso rasgará essa sentença e declarará todos nós inocentes, isto é, não passíveis de culpa e expiação".

A história, porém exigirá que compareçam perante o seu Tribunal aqueles que hoje, donos do poder, pisam o direito e a lei, e que conduziram o nosso povo à miséria e à desgraça e que, em um período de infelicidade para a Pátria, estimam mais o seu eu do que a vida da coletividade.

Não quero descrever aqui os acontecimentos que conduziram ao 8 de. novembro de 1923 e que os motivaram. Não o quero fazer porque penso que não serão de valor para o futuro e porque sobretudo não adianta reabrir feridas que hoje em dia mal estão cicatrizadas; além disso não adianta falar sobre a culpa de pessoas, que talvez no íntimo de seu coração, estivessem como nós apegadas à sua Pátria e que somente erraram o caminho ou não o compreenderam.

Em face da grande desgraça geral de nossa Pátria eu não desejava hoje ofender e talvez afastar aqueles que um dia ainda terão de formar a grande frente única dos alemães verdadeiramente leais de coração contra a frente geral dos inimigos de nosso povo. Pois eu sei que chegará a época em que, mesmo aqueles que então estavam em campo contrário ao nosso, se lembrarão com respeito dos que, pelo povo alemão, - enveredaram pelo áspero caminho da morte.

Aqueles dezoito heróis a quem dediquei o primeiro volume de minha obra, quero apresentá-los, no fim do segundo volume, aos adeptos e lutadores de nossa doutrina, como heróis que na mais plena consciência se sacrificaram por todos nós. Eles terão de chamar ao cumprimento do dever os vacilantes e os fracos, ao cumprimento de um dever que eles mesmos levaram na melhor boa-fé até às últimas conseqüências. E entre eles quero incluir aquele homem que como um dos melhores dedicou a sua vida à ressurreição de seu, de nosso povo, tanto no pensamento como na ação. Dietrich Eehkart.

POSFÁCIO

A 9 de novembro de 1923, no quarto ano de sua existência, o Partido Nacional Socialista dos Trabalhadores Alemães (National Sozialistische Deutsche Arbeiterpartei) foi dissolvido e proibido em todo o Reich. Hoje, em novembro de 1926, ele de novo é livre no Reich inteiro, mais forte e intimamente mais sólido do que nunca.

Todas as perseguições ao movimento e aos seus dirigentes, todas as injúrias e difamações nada conseguiram contra ele. O acerto de suas idéias, a pureza de sua vontade, o espírito de sacrifício de seus adeptos, até hoje fizeram com que ele saísse de todas as opressões mais prestigiado do que nunca.

Se no mundo de nossa atual corrupção parlamentar cada vez mais ele se compenetra da essência de sua luta e se sente como corporificação do valor da raça e do indivíduo e se dirige de acordo com esses princípios, com certeza quase matemática, ele sairá ainda vitorioso na luta da mesma maneira que a Alemanha necessariamente tem de recuperar a posição que lhe compete nesse mundo, desde que seja dirigida e organizada pelos mesmos ideais.

Um Estado, que, na época do envenenamento das raças, se dedica a cultivar os seus melhores elementos raciais, tem de um dia se tornar senhor do mundo.

Que os adeptos de nosso movimento não se esqueçam nunca disso, mesmo que, pela enormidade do sacrifício, possam vir a recear da possibilidade do sucesso.

ADOLF HITLER

OUTROS LIVROS

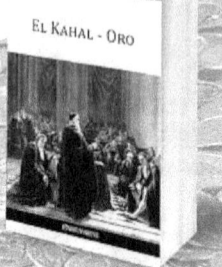

Omnia Veritas Ltd presenta:

EL KAHAL - ORO
de HUGO WAST

Nuestros judíos no creen, seguramente, en el Mesías, pero sí en la misión mesiánica de Israel...

Porque dos naciones no pueden coexistir en la misma nación...

Omnia Veritas Ltd presenta:

JUANA TABOR
666
de HUGO WAST

El culto de Satanás había tenido desde el siglo XIX apasionados adeptos...

y para hacerla más accesible, hizo de ella una contrafigura de la Ley de Dios.

Omnia Veritas Ltd presenta:

Mi Lucha
Mein Kampf

En aquella época debí también abrir los ojos frente a dos peligros el MARXISMO y el JUDAÍSMO...

Un documento histórico de gran interés

www.omnia-veritas.com

www.ingramcontent.com/pod-product-compliance
Lightning Source LLC
Chambersburg PA
CBHW060313230426
43663CB00009B/1683